Ob wir wählen gehen, einen Mietvertrag unterschreiben oder von Führerscheinentzug bedroht sind – alles wird von rechtlichen Normen geregelt, die vom Staat institutionalisiert wurden und von den zuständigen Organen im Bedarfsfall durchgesetzt werden.

Der ›dtv-Atlas Recht‹ bietet einen Überblick über die Grundzüge des deutschen Rechtssystems. Angereichert wird das Werk durch viele Fallbeispiele und farbige Grafiken, die die Kernaussagen des Textes visualisieren und noch einmal verdeutlichen.
Der Atlas wendet sich ebenso an Jurastudenten in den ersten Semestern, die einen Einstieg in die Materie suchen oder vor einer Klausur den Stoff eines Teilgebietes in einer prägnanten Zusammenfassung wiederholen wollen, wie auch an interessierte Laien, die wissen wollen, was genau das Grundrecht auf Meinungsfreiheit beinhaltet, wofür die einzelnen Institutionen der EU jeweils zuständig sind oder worin der Unterschied zwischen Diebstahl und Unterschlagung besteht.

Band 1 behandelt die Grundlagen, das Staatsrecht und das Strafrecht, während Band 2 das Verwaltungs- und das Zivilrecht enthalten wird.

Prof. Dr. Dr. Eric Hilgendorf, geb. 1960, studierte Philosophie und Neuere Geschichte sowie ab 1983 zusätzlich Rechtswissenschaft in Tübingen. Nach den Promotionen in Philosophie und Rechtswissenschaft habilitierte er sich 1996 im Strafrecht. 1997 wurde er Professor in Konstanz; seit Mai 2001 hat er den Lehrstuhl für Strafrecht, Strafprozessrecht, Rechtstheorie, Informationsrecht und Rechtsinformatik an der Julius-Maximilians-Universität in Würzburg inne. Seine Hauptarbeitsgebiete sind das Medien- und das Biostrafrecht, außerdem die strafrechtliche Grundlagenforschung und die Rechtsphilosophie.

Susanne Jünger, geb. 1964, studierte 1987–1993 Design an der HdK (jetzt UdK) in Berlin. 1994 gründete sie das Büro Jünger + Michel zusammen mit *Klaus Michel,* geb. 1963; er studierte 1986–1992 ebenfalls Design an der HdK und hat seit 2003 eine Professur an der Hochschule für Kunst und Design ›Burg Giebichenstein‹ in Halle.
Weitere Informationen: www.juengermichel.de

In der Reihe ›dtv-Atlas‹ sind bisher erschienen:

Akupunktur, 3232
Anatomie, 3 Bände, 3017, 3018, 3019
Astronomie, 3267
Atomphysik, 3009
Baukunst, 2 Bände, 3020, 3021
Bibel, 3226
Biologie, 3 Bände, 3221, 3222, 3223
Chemie, 2 Bände, 3217, 3218
Deutsche Literatur, 3219
Deutsche Sprache, 3025
Englische Sprache, 3239
Erde, 3329
Ernährung, 3237
Erste Hilfe, 3238
Ethnologie, 3259
Informatik, 3230
Keramik und Porzellan, 3258
Mathematik, 2 Bände, 3007, 3008
Musik, 2 Bände, 3022, 3023
Namenkunde, 3266
Ökologie, 3228
Pathophysiologie, 3236
Philosophie, 3229
Physik, 2 Bände, 3226, 3227
Physiologie, 3182
Psychologie, 2 Bände, 3224, 3225
Recht, 2 Bände, 3324, 3325
Schulmathematik, 3099
Sexualität, 3235
Stadt, 3231
Weltgeschichte, 2 Bände, 3001, 3002

Weitere dtv-Atlanten sind in Vorbereitung

Eric Hilgendorf

dtv-Atlas Recht

Band 1

Grundlagen Staatsrecht Strafrecht

Mit 121 Abbildungsseiten in Farbe

Grafische Gestaltung der Abbildungen

Jünger + Michel

Deutscher Taschenbuch Verlag

Originalausgabe
1. Auflage Oktober 2003
2., korrigierte und aktualisierte Auflage Juni 2008

www.dtv.de
Umschlagkonzept: Balk & Brumshagen
Umschlagfoto: Royalty Free/CORBIS
Gesamtherstellung: Druckerei C. H. Beck, Nördlingen
Printed in Germany · ISBN 978-3-423-03324-4

Vorwort

Der ›dtv-Atlas Recht‹ richtet sich an alle, die am Recht und seinen geistigen Grundlagen interessiert sind. Er bietet mehr als bloße Rechtskunde, aber weniger als ein klassisches Lehrbuch. Besondere Vorkenntnisse sind nicht erforderlich. Band 1 enthält die Grundlagen des Rechts, das Staatsrecht sowie das Strafrecht, während Band 2 das Verwaltungs- und das Zivilrecht umfassen soll. Dem Konzept der dtv-Atlanten folgend, wurden die Kernaussagen des Textes auch grafisch dargestellt. Die Visualisierung – sie ist dem juristischen Denken seit dem Mittelalter fremd geworden – dient der Veranschaulichung, Wiederholung und Vertiefung des Geschriebenen.

Der Atlas wäre nicht ohne Hilfe zustande gekommen. Zu danken habe ich zunächst meinem Konstanzer Team um Gabi Reichle, Milena Piel und Erika Beyerle. In Würzburg hat mich vor allem Dr. Clemens Kessler unterstützt. Mein Dank gilt außerdem Frau Anna Coseriu vom Deutschen Taschenbuch Verlag, die den Atlas mit großem Engagement betreut hat.

Konstruktive Kritik ist willkommen! Sie ist zu richten an Prof. Dr. Eric Hilgendorf, Universität Würzburg, Juristische Fakultät, Domerschulstraße 16, 97070 Würzburg.

Würzburg, im Juli 2003 Eric Hilgendorf

Vorwort zur 2. Auflage

Für die Neuauflage wurde der Atlas komplett durchgesehen und aktualisiert. Für tatkräftige Hilfe danke ich Herrn Thomas Fürsich, Herrn Thomas Haskamp und Frau Christiane Kusche.

Würzburg, im Dezember 2007 Eric Hilgendorf

Inhalt

Vorwort 5

Abkürzungsverzeichnis 8

Grundlagen

Erscheinungsformen und Quellen von Recht
Rechtsquellen I 10
Rechtsquellen II 12

Die Rechtswissenschaft
Die Rechtswissenschaft 14

Allgemeine Rechtslehre und Methodenlehre
Der Rechtsbegriff 16
Recht, Moral und Sitte 18
Rechtsanwendung I: Subsumtion und Auslegung 20
Rechtsanwendung II: Die Auslegungsregeln 22
Sonderformen der Auslegung. Argumentformen 24
Begriffs- und Interessenjurisprudenz 26
Die Reine Rechtslehre 28
Sprachanalytische Grundlagen 30
Wertungen und Werte 32
Rechtspolitik und Gesetzgebung 34

Rechtsphilosophie
Antike I 36
Antike II; Mittelalter 38
Reformation; Humanismus 40
Aufklärung I 42
Aufklärung II; Gegenaufklärung 44
19. Jahrhundert; 20. Jahrhundert 46
Gegenwart I 48
Gegenwart II 50
Rechtsbegründung 52

Rechtsgeschichte
Das Recht der Naturvölker 54
Archaisches und antikes Recht 56
Mittelalter; Frühe Neuzeit I 58
Frühe Neuzeit II; Aufklärung 60
19. Jahrhundert I: Der liberale Rechtsstaat 62
19. Jahrhundert II: Die Entstehung des BGB 64
Rechtsentwicklung in der Weimarer Republik 66
Recht im »Dritten Reich« 68
Rechtsentwicklung in der Bundesrepublik I 70
Rechtsentwicklung in der Bundesrepublik II 72
Die Rechtsordnung der DDR 74

Rechtssoziologie und Rechtsvergleichung
Rechtssoziologie 76
Rechtsvergleichung 78

Einteilungen des Rechts
Allgemeine Einteilungen 80
Die wichtigsten Rechtsbereiche der deutschen Rechtsordnung 82

Gerichtsbarkeit
Gerichtsbarkeit 84

Staatsrecht, Europarecht und Völkerrecht

Die Verfassung
Staat und Verfassung I 86
Staat und Verfassung II. Das Grundgesetz 88
Verfassung und politischer Pluralismus 90

Strukturprinzipien des deutschen Staates
Demokratie 92
Rechtsstaat 94
Sozialstaat 96
Bundesstaat 98

Staatsorganisationsrecht
Gewaltenteilung 100
Oberste Staatsorgane I: Bundestag . . 102
Oberste Staatsorgane II: Bundesregierung, Bundespräsident und Bundesrat 104
Die Gesetzgebung des Bundes 106

Der Schutz der Verfassung
Der Schutz der Verfassung 108

Die Grundrechte
Begriff und Entwicklung der Menschenrechte 110
Das System der Grundrechte 112
Grundrechtsfunktionen; Grundrechtsschutz 114
Schutzbereich und Beschränkungen . . 116
Die Menschenwürde 118
Recht auf freie Entfaltung der Persönlichkeit 120

Recht auf Leben und körperliche Unversehrtheit ... 122
Der Gleichheitssatz ... 124
Religions- und Gewissensfreiheit ... 126
Freiheit der Kommunikation ... 128
Freiheit der Kunst und der Wissenschaft; Schulwesen ... 130
Schutz von Ehe und Familie ... 132
Versammlungsfreiheit; Vereinigungs- und Koalitionsfreiheit ... 134
Berufsfreiheit ... 136
Schutz des Eigentums ... 138
Asylrecht ... 140
Justizgrundrechte; Petitionsrecht ... 142

Verfassungsprozessrecht
Bundesverfassungsgericht I: Funktion und Aufbau ... 144
Bundesverfassungsgericht II: Verfahrensarten ... 146

Europarecht
Grundlagen ... 148
Die Institutionen der EU ... 150
Gemeinschaftsrecht und nationales Recht ... 152
Innen- und Außenpolitik der EU ... 154

Völkerrecht
Begriff und Quellen ... 156
Die Vereinten Nationen ... 158
Völkerrechtliches Handeln und Verantwortung ... 160

Strafrecht

Der Allgemeine Teil des Strafrechts
Strafrecht und Gesellschaft ... 162
Erscheinungsformen der Straftat ... 164
Kausalität ... 166
Einschränkungen der Kausalität ... 168
Der subjektive Tatbestand: Vorsatz ... 170
Rechtswidrigkeit I: Rechtfertigungsgründe ... 172
Rechtswidrigkeit II: Notwehr, Notstand, Einwilligung ... 174
Schuld ... 176
Grundzüge der Irrtumslehre ... 178
Beteiligung I: Täterschaft ... 180
Beteiligung II: Teilnahme ... 182
Versuch ... 184
Fahrlässigkeit ... 186
Unterlassungsdelikte ... 188
Konkurrenzen ... 190
Rechtsfolgen der Straftat. Strafarten ... 192
Grenzüberschreitendes Strafrecht ... 194

Der Besondere Teil des Strafrechts
Die Einteilung ... 196
Die Tötungstatbestände ... 198
Mord und Völkermord ... 200
Sterbehilfe ... 202
Schwangerschaftsabbruch ... 204
Körperverletzung ... 206
Straftaten gegen die Ehre ... 208
Straftaten gegen die persönliche Freiheit und den persönlichen Lebensbereich ... 210
Straftaten gegen die sexuelle Selbstbestimmung ... 212
Sachbeschädigung. Computerstrafrecht ... 214
Diebstahl und Unterschlagung ... 216
Raub und Erpressung ... 218
Betrug ... 220
Sonderformen des Betrugs; Untreue ... 222
Begünstigung; Hehlerei ... 224
Urkundendelikte ... 226
Straftaten gegen die Rechtspflege ... 228
Staatsschutzdelikte. Geld- und Wertzeichenfälschung ... 230
Delikte gegen sozialethische Grundlagen der Gesellschaft ... 232
Brandstiftung ... 234
Verkehrsdelikte ... 236
Umweltdelikte ... 238

Strafprozessrecht
Strafprozessrecht I ... 240
Strafprozessrecht II ... 242

Nebenstrafrecht. Recht der Ordnungswidrigkeiten
Nebenstrafrecht. Ordnungswidrigkeiten. Privatstrafen ... 244

Kriminologie
Grundlagen und Geschichte ... 246
Erklärungsansätze ... 248
Tätergruppen und Kriminalitätsfelder 250

Literaturverzeichnis ... I

Internetlinks ... V

Glossar ... VI

Personenregister ... XIII

Sachregister ... XV

Abkürzungsverzeichnis

a. A.	andere Ansicht
Abb.	Abbildung
ABGB	Allgemeines Bürgerliches Gesetzbuch
Abs.	Absatz
ähnl.	ähnlich
AKP-Staaten	Staaten aus dem afrikanischen, karibischen und pazifischen Raum
allg.	allgemein
ALR	Preußisches Allgemeines Landrecht
Alt.	Alternative
amtl.	amtlich
Art.	Artikel
AuslG	Ausländergesetz
BAG	Bundesarbeitsgericht
BAK	Blutalkoholkonzentration
Bed.	Bedeutung
bes.	besonders, besonderer
best.	bestimmt
BFH	Bundesfinanzhof
BGB	Bürgerliches Gesetzbuch
BGH	Bundesgerichtshof
BNotO	Bundesnotarordnung
BRAGO	Bundesgebührenordnung für Rechtsanwälte
BRAO	Bundesrechtsanwaltsordnung
BRD	Bundesrepublik Deutschland
brit.	britisch
BSG	Bundessozialgericht
BVerfG	Bundesverfassungsgericht
BVerfGE	Bundesverfassungsgerichtsentscheid
BVerfGG	Bundesverfassungsgerichtsgesetz
BVerwG	Bundesverwaltungsgericht
bzgl.	bezüglich
BZRG	Bundeszentralregistergesetz
bzw.	beziehungsweise
csqn-Formel	conditio-sine-qua-non-Formel
d. h.	das heißt
DDR	Deutsche Demokratische Republik
dogmat.	dogmatisch
DRiG	Deutsches Richtergesetz
dt.	deutsch
Dtl.	Deutschland
EDV	elektronische Datenverarbeitung
EG	Europäische Gemeinschaft
EGKS	Europäische Gemeinschaft für Kohle und Stahl
EGMR	Europäischer Gerichtshof für Menschenrechte
Einl.	Einleitung
empir.	empirisch
EMRK	Europäische Menschenrechtskonvention
EPZ	Europäische Politische Zusammenarbeit
EU	Europäische Union
EuGH	Europäischer Gerichtshof
EUR	Euro
europ.	europäisch
evtl.	eventuell
EWG	Europäische Wirtschaftsgemeinschaft
EZB	Europäische Zentralbank
f.	folgende
fakt.	faktisch
ff.	fortfolgende
frz., franz.	französisch
-G	-Gesetz
GASP	Gemeinsame Außen- und Sicherheitspolitik der EU
germ.	germanisch
gesetzl.	gesetzlich
GG	Grundgesetz
GmbH	Gesellschaft mit beschränkter Haftung
gr., griech.	griechisch
grds.	grundsätzlich
GVG	Gerichtsverfassungsgesetz
HGB	Handelsgesetzbuch
h. L.	herrschende Lehre
h. M.	herrschende Meinung
i. d. R.	in der Regel
i. e. S.	im engeren Sinne
IGH	Internationaler Gerichtshof
IMs	Inoffizielle Mitarbeiter
IPR	Internationales Privatrecht
ISGH	Internationaler Seegerichtshof
i. S. v.	im Sinne von
ital., italien.	italienisch
IVR	Internationale Vereinigung für Rechts- und Sozialphilosophie
Jh.	Jahrhundert
jurist.	juristisch
kanon.	kanonisch
kath., kathol.	katholisch
klass.	klassisch
krit.	kritisch
lat.	lateinisch
Lit.	Literatur
log.	logisch
PartG	Lebenspartnerschaftgesetz
MA.	Mittelalter
mind.	mindestens
mod.	modern
moral.	moralisch

NATO	North Atlantic Treaty Organization
NS-	nationalsozialistisch
o. g.	oben genannt
OECD	Organization for Economic Co-operation and Development (Organisation für wirtschaftliche Zusammenarbeit und Entwicklung)
OEEC	Organization for European Economic Co-operation (Organisation für europäische wirtschaftliche Zusammenarbeit)
OLG	Oberlandesgericht
OWiG	Gesetz über Ordnungswidrigkeiten
philosoph.	philosophisch
PKS	Polizeiliche Kriminalstatistik
platon.	platonisch
polit.	politisch
prakt.	praktisch
rass.	rassistisch
rechtl.	rechtlich
relig.	religiös
RG	Reichsgericht
richterl.	richterlich
röm.	römisch
Rspr.	Rechtsprechung
S.	Satz
schweizer.	schweizerisch
SED	Sozialistische Einheitspartei Deutschlands
SIS	Schengener-Informations-System
sog.	so genannt
sowjet.	sowjetisch
soz.	sozial
soziol., soziolog.	soziologisch
spezif.	spezifisch
staatl.	staatlich
Stasi	Staatssicherheitsdienst
StGB	Strafgesetzbuch
StIGH	Ständiger Internationaler Gerichtshof
StPO	Strafprozessordnung
StRG	Strafrechtsreformgesetz
StVG	Straßenverkehrsgesetz
StVO	Straßenverkehrsordnung
StVollzG	Strafvollzugsgesetz
StVZO	Straßenverkehrs/Zulassungs/Ordnung
s. u.	siehe unten
teilw.	teilweise
TPG	Transplantationsgesetz
trad.	traditionell
TÜV	Technischer Überwachungsverein
typ.	typisch
u. a.	unter anderem
u. Ä.	und Ähnliche(s)
UdSSR	Union der Sozialistischen Sowjetrepubliken
UN	United Nations (Vereinte Nationen)
UNESCO	United Nations Educational, Scientific and Cultural Organization (Organisation der Vereinten Nationen für Erziehung, Wissenschaft und Kultur)
UNO	United Nations Organization (Organisation der Vereinten Nationen)
urspr.	ursprünglich
USA	United States of America
u. U.	unter Umständen
v. a.	vor allem
Verf.	Verfassung
versch.	verschieden
vgl.	vergleiche
VStGB	Völkerstrafgesetzbuch
VwGO	Verwaltungsgerichtsordnung
VwVfG	Verwaltungsverfahrensgesetz
weltl.	weltlich
WEU	Westeuropäische Union
Wiss.	Wissenschaft(en)
WPflG	Wehrpflichtgesetz
WRV	Weimarer Reichsverfassung
ZDG	Gesetz über Zivildienst
ZGB	Zivilgesetzbuch
ZPO	Zivilprozessordnung
z. T.	zum Teil
zw.	zwischen
z. Z.	zur Zeit

'Bündnis'	gerade Anführungszeichen: Übersetzung bzw. Bedeutung eines Wortes
[284–305]	Zahlen in eckigen Klammern: Regierungsdaten
(240–313)	Zahlen in runden Klammern: Lebensdaten
(A)	Buchstabe in runden Klammern: Verweis auf Abbildungen

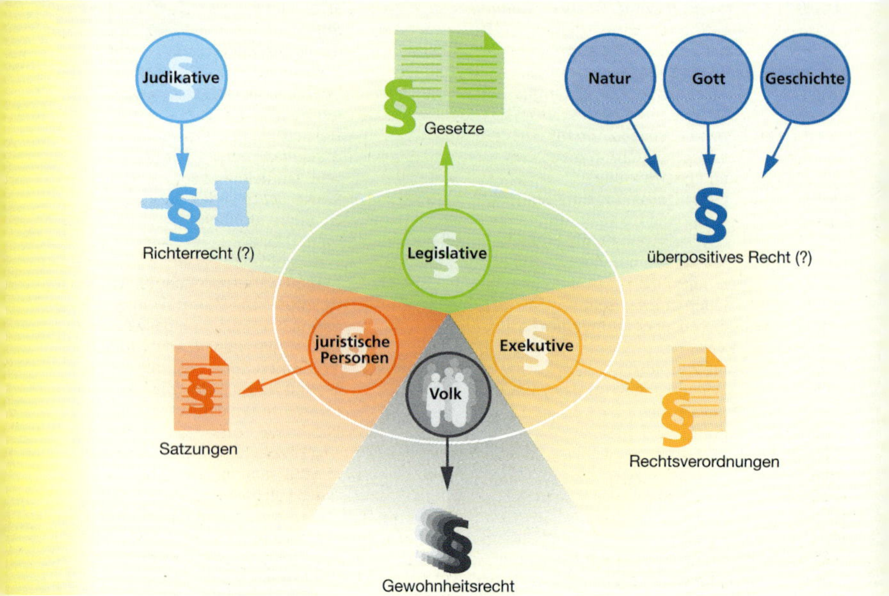

A System der Rechtsquellen

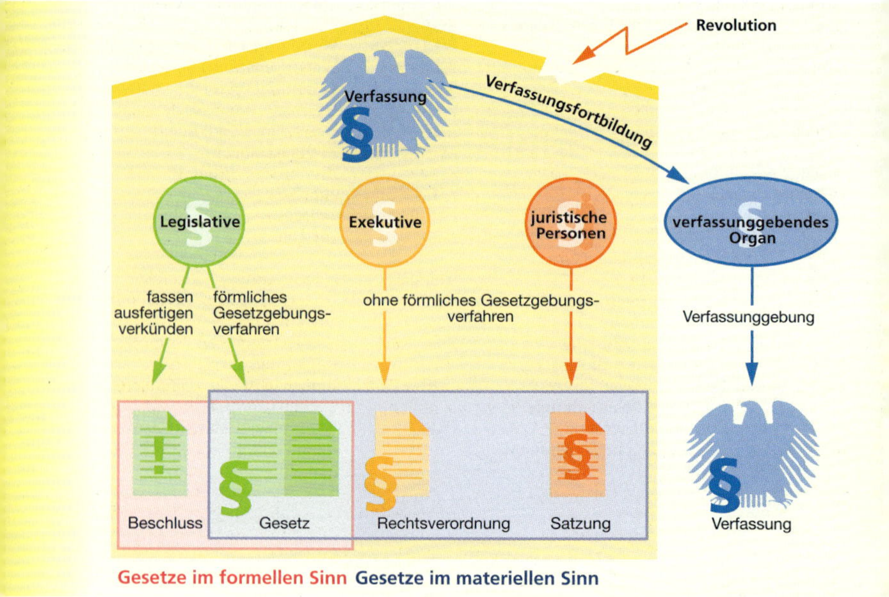

B Gesetze im formellen (links) und im materiellen Sinn

Recht ist die *Gesamtheit der staatlich garantierten Normen,* die menschl. Verhalten regeln (Recht im objektiven Sinn). Davon zu unterscheiden ist der (auf Recht im objektiven Sinn gestützte) *Rechtsanspruch des Einzelnen* (Recht im subjektiven Sinn). Fast alle Rechtsnormen entstehen heute durch staatl. Setzung (positives Recht). Rechtsnormen, die bloß auf langjähriger und unangezweifelter Übung beruhen (Gewohnheitsrecht), existieren kaum noch.

Die Rechtsordnung ist ein **Kulturprodukt,** dem menschl. Denken und Planen also nicht vorgegeben. In modernen Rechtsordnungen soll das Recht best. demokrat. legitimierte Zwecke verwirklichen, v. a. Sicherheit, Ordnung und Gerechtigkeit.

Die *Zweckorientierung* des Rechts (auch *Zweckrationalität*) wurde bes. durch den Göttinger Juristen RUDOLF VON JHERING (1818–92) hervorgehoben.

Heutige Gesellschaften zeichnen sich durch eine Fülle von Regulierungen aus. Um zu erkennen, was als Recht gilt, ist es nicht ausreichend, das eigene Rechtsgefühl zu befragen. Erst die Annahme bes. **Rechtsquellen** erlaubt es, eine Rechtsnorm von anderen Regelungen menschl. Verhaltens, etwa der Sitte oder der Moral, zu unterscheiden.

Recht und Moral

sind nicht deckungsgleich. Die Forderungen des Rechts können dem moral. Gebotenen entsprechen, z. B. das Tötungsverbot.

Oft sind sie aber moralisch neutral, z. B.

ob in einer Gesellschaft im Straßenverkehr das Rechts- oder das Linksfahrgebot gilt, ist moral. neutral, solange nur überhaupt eine Regelung existiert.

Bisweilen widerspricht das Recht der individuellen Moral. Dies gilt bes. dann, wenn die moral. Vorstellungen innerhalb einer Gesellschaft auseinander gehen.

Umstritten ist z. B. die moral. Bewertung des Schwangerschaftsabbruchs (§§ 218 ff. StGB). Die rechtl. Regelung bleibt davon unberührt, bis der Gesetzgeber tätig wird.

Rechtsquellen

Gesetze sind die wichtigste Rechtsquelle der dt. Rechtsordnung (A).

Gesetz im formellen Sinn ist jeder Beschluss, der von den gesetzgebenden Organen nach Maßgabe der Verfassung gefasst, ausgefertigt und verkündet worden ist.

Gesetz im materiellen Sinn nennt man eine Rechtsnorm, die für eine nur allgemein bestimmte Vielzahl von Menschen eine verbindl. Regelung enthält (B). Gesetze im materiellen Sinn weisen meist folgende Struktur auf:

Bei jedem, der x tut (oder: die Eigenschaft y aufweist), soll die Rechtsfolge z eintreten.

Die in einem Gesetz im materiellen Sinn enthaltene Regelung ist *generell,* d. h. das Gesetz gilt für alle Menschen, die seinen Tatbestand erfüllen, und sie ist *abstrakt,* d. h. das Gesetz enthält allg. Bestimmungen und abstrahiert von den Besonderheiten einzelner Fälle.

Die meisten Gesetze im formellen Sinn sind zugleich Gesetze im materiellen Sinn.

Eine der wenigen Ausnahmen ist das Gesetz über den Haushaltsplan, der keine allg. verbindl. Anordnung, sondern nur eine Aufstellung der Ein- und Ausgaben des Bundes enthält (Art. 110 GG).

Rechtsverordnungen und *Satzungen* sind Gesetze im materiellen, nicht aber im formellen Sinn, weil sie nicht von den gesetzgebenden Organen erlassen werden. Auch die *Verfassung* ist ein Gesetz im materiellen Sinn.

Einen Sonderfall bilden die sog. *Maßnahmegesetze (Einzelfallgesetze),* die sich zwar ihrer Form nach an eine unbestimmte Vielzahl von Personen richten und somit Gesetze im materiellen Sinn darstellen, dabei aber so eng gefasst sind, dass sie nur wenige oder gar nur einen einzigen Fall erfassen.

Rechtsverordnungen bilden eine zweite wichtige Rechtsquelle. Es sind Rechtsnormen, also verbindl. Regelungen für eine unbest. Vielzahl von Menschen, die von den Organen der vollziehenden Gewalt (Exekutive) erlassen werden. Da nach dem Prinzip der Gewaltentrennung die Zuständigkeitsbereiche von gesetzgebender, gesetzausführender (verwaltender) und rechtsprechender Gewalt gesondert sind, ist der Erlass durch die Verwaltung an *enge Voraussetzungen* gebunden.

Nach Art. 80 GG dürfen die Bundesregierung, ein Bundesminister oder eine Landesregierung nur dann eine Rechtsverordnung erlassen, wenn sie dazu gesetzlich ermächtigt sind.

Die Kompetenz, Rechtsverordnungen zu erlassen, kann übertragen werden (Möglichkeit der *Subdelegation*). Das Gesetz, auf dem die Rechtsverordnung beruht, muss Inhalt, Zweck und Ausmaß der Ermächtigung bestimmen. In der Verordnung muss zudem die jeweilige gesetzl. Ermächtigungsgrundlage angegeben werden.

Damit soll erreicht werden, dass die durch die Rechtsverordnung vorgenommene Regelung in ihren wesentl. Zügen in einem Gesetz festgelegt ist und somit voraussehbar und kontrollierbar wird.

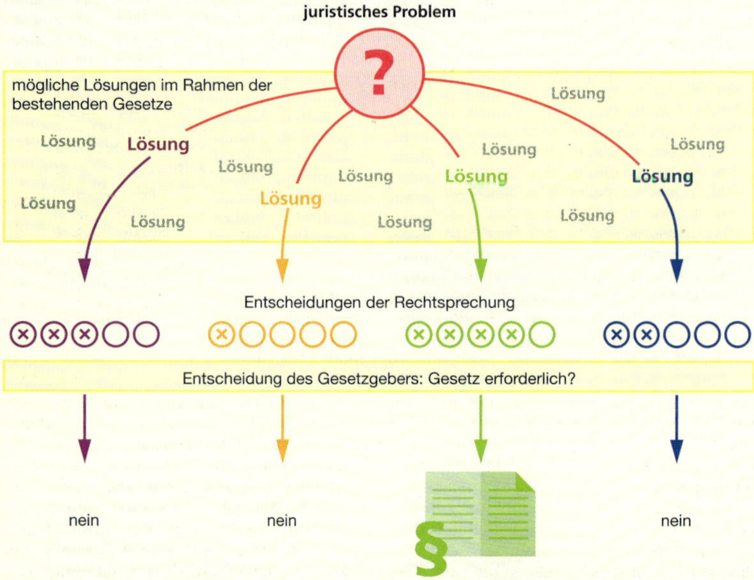

A Rechtsprechung und Gesetzgeber

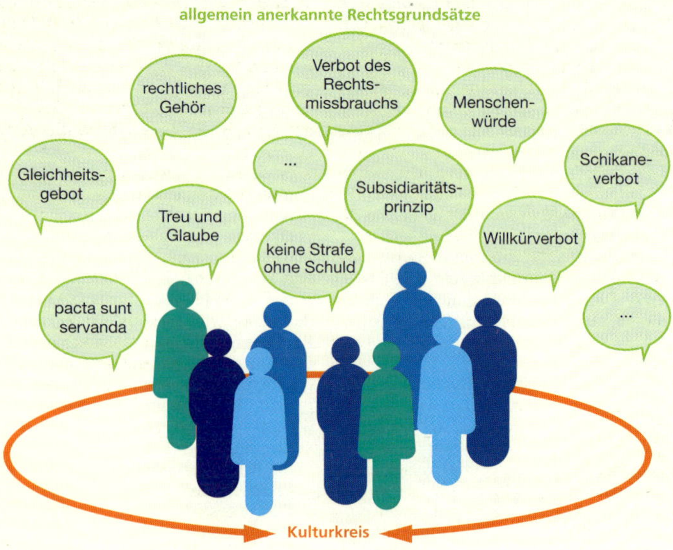

B Anerkannte Rechtsgrundsätze

Satzungen sind Rechtsnormen, die von einer jurist. Person des öffentl. oder des priv. Rechts zur Regelung ihres Aufgabenbereiches erlassen werden. Im öffentl. Recht ist die Befugnis, die eigenen Angelegenheiten mittels einer Satzung zu regeln (Satzungsbefugnis), eng mit dem Gedanken der *Selbstverwaltung* verknüpft. Sie muss gesetzlich niedergelegt sein.

Best. gesellschaftl. Gruppen sollen die Angelegenheiten, die sie selbst betreffen und die sie daher am sachkundigsten beurteilen können, auch eigenverantwortlich ordnen dürfen. Beispiele hierfür sind die Satzungen von *Universitäten* und *Gemeinden.*

Von **Gewohnheitsrecht** spricht man, wenn sich durch langdauernde Übung eine allg. Überzeugung von der Rechtmäßigkeit einer best. Vorgehensweise gebildet hat. Es ist die *älteste Rechtsquelle* und wird nicht selten in Form von Merksprüchen überliefert, z. B.: Einem geschenkten Gaul schaut man nicht ins Maul.

Oft wird Gewohnheitsrecht in das geschriebene Recht übernommen, z. B. die Haftungsbeschränkung für den Schenker in §§ 521 ff. BGB.

Auf diese Weise hat das geschriebene Recht das Gewohnheitsrecht heute weitgehend verdrängt. Trotzdem finden sich v. a. im Privatrecht noch gewohnheitsrechtl. begründete Normen, so etwa die Lehre vom Wegfall der Geschäftsgrundlage (*clausula rebus sic stantibus,* jetzt § 313 BGB) oder die Lehre von der vorvertragl. Haftung (*culpa in contrahendo,* jetzt § 311 II BGB).

Das Arbeitsrecht besteht zu einem großen Teil aus Gewohnheitsrecht.

Im Strafrecht ist für den Täter ungünstiges Gewohnheitsrecht unzulässig (§ 1 StGB, Art. 103 II GG).

Andere Rechtsquellen

Die Rspr. der *Gerichte* stellt nach überwiegender Ansicht keine eigenständige Rechtsquelle dar. Wird eine Rechtsfrage von den Gerichten über einen längeren Zeitraum hinweg gleichartig entschieden, spricht man von **Richterrecht,** das u. U. zu Gewohnheitsrecht erstarken kann.

Im demokrat. Verfassungsstaat ist die Zulässigkeit von Richterrecht problematisch, weil es nicht auf demokrat. Weg durch das Parlament erlassen wird, sondern auf Entscheidungen (nicht abwählbarer) Richter beruht. Solange der parlament. Gesetzgeber sich jedoch scheut, best. polit. umstrittene Fragen gesetzl. zu regeln (z. B. das Recht des Arbeitskampfes), kann man auf Richterrecht nicht verzichten.

Anders als im anglo-amerikan. Rechtskreis mit seiner Bindung an bereits entschiedene (Präzedenz-)Fälle (sog. Fallrecht, *case-law*) steht es nach dt. Recht den Gerichten grundsätzlich frei, von der Rspr. anderer Gerichte abzuweichen (Art. 97 I GG).

Eine wichtige Ausnahmeregelung enthält § 31 BVerfG, wonach die Verfassungsorgane des Bundes und der Länder sowie alle Gerichte und Behörden an best. Entscheidungen des BVerfG gebunden sind.

Eine gleichförmige Rspr. der OLGe und des BGH wird häufig vom Gesetzgeber übernommen (A).

Ob **überpositives Recht** (göttl. Recht, Natur- oder Vernunftrecht) als Rechtsquelle anzusehen ist, ist umstritten. Zweifelhaft ist schon, ob es überhaupt existiert und wie es, seine Existenz vorausgesetzt, in nachprüfbarer Weise erkannt werden kann. Die Vorstellungen über den Inhalt des überpositiven Rechts wandeln sich oft in sehr kurzer Zeit.

In der abendl. Geschichte stößt man immer wieder auf das Phänomen, dass polit. Programme als Natur- oder Vernunftrecht ausgegeben werden, um ihre Durchschlagskraft zu erhöhen. Aber auch Bewahrer der alten Ordnung berufen sich auf überpositives Recht (z. B. den Willen Gottes).

Es gibt allerdings Rechtsgrundsätze, die zumindest in unserem Kulturkreis allgemein anerkannt sind (B). Dazu gehören das Gebot, Verträge einzuhalten *(pacta sunt servanda),* das Verbot staatl. Willkür und das strafrechtl. Schuldprinzip (»Keine Strafe ohne Schuld«). Das Bekenntnis zu elementaren überpositiven Menschenrechten (Menschenwürde, Freiheit und Gleichheit) wurde in Form von Grundrechten in der Verf. verankert (Art. 1–19 GG) und damit positiviert.

Die Rechtsanwendung steht allerdings vor dem Problem, dass derartige Rechtsgrundsätze meist so allgemein formuliert sind, dass sich daraus kaum konkrete Rechtsfolgen herleiten lassen.

Nicht zu den Rechtsquellen zählen Verträge, Verwaltungsakte und Urteile, die nur zwischen den jeweils Beteiligten Rechte und Pflichten erzeugen.

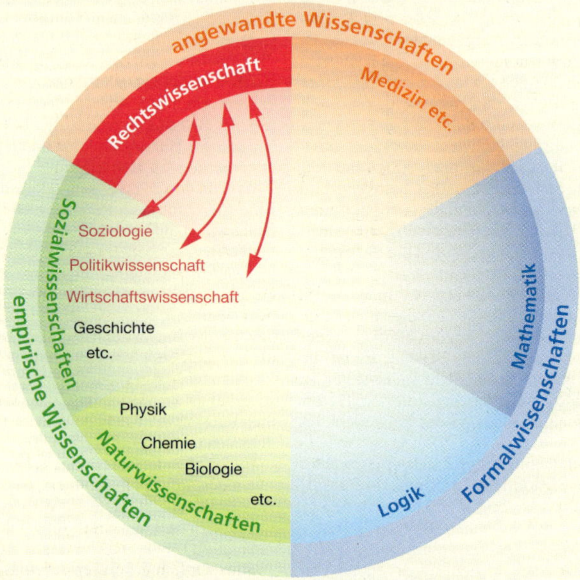

A Die Rechtswissenschaft im Kreis der Wissenschaften

ab 5. Jh. v. Chr.	griechische Antike	Rechtsphilosophie und Gerichtsrhetorik
ab 3. Jh. v. Chr.	röm. Rechtsprechung	juristische Gutachten; Kautelarjurisprudenz
530 n. Chr.	oström. Kaiser Justinian	*Corpus Iuris Civilis*
11. Jh.	Bologna mittelalterl. Scholastik	Glossatoren; *Glossa Ordinaria*
15. Jh.	franz. Universitäten humanist. Jurisprudenz	philologische Textaufbereitung antiker Quellen
16. Jh.	Mitteleuropa praxiszugewandte Dogmatik	Usus modernus praktische Jurisprudenz
17. Jh.	Mitteleuropa neuzeitl. Naturrechtsdenken Vernunftrechtslehre, christl. Quellen	Rechtskodifikationen
18./19. Jh.	Deutschland Historische Schule	Entwicklung von Recht aus dem »Volksgeist«
19. Jh.	Deutschland Pandektistik	Systematisierung des alten röm. Rechts
1.1.1900	Deutschland Pandektensystem	*BGB* modernes Gesetzbuch

B Zur Geschichte der Rechtswissenschaft

Aufgabe und Eigenart

Rechtswissenschaft und Rechtsanwendung bilden zusammen die **Jurisprudenz.** Die **Rechtsdogmatik,** der Kern der Rechtswiss., hat die Aufgabe, das Recht zu beschreiben, zu deuten und zu systematisieren. Ergänzt wird die Rechtsdogmatik durch die *Grundlagenfächer* Rechtsgeschichte, Rechtsphilosophie und Rechtssoziologie sowie *Komplementärdisziplinen* wie die Kriminologie und die Rechtsmedizin. Enge Beziehungen bestehen zur Wirtschaftswiss., zur Politikwiss. und zur Soziologie.

Die Rechtswiss. ist weder eine empirische noch eine formale Wissenschaft, sondern gehört (wie die Medizin) zu den *angewandten Wissenschaften* (A).

Die Rechtswiss. wird häufig als eine *normative Disziplin* bezeichnet, doch verdunkelt diese Etikettierung mehr als sie erhellt. Normen bilden zwar den Gegenstand der Rechtswiss., sie selbst stellt jedoch keine Normen auf und geht insofern also nicht normativ vor. Stattdessen übernimmt die Rechtswiss. die Rechtsnormen von den dafür demokrat. legitimierten Organen, bes. vom parlamentar. Gesetzgeber.

Geschichte

Während sich das Vorhandensein von Recht und mit ihm das Auftreten von Rechtskundigen (Priester, Urkundenschreiber, Gerichtsredner) bis zu den ältesten menschl. Gesellschaften zurückverfolgen lässt, ist die Rechtswiss. weitaus jünger (B).

In der griech. Antike hat es zwar eine hochentwickelte Rechtsphilosophie gegeben, aber noch keine Rechtswiss. im heutigen Sinn. Diese ist eine Erfindung der Römer und entwickelte sich aus der Rspr. der Priester. Im 3. Jh. v. Chr. begannen Rechtsexperten jurist. Gutachten *(responsa)* zu erstellen und bei Vertragsgestaltungen mitzuwirken **(Kautelarjurisprudenz).** Die röm. Jurisprudenz orientierte sich stark an bereits entschiedenen älteren Fällen (*Präjudizien*) und ähnelte insofern dem heutigen angelsächs. Rechtsverständnis.

Juristen wie LABEO, CELSUS, PAPINIAN und ULPIAN genossen als Gutachter großes Ansehen. Ihre oft nur knapp begründeten Äußerungen wurden der Streitentscheidung zugrundegelegt.

Um 530 n. Chr. versammelte der oström. Kaiser JUSTINIAN die röm. Rechtsliteratur im **Corpus Iuris Civilis.**

Im Westen Europas erlebte die Rechtswiss. erst im 11. Jh. eine Renaissance, die von **Bologna** ausging. Geprägt durch die Methoden der Scholastik, begannen dort IRNERIUS und andere »doctores«, Glossen (Erläuterungen) zu den Texten des ›Corpus iuris‹ zu verfassen.

Die Arbeit der *Glossatoren* wurde durch ACCURSIUS 1228 zur ›Glossa ordinaria‹ zusammengefasst.

Im 13. Jh. wurden die Erläuterungen ausführlicher und praxisbezogener. Ihre Autoren tragen deshalb den Namen Postglossatoren oder *Kommentatoren* (BARTOLUS, BALDUS).

Ab dem 15. Jh. wandte sich eine vom Humanismus geprägte Juristengeneration von dem scholast. Stil ab und versuchte, direkt auf die antiken Quellen zurückzugreifen (CUIACIUS, DONELLUS, ZASIUS).

Diese **humanistische Jurisprudenz** ging von frz. Universitäten aus, weshalb man sie, im Gegensatz zum älteren »mos italicus«, auch als »mos gallicus« bezeichnet.

Der **Usus modernus** (STRYK, CARPZOV) setzte dem eine praxiszugewandte Dogmatik auf der Grundlage des fortgeltenden röm. Rechts entgegen, die die Tätigkeit der Gerichte unterstützen und die lokale Rechtsetzung fördern sollte.

Davon unabhängig entwickelte sich die **Naturrechtslehre** aus christl. Quellen (THOMAS VON AQUIN). GROTIUS, der Vater des neuzeitl. Naturrechtsdenkens, verband in seinem Hauptwerk ›De iure belli ac pacis‹ (1623) naturrechtl. und völkerrechtl. Lehren. Unter den dt. Natur- und Vernunftrechtslehrern des 17. und frühen 18. Jh. ragen PUFENDORF, THOMASIUS und WOLFF hervor.

Durch ihre Arbeiten wurden die großen Rechtskodifikationen des 18. und 19. Jh. vorbereitet. Als **Kodifikation** bezeichnet man die als abschließend gedachte systemat. Zusammenfassung eines gesamten Rechtsgebiets in einem Gesetz. Zu den wichtigsten Kodifikationsjuristen gehören KREITTMAYR, COCCEJI und SVAREZ.

Zu Beginn des 19. Jh. wandte sich die **Historische Schule** unter Führung von SAVIGNY (1779–1861) gegen die Kodifikationsbewegung, bes. gegen die von THIBAUT angemahnte Kodifikation des dt. bürgerl. Rechts. Für SAVIGNY und seine Schüler entwickelte sich das Recht aus dem **Volksgeist;** Aufgabe der Jurisprudenz ist lediglich die Beschreibung und Systematisierung der histor. gewachsenen Rechtsformen, worunter SAVIGNY v.a. das röm. Recht verstand.

Durch begriffl. Analyse und Systematisierung der überlieferten röm. Rechtstexte schufen die Nachfolger SAVIGNYS (PUCHTA, DERNBURG, WINDSCHEID) die **Pandektistik,** die Lehre von den Pandekten (Auszüge aus den Schriften der klass. röm. Juristen, lat. Digesten), mit der die dt. Rechtswiss. zu weltweiter Anerkennung gelangte.

Das Pandektensystem bildet die Grundlage des am 1. 1. 1900 in Kraft getretenen **BGB.**

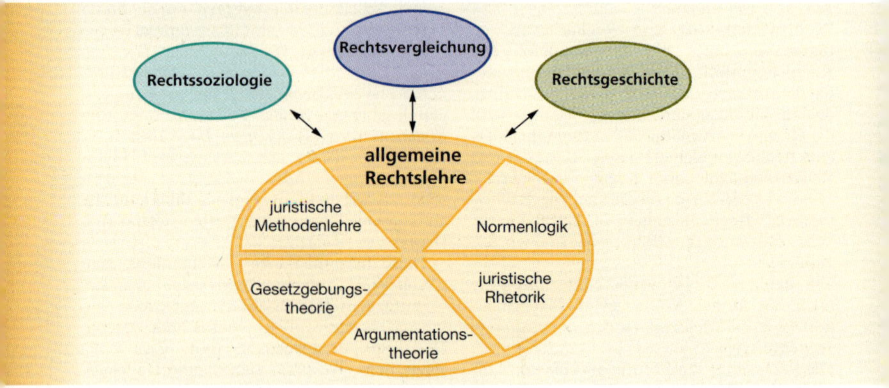

A Die allgemeine Rechtslehre und ihre Nachbardisziplinen

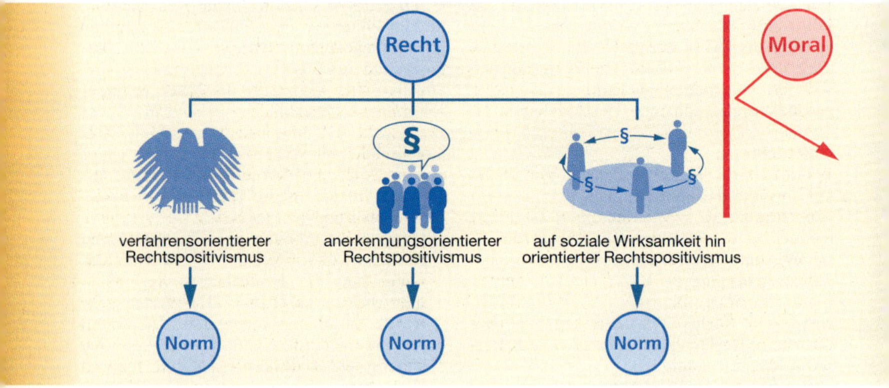

B Rechtspositivismus

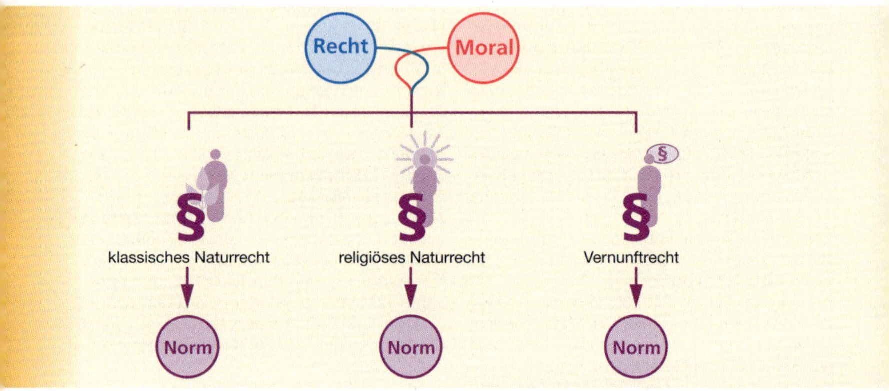

C Naturrecht

Seit der Antike wurden zahlreiche verschiedene **Definitionen von Recht** vorgeschlagen:
ARISTOTELES (4. Jh. v. Chr.) unterschied Natur- und Gesetzesrecht:

»Das Naturrecht hat überall dieselbe Kraft der Geltung und ist unabhängig von Zustimmung oder Nicht-Zustimmung (der Menschen). Beim Gesetzesrecht ist es ursprünglich ohne Bedeutung, ob die Bestimmungen so oder anders getroffen wurden; wenn es aber festgelegt ist, dann ist es verbindlich.«

Der röm. Jurist ULPIAN (gest. 223 n. Chr.) erklärte, das Recht leite seinen Namen von der Gerechtigkeit her. Recht sei »die Kunst des Guten und Billigen«.
THOMAS VON AQUIN (1224–74) kennzeichnete das menschl. Gesetz durch die Herleitung aus dem natürl. Gesetz Gottes, die Ausrichtung auf das allg. Gute und die Festlegung durch den Herrscher.
Für THOMAS HOBBES (1588–1679) sind die bürgerl. Gesetze dagegen

»die Regeln, die der Staat jedem Untertanen durch Wort, Schrift oder andere ausreichende Willenszeichen befahl, um danach Recht und Unrecht, d. h. das Regelwidrige und das der Regel Entsprechende, zu unterscheiden.«

Berühmt ist die Definition IMMANUEL KANTS (1724–1804):

»Recht ist die Einschränkung der Freiheit eines jeden auf die Bedingung ihrer Zusammenstimmung mit der Freiheit von jedermann, in so fern diese nach einem allgemeinen Gesetz möglich ist.«

Der liberale Positivist HANS KELSEN schließlich definierte Recht als »normative Zwangsordnung«.
Hinter jeder dieser Def. steht eine andere Vorstellung vom Recht, seiner Herkunft, Funktion und Bedeutung.

Die **Allgemeine Rechtslehre,** auch **Rechtstheorie** genannt, ist Teil der Rechtsphilosophie und behandelt grundlegende Fragen, die in allen Rechtsgebieten in gleicher oder ähnlicher Form auftreten, z. B. die Def. von Begriffen wie »Recht« oder »Schuld«. Deshalb sucht sie den Kontakt zu anderen jurist. Grundlagendisziplinen wie der *Rechtsgeschichte* und der *Rechtssoziologie*. Ihre Methoden sind, im Unterschied zur traditionellen Rechtsphilosophie, *Beschreibung* und *Analyse*.

Die jurist. Methodenlehre kann als Teilgebiet der Allg. Rechtslehre angesehen werden. Andere Teilgebiete sind z. B. die Normenlogik, die Gesetzgebungstheorie und die Argumentationstheorie (A).

Zu den wichtigsten Themen gehört die Frage nach dem Rechtsbegriff. Problemat. ist dabei bes. die **Abgrenzung von Recht und Moral.** Eng damit zusammen hängt die Frage, ob das Recht ausschließl. auf menschl. Setzung beruht, also *positives* (lat. *ponere* für 'setzen') Recht darstellt, oder ob es dem menschl. Dafürhalten vorgeordnete und damit *überpositive* Normenordnungen gibt, an die das positive Recht gebunden ist.

Alle Versuche, den Begriff »Recht« näher zu umschreiben, lassen sich danach unterscheiden, ob der Rechtsbegriff formal oder material (inhaltlich) bestimmt wird.
Die *formale Begriffsbestimmung,* z. B. Erlass in dem dafür von der Verf. vorgesehenen Verfahren, ist kennzeichnend für den **Rechtspositivismus.** Seine Grundthese lautet, dass Recht und Moral begrifflich streng auseinander gehalten werden müssen *(Trennungsthese).*
Um Recht von anderen sozialen Normen zu unterscheiden, wurden Kriterien vorgeschlagen, nach denen sich mehrere **Spielarten des Rechtspositivismus** unterscheiden lassen (B).

Meist sind es Kriterien, deren Vorliegen formal oder empir. überprüfbar ist.

Das Recht umfasst danach nur solche soz. Normen, die

- nach Maßgabe der jeweiligen Verf. *ordnungsgemäß zustande gekommen* sind **(verfahrensorientierter Rechtspositivismus),**
- von den Betroffenen (d. h. den dem Recht unterworfenen Bürgern und Rechtsanwendungsorganen) *anerkannt* werden **(anerkennungsorientierter Rechtspositivismus)** oder
- von den Betroffenen *tatsächlich befolgt* werden **(auf soziale Wirksamkeit hin orientierter Rechtspositivismus).**

Naturrechtl. Konzeptionen machen den Rechtsbegriff von *inhaltl. Eigenschaften* abhängig. Es handelt sich meist um Kriterien, die von menschl. Entscheidungen unabhängig sein sollen, z. B. Übereinstimmung mit göttlichen Geboten, ewigen Vernunftwahrheiten oder Naturgesetzlichkeiten. Das Richtigkeitskriterium kann empir. Überprüfung zugänglich sein, muss dies aber nicht.

Recht und Moral fallen nach Ansicht der Naturrechtler zumindest teilw. zusammen.

Naturrechtl. Rechtskonzeptionen werden ebenfalls in zahlreichen Spielarten vertreten (C). Das Recht umfasst nur solche soziale Normen, die

- mit der *Natur der Menschen* im Einklang stehen **(klass. Naturrecht),**
- aus den *Geboten* eines *Gottes* resultieren **(religiöses Naturrecht)** oder
- sich aus der *menschl. Vernunft* ergeben **(rationalist. Naturrecht, Vernunftrecht).**

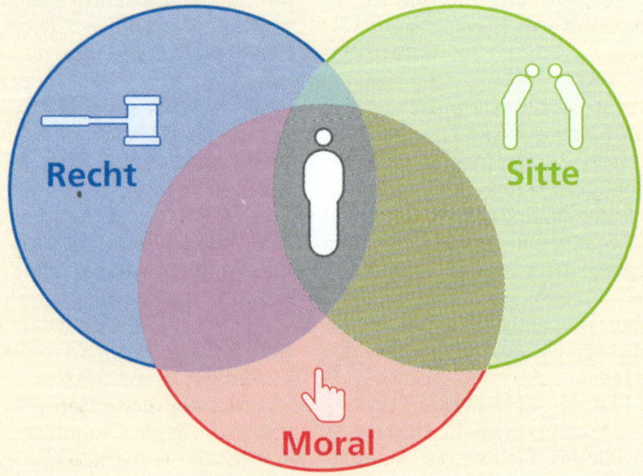

A Das Individuum im Schnittbereich von Recht, Sitte und Moral

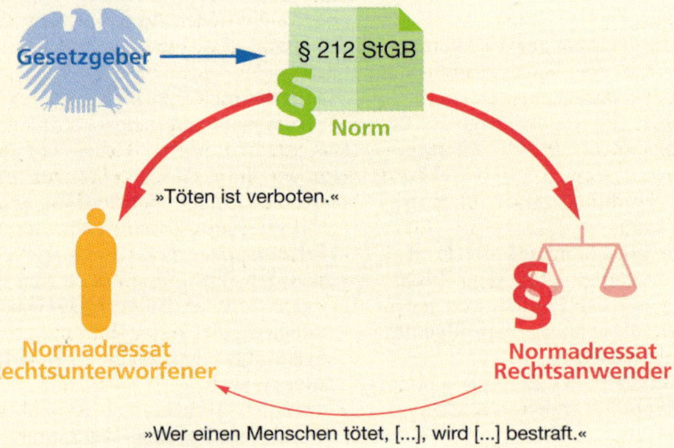

B Der Normadressat

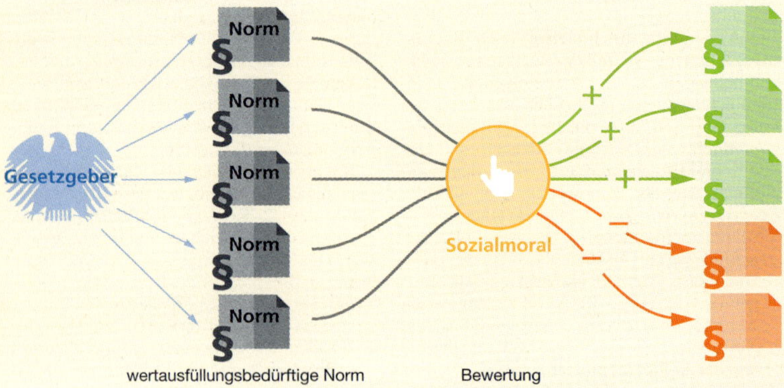

C Wertausfüllungsbedürftige Rechtsnormen

Normen, die menschl. Verhalten regulieren, heißen **Verhaltensnormen.** Sie können als Ge- oder Verbote auftreten.

Nicht nur das Recht besteht aus Verhaltensnormen, sondern auch die Moral (oder Sittlichkeit) und die Sitte (oder Brauch) (A). Die Abgrenzung zwischen Recht, Moral und Sitte wirft seit jeher bes. Probleme auf. Die Ausdifferenzierung versch. Typen von Verhaltensnormen ist Kennzeichen fortgeschrittener Gesellschaften; in primitiven und archaischen Kulturen wird zwischen Recht, Moral und Sitte nicht unterschieden.

Rechtsnormen wie

> Wer einen Menschen tötet, [...], wird [...] bestraft (§ 212 StGB)

richten sich in erster Linie an den Rechtsanwender, also etwa den Richter. Sie dienen der Sicherung und Durchsetzung von Verhaltensnormen wie »Töten ist verboten«, die für jedermann gelten (B).

Damit lassen sich **Rechtsnormen als staatlich garantierte Verhaltensnormen** charakterisieren. Dies bedeutet u. a., dass sich Rechtsnormen mit staatlich sanktioniertem Zwang durchsetzen lassen.

Die **Moral**

besteht aus Verhaltensnormen, die in der Gesellschaft als bes. wichtig angesehen werden (Sozialmoral). Verstöße werden in den Kategorien »gut« und »böse« missbilligt. Moral. Normen können, müssen aber nicht staatl. sanktioniert sein.

> So ist etwa das allg. Tötungsverbot staatl. sanktioniert und gehört damit sowohl der Moral als auch dem Recht an, während das allg. Verbot zu lügen nur der Moral angehört. In bes. Fällen knüpft das Recht aber auch an eine Lüge Rechtsfolgen, z. B. beim Betrug (§ 263 StGB) oder bei der Falschaussage vor Gericht (§ 153 StGB).

Häufig findet sich als zusätzl. Unterscheidungskriterium, dass sich Moralnormen »nach innen« (z. B. an das Gewissen) richten, während Rechtsnormen das äußere Verhalten regulieren. Für KANT sind dagegen nur solche Handlungen moralisch, die aus der »Idee der Pflicht« entspringen:

> »Man nennt die bloße Übereinstimmung oder Nichtübereinstimmung einer Handlung mit dem Gesetze, ohne Rücksicht auf die Triebfeder derselben, die *Legalität* (Gesetzmäßigkeit); diejenige aber, in welcher die Idee der Pflicht aus dem Gesetze zugleich die Triebfeder der Handlung ist, die *Moralität* (Sittlichkeit) derselben«. (›Metaphysik der Sitten‹)

Normen der Sitte,

> z. B. das Gebot, den Nachbarn zu grüßen oder beim Essen zu schlürfen (Japan),

ziehen im Fall ihrer Verletzung i. d. R. nur gesellschaftl. und keine rechtl. Sanktionen nach sich. Der Übergang von Sitte zur Moral ist fließend.

> Das Gebot, den Nachbarn zu grüßen, lässt sich auch als moral. Pflicht ansehen.

Moden (z. B. bei der Kleidung oder der Sprechweise) sind moral. neutral. Finden sie genügend Anhänger oder sind ihre Anhänger in einflussreichen Positionen, so können Moden allerdings zur Sitte werden oder sogar in die geltende Moral Eingang finden.

> Die Forderung nach einer »politisch korrekten« Ausdrucksweise wird z. T. als bloße Mode abgetan, z. T. aber auch als moral. Forderung verstanden.

Das Recht steht mit der in einer Gesellschaft geltenden Moral (Sozialmoral) und den von ihr akzeptierten Werten in engem Zusammenhang: Viele **Gesetze** lassen sich als **staatl. sanktionierte Moralnormen** ansehen.

> Dies gilt bes. für die Bestimmungen des Strafrechts und viele Bestimmungen des GG, etwa die Grundrechte.

Selbst wenn das Gesetz als solches keinen unmittelbaren moral. Gehalt hat, wurde es doch oft vom Gesetzgeber zur Erreichung best. moral. hoch stehender Ziele erlassen.

> Die Straßenverkehrsordnung ist als solche moral. neutral. Moral. positiv bewertet ist jedoch ihr Ziel: die Sicherung des Straßenverkehrs und damit u. a. die Sicherung des Lebens der Verkehrsteilnehmer.

In vielen Fällen weisen die Gesetze ausdrücklich auf die bestehenden moral. Anschauungen und gesellschaftl. Sitten hin, so etwa in vielen **Generalklauseln** des Zivilrechts:

> § 242 BGB: »Treu und Glauben«, §§ 138, 826 BGB: »gute Sitten« (vgl. auch § 228 StGB), § 315 BGB: »Billigkeit«.

Derartige Regelungen werden häufig als *wertausfüllungsbedürftig* bezeichnet (C).

Ist eine Rechtsnorm erlassen worden, so ist ihre jurist. Geltung grundsätzlich unabhängig davon, ob sie mit der geltenden Moral übereinstimmt.

> Als Ausnahme kommt allenfalls in Betracht, dass eine Rechtsnorm grundlegenden und allg. anerkannten Moralanschauungen widerspricht. Im demokrat. Verfassungsstaat sind derartige Fälle aber, anders als in einer Diktatur, kaum denkbar.

Eine vollständige *Gleichschaltung von Recht und Moral* ist ein Kennzeichen totalitärer Gesellschaften.

> Sind Recht und Moral identisch, so ist eine moral. Kritik der bestehenden Rechtszustände schon begrifflich ausgeschlossen.

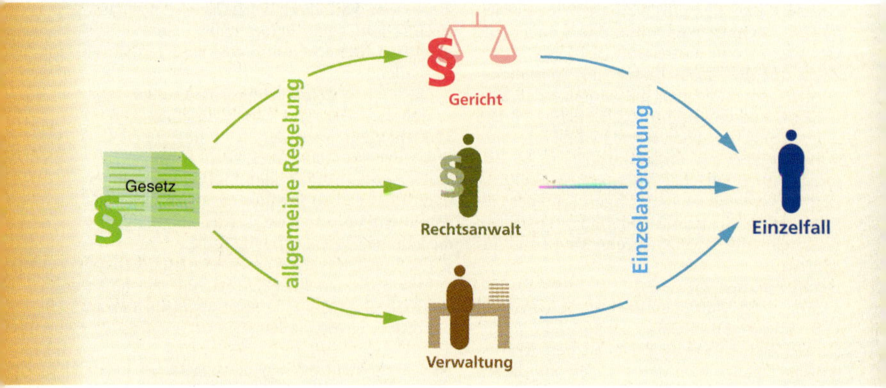

A Rechtsanwendung

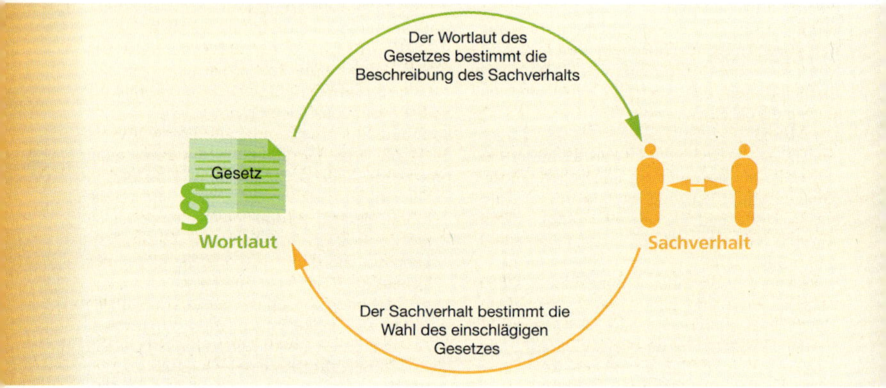

B Hermeneutischer Zirkel

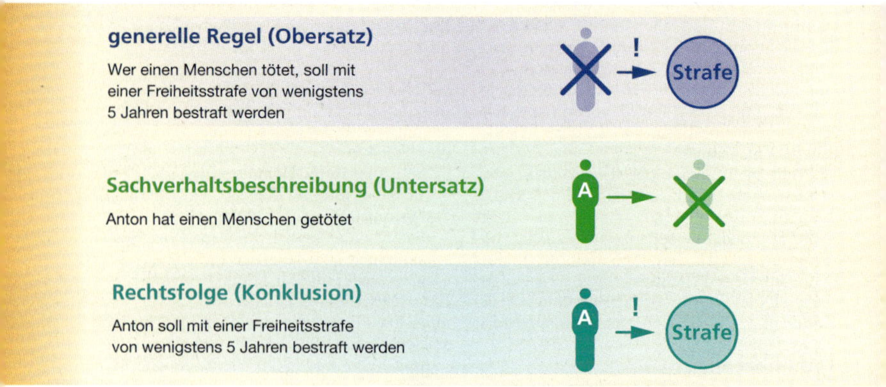

C Subsumtionsschluss der Rechtsanwendung

Rechtsanwendung ist das Verfahren, mittels dessen die im Gesetz enthaltene generelle Regelung auf einen gegebenen Einzelfall (Sachverhalt) übertragen wird.

Sie erfolgt v. a. durch die Gerichte und die Verwaltung. Aber auch nicht-staatl. Stellen, z. B. Rechtsanwälte, wenden Recht an.

Die Rechtsanwendung geschieht nicht willkürlich, sondern folgt best. Regeln. Diese sollen sicherstellen, dass die Einzelfallentscheidung tatsächlich dem Gesetz entspricht und nicht dem Belieben des Rechtsanwenders entspringt (A).

Die Forderung nach einer engen **Bindung der Rechtsanwendung an das Gesetz** wird teilweise als formalist. oder »positivistisch« kritisiert; manche vermuten dahinter eine konservative oder gar autoritäre Einstellung. Dabei wird übersehen, dass die Bindung des Rechtsanwenders zu den wesentl. Errungenschaften des liberalen und demokrat. Rechtsstaats gehört (Art. 20 III GG).

Nur das Gesetz ist unmittelbar (formelles Gesetz) oder mittelbar (z. B. Rechtsverordnung) demokrat. legitimiert, nicht aber der Rechtsanwender *(Herrschaft des Rechts* statt *Herrschaft der Rechtsanwender).*

Eine fallweise Durchbrechung gesetzl. Regelungsanordnungen durch die Obrigkeit oder gar deren Freistellung von rechtl. Bindung sind Kennzeichen vordemokrat. Gesellschaftsformen.

Subsumtion (von lat. subsumere 'darunterstellen, unterordnen') bedeutet die Einordnung eines gegebenen Sachverhalts unter einen Rechtssatz. Um sicherzustellen, dass die Einzelfallregelung mittelbar aus der allg. gesetzl. Regelung folgt, muss sie aus dem Gesetz ableitbar sein. Dies wird durch den **Subsumtionsschluss der Rechtsanwendung** (»*Justizsyllogismus*«; C) erreicht. Seine allgemeine Form sieht so aus:

(1) Für alle Personen gilt: Wenn x den Tatbestand T erfüllt, dann soll für x die Rechtsfolge R eintreten
(2) x_i hat den Tatbestand T erfüllt
(3) Für x_i soll die Rechtsfolge R eintreten.

Die **erste Prämisse** (Obersatz) des jurist. Subsumtionsschlusses besteht stets aus einer generell formulierten Rechtsregel mit Tatbestand und Rechtsfolge.

Die **zweite Prämisse** (Untersatz) enthält die Beschreibung eines konkreten Sachverhaltes. Sie muss die tatbestandl. Voraussetzungen des Obersatzes erfüllen, diesem also *subsumierbar* sein.

Trifft dies zu, so ergibt sich logisch die Rechtsfolge für den Einzelfall (**Konklusion;** C), die aus einer singulären Rechtsanordnung besteht.

Am Subsumtionsmodell wird kritisiert, dass die Rechtsanwendung in der Praxis nur selten in der Form eines einwandfreien log. Schlusses auftritt.

Es sei deshalb verfehlt, die Rechtsanwendung in das Prokrustesbett der Logik zu zwingen.

Dem lässt sich entgegengehalten, dass unproblemat. Teile des Subsumtionsverfahrens bei der Rechtsanwendung nicht ausdrücklich erwähnt werden müssen.

Um dem Rechtsstaats- und Demokratieprinzip zu genügen, reicht es aus, dass sich die Einzelfallentscheidung als log. Umsetzung der generellen gesetzl. Regel darstellen lässt *(Darstellungs- und Kontrollfunktion des Subsumtionsmodells).*

Ein anderes Argument gegen das Subsumtionsmodell lautet, es sei gar nicht möglich, gegebene Sachverhalte ohne weiteres unter das Gesetz zu subsumieren.

Die **Auslegung** ist das **hermeneutische Element der Rechtsanwendung.**

Vom Subsumtionsschluss als dem log. Element ist sie klar zu unterscheiden.

Ziel der Auslegung ist es, die Bedeutung des Gesetzes (d. h. die Bedeutung der gesetzl. Tatbestandsmerkmale) zu klären. Die Auslegung erfolgt stets mit Blick auf den zu subsumierenden Sachverhalt; andererseits wird die Sachverhaltsbeschreibung schon mit Blick auf das möglicherweise einschlägige Gesetz vorgenommen (*hermeneut. Zirkel;* B).

Die Auslegung des Gesetzes geht der Subsumtion voraus.

Gegenstand der **Auslegung** sind die (meist geschriebenen) Rechtsnormen. Um zu entscheiden, ob die Norm für den gegebenen Sachverhalt einschlägig ist, muss zunächst der Tatbestand der Norm untersucht werden. Er besteht üblicherweise aus verschiedenen Elementen, den sog. *Tatbestandsmerkmalen.* Die Auslegung beginnt damit, die Tatbestandsmerkmale sorgfältig herauszuarbeiten.

So lautet etwa der Tatbestand von § 242 StGB (Diebstahl):
»Wer eine fremde bewegliche Sache einem anderen in der Absicht wegnimmt, die Sache sich oder einem Dritten rechtswidrig zuzueignen ...« Zu unterscheiden sind hier das Tatobjekt, umschrieben durch die Tatbestandsmerkmale »Sache«, »fremd« und »beweglich«; der Täter (»wer«); das Opfer (»einem anderen«); die Art und Weise der Tatbegehung (»wegnimmt«) sowie die subjektive Tatseite, also die Vorstellungen des Täters bei Tatbegehung (»Absicht, die Sache sich oder einem Dritten rechtswidrig zuzueignen«, Vorsatz).

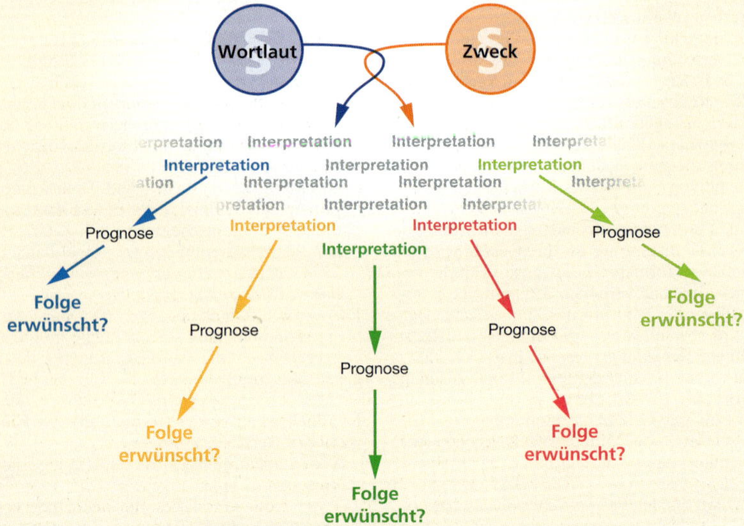

A Die teleologische Auslegungsmethode

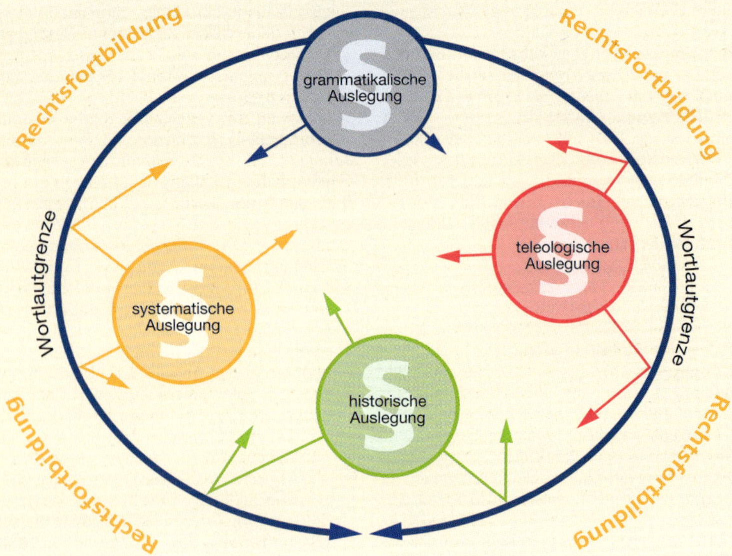

B Die vier klassischen Auslegungsregeln

Die vier klassischen Auslegungsregeln

Die Auslegung (Interpretation) von Rechtsnormen erfolgt mit Hilfe von *Auslegungsregeln* (Auslegungsmethoden). Sie können nebeneinander angewendet werden. Es existieren 4 klass., auf SAVIGNY zurückgehende Auslegungsregeln (B), die auch als **Canones der Auslegung** bezeichnet werden:

- die *grammatikalische Auslegung* (nach dem Wortlaut),
- die *systematische Auslegung* (nach dem System des Gesetzes),
- die *historische Auslegung* (nach dem Willen des Gesetzgebers) und
- die *teleologische Auslegung* (nach Sinn und Zweck des Gesetzes).

Gemäß der (etwas irreführend so bezeichneten) **grammatikalischen Methode** versucht der Interpret, den Inhalt der Norm aus der sprachl. Fassung zu erkennen, wobei er sich am *allgemeinen Sprachgebrauch* des Alltags orientiert. Daneben kann er auch Wörterbücher zu Rate ziehen.

Nach der **systematischen Auslegungsmethode** ist zu fragen, ob der auszulegende Begriff in anderen Rechtsnormen auftaucht und wie er dort verwendet wird. Außerdem ist zu prüfen, ob sich aus dem *systemat. Zusammenhang* einer Norm Aufschlüsse über die Bedeutung ihrer Tatbestandsmerkmale gewinnen lassen.

Das StGB verwendet das Wort »Sache« u. a. in § 303 (Sachbeschädigung). Auch dort fehlt jedoch eine Definition. Eine solche enthält § 90 BGB: »Sachen im Sinne des Gesetzes sind nur körperl. Gegenstände.« Nach ihrem Wortlaut gilt diese Begriffsbestimmung zwar nur für das BGB, doch kann sie zumindest unterstützend für die Auslegung des Sachbegriffs in § 242 StGB herangezogen werden.

Die **historische Auslegungsmethode** erforscht den *Willen des histor. Gesetzgebers.* Aufschluss darüber können die sog. *Gesetzesmaterialien* geben, also die Texte, die bei der Formulierung der Rechtsnorm entstanden sind (vorbereitende Gutachten, Diskussionsprotokolle u. Ä.). Wegen der Vielzahl der heute am Gesetzgebungsverfahren beteiligten Personen führt die histor. Methode nur selten zu eindeutigen Ergebnissen. Außerdem sind gerade die wichtigsten Gesetze (BGB, StGB, HGB) zu alt, als dass der histor. Gesetzgeber heutige Anwendungsprobleme hätte voraussehen können.

Bsp.: Anfang der 1980er Jahre war das Problem akut, ob das unerlaubte Löschen von Daten auf einer Diskette als Sachbeschädigung (§ 303 StGB) anzusehen ist. Der Blick in die Gesetzesmaterialien wäre hier offensichtlich nutzlos gewesen. Nachdem die Anwendbarkeit des § 303 StGB von der Rspr. unter Berufung auf den Gesetzeswortlaut verneint worden war, erließ der Gesetzgeber die §§ 303 a StGB (Datenveränderung) und 303 b StGB (Computersabotage).

Die **teleologische Methode** ist die nach überwiegender Ansicht wichtigste Auslegungsmethode (A). Sie fragt nach dem *Telos,* also dem Sinn und Zweck des Gesetzes. Allerdings steht sie vor dem Problem, auf wessen Zwecksetzung es ankommen soll.

Die Zwecke des histor. Gesetzgebers werden schon durch die histor. Auslegungsmethode erfasst.

Bisweilen spricht man vom »objektiven Willen« des Gesetzes (sog. *objektiv-teleolog. Methode*). Darin drückt sich die Vorstellung aus, dass das Gesetz klüger sein könne als der Gesetzgeber.

Hinter dem angeblich »objektiven Willen« des Gesetzes steht aber in Wirklichkeit der jeweilige Gesetzesinterpret, der seine Zwecksetzung in das Gesetz hineinliest. Klüger als der Gesetzgeber ist nicht das Gesetz, sondern der Gesetzesinterpret. Er entscheidet, welche der verschiedenen vom Wortlaut noch gedeckten Lesarten des Gesetzes er der Entscheidung zugrunde legen will.

Dieses Verfahren ist im Hinblick auf den Gewaltenteilungsgrundsatz und das Demokratieprinzip fragwürdig. Die Praxis kann jedoch darauf nicht verzichten. Der Rechtsanwender sollte aber seine Interpretation des Normzwecks offen darlegen und mit Argumenten unterstützen.

Aus dem Normzweck allein ergibt sich die Entscheidung der anstehenden Rechtsfrage allerdings noch nicht. Vielmehr muss geprüft werden, welche der vom Gesetzeswortlaut gedeckten Norminterpretationen am ehesten geeignet ist, den Zweck des Gesetzes zu verwirklichen. Dabei kommt den *fakt. Folgen* der einzelnen Norminterpretationen entscheidendes Gewicht zu (**Folgenorientierung**). Das Wissen um die mögl. fakt. Folgen seiner Entscheidung erfordert vom Rechtsanwender eine *Prognose* (A).

Das dazu nötige Wissen entnimmt er teils seiner Alltagserfahrung, teils den Nachbardisziplinen, bes. den Sozialwissenschaften.

Eine feste **Rangfolge der Auslegungsregeln** existiert nicht; überwiegend wird jedoch gefordert, dass die Wortlautauslegung die Grundlage und Grenze jeder Gesetzesauslegung zu bilden habe (B). Norminterpretationen, die über den Wortlaut hinausgehen, stellen keine Rechtsanwendung mehr dar, sondern Rechtsfortbildung.

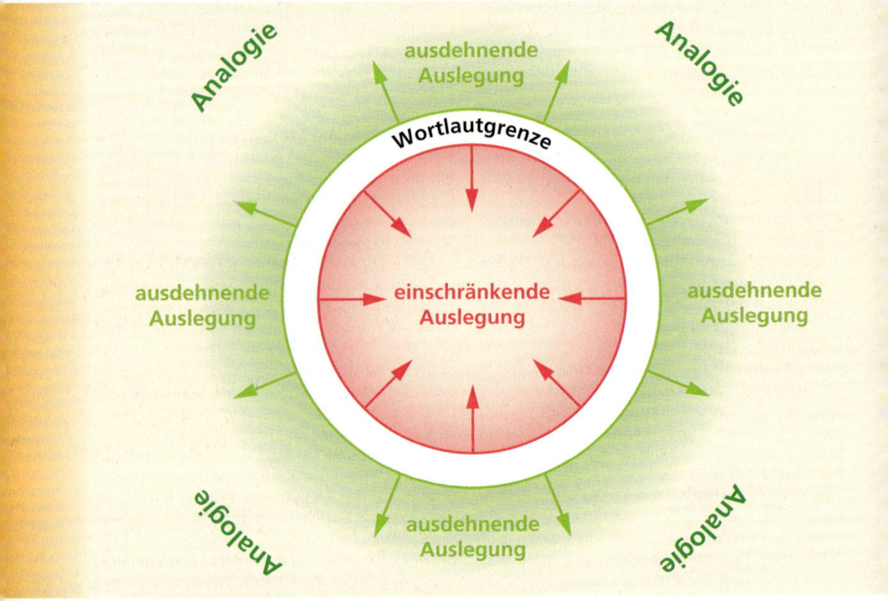

A Typen der Auslegung

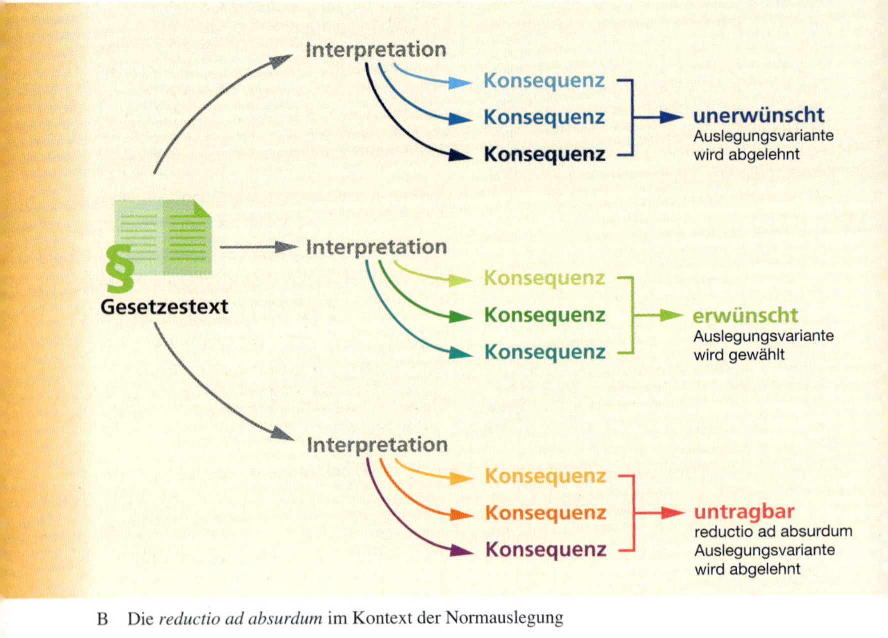

B Die *reductio ad absurdum* im Kontext der Normauslegung

Neben den 4 klass. Auslegungsregeln existieren zahlreiche **Sonderformen der Auslegung:**

- **einschränkende (restriktive) Auslegung:** der Anwendungsbereich eines gesetzl. Ausdrucks wird gegenüber seinem Wortlaut verringert.
  Sofern sich die einschränkende Auslegung auf teleolog. Erwägungen stützt, spricht man von *teleolog. Reduktion.*
- **ausdehnende (extensive) Auslegung:** der Anwendungsbereich eines gesetzl. Ausdrucks wird über seinen Wortlaut hinaus erweitert.
  Stützt sich die ausdehnende Auslegung auf teleolog. Erwägungen, liegt eine *teleolog. Extension* vor.

Die Grenzen zwischen ausdehnender Auslegung und rechtsfortbildender *Analogie* sind häufig schwer zu bestimmen (A).

Erlaubt der Gesetzeswortlaut mehrere Interpretationen, von denen aber nicht alle den Vorgaben der Verfassung gerecht werden, so gebietet der Grundsatz der

- **verfassungskonformen Auslegung,** sich für eine Lesart des Gesetzes zu entscheiden, die mit der Verfassung in Einklang steht;
- **berichtigenden Auslegung,** einen irreführenden Gesetzeswortlaut an das vom histor. Gesetzgeber tatsächlich Gewollte oder eine allgemein akzeptierte neue Zielsetzung des Gesetzes anzupassen;
  Von einer **Auslegung gegen das Gesetz** *(contra legem)* spricht man, wenn gegen einen eindeutigen Gesetzeswortlaut verstoßen wird. Sie ist grundsätzlich unzulässig; von der dt. Rspr. ist sie nur in seltenen Ausnahmefällen angewandt worden.
- **subjektiven Auslegung,** sich am Willen des Gesetzgebers und am Wortlaut zu orientieren;
- **objektiven Auslegung,** sich in erster Linie auf Systemerwägungen oder teleolog. Gesichtspunkte zu stützen, wobei sich diese häufig vom Willen des Gesetzgebers oder vom Wortlaut entfernen.
  Je »objektiver« die Gesetzesauslegung ist, desto weniger eindeutig und intersubjektiv nachprüfbar wird sie. Im Hinblick auf das Rechtsstaats- und Demokratiegebot des GG ist sie deshalb problematisch. Gleichzeitig ist sie jedoch erforderlich, um Gesetze an die sich ändernden sozialen Gegebenheiten anzupassen.

Argumentformen

Bei der Rechtsanwendung werden häufig **spezielle Argumentformen** verwendet. Obwohl sie auch als »jurist. Schlussformen« bezeichnet werden, handelt es sich nicht immer um log. gültige Schlüsse, sondern um *Plausibilitätsargumente:*

Ein **argumentum e contrario** (Umkehrschluss) liegt vor, wenn aus der Anknüpfung einer best. Rechtsfolge an einen best. Tatbestand gefolgert wird, dass diese Rechtsfolge nicht eintreten darf, wenn der Tatbestand nicht erfüllt ist.

Bei einem **argumentum a fortiori** (Erst-Recht-Schluss) wird von dem Vorliegen einer best. Regelung für einen best. Sachverhalt auf das Vorliegen derselben Regelung für einen anderen Sachverhalt geschlossen. Zwei Formen sind zu unterscheiden:

a) der Schluss vom Kleineren auf das Größere (*a minori ad maius*) und
b) der Schluss vom Größeren auf das Kleinere (*a maiori ad minus*).
   Bsp.: Wenn eine Prüfungsordnung vorsieht, dass die Prüfung bei einem Täuschungsversuch als nicht bestanden anzusehen ist, so gilt dies erst recht bei einer vollendeten Täuschung *(a minori ad maius).*

Die **reductio ad absurdum** ist eine bes. Art der Folgenbetrachtung:

Führt die Wahl einer von verschiedenen mögl. Lesarten einer Norm zu abwegigen Konsequenzen, so ist diese Lesart zu verwerfen (B).

Ein spezif. jurist. Argument ist die Berufung auf die **Natur der Sache.**

Damit ist gemeint, dass nur eine Lesart des Gesetzes den *tatsächl. Umständen* angemessen ist.

Auch die **Analogie** stellt eine spezielle jurist. Argumentform dar. *Analogie führt zu Rechtsfortbildung,* also der Schaffung von neuem Recht.

Es kommt allerdings vor, dass der Gesetzgeber die Analogie selbst angeordnet hat, z. B. in § 90 a BGB:

Auf Tiere sind »die für Sachen geltenden Vorschriften entsprechend anzuwenden«.

Die analoge Übertragung einer rechtl. Regelung auf einen von dieser urspr. nicht erfassten Sachverhalt ist, sofern sie nicht gesetzlich angeordnet ist, an 3 **Voraussetzungen** geknüpft:

- Es muss eine *Lücke* im Gesetz vorliegen, die vom Gesetzgeber nicht geplant war (sog. *echte* Lücke im Unterschied zu einer vom Gesetzgeber beabsichtigten *unechten* Lücke).
- Der zur Entscheidung stehende Sachverhalt muss dem gesetzl. geregelten Sachverhalt im Hinblick auf den Normzweck in wesentl. Zügen gleichen (relevante *Ähnlichkeit*).
- Die Analogie darf *nicht gesetzlich ausgeschlossen* sein.

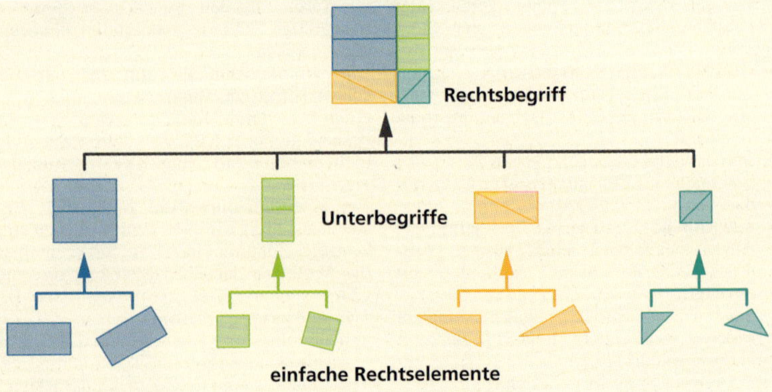

A Begriffsjurisprudenz

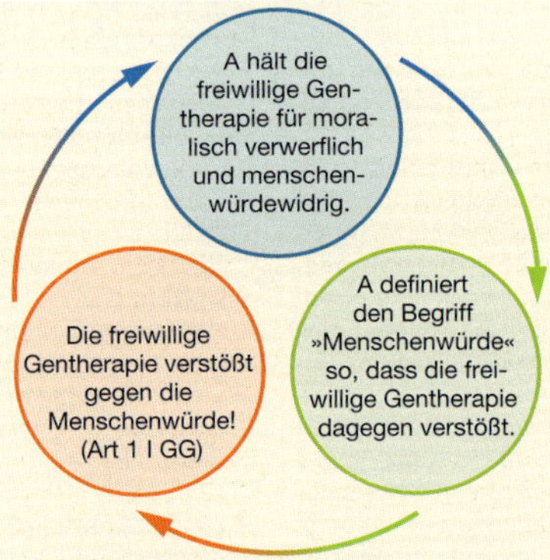

B Zirkelschluss der Rechtsanwendung

C Klassisches Entscheidungsmodell und topische Methode

Jede Anwendung geschriebenen Rechts steht vor der Frage, ob sie dem Buchstaben des Gesetzes oder den leitenden Interessen des Gesetzgebers den Vorrang einräumen soll. Im ersten Fall spricht man modellhaft von Begriffs-, im zweiten von Interessenjurisprudenz. Die Auseinandersetzung zwischen beiden Richtungen begann im 19. Jh. und prägt die dt. Rechtswissenschaft bis heute. **Begriffsjurisprudenz** meint die Vorstellung, jurist. Probleme ließen sich allein durch Analyse und Konstruktion und unter vollständiger Abstraktion von den realen Interessengegensätzen mit Hilfe vorgegebener Begriffe lösen. Die Bezeichnung **Interessenjurisprudenz** steht dagegen für die Vorstellung, das Recht und damit die zu seiner Formulierung verwendeten Begriffe seien das Ergebnis widerstreitender realer Interessen.

Die Arbeit der Juristen besteht nicht in begriffl. Konstruktion, sondern im prakt. Interessenausgleich.

Als Begründer der Begriffsjurisprudenz gilt SAVIGNY. Für ihn waren die jurist. Begriffe keine Erzeugnisse der Rechtswissenschaft, sondern »wirkliche Wesen«, mit denen Juristen »rechnen« können. Sein Schüler PUCHTA (1798 – 1846) verlangte, das gesamte Rechtssystem müsse als Produkt einer »wissenschaftl. Deduktion« aus einem einzigen Grundbegriff darstellbar sein. Mit dem jungen JHERING (1818–92) erreichte die Begriffsjurisprudenz ihren Höhepunkt.

Er sprach von der *»naturhistorischen Methode«* der höheren Jurisprudenz, einer »Chemie des Rechts« durch »Zersetzung des Stoffs« und »Auffindung der einfachen Elemente des Rechts«, welche die Grundlage für die »juristische Konstruktion« liefern sollten (A).

Aber nur wenige Jahre später wandte sich JHERING entschieden von der Begriffsjurisprudenz ab und spottete über ihre »Haarspaltemaschinen«, ihre »Fiktions- und Konstruktionsapparate« und den »juristischen Begriffshimmel«:

»Das Leben ist nicht der Begriffe, sondern die Begriffe sind des Lebens wegen da. Nicht was die Logik, sondern was das Leben, der Verkehr, das Rechtsgefühl postuliert, hat zu geschehen.«

HECK (1858–1943) kritisierte das begriffsjurist. *»Inversionsverfahren«* (Umkehrverfahren): Statt Begriffe aus Rechtssätzen zu bilden, gebe man vor, letztere aus den Begriffen abzuleiten, und stelle die Dinge damit auf den Kopf.

Praktisch ist die Begriffsjurisprudenz nie in reiner Form angewandt worden. Ihr entscheidender Fehler liegt in dem Irrglauben, der Inhalt von Begriffen sei dem jurist. Denken vorgegeben. Wie in jeder anderen Wissenschaft ist auch die jurist. Begrifflichkeit von (zweckorientierten) Definitionen ihrer Verwender abhängig.

Die Vorstellung, man könne allein durch Aufspaltung von Begriffen einen Rechtsfall lösen, führt zu einem **Zirkelschluss:** aus dem Begriff wird nur das hergeleitet, was man vorher »hineingesteckt« hat (B).

Trotzdem sind begriffsjurist. Argumente auch heute noch verbreitet. Bes. weite und unscharfe Begriffe wie »Eigentum« oder »Menschenwürde« bieten sich dazu an.

Bsp.: Der Begriff »Menschenwürde« lässt sich so deuten, dass auch die freiwillige Gentherapie dagegen verstößt. Doch sind andere Deutungen mit dem Verfassungstext ebenso gut vereinbar.

Als am 1. Januar 1900 das BGB in Kraft trat, hatte sich die Interessenjurisprudenz weitgehend durchgesetzt. Für die Gesetzesauslegung bedeutete dies, dass sich der Rechtsanwender bei der Lösung eines Falles an den vom Gesetzgeber geschützen Interessen zu orientieren und den Gesetzeszweck in *»denkendem Gehorsam«* (HECK) nachzuvollziehen hatte.

Die Bindung an den Wortlaut der Norm wurde auf diese Weise gelockert.

Erheblich weiter ging die **Freirechtsschule** (FUCHS, KANTOROWICZ) mit der Forderung, den Richter ganz von der Gesetzesbindung freizustellen. Die Richter, so wurde argumentiert, bildeten ihr Urteil ohnehin nicht aus dem Gesetz, sondern intuitiv.

Nach 1945 setzte sich im **Zivilrecht** die Interessenjurisprudenz in Form der bis heute herrschenden **Wertungsjurisprudenz** durch. Neben dem Gesetzeswortlaut sind v. a. die hinter dem Gesetz stehenden Wertungen des Gesetzgebers für die Fallentscheidung ausschlaggebend. Dementsprechend wird die *teleolog. Methode* der Gesetzesinterpretation betont.

Im **Strafrecht** schreibt Art. 103 II GG (wortgleich § 1 StGB) dagegen eine enge Wortlautbindung vor.

Im **Staats- und Verwaltungsrecht** hat sich bislang keine bestimmte methodolog. Richtung durchsetzen können. In der Praxis der Verwaltungsgerichte herrscht ein gemäßigter Gesetzespositivismus.

Demgegenüber dominiert in der Rspr. der Verfassungsgerichte, bes. der des BVerfG, die Methode der **Abwägung von für maßgeblich gehaltenen Gesichtspunkten am konkreten Fall** (topische Methode; C). Aus diesem Grund sind die Entscheidungen des BVerfG selbst für Fachleute oft kaum vorhersehbar.

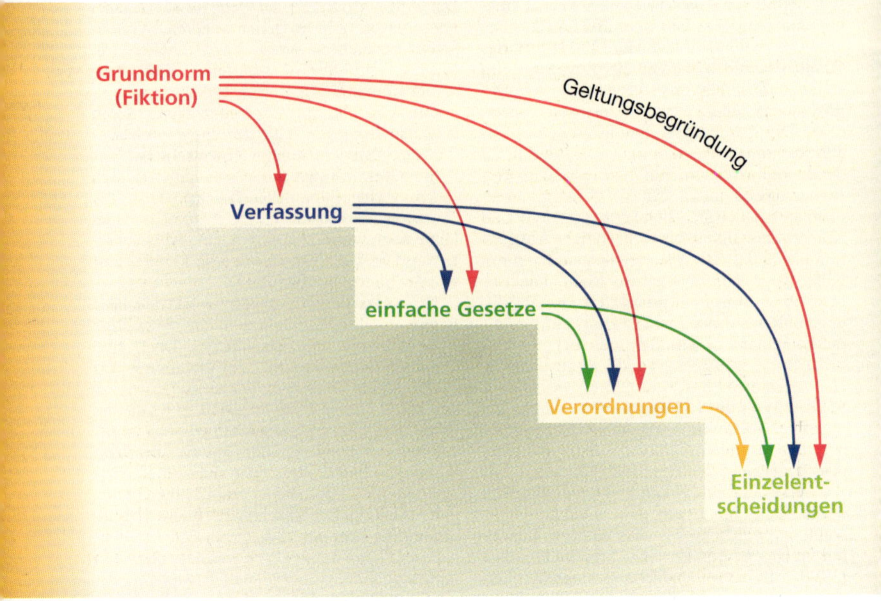

A Der Stufenbau der Rechtsordnung

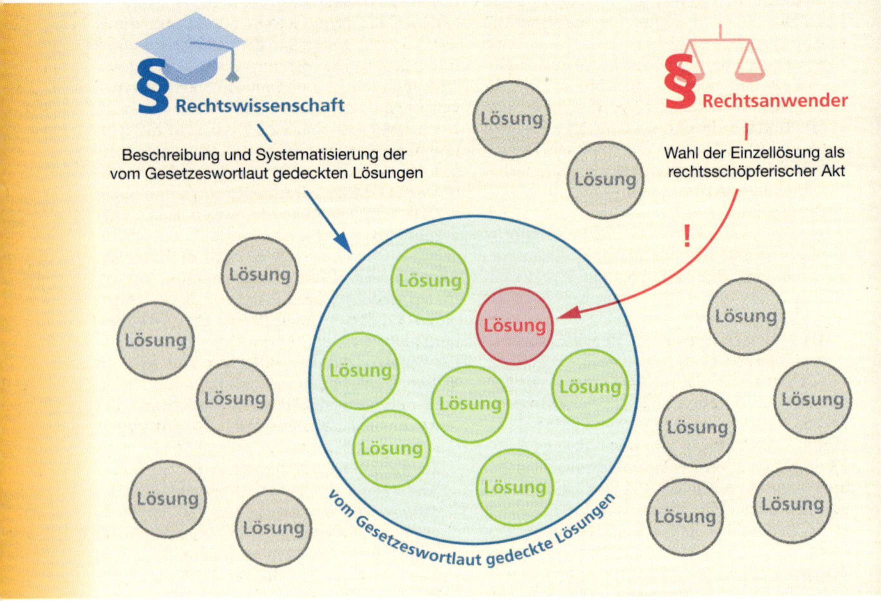

B Rechtsanwendung als Rechtsschöpfung (nach Kelsen)

Die **Reine Rechtslehre** ist eine der meistdiskutierten Theorien der Rechts. Ihr Grundanliegen ist eine klare **Trennung von Rechtswissenschaft und Rechtspolitik.** Ziel ist die Analyse der Rechtswissenschaft, bes. der Rechtsdogmatik, so wie sie sich nach Ausscheidung aller nicht-jurist. Elemente (z. B. aus Soziologie oder Theologie) darstellt.

Die Betonung der »rein juristischen« Betrachtungsweise ist nicht zuletzt aus dem *geistesgeschichtl. Hintergrund* der Lehre zu erklären, nämlich als Gegenentwurf zu dem nationalist. Rechtsdenken Anfang des 20. Jh. und den ideologisch aufgeladenen kommunist. und nationalsozialist. Rechtslehren der 1920er und 1930er Jahre.

Schöpfer und Hauptvertreter der Reinen Rechtslehre ist der in Prag geborene Österreicher HANS KELSEN (1881–1973). Seine Schriften umfassen Rechtstheorie, Rechtsphilosophie, Staats- und Verwaltungsrecht, Völkerrecht, Soziologie, polit. Ideengeschichte und Ideologiekritik.

Zuerst lehrte er in Wien, danach in Köln. Als überzeugter Demokrat und liberaler Positivist (›Vom Wesen und Wert der Demokratie‹, 1920) wurde er, der zudem noch Jude war, nach der Machtergreifung der Nationalsozialisten aus dem Staatsdienst entlassen. Er musste emigrieren und lebte ab 1940 in den USA. Sein rechtstheoret. Hauptwerk, die ›Reine Rechtslehre‹, erschien erstmals 1934, 1960 folgte eine Neuauflage mit der endgültigen Fassung.

Gegenstand der Reinen Rechtslehre ist das positive Recht. Dabei spielt die Unterscheidung von **Rechtsnorm** und **Rechtssatz** eine bes. Rolle: Eine *Rechtsnorm* ist eine rechtl. Anordnung. Sie drückt ein »Sollen« aus.

Bsp.: Diebstahl soll mit Freiheitsstrafe bestraft werden!

Dagegen besteht ein *Rechtssatz* aus der Beschreibung einer Rechtsnorm. Er drückt ein »Sein« aus.

Bsp.: Nach der Rechtsordnung des Landes X soll Diebstahl mit Freiheitsstrafe bestraft werden.

Die schon in der Antike bekannte **Trennung von Sein und Sollen,** also die Trennung von beschreibenden und vorschreibenden Aussagen, ist für die Reine Rechtslehre grundlegend. Aus Aussagen darüber, *was ist,* folgt niemals ohne weiteres, *was sein soll.* Damit steht die Reine Rechtslehre in der Tradition HUMES, KANTS und des *Neukantianismus.*

KELSEN lehnt konsequenterweise die älteren Naturrechtslehren ab, die aus einer (wie immer verstandenen) Natur des Menschen rechtl. Schlussfolgerungen ziehen wollten.

Die Normen eines Rechtssystems stehen nicht isoliert nebeneinander, sondern bilden eine Einheit. KELSEN spricht im Anschluss an MERKL (1890–1970) von einem **Stufenbau der Rechtsordnung.** Die Geltung von Rechtsnormen beruht auf anderen, höherstufigen Normen, deren Geltung wiederum von Normen noch höherer Stufe begründet wird (A).

So beruht die jurist. Geltung eines Urteils auf dem Gesetz, die Geltung des Gesetzes auf der Verfassung.

Die Lehre vom Stufenbau der Rechtsordnung entspricht der jurist. Praxis, jede Rechtsnorm auf ihre Geltung hin an einer höherrangigen Norm zu messen. Es liegt allerdings auf der Hand, dass dieser Prozess nicht unbegrenzt fortgeführt werden kann. KELSEN führt deshalb als Geltungsgrund der Verfassung den Begriff **Grundnorm** ein. Die Geltung der Verfassung beruht also auf der Grundnorm.

KELSENS Lehre von der Grundnorm ist oft missverstanden worden. Es geht ihm nicht um eine Legitimation der Verfassung, denn diese Frage wird im Rahmen der Reinen Rechtslehre gar nicht behandelt. Die Grundnorm ist lediglich eine *Fiktion,* um den Stufenbau der Rechtsordnung nach oben hin abzuschließen.

Neue Wege geht KELSEN auch beim Problem der **Gesetzesinterpretation.** In der traditionellen Rechtswissenschaft des 19. Jh. wurde unter dem Einfluss der Begriffsjurisprudenz nicht selten angenommen, aus dem Gesetz lasse sich für jeden konkreten Fall zwingend eine Lösung ableiten. Dagegen betont KELSEN, dass Gesetze in aller Regel mehrere Interpretationen zulassen (B), zwischen denen der Rechtsanwender *wählen* muss. Die Einzelentscheidung kann nicht logisch exakt aus dem Gesetz abgeleitet werden, vielmehr bedeutet Rechtsanwendung immer auch *Rechtsschöpfung,* also die Schaffung neuen Rechts. Aufgabe der Rechtswissenschaft ist allein die **Beschreibung der verschiedenen Auslegungsmöglichkeiten.** Die *Entscheidung* zwischen ihnen fällt nicht in den Zuständigkeitsbereich der Rechtswissenschaft, sondern in den der *Rechtsanwendung.*

Die Reine Rechtslehre ist seit ihrer Formulierung **Gegenstand heftiger Auseinandersetzungen** gewesen. Bes. aggressiv wurde sie von nationalsozialist. Rechtslehrern (z. B. CARL SCHMITT) angegriffen. Aber auch nach 1945 stieß sie in Dtl. überwiegend auf Ablehnung. Teilw. wurde sie als Neuauflage der Begriffsjurisprudenz missverstanden, obwohl gerade KELSEN den polit. Entscheidungsspielraum des Rechtsanwenders deutl. hervorgehoben hatte.

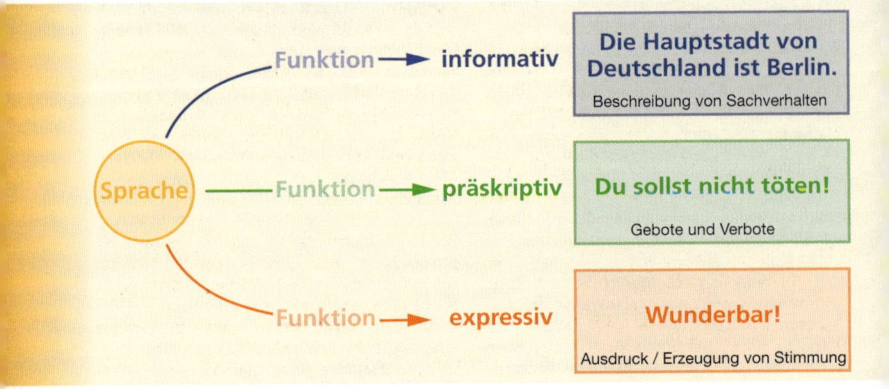

A Funktionen der Sprache

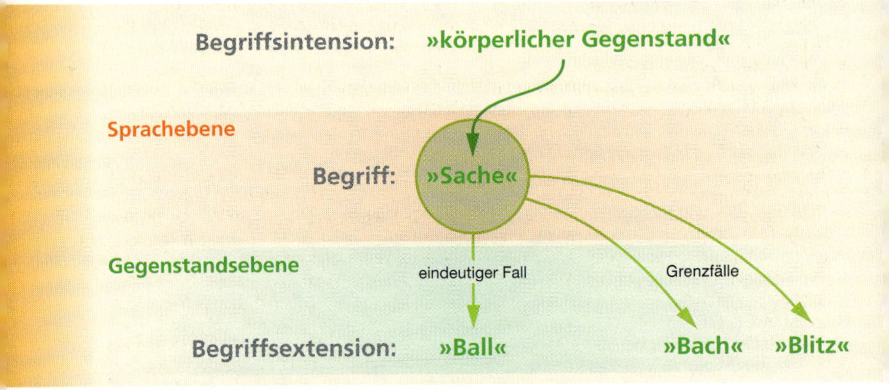

B Intension und Extension

C Begriffshof und Begriffskern von »Sache«

Nicht nur das Recht als der Gegenstand jurist. Tätigkeit ist **sprachlich gefasst** (und meist sogar schriftl. fixiert), auch die Ergebnisse jurist. Arbeit (etwa das anwaltl. Gutachten oder die richterl. Entscheidung) müssen durch Sprache vermittelt werden. Viele jurist. Auslegungsprobleme und rechtsdogmat. Streitfragen beruhen auf **unreflektiertem Sprachgebrauch.**

Drei Funktionen der Sprache lassen sich unterscheiden: die informative, die präskriptive und die expressive (A).

Kennzeichnend für die **informative** Sprachverwendung ist die *Beschreibung* von Sachverhalten, z. B.: A hat B am Körper verletzt.

Dagegen enthalten **präskriptive** Sätze eine Handlungsanweisung, z. B.: A, leiste an B Schadensersatz! oder: A soll an B Schadensersatz leisten!

In präskriptiven Sätzen werden Sachverhalte nicht beschrieben, es wird vielmehr gefordert, Sachverhalte herbeizuführen (Gebot) oder ihre Herbeiführung zu unterlassen (Verbot).

Eine **expressive** Sprachverwendung liegt vor, wenn Sprache eingesetzt wird, um Stimmungen auszudrücken oder zu erzeugen, z. B. der Ausruf: Wunderbar!

Normen wie »Wer einen Menschen am Körper verletzt, soll ... bestraft werden!« sind der präskriptiven Sprachform zuzuordnen. Betrachtet man allein den Tatbestand (»... einen Menschen am Körper verletzen«), so liegt eine informative Sprachverwendung vor. Expressive Funktion, gemischt mit informativen Elementen, besitzen häufig die Einleitungssätze größerer Gesetzeswerke, so etwa die Präambeln von Verfassungstexten.

Durch die Sprache ordnen wir Gegenständen, Sachverhalten oder Vorgängen in der Welt **Begriffe** zu. Begriffe sind sprachliche Zeichen.

So steht etwa der Begriff »Sache« für jeden körperl., von seiner Umgebung hinreichend deutlich abgegrenzten Gegenstand (§ 90 BGB).

Die (objektive) **Bedeutung** eines Begriffs ist der bezeichnete Gegenstand bzw. die Klasse der bezeichneten Gegenstände. In der Sprachphilosophie spricht man auch von *Intension* (Inhalt) und *Extension* (Umfang) eines Begriffs (B).

Um die Bedeutung eines gesetzl. Begriffs wie »Mord« oder »Vertrag« zu ermitteln (Juristen sprechen von »Auslegung«), muss herausgefunden werden, auf welche Sachverhalte oder Vorgänge er zutrifft (Ermittlung der Begriffsextension).

Die **Definition** eines Begriffs besteht in der *Festsetzung* einer best. Bedeutung *(Nominaldefinition).* Definitionen sind deshalb nicht wahr oder falsch, sondern lediglich mehr oder weniger zweckmäßig (adäquat). Sie gelten *per Konvention.*

Strikt von einer Definition zu unterscheiden ist die **Begriffsexplikation,** durch die ein gegebener Sprachgebrauch geklärt (expliziert) wird. Oft bilden derartige Explikationen die Voraussetzung einer entsprechenden Definition.

Begriffe sind, was gerade in der Jurisprudenz eine große Rolle spielt, häufig mehrdeutig oder vage: **Mehrdeutigkeit** liegt vor, wenn dem gleichen Begriff unterschiedl. Bedeutungen zugeordnet werden können.

Ein jurist. Beispiel ist der Begriff »Eigentum«, der im Zivilrecht etwas anderes bedeutet als im Kontext von Art. 14 GG.

Weniger leicht zu handhaben ist die **Vagheit** vieler Begriffe. Ein Begriff ist vage, wenn für eine größere Zahl von Fällen unsicher ist, ob sie dem Begriff zugeordnet werden können.

Bsp.: Fallen elektr. Strom, eine Langlaufloipe oder Daten auf einer Diskette unter den Begriff »Sache«?

In der Allg. Rechtslehre hat sich eingebürgert, den **Begriffskern** von dem **Begriffshof** zu unterscheiden (C).

Ein in der Rechtsdogmatik wie der Rechtsphilosophie häufig vorkommendes Problem ist das der **Wahrheit** (oder Falschheit) von Aussagen:

Ein vertragl. Anspruch auf den Kaufpreis besteht nur, wenn die Aussage des Klägers, ein Kaufvertrag i. S. v. § 433 BGB sei abgeschlossen worden, *wahr* ist. Ein Betrug i. S. v. § 263 StGB setzt eine *falsche* Tatsachenaussage des Täters voraus, die beim Opfer zu einem entsprechenden Irrtum geführt hat.

Tatsachenaussagen sind wahr, wenn das, was sie aussagen (worüber sie *informieren*), den Tatsachen entspricht; ist dies nicht der Fall, so sind sie falsch (*Korrespondenztheorie der Wahrheit*).

Normen dagegen gehören nicht der informativen, sondern der präskriptiven Sprachfunktion an, sie *beschreiben nicht,* sondern *schreiben vor.* Deshalb können sie nicht wahr oder falsch sein.

Der Satz »A hat mit B einen Vertrag geschlossen« kann also wahr oder falsch sein, nicht dagegen ein Satz wie »A, bezahle an B den Kaufpreis!«.

Stattdessen hat es sich eingebürgert, Normen (oder Imperative) als »richtig« oder »unrichtig« zu bezeichnen. Nach welchen Kriterien sich die Richtigkeit von Normen bestimmt, ist eines der großen Probleme der Moral- und Rechtsphilosophie.

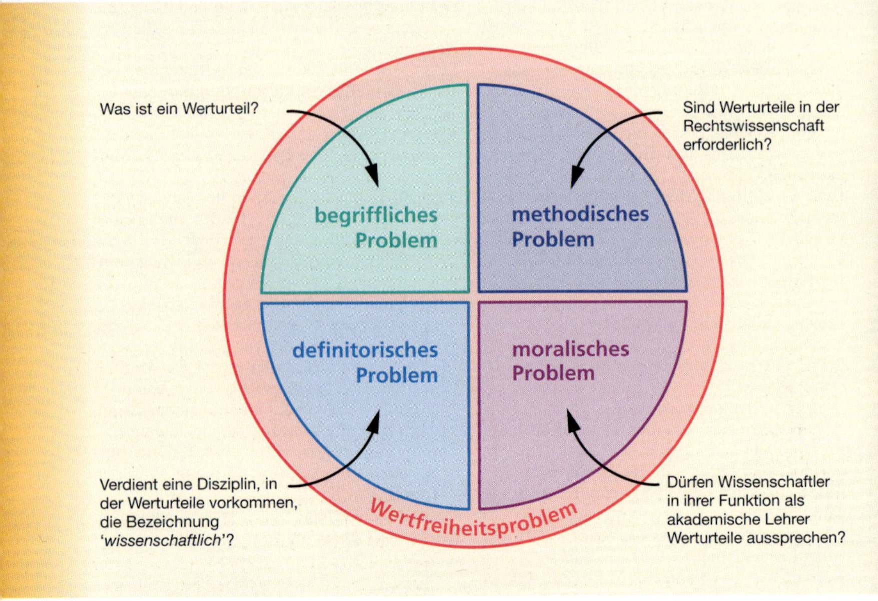

A Die Teilaspekte des Wertfreiheitsproblems (nach Albert)

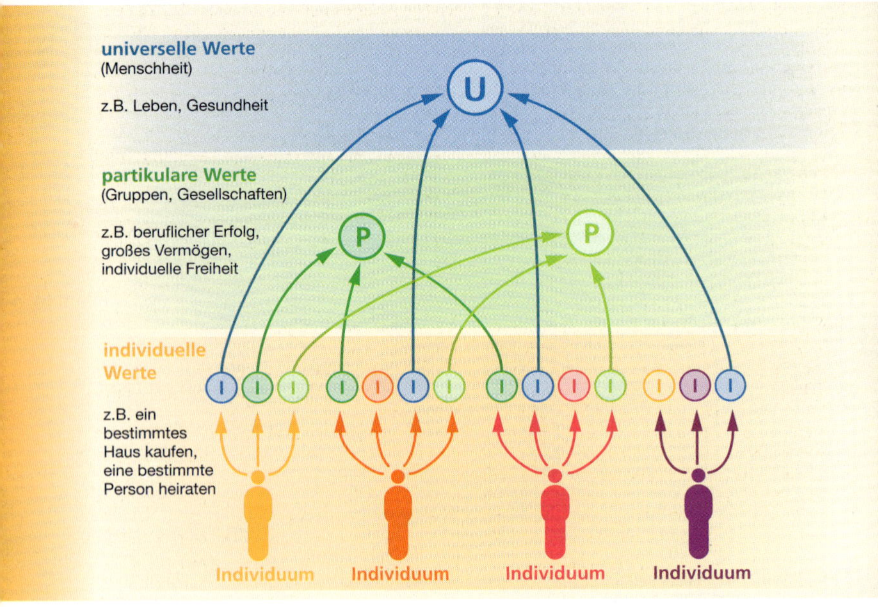

B Rangstufen von Werten

Alle Gesetze beruhen auf **Wertungen** des Gesetzgebers; in diesem Sinne ist Recht »geronnene Politik«.

Der Gesetzgeber entscheidet sich dafür, einen best. Zustand erreichen zu wollen (positive Bewertung) und formuliert das Gesetz so, dass dieser Zustand nach Möglichkeit realisiert wird.

Die **Rechtswissenschaft** kann fremde Wertungen auch zu ihrem *Gegenstand* machen, etwa indem sie auf die in der Bevölkerung vorherrschenden Ansichten über die »guten Sitten« (§ 228 StGB, § 138 BGB) zurückgreift.

Eigene Wertungen muss der Rechtswissenschaftler im Rahmen seiner Tätigkeit nicht abgeben, wenn man den Zuständigkeitsbereich der Rechtswissenschaft auf die Beschreibung, Deutung und Systematisierung des Rechtsstoffes und die Entwicklung neuer Theorien beschränkt.

Die **Rechtsanwendung** ist wegen des von fast jeder Rechtsnorm eingeräumten Entscheidungsspielraums auf Wertungen des Rechtsanwenders angewiesen. Rechtsanwendung kann also **nicht wertungsfrei** erfolgen.

Das Wertfreiheitsproblem

Die Jurisprudenz hat es wie kaum eine andere Disziplin mit Werten und Werturteilen zu tun. Rechtswissenschaft und Rechtsanwendung stehen deshalb vor dem sog. **Wertfreiheitsproblem**, nämlich ob und wie die in den Gesetzen formulierten **Wertungen des demokratischen Gesetzgebers** von den **Wertungen des Rechtsanwenders** abgegrenzt werden können.

Unter dem Eindruck der teils nationalist., teils (katheder-)sozialist. argumentierenden Sozialwissenschaften seiner Zeit forderte MAX WEBER zu Beginn des 20. Jh., jeder Wissenschaftler solle deutlich machen, welche seiner Aussagen objektive Sachaussagen darstellen und welche Werturteile.

Dieses **Wertfreiheitspostulat** hat für den **akademischen Unterricht** große Bedeutung:

Wer als Rechtslehrer in einer Vorlesung für Erstsemester die Tatsachenaussage »Der Schwangerschaftsabbruch ist in den §§ 218 ff. StGB geregelt« äußert, wird damit ebenso auf Glauben stoßen wie mit dem Werturteil »Der Schwangerschaftsabbruch ist verwerflich«. Nur die Tatsachenaussage über die Fundstelle im Gesetz ist aber von der wissenschaftl. Kompetenz des Äußernden gedeckt; das Werturteil ist eine private Meinungskundgabe. Es ist deshalb ein **Gebot der intellektuellen Redlichkeit,** sein Publikum über den Charakter der eigenen Äußerung nicht im Unklaren zu lassen.

Gerade in der Rechtswissenschaft ist es sehr wichtig, Aussagen darüber, *was Recht ist* (Aussagen *de lege lata,* d. h. über das gegebene Recht) und darüber, *was Recht sein sollte* (Aussagen *de lege ferenda,* d. h. über noch zu schaffendes Recht), sorgfältig auseinander zu halten.

In jüngerer Zeit hat ALBERT (geb. 1921) die Teilfragen des Wertfreiheitsproblems herausgearbeitet (A) und die Berechtigung der Trennung von Sachaussagen und persönlichen Wertungen verteidigt.

Werte sind das **Ergebnis von Wertungen.** In diesem Sinn sind alle Werte *relativ,* also von der Persönlichkeit des Wertenden abhängig. Wer einen Gegenstand oder Zustand wegen best. Eigenschaften höher bewertet als einen anderen Zustand, für den stellen diese Eigenschaften einen **Wert** dar. Als wertvoll gelten Eigenschaften auch dann, wenn sie als Mittel angesehen werden, um andere Werte zu verwirklichen.

Bsp.: Wer eindeutig gefasste Gesetze weniger eindeutig formulierten vorzieht, zeichnet die Eindeutigkeit von Gesetzen als Wert aus. Das eindeutige Gesetz ist aber nicht nur für sich wertvoll, sondern dient auch der Erreichung von Rechtssicherheit, also eines weiteren Wertes.

Da viele Wertungen **gleichartig** ausfallen, gelten best. Werte nicht nur für einzelne Individuen, sondern oft für ganze Gruppen oder Gesellschaften. Einige Wertungen werden vermutlich sogar von allen Menschen geteilt, so dass man von **universell geltenden Werten** sprechen kann (B).

Oft kommt es allerdings vor, dass ein Wert nur deshalb weite Anerkennung findet, weil sein genauer Inhalt offen gelassen wird. Das Identifikationspotential eines Wertes steigt mit seiner Unbestimmtheit. In derartigen Fällen wird die praktische Umsetzung der Werte meist problematisch.

Absolute Werte sind solche, die nicht auf menschlichen Wertungen beruhen, sondern diesen vorgegeben sind.

Ob derartige Werte existieren, ist umstritten. Der Glaube an absolute Werte findet sich in vielen Religionen und der traditionellen Metaphysik.

Wenn ein Wert in einer Gesellschaft einhellig akzeptiert wird, liegt es nahe, ihn als absolut anzusehen. Erst der Kontakt mit Andersdenkenden führt zur Einsicht in die **Relativität der Werte.**

Die Globalisierung der Wirtschaft und der Kommunikation führt zur Suche nach möglichst weltweit anerkannten (universell geltenden) Werten, die als Maßstab für die Schaffung von Gesetzen dienen können.

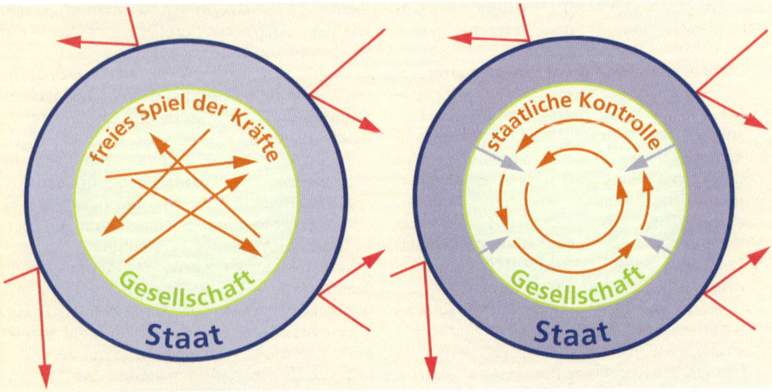

A Liberales und sozialstaatliches Rechtsverständnis

B Die Entwicklung der Sozialpolitik

Im demokrat. Verfassungsstaat sind **Recht und Politik** eng miteinander verbunden, ohne jedoch deckungsgleich zu sein.

Die vollständige *Politisierung der Justiz* ist ein Kennzeichen autoritärer und totalitärer Staaten.

Recht ist stets Ausdruck polit. Vorstellungen, zu denen meist ein Menschenbild und ein Modell des gesellschaftl. Idealzustandes gehören. Prägend für die dt. Rechtsordnung waren zunächst die Rechtsvorstellungen des klass. **Liberalismus,** später die des **demokratischen Sozialismus** und des **Sozialstaatsdenkens.**

Für den **klassischen Liberalismus** sind zwei Ideen kennzeichend: die Begrenzung des Staates und das freie Spiel der Kräfte (A). Grundlegend für das liberale Rechtsverständnis ist die **Trennung von Staat und Gesellschaft.**

Die Ursprünge des klass. Liberalismus reichen bis in das 17. Jh. zurück (LOCKE, 1632–1704; SMITH, 1723–90). In Dtl. wurde liberales Denken durch die polit. Philosophie KANTS vorbereitet, der den (Rechts-)Staat als »Vereinigung von Menschen unter Rechtsgesetzen« definierte. In der ersten Hälfte des 19. Jh. gewann das liberale Denken an Einfluss (ROTTECK, 1775–1840; WELCKER, 1790–1869; MOHL, 1799–1875).

Die **Begrenzung der Staatsmacht** erfolgt durch die Teilung der staatl. Gewalt in Gesetzgebung *(Legislative),* Verwaltung *(Exekutive)* und Rechtsprechung *(Judikative).*

Ergänzt wird die Gewaltenteilung durch die *Bindung der staatl. Gewalt an die Gesetze.*

Die **Freiheit der Bürger** wird durch *Grundrechte* gewährleistet, die der Abwehr staatl. Zugriffe dienen. In dieser liberalen Konzeption sind bereits die wesentl. Elemente des modernen **Rechtsstaatsbegriffs** enthalten. So wird ein Freiraum geschaffen, in dem sich das **freie Spiel der individuellen Interessen und Kräfte** entfalten kann.

Sozialer Träger dieses liberalen Gedankenguts war das aufstrebende Bürgertum des 18. und 19. Jh., für das gerade *wirtschaftl. Interessen* eine wichtige Rolle spielten.

Das **Laissez-faire-Prinzip** ist eine bes. radikale Ausprägung liberalen Denkens. Es bedeutet den Verzicht des Staates auf die Durchsetzung seiner Ordnungsvorstellungen (»Nachtwächterstaat«) und das Gewährenlassen der freien Individuen.

Als der französ. Minister COLBERT den Fabrikanten LEGENDRE fragte, was der Staat für die Wirtschaft tun könne, soll dieser geantwortet haben: *»Laissez-nous faire.«* (»Lasst uns machen«).

Rechtspolitik hat nach diesem Verständnis nur die Aufgabe, den Rahmen zu sichern, in dem sich die Individuen entfalten können **(Abwehr- und Begrenzungsfunktion des Rechts).**

Dazu gehört die Sicherung der Freiheit, nach Belieben Verträge abschließen zu können **(Privatautonomie)** und der **Schutz des individuellen Eigentums.**

Grenzen des klassisch-liberalen Modells

Im 19. Jh. stellte sich heraus, dass das freie Spiel der Kräfte nicht geeignet war, auf Dauer gerechte Verhältnisse zu garantieren.

Klass. ist die Kritik des Schriftstellers ANATOLE FRANCE, der zu Beginn des 20. Jh. von »der majestätischen Gleichheit des Gesetzes« sprach, »das Reichen wie Armen verbietet, unter Brücken zu schlafen, auf den Straßen zu betteln und Brot zu stehlen«.

Die ungleich verteilte wirtschaftl. Macht führte zu Ausbeutung und Verelendung ganzer Bevölkerungsgruppen. Die auf diese Weise entstandene **soziale Frage** konnte nur durch erhebl. staatl. Eingriffe (v. a. die Einführung staatl. Sozialversicherungssysteme, B) gelöst werden.

Noch weiter ging das rechtspolit. Programm des **Sozialismus**. Der früher im Ostblock herrschende *Marxismus-Leninismus,* der das **Recht als Überbau der ökonomischen Strukturen** betrachtete, gehört heute der Vergangenheit an. Der *demokrat. Sozialismus* vertritt demgegenüber das Programm einer evolutionären **Gesellschaftsveränderung durch Rechtspolitik.**

Ein früher Vertreter dieser Richtung war der Jurist ANTON MENGER (1841–1906), der in seiner 1890 erschienenen Streitschrift ›Das bürgerl. Recht und die besitzlosen Klassen‹ den Klassencharakter des geplanten (1900 in Kraft getretenen) dt. BGB kritisierte.

Das rechtspolit. Programm des demokrat. Sozialismus wirkt heute im **sozialstaatlichen Rechtsverständnis** weiter. Seine Kennzeichen sind die *Betonung des Sozialstaatsprinzips und der Sozialbindung des Eigentums,* die Forderung nach *sozialen Grundrechten* und die Forderung nach mehr *Mitbestimmung* in Großunternehmen. Diese Postulate sind in der Gegenwart nicht mehr auf einzelne polit. Gruppen beschränkt, sondern werden, in unterschiedl. Gewichtung, von nahezu allen Parteien vertreten. Auch der **Neoliberalismus** (Ordo-Liberalismus) bejaht heute Eingriffe des Staats in die Wirtschaft, soweit sie für die Aufrechterhaltung einer **freien und sozialen Marktwirtschaft** erforderlich sind (EUCKEN, 1891–1950; MÜLLER-ARMACK, 1901–78).

A Naturrecht und positives Recht

B Staatsaufbau nach Platon

Die **Geschichte der europäischen Rechtsphilosophie**, also des geordneten Nachdenkens über die Grundlagen und Ziele des Rechts, beginnt im antiken Griechenland. Im 5. Jh. v. Chr. wird das archaische Rechtsverständnis mit seiner Einheit von Recht und Moral fragwürdig, als die Griechen mit den andersartigen Gesetzen und Sitten der »Barbaren« (gr. für »Nichtgriechen«) in engere Berührung kommen. Die Erfahrung unterschiedl. Staatsformen (z. B. Tyrannis, Demokratie) in den gr. Stadtstaaten schärft das Bewusstsein für die **Relativität** und **Veränderbarkeit des Rechts.**

Träger des neuen krit. Bewusstseins sind die **Sophisten** (gr. 'Weisheitslehrer'). Diese berufsmäßigen Lehrer unterrichten das gesamte Spektrum des damaligen Wissens. Dazu gehört die *öffentl. Redekunst,* also die Rhetorik, bes. aber die *Redekunst* vor Gericht.

Bis heute erregt die Behauptung der Sophisten Anstoß, vor Gericht die schwächere Sache zur stärkeren machen zu können.

Die Sophisten stellen die bisherige Rechts- und Moralordnung in Frage. Sie unterscheiden zwischen **Natur** *(physis)* und **menschlicher Setzung** *(nomos):* Das, was infolge menschl. Setzung als gerecht gilt, also das *positive Recht,* muss nicht mit dem übereinstimmen, was *von Natur her gerecht* ist. Häufig wird die Sophistik deshalb als die **griechische Aufklärung** bezeichnet.

Mit der Trennung von natürlichem Recht und menschlicher Setzung wird der Gedanke eines dem positiven Recht übergeordneten **Naturrechts** (A) geboren. Über seinen Inhalt herrscht allerdings keine Einigkeit.

Während ANTIPHON (5. Jh. v. Chr.) lehrt, von Natur aus seien alle Menschen gleich, auch Barbaren und Hellenen, erklärt GORGIAS (gest. über 100-jährig ca. 380 v. Chr.), es sei ein Naturgesetz, dass das Stärkere das Schwächere beherrsche. KALLIKLES (2. Hälfte des 5. Jh.) bezeichnet die staatl. Gesetze als Fesseln, durch die die Masse der Schwachen versuche, die Starken zu bändigen. Für seinen Zeitgenossen THRASYMMACHOS ist das Recht ein Mittel zur Beherrschung der Schwachen.

Gleichzeitig mit dem Konzept des Naturrechts entsteht der ihm entgegengesetzte rechtsphilosoph. **Relativismus:**

Nicht die Natur, sondern der Mensch ist das Maß aller Dinge (*homo-mensura-Satz* des PROTAGORAS).

PROTAGORAS (ca. 485–415 v. Chr.) formuliert auf dieser Grundlage eine anthropolog. Rechtfertigung der **Demokratie:** Da die Menschen verletzl. Mängelwesen ohne natürl. Waffen seien, gründeten sie als gleichberechtigte Individuen soziale Verbände und erließen Gesetze.

Die positive Rechtsordnung wird als Vertrag gedeutet, der den Rechtsunterworfenen gegenseitig ihre Rechte garantiert (LYKOPHRON, 1. Hälfte des 4. Jh.).

SOKRATES (469–399 v. Chr.) teilt mit der Sophistik die skept. Haltung zur überlieferten Rechts- und Moralordnung und die Hinwendung zum Menschen. In vielen (von seinem Schüler PLATON überlieferten) Gesprächen analysiert und kritisiert er die traditionellen Moralbegriffe. Er betont die Bedeutung des **Gewissens** und begründet so die autonome philosoph. Ethik. Bes. einflussreich wird seine Lehre, wonach derjenige, welcher das Gute kenne, auch danach handeln werde **(Lehrbarkeit der Tugend).**

PLATON (427–347 v. Chr.) verbindet die Fragestellung seines Lehrers SOKRATES mit der naturrechtl. Tradition. In scharfem Gegensatz zum Relativismus der Sophisten lehrt er, das Gute und Gerechte sei nicht vom Menschen abhängig, sondern in Form von ewigen, unwandelbaren »Ideen« vorgegeben. Nicht die Dinge der empirisch erfahrbaren Welt (Sinnenwelt) seien real, sondern die Ideen **(Ideenlehre).** Während unser Wissen von den Dingen der Sinnenwelt fehlbar sei, erlaube die Kenntnis der Ideen absolut sicheres Wissen *(Vernunftwahrheiten).* Das Gute und Gerechte ist also für PLATON nicht von menschl. Entscheidungen abhängig, sondern diesen vorgegeben.

In deutl. Gegensatz zur späteren christl. Lehre wird das Gute und Gerechte sogar dem Willen Gottes vorgeordnet: Das Gerechte ist nicht deswegen gerecht, weil es Gott gefällt, sondern es gefällt Gott, weil es gerecht ist.

Die platon. Ideenlehre ist die bis heute einflussreichste Formulierung des rechtsphilosoph. **Objektivismus.**

Die Ideenlehre bildet den Hintergrund für seine **Staatstheorie,** die er in seinen Schriften vom Staat (›Politeia‹) und von den Gesetzen (›Nomoi‹) entwickelt. Anders als das demokrat. Staatsmodell des Sophisten PROTAGORAS ist PLATONS Staatstheorie **totalitär:**

Der Einzelne wird vom Staat uneingeschränkt vereinnahmt und kontrolliert.

So wie PLATON die Einzelseele aus den drei Elementen Begierde, Mut und Vernunft aufgebaut sieht, untergliedert er den **Idealstaat** in drei Stände (B): die *Bauern* und *Handwerker,* die *Krieger* sowie die *Philosophen,* die aufgrund ihres unfehlbaren Wissens zu absoluten Herrschern berufen sind *(Philosophenkönige).*

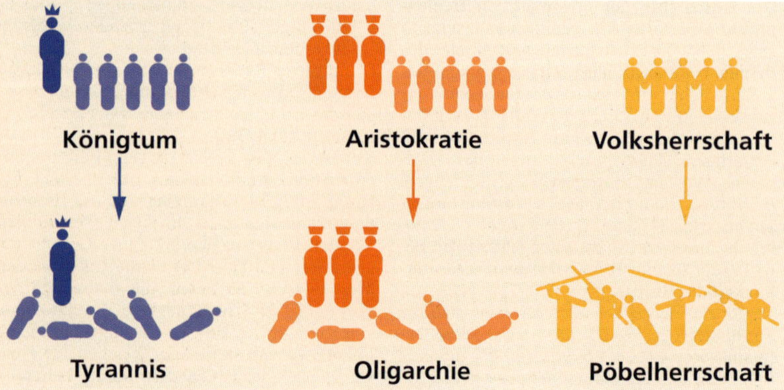

A Die drei Verfassungsformen und ihre Verfallsformen nach Aristoteles

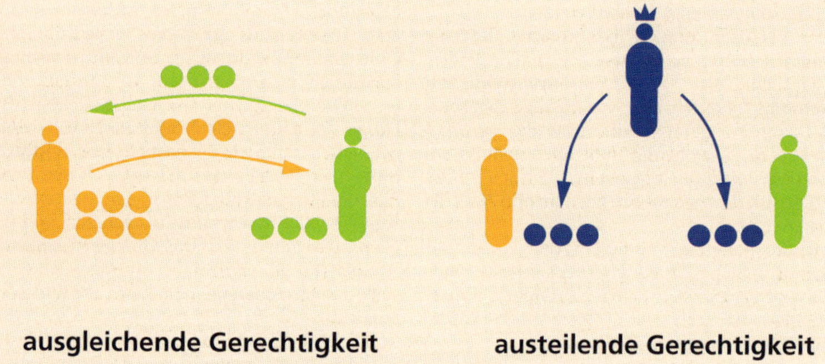

B Die Gerechtigkeitslehre des Aristoteles

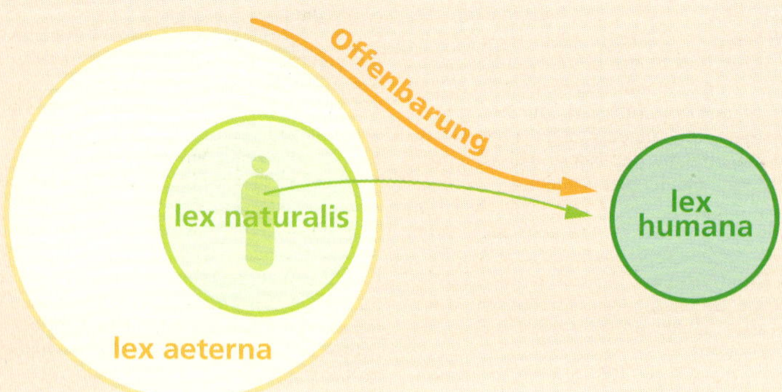

C Die göttliche Vernunftordnung nach Thomas von Aquin

ARISTOTELES (384–322 v. Chr.) gründet seine Rechtsphilosophie nicht auf Ideen, sondern auf die Wirklichkeit. Allerdings glaubt er, die Wirklichkeit entwickle sich nach Formprinzipien, die in der Materie selbst enthalten seien. Jede Entwicklung ist auf einen vorgegebenen Zweck hin bezogen *(teleolog. Metaphysik).*

Seine Rechtsphilosophie ist v. a. in zwei Lehrschriften überliefert: der ›Nikomachischen Ethik‹ und der ›Politik‹.

Als hervorragender Kenner der Rechtsordnungen seiner Zeit verbindet ARISTOTELES die Rechtsphilosophie mit prakt. Fragestellungen.

Seiner Staatslehre liegt eine rechtsvergleichende Analyse von über 100 älteren und zeitgenössischen Verfassungen zugrunde; sie ist nur bruchstückhaft überliefert.

Der Mensch ist für ARISTOTELES von Natur aus ein **staatsbildendes Wesen** *(anthropos physei politikon zoon).* Grundlage des Staates *(polis)* sind menschl. **Gemeinschaften** (Kernfamilie, Hausgemeinschaft, Dorf).

Er unterscheidet **drei Verfassungsformen:** das Königtum, die Aristokratie und die Volksherrschaft, denen als Entartungsformen die Tyrannis, die Oligarchie und die Pöbelherrschaft gegenüberstehen (A).

In seiner **Gerechtigkeitslehre** (›Nikomachische Ethik‹) unterscheidet ARISTOTELES die ausgleichende und die austeilende Gerechtigkeit (B):

Die **ausgleichende Gerechtigkeit** besteht darin, dass in Gleichordnungsverhältnissen Verträge angemessen erfüllt werden und für Rechtsverletzungen Ersatz geleistet wird (Vertrags- und Austauschgerechtigkeit).

Die **austeilende Gerechtigkeit** betrifft die Zuteilung von Gütern in Verhältnissen der Über- und Unterordnung, z. B. einem Staat.

Als Sonderform der Gerechtigkeit nennt er die **Billigkeit,** die darin besteht, dass jeder Einzelfall nach seinen je bes. Umständen gewürdigt und behandelt werden muss.

Eine bes. rechtsbegründende Rolle spielt bei ihm die **Anthropologie.** Er geht von einer grundlegenden geistigen und körperl. Verschiedenheit der Menschen aus. Auf diese Weise rechtfertigt er u. a. die Sklaverei.

Der **Einfluss** von ARISTOTELES reicht bis in die Gegenwart. Im MA. galten seine Lehren als unanzweifelbare Wahrheit. Viele seiner Begriffsprägungen, etwa aus der Gerechtigkeitslehre, werden in der Rechtsphilosophie noch heute verwendet.

In der **Stoa** genannten Philosophenschule erlangt die **Naturrechtslehre** ihre bis heute einflussreichste Form. Man unterscheidet die ältere (CHRYSIPPOS, ca. 281–ca. 205 v. Chr.), die mittlere (POSEIDONIOS, ca. 135–51 v. Chr.) und die jüngere Stoa. Deren Hauptvertreter sind CICERO (106–43 v. Chr.), SENECA (ca. 4 v. Chr.–65 n. Chr.), EPIKTET (ca. 50 bis ca. 140) und MARC AUREL (121–180).

Die Stoiker glauben an eine alles durchdringende **Weltvernunft** *(Logos),* die die Entwicklung der Welt *(Kosmos)* einschl. der Menschen bestimmt *(Determinismus).* Diese haben teil an der Weltvernunft, zu der auch das Recht gehört, sodass man von einer *Einheit des natürl. und des moral. Gesetzes* sprechen kann. Der Grundsatz der stoischen Ethik und Rechtsphilosophie lautet deshalb:

Lebe im Einklang mit der Natur!

Das Naturrecht gilt nach stoischer Lehre für alle Völker und Zeiten. Vor ihm sind alle Menschen gleich (**Universalismus** und **Humanismus**). Die positiven Gesetze sind demgegenüber bloße Setzungen.

Das ideale Staatswesen ist der *Weltstaat.*

Mittelalter

Das **Christentum** greift die antike Rechts- und Sozialphilosophie auf und fügt sie in die christl. Heilslehre ein. Es handelt sich um Naturrecht auf religiöser Grundlage. In der Vorstellung der **Gottesebenbildlichkeit** jedes Menschen wird der Universalismus der Stoa fortgeführt. Die christl. Botschaft wird allerdings nicht als polit. Reformprogramm verstanden; vielmehr wird die staatl. Ordnung als zweitrangig akzeptiert, solange sie die christl. Religion nicht behindert.

Unter dem Eindruck der Plünderung Roms durch die Goten (410) stellt der Kirchenvater AUGUSTINUS (354–430) dem vergängl. irdischen Staat den Gottesstaat entgegen *(Civitas Dei).* Staaten ohne Gerechtigkeit sind für ihn bloße Räuberbanden.

Der Theologe und Philosoph THOMAS VON AQUIN (ca. 1225–1274) formuliert in seiner ›Summe der Theologie‹, ausgehend von der Philosophie des ARISTOTELES, eine **christliche Rechts- und Moralphilosophie,** in die wesentl. Elemente der stoischen Rechtsphilosophie eingehen.

Er entwickelt das Modell einer umfassenden **Vernunftordnung** (C): Das ewige Gesetz *(lex aeterna)* ist Teil der göttl. Vernunft. Der Mensch kann die *lex aeterna* nur teilw. in Form der natürl. Ordnung (*lex naturalis,* Naturrecht) erfassen. Auf ihrer Grundlage errichtet er die positive Rechtsordnung *(lex humana).*

Daneben steht die göttl. **Offenbarung** (z. B. in den Zehn Geboten), durch die die Vernunftordnung bekräftigt und vertieft wird.

Die hochdifferenzierte thomist. Rechts- und Sozialphilosophie bildet bis heute die Grundlage der kathol. Soziallehre.

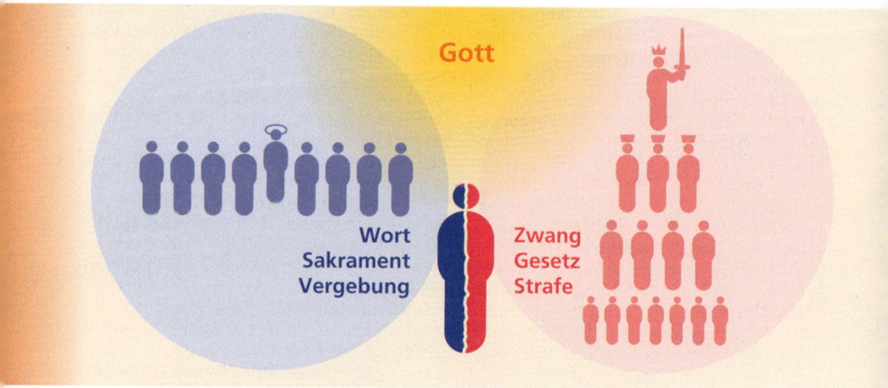

A Zwei-Reiche-Lehre

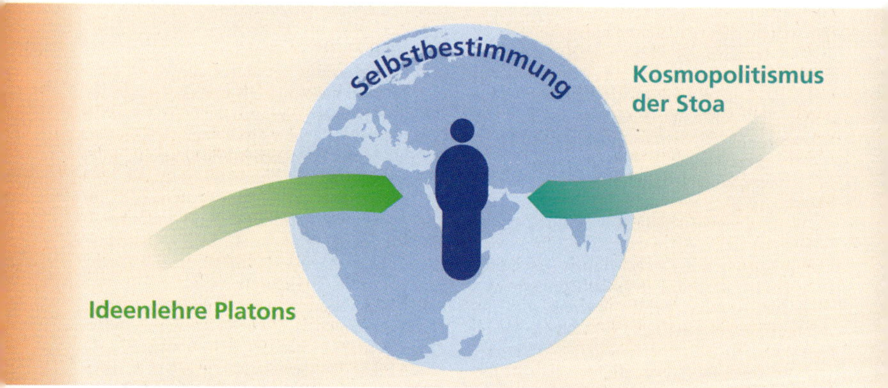

B Rechtsphilosophie des Humanismus

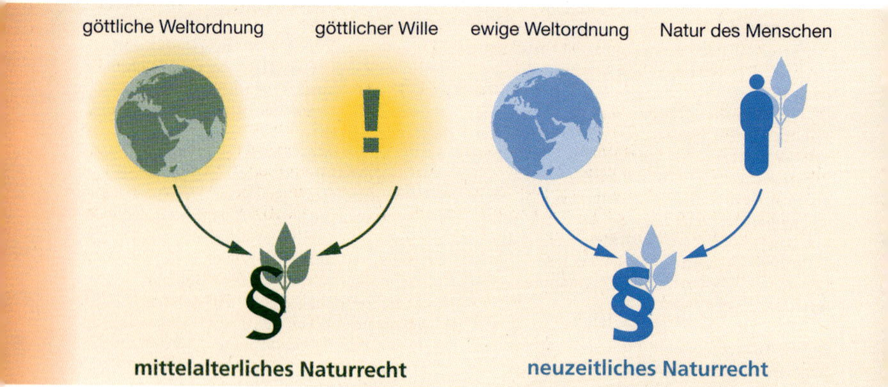

C Mittelalterliches und neuzeitliches Naturrecht

Reformation

In der Reformation tritt der Gedanke einer vom Menschen erkennbaren göttl. Vernunftordnung zurück.

Recht und Moral beruhen auf dem *Willen Gottes,* der dem Menschen nur durch Offenbarung bekannt wird.

Der Reformator MARTIN LUTHER (1483–1546) vertritt die Lehre von den *Zwei Reichen* (A): Die Gläubigen, die nach der Bergpredigt leben, bilden das Reich zur Rechten Gottes, die Kirche. Sie wird von Christus mit den Mitteln des geistlichen Regiments beherrscht (Wort, Sakrament, Vergebung). Die Masse der Menschen aber muss durch die staatl. Gewalt unter Kontrolle gehalten werden (Ordnung der sozialen Ungleichheit der Menschen). Dies ist das Reich zur Linken Gottes, das vom Kaiser mit den Mitteln des weltl. Regiments geführt wird. Dazu zählt LUTHER neben Zwang bes. rechtl. Mittel wie Gesetz und Strafe.

Der Christ, der beiden Reichen angehört, ist nicht selten sich widersprechenden Ansprüchen ausgesetzt.

Die Zwei-Reiche-Lehre dient urspr. dazu, die Kirche von staatl. Einflussnahme freizuhalten und ihre Freiheit von weltl. Rücksichtnahmen zu sichern. Umgekehrt kann sie auch die Abwehr kirchl. Einflüsse auf den Staat rechtfertigen.

Als Folge der Zwei-Reiche-Lehre existiert im Luthertum eine Tradition der Politikferne und fraglosen Akzeptanz der jeweiligen staatl. Ordnung, die als »von Gott gesetzt« verstanden wird. Der moderne Protestantismus hat sich von dieser Tradition allerdings weitgehend befreit.

Humanismus

Die mittelalterl. Rechtsphilosophie war Teil der Theologie. Dies ändert sich ab dem 14. Jh., als im Zuge der (von Italien ausgehenden) **Renaissance** die antiken Quellen wieder entdeckt werden. Neben der Ideenlehre PLATONS gibt v. a. der Kosmopolitismus der Stoa der Rechtsphilos. Impulse. Das neue Menschenbild führt zu einer Änderung des Selbstverständnisses: Der **Humanismus** stellt den Menschen in den Mittelpunkt der Welt (B).

PICO DELLA MIRANDOLA (1463–94) betont in seiner Schrift ›De dignitate hominis‹ die einzigartige **Würde** des Menschen, die darin bestehe, dass nur der Mensch zur freien Entscheidung fähig sei.

Bis heute bildet der Gedanke der *Autonomie* einen tragenden Bestandteil des Menschenwürdebegriffs.

Gleichzeitig entsteht mit dem Werk NICCOLÒ MACHIAVELLIS (1469–1527) die moderne **Staatstheorie.**

Bereits im MA. war der Staat Gegenstand der philosoph. Reflexion gewesen. Diskutiert werden u. a. die Stellung des Herrschers zum Recht, teilw. auch Fragen des Widerstandsrechts und der Volkssouveränität (MARSILIUS VON PADUA, ca. 1280–1342/3).

MACHIAVELLIS entscheidende Neuerung liegt darin, dass er in seinen Schriften ›Discorsi‹ und ›Il Principe‹ (1513) den Staat nicht so beschreibt, wie er *sein soll,* sondern wie er *tatsächlich ist.* Als *Staatsräson* bezeichnet er das Bestreben der Staaten, ihre eigene Macht zu behaupten und zu mehren. Durch die bewusste Trennung von Recht und Moral begründet MACHIAVELLI die wissenschaftl. Staatslehre.

JEAN BODIN (ca. 1530–96) entwickelt aus dem Gedanken der Staatsräson die Lehre von der absoluten **Souveränität** der Fürsten. Der absolute Herrscher ist nur Gott verantwortlich. Er muss aber Freiheit und Eigentum der Bürger achten.

Die christl. Naturrechtslehre des MA. war von der Vorstellung einer allumfassenden göttl. Schöpfungsordnung ausgegangen, deren Gesetze sich auf Gott zurückführen ließen. Die weltl. Naturrechtslehre der Neuzeit (C) geht dagegen vom **Individuum** aus. Der Einfluss christl. Gedankenguts tritt aber nur allmählich zurück.

JOHANNES ALTHUSIUS (1557–1638) und HUGO GROTIUS (1583–1645) sind noch stark von der christl. Rechtsphilosophie geprägt.

ALTHUSIUS ist ein Begründer der Lehre von der *Volkssouveränität.* Die höchste Gewalt im Staat (»maiestas«) liegt urspr. allein beim Volk, wird aber auf die Obrigkeit übertragen, die somit das Volk repräsentiert. Gegen eine tyrannische Obrigkeit hat das Volk ein *Recht auf Widerstand.*

GROTIUS verwendet das Naturrecht zur Begründung des Völkerrechts. Er gilt deshalb auch als der »Vater des Völkerrechts«.

In seinem Hauptwerk ›De jure belli ac pacis libri tres‹ (Drei Bücher über das Recht des Krieges und des Friedens, 1625) entwickelt er das erste naturrechtlich begründete völkerrechtl. System. Darin werden nicht nur die Rechtsverhältnisse zwischen Staaten behandelt, wie es dem heutigen Verständnis von Völkerrecht entsprechen würde, sondern auch Rechtsbeziehungen zwischen Einzelpersonen unter Einschluss des Zivil- und des Strafrechts.

Die Ablösung von den christl. Quellen zeigt sich u. a. in GROTIUS' Hinweis, dass das Naturrecht auch dann gälte, wenn es keinen Gott gäbe.

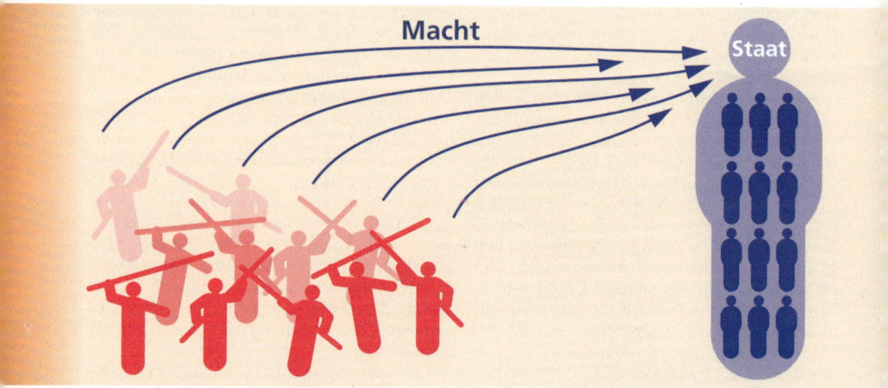

A Der Staat als Leviathan (nach Hobbes)

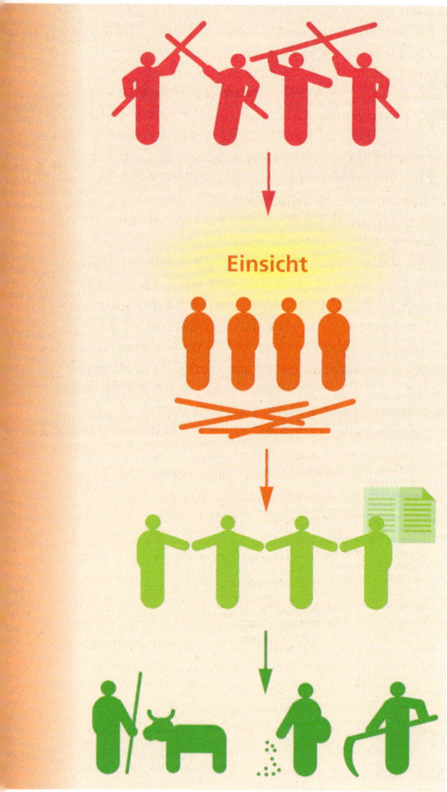

B Der Gesellschaftsvertrag (nach Hobbes / Locke)

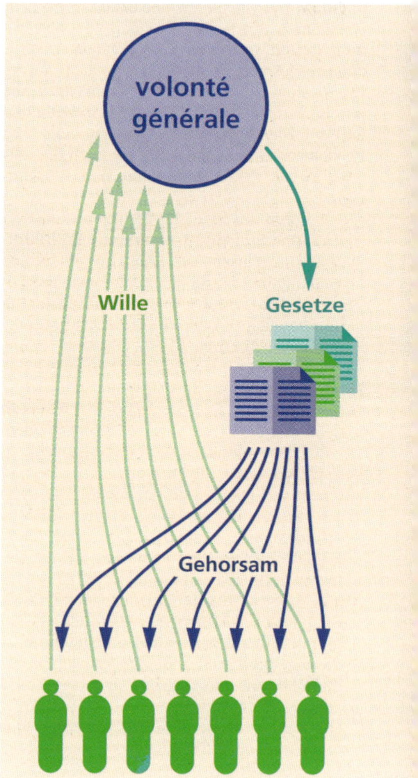

C Volonté générale (nach Rousseau)

Bei THOMAS HOBBES (1588–1679) ist die Trennung vom christl. Naturrecht vollzogen. Er überträgt die Methoden der empir. Naturwissenschaften (JOHANNES KEPLER, 1571–1630; GALILEO GALILEI, 1564–1642) auf die Rechts- und Sozialphilosophie.

Nach HOBBES (›Leviathan‹, 1651) ist der Mensch von Natur aus ein asoziales Lebewesen, das seine Interessen rücksichtslos verfolgt (*homo homini lupus* 'der Mensch ist des Menschen Wolf'). Im **Naturzustand** herrscht deshalb ein Krieg aller gegen alle *(bellum omnium contra omnes).* Um diesem auf Dauer unerträgl. Zustand zu entgehen und sich selbst zu erhalten, schließen die Menschen einen **Gesellschaftsvertrag.** Sie unterwerfen sich dem Staat und übertragen ihm alle ihre natürlichen Rechte, damit dieser sie schütze. HOBBES bezeichnet den Staat, gewissermaßen den »menschlichen Gott« (A), wegen seiner unumschränkten Machtfülle als *Leviathan* (bibl. Meeresungeheuer).

Auch JOHN LOCKE (1632–1704) postuliert in ›Two Treatises of Government‹ (1690) einen hypothet. *Naturzustand.* Danach werden alle Menschen frei und gleich geboren; sie haben das natürl. Recht, sich frei zu entfalten. Jeder Mensch ist befugt, Verletzungen des friedlichen Naturzustandes selbst zu bestrafen.

Durch Arbeit eignet sich der Mensch die Naturprodukte an. Auf diese Weise entsteht das *Privateigentum.* Allmählich jedoch bilden sich Ungleichheiten heraus, die zu Verteilungskämpfen führen. Da eine zentrale Entscheidungs- und Strafgewalt fehlt, droht ein allg. Kriegszustand, der nur durch einen *Gesellschaftsvertrag* abgewendet werden kann (B).

Dabei erhalten die Bürger, anders als nach der HOBBESschen Konzeption, ihre vorstaatl. Rechte auf Leben, Freiheit und Eigentum zurück. Auf diese Weise gelingt es LOCKE, die Staatsgewalt begriffl. zu beschränken und **Grundrechte** der Bürger zu begründen. Zudem verlangt er eine Trennung der gesetzgebenden von der vollziehenden Gewalt.

Mit diesen Lehren wird LOCKE zum Stammvater des polit. *Liberalismus.*

Andere Autoren nutzen die Naturrechtslehre für eine *Kritik* der bestehenden Zustände.

Der Jurist und Aufklärer CHRISTIAN THOMASIUS (1655–1728) prangert Hexenprozesse und Folter an und fordert die Trennung von Moral und Recht.

CHARLES DE MONTESQUIEU (1689–1755) weist auf die Faktoren hin, welche die Entstehung und Ausgestaltung von Recht beeinflussen (›De l'esprit des lois‹, Vom Geist der Gesetze, 1748).

Er nennt bes. das Territorium, das Klima und Faktoren wie Religion, Geschichte, Sitten und Wirtschaftsweise.

Mit Blick auf das engl. Verfassungsrecht unterscheidet er die gesetzgebende, die vollziehende und die richterliche Gewalt. Damit wird MONTESQUIEU zum Theoretiker der **Gewaltenteilung.**

JEAN JACQUES ROUSSEAU (1712–78) gibt der Naturrechtslehre einen **revolutionären Anstrich:**

»Der Mensch ist frei geboren und doch überall in Ketten« (›Contrat social‹, 1762).

Der Naturzustand ist bei ihm ursprünglich kein Kampf aller gegen alle, sondern ein gleichberechtigtes Nebeneinander der Menschen. Dieser friedl. Zustand wird erst durch die Einführung des Ackerbaus gestört: Der erste, der ein Stück Land einzäunte, es zu seinem Eigentum erklärte und Menschen fand, die dies hinnahmen, ist für ROUSSEAU der Begründer der ungerechten bürgerl. Gesellschaft.

Ziel des *Gesellschaftsvertrags* ist es, den Naturzustand von Freiheit und Gleichheit so weit wie möglich wieder herzustellen.

Zu diesem Zweck ordnet sich jeder dem Gemeinwillen, der *volonté générale,* unter. Der Gemeinwille ist allerdings nicht mit der Summe der Einzelwillen, der *volonté de tous,* identisch. In den Gemeinwillen fließt der subjektive Wille des Einzelnen ein.

ROUSSEAU folgert daraus, dass derjenige, der dem Gemeinwillen gehorche, letztlich nur dem eigenen Willen folge.

Das Konzept des Gemeinwillens wird mit der Idee der **Volkssouveränität** verknüpft. Gesetze müssen in Übereinstimmung mit dem Gemeinwillen erlassen werden (C). Die Regierung ist an diese Gesetze gebunden.

ROUSSEAUS Staatsideal ist an kleinen Demokratien orientiert, in denen die Möglichkeit einer regelmäßigen Zusammenkunft aller Bürger besteht.

Der Jurist SAMUEL VON PUFENDORF (1632–94) versucht, ein streng systemat. aufgebautes überpositives Recht allein *aus der Vernunft* zu begründen **(Vernunftrecht).**

Noch weiter geht der Philosoph CHRISTIAN WOLFF (1679–1754), der sogar rechtl. Detailregelungen aus einigen wenigen Grundsätzen (etwa dem menschl. Streben nach Vollkommenheit) »streng logisch« ableiten will.

Die Vernunftrechtssysteme PUFENDORFS und WOLFFS beeinflussen die Fassung des **Preußischen Allgemeinen Landrechts** (1794), der ersten großen Privatrechtskodifikation der Neuzeit.

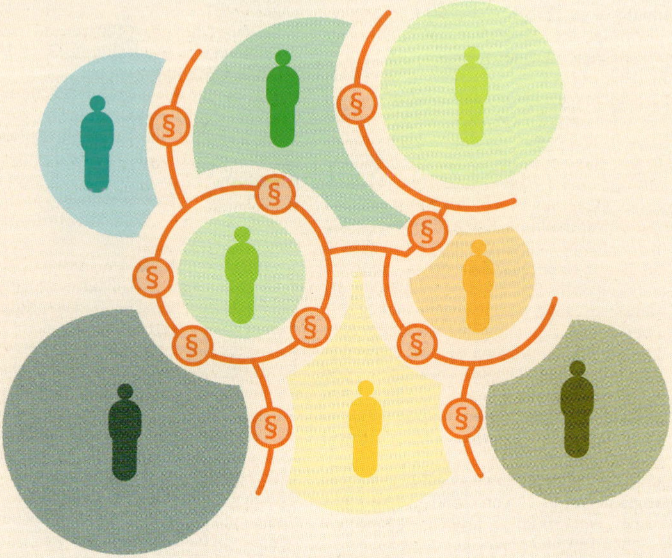

A Recht grenzt die Freiheitssphären der Einzelnen von einander ab

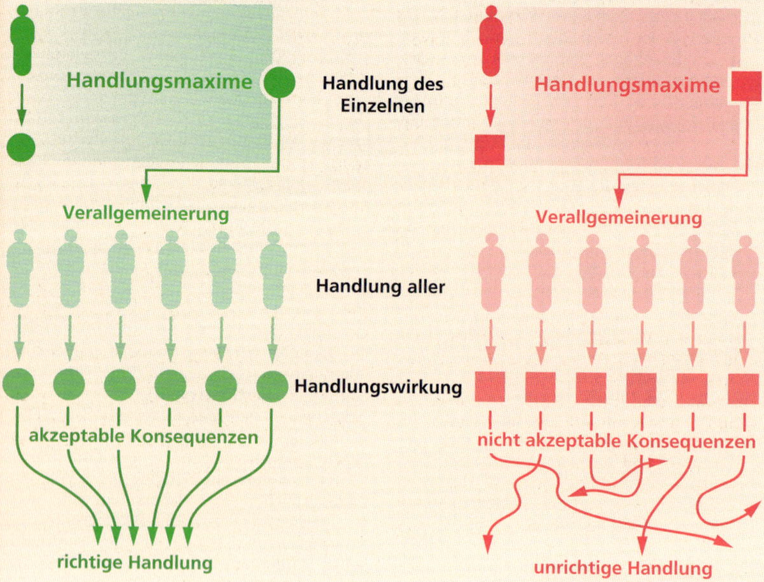

B Verallgemeinerungen von Handlungsmaximen

IMMANUEL KANT kritisiert (im Anschluss an den schottischen Aufklärer DAVID HUME, 1711–76) die Systembauten des philosoph. Rationalismus, zu denen auch die Naturrechtslehren gehören.

Er bezeichnet sie als rein begriffliche Spekulationen ohne Erfahrungsgehalt.

KANTS eigene Moral- und die darauf aufbauende Rechtsphilosophie lassen sich nur mit Einschränkungen der Aufklärung zuordnen, denn er übernimmt in der ›Metaphysik der Sitten‹ (1797), in der er seine Rechtsphilosophie zusammenfasst, weitgehend die Vorstellungen seiner Zeit. Nur in der polit. Philosophie geht er deutlich über das Bestehende hinaus.

Recht definiert KANT als

»den Inbegriff der Bedingungen, unter denen die Willkür [gemeint ist: die Handlungsfreiheit] des einen mit der Willkür des anderen nach einem allgemeinen Gesetz der Freiheit zusammen vereinigt werden kann«. (A)

Das »allgemeine Gesetz der Freiheit«, von dem KANT spricht, ist der **kategorische Imperativ,** der den Mittelpunkt der kantischen Moralphilosophie bildet:

»Handle so, dass die Maxime deines Handelns jederzeit zugleich als Prinzip einer allgemeinen Gesetzgebung gelten könnte.«

Damit wird die **Verallgemeinerbarkeit** (B) der jeweiligen (subjektiven) Handlungsregel als Test der Moralität der Handlung formuliert. Kant will nur formale Gesichtspunkte einbeziehen und lehnt die Berücksichtigung von *faktischen Handlungswirkungen* strikt ab.

Als Beispiel für eine Handlungsregel, die den Test der Verallgemeinerung nicht besteht, nennt KANT die Maxime, Versprechen nicht einzuhalten, denn dann würde man die Einrichtung des Versprechens selbst aufheben.

In anderen Formulierungen des kategorischen Imperativs wird die Bedeutung der **Person** hervorgehoben:

»Handle so, dass du die Menschheit sowohl in deiner Person als in der Person eines jeden anderen jederzeit zugleich als Zweck, niemals bloß als Mittel brauchst.«

Der **Staat** entsteht nach KANT aus einem »ursprünglichen Kontrakt«. Seine Aufgabe besteht in der Sicherung der Gleichheit und Freiheit seiner Bürger, wozu auch die Vertragsfreiheit und das Eigentum gehören. Dazu ist eine Verfassung mit Gewaltenteilung, Volkssouveränität und Menschenrechten erforderlich.

KANT ist ein strikter Verfechter der Todesstrafe und Hauptvertreter der »absoluten Straftheorie«, d. h. Strafe soll völlig unabhängig von ihrer Zweckmäßigkeit allein um der bösen Tat willen verhängt werden. Die Vorstellung, Strafe diene der Prävention künftiger Verbrechen, lehnt er ab.

In seiner Schrift ›Zum ewigen Frieden‹ (1795) fordert KANT zur Sicherung des Friedens eine republikanische Verfassung der einzelnen Staaten, die durch einen föderalist. aufgebauten Bund miteinander verknüpft sein sollen. Hinzutreten soll ein (eingeschränktes) Weltbürgerrecht.

Gegenaufklärung

Gegen die aufklärerische Betonung zeitloser Vernunftwahrheiten wendet sich die **Gegenaufklärung,** die die »organisch« gewachsene Eigengesetzlichkeit der verschiedenen Kulturen, z. B. in Geschichte, Sprache, Recht und Religion, betont (VICO, 1668–1744; HERDER, 1744–1803) und die Auswüchse der Französischen Revolution kritisiert (BURKE, 1729–97).

In der Rechtsphilosophie wird diese Tendenz v. a. in der **Historischen Schule** deutlich (SAVIGNY).

Das Recht ist demnach nicht das Werk des Gesetzgebers, und noch viel weniger ist es von einer abstrakten Vernunft vorgegeben. Das eigentliche Recht ist vielmehr Gewohnheitsrecht, das sich »überall durch innere, stillwirkende Kräfte« im Volk bildet.

Der stark pietistisch geprägte Philosoph G. W. F. HEGEL (1770–1831) sieht die gesamte Menschheitsgeschichte von einem Geist, dem »Weltgeist«, durchwaltet. Die histor. Prozesse deutet er als die Selbstentfaltung dieses Geistes. Auch das Recht ist Teil des Geistes, und zwar als »objektiver Geist«.

Diese hochgradig spekulativen Vorstellungen lassen sich am ehesten als **Geschichtstheologie** interpretieren.

Konkreter wird HEGEL in seinen ›Grundlinien der Philosophie des Rechts‹ (1821). Dort bezeichnet er den Staat als »die Wirklichkeit der sittlichen Idee« und »irdischen Gott«. Mit der Formulierung:

»Was vernünftig ist, das ist wirklich; und was wirklich ist, das ist vernünftig«

versucht HEGEL den preußischen Machtstaat zu rechtfertigen. Die wahre Freiheit des Untertanen liegt nach HEGEL darin, den staatl. Gesetzen zu gehorchen,

»denn er gehorcht sich selbst und ist bei sich selbst und frei«.

HEGEL greift auf diese Weise Leitbegriffe der Aufklärung auf und verkehrt sie in ihr Gegenteil. Schon zu seinen Lebzeiten galt er als der »preußische Staatsphilosoph«.

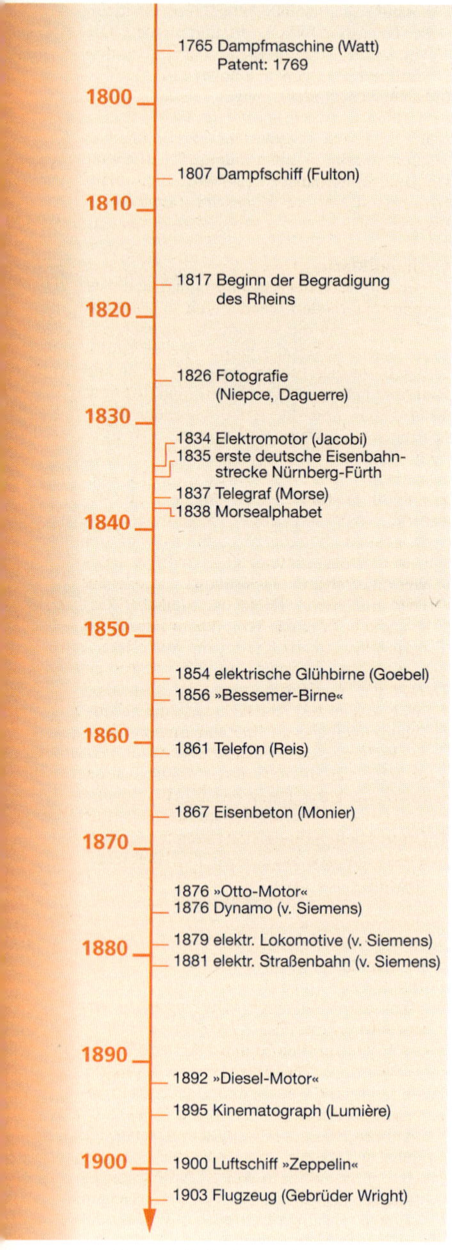

A Der technische Fortschritt im 19. Jh.

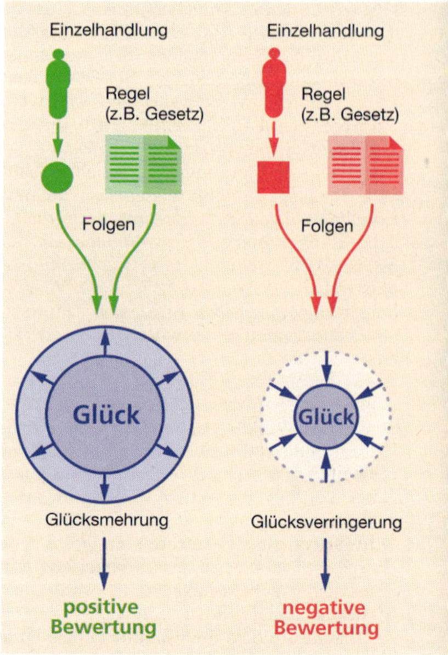

B Utilitarismus

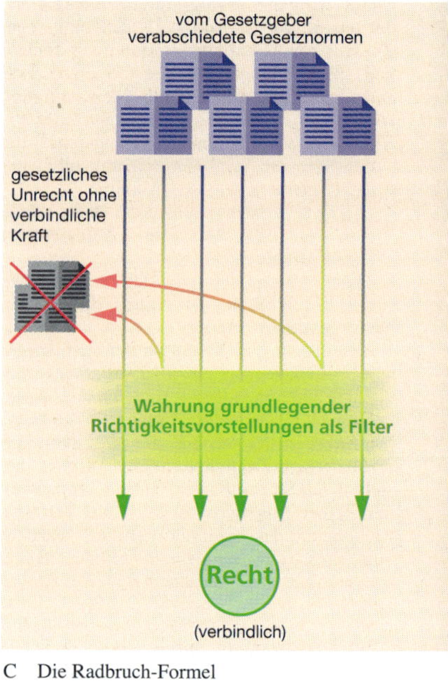

C Die Radbruch-Formel

Das 19. Jh. wird entscheidend vom **Fortschritt der Naturwissenschaften** und der **Technik** geprägt (A).
Die Geistes- und Sozialwiss. stehen vor der Frage, ob sie die Methoden der Naturwiss. übernehmen oder auf einem eigenständigen Methodenkanon beharren sollen.
Bereits im 18. Jh. hatte die schott. Moralphilosophie (A. SMITH, D. HUME) eine einheitl. Methodenkonzeption vertreten.

Dem **Utilitarismus** (JEREMY BENTHAM, 1748–1832, JOHN STUART MILL, 1806–73) zufolge sollen sowohl (Einzel-) Handlungen als auch Rechts- und Moralregeln nach ihren *tatsächlichen Folgen* bewertet werden (B).
Als Ziel fordern die Utilitaristen das »größtmögliche Glück für die größtmögliche Anzahl« von Menschen.
Bes. einflussreich wird MILLS Buch ›Über die Freiheit‹, in dem er für eine **pluralistische** Gesellschaft plädiert und die Bedeutung der Meinungsfreiheit hervorhebt.
Im angelsächs. Rechtskreis ist der Utilitarismus bis heute eine weit verbreitete Richtung der Rechtsphilosophie.
In Dtl. wird die Rechtsphilosophie in der zweiten Hälfte des 19. Jh. zunehmend vom **Neukantianismus** geprägt, der für eine Erneuerung der Philosophie unter Rückgriff auf KANT eintritt.
Für das Recht fordern die Neukantianer eine strikte Trennung zwischen beschreibenden und vorschreibenden Aussagen (**Sein** und **Sollen),** eine Unterscheidung, die KANT von HUME übernommen hatte.
Bis in die 20er Jahre des 20. Jh. hinein beherrscht der Neukantianismus die dt. Rechtsphilosophie.
Er prägt u. a. MAX WEBER (1864–1920), HANS KELSEN und GUSTAV RADBRUCH (1878–1949). Dagegen wird der »wissenschaftl. Humanismus« des Wiener Kreises (M. SCHLICK, R. CARNAP, V. KRAFT) in Deutschland kaum beachtet.
Parallel zum polit. Niedergang der Weimarer Republik gewinnt in der Rechtsphilosophie der **Irrationalismus** an Bedeutung.
Der Staatsrechtslehrer CARL SCHMITT (1888–1985) greift den liberalen Positivismus scharf an und propagiert in ›Der Begriff des Politischen‹ (1927) ein unversöhnl. *Freund-Feind-Denken.*
Viele Rechtsphilosophen des **Dritten Reiches** berufen sich auf die Rechtsphilosophie des dt. Idealismus, v. a. auf das Machtstaatsdenken HEGELS. In dunklen, orakelhaften Phrasen wird der NS-Staat aus dem »Rechtsbegriff« heraus legitimiert und in scharfen Gegensatz zu dem vermeintlich überholten liberalen Verfassungsstaat gestellt. Die für den Positivismus charakteristische begriffl. Trennung von Recht und Moral wird in ihr Gegenteil gewendet: Im NS-Staat gelten »wahres« Recht und Moral als identisch.

Unter dem Eindruck der nationalsozialist. Gewaltherrschaft kommt es **nach 1945** zunächst zu einer **Renaissance des Naturrechts.** Auf diese Weise wird versucht, wieder feste Orientierungspunkte für die jurist. Arbeit zu gewinnen.
Einflussreich (auch in der Rspr. des BGH) werden die kathol. Moralphilosophie und die »materiale Wertethik« (M. SCHELER, N. HARTMANN).
Nicht wenige Autoren gehen so weit, den Rechtspositivismus für die Verbrechen der Nazi-Zeit verantwortlich zu machen, obwohl gerade Rechtspositivisten wie KELSEN und RADBRUCH die liberale Demokratie bis zuletzt verteidigt hatten und deshalb als erste mundtot gemacht und verfolgt worden waren. Die Rechtspositivisten der Weimarer Zeit haben allerdings die Möglichkeit eines in Rechtsform gekleideten Unrechts, wie es im Nationalsozialismus auftrat, nicht vorausgesehen.
Der unbedingte Gesetzesgehorsam, der nach rechtspositivist. Lehre von Verwaltung und Rechtsprechung zu fordern ist, ist nur vertretbar, solange der Gesetzgeber demokrat. legitimiert und rechtstaatl. kontrolliert ist.
RADBRUCH distanziert sich nach dem Krieg von einem Teil seiner früheren Lehren:
Wenn Gerechtigkeit nicht einmal erstrebt und Gleichheit bewusst geleugnet werde, handle es sich nicht um Recht, sondern um *gesetzliches Unrecht* ohne Rechtscharakter. Diese **Radbruch-Formel** (C) ist bis heute sehr einflussreich und liegt der jurist. Aufarbeitung der nationalsozialist. Verbrechen zugrunde.
Nach dem Fall der Mauer wurde sie bei der Bewältigung der DDR-Regierungskriminalität erneut verwendet.
In der Methodendiskussion kommt es in den 1950er Jahren zu einer **Wiederentdeckung der antiken Rhetorik.**
In ›Topik und Jurisprudenz‹ (1953) kritisiert der Rechtsphilosoph THEODOR VIEHWEG das trad. *Subsumtionsdenken,* also die Vorstellung, Rechtsentscheidungen ließen sich aus dem Gesetz begründen. Er hält dem die Notwendigkeit einer *topischen* Rechtsanwendungsmethode entgegen, in der wesentl. Gesichtspunkte des Falles, die sog. Topoi (von gr. topos 'Ort, Gemeinplatz'), sorgfältig gegeneinander abgewogen werden.

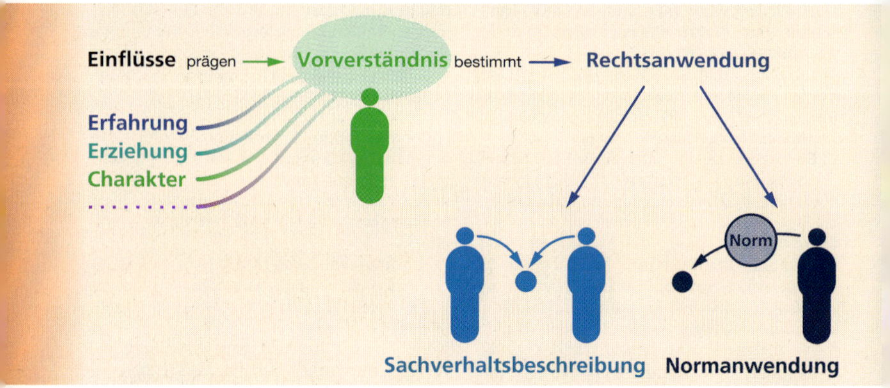

A Das Vorverständnis

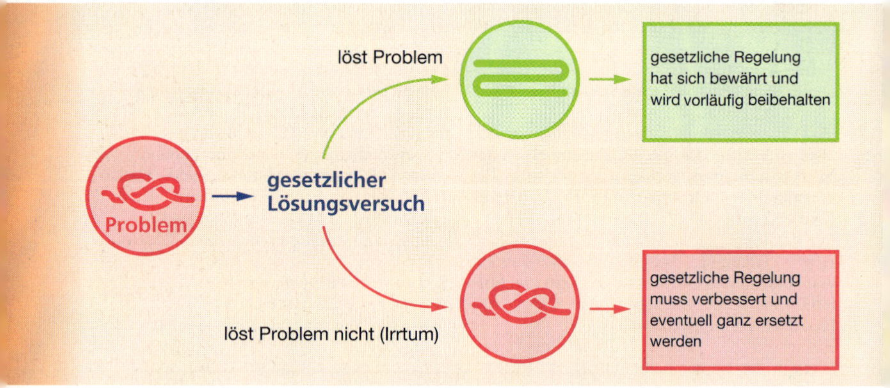

B Übertragung der Methode von Versuch und Irrtum auf die Politik

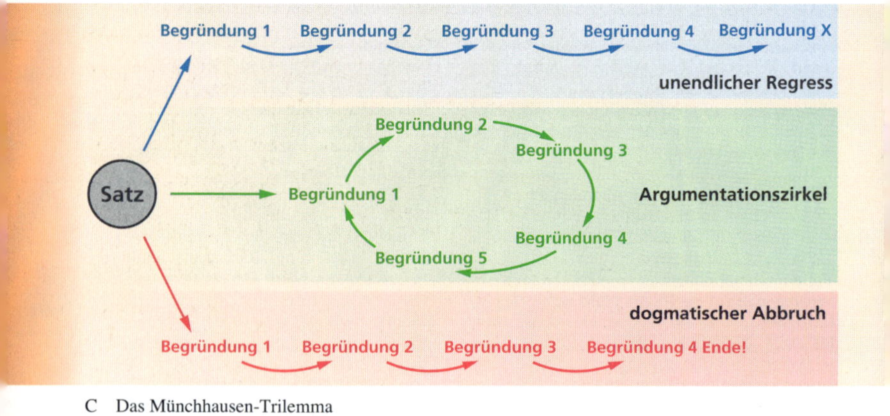

C Das Münchhausen-Trilemma

Die **rechtsphilosophische Diskussion der Gegenwart** ist von einer Vielzahl unterschiedl. Strömungen und Gruppen gekennzeichnet, die sich häufig auf eine Richtung der allg. Philosophie stützen. Den organisator. Rahmen bildet die ›Internationale Vereinigung für Rechts- und Sozialphilosophie‹ (IVR).

In der jurist. Ausbildung spielt die Rechtsphilosophie nur eine untergeordnete Rolle. Viele ihrer Themen, von der Methodenlehre bis hin zu Theorien der Menschenrechte, tauchen jedoch auch in spezif. rechtsdogmat. Fächern auf, v. a. im Staats- und im Strafrecht.

Nach dem Abflauen der Renaissance des Naturrechts gewinnt in den späten 1960er Jahren die mehr methodenorientierte **juristische Hermeneutik** an Einfluss. Diese kritisiert in der Tradition der Freirechtsbewegung die zeitgenöss. Rechtsanwendungslehren und stellt die Möglichkeit einer wirksamen Gesetzesbindung in Frage.

In ›Vorverständnis und Methodenwahl in der Rechtsfindung‹ (1970) betont JOSEF ESSER die Bedeutung des *Vorverständnisses,* das bei jeder Rechtsanwendung mitspiele und sowohl die Sachverhaltsbeschreibung wie die Normanwendung beeinflusse (A).

Gegen Ende der 1960er Jahre orientiert sich die dt. Rechtsphilosophie neu. Es kommt zu einer intensiven **Rezeption der analytischen Philosophie,** deren Vertreter von den Nationalsozialisten aus Dtl. vertrieben worden waren.

Bes. einflussreich wird der **Kritische Rationalismus** KARL POPPERS (1902–94) und HANS ALBERTS (geb. 1921). In der Rechtsphilosophie vertritt REINHOLD ZIPPELIUS einen ähnlichen Ansatz.

Die Anhänger des Krit. Rationalismus plädieren für eine liberale **offene Gesellschaft.** Dazu gehören rechtsstaatl. gesicherte Meinungsvielfalt, Demokratie und individuelle Grundrechte.

Gesetze sind die Antwort des parlamentar. Gesetzgebers auf Regelungsprobleme, bei deren Lösung sie sich bewähren, aber auch scheitern können. In diesem Fall sind sie zu verbessern und durch neue gesetzl. Normierungen zu ersetzen (B). Jeder Versuch einer Letztbegründung rechtl. oder moral. Normen ist nach ALBERT zum Scheitern verurteilt: Eine »letzte« Begründung kann es nicht geben, weil für jede Begründung wieder nach einem Grund gefragt werden kann. Wer nach einer letzten Begründung sucht, muss entweder immer weitere Begründungen angeben *(unendlicher Regress),* sich auf einen Satz stützen, der in der Begründungskette bereits aufgetaucht war *(Argumentationszirkel)* oder das Begründungsverfahren abbrechen *(dogmatischer Abbruch).* Der Letztbegründer steht damit vor einer ähnl. Situation wie der berühmte Lügenbaron, weshalb ALBERT auch von dem »Münchhausen-Trilemma« spricht (C).

Die an HEGEL und MARX geschulte **Kritische Theorie** der **Frankfurter Schule** (HORKHEIMER, ADORNO) lehnt den polit. Liberalismus ab und vertritt zunächst ein neomarxist. Gesellschaftsmodell. Im sog. **Positivismusstreit** der 1960er und 70er Jahre zwischen den Vertretern der Krit. Theorie und denen des Krit. Rationalismus kommt es zu einer heftigen Auseinandersetzung um Methodenfragen der Sozialwiss. Sie weitet sich rasch zu einer umfassenden polit. Auseinandersetzung aus. Während der Krit. Rationalismus die liberale Gesellschaftsphilosophie verteidigt, orientiert sich die Krit. Theorie zunächst an (neo-)marxist. Positionen.

Seit den späten 1970er Jahren übernehmen frühere Wortführer der Krit. Theorie wie der Sozialphilosoph JÜRGEN HABERMAS (geb. 1929) weitgehend die liberale Theorie der offenen Gesellschaft.

Die **Sprache** tritt bei HABERMAS schon Anfang der 70er Jahre an die Stelle der neomarxist. Geschichtsphilosophie. Jeder, der argumentiert, muss HABERMAS zufolge bestimmte »universale Geltungsansprüche« anerkennen **(Diskurstheorie)**.

Er unterscheidet die vier Geltungsansprüche Verständlichkeit (des Ausdrucks), Wahrheit (der Aussage), Wahrhaftigkeit (der Intention) und Richtigkeit (der Normen). Moral wird also aus der Grammatik der Sprache begründet.

Demgegenüber versucht die **juristische Argumentationslehre** (ULFRID NEUMANN, geb. 1947) durch Analyse und Kritik Argumentationsmängel aufzudecken und zu beheben. In ähnl. Richtung zielt die jüngere **juristische Rhetorik.**

Gegenstand der Analysen sind nicht bloß rechtsphilosoph. Texte, sondern auch jurist. Begründungszusammenhänge und richterl. Urteile.

Seit den frühen 1970er Jahren gewinnt die angelsächs. Rechts- und Moralphilosophie (H. L. A. HART, J. MACKIE) an Einfluss. In der Folgezeit richtet sich die Aufmerksamkeit auch auf konkrete Lebensprobleme, z. B. die Abtreibung und die Sterbehilfe (**angewandte Ethik, Bioethik**). Hauptvertreter dieser Forschungsrichtung sind NORBERT HOERSTER und DIETER BIRNBACHER.

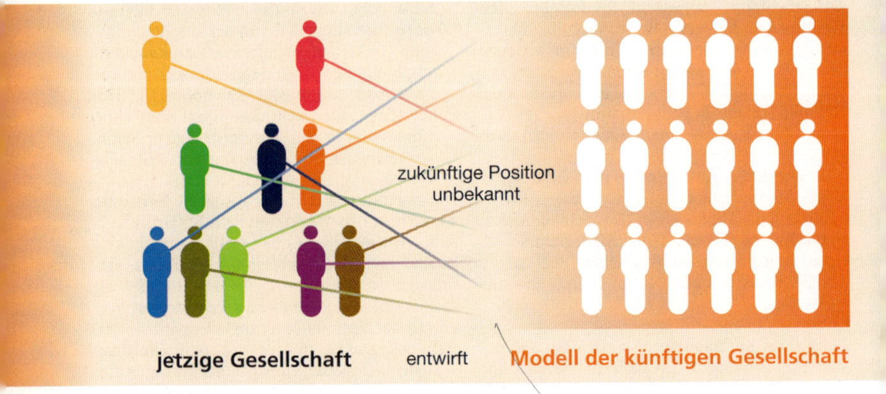

A Der Schleier des Nichtwissens

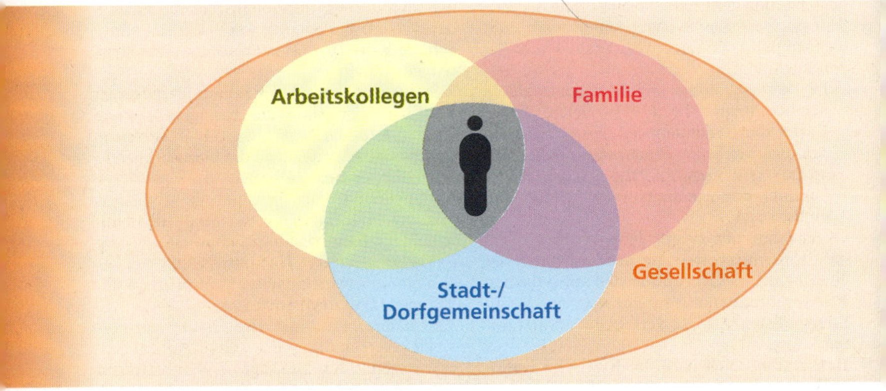

B Der Einzelne als Teil einer Gemeinschaft

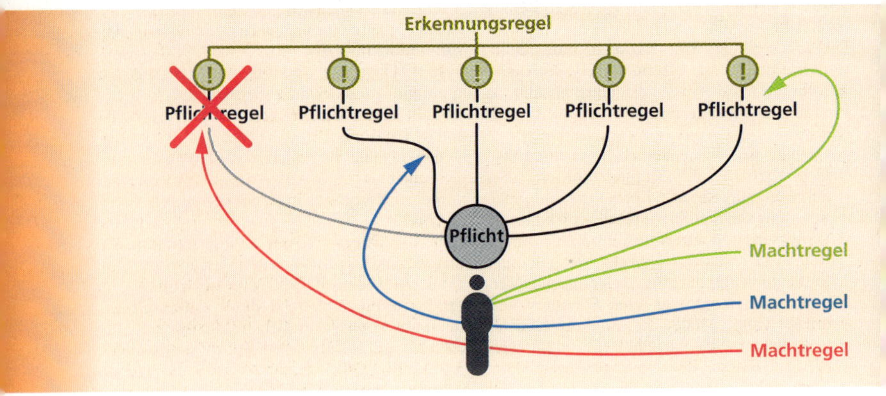

C Struktur der Rechtsregeln (nach Hart)

Die dt. Rechtsphilosophie ist heute international ausgerichtet. Bes. einflussreich sind Autoren aus den USA und Großbritannien. Die klassische Gerechtigkeitstheorie der angelsächs. Rechtsphilosophie ist der Utilitarismus.

Die **Metaethik** (C. L. Stevenson, R. M. Hare) beschäftigt sich dagegen nicht mit Gerechtigkeitsfragen, sondern mit der Analyse der moral. Sprache: Was meinen wir mit dem Wort »gut«? Was bedeutet »gerecht«? usw.

Seit den 1970er Jahren sind in den USA versch. Neuansätze formuliert worden:

John Rawls (1921–2002) knüpft in ›Eine Theorie der Gerechtigkeit‹ (1971) an die Theorien des Gesellschaftsvertrages an und entwickelt ein Modell der **Gerechtigkeit als Fairness.**

Ausgangspunkt ist die Fiktion, im Urzustand träten die Menschen zusammen, um ein Modell ihrer künftigen Gesellschaft zu entwerfen. Um eine möglichst weitgehende Unparteilichkeit zu gewährleisten, kennen die Menschen ihre künftigen Fähigkeiten und sozialen Positionen nicht.

Dieser *»Schleier des Nichtwissens«* (A) soll garantieren, dass sich die Menschen für eine Gesellschaftsform entscheiden, in der die Interessen aller möglichst weitgehend berücksichtigt werden.

Robert Nozick (1938–2002) vertritt in ›Anarchie, Staat, Utopia‹ (1974) eine Theorie des **Minimalstaates.** In Anlehnung an den *klassischen Liberalismus* lehrt er, jeder Mensch besitze bestimmte urspr. und unveräußerl. Rechte, in die der Staat nicht eingreifen dürfe. Seine Aufgabe sei lediglich der Schutz der Individualrechte auf Leben, Eigentum und Freiheit.

Jede sozialstaatl. Umverteilungstätigkeit lehnt Nozick ab. Im Unterschied zu Rawls' soz.-lib. Position kann man seine Gerechtigkeitskonzeption als klassisch-liberal bezeichnen.

Michael Walzer (geb. 1935) kritisiert die Vorstellung, eine gerechte Sozialordnung lasse sich über ein einziges Verteilungskriterium wie »Fairness« erreichen.

Stattdessen plädiert er dafür, für jedes Gut (Reichtum, Macht, Ämter usw.) unterschiedl. gesellschaftl. Verteilungskriterien zu formulieren und so differenzierte Verteilungssphären, sog. »Sphären der Gerechtigkeit«, zu schaffen.

Der **Kommunitarismus** versteht sich als Gegenbewegung zum Liberalismus sowohl Nozickscher wie Rawlsscher Prägung. Er hat seit Mitte der 1980er Jahre großen Einfluss gewonnen.

Er geht davon aus, dass der Mensch sowohl individuell als auch gattungsgeschichtl. von Anfang an Teil einer Gemeinschaft ist (B). Auch Rechte, Normen und Institutionen sind stets gemeinschaftsbezogen.

Dies wird in Gesellschaftsvertragstheorien übersehen, in denen der Staat aus einem Zusammenschluss von Individuen heraus zu konstruieren versucht wird.

Daher fordern Kommunitaristen, der durch Individualisierung und Pluralisierung bewirkten Auflösung soz. Strukturen in den mod. Gesellschaften entgegenzutreten, und betonen die Bedeutung einer gesellschaftl. **Wertegemeinschaft.**

Der Brite H. L. A. Hart (1907–93) verteidigt in ›Der Begriff des Rechts‹ (1961) den Rechtspositivismus. Hart unterscheidet zwei Arten von Rechtsregeln: *Primäre* oder *Pflichtregeln* sind solche, die den Menschen in Form von Ge- oder Verboten Pflichten auferlegen.

Sekundäre Regeln (Machtregeln) übertragen dagegen Kompetenzen, die es erlauben, primäre Regeln zu ändern oder aufzuheben und neue zu erlassen.

Die Regel, die festlegt, welche Eigenschaften Regeln haben müssen, um eindeutig als primäre Regeln des jeweiligen Rechtssystems erkennbar zu sein, nennt Hart Erkennungsregel (*rule of recognition,* C).

Seiner Ansicht nach besteht jede Rechtsordnung aus einem Zusammenspiel primärer und sekundärer Regeln.

Ronald Dworkin (geb. 1931) kritisiert, in Harts Rechtstheorie werde die Rolle von *Rechtsprinzipien* nicht hinreichend gewürdigt.

Norberto Bobbio (geb. 1909) ist der Hauptvertreter des **analytischen Rechtspositivismus** Italiens. Bis in die 60er Jahre hinein beschäftigt sich Bobbio im Anschluss an Kelsen und den Wiener Kreis v. a. mit der Normentheorie und der allgemeinen Rechtslehre. In der polit. Philosophie vertritt er einen Liberalismus mit sozialen Sicherungen. Sein bes. Interesse gilt den Menschenrechten.

Die **skandinavische Rechtstheorie** (Axel Hägerström, 1868–1939, A. V. Lundstedt, 1882–1935; Alf Ross, 1899–1979) vertritt eine metaphysikkrit. empirist. Position. Sie wird als *Rechtsrealismus* bezeichnet. Zu ihren bekanntesten jüngeren Vertretern gehört Stig Jörgensen (geb. 1927). H. G. von Wright (geb. 1916) ist der Begründer der *deontischen Logik* (Normenlogik) und hat sich intensiv mit rechtstheoretischen Fragen auseinandergesetzt.

Die Arbeiten des Österreichers Ota Weinberger (geb. 1919) gelten v. a. der Normenlogik, der jurist. Semantik und der Handlungstheorie.

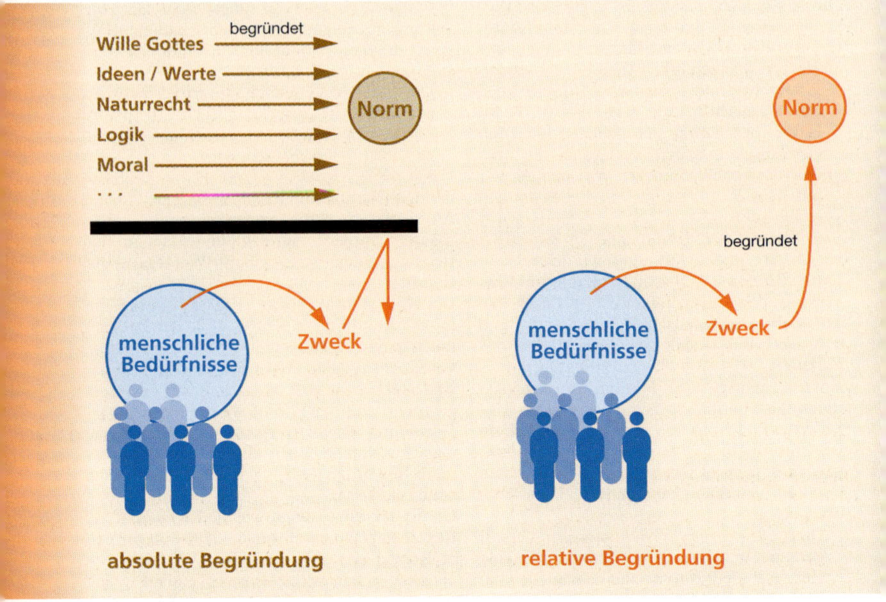

A Absolute und relative Normbegründung

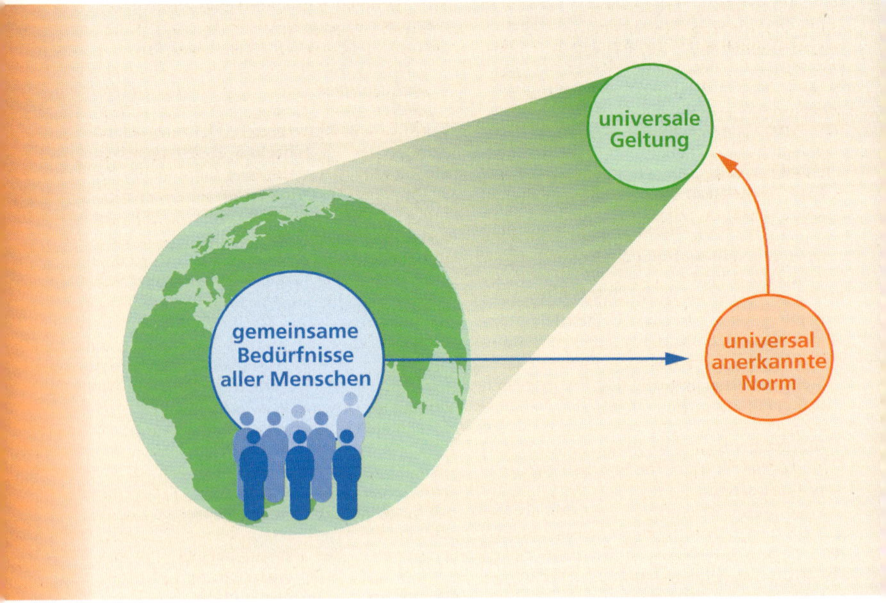

B Universale Geltung

Zunächst lassen sich Rechtsnormen durch den **Zweck** legitimieren, den der Gesetzgeber mit ihrem Erlass verfolgt.

Bsp.: Der Gesetzgeber ergänzt das StGB um Bestimmungen zur Bekämpfung der Wirtschaftskriminalität.

Darüberhinaus jedoch gehört die Frage nach der **Begründung von Rechtsnormen** zu den klass. Themen der Rechtsphilosophie. Da das Recht, ebenso wie die Moral, eine Normenordnung darstellt, ist die Frage nach der Rechtsbegründung Teil der allgemeinen Normbegründungsproblematik, die nicht nur von der Rechts-, sondern auch von der Moralphilosophie behandelt wird. Oft spricht man von der Frage nach der (philosoph.) **Normgeltung.** Da sich gute und schlechte Begründungen unterscheiden lassen, kann man die Frage nach der Normbegründung auch als Frage nach den Möglichkeiten einer (rationalen) **Normkritik** auffassen.

Begründungsformen

Zwei versch. Begründungsformen kann man unterscheiden: die absolute und die relative (A). Von einer **absoluten Normbegründung** spricht man, wenn behauptet wird, die Norm sei menschl. Dafürhalten vorgegeben (und in diesem Sinn *absolut,* d. h. losgelöst von menschl. Zwecksetzungen).

Absolut begründete Normen werden oft auch als **objektive Normen** bezeichnet.

In der **Geschichte** der Rechts- und Moralphilosophie sind unterschiedl. Möglichkeiten einer absoluten Rechts- und Moralbegründung diskutiert worden:

- Die älteste Form ist die **religiöse Normbegründung,** also der Verweis auf den Willen eines übergeordneten Normgebers: Eine Norm gilt, weil sie dem *Willen eines Gottes* entspricht bzw. Teil der göttl. Schöpfungsordnung ist.

  Diese Position wird noch heute von der kathol. Kirche, aber auch vom Islam und anderen monotheist. Religionen vertreten.
- Die **wertplatonistische Normbegründung** (nach dem gr. Philosophen PLATON) besteht in dem Verweis auf ewige, dem Menschen vorgeordnete *Ideen,* die als (absolute) *Werte* gedeutet werden.
- Eine dritte Form ist die **naturrechtliche Normbegründung,** wonach best. Normen durch die Natur vorgegeben sein sollen *(klassisches Naturrecht).*

  Wird die Naturordnung auf einen Gott zurückgeführt, so handelt es sich um einen Unterfall der religiösen Normbegründung *(christliches Naturrecht).*

Bisweilen wird versucht, die absolute Geltung einer Norm durch Berufung auf die *Logik* zu begründen. Man argumentiert, die Verneinung der Norm führe zu einem Widerspruch bzw. sei selbst widersprüchlich.

  Auf diese Weise hat etwa HOBBES versucht, die Regel zu begründen, dass Verträge gehalten werden müssen *(pacta sunt servanda).*

  Auch KANTS im *Kategorischen Imperativ* enthaltener Universalisierbarkeitstest lässt sich als Form einer *logischen Rechts- und Moralbegründung* ansehen.

- Eine seit den 1970er Jahren vieldiskutierte Form ist die **diskursethische Normbegründung.** Dabei beruft man sich auf die *Sprache,* in der best. Regeln und Normen enthalten sein sollen.

Von einer **relativen (relativistischen) Normbegründung** spricht man, wenn die Geltung der Norm von einem best. Zweck abhängig gemacht wird, die Norm also nur bezüglich dieses Ziels gilt.

  Wer das Tötungsverbot damit rechtfertigt, dass dadurch menschl. Leben geschützt werden soll, argumentiert relativistisch.

Relativ begründete Normen werden oft auch als **subjektive Normen** bezeichnet.

Die Möglichkeit einer relativen Normbegründung wird allgemein anerkannt, während die absoluten Normbegründungsversuche umstritten bleiben, v. a. deshalb, weil im Laufe der Geschichte ganz unterschiedl. Normen als »absolut begründet« ausgegeben wurden.

Adressatenkreis

Neben der Unterscheidung von absolut und relativ begründeten Normen existiert eine **Unterscheidung nach dem Adressatenkreis,** für den die Begründung gelten soll.

Bezieht sich die Norm nur auf einen beschränkten Adressatenkreis, spricht man von einer **partikularen Geltung.**

  Die Größe des Adressatenkreises kann dabei von Kleingruppen bis hin zu einem ganzen Staatsvolk reichen (Geltungsumfang von typ. Rechtsnormen).

Soll die Norm für alle Menschen gelten (unbeschränkter Adressatenkreis), spricht man von **universaler Geltung** (B). Absolute Normbegründungen erheben üblicherweise den Anspruch, universal zu gelten. Aber auch relative Normbegründungen beanspruchen bisweilen universale Geltung.

  Wer das Tötungsverbot oder das Verbot willkürl. Schmerzzufügung mit biolog. vorgegebenen, allgemeinmenschl. Interessen am Leben und an Schmerzfreiheit begründet, behauptet eine universale, aber relative Normgeltung.

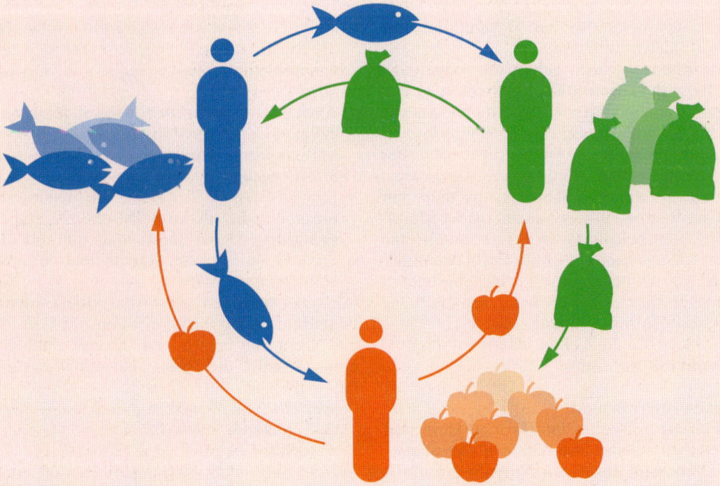

A Reziprozität

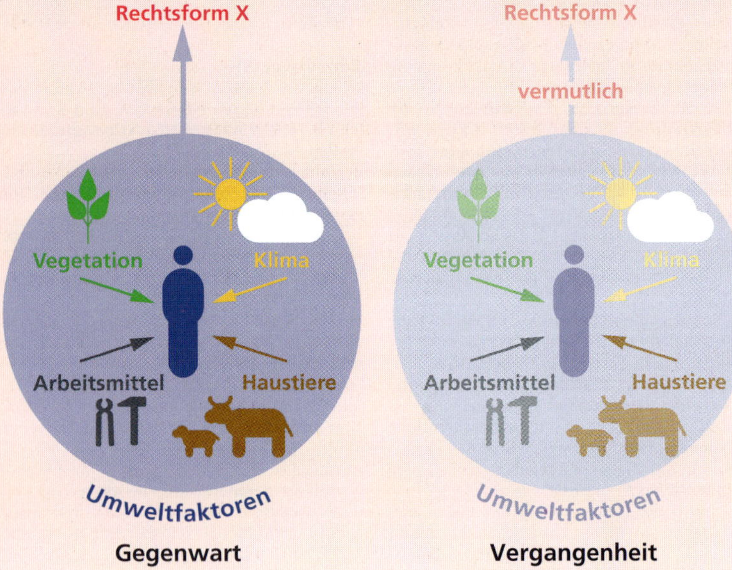

B Erschließung von Rechtsformen

In jeder menschl. Gesellschaft wird soziale Kontrolle ausgeübt. Dazu dient u. a. das Recht, das (zusammen mit der Sitte) das Verhalten der Gruppenmitglieder regelt, ihren Status festlegt und bei Konflikten Lösungswege vorschreibt. Die Erforschung derartiger Mechanismen bei den Naturvölkern *(primitives Recht)* fällt in die Zuständigkeit der **Rechtsethnologie,** die in der zweiten Hälfte des 19. Jh. von HENRY SUMMER MAINE (1822–88) begründet wurde (›Ancient Law‹ 1861).

MAINE vertritt die Ansicht, das Recht sei kontinuierlich von primitiven Anfängen bis hin zu den hochdifferenzierten Formen der Gegenwart herangereift (Evolution des Rechts). Dabei habe eine Entwicklung vom Status- zum Vertragsrecht stattgefunden (»from status to contract«).

Zu Beginn des 20. Jh. wurde die ethnolog. Rechtsforschung von dem dt. Juristen ALBERT H. POST und dem Rechtsphilosophen JOSEF KOHLER (1849–1919) systematisiert und in Richtung einer **Universalgeschichte des Rechts** weiterentwickelt. In den 20er Jahren setzte sich eine stärker empir. ausgerichtete Richtung in der Rechtsethnologie durch.

Der brit. Ethnologe BRONISLAW MALINOWSKI (1884–1942) erforschte auf den Trobriand-Inseln (nördl. von Neuguinea) das Recht der dort lebenden Stammesgesellschaften und betonte die Rolle der *Reziprozität* (Gegenseitigkeit und Tausch; A).

In den 30er Jahren untersuchten KARL LLEWELLYN und E. ADAMSON HOEBEL die Rechtskultur der Cheyenne, wobei ihr Interesse bes. der rechtl. Lösung von *Störfällen* (trouble cases) galt.

EDWARD EVANS-PRITCHARD erkundete das Verhältnis von *Recht* und *Magie* bei den Azande und Nuer im Sudan.

Andere Naturvölker mit eigenständigen Rechtsformen waren die Innuit (Kanada und Grönland), die Ifugao auf Luzon (Philippinen) und die Mbuti (auch Bambuti; Pygmäen) im Kongo.

Die weltweite Verbreitung der Massenmedien und der Tourismus haben dazu geführt, dass heute primitive Rechtskulturen in Reinform kaum noch bestehen.

Ein **Kernproblem der Rechtsethnologie** besteht in der Frage, ob Erkenntnisse, die aus der Untersuchung heute noch existierender primitiver Gesellschaften gewonnen werden, auf vergangene Rechtsformen übertragbar sind. Geht man von der Prämisse aus, dass Recht eine Kulturerscheinung ist, also wesentlich von der Umwelt und dem Entwicklungsstand der jeweiligen Arbeitsmittel geprägt wird, so lässt sich vermuten, dass ähnl. Umweltfaktoren und Arbeitsmittel auch zu ähnl. Rechtsformen führen.

Die Frage der Übertragbarkeit kann also im Grundsatz positiv beantwortet werden (B).

Primitives Recht ist **Gewohnheitsrecht.** Die schriftl. Fixierung von Rechtsfällen oder Rechtsnormen findet sich erst in archaischen Rechtsformen. Es zeichnet sich dadurch aus, dass es eng mit relig. und magischen Überzeugungen verbunden ist.

Als Rechtsexperten treten oft **Priester** auf.

Öffentl. Recht (z. B. Regelungen des Strafverfahrens) und privates Recht (z. B. Schadensersatzansprüche) lassen sich nicht eindeutig unterscheiden. Die Rechtsfeststellung und -durchsetzung liegt meist nicht bei einer zentralen Stelle (Häuptling, Stammesältester), sondern bei den Sippen oder Clans, die aufgrund von Blutsverwandschaft bestehen.

Nicht selten findet sich sogar eine **Solidarhaftung** der Clans.

Gesetzgebung im heutigen Sinn existiert nicht, doch wirken einmal entschiedene Fälle als Leitfälle **(Präjudizien).**

Primitives Recht ist nur schwer von anderen Formen sozialer Kontrolle abzugrenzen. Dies gilt v. a. im Verhältnis zum Brauch und zur Sitte.

Ein **Brauch** besteht in einem gewohnheitsmäßigen Handeln. Aus der fakt. Gleichförmigkeit entsteht die Überzeugung der Richtigkeit; normgemäßes Verhalten wird als *geboten* empfunden. Über die Geltung des Brauchs wird kaum reflektiert.

Dies unterscheidet ihn von den Normen der **Sitte,** die auf bewusster Übereinkunft beruhen. Verletzungen der Sitte werden mit sozialer Missbilligung beantwortet.

Recht besteht aus solchen Normen, deren Verletzung von der Gemeinschaft mit **organisiertem Zwang** geahndet wird. Falls erforderlich, reicht der Zwang bis zur phys. Gewalt.

Definiert man »Recht« auf diese Weise, so hat es in allen menschl. Gesellschaften Rechtsnormen gegeben. Manche Autoren (z. B. SEAGLE) betrachten dagegen nur solche sozialen Normen als Recht, die durch Gerichte durchsetzbar sind. Letztlich handelt es sich um eine Definitionsfrage.

Die Auseinandersetzung um die Rechtsqualität des primitiven Rechts weist überraschende Parallelen zum Streit darüber auf, ob das heutige **Völkerrecht** als »Recht« anzusehen ist:

»Das sogenannte Völkerrecht ist lediglich primitives Recht auf internationaler Ebene.« (HOEBEL)

Das Vorhandensein von Recht ist nicht an die Existenz eines Staates im heutigen Sinne gebunden.

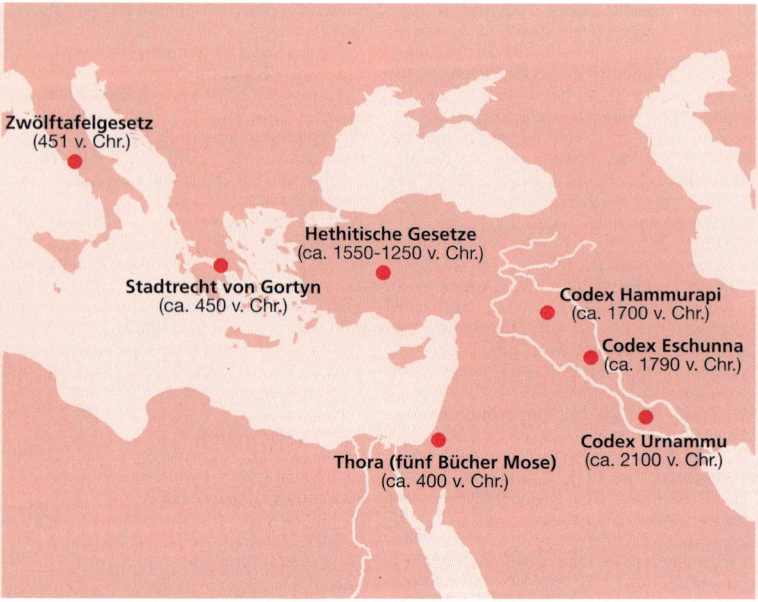

A Archaische Rechte

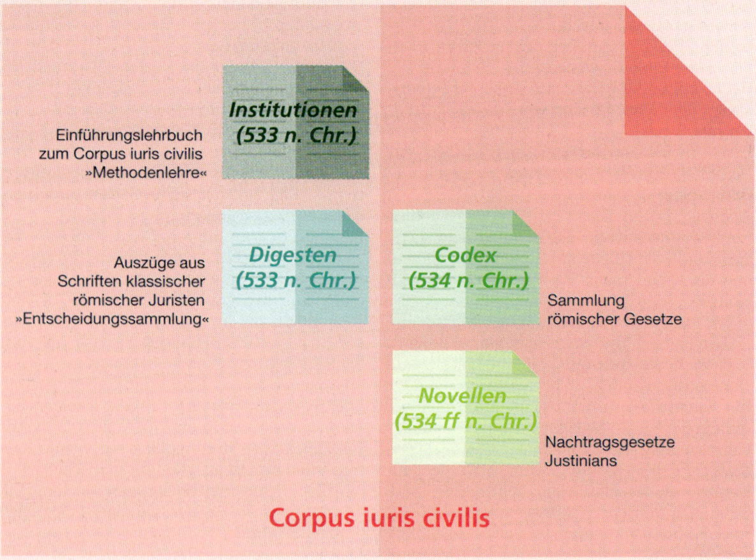

B Aufbau des justinianischen Gesetzgebungswerks

Als **archaische Rechte** (A) werden frühe Normierungen bezeichnet, die ganz oder teilweise auf einem *Gesetzbuch* beruhen.

Der wesentl. Unterschied zum primitiven Recht der Naturvölker besteht in der Verbindung des Rechts mit der Schrift.

Die Schaffung von Gesetzbüchern setzt eine hinreichend mächtige zentrale Autorität voraus: den *Staat*. Die Rechtsdurchsetzung erfolgt durch staatl. Gerichte.

Die **altorientalischen Rechte** der Sumerer, Akkader und Hethiter werden wegen ihrer Schriftform auch *Keilschriftrechte* genannt. Viele ihrer Gesetzbücher sind erhalten, so etwa der *Codex Urnammu* (ca. 2100 v. Chr.), der Codex *Hammurapi* (ca. 1700 v. Chr.) und die *hethitischen Gesetze* (ca. 1550–1250 v. Chr.). Die darin fixierten Rechtssätze besitzen z. T. eine erstaunlich modern anmutende konditionale (Wenn-dann-)Struktur, so z. B. § 16 des *Codex Urnammu*:

»Wenn jemand im Verlaufe eines Streits absichtlich Gliedmaße eines anderen Mannes mit einem Stock zerschmettert hat, zahlt er eine Mine Silber.«

In vielen Bestimmungen findet sich das **Talionsprinzip**: Gleiches soll mit Gleichem vergolten werden. (Wer einen Menschen tötet, soll seinerseits getötet werden.) Dieses Prinzip spielt im Rechtsdenken bis heute eine wesentl. Rolle.

Das antike **griechische Recht** bestand aus zahlreichen Stadtrechten (Partikularrechten), die allerdings miteinander eng verwandt waren. Die Stadtrechte wurden meist auf einzelne Gesetzgeber zurückgeführt, in Athen etwa auf DRAKON *(drakonische Strafen)* und auf SOLON. Das gr. Prozessrecht sah vor, dass jurist. Streitigkeiten von einer Volksversammlung entschieden wurden (z. B. der Prozess des SOKRATES). Die Folge war ein Überhandnehmen der *Gerichtsrhetorik* auf Kosten begriffl. Schärfe.

Anders als in der Philosophie hat das gr. Denken im Recht deshalb kaum Spuren hinterlassen.

Dagegen hat das **römische Recht** nicht nur die Antike beherrscht, sondern die Rechtsentwicklung in Europa bis heute wesentlich beeinflusst. Grund hierfür sind die in der Antike einmaligen **Abstraktionsleistungen der röm. Fachjurisprudenz**. Die **Geschichte des antiken römischen Rechts** umfasst, beginnend mit der sagenhaften *Gründung Roms* (753 v. Chr.), einen Zeitraum von mehr als 1000 Jahren.

Das röm. Recht bestand urspr. aus Gewohnheitsrecht; die **Rechtsprechung** lag in den Händen der (aus dem Patriziat stammenden) Priester.

Im **Zwölf-Tafel-Gesetz** (451 v. Chr.) wurde das Recht schriftlich fixiert. Es enthielt Bestimmungen aus allen Rechtsgebieten und hatte die Aufgabe, die im Gewohnheitsrecht strittig gewordenen Fragen zu klären.

Vom Text sind nur Bruchstücke in Form von Zitaten in späteren Schriften enthalten.

Der Prozess war ritualisiert. Klagen (legis actiones) mussten genau dem Gesetzeswortlaut angepasst sein.

Als sich die röm. Wirtschaft von einer reinen Agrar- in eine modernere *Verkehrswirtschaft* wandelte, wurde die strenge Bindung an die Prozessformeln allmählich gelockert, um die *neuen Rechtsverhältnisse* erfassen zu können.

Schon früh unterschieden die Römer zwischen zwei Arten von Recht:

Das **ius civile** galt für alle röm. Bürger. Jeder von ihnen konnte verlangen, seinen Fall vor einem röm. Gericht zur Sprache zu bringen.

Hierauf berief sich auch der Apostel PAULUS, der daraufhin nach Rom gebracht und dort verurteilt wurde.

Für Nicht-Römer galt das **ius gentium** (Fremdenrecht). Es bestand im wesentl. aus allg. Rechtsgrundsätzen, die dem röm. Recht entlehnt waren.

Das ius gentium war also *kein Völkerrecht* im heutigen Sinn, das grundsätzlich nur zwischen Staaten gilt.

Im **Prinzipat** wandelte sich die röm. Republik zur absoluten Monarchie. Die republikan. Ämter und Rechtsinstitutionen bestanden aber formell fort.

AUGUSTUS [31 v. Chr.–14 n. Chr.] nannte sich nicht Kaiser, sondern »princeps senatus«.

Die ersten beiden nachchristl. Jahrhunderte bildeten das **klassische Zeitalter der römischen Jurisprudenz.** Der röm. Jurist GAIUS nennt in seinem Anfängerlehrbuch (ca. 160 n. Chr.) als **Rechtsquellen** Gesetze, Volksbeschlüsse, Senatsbeschlüsse, kaiserl. Erlasse, bes. Edikte und Gutachten von Rechtsgelehrten, wobei Letztere in **Digesten** (Sammlungen) zusammengefasst wurden. Das **Dominat** (absolutes Kaisertum) begann mit dem Regierungsantritt des Kaisers DIOKLETIAN [284–305]. Es war eine Zeit des ökonomischen und kulturellen Niedergangs. Auch die Jurisprudenz verfiel. Um das klass. röm. Recht zu kodifizieren, ließ der oström. Kaiser JUSTINIAN [527–65] Auszüge aus den Schriften der klass. röm. Juristen sammeln *(Digesten)* und veröffentlichte sie zusammen mit einem amtl. Einführungslehrbuch *(Institutionen)*, einer Gesetzessammlung *(Codex)* und eigenen Gesetzen *(Novellen)* im **Corpus iuris civilis** (B).

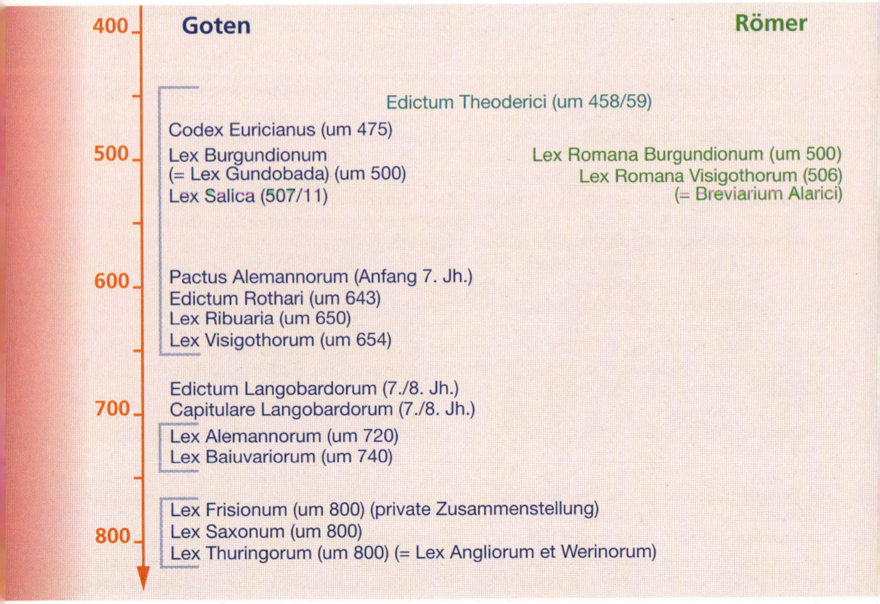

A Die germanischen Volksrechte

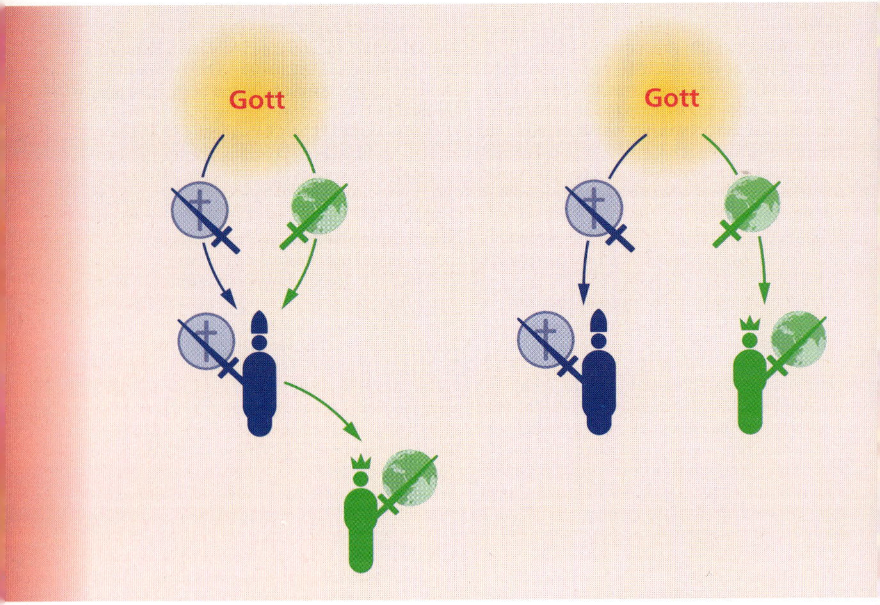

B Zweischwerterlehre

Die **Geschichte des deutschen Rechts** beginnt in der **germanischen Zeit** (bis 6. Jh.). Der Einzelne war fest in Familie und Sippe eingebunden. Die waffenfähigen Männer kamen regelmäßig zu einem Treffen, dem **Thing,** zusammen, wo Häuptlinge gewählt, über Krieg und Frieden entschieden sowie Recht gesprochen wurde.

Rechtsverletzungen wurden von der Sippe angeklagt und durch **private Bußleistungen** gesühnt. Öffentl. Strafen gab es nur bei gravierenden Verletzungen von Gemeinschaftspflichten (etwa der Heeresflucht).

Recht existierte nur in Form von *Gewohnheitsrecht.* Als Mittel gegen Sippenfehden wurden Sühneverträge eingesetzt.

Die Rechtsverhältnisse der Germanen sind in erster Linie durch die Schrift über Germanien des röm. Schriftstellers TACITUS überliefert. Ihre Zuverlässigkeit ist umstritten.

Schriftliche Rechtsquellen tauchen erst in der **fränkischen Zeit** auf (6.–9. Jh.). Die alten, auf Gewohnheit beruhenden germ. Volksrechte wurden in von germ. Ausdrücken stark durchsetztem Vulgärlatein aufgezeichnet (A).

Am bekanntesten ist die um 500 verfasste *Lex Salica,* das Recht der salischen Franken.

Neben den öffentl. Gerichtsverfahren war im 6. Jh. auch die **Blutrache** noch lebendig.

Unter KARL DEM GROSSEN (747–814) existierte eine zentrale Staatsgewalt, deren Vormachtstellung selbst die Kirche anerkannte. Ab dem 10. Jh. verkümmerten diese Ansätze aber wieder. Der Schwerpunkt der Rechtsetzung lag bei den einzelnen Territorien. Auch die Strafgewalt wurde in den zahlreichen Einzelterritorien ausgeübt, was zu einer *Zersplitterung des Strafrechts* führte.

Selbst leichtere Delikte wurden mit Brandmarkung, grausamen Prügeln oder Pranger geahndet. Folter war allgemein üblich.

Das wichtigste Rechtsinstitut des MA. war das **Lehnswesen**. Kraft des Lehnsverhältnisses hatte der *Vasall* das Recht, Grundstücke des *Lehnsherrn* dauernd zu nutzen. Dafür musste er für ihn best. Dienste (v. a. Kriegsdienste) leisten.

Die Belehnung begründete eine persönl. Treuepflicht des Vasallen.

Im 11. Jh. erstarkte das **Papsttum** und machte der weltl. Macht des Kaisers die Vorherrschaft streitig. Ausdruck dafür sind die unterschiedl. Interpretationen der *Zweischwerterlehre* (Lukas 22, 38):

Nach der einen (kurialen) Interpretation hat Gott dem Papst zwei Schwerter als Symbole der Herrschaft über die Kirche und über die Welt verliehen. Das zweite Schwert hat der Papst an den Kaiser als seinen Vasallen weitergegeben. Nach der anderen Interpretation hat Gott das zweite Schwert unmittelbar dem Kaiser gegeben und so die Gleichordnung von Kaiser und Papst begründet (B).

Im 12. Jh. kam es, ausgehend von Bologna und der dortigen Rechtsschule, zu einer **Renaissance des römischen Rechts,** nachdem der gegen Ende der Antike verloren gegangene ›Corpus iuris civilis‹ des spätröm. Kaisers JUSTINIAN wieder entdeckt worden war.

Der antike Text wurde von den *Glossatoren* (von Glosse 'Randbemerkung') und den *Kommentatoren* erläutert und systematisiert.

Von Oberitalien aus breitete sich das röm. Recht am Ende des MA. über ganz Kontinentaleuropa aus. Träger der Rezeption waren die von dort zurückgekehrten Studenten.

Im 13. Jh. entstanden, meist aufgrund privater Initiative, die ersten in dt. Sprache verfassten **Rechtsbücher,** ausführl. Darstellungen des geltenden dt. Gewohnheitsrechts. Am bekanntesten sind der von EIKE VON REPGOW verfasste ›Sachsenspiegel‹ (ca. 1220) und der ›Schwabenspiegel‹ (1270). Beide Werke fanden weite Verbreitung, bis sie schließlich gesetzesähnliches Ansehen genossen und selbst in der Rechtsprechung verwendet wurden.

Einige Handschriften des ›Sachsenspiegels‹ sind prachtvoll illustriert, wobei die Bildwerke den Text nicht nur schmücken, sondern auch durch Darstellung typ. Fälle erläutern und ergänzen.

Der Beginn der **frühen Neuzeit** war von intensiven Bemühungen um eine **Reichsreform** gekennzeichnet. Sie gipfelten im *Reichstag zu Worms* (1495). Dort wurde beschlossen, alle Fehden im Reich auf unbegrenzte Zeit zu untersagen **(Ewiger Landfriede)** und ein ständig tagendes **Reichskammergericht** als höchste Instanz in Zivilsachen zu errichten.

Der **Kaiser** war oberster Lehnsherr, vertrat das Reich gegenüber auswärtigen Mächten und ernannte den Vorsitzenden des Reichskammergerichts.

Eines der schwierigsten Probleme des frühneuzeitl. Verfassungsrechts war das **Verhältnis von Religion und Staat**. Seit dem **Augsburger Religionsfrieden** (1555) galt der Grundsatz, dass der jeweilige Landesherr die Konfession seiner Untertanen bestimmen durfte (*cuius regio eius religio*). Im **Westfälischen Frieden** (1648) wurden die Reichsstände u. a. durch die Zuerkennung eines eigenen Bündnisrechts weiter gestärkt. Wegen der *Unübersichtlichkeit seiner Einrichtungen* und der *Machtlosigkeit der zentralen Reichsorgane* wurde die Reichsverfassung schon im 17. Jh. kritisiert.

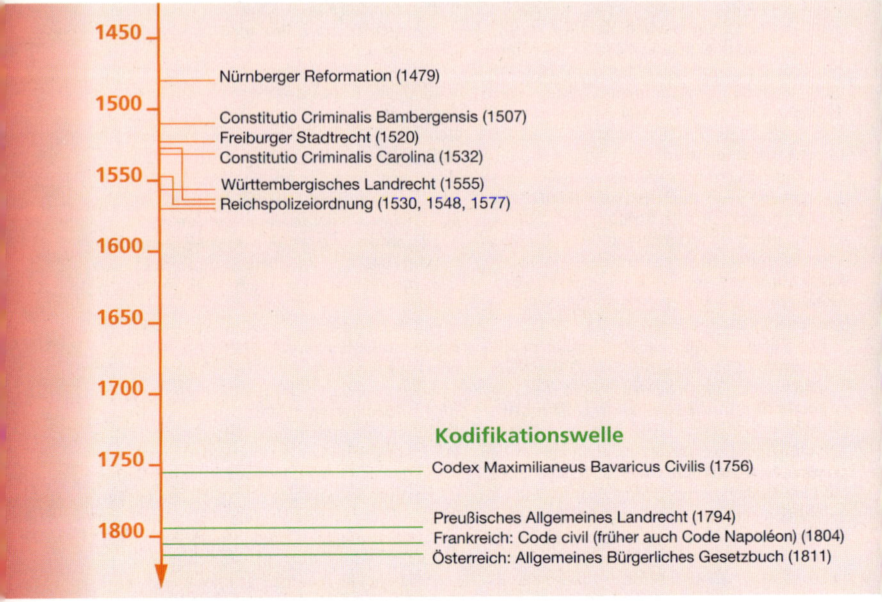

A Gesetzgebung seit dem 15. Jahrhundert

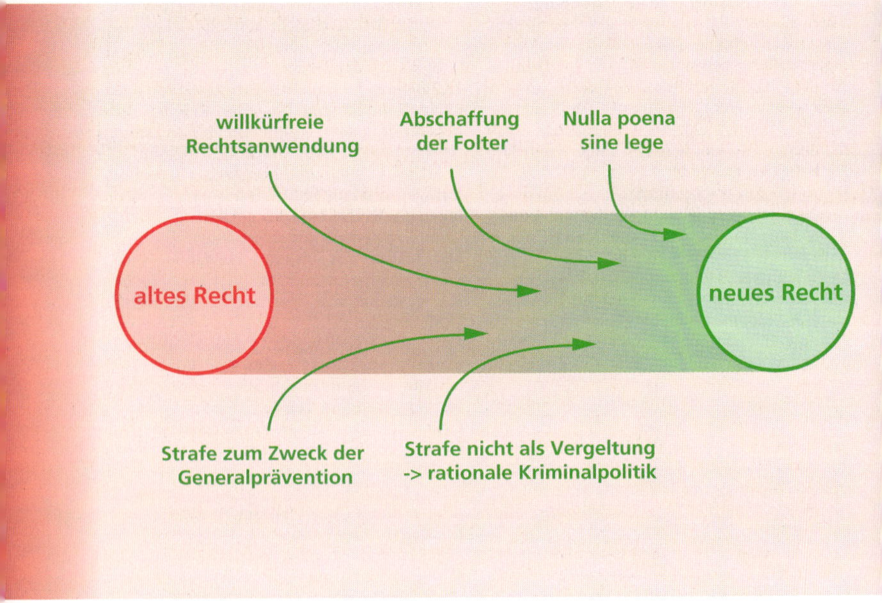

B Aufklärerische Reformforderungen im Strafrecht

Zivil- und Zivilprozessrecht

Die Rechtsprechung des Reichskammergerichts führte zu einer verstärkten **Rezeption des römischen Rechts** und einer **Verwissenschaftlichung der Rechtspflege**. Die Gerichte wurden mit Personen besetzt, die das röm. Recht studiert hatten. Dadurch wurde die Rechtsanwendung rationaler, aber auch volksferner.

In seinem 1509 in dt. Sprache verfassten ›Laienspiegel‹ versuchte ULRICH TENGLER, das röm. Recht einem breiteren Publikum verständlich zu machen.

Zusammen mit den (spärlichen) Reichsgesetzen und dem kanon. (kirchl.) Recht bildete das röm. Recht das (all-)**gemeine**, d. h. reichsweit geltende **Recht**. Das gemeine Recht blieb in Dtl. teilweise bis 1900 in Kraft, galt aber nur *subsidiär*, d. h. es trat im Konfliktfall hinter das jeweilige Landesrecht zurück.

In zahlreichen Städten und Territorien wurden **Neuaufzeichnungen** des geltenden Rechts (sog. Reformationen) erlassen, die das gemeine Recht mit dem traditionellen Partikularrecht verbanden.

Dazu gehörten die *Nürnberger Reformation* (1479), das von ULRICH ZASIUS verfasste *Freiburger Stadtrecht* (1520) und das *Württembergische Landrecht* (1555).

Die **Reichspolizeiordnungen** (1530, 1548 und 1577) dienten dem Schutz der guten Sitten. Sie richteten sich u. a. gegen übertriebenen Kleiderluxus und Bewirtungsaufwand und legten die zulässige Zinshöhe fest.

In der zweiten Hälfte des 18. Jh. kam es, vorbereitet durch die Naturrechtsdenker (v. a. GROTIUS, PUFENDORF, THOMASIUS, WOLFF), zu einer umfassenden **Kodifikationswelle** (A).

Unter *Kodifikation* versteht man die (annähernd vollständige) Regelung eines ganzen Rechtsgebiets.

Die wichtigsten **zivilrechtlichen** Kodifikationen waren:

1. Der **Codex Maximilianeus Bavaricus Civilis** (1756)
2. Das **Preußische Allgemeine Landrecht** (ALR, 1794), das später großen Einfluss auf die Formulierung des BGB haben sollte. Einige seiner Bestimmungen (z. B. über die Aufopferung, § 74, 75 Einl. ALR) werden noch heute von der Rspr. herangezogen.
3. Der **Code Civil** (1804). Nach der Besetzung des Rheinlands durch Frankreich galt er auch in den linksrheinischen preuß. Gebieten sowie in Bayern, Hessen und Baden. In Frankreich gilt er bis heute.
4. Das österreich. **Allgemeine Bürgerliche Gesetzbuch** (ABGB, 1811). Es gilt ebenfalls bis heute.

Strafrecht

Auch im Strafrecht wirkte die Rezeption des röm. Rechts rechtsvereinheitlichend. Die Schaffung zentraler Rechtspflegeinstanzen (*Reichskammergericht*) verstärkte diese Entwicklung noch.

Das bedeutendste Strafgesetzbuch der frühen Neuzeit, die **Constitutio Criminalis Carolina** (1532) KARLS V., verband die landeseigene Praxis mit dem gelehrten oberital. Recht.

Maßgeblich beeinflusst wurde das Gesetz durch JOHANN VON SCHWARZENBERG (1463(?)–1528), dessen ›Bamberg. Halsgerichtsordnung‹ (›Constitutio Criminalis Bambergensis‹, 1507) der ›Carolina‹ als Vorbild diente.

Die ›Carolina‹ enthielt, neben Bestimmungen über allg. strafrechtl. Fragen wie Zurechnungsfähigkeit und Notwehr, v. a. Regeln über die Strafverfolgung. Um die öffentl. Rechtspflege zu sichern, wurde die **amtliche Verbrechensverfolgung** verstärkt *(Inquisitionsprozess)*. Die Anwendung der Folter wurde an Voraussetzungen gebunden, um der richterl. Willkür Schranken zu setzen. Das **gemeine**, also allen dt. Territorien gemeinsame **Strafrecht** beruhte bis zu den Kodifikationen des 18. und 19. Jh. auf der ›Carolina‹.

Sie galt allerdings nur *subsidiär*, d. h. das Landesstrafrecht hatte grds. Vorrang.

Sie bildete den Hintergrund, vor dem eine **europäische Strafrechtswissenschaft** entstand. Diese wurde zum einen vom ital., zum anderen vom (kirchl.) **kanonischen Recht** beeinflusst.

Die **Aufklärung** führte im Strafrecht zur Forderung nach einer von Aberglauben und Theologie freien **Kriminalpolitik auf rationaler Grundlage.** Maßgebende Autoren waren in Italien CESARE BECCARIA (1738–94), in England JEREMY BENTHAM (1748–1832), in Dtl. PUFENDORF, THOMASIUS und CHRISTIAN WOLFF (1679–1754). Den Abschluss dieser Reihe bildet PAUL JOHANN ANSELM VON FEUERBACH (1775–1833), der die moderne dt. Strafrechtswissenschaft begründete (›Lehrbuch des gemeinen, in Dtl. gültigen peinlichen Rechts‹, 1801).

Zu den dringendsten Forderungen der Aufklärer gehörte, neben der Abschaffung der Folter, die **Bindung der Strafrechtspflege an das Gesetz** (Gesetzlichkeitsprinzip) (B). Nur auf diese Weise konnten Strafverfolgung und Strafrechtsanwendung kontrolliert und die richterl. Willkür eingeschränkt werden.

Seinen klass. Ausdruck fand das Gesetzlichkeitsprinzip bei FEUERBACH: *nullum crimen, nulla poena sine lege scripta* ('kein Verbrechen, keine Strafe ohne geschriebenes Gesetz').

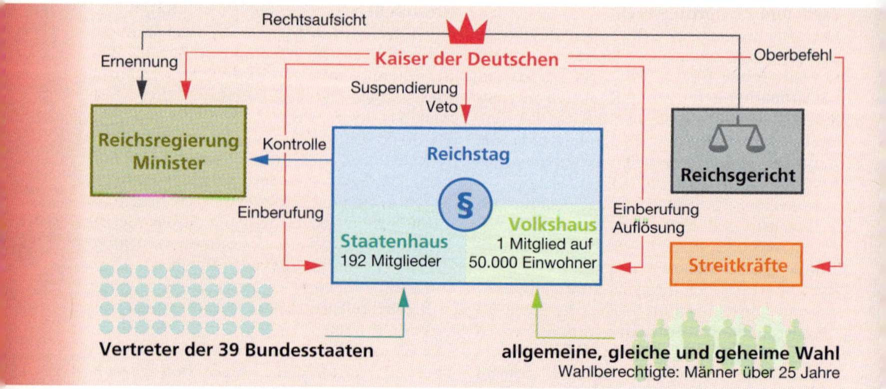

A Die Paulskirchenverfassung von 1849

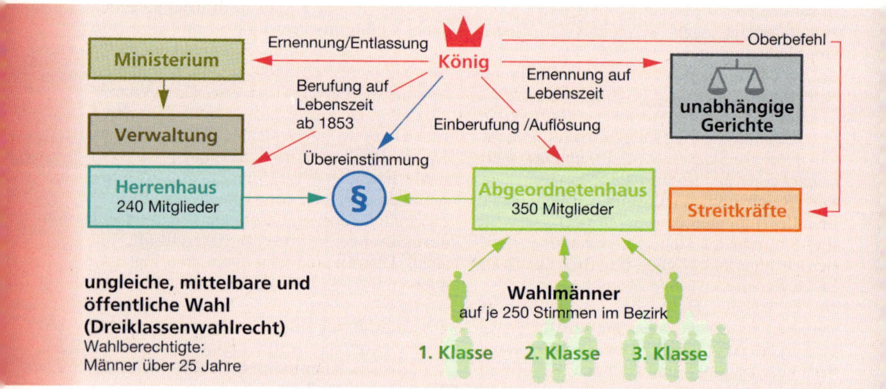

B Die revidierte preußische Verfassung von 1850

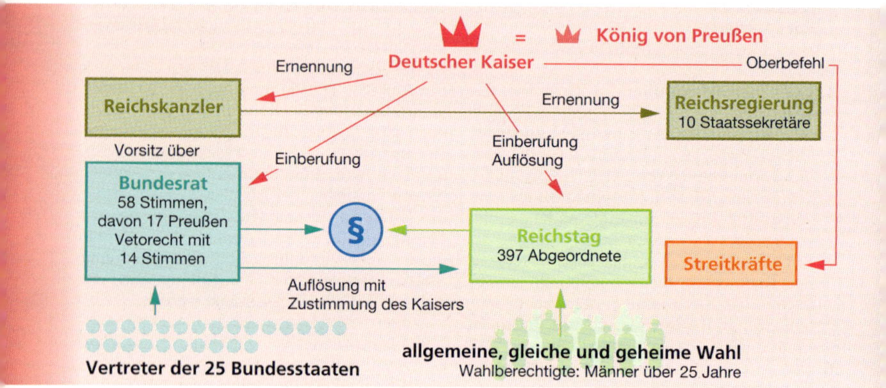

C Die Verfassung des Deutschen Reiches von 1871

Das 19. Jh. war das Zeitalter des **liberalen Rechtsstaates.** Die Besetzung großer Teile Dtl.s durch die frz. Revolutionsarmeen führte zum *Zusammenbruch des Heiligen Römischen Reiches Deutscher Nation* (1806) und zur Aufhebung der alten Reichsverfassung.

Dagegen galten das gemeine Zivilrecht und das Strafrecht der *Carolina* weiter.

Als Folge der Niederlage entstand ein dt. Nationalgefühl, das sich u. a. in der Forderung nach **politischer Einheit** ausdrückte. Hinzu trat das Streben nach Rechtssicherheit und gesetzl. Kontrolle des Staates. Träger der neuen Ideen war der polit. Liberalismus.

Weder der von NAPOLEON gegründete *Rheinbund* (bis 1813) noch der (nur einen lockeren Staatenbund bildende) *Deutsche Bund* (1815–66) konnten diesen Ansprüchen genügen.

In der *Wiener Bundesakte* (1815) wurde für alle Staaten Dtl.s eine landständ. **Verfassung** vorgeschrieben.

V. a. die süddt. Staaten kamen dem nach: Baden und Bayern (jeweils 1818), Württemberg (1819), Hessen-Darmstadt (1820).

In den neuen Verfassungen wurden – mit Unterschieden im Einzelnen – die Leibeigenschaft und Grundherrschaft aufgehoben, dagegen die Handels- und Gewerbefreiheit sowie grundlegende polit. Rechte (z. B. die Vereinsfreiheit) verbürgt. Dagegen wurde die Pressefreiheit bis 1848 stark eingeschränkt (*Karlsbader Beschlüsse* von 1819).

Die Verfassungen sahen ein *Zweikammersystem* vor, wobei die erste Kammer vom Adel, die zweite vom liberalen Besitzbürgertum beherrscht wurde.

Die liberalen Forderungen nach **Rechtsstaatlichkeit,** v. a. Teilung der Staatsgewalten in gesetzgebende, ausführende und rechtsprechende Gewalt, Bindung der Staatsgewalt an eine Verfassung, Bindung der Verwaltung an Gesetze, Unabhängigkeit der Gerichte, setzten sich allmählich durch.

In der **Revolution von 1848** gelang es dem Liberalismus nicht, seine Forderungen in Gesamtdtl. durchzusetzen. Die in der *Frankfurter Paulskirche* nach eingehenden Beratungen ausgearbeitete **Reichsverfassung** (1849; A) trat nach dem Scheitern der Revolution nicht in Kraft, wirkte jedoch bis zum GG (1949) als Vorbild.

Die Schöpfer der Paulskirchenverfassung stammten überwiegend aus dem gebildeten Besitzbürgertum. Viele von ihnen waren Juristen.

In Preußen wurde am 5. 12. 1848 von König FRIEDRICH WILHELM IV. einseitig eine Verfassung erlassen **(oktroyierte Verfassung),** die am 31. 1. 1850 *revidiert* wurde (B) und mit nur wenigen Änderungen bis 1918 galt.

Das Wahlrecht für die Abgeordnetenkammer war nach Steuerklassen gestaffelt (*Dreiklassenwahlrecht*), um das Übergewicht der besitzenden konservativen Klassen zu gewährleisten.

Trotzdem kam es 1862–66 zum *preuß. Verfassungskonflikt,* als das Abgeordnetenhaus sich weigerte, Steuererhöhungen zur Finanzierung von Militärausgaben zu bewilligen. Der preuß. Ministerpräsident BISMARCK erklärte daraufhin, dieser Fall sei in der Verfassung nicht vorgesehen (sog. Lückentheorie) und regierte ohne Zustimmung des Abgeordnetenhauses weiter.

Die jurist. Diskussion um die Zulässigkeit dieses Vorgehens hat die Entwicklung der dt. Staatsrechtslehre wesentl. beeinflusst.

Nach dem Krieg gegen Frankreich wurde 1871 das (zweite) **Deutsche Reich** gegründet. Seine **Verfassung** (C) wurde von OTTO VON BISMARCK (1815 – 98) wesentlich mitgestaltet. Das Reich war ein aus 25 Gliedstaaten bestehender *Bundesstaat* unter der Vorherrschaft Preußens.

Der 1867 gegründete *Norddeutsche Bund* ging im Deutschen Reich auf.

Als Volksvertretung bestand der in allgemeinen, gleichen, geheimen und direkten Wahlen gewählte *Reichstag.* Nur Männer waren wahlberechtigt. Vertreter der Bundesstaaten bildeten den *Bundesrat.* Die Exekutive lag beim *Kaiser,* der gleichzeitig König von Preußen war, dem *Reichskanzler* und dem ihm nachgeordneten Behördenapparat.

Die **Strafgesetzgebung** schritt im 19. Jh. rasch voran. Dabei wirkte das von FEUERBACH entworfene *bayerische Strafgesetzbuch* (1813) zusammen mit dem frz. *Code pénal* (1810) als Vorbild, so etwa in Sachsen (1838), Baden (1845) und Preußen (1851).

Das preuß. Strafgesetzbuch lag dem StGB des Norddt. Bundes zugrunde, dieses wiederum dem (trotz zahlreicher tiefgreifender Änderungen noch heute geltenden) **StGB des Dt. Reiches** (1871).

Im **Prozessrecht** wurden 1877 die **Reichsjustizgesetze** erlassen. Es handelte sich um die Zivilprozessordnung (ZPO), die Strafprozessordnung (StPO), die Konkursordnung (KO, seit 1999 durch die Insolvenzordnung ersetzt) und das Gerichtsverfassungsgesetz (GVG).

Diese Gesetze gelten, mit z. T. größeren Änderungen, noch heute.

Die 1881–89 erlassenen **Sozialversicherungsgesetze** (Kranken-, Unfall-, Invaliden- und Altersversicherung) verbesserten die Lage der Arbeiterschaft erheblich.

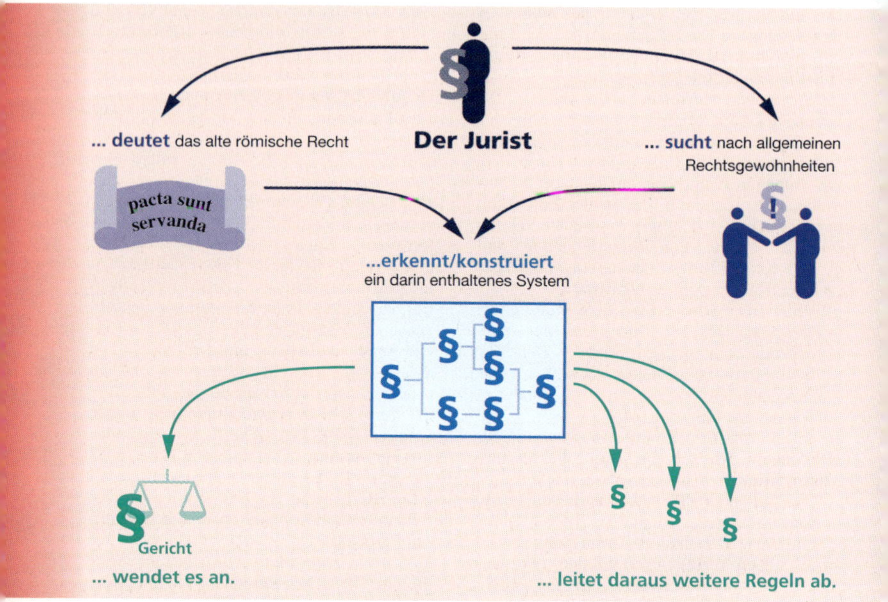

A Rechtswissenschaft als Rechtsgeschichte

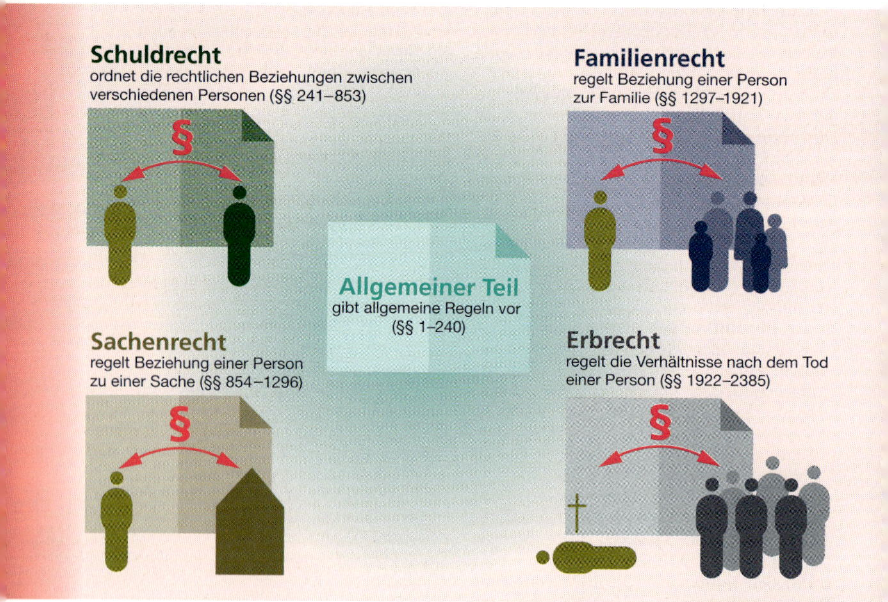

B Der Aufbau des BGB

In den meisten dt. Ländern galten noch im 19. Jh. unterschiedliche Rechtsordnungen. Als bes. nachteilig wurde schon früh die Zersplitterung des **bürgerlichen Rechts** empfunden. 1814 forderte der Jurist ANTON F. J. THIBAUT (1772–1840) in seiner Schrift ›Über die Notwendigkeit eines allgemeinen bürgerlichen Rechts für Deutschland‹ eine Kodifikation des Zivilrechts. FRIEDRICH CARL VON SAVIGNY antwortete mit der Gegenschrift ›Vom Beruf unserer Zeit für Gesetzgebung und Rechtswissenschaft‹ (1814), in der er den Plan einer Rechtsvereinheitlichung ablehnte.

Dahinter stand SAVIGNYS von der Romantik geprägte Vorstellung, Recht werde nicht von einem Gesetzgeber, also willkürlich geschaffen, sondern entwickele sich, wie die Sprache, aus dem *Volksgeist.* Entschieden wandte er sich gegen die Naturrechtslehren der Aufklärung, denen er mangelndes Geschichtsbewusstsein vorwarf.

Unter dem Einfluss SAVIGNYS und der von ihm begründeten **Historischen Rechtsschule** widmete sich die Rechtswiss. bis in die zweite Hälfte des 19. Jh. hinein fast ausschließlich der Erfassung und Beschreibung des fortgeltenden röm. Rechts. Rechts*wissenschaft* wurde als Rechts*geschichte* betrieben (A).

Die Kodifikationen der Aufklärung, etwa das preuß. ALR (1794), fanden dagegen kaum Beachtung.

Allerdings wurde das röm. Recht von den Vertretern der Historischen Rechtsschule nicht in seinen zeitgebundenen Details beschrieben, sondern mit Hilfe allgemeiner Begriffe wie »Anspruch«, »Rechtsverhältnis« oder »subjektives Recht« systematisiert, wobei man den Stoff in allg. Vorschriften (»Allgemeiner Teil«), Schuldrecht, Sachenrecht, Familienrecht und Erbrecht gliederte. Diese Aufteilung, die sich erstmals bei GEORG ARNOLD HEISE (1778–1851) in seinem ›Grundriss eines Systems des gemeinen Zivilrechts‹ von 1807 findet, wurde später ins BGB übernommen (B).

Unter der Bezeichnung **Pandektenwissenschaft** (benannt nach den Pandekten, also den Sammlungen des röm. Rechts) erlangte die von der Historischen Rechtsschule gegründete Forschungsrichtung Weltruhm. Zu ihren hervorragendsten Repräsentanten gehörte, neben SAVIGNY selbst, sein Schüler GEORG FRIEDRICH PUCHTA (1798–1846). Das für die Entwicklung in Dtl. wichtigste Pandektenlehrbuch stammt von BERNHARD WINDSCHEID (1817–92).

Die Kodifikation des bürgerlichen Rechts

Erst ab den 60er Jahren des 19. Jh. gewann (v. a. unter dem Einfluss ökonom. Faktoren) der Gedanke einer gesamtdt. Kodifikation des bürgerl. Rechts wieder an Bedeutung. Schrittmacher der Entwicklung war das **Wirtschaftsrecht.**

Bereits 1848 wurde die Allgemeine Deutsche Wechselordnung erlassen, 1861 das Allgemeine Deutsche Handelsgesetzbuch.

Die *Reichsgründung* (1871) machte die Kodifikation des bürgerl. Rechts politisch möglich. 1874–88 beriet die vom Bundesrat einberufene *Erste Kommission* über die Kodifikation. Der erste **Entwurf eines bürgerlichen Gesetzbuches** (BGB) wurde 1888 veröffentlicht. Die öffentl. Reaktion auf den Entwurf, der sich eng an das von der Pandektenwissenschaft entwickelte System anlehnte, war überwiegend positiv. *Kritik* entzündete sich allerdings an der abstrakten, für die meisten Rechtsunterworfenen nahezu unverständlichen Sprache und an den zahlreichen Verweisen innerhalb des Gesetzestextes. Außerdem wurde bemängelt, dass die sozialen Belange der Arbeiterschaft unberücksichtigt geblieben waren (ANTON MENGER, 1841–1906).

OTTO VON GIERKE (1841–1921) nannte den Entwurf ein »in Gesetzesparagraphen gegossenes Pandektenkompendium«.

Zwischen 1891 und 1895 wurde der Entwurf in der *Zweiten Kommission* überarbeitet und sprachlich bereinigt. In dieser Form wurde er 1896 im Bundesrat und im Reichstag beraten und in einigen Punkten abgeändert. Noch im selben Jahr wurde das BGB beschlossen. Es trat am **1. 1. 1900** in Kraft.

Das BGB ist immer wieder wegen seiner Klarheit, Abstraktion und Systematik bewundert worden, die es der Pandektenwissenschaft des 19. Jh. verdankt.

Der weltweite Einfluss der dt. Rechtswissenschaft beruht nicht zuletzt auf der Wirkung des BGB.

Trotzdem ist nicht zu übersehen, dass das BGB schon bei seinem Inkrafttreten **viele Fragen offen ließ**. Es spiegelt einseitig die Vorstellungswelt des liberalen Bürgertums wider, dem seine Schöpfer entstammen.

Bsp.: Die Freiheit, über den Abschluss und den Inhalt von Verträgen frei zu bestimmen, führt nur bei gleich starken Vertragspartnern zu gerechten Ergebnissen. Bei ungleich starken Vertragspartnern (z. B. dem Arbeitslosen im Verhältnis zum Großunternehmer) ermöglicht eine unbeschränkte Vertragsfreiheit die Ausbeutung des Schwächeren.

Da das Gesetz die **sozialen Probleme** des ausgehenden 19. Jh. ignorierte, musste es schon bald ergänzt werden, v. a. auf den Gebieten *Verbraucherschutz* und *Arbeitsrecht.*

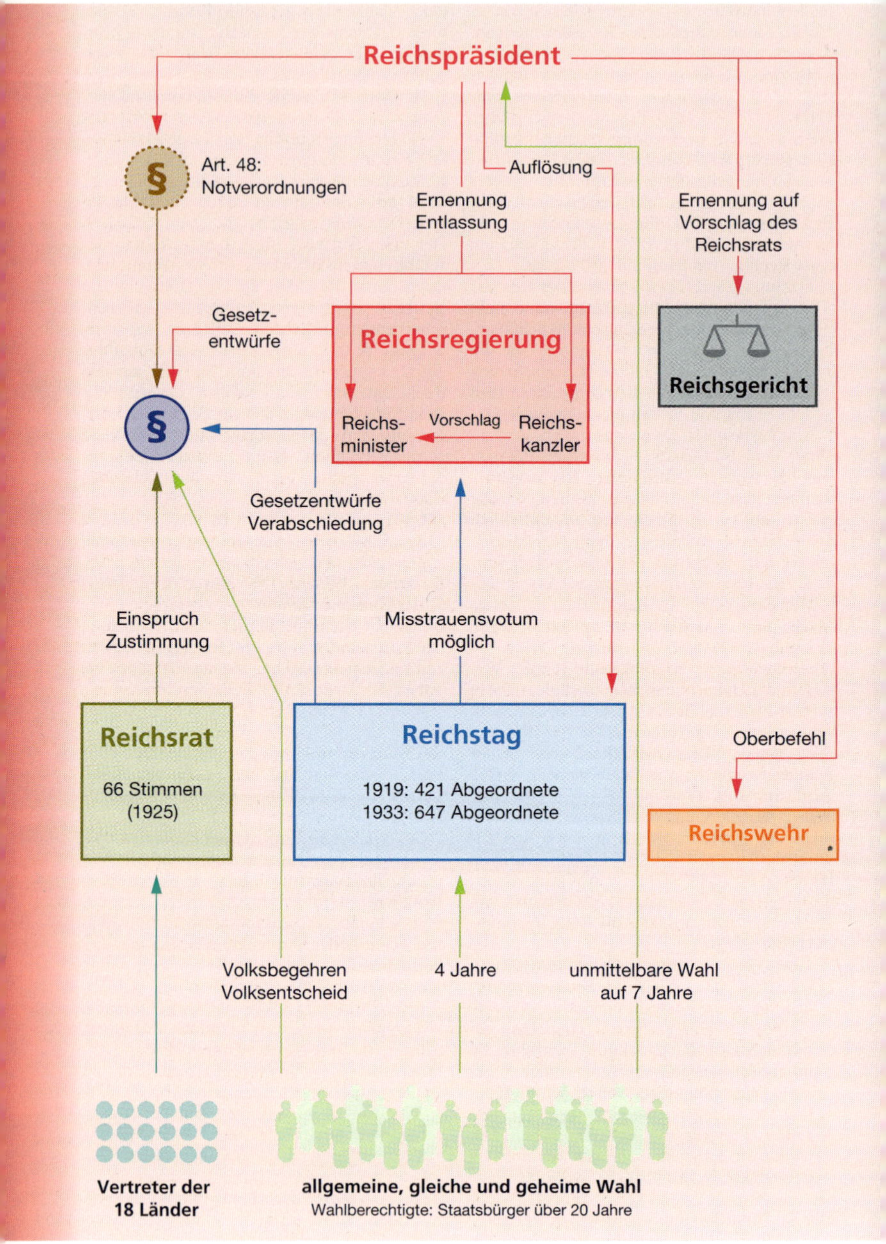

Die Weimarer Reichsverfassung

In der **Weimarer Republik** (1919–33) wurde der Übergang vom liberalen zum **sozialen Rechtsstaat** vollzogen.

Die Regierungsgewalt übte zunächst der **Rat der Volksbeauftragten** unter dem Vorsitz des Sozialdemokraten EBERT aus. Im Januar 1919 fanden Wahlen für die in Weimar zusammentretende **Nationalversammlung** statt, die eine neue **Reichsverfassung** ausarbeitete.

Der Entwurf der neuen Verfassung stammte von dem Staatsrechtslehrer HUGO PREUSS.

Der **Friedensvertrag von Versailles** (1919) belastete Dtl. zwar erheblich (u. a. Zuweisung der *Kriegsschuld*, *Gebietsabtretungen*, 132 Mrd. Goldmark *Reparationsleistungen*), erlaubte ihm aber eine eigenständige Neuregelung seiner inneren Verhältnisse.

Dem Versailler Vertrag wurde die Satzung des neuen *Völkerbunds* vorangestellt.

Die **Weimarer Reichsverfassung** von 1919 (WRV, s. Abb.) führte ein demokrat. Regierungssystem auf der Grundlage der **Volkssouveränität** ein. Die Länder wurden in Bundesstaaten umgewandelt und die Befugnisse des Reichs ihnen gegenüber wesentlich gestärkt.

Die Länder wurden von der Reichsfinanzverwaltung abhängig (»Kostgänger des Reichs«).

Wichtigstes Staatsorgan war der **Reichstag**, dessen Abgeordnete in direkter Wahl bestimmt wurden (Verhältniswahlsystem).

Das Wahlalter wurde von 25 auf 20 Jahre herabgesetzt. Erstmals besaßen auch *Frauen* das (aktive und passive) Wahlrecht.

Eine **Sperrklausel**, die den Einzug in den Reichstag vom Erreichen einer bestimmten Mindeststimmenzahl abhängig machte, sah die WRV nicht vor.

Als Folge waren im Reichstag zahlreiche Kleinstparteien vertreten, was die Regierungsarbeit erheblich erschwerte.

Der **Reichskanzler** stand an der Spitze der Regierung. Er war vom Vertrauen des Reichstags abhängig.

Durch ein einfaches (negatives) Mißtrauensvotum konnte er zum Rücktritt gezwungen werden.

Der als Ländervertretung fungierende **Reichsrat** hatte nur beratende Funktionen. Gegen Gesetze konnte er Einspruch einlegen, was jedoch vom Reichstag mit Zweidrittelmehrheit abgewehrt werden konnte.

Der **Reichspräsident** war mit erhebl. Kompetenzen ausgestattet. Er wurde vom Volk direkt auf sieben Jahre gewählt, vertrat das Reich nach außen und führte den Oberbefehl über die Armee. Reichskanzler und (auf dessen Vorschlag) die Reichsminister wurden von ihm ernannt. In bestimmten Fällen hatte er das Recht, den Reichstag aufzulösen und Neuwahlen anzusetzen.

Art. 48 II WRV regelte das **Notverordnungsrecht**: Wenn die öffentl. Sicherheit und Ordnung erheblich gefährdet oder gestört war, konnte der Reichspräsident Maßnahmen zu ihrer Wiederherstellung treffen, wobei selbst verfassungsmäßige Grundrechte außer Kraft gesetzt werden durften.

In der Spätphase der Republik wurde das Notverordnungsrecht häufig eingesetzt (durch Reichspräsident HINDENBURG) und das Parlament dadurch in den Hintergrund gedrängt.

Der zweite Teil der WRV regelte **Grundrechte und Grundpflichten**, wobei neben den traditionellen liberalen Freiheitsrechten auch Elemente sozialer Demokratie verbürgt wurden.

Zu letzteren gehörte die Gemeinwohlbindung des Eigentums (»Eigentum verpflichtet«) und die Gleichberechtigung von Arbeitern bzw. Angestellten und Unternehmern.

Die Grundrechte der WRV waren nicht als subjektive Rechte der Bürger ausgestaltet, sondern nur als *Programmsätze*. Ihre prakt. Bedeutung war deshalb gering.

Die **Mängel der WRV** (u. a. zu starke Ausgestaltung der Präsidialbefugnisse, Fehlen einer Sperrklausel, Möglichkeit eines negativen Mißtrauensvotums) haben zum Scheitern der Weimarer Republik beigetragen. Außerdem wurde die republikan. Regierungsform von vielen als Ergebnis der militär. Niederlage verstanden. Immer wieder kam es zu Umsturzversuchen von rechts und links, z. B. dem Hitlerputsch 1923 in München.

Die WRV diente dem GG in erster Linie als **negatives Vorbild**.

Das **Arbeitsrecht** machte in der Weimarer Republik bedeutende Fortschritte: Tarifvertragsordnung 1918/1919, BetriebsräteG 1920, Schwerbehinderten- (1920) und Mutterschutz (1927). 1926 wurde das ArbeitsgerichtsG erlassen und so eine eigenständige Arbeitsgerichtsbarkeit festgelegt.

Im **Strafrecht** wurden zahlreiche Reformen diskutiert, die aber wegen des frühen Scheiterns der Republik nicht mehr umgesetzt werden konnten.

Bereits 1922 wurde in einem Entwurf GUSTAV RADBRUCHS die Abschaffung der Todesstrafe gefordert.

1923 trat das JugendgerichtsG (JGG) in Kraft. Danach sollten jugendl. Straftäter in erster Linie erzogen werden; der Vergeltungsgedanke trat zurück.

Das JGG gilt (mit Änderungen) noch heute.

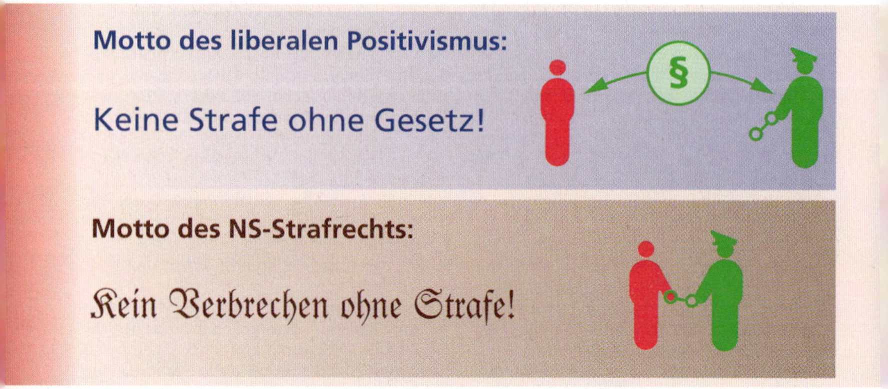

A Abschaffung des Nulla-poena-Grundsatzes im NS-Staat

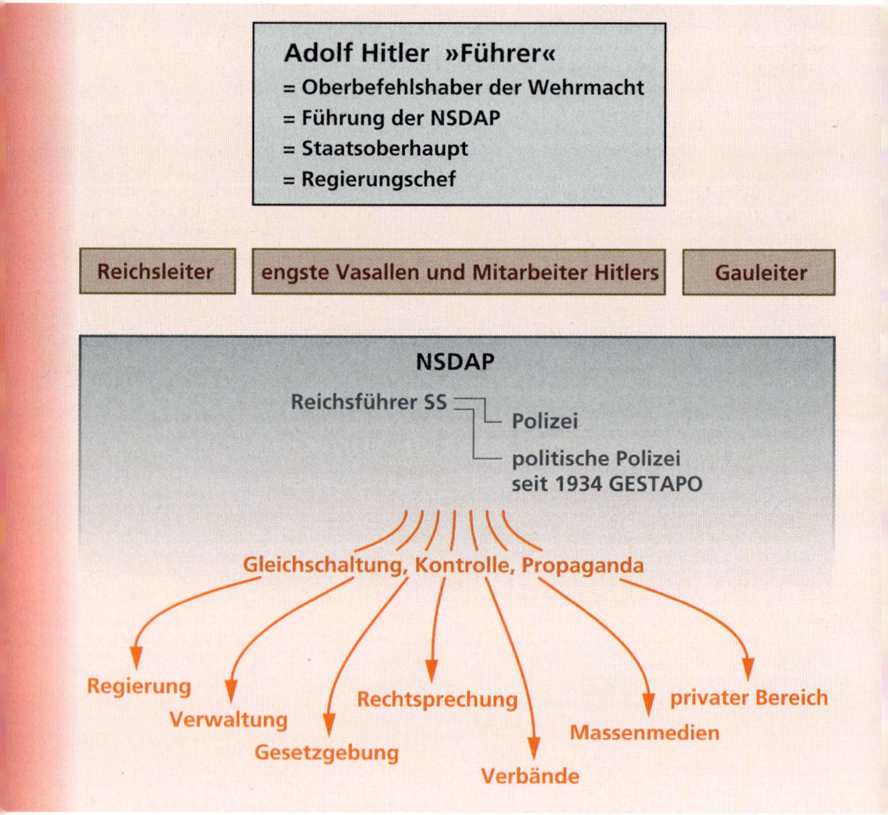

B Die Herrschaftsstruktur im Nationalsozialismus

Das **Recht im »Dritten Reich«** entwickelte sich vom *liberalen Rechtsstaat* über den *Doppelstaat* (ERNST FRAENKEL), in dem neben geordneten Verfahren rechtlich ungeregelte »Sondermaßnahmen« durchgeführt wurden, zum totalitären, rechtlich nicht mehr kontrollierten *Polizei-* und *Terrorstaat.*

Viele nationalsozialist. Verbrechen wurden in rechtl. Formen (z. B. Gesetzen, Verordnungen, Verwaltungsakten) verübt und von Juristen begangen.

Das **nationalsozialistische Rechtsdenken** grenzte sich entschieden vom Individualismus, Liberalismus und Positivismus der vorangegangenen Epoche ab und betonte stattdessen die Bedeutung der *Rechtsgemeinschaft* (»Du bist nichts – Dein Volk ist alles«), den *Führerwillen* (HITLER als oberste Rechtsquelle) und den *Vorrang der nationalsozialist. Weltanschauung*. Weder die Rechtswissenschaft noch die Rechtspraxis setzten dem spürbaren Widerstand entgegen. Viele Rechtslehrer beeilten sich sogar, die neuen Machthaber ideolog. zu unterstützen.

Einer der willfährigsten Nazi-Juristen war der Staatsrechtler CARL SCHMITT, der HITLERS Tötungsaktionen nach dem angebl. RÖHM-Putsch (1934) unter der Überschrift »Der Führer schützt das Recht« verteidigte. SCHMITT propagierte antisemit. »Reinigungsaktionen« und denunzierte jüd. Kollegen bei den neuen Machthabern.

Allerdings konnte die Rechtsordnung nach der Machtübernahme HITLERS nicht über Nacht umgestaltet werden.

Die geringsten Gesetzesänderungen gab es im **Privatrecht.** Hier dienten Generalklauseln wie »Treu und Glauben« (§ 242 BGB) und weite, fast beliebig ausdeutbare Formeln wie das »gesunde Volksempfinden« dazu, der nationalsozialist. Weltanschauung Geltung zu verschaffen. Wo dies nicht möglich war, deutete man mit Hilfe der überkommenen jurist. Auslegungsregeln die Gesetze um.

Von größerem Ausmaß waren die Veränderungen im **Strafrecht,** das sich bes. wirkungsvoll als Mittel der Einschüchterung und Verfolgung einsetzen ließ.

Das strafrechtl. Analogieverbot wurde abgeschafft.

An die Stelle des liberal-positivist. Grundsatzes *Keine Strafe ohne Gesetz* setzte man das neue Prinzip *Kein Verbrechen ohne Strafe* (A).

Gesetzl. Tatbestandsumschreibungen wurden verwässert und durch beliebig ausdeutbare Begriffe ergänzt. Für viele Delikte wurde die Todesstrafe eingeführt.

Für polit. Straftaten schuf man schon 1934 den *Volksgerichtshof,* der unter seinem Präsidenten FREISLER als Terrorinstrument gegen Regimekritiker diente.

Daneben wurde ein **Sonderstrafrecht** zum Schutz der Machthaber und zur Unterstützung ihrer Kriegsziele eingeführt.

Dazu gehörte u. a. die Unterbindung jeder polit. Kritik durch Ausweitung der Bestimmungen über den Hoch- und Landesverrat.

Die einschneidendsten Veränderungen erfuhren das **Staats-** und das **Verwaltungsrecht.** Durch das *ErmächtigungsG* (24. 3. 1933) wurde der Reichstag entmachtet und das parlamentar. System mitsamt der Gewaltenteilung aufgehoben. Der Föderalismus wurde durch die »Gleichschaltung« der Länder beseitigt (Gesetz vom 7. 4. 1933) und die Grundrechte außer Kraft gesetzt. In der Verwaltung wurde das Beamtentum auf den neuen Staat verpflichtet. Als einzige Partei blieb die NSDAP zugelassen. Ziel dieser Maßnahmen war die Schaffung eines straff geführten, totalitären Einheitsstaates (B). In der Praxis wurde die zentrale Kontrolle allerdings vielfach durch die Konkurrenz der örtl. Machthaber (etwa der Gauleiter) behindert.

Parallel zur Auflösung des Rechtsstaats vollzog sich die systemat. Diskriminierung, Unterdrückung und schließlich **Ermordung** von rass., polit. oder religiösen **Minderheiten,** bes. der Juden. Die sich immer weiter steigernde Entrechtung dieser Gruppen geschah überwiegend in Form von Gesetzen, z. B. in den **Nürnberger Gesetzen** vom 15. 9. 1935.

Darin wurde u. a. die Ehe zwischen Juden und Deutschen verboten und die sog. Rassenschande unter schwere Strafe gestellt.

Der Völkermord an den Juden in Konzentrationslagern stützte sich nicht mehr auf gesetzl. Anordnungen, sondern auf direkte Anweisungen HITLERS und seines engsten Führungszirkels.

Die Frage, wie eine derartige **Perversion des Rechts** möglich war, wird nach wie vor kontrovers diskutiert. Ein wesentl. Faktor liegt in der **Autoritätsgläubigkeit** der überwiegend konservativ denkenden, aber nicht nationalsoz. eingestellten Juristen. Sie hatten der nationalsoz. Kritik am vermeintl. überholten liberal-positivist. Verfassungsstaat nichts entgegenzusetzen. Hinzu kam das Bewusstsein, als Einzelner nichts ausrichten zu können.

Als Lehre bleibt, dass jede Rechtsordnung einer entschlossenen totalitären Bewegung gegenüber machtlos ist, wenn die Bürger – und dazu gehören auch die Juristen – sich nicht aktiv für die bestehende Ordnung engagieren.

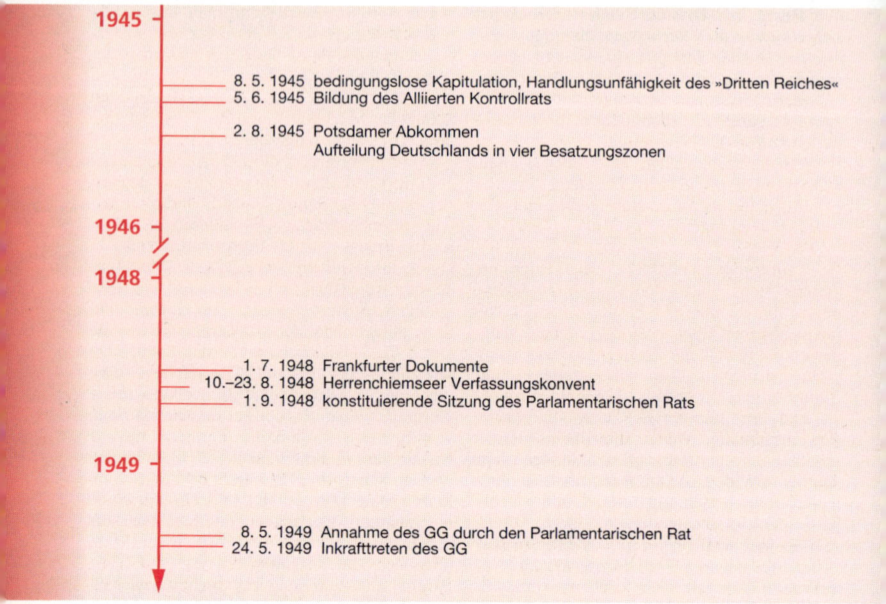

A Entstehung des Grundgesetzes (GG)

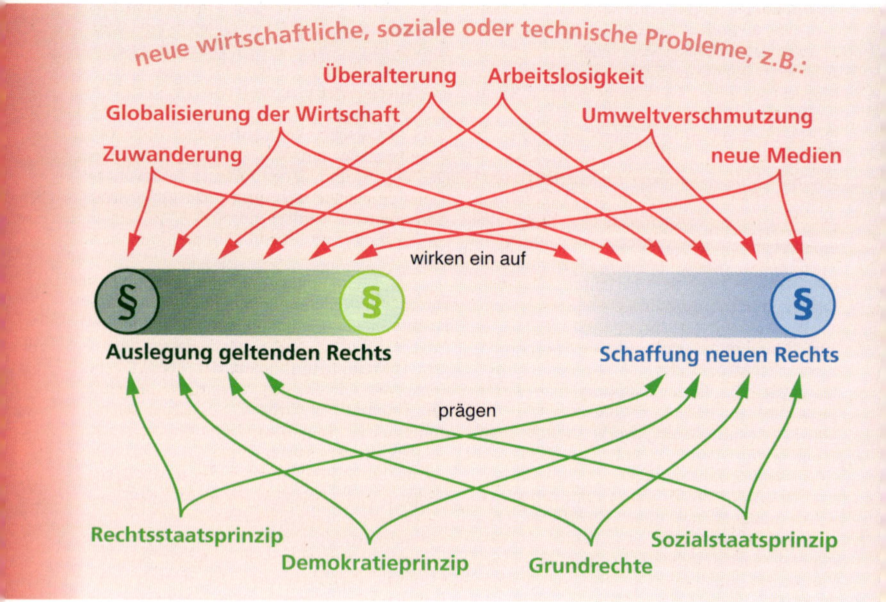

B Prägende Faktoren der heutigen Rechtsentwicklung

Nach der Niederlage im Zweiten Weltkrieg übernahmen die Alliierten in Dtl. die Regierung. Der sich verschärfende Ost-West-Gegensatz führte zu einer Zweiteilung in die drei westl. (USA, Großbritannien, Frankreich) und die östl. Besatzungszone (UdSSR).

Die **strafrechtliche Aufarbeitung der NS-Verbrechen** wurde nur halbherzig durchgeführt.

Immerhin wurden führende Vertreter des NS-Staates in den *Nürnberger Kriegsverbrecherprozessen* u. a. wegen Verbrechen gegen die Menschlichkeit verurteilt.

Das Grundgesetz

Die **Geschichte des GG** (A) beginnt 1945. Auf Betreiben der Westmächte beriet zunächst ein von den Ländern bestellter Sachverständigenausschuss *(Verfassungskonvent von Herrenchiemsee)* über eine neue dt. Verfassung. Der von ihm erarbeitete Entwurf wurde vom Parlamentarischen Rat, einem Gremium aus Ländervertretern, überarbeitet und am 8. 5. 1949 beschlossen.

Um den provisor. Charakter der neuen Verfassung zu betonen, wurde sie als **Grundgesetz** bezeichnet. Nach Zustimmung der Alliierten und der Länder (mit Ausnahme Bayerns), wurde das GG am 23. 5. 1949 verkündet und trat am 24. 5. 1949 in Kraft.

Parallel dazu wurde in der sowjet. Besatzungszone, der späteren DDR, eine Verfassung geschaffen. Die DDR wurde beherrscht von der Sozialist. Einheitspartei (SED), die das Ideal eines besseren sozialist. Dtl. propagierte, de facto aber für den Fortbestand ihrer Macht von der militär. Unterstützung durch die UdSSR abhängig war. Nach deren Niedergang kam es zu Volkserhebungen, die schließlich den Beitritt der DDR zur Bundesrepublik erzwangen (**Einigungsvertrag** vom 31. 8. 1990). Seither gilt das GG in Gesamtdtl.

Das GG steht in der dt. Verfassungstradition des 19. und frühen 20. Jh.; bes. die Paulskirchenverfassung (1849) diente als Vorbild. Die negativen Erfahrungen des Weimarer Niedergangs und der NS-Zeit prägten das GG ebenfalls. Dies erklärt u. a. die Ausrichtung des Staates auf die *Menschenwürde,* das weitgehende *Fehlen plebiszitärer Elemente* und die *geringen Kompetenzen des Bundespräsidenten.*

Die Akzeptanz des GG in der Bevölkerung ist hoch. An die Stelle des alten nationalen Patriotismus ist bei vielen Bürgern ein **»Verfassungspatriotismus«** (Dolf Sternberger) getreten.

In den 50 Jahren seines Bestehens wurde das GG häufig geändert. Die Änderungen betrafen aber meist Details. Es hat nur fünf tiefere **Einschnitte** gegeben:

- Die neue *Wehrverfassung* (1954/56) schuf die Möglichkeit, wieder Streitkräfte aufzustellen und regelte die Rolle der Bundeswehr;
- die seinerzeit heftig umstrittene *Notstandsgesetzgebung* (1968) brachte Sonderregeln für den äußeren und inneren Notstand (also den Verteidigungsfall sowie Naturkatastrophen oder Aufstände);
- die *Finanzverfassungsreform* (1969) änderte die Aufteilung der Lasten und Steuereinnahmen zwischen Bund, Ländern und Gemeinden;
- die *Neufassung des Art. 23 GG* (1992) legte ein vereintes Europa als Staatsziel fest;
- die durch eine gemeinsame Verfassungskommission von Bundestag und Bundesrat vorbereiteten *Änderungen nach der Wiedervereinigung* (1994) betrafen schließlich zahlreiche Einzelartikel (u. a. Art. 3, Art. 20 a (neu), Art. 28 und 29; Art. 72, 74 und 75 GG); die Verfassungsprinzipien und grundlegenden Organisationsstrukturen wurden aber beibehalten.

Die **Rechtsentwicklung in der Bundesrepublik** wurde wesentlich vom GG geprägt; v. a. die Grundrechte sowie das Demokratie- und das Sozialstaatsprinzip beeinflussten nicht nur die Auslegung des überkommenen Rechts, sondern auch die Schaffung neuer Rechtsnormen (B).

Im **Strafrecht** waren die Veränderungen nach 1945 zunächst weniger einschneidend.

Frühere Änderungen, die eindeutig nationalsoz. Gedankengut ausdrückten, wurden rückgängig gemacht. Das Analogieverbot wurde wieder eingeführt und so die strenge Bindung der Strafrichter an das Gesetz gesichert. Die *Todesstrafe* wurde abgeschafft (Art. 102 GG).

1962 legte die *Große Strafrechtskommission* einen Gesamtentwurf für ein neues StGB vor (E 1962), dem eine Gruppe dt. und schweizer. Strafrechtslehrer 1966 einen *Alternativentwurf* (AE 1966) gegenüberstellte.

Am 1. 1. 1975 trat ein **neuer Allgemeiner Teil des StGB** in Kraft.

1980 wurde das **Umweltstrafrecht** in das StGB aufgenommen (§§ 324 ff. StGB), 1986 u. a. Bestimmungen gegen den *Missbrauch von Computern* eingeführt. Das Schwangeren- und FamilienhilfeänderungsG (1995) regelte das *Recht des Schwangerschaftsabbruchs* (§§ 218 ff. StGB) neu. 1998 führte das **6. StrafrechtsreformG** zu tiefgreifenden Änderungen im gesamten Besonderen Teil des StGB.

A Die Auffächerung des Verwaltungsrechts

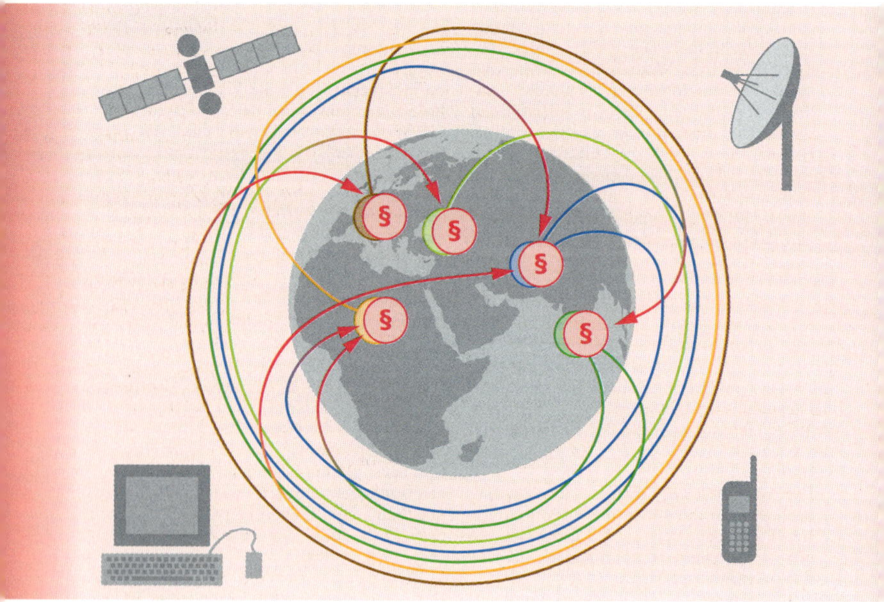

B Das Recht im Zeitalter der Globalisierung

Im **bürgerlichen Recht** wurde unter dem Einfluss des GG der liberalist. Individualismus abgeschwächt und der Schutz des unterlegenen Vertragspartners betont. Dies gilt v. a. im **Schuldrecht,** wo durch eine Reihe von Gesetzen die Vertragsabschluss- und Vertragsgestaltungsfreiheit begrenzt wurden.

Im **Mietrecht** wurde das Kündigungsrecht des Vermieters erheblich eingeschränkt.

Gerade im Mietrecht zeigt sich aber auch die Kehrseite der soz. Entwicklung, weil manche Wohnungs- und Hauseigentümer aus Furcht vor einer »kalten Enteignung« nicht mehr vermieten.

Auch im **Deliktsrecht** gab es wichtige Veränderungen. Obwohl das BGB Schadensersatzansprüche bei nichtmateriellen Schäden nur in bestimmten Fällen zulässt (§ 253 BGB), erkennt die Rspr. einen Schadensersatzanspruch bei rechtswidrigen Eingriffen in das allg. Persönlichkeitsrecht an.

Ein wichtiges Anwendungsfeld sind ehrverletzende Presseberichte.

Das **Eherecht** wurde durch den *Gleichberechtigungsgrundsatz* (Art. 3 II GG) geändert. Art. 6 GG verbesserte die Stellung nichtehel. Kinder. Im FamilienrechtsreformG (1976) wurde die partnerschaftl. Ehe als Leitbild formuliert.

Im **Ehescheidungsrecht** wurde 1976 das Verschuldensprinzip durch das *Zerrüttungsprinzip* ersetzt:

Dem Scheidungsbegehren muss unabhängig vom Verschulden eines Partners nachgegeben werden, wenn ein Scheitern der Ehe gerichtlich festgestellt wird.

Bes. einschneidende Veränderungen erfolgten im **Arbeitsrecht,** wo die Stellung des Arbeitnehmers erheblich verbessert wurde. Dabei stehen im *HeimarbeitsG* (1951), *MutterschutzG* (1952), *JugendarbeitsschutzG* (1966) der Schutz bes. gefährdeter Gruppen und im *KündigungsschutzG* (1951) der Schutz vor Kündigung im Mittelpunkt.

Das Recht des *Arbeitskampfes* (Streik, Aussperrung) wird von den Arbeitsgerichten festgelegt (Richterrecht).

Die durch die Grundrechte gewährleistete starke Rechtsposition wirkte sich auch im **Verwaltungsrecht** aus. Fast alle Bereiche des Verwaltungsrechts unterliegen nun dem *Vorbehalt des Gesetzes,* d. h.

Eingriffe des Staates in die Rechtssphäre der Bürger müssen gesetzlich geregelt sein.

Neben die überkommene **Eingriffsverwaltung** tritt zunehmend die **Leistungsverwaltung** (die Vergabe von staatl. Leistungen).

Das **Besondere Verwaltungsrecht** fächerte sich immer weiter auf; neue Verwaltungsbereiche entstanden (A).

Dies gilt etwa für den Umweltschutz, der 1994 im neuen Art. 20 a GG auch in der Verfassung verankert wurde.

Die schon bestehenden Verwaltungsbereiche werden *differenzierter.* Damit wird einerseits eine hohe Regelungs- und Kontrolldichte erreicht, andererseits sind heute manche Bereiche des Besonderen Verwaltungsrechts selbst für Spezialisten kaum mehr überschaubar.

Dies gilt v. a. für das *Sozial-* und das *Steuerrecht,* teilweise auch für das *Baurecht.*

Angesichts der **Aufblähung der staatlichen Verwaltung** wird in letzter Zeit wieder das Ideal eines »schlanken Staates« propagiert und gefordert, Verwaltungsaufgaben auf Privatpersonen zu übertragen *(Privatisierung).*

Auch der **Verwaltungsrechtsschutz** wurde unter dem Einfluss des GG erheblich ausgebaut. Grund ist Art. 19 IV GG, der jedem, der sich durch die öffentl. Gewalt verletzt fühlt, den Rechtsweg garantiert.

1960 wurde die Verwaltungsgerichtsordnung (VwGO) erlassen, 1976 das Verwaltungsverfahrensgesetz (VwVfG).

Die Rechtsstellung der Bundesrepublik nach außen steht im Zeichen der zunehmenden **europäischen Integration.** Die wichtigsten Stationen sind:

- 1950 Beitritt zum Europarat
- 1951 Montanunion
- 1957 Gründung der Europ. Wirtschaftsgemeinschaft (EWG) in den Röm. Verträgen
- 1992 Gründung der Europ. Union (EU) im Vertrag von Maastricht
- 1997 Vertrag von Amsterdam
- 2002 Vertrag von Nizza

1954 trat die Bundesrepublik dem **Nordatlantikpakt** (NATO) bei, 1973 (zusammen mit der DDR) den **Vereinten Nationen.**

Voraussetzung für die Aufnahme war die Ordnung des Verhältnisses zu den östl. Nachbarn. In den Ostverträgen (1972) erkannte die Bundesregierung die Oder-Neiße-Grenze an.

Die **Zukunft des deutschen Rechts** steht im Zeichen der **Globalisierung** von Wirtschaft und Massenkommunikationsmitteln (Internet, B). Die Globalisierung erfasst über das Wirtschaftsrecht hinaus in zunehmendem Maß die gesamte Rechtsordnung. Mehr und mehr werden die nationalen Rechtssysteme durch nationenübergreifende Regelungen, in Europa z. B. durch Richtlinien der EU, beeinflusst und verändert.

Durch die Globalisierung rückt die (zumindest teilweise) Verwirklichung der alten Idee eines **Weltrechts** näher.

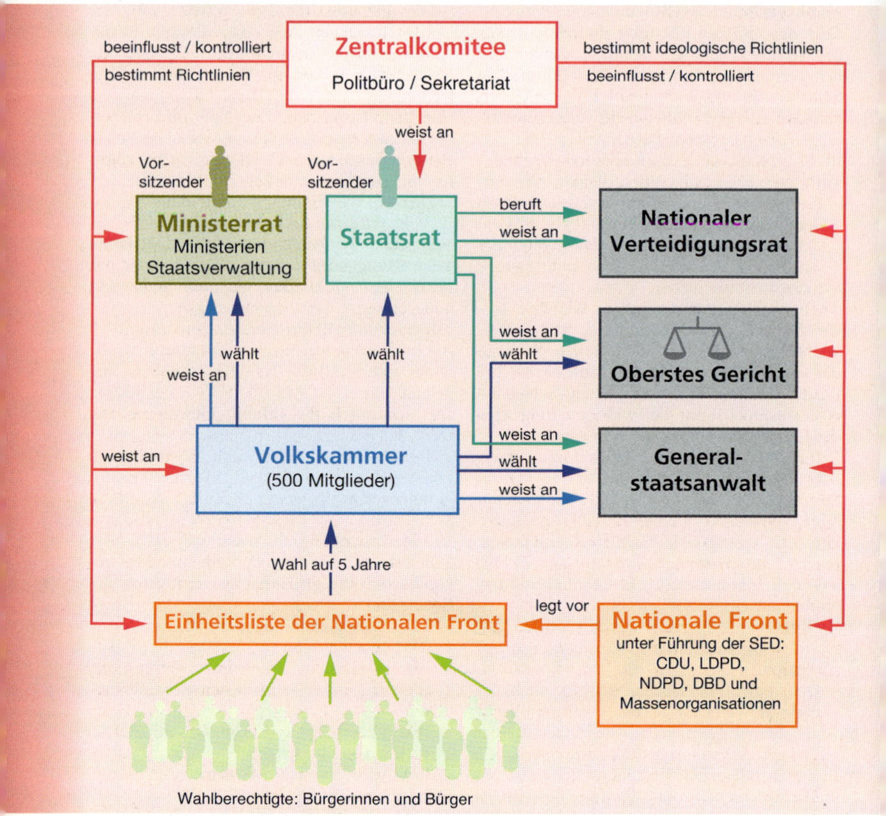

A Staatsorgane der DDR

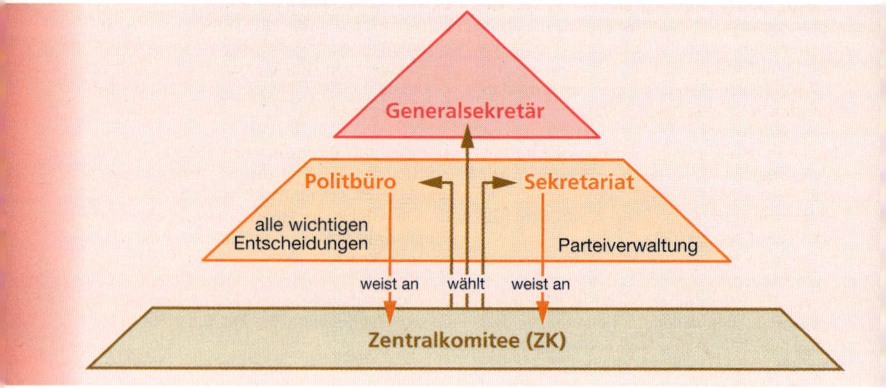

B Führungsspitze der SED

Verfassung

Die **Gründungsverfassung** der DDR (7. 10. 1949) lehnte sich noch eng an die WRV (1919) an und ging von der Fortexistenz Gesamtdtl.s aus. Sie wurde am 6. 4. 1968 von einer **neuen sozialistischen Verfassung** abgelöst, die am 7. 10. 1974 wiederum neu gefasst wurde.

Polit. propagierte die DDR seit Mitte der 1950er Jahre die Existenz zweier voneinander unabhängiger dt. Staaten. Diese Sichtweise wurde in der Verfassung von 1968 festgeschrieben.

Nach der Gründung der DDR entfernte sich die neue Rechtsordnung immer mehr von ihren gesamtdt. Ursprüngen. Als Vorbild diente v. a. in den 1950er Jahren das sowjet. Recht. Das Recht ist nach marxist.-leninist. Doktrin ein *Instrument zur Umgestaltung der Gesellschaft im Dienst des Sozialismus.* Die kommunist. Partei kennt die Entwicklungsgesetze der Gesellschaft und die wahren Interessen der Werktätigen und ist deshalb zur uneingeschränkten Führung in Staat und Gesellschaft berufen (»Diktatur des Proletariats«). In der DDR wurde diese Führungsrolle von der *Sozialisitischen Einheitspartei Deutschlands* (SED) übernommen.

Eine freiheitl.-demokrat. Staatsordnung westl. Typs (Gewaltenteilung, Mehrparteiensystem, freie Wahlen, individ. Freiheitsrechte) war damit nicht vereinbar.

Grundsätze der DDR-Rechtsordnung waren:

- **Gewaltenverbindung:** die gesamte Staatsgewalt wurde einheitl. nach Maßgabe der SED ausgeübt. Eine Machtkontrolle fand nicht statt.
- **Demokratischer Zentralismus:** Beschlüsse der Parteiführung waren nicht nur für die Partei, sondern für alle gesellschaftl.-polit. Bereiche unter Einschluss der Staatsverwaltung und gesellschaftl. Organisationen uneingeschränkt verbindlich.
- **Vergesellschaftung der Produktionsmittel:** Fabriken und landwirtschaftl. Betriebe waren Staatseigentum. Privateigentum wurde nur in engen Grenzen zugelassen. Das Wirtschaftsleben wurde zentral geplant und gesteuert.

Staatsorganisation

Die **Volkskammer** war das formal höchste Staatsorgan der DDR. Ihre 500 Abgeordneten wurden alle fünf Jahre direkt gewählt.

Die Wahlen wurden von der *Nationalen Front* nach einer *Einheitsliste* organisiert; die Mandate wurden nach einem feststehenden Schlüssel auf die SED und die von ihr abhängigen Blockparteien und gesellschaftl. Organisationen verteilt.

Die Volkskammer wählte den (seit 1960 bestehenden) **Staatsrat,** der die Aufgaben eines kollektiven Staatsoberhaupts wahrnahm. An der Spitze stand der **Staatsratsvorsitzende,** der auch den für die Militär- und Sicherheitspolitik zuständigen **Nationalen Verteidigungsrat** leitete. Auch der **Ministerrat,** das **Oberste Gericht** und der **Generalstaatsanwalt** wurden von der Volkskammer gewählt (A).

Die gesamte Staatsorganisation wurde von der **SED** beherrscht. Zwischen den nur alle fünf Jahre stattfindenden Parteitagen war das **Zentralkommitee** (ZK) das höchste Parteiorgan. Es wählte das *Politbüro,* das *Sekretariat* und den *Generalsekretär* der Partei (B).

Alle wichtigen Entscheidungen wurden im Politbüro getroffen. Der Generalsekretär der Partei war i. d. R. zugleich Vors. des Staatsrats.

Der **Staatssicherheitsdienst** (Stasi) verstand sich als »Schild und Schwert der Partei« und errichtete zur Abwehr polit. Kritik in der ges. DDR ein wirksames Spitzelsystem.

Neben den hauptamtl. Mitarbeitern der Stasi gab es (1989) über 100 000 inoffizielle Mitarbeiter (IMs).

Auch die **Rechtsprechung** wurde von der SED gesteuert und kontrolliert.

Neben den *staatl. Gerichten* existierten in größeren Betrieben und Behörden *gesellschaftl. Gerichte.* Letztere waren u. a. für alle Arbeitsrechtssachen und einfache Zivilsachen zuständig. Eine Verfassungs- oder Verwaltungsgerichtsbarkeit bestand in der DDR nicht.

Große Teile des BGB blieben in der DDR zunächst in Kraft, bis sie 1975 durch das **Zivilgesetzbuch** (ZGB) abgelöst wurden.

Das ZGB regelte u. a. das individuelle Eigentum an Konsumgütern und das (nur beschränkt geduldete) individuelle Eigentum an Produktionsmitteln.

Dagegen wurde das höher bewertete *sozialist. Eigentum,* das gesellschaftl. Gruppen (v. a. Genossenschaften) oder dem Staat zustand, außerhalb des ZGB geregelt.

Vertragsrechtl. Beziehungen zwischen Privatpersonen blieben möglich. Auch das *Erbrecht* wurde im ZGB geregelt.

Die vielfältige **Sozialgesetzgebung** der DDR umfasste u. a. die Unterstützung berufstätiger Mütter durch *Kindergärten* und *Kinderkrippen,* die *Garantie eines Arbeitsplatzes* und *verbilligte Kosten* für *Grundnahrungsmittel, Mieten, öffentl. Verkehrsmittel* und *Gesundheitspflege.*

Diese sozialen Sicherungen wurden nicht nur in der DDR als die positive Seite der SED-Parteidiktatur empfunden.

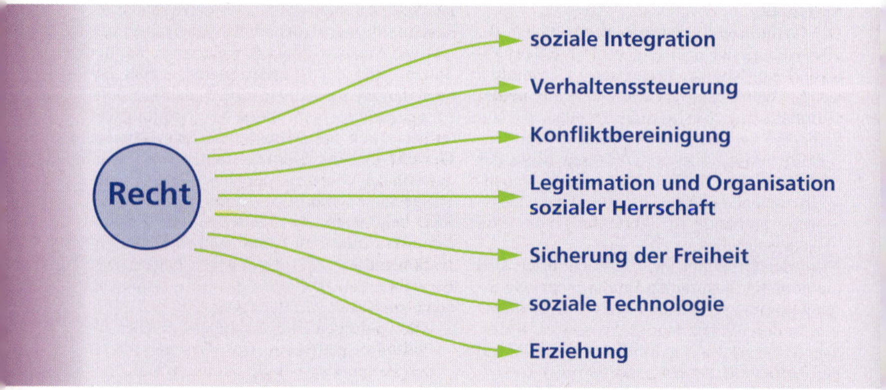

A Funktionen des Rechts

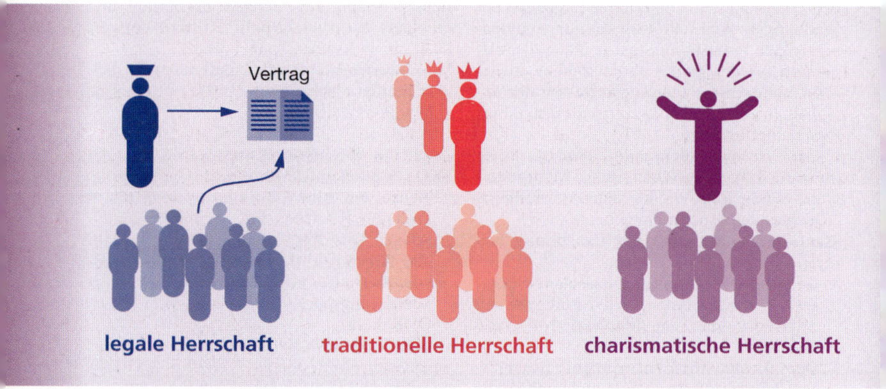

B Typen von Herrschaft

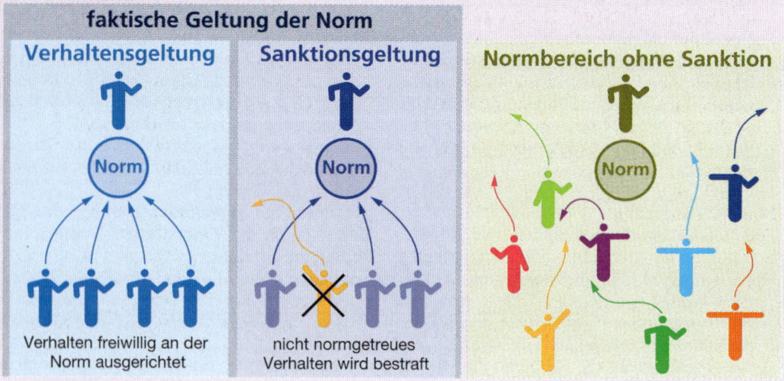

C Faktische Geltung

Gegenstand der **Rechtssoziologie** sind zum einen die gesellschaftl. **Entstehungsursachen von Recht,** zum anderen die **faktischen Folgen rechtlicher Regulierungen.**

Sie wurde erst zu Beginn des 20. Jh. begründet. Dies geschah nahezu gleichzeitig in Dtl. durch EHRLICH (1862–1922) und MAX WEBER (1864–1920), in Frankreich durch DURKHEIM (1858–1917), in den USA durch POUND (1870–1964) und LLEWELLYN und in Schweden durch HÄGERSTRÖM (1868–1939).

Ein wichtiger Vorläufer war RUDOLF VON JHERING, der das Recht als Ergebnis der Interessenkonflikte in der Gesellschaft interpretierte.

Als empir. Sozialwissenschaft stützt sich die Rechtssoziologie nicht auf Spekulation, sondern auf direkte oder indirekte *Beobachtung,* z. B. Interviews, Auswertung von Statistiken.

Die eher beschreibende und anwendungsorientierte Richtung der Rechtssoziologie wird auch **Rechtstatsachenforschung** (NUSSBAUM, 1877–1964) genannt. Sie wird in erster Linie von Juristen betrieben und zielt traditionellerweise auf zivilrechtl. Sachverhalte.

Empir. Untersuchungen auf dem Gebiet des Strafrechts werden als **Kriminologie** und auf dem Gebiet des Verwaltungsrechts als **Verwaltungslehre** bezeichnet.

Der weitgehenden Verrechtlichung der Gesellschaft entsprechend umfasst die Rechtssoziologie heute ein sehr weites Spektrum von Forschungsgebieten:

Die Frage nach den **Funktionen des Rechts** (LLEWELLYN spricht von *law jobs*) wird in der Rechtssoziologie unterschiedlich beantwortet (A):

1. Recht schafft die Voraussetzungen eines geordneten Zusammenlebens **(soziale Integration).**
2. Recht reguliert menschl. Verhalten und hilft so, Konflikte zu vermeiden **(Verhaltenssteuerung).**
3. Recht dient der geordneten Lösung entstandener Konflikte **(Konfliktbereinigung).**
4. Recht reguliert die in jeder Gesellschaft existierenden Herrschaftsstrukturen **(Legitimation und Organisation sozialer Herrschaft).**
5. Recht schafft durch die Begrenzung sozialer Herrschaft dem Einzelnen Freiräume **(Sicherung der Freiheit).**
6. Recht wird als Mittel der Gesellschaftssteuerung und -gestaltung eingesetzt **(soziale Technologie).**
7. Recht beeinflusst die Sozialisation der Individuen **(Erziehung).**

Zu den klass. Themen der Rechtssoziologie gehören weiterhin die **Typen sozialer Herrschaft.** Herrschaft unterscheidet sich von bloßer Macht dadurch, dass die Beherrschten den Herrscher anerkennen *(Legitimitätsglaube).* Dem steht auf Seiten des Herrschers ein *Legitimitätsanspruch* gegenüber. MAX WEBER unterschied drei Typen von Herrschaft (B):

1. **Legale Herrschaft** beruht auf einer Rechtsordnung, die Herrscher wie Beherrschte gleichermaßen bindet;
2. **traditionelle Herrschaft** stützt sich auf den Glauben der Beherrschten an die Heiligkeit der geltenden Ordnung;
3. **charismatische Herrschaft** beruht auf der irrationalen Bindung an einen Volksführer oder Propheten.

Geltung des Rechts

Sollgeltung hat eine Norm im *juristischen Sinn,* wenn sie in dem dafür von der Verfassung vorgesehenen Verfahren verabschiedet wurde und nicht zu höherrangigem Recht in Widerspruch steht.

Faktische Geltung dagegen hat eine Norm im *rechtssoziologischen Sinn,* wenn sie tatsächlich verwirklicht (befolgt) wird. Geltung im rechtssoziolog. Sinn ist also, anders als Geltung im jurist. Sinn, *skalierbar.*

Von **Verhaltensgeltung** spricht man, wenn die Adressaten ihr Verhalten freiwillig an der Norm ausrichten. Von **Sanktionsgeltung** spricht man, wenn sich die Sanktionsinstanzen an die Norm halten, nicht normgetreues Verhalten also bestrafen (sanktionieren) (C).

Bsp.: Eine Norm, die in zehn Fällen dreimal freiwillig befolgt und deren Bruch in drei weiteren Fällen von den Sanktionsinstanzen geahndet wird, gilt zu 60 Prozent. THEODOR GEIGER (1891–1952) nannte dies die *Effektivitätsquote.*

Verrechtlichung meint die zunehmende rechtl. Regulierung und Kontrolle sämtl. Lebensbereiche. Sie erfolgt auf dem Wege der Gesetzgebung *(Vergesetzlichung),* der bürokrat. Erfassung *(Bürokratisierung)* und der Kontrolle durch die Rechtsprechung *(Justitialisierung).* Verrechtlichung ist eine Folge des modernen Sozial- und Wohlfahrtsstaates. Sie dient der Einzelfallgerechtigkeit und soll die Willkür der Verwaltung und Rechtsprechung einschränken.

Ihre negativen Folgen sind **Freiheitsverluste,** Unübersichtlichkeit und Effizienzprobleme. In den letzten Jahren wurde deshalb der Ruf nach Entrechtlichung *(Deregulierung)* immer stärker.

Im Gespräch sind v. a. (im Einzelnen unterschiedl. auszugestaltende) Verfahren der *Schlichtung* und *Vermittlung.* In den USA spricht man von *Alternative Dispute Resolution* (ADR).

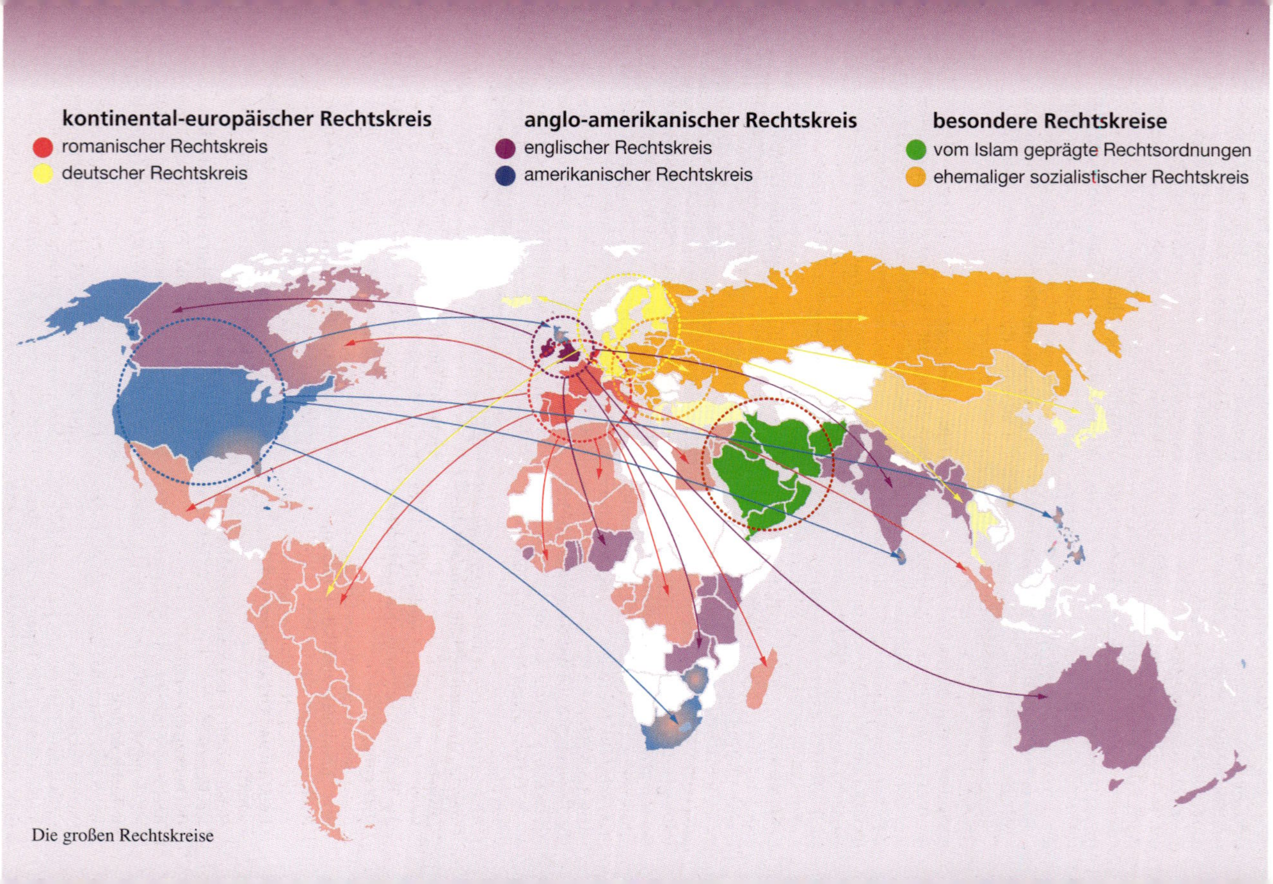

Die großen Rechtskreise

Aufgabe der **Rechtsvergleichung** ist die *Beschreibung und vergleichende Systematisierung der verschiedenen nationalen Rechte.*

Sie ist eng mit der Rechtssoziologie, der Rechtsgeschichte und der Rechtsethnologie verwandt.

Gesellschaften, die auf einer ähnl. wirtschaftl. und soz. Entwicklungsstufe stehen, sind i. d. R. mit ähnl. rechtspolit. Problemen konfrontiert:

In den mod. Industriegesellschaften z. B. mit Umweltdelikten oder Wirtschaftskriminalität.

Die nationale **Gesetzgebung** wird durch die Kenntnis fremder Lösungsansätze wesentlich erleichtert, bes. wenn man die fakt. Resultate der fremden Regelung in die Betrachtung einbeziehen kann. Es ist deshalb heute üblich geworden, größere Gesetzgebungsprojekte rechtsvergleichend vorzubereiten. Bisweilen findet sogar eine Übernahme *(Rezeption)* der fremden Regelung statt.

Bsp.: Im Jahr 1926 übernahm die Türkei das schweizer. Zivilgesetzbuch. Gegen Ende des 19. Jh. rezipierte Japan wesentl. Teile des dt. BGB und StGB.

Die großen Rechtskreise

Man unterscheidet mehrere große **Rechtskreise,** die durch ihre histor. Entwicklung und eigenständige Strukturmerkmale voneinander abgegrenzt sind (Abb.). Der **kontinentaleuropäische Rechtskreis** umfasst diejenigen Rechtsordnungen, die ihre Prägung dem röm. Recht verdanken. Gebräuchlich ist auch die Bezeichnung »Civil Law«.

Er unterteilt sich in die *romanischen Rechte,* die sich am frz. Recht orientieren, und die *germanischen Rechte,* die in erster Linie von der dt. Rechtsordnung beeinflusst sind.

Länder mit roman. Recht sind (neben Frankreich) Belgien, Italien, Luxemburg, Portugal und Spanien sowie viele frühere frz. Kolonien in Afrika.

Am dt. Recht orientieren sich Griechenland, Österreich, die Schweiz und die Türkei. Auch Japan und Südkorea sind stark vom dt. Recht geprägt.

Die Rechtsordnungen Dänemarks, Finnlands, Islands, Norwegens und Schwedens sind vom dt. Recht ebenfalls beeinflusst. Wegen ihrer weitgehenden Eigenständigkeit werden sie jedoch meist gesondert als **skandinavischer Rechtskreis** bezeichnet.

Der **anglo-amerikanische Rechtskreis** umfasst die Rechtsordnungen Großbritanniens und aller vom ihm beeinflussten Staaten, namentlich der USA. Man spricht auch vom »Common Law«.

Dem anglo-amerikan. Rechtskreis können desweiteren zugeordnet werden: Australien, Indien, Irland, Kanada (mit Ausnahme des frz. beeinflussten Québec), Neuseeland und die früheren engl. Kolonien in Afrika.

Das Recht der USA gewinnt als Folge der US-amerikan. Wirtschaftsmacht gegenüber dem traditionellen brit. Recht seit Jahrzehnten immer mehr an Gewicht und Eigenständigkeit, bes. auf den Gebieten des Handels- und des Wirtschaftsrechts.

Das früher als eigener Rechtskreis geltende **sozialistische Recht** spielt heute keine Rolle mehr. In den ehemaligen Ostblockstaaten konkurrieren amerikan., dt. und frz. Rechtsvorstellungen um Einfluss.

Dagegen behaupten die **religiösen Rechte** nach wie vor ihre Eigenständigkeit. Dies gilt insbesondere für das **islamische Recht,** das durch die *Einheit von Recht und Religion* geprägt ist.

Zu erwähnen sind schließlich noch zahlreiche **lokale Rechte** in Afrika und Lateinamerika.

Während das kontinentaleurop. Recht überwiegend **gesetzesorientiert** ist, ist das angloamerik. Rechtssystem **fallorientiert** (»Case-Law«).

Um einen Rechtsfall zu lösen, sucht der kontinentaleurop. Jurist nach einem Gesetz, unter das er den Sachverhalt subsumieren kann. Sein brit. Kollege hingegen hält nach einem ähnl. Fall Ausschau, der bereits gerichtl. entschieden wurde. Auf der Suche nach derartigen *Präjudizien* (entschiedenen Fällen) wird teilw. bis in das MA. zurückgegangen.

Bei näherer Betrachtung verlieren die Unterschiede zwischen gesetzesorientierter und fallorientierter Rechtsanwendung aber an Bedeutung. Im anglo-amerikan. Recht werden zunehmend Gesetze erlassen *(Statute-Law),* um Probleme zügig und einheitlich zu lösen. Dagegen spielt im kontinentaleurop. Recht das Präjudiz trotz der grundsätzl. Unabhängigkeit der Rechtsprechung eine beträchtl. Rolle.

Die kulturelle Einbindung des Rechts ist zu groß, als dass in näherer Zukunft mit der Herausbildung einer echten **internationalen Rechtsordnung** zu rechnen wäre. Immerhin ist die Regelungsdichte auf dem Gebiet des **Völkerrechts** heute größer als jemals zuvor.

Gerade so mächtige Länder wie die USA und China sind jedoch nicht bereit, die eigene Souveränität in nennenswertem Umfang aufzugeben.

Ein wichtiger, auf internationale Rechtsvereinheitlichung hinwirkender Faktor ist die enger werdende wirtschaftl. Verflechtung der Welt, die nach der Schaffung eines **internationalen Wirtschaftsrechts** verlangt.

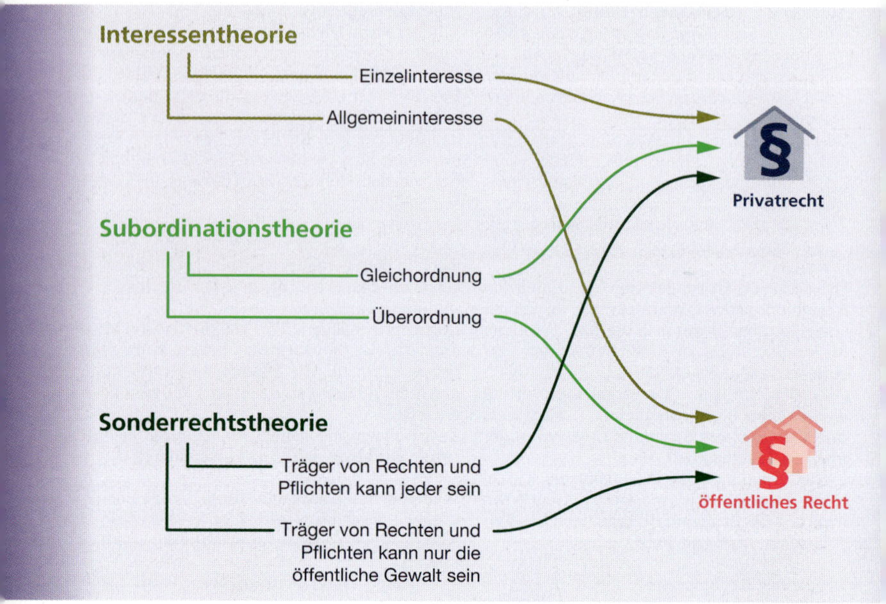

A Theorien zur Unterscheidung von privatem und öffentlichem Recht

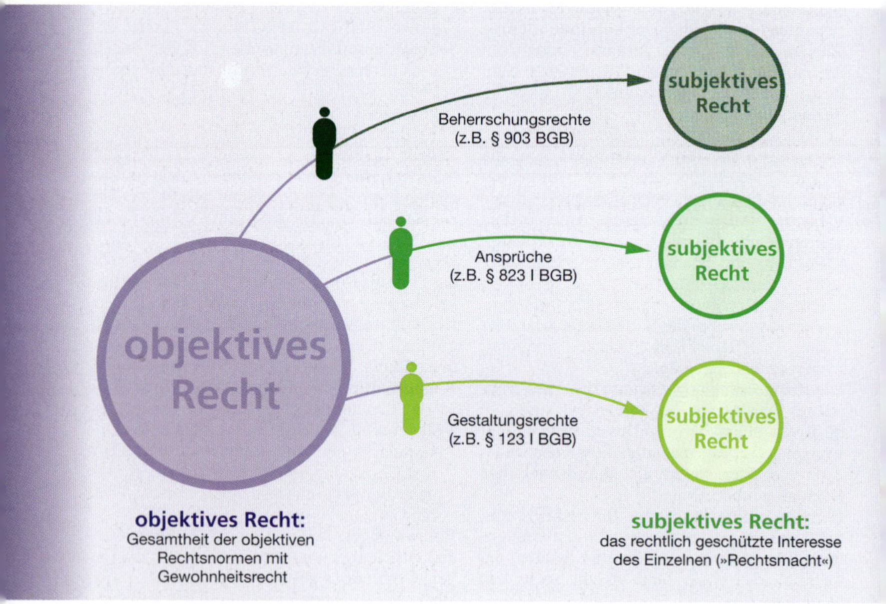

B Objektives und subjektives Recht

Die dt. Rechtsordnung ist im Wesentlichen zweigeteilt: Das **öffentliche Recht** schließt u. a. das *Staatsrecht* (unter Einschluss der *Grundrechte*), das *Strafrecht* und das *Verwaltungsrecht* ein.

Zum **Privatrecht** gehören v. a. das *Bürgerliche Recht* (BGB) und die *Sonderprivatrechte*.

Die Unterscheidung der beiden Rechtsgebiete ist aber im Einzelnen **umstritten.**

Die geläufige Formulierung, das öffentl. Recht regele das Verhältnis des Einzelnen zum Staat, während das Privatrecht das Verhältnis der Einzelnen zueinander umfasse, ist nur als Faustregel brauchbar. Sie versagt z. B. beim Staatsorganisationsrecht.

Zur genaueren Abgrenzung (A) werden im Wesentl. drei Theorien vertreten:

1. Die **Interessentheorie** stammt aus dem röm. Recht und fragt, ob eine Rechtsnorm privaten oder allgemeinen Interessen dient. Im 1. Fall soll Privatrecht, im 2. öffentl. Recht vorliegen.
2. Die **Subordinationstheorie** knüpft an das Rangverhältnis der Beteiligten an: Sind diese einander gleichgeordnet, so handelt es sich um ein privatrechtl. Verhältnis, sind sie einander über- bzw. untergeordnet, um ein öffentl.-rechtliches.
3. Nach der herrschenden **Sonderrechtstheorie** liegt öffentl. Recht vor, wenn eine Rechtsnorm Rechte oder Pflichten nur Trägern hoheitl. Gewalt zuordnet *(Amtsrecht der öffentlichen Hand).*

   Privatrecht zeichnet sich demgegenüber dadurch aus, dass beliebige Personen Träger von Rechten und Pflichten sein können.

   Auch der Staat kann sich privatrechtl. Formen bedienen, etwa beim Abschluss von Kauf- oder Dienstverträgen.

Die Unterscheidung zwischen öffentl. und privatem Recht ist v. a. für den einzuschlagenden **Rechtsweg** von Bedeutung.

Ebenfalls wichtig ist die Unterscheidung zwischen materiellem und formellem Recht:

- Das **materielle Recht** regelt die Frage, **ob** eine bestimmte Rechtsposition (z. B. ein Zahlungsanspruch) besteht.
- Das **formelle Recht** bestimmt, **wie** dieser Anspruch im Streitfall durchzusetzen ist.

Zivil-, Verwaltungs- und Strafprozessrecht gehören zum formellen Recht, BGB und StGB zum materiellen Recht.

Bsp.: A hat mit B einen Kaufvertrag geschlossen und ihm die Ware übergeben. B bezahlt den Kaufpreis nicht. Dass A gegen B einen Anspruch auf Zahlung hat, ist im materiellen Recht geregelt (§ 433 BGB), wie er seinen Anspruch vor Gericht geltend machen kann, im formellen Recht (ZPO).

Nach dem **räumlichen Geltungsbereich** lassen sich nationales, supranationales und internationales Recht unterscheiden:

- **Nationales Recht** besteht aus den Rechtsnormen, die (nur) auf dem Staatsgebiet eines bestimmten Staates gelten.

  Trotz der Internationalisierung der dt. Rechtsordnung fallen die meisten Rechtsnormen in diese Kategorie (z. B. das BGB und das StGB).
- Als **supranationales Recht** werden meist diejenigen Rechtsnormen bezeichnet, die von einer überstaatl. Hoheitsgewalt erlassen worden sind, innerstaatlich aber unmittelbar Wirkung entfalten (z. B. Teile des EU-Rechts). Der Sprachgebrauch ist allerdings nicht einheitlich.
- **Internationales Recht** (Völkerrecht) gilt nur zwischen Völkerrechtssubjekten. Dies sind in erster Linie Staaten und nur ausnahmsweise Einzelpersonen. Nicht zum Völkerrecht gehört das **internationale Privatrecht** (IPR), d. h. diejenigen Rechtsnormen, die bei über ein einzelnes Staatsgebiet hinausgreifenden Sachverhalten das anzuwendende Recht bestimmen *(Kollisionsrecht).*

Das **objektive Recht** umfasst alle geltenden Rechtsnormen (gesetztes Recht und Gewohnheitsrecht), also die gesamte Rechtsordnung (B).

Ein **subjektives Recht** liegt dagegen nur dann vor, wenn eine Person aus dem objektiven Recht einen eigenen Anspruch herleiten kann.

Bsp.: Nach § 903 BGB kann der Eigentümer einer Sache mit ihr grundsätzlich nach Belieben verfahren. Es handelt sich um objektives Recht. Für den jeweiligen Eigentümer folgt daraus ein entsprechendes subjektives (Beherrschungs-)Recht. Dagegen können sich unbeteiligte Dritte nicht auf § 903 BGB berufen.

Die meisten subjektiven Rechte ergeben sich aus dem Privatrecht (Kauf, Miete, Eigentum usw.). Sie schützen direkt die Interessen von Einzelpersonen und lassen sich vor Gericht geltend machen.

Als **nachgiebiges Recht** *(ius dispositivum)* bezeichnet man Rechtsnormen, deren Geltung durch Vertrag ausgeschlossen (abbedungen) werden kann. Andernfalls spricht man von **zwingendem Recht** *(ius cogens).*

Bsp.: Im *Schuldrecht,* das vom Gedanken der *Privatautonomie* beherrscht wird, lassen sich die meisten Bestimmungen vertraglich abbedingen. Demgegenüber besteht das *Sachenrecht* überwiegend aus zwingendem Recht.

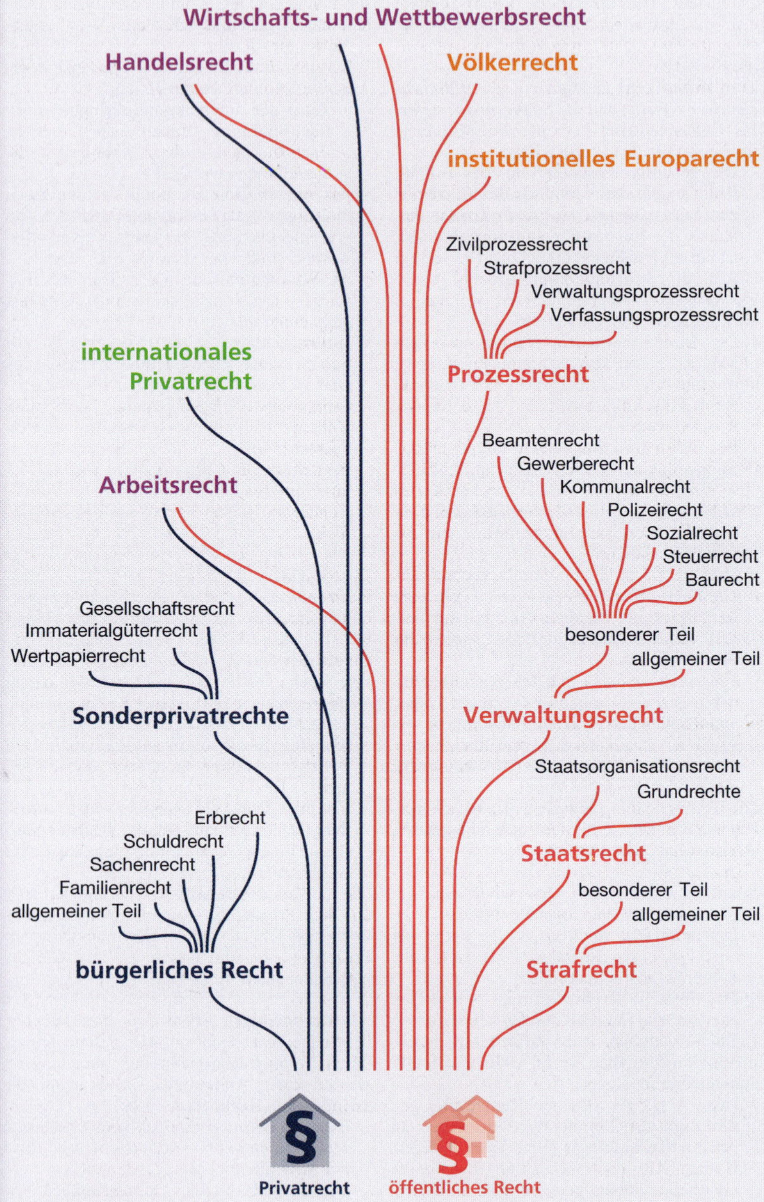

Die deutsche Rechtsordnung

Die **deutsche Rechtsordnung** ist im Vergleich zu den meisten anderen Rechtsordnungen außerordentlich umfangreich und differenziert (Abb.). Der Gesetzgeber ist bestrebt, die Rechtsunterworfenen umfassend gegen Risiken abzusichern und in jedem Einzelfall eine gerechte Lösung vorzuschreiben. Die Fülle der Rechtsnormen wird erhöht durch die zahlreichen europ. Regelungen, die der Rechtsangleichung innerhalb Europas dienen sollen.

Die dt. Rechtsordnung gewährleistet den in ihrem Geltungsbereich lebenden Menschen ein hohes Maß an **Sicherheit, sozialer Gerechtigkeit** und **Wohlstand.**

Den Vorteilen des **Wohlfahrts- und Vorsorgestaates** stehen allerdings in zunehmendem Maß Nachteile gegenüber: Der schon Jahrzehnte andauernde Wildwuchs an neuen Gesetzen und Verordnungen hat dazu geführt, dass die Rechtslage im Einzelfall häufig **nicht mehr durchschaubar** ist. In manchen Bereichen, wie dem Steuer- und Sozialrecht, finden sich selbst Spezialisten kaum mehr zurecht.

Die umfassende Durchregulierung des gesamten Lebens führt zu **Freiheitsverlusten,** die zunehmend spürbarer werden. Hinzu kommen **rechtsstaatliche Probleme,** weil niemand mehr sämtl. Vorschriften kennen, geschweige denn einhalten kann. Um die *Normenflut* einzudämmen, wurde vorgeschlagen, neue Gesetze nur noch befristet in Geltung zu setzen und nach Ablauf dieser Frist auf ihre Erforderlichkeit zu überprüfen.

Letztlich kann das Problem aber nur gelöst werden, wenn die Gesellschaft den **Glauben an die All-Zuständigkeit des Staates** aufgibt und die Lösung individueller Lebensprobleme wieder stärker dem Einzelnen überlässt.

Die wichtigsten Rechtsbereiche

I. Zum **öffentlichen Recht** gehört das

1. **Staatsrecht.** Es unterteilt sich in zwei Bereiche:
   Das **Staatsorganisationsrecht** regelt die tragenden Prinzipien des Staatsaufbaus, seine wesentl. Organe und ihre Kompetenzen sowie das Verfahren der staatl. Willensbildung.
   Durch die **Grundrechte** werden die Beziehungen zwischen Staat und Bürger geprägt. Sie sichern jedem Bürger eine Freiheitssphäre, in die der Staat nicht eingreifen darf.
2. **Verwaltungsrecht.** Dazu gehören alle Rechtsnormen, die die Rechtsausübung durch staatl. Stellen regeln. Das *Allgemeine Verwaltungsrecht* enthält die Regeln, die für die staatl. Verwaltung insgesamt gelten, während das *Besondere Verwaltungsrecht* aus den Sonderregeln der einzelnen Verwaltungsbereiche besteht, z. B. Baurecht, Beamtenrecht, Gewerberecht, Kommunalrecht, Polizeirecht, Sozialrecht und Steuerrecht.
3. **Strafrecht.** Im *Allgemeinen Teil des Strafrechts* finden sich die Regeln, die für alle Straftaten gelten, während der *Besondere Teil des Strafrechts* die Regeln über die einzelnen Deliktstypen enthält. Hinzu tritt das Recht des Strafvollzugs.
   Die *Kriminologie* weist zwar einen engen Bezug zum Strafrecht auf, doch handelt es sich nicht um eine rechtsdogmat., sondern um eine empir. Disziplin.
4. **Prozessrecht.** Es regelt die Frage, wie die Rechte vor Gericht durchzusetzen sind.
   Zu unterscheiden sind *Verfassungs-, Verwaltungs-, Straf-* und *Zivilprozessrecht.*
   Damit zusammenhängend ist das Recht der *freiwilligen Gerichtsbarkeit* sowie das *Gerichtsverfassungsrecht,* das für alle Prozessordnungen gilt.
5. **Völkerrecht**
6. **institutionelle Europarecht.**

II. Das **Privatrecht** unterteilt sich in das bürgerliche Recht und die Sonderprivatrechte.
Letztere haben sich histor. aus dem bürgerl. Recht entwickelt, sind aber inzwischen längst zu eigenständigen Rechtsgebieten herangewachsen.

1. Zum **bürgerlichen Recht** gehören das *Schuldrecht,* das die meisten Rechtsgeschäfte des Alltags (wie Kauf oder Miete) regelt, das *Sachenrecht,* welches u. a. die Regelungen über Eigentum und Besitz enthält, das *Familienrecht* (einschließlich der Rechtsverhältnisse von Kindern) sowie das *Erbrecht.*
   Hinzu tritt der *Allgemeine Teil,* der diejenigen Regelungen enthält, die im gesamten bürgerl. Recht (die meisten sogar im gesamten Privatrecht) gelten.
   Das bürgerl. Recht gilt für jedermann. Es handelt sich um das für den Normalbürger mit Abstand wichtigste Gebiet des Privatrechts.
2. Die **Sonderprivatrechte** gelten nur für best. Bevölkerungsgruppen: So betrifft das *Arbeitsrecht* nur Rechtsbeziehungen zwischen Arbeitgebern und Arbeitnehmern; das *Handelsrecht* ist das Sonderrecht der Kaufleute; eng damit zusammenhängend ist das *Wirtschafts-* und *Wettbewerbsrecht,* durch das ein den Prinzipien der Marktwirtschaft entsprechender Wettbewerb gesichert werden soll.

Einige Sonderprivatrechte, v. a. das Wirtschaftsrecht, weisen zahlreiche *öffentlichrechtliche Elemente* auf.

Gerichtszweig	Gerichte des Bundes	Gerichte der Länder	Rechtsgrundlage
Verfassungsgerichtsbarkeit	Bundesverfassungsgericht Karlsruhe	Verfassungsgerichte der Länder	GG BVerfGG Gesetze der Länder
ordentliche Gerichtsbarkeit			
Zivilsachen	Bundesgerichtshof (Zivilsenate) Karlsruhe	Oberlandesgerichte Landgerichte Amtsgerichte	GVG ZPO
Strafsachen	Bundesgerichtshof (Strafsenate) Karlsruhe/Leipzig	Oberlandesgerichte Landgerichte Amtsgerichte	GVG StPO
Arbeitsgerichtsbarkeit	Bundesarbeitsgericht Erfurt	Landesarbeitsgerichte Arbeitsgerichte	ArbGG
allgemeine Verwaltungsgerichtsbarkeit	Bundesverwaltungsgericht Berlin	Oberverwaltungsgericht Verwaltungsgerichtshof Verwaltungsgerichte	VwGO
besondere Verwaltungsgerichte			
Sozialgerichtsbarkeit	Bundessozialgericht Kassel	Landessozialgerichte Sozialgerichte	SGG
Finanzgerichtsbarkeit	Bundesfinanzhof München	Finanzgerichte	FGO

A Zweige der Gerichtsbarkeit

ordentliche Gerichtsbarkeit (Zivilsachen)

streitig

bürgerlich rechtliche Streitigkeiten und Zwangsvollstreckung

freiwillig

Vormundschaftssachen
Nachlassachen
Registerführung
Grundbuchführung
Wohneigentum
notarielle Beurkundung

B Streitige vs. freiwillige Gerichtsbarkeit

Gerichtsbarkeit ist die Ausübung staatl. Hoheitsgewalt zur Regelung von Rechtsfragen. Dazu gehören sowohl die *streitige Gerichtsbarkeit* (Rechtsprechung), als auch die *freiwillige (nichtstreitige) Gerichtsbarkeit* (sonstige Rechtspflege).

Die Gerichtsbarkeit gliedert sich im Rahmen der Gerichtsverfassung in die **Zivil-, Straf-, Verwaltungs-** und die **Verfassungsgerichtsbarkeit**.

Daneben wird auch organisatorisch nach **Gerichtszweigen** unterschieden, wobei die Zivil- und Strafgerichtsbarkeit als *ordentliche Gerichtsbarkeit* bezeichnet wird (A).

Hinzu kommen die *Arbeitsgerichtsbarkeit,* die *allg. Verwaltungsgerichtsbarkeit* und die *besondere Verwaltungsgerichtsbarkeit,* die sich in Sozial- und Finanzgerichtsbarkeit unterteilt.

Außerdem existieren noch zahlreiche andere Gerichtsbarkeiten, z. B. die Disziplinargerichte des Bundes und der Länder und die Wehrdienstgerichte des Bundes.

Den ordentl. Gerichten ist neben der Entscheidung von Rechtsstreitigkeiten auch die **freiwillige Gerichtsbarkeit** anvertraut. Zuständig sind meist die Amtsgerichte.

Zur freiwilligen Gerichtsbarkeit gehören u. a. notarielle Beurkundungen, die Führung öffentl. Register (z. B. Grundbuch und Handelsregister) sowie die Tätigkeit der Nachlass- und Vormundschaftsgerichte (B).

Die Gerichtsbarkeit liegt beim **Staat.** Die Rechtsprechung ist den Richtern anvertraut. Da nach der Verfassungsordnung Dtls. sowohl der Bund als auch die Länder Staatsqualität besitzen, sind die **Gerichte des Bundes** von denen der **Länder** (alle übrigen Gerichte) zu unterscheiden.

Die Gerichte des Bundes sind das *Bundesverfassungsgericht* sowie die obersten Gerichtshöfe der verschiedenen Gerichtszweige (*Bundesgerichtshof, Bundesarbeitsgericht, Bundesverwaltungsgericht, Bundessozialgericht* und *Bundesfinanzhof,* vgl. Art. 92, 95, 96 GG). Hinzu kommt das *Bundespatentgericht.*

Nur ausnahmsweise sind **private Gerichte** zulässig.

Ein Beispiel sind die Schiedsgerichte (§§ 1025 ff. ZPO).

Die **ordentliche Gerichtsbarkeit** umfasst auf Länderebene die *Amts-* und *Landgerichte* sowie die *Oberlandesgerichte.*

In Bayern tritt noch das *Bayerische Oberste Landesgericht* hinzu.

Die Verwaltungsgerichtsbarkeit ist in *Verwaltungsgerichte* und das *Oberverwaltungsgericht* (in einigen Bundesländern lautet die Bezeichnung *Verwaltungsgerichtshof*) untergliedert. In der Arbeits- und Sozialgerichtsbarkeit unterscheidet man *Arbeitsgerichte* und das *Landesarbeitsgericht* bzw. *Sozialgerichte* und das *Landessozialgericht.* In der Finanzgerichtsbarkeit sind die *Finanzgerichte* zuständig.

Als **Gerichte** bezeichnet man zum einen die *organisierten Behörden, die rechtsprechend* tätig sind,

z. B. die Amts- und Landgerichte, Verfassungs- und Verwaltungsgerichte,

zum anderen die *nach der jeweiligen Prozessordnung für die Entscheidung zuständige Funktionseinheit (Spruchkörper),*

z. B. das Schwurgericht, den Einzelrichter.

Der Aufbau der Gerichte ist im GerichtsverfassungsG (GVG) geregelt.

Organe der Rechtspflege

Richter sind teils Berufsrichter, teils ehrenamtl. Richter. Nur Berufsrichter müssen die Befähigung zum Richteramt besitzen, also beide jurist. Staatsprüfungen mit Erfolg abgelegt haben. Die Stellung der Richter ist im Deutschen RichterG (DRiG) geregelt.

Zu den ehrenamtl. Richtern gehören bes. die *Schöffen,* die im Strafprozess mitwirken (§ 30 GVG). Geschworene, also Laienrichter, die gesondert über die Schuldfrage befinden (wie in den USA), sind im dt. Prozessrecht nicht vorgesehen.

Staatsanwälte sind überwiegend in der Strafverfolgung tätig (Ermittlungsverfahren, Erhebung und Vertretung der Anklage, Strafvollstreckung). Sie sind den Richtern gleichgestellt. Bei jedem Gericht soll eine Staatsanwaltschaft bestehen.

Rechtsanwälte sind unabhängige Organe der Rechtspflege (§ 1 BRAO). Sie beraten und vertreten ihre Mandanten in allen Rechtsangelegenheiten unter Einschluss der Strafverteidigung.

Der Anwalt erhält für seine Tätigkeit Gebühren nach der BRAGO. Meist arbeiten mehrere auf einzelne Rechtsgebiete spezialisierte Anwälte in einer Kanzlei.

Notare müssen wie Berufsrichter die Befähigung zum Richteramt besitzen.

Ihre Aufgabe liegt auf dem Gebiet der vorsorgenden Rechtspflege, bes. die Beurkundung und Beglaubigung. Einzelheiten sind in der Bundesnotarordnung (BNotO) geregelt.

Rechtspfleger sind Beamte des gehobenen Justizdienstes, die mit der Wahrnehmung best. richterl. Aufgaben betraut sind.

Ihr Zuständigkeitsbereich liegt v. a. in der freiwilligen Gerichtsbarkeit. Auch als Gerichtsvollzieher sind Rechtspfleger tätig.

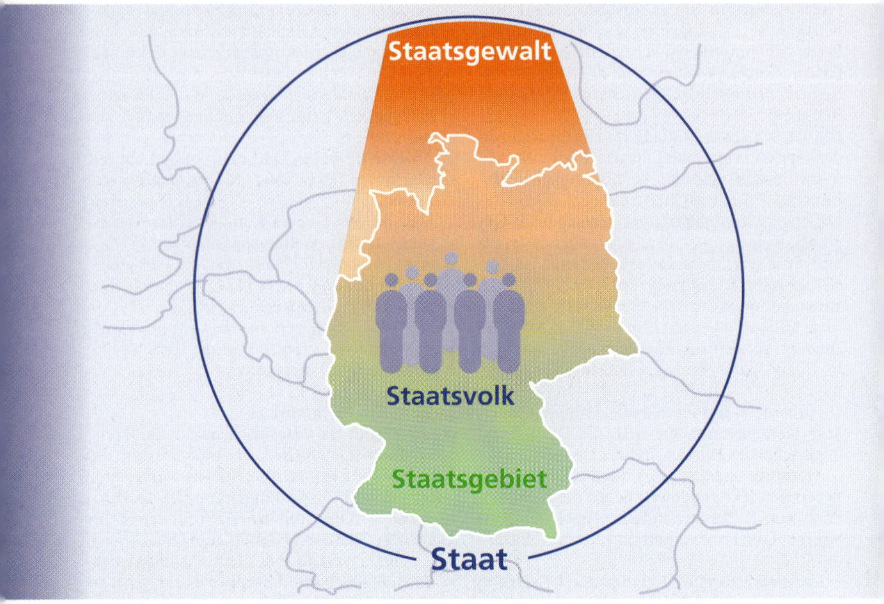

A Die Drei-Elemente-Lehre

B Die Normenpyramide

Der Begriff **Staat** setzt nach der »Drei-Elemente-Lehre« (A) Folgendes voraus: Ein bestimmtes, zumindest grundsätzl. umgrenztes Gebiet *(Staatsgebiet)*, auf diesem Gebiet wohnende Menschen *(Staatsvolk)* und eine Regierung, die auf dem Staatsgebiet die Ordnung wahrt *(Staatsgewalt)*.

Andere Aspekte des Staatswesens betonen die »Integrationslehre« RUDOLF SMENDS (1882–1975), der den Staat als geistige Einheit der sich verbunden fühlenden Bürger verstand, und die von HERMANN HELLER (1891–1933) entwickelte »Lehre von der Wirkungseinheit«, nach der der Staat als fakt. Wirkungszusammenhang einer souveränen Gebietsherrschaft gesehen wird.

Die **Verfassung** eines Staates ist die Summe der geschriebenen oder ungeschriebenen Rechtsnormen, die die staatl. Grundordnung, also die Staats- und Gesellschaftsform mitsamt ihren wesentl. Organisationsprinzipien, festlegen.

Im engeren, formellen Sinn meint »Verfassung« nur das geschriebene Gesetz, das die Staatsgewalt **legitimiert, organisiert** und **bindet.**

Dtl. wurde, anders als etwa die USA oder Frankreich, erst spät zum Verfassungsstaat. Die dt. Geschichte der letzten 200 Jahre ist durch einen raschen Wechsel der Staats- und Verfassungsformen gekennzeichnet:

- 17. und 18. Jh.: In der **absoluten Monarchie** (Absolutismus) existiert keine Verfassung im heutigen Sinn. Die Staatsgewalt wurde von einer einzigen Person ausgeübt, die rechtl. nicht gebunden war *(princeps legibus solutus)*. Herrschaft legitimierte sich durch die Herkunft des Monarchen aus dem Hochadel.
- 18. Jh.: Der **aufgeklärte Absolutismus** stellt eine abgeschwächte Form der absoluten Monarchie dar. Der Herrscher wurde als zwar nicht rechtl., aber doch moral. gebunden betrachtet *(Monarch als erster Diener des Staates)*.
- 19. Jh.: In der **konstitutionellen Monarchie** ist der Herrscher an eine Verfassung gebunden. 1815 wurde in der *Bundesakte des Dt. Bundes* allen Bundesstaaten eine Verfassung versprochen. Die erste dt. Reichsverfassung entstand 1871, wobei auch das *Dt. Reich* eine konstitutionelle Monarchie war.
- 1918 wechselte die Staatsform erneut: Dtl. wurde eine **Republik.** Die neue Weimarer Reichsverfassung (WRV) wurde 1919 von der Nationalversammlung verabschiedet. Dtl. war nun ein demokrat. Verfassungsstaat.
- 1933: Mit der Machtübernahme durch die Nationalsozialisten wurde die WRV durch das Ermächtigungsgesetz vom 24. 3. 1933 in wesentl. Teilen außer Kraft gesetzt. Unter HITLERS **Diktatur** war der »Wille des Führers« oberste Rechtsquelle.
- 1945: Nach dem Zusammenbruch der nationalsozialist. Herrschaft wurde Dtl. geteilt. Mit dem Inkrafttreten des GG 1949 wurde West-Dtl. wieder ein **demokratischer Verfassungsstaat** (Bundesrepublik Deutschland).
  In Ost-Dtl. herrschte die Sozialist. Einheitspartei (SED), die nur auf dem Papier an die Verfassung gebunden war (Deutsche Demokratische Republik), bis zur Wende 1989. Durch den Einigungsvertrag vom 31. 8. 1990 traten die fünf neugegründeten ostdt. Bundesländer der BRD bei.

Grundlegend für das moderne Verfassungsdenken ist die von SIEYÈS (1748–1836) z. Zt. der Französ. Revolution entwickelte Unterscheidung zwischen der verfassunggebenden Gewalt **(pouvoir constituant)** und der durch die Verfassung eingesetzten und gebundenen Staatsgewalt **(pouvoir constitué).** Inhaber der verfassunggebenden Gewalt ist das Staatsvolk. Die Staatsgewalt ist nur durch die Verfassung legitimiert.

Zu unterscheiden sind das materielle und das formelle Verfassungsrecht.

Das **materielle Verfassungsrecht (Staatsrecht)** umfasst die grundlegenden Regeln über die Legitimation, Organisation und Bindung der Staatsgewalt (bes. Staatsorganisationsrecht und Grundrechte).

Teile davon sind auch außerhalb des GG geregelt.

Dagegen besteht das **formelle Verfassungsrecht** aus allen im GG enthaltenen Normen, einschl. solcher Regelungen, die sich auf spezielle Rechtsgebiete wie das Strafrecht (z. B. Art. 102 GG: Abschaffung der Todesstrafe) oder das Verwaltungsrecht (z. B. Art. 34 GG: Amtshaftung) beziehen.

Das GG nennt folgende **grundlegenden Verfassungsprinzipien (Verfassungsgrundsätze):** *Republik, Demokratie, Gewaltenteilung, Rechtsstaat, Bundesstaat, Sozialstaat* (Art. 20, 28 GG).

Die *Grundrechte* gewährleisten dem Einzelnen eine eigenständige und in ihrem Kern unantastbare Rechtsposition gegenüber der Staatsgewalt.

Die in der Verfassung vorgesehenen obersten Staatsorgane heißen **Verfassungsorgane.**

Nach dem GG sind dies der Bundestag (Parlament), der Bundesrat, der Gemeinsame

Das Grundgesetz

	Grundrechte gegenüber der Staatsgewalt
I. Grundrechte	Art. 1–19
	Staatsorganisatoren
II. Der Bund und die Länder	Art. 20–37
III. Der Bundestag	Art. 38–48
IV. Der Bundesrat	Art. 50–53
IV a. Gemeinsamer Ausschuss	Art. 53 a
V. Der Bundespräsident	Art. 54–61
VI. Die Bundesregierung	Art. 62–69
VII. Die Gesetzgebung des Bundes	Art. 70–82
VIII. Die Ausführung der Bundesgesetze und die Bundesverwaltung	Art. 83–91
VIII a. Gemeinschaftsaufgaben	Art. 91 a–91 b
IX. Die Rechtsprechung	Art. 92–104
X. Das Finanzwesen	Art. 104 a–115
X a. Verteidigungsfall	Art. 115 a–115 l
XI. Übergangs- und Schlussbestimmungen	Art. 116–146

A Der Aufbau des Grundgesetzes

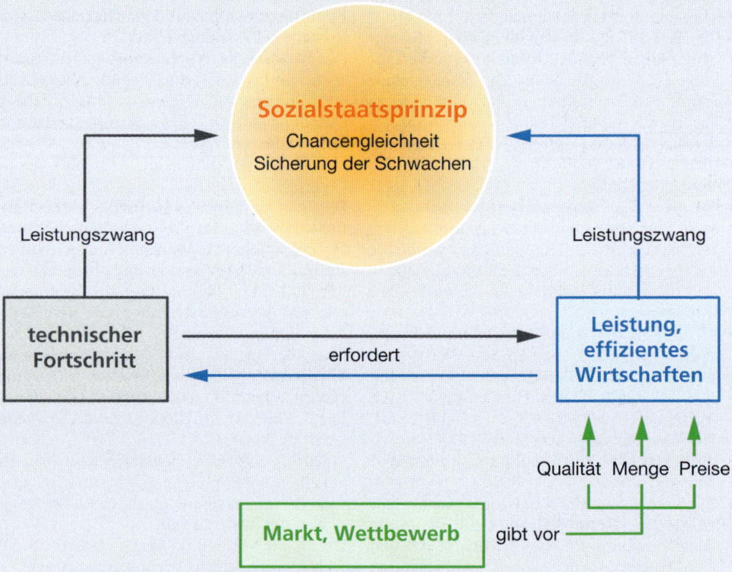

B Wirkfaktoren der sozialen Marktwirtschaft

Ausschuss, die Bundesversammlung, der Bundespräsident, die Bundesregierung und das Bundesverfassungsgericht.

In der Verfassung finden sich ferner Normen, die die Funktion der Verfassungsorgane regeln *(Funktionsnormen)* sowie *Staatszielbestimmungen* (z. B. Art. 20 a GG), die bindende, aber durch den Gesetzgeber erst noch zu konkretisierende Aufträge an die Staatsmacht darstellen.

In der Normenpyramide (S. 86, B) besitzt das formelle Verfassungsrecht den höchsten Rang: **Vorrang der Verfassung.**

Rechtsnormen, die dem GG widersprechen, sind verfassungswidrig und damit grundsätzlich unwirksam.

Vor jeder Anwendung einer im Rang unter dem formellen Verfassungsrecht stehenden Norm muss deshalb geprüft werden, ob sie mit dem GG vereinbar ist. Praktisch ist dies fast immer der Fall.

Die Staatsgewalt ist an die Verfassung gebunden (Art. 20 III GG), bes. an die Grundrechte (Art. 1 III GG).

Gesetze sind verfassungswidrig, wenn entweder das Verfahren ihrer Entstehung dem GG widerspricht oder sie inhaltl. einer Verfassungsnorm widersprechen: **formelle und materielle Verfassungswidrigkeit.**

Wenn ein Gesetz mehrere Auslegungen zulässt, ist diejenige zu wählen, die mit der Verfassung am besten in Einklang zu bringen ist *(verfassungskonforme Auslegung).*

Das Grundgesetz (GG)

Das GG ist die **Verfassung Deutschlands.** Es legt die Grundordnung des Staates fest, indem es die Werte und polit. Strukturprinzipien vorgibt.

Zur Geschichte des GG siehe S. 71.

Aufbau des GG

Der **Aufbau des GG** (A) ist relativ einfach: Der *erste* Abschnitt des GG enthält die Grundrechte (Art. 1–19), wobei die Menschenwürde (Art. 1 I GG) als Leitwert des Staates an die Spitze gestellt wurde. Der *zweite* Abschnitt (Art. 20–37 GG) enthält unter der etwas irreführenden Überschrift ›Der Bund und die Länder‹ u. a. Aussagen über die wesentl. Strukturprinzipien des Staates (Republik, Rechtsstaat, Demokratie, Bundesstaat, Sozialstaat). In den Abschnitten *drei* bis *sechs* folgen Bestimmungen über den Bundestag (Art. 38–48 GG), den Bundesrat (Art. 50–53 GG), den Bundespräsidenten (Art. 54–61 GG) und die Bundesregierung (Art. 62–69 GG). Der *siebte* Abschnitt (Art. 70–82 GG) ist dem Gesetzgebungsverfahren gewidmet. Die Ausführung der Bundesgesetze wird im *achten* Abschnitt festgelegt (Art. 83–91 GG). Der *neunte* Abschnitt regelt die Rspr. (Art. 92–104 GG), der *zehnte* das bes. wichtige Finanzwesen (Art. 104 a–115 GG) und der *elfte* (letzte) Abschnitt (Art. 116–146 GG) enthält Übergangs- und Schlussbestimmungen.

Dazu kommen drei nachträglich in das GG aufgenommene Abschnitte: der nur aus Art. 53 a bestehende Abschnitt IV a, der den Gemeinsamen Ausschuss von Bundestag und Bundesrat regelt, der Abschnitt VIII a (Art. 91 a, 91 b GG) über Gemeinschaftsaufgaben von Bund und Ländern und Abschnitt X a (Art. 115 a–115 l GG) über den Verteidigungsfall.

In seiner über 50-jährigen Geschichte hat sich das GG als **tragfähige Grundlage von Staat und Gesellschaft** bewährt. Trotz heftiger Kontroversen (etwa um die Westintegration oder die Notstandsverfassung) hat es keine echten Verfassungskrisen gegeben, wie sie in der Weimarer Republik an der Tagesordnung waren.

Die (relativ seltenen) Regierungswechsel wurden stets reibungslos vollzogen.

Die Stabilität des dt. Nachkriegsstaates und damit die Erfolgsgeschichte des GG gründen auf mehreren Faktoren:

- der gerade in der älteren Generation lange Zeit nachwirkenden Erfahrung des Zusammenbruchs der NS-Diktatur,
- der von Konrad Adenauer vollzogenen Westintegration Dtls., vor allem aber
- dem Erfolg der sozialen Marktwirtschaft (B), da **wirtschaftliche Prosperität eine Voraussetzung für politische Stabilität** ist.

In der Gegenwart scheinen diese Faktoren teilw. an Bedeutung zu verlieren: Die histor. Erinnerung schwindet; gleichzeitig nimmt die Pluralisierung der Gesellschaft (u. a. durch Migration) zu. Der materielle Wohlstand der Bevölkerung stagniert. Ein bes. Problem stellt die offenbar nicht mehr zu beseitigende Massenarbeitslosigkeit dar, die radikalen polit. Gruppierungen Aufwind verschaffen könnte.

Die **europäische Integration** Dtls., die die Westintegration vollendet, ist ein wichtiger stabilisierender Faktor, wenngleich sie die Ordnung des GG letzten Endes aufheben könnte.

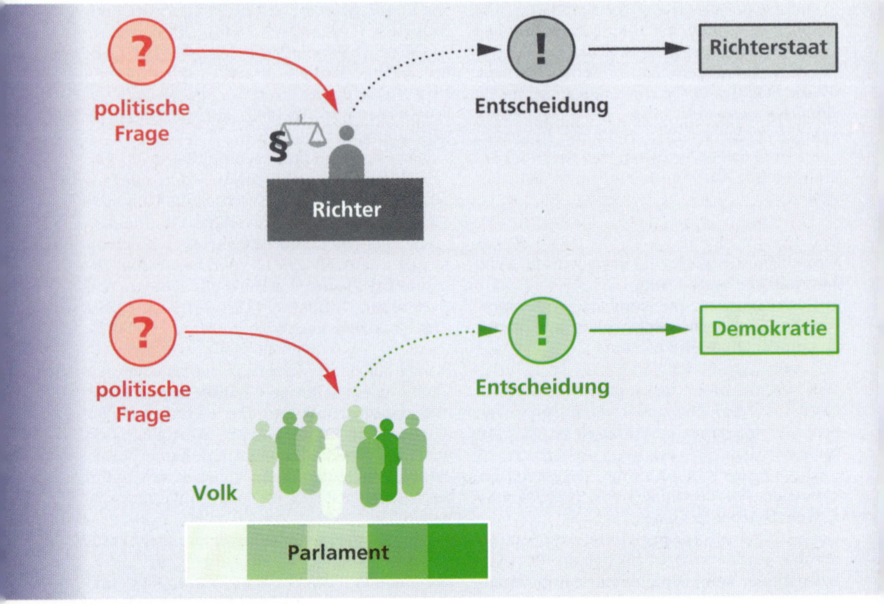

A Richtermacht und Demokratie

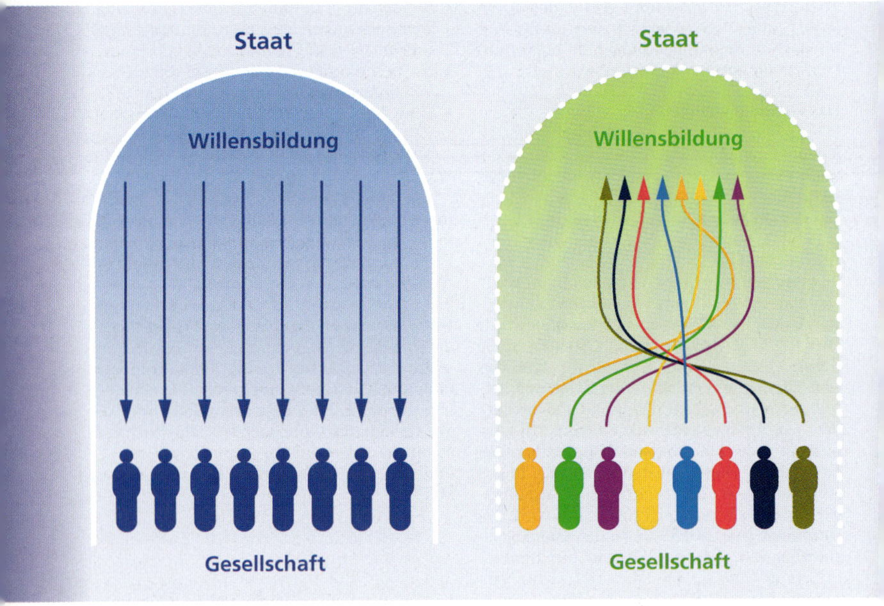

B Autoritäres und pluralistisches Staatsverhältnis

Es gehört zu den wichtigsten Erfolgen der dt. Nachkriegsgeschichte, dass die freiheitlich-demokrat. Grundordnung des GG inzwischen nicht nur bei den maßgebenden polit. Gruppierungen, sondern auch in der Bevölkerung auf nahezu ungeteilte Zustimmung stößt. Der Publizist DOLF STERNBERGER hat dieses Phänomen als »Verfassungspatriotismus« bezeichnet.

Die öffentl. Wertschätzung der Verfassung schlägt gelegentlich in eine Überschätzung um. Eine Verfassung kann nicht alle Fragen regeln. Sie legt nur die **Grundordnung** fest, in der sich der *polit. Prozess* abspielt.

Die Kürze und Übersichtlichkeit des GG hat erheblich zu seiner überragenden Akzeptanz beigetragen. Der Verfassungsgeber hat bewusst darauf verzichtet, polit. Detailfragen festzuschreiben und so dem demokrat. Willensbildungsprozess vorzugreifen.

Bes. die Grundrechte (Art. 1–19 GG) sind in hohem Maße ausdeutungsfähig und ausdeutungsbedürftig. Nur in seltenen Fällen lassen sich daraus zwingend Entscheidungen für polit. Einzelprobleme herleiten.

Bsp.: Das Bekenntnis zur Menschenwürde (Art. 1 GG) ist eine Absage an jede Form totalitärer Vereinnahmung und Entrechtung des Individuums. Sie verbietet fundamentale Verletzungen des jedem Menschen kraft Geburt zukommenden Eigenwertes. Dagegen ist es verfehlt, aus der Menschenwürde vermeintlich zwingende Argumente z. B. für oder gegen die Gentechnik oder Tierversuche herleiten zu wollen.

In der öffentl. Diskussion tendiert man in zunehmendem Maß dazu, polit. Fragen als Verfassungsfragen zu betrachten, sie letztendlich sogar verfassungsgerichtl. auszutragen und damit das **BVerfG als Ersatzgesetzgeber** zu missbrauchen. Dabei wird leicht übersehen, dass die Übertragung von Entscheidungskompetenzen an die Gerichte einen hohen Preis hat: Fragen, die für die Allgemeinheit von wesentl. Bedeutung sind, werden dem Prozess der demokrat. Meinungsbildung entzogen und ihre Lösung Personen übertragen, die demokratisch nicht oder jedenfalls nur mittelbar legitimiert sind (A).

Letzteres gilt z. B. für die Richter des BVerfG, die nicht vom Volk, sondern von Bundesrat und Bundestag für eine Amtszeit von 12 Jahren bestimmt werden und nicht abwählbar sind.

Diese **Juridifizierung der Politik** führt zu einem **Verlust an Demokratie.** Polit. Fragen werden nicht mehr vom Parlament und damit dem demokrat. Souverän, dem Volk, entschieden, sondern von Richtern. Die Überschätzung der Verfassungsjurisprudenz korrespondiert mit einem *Ansehensverlust der polit. Institutionen,* bes. der Parteien.

Dies ist deshalb problematisch, weil die Kritik an bloßer »Parteipolitik« in Dtl. bis in das Kaiserreich zurückreicht. Das GG hat den Parteien ausdrücklich eine positive Funktion zugeschrieben (Art. 21): »Die Parteien wirken bei der politischen Willensbildung des Volkes mit.«

Außerdem werden durch die Juridifizierung der Politik die Obergerichte und bes. das BVerfG in den polit. Meinungskampf hineingezogen. Auf längere Sicht könnte dies die ausgleichende und stabilisierende Rolle der Verfassungsgerichtsbarkeit gefährden.

Die **Ursachen** für die Überschätzung des Verfassungsrechts liegen nicht zuletzt in der **polit. Kultur** Dtls.

Das Ideengut des **politischen Pluralismus,** das sich seit der Aufklärung (17./18. Jh.) in den westl. Demokratien verbreitete, hat in Dtl. erst spät Fuß fassen können. In der dt. Tradition wirkt immer noch die **Staatsgläubigkeit** nach, die in HEGELS Behauptung gipfelt, der Staat sei »die Wirklichkeit der sittlichen Idee«. Damit verbunden ist die Vorstellung, das Gemeinwohl hänge nicht vom polit. Engagement der Bürger ab, sondern sei im Staat vorgegeben *(Gemeinwohl a priori).*

Die dt. Verfassungsordnung, so wie sie das GG konzipiert, folgt dem Modell einer **pluralistischen Demokratie** (B). Polit. Fragen sind im demokrat. Prozess zu lösen. Die Verfassung gibt lediglich den Rahmen vor, in dem sich der demokrat. Willensbildungsprozess vollzieht.

Zu diesem Rahmen gehören nicht nur rechtsstaatl. Verfahrensregeln, sondern auch die Menschen- und Grundrechte. Bes. Bedeutung kommt dem Minderheitenschutz zu, der auch durch demokrat. Mehrheitsentscheidungen nicht aufgehoben werden darf.

Das Gemeinwohl ist dem pluralist. Staatsmodell zufolge das Resultat eines **ergebnisoffenen Interessenausgleichs** *(Gemeinwohl a posteriori).* »Pluralismus« meint also die Vorstellung, dass eine Vielzahl polit., wirtschaftl., sozialer oder religiöser Gruppen mit friedl. Mitteln um die Lösung eines polit. Problems ringt. Keine Lösung gilt als endgültig, sondern muss sich permanent in der polit. Praxis und in der Auseinandersetzung mit konkurrierenden Lösungskonzepten bewähren.

Der Philosoph KARL POPPER (1902–94) hat für dieses Modell den Namen »offene Gesellschaft« geprägt. In Dtl. hat sich nach 1945 vor allem ERNST FRAENKEL (1898–1975) für ein pluralist. Staatsverständnis eingesetzt.

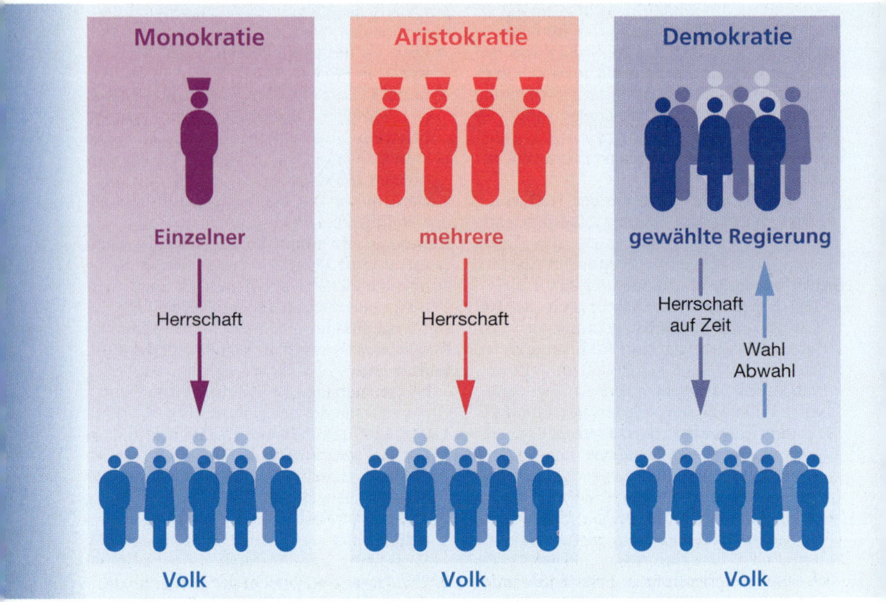

A Formen von Herrschaft

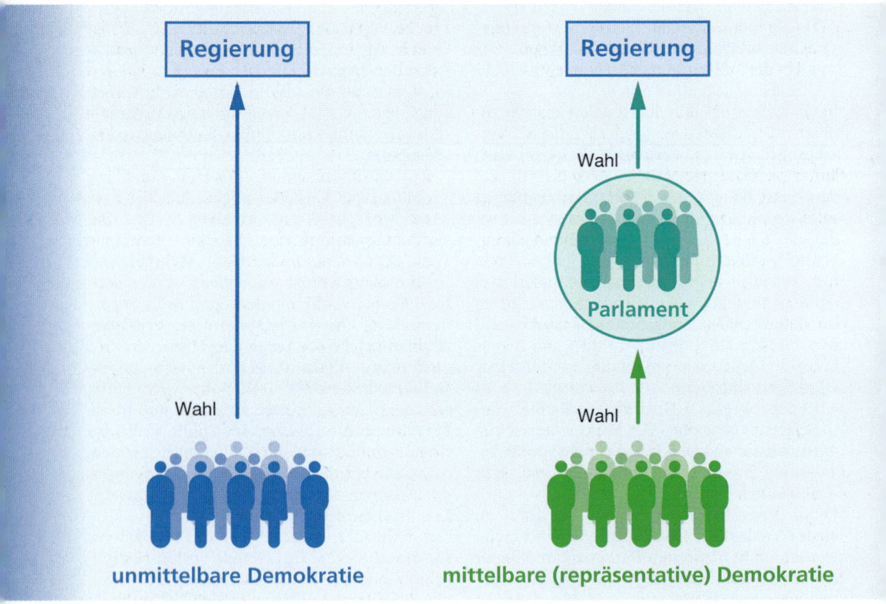

B Formen der Demokratie

Kerngedanke des **Rechtsstaatsprinzips** ist die **rechtliche Bindung der Staatsgewalt.**
Sein Zweck ist der **Freiheitsschutz.** Anders als die übrigen Strukturprinzipien des GG ist das Rechtsstaatsprinzip, so wie es in Art. 20 III, 28 I GG formuliert ist, in Dtl. entstanden. Seine Ursprünge liegen in der ersten Hälfte des 19. Jh., als das Bürgertum in Auseinandersetzung mit dem noch herrschenden Adel die *Bindung der staatl. Gewalt an Verfassung und Gesetze* verlangte. Träger dieser Forderungen war der polit. **Liberalismus.**

Es hat sich eingebürgert, einen formellen und einen materiellen Rechtsstaatsbegriff zu unterscheiden (A).
Kennzeichen eines **formellen Rechtsstaats** sind die *Gewaltenteilung* (Art. 20 II GG), also die Trennung von Gesetzgebung, Rechtsprechung und Verwaltung, die *Bindung der Gesetzgebung an die Verfassung,* die *Bindung der Verwaltung an die Gesetze* (Vorrang und Vorbehalt des Gesetzes) sowie die Garantie eines effektiven *Rechtsschutzes* durch eine unabhängige, nur an die Gesetze gebundene Rechtsprechung.

Das Gegenteil des formellen Rechtsstaats ist der **Willkürstaat,** in dem die Ausübung staatl. Macht von den Launen des Herrschers abhängig ist *(Dezisionismus).* V. a. im NS-Staat wurden die Prinzipien der (formellen) Rechtsstaatlichkeit oft eklatant verletzt. Gleichzeitig wurde deutlich, dass auch formal korrekt zustande gekommene Gesetze extremes Unrecht enthalten können.

Zum **materiellen Rechtsstaat** gehören *Grundrechte,* die als Abwehrrechte den Bürger vor Zugriffen des Staates schützen. Eingriffe in Freiheit und Eigentum sollen nur aufgrund einer gesetzl. Ermächtigung zulässig sein *(Vorbehalt des Gesetzes).* Auf diese Weise werden der Staatsmacht Fesseln angelegt.
Einen wesentl. Bestandteil des Rechtsstaatsprinzips bildet die **Rechtssicherheit.** Gesetze müssen klar und verständlich formuliert sein, so dass sich jeder auf sie einstellen kann.
Für das Strafrecht ist dieser Grundsatz in Art. 103 II GG noch einmal eigens niedergelegt *(Gesetzlichkeitsprinzip).* Belastende Gesetzesänderungen mit Rückwirkung sind nur ausnahmsweise zulässig.

Sehr unbestimmt formulierte Gesetze sind mit dem Rechtsstaatsprinzip nicht zu vereinbaren und damit verfassungswidrig.

Der **Verhältnismäßigkeitsgrundsatz** besagt, dass staatl. Eingriffe in die Rechtssphäre der Bürger einem *zulässigen Zweck* dienen sowie zur Erreichung dieses Zwecks *geeignet, erforderlich* und *zumutbar* (angemessen) sein müssen (B). An der Erforderlichkeit fehlt es, wenn ein milderes Mittel zur Erreichung des Zwecks existiert.

Bsp.: Weil vermutet wird, dass ein städt. Kinderspielplatz chemisch verunreinigt ist, verbietet die zuständige Behörde dort das Spielen. Der von der Behörde verfolgte Zweck (Schutz der Gesundheit) ist *zulässig.* Das Verbot war *geeignet,* diesen Zweck zu erreichen. Wenn andere Mittel, die Kinder vor einer Gesundheitsschädigung zu bewahren, nicht zur Verfügung stehen, ist das Verbot auch *erforderlich.* Es ist außerdem *zumutbar,* das Spielen an diesem Platz zu unterlassen. Das behördl. Verbot genügt also dem rechtsstaatl. Verhältnismäßigkeitsgrundsatz.

Das Rechtsstaatsprinzip steht zum Demokratieprinzip in einem deutl. **Spannungsverhältnis,** denn es legt dem demokrat. Souverän Zügel an (C). Bes. in die Grundrechte darf auch das demokrat. legitimierte Parlament nur in Ausnahmefällen eingreifen. Der Kern der Grundrechte ist dem Zugriff des Gesetzgebers völlig entzogen **(Wesensgehaltsgarantie).**

Bei seiner Tätigkeit ist der demokrat. Gesetzgeber an die von der Verfassung vorgegebenen Formen gebunden.

Im demokrat. Rechtsstaat des GG bildet die Demokratie das **dynamische,** die Rechtsstaatlichkeit das **statische** Element. Nur ihr Zusammenwirken sichert die Freiheit des Einzelnen. Dies ändert jedoch nichts daran, dass beide *begrifflich* auseinander zu halten sind.

Bes. eng ist die Verbindung des Rechtsstaats- mit dem Demokratieprinzip beim Vorbehalt des Gesetzes: Er schreibt nicht nur vor, dass Eingriffe der Verwaltung in die Rechtssphäre der Bürger auf einem Gesetz beruhen müssen, sondern auch, dass alle wesentl. Eingriffe vom demokrat. legitimierten Parlament zu regeln sind **(Parlamentsvorbehalt).**

Das Rechtsstaatsprinzip steht zu einem rein an Effizienzgesichtspunkten ausgerichteten Denken, aber auch zu dem Gerechtigkeitsempfinden breiter Kreise der Bevölkerung gelegentlich in Widerspruch. Dies gilt v. a. für das Strafrecht.

Bsp.: Selbst ein Kindsmörder hat Anspruch auf ein geordnetes Strafverfahren, mag es auch finanziell und zeitlich aufwändig sein. Kann seine Schuld nicht nachgewiesen werden, ist er freizusprechen *(in dubio pro reo).*

Gefährdet wird das Rechtsstaatsprinzip heute u. a. durch die Gesetzesflut und die zunehmend komplizierten Gesetze. Die Freiheit des dem Recht unterworfenen Bürgers wird dadurch eingeschränkt. Er kann immer seltener erkennen, was in seinem Fall rechtlich gilt. Dies führt zu einem *Verlust an Rechtssicherheit.*

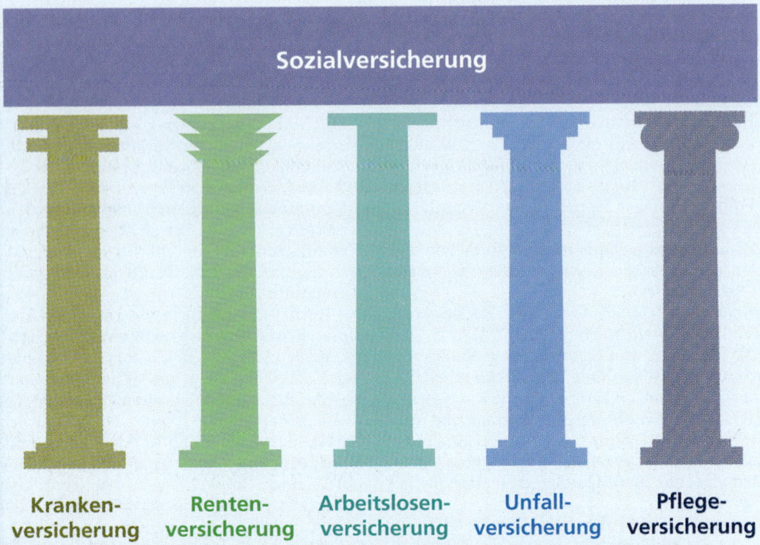

A Die fünf Säulen des deutschen Sozialversicherungssystems

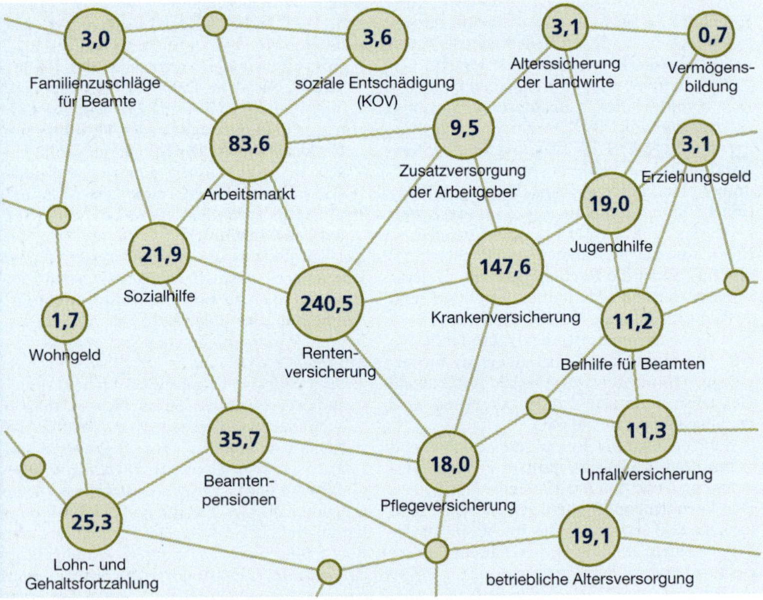

B Das soziale Netz (Zahlen für 2006 in Mrd. Euro; Stand 2007, geschätzt)

In der dt. Verfassungsgeschichte stellt das **Sozialstaatsprinzip** (Art. 20 I, 28 I GG) ein Novum dar. Während sich nach dem älteren liberalen Rechtsstaatsverständnis der Staat darauf zu beschränken hatte, jeden Bürger formal gleich zu behandeln *(Gleichheit vor dem Gesetz),* fordert das Sozialstaatsprinzip, auch die *realen Voraussetzungen der rechtlich gebotenen Gleichheit* zu sichern.

Bsp.: Jeder Bürger hat das Recht, nach freiem Ermessen Verträge zu schließen und ihren Inhalt auszuhandeln *(formale rechtl. Gleichheit).* Wenn ein Arbeiter unter den Bedingungen der Massenarbeitslosigkeit seine Arbeitskraft einem Arbeitgeber anbietet, wird die formale Gleichheit allerdings durch die *reale wirtschaftl. Ungleichheit* überlagert.

Sowohl inhaltlich als auch mit Blick auf seine Folgen ist das Sozialstaatsprinzip nur ungenau bestimmt und daher auslegungsbedürftig. Seine Konkretisierung ist weitgehend dem polit. Prozess überlassen.

Sozialpflichtigkeit des Staates bedeutet, dass im Sozialstaat alle staatl. Organe, also Gesetzgebung, Verwaltung und Rspr. verpflichtet sind, dafür zu sorgen, dass die Voraussetzungen realer Freiheit und Gleichheit gewahrt werden. Der Staat muss jedem Bürger ein der Menschenwürde angemessenes Dasein sichern. Dazu gehört zunächst die **Gewährleistung des materiellen Existenzminimums.** Der Staat ist in sozialen Notlagen zur **Fürsorge** verpflichtet.

Dies bedeutet zum einen die Aufrechterhaltung und Fortentwicklung der Sozialversicherung (Renten-, Kranken-, Unfall- und Arbeitslosenversicherung, seit 1992 auch Pflegeversicherung; A), zum anderen die Gewährleistung von Sozialhilfe.

Jeden Bundesbürger umgibt heute ein Netz sozialer Sicherungen (B), das einen Absturz in existenzbedrohende materielle Not verhindern soll.

Darüberhinaus ist der Staat zu **Maßnahmen allgemeiner Daseinsvorsorge** verpflichtet, die die Leistungsfähigkeit von Individuen überschreiten.

Bsp.: Sicherung der Wasser- und Energieversorgung, Erhalt eines leistungsfähigen Straßen- und Schienennetzes sowie eines öffentl. Verkehrssystems. Außerdem hat der Staat die Leistungsfähigkeit des Bildungssystems zu erhalten und zu verbessern.

Der *Zugang zu den Gerichten* muss so ausgestaltet sein, dass jeder die reale Chance hat, sein Recht durchzusetzen. Dem dient u. a. die *Prozesskostenhilfe.*

Auch das *Steuerrecht* hat sozialen Grundsätzen zu entsprechen.

Das Sozialstaatsprinzip verpflichtet den Staat dazu, die **Versorgung der Bevölkerung** mit allen **wichtigen Gütern sicherzustellen.**

Dies bedeutet nicht, dass derartige Güter kostenlos abgegeben werden müssen. Es reicht vielmehr aus, dass die Nachfrage durch ein hinreichendes privates Angebot gedeckt wird.

Sozialbindung der Grundrechte

Das Sozialstaatsprinzip beeinflusst die Auslegung der Grundrechte. Für das Eigentum wird die Sozialpflichtigkeit in Art. 14 II GG ausdrücklich festgelegt. Danach dient der Gebrauch privaten Eigentums zugleich dem Wohl der Allgemeinheit:

Eigentum verpflichtet.

Gleichheits- und Freiheitsrechte dürfen nicht dazu ausgenutzt werden, wirtschaftl. Schwächere unangemessen zu benachteiligen. Hier besteht allerdings ein erhebl. Spielraum hinsichtlich der Frage, welche Benachteiligung als unangemessen zu gelten hat.

Die **Marktwirtschaft** steht zu dem Sozialstaatsprinzip nicht in Widerspruch, sofern sie sozialverträglich ausgestaltet ist.

Die **Vertragsfreiheit** wird durch das Sozialstaatsprinzip allerdings eingeschränkt.

So existieren im Arbeitsrecht Kündigungsfristen, die vertraglich nicht geändert (abbedungen) werden können. Auch das Mietrecht zieht der Vertragsfreiheit Grenzen.

Den staatl. Organen kommt eine **soziale Gestaltungsfreiheit** zu. Sie können entscheiden, wie sie ihren aus dem Sozialstaatsprinzip folgenden Pflichten nachkommen. Nur ausnahmsweise kann der Bürger unter Berufung auf das Sozialstaatsprinzip **Leistungen einfordern.** In aller Regel wird sich in derartigen Fällen sein Anspruch zusätzlich aus einem Grundrecht herleiten lassen.

Bsp.: Das materielle Existenzminimum ist jedem Bürger nicht nur durch das Sozialstaatsprinzip, sondern auch durch die Menschenwürde (Art. 1 I GG) gewährleistet.

In letzter Zeit sehen viele den **Sozialstaat in der Krise.** Dabei wird auf die negativen Begleitumstände des mod. Sozialstaats verwiesen:

erhebl. Kostenbelastung des Staates und der Unternehmen, Schwächung der Selbstverantwortung und des Leistungswillens beim Einzelnen, Außerkraftsetzung von Marktmechanismen mit z. T. sehr unsozialen Folgen (Arbeitslosigkeit), missbräuchl. Inanspruchnahme von Sozialleistungen, Vernachlässigung von Arbeitslosen und Frauen zugunsten der Erwerbstätigen.

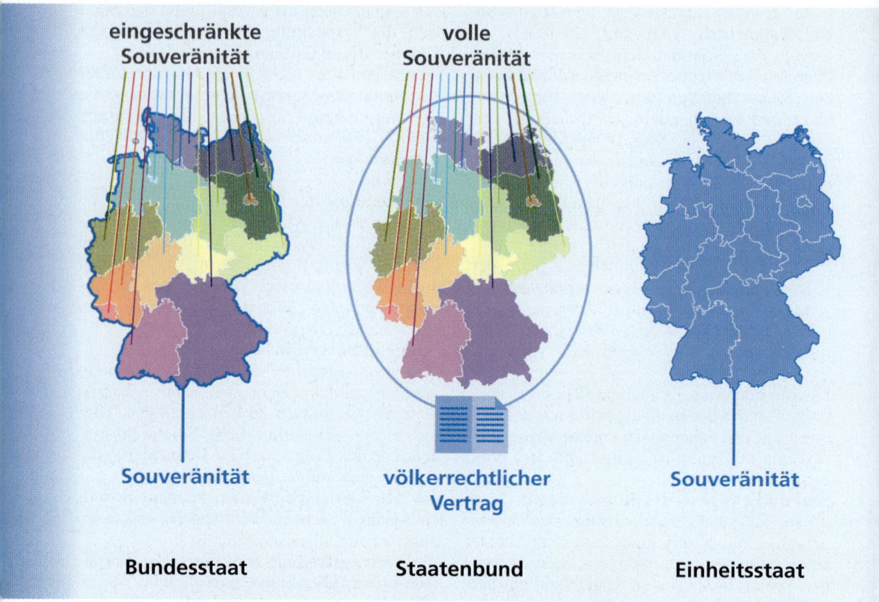

A Unterschiede zwischen Bundesstaat, Staatenbund und Einheitsstaat

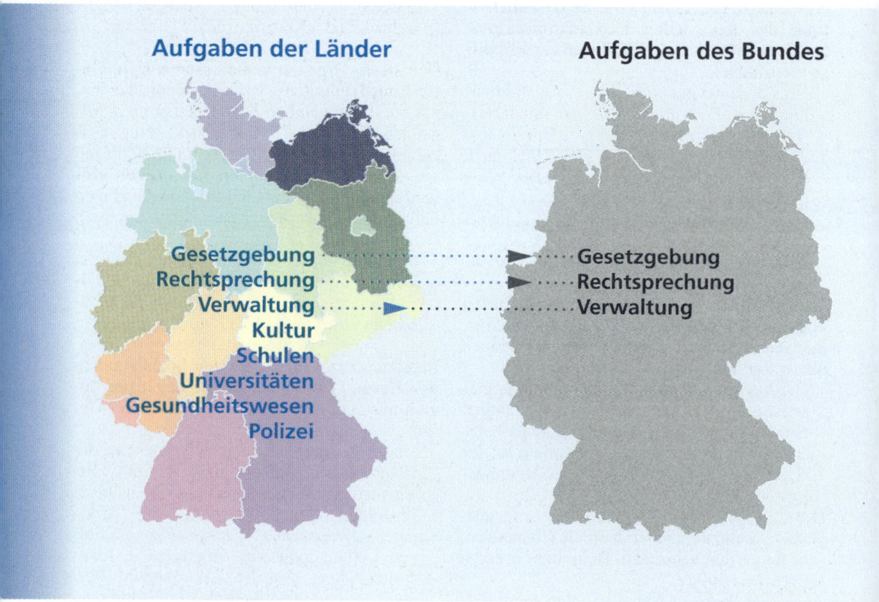

B Tendenz zum Einheitsstaat

Im **Bundesstaat** besitzen sowohl der Gesamtstaat wie die Gliedstaaten originäre (d. h. nicht von einem anderen Staat abgeleitete) Staatsgewalt, also *Souveränität.* Ein Bundesstaat ist also sowohl vom **Staatenbund** als einer auf völkerrechtl. Vertrag beruhenden Verbindung von Einzelstaaten ohne eigene Staatsqualität als auch vom **Einheitsstaat** als Gesamtstaat, dessen Untergliederungen lediglich Verwaltungseinheiten ohne eigene Staatsqualität darstellen, abzugrenzen (A).
Föderalismus (lat. *foedus* 'Bündnis') meint das Prinzip, die Gliedstaaten unter Wahrung des Gesamtstaates zu stärken.
Der **Zentralismus** dagegen tendiert zu einer Stärkung des Gesamtstaates.

Das GG schreibt in Art. 20 I die bundesstaatl. Ordnung vor. Durch Art. 79 III ist sie sogar einer Verfassungsänderung entzogen.

Ein Bundesstaat ermöglicht die **einheitliche Verfolgung grundlegender gemeinsamer Staatsziele,** z. B. Soziales, Außenpolitik, Verteidigung, wahrt aber die Existenz historisch gewachsener kleiner und damit überschaubarer polit. Gestaltungseinheiten.
Er sichert so **Pluralität** und schafft für den Bürger zusätzl. Möglichkeiten polit. Beteiligung. Außerdem hemmt ein bundesstaatl. Staatsaufbau den zentralist. Durchgriff auf die Belange der Einzelnen **(vertikale Gewaltenteilung).** In den einzelnen Gliedstaaten können unterschiedl. Problemlösungen diskutiert und erprobt werden **(kompetitiver Föderalismus).**

Die dt. **Bundesländer** sind eigene Staaten, besitzen allerdings nicht die volle Souveränität. Sie können z. B. nicht aus der BRD austreten.
Die Länder besitzen eigene Verfassungen und eine eigene Verfassungsgerichtsbarkeit. Außerdem schreibt das sog. **Homogenitätsgebot** vor, dass ihre Verfassungsordnung den in Art. 20 GG für den Bund vorgeschriebenen Grundsätzen des republikan., demokrat. und sozialen Rechtsstaates entsprechen muss (Art. 28 I S. 1 GG).
Die Grundrechte des GG gelten unmittelbar auch für die Länder. Bundesrecht bricht ihm widersprechendes Landesrecht (Art. 31 GG).
Durch diese Bestimmungen soll die Einheitlichkeit der Gesamtrechtsordnung gewahrt bleiben. Dennoch liegt die Kompetenz zur Ausübung staatl. Macht grundsätzl. nicht beim Bund, sondern bei den Ländern (Art. 30 GG).

Tendenz zum Einheitsstaat
Die Eigenständigkeit der Länder ist seit langem einem Erosionsprozess ausgesetzt. Zwar liegt die Verwaltung (Art. 83 ff. GG) überwiegend noch in den Händen der Länder, die Gesetzgebung dagegen geht überwiegend vom Bund aus (Art. 70 ff. GG; B).

Die Rspr. wird durch Gerichte der Länder ausgeübt, die sich stark an den obersten Gerichtshöfen des Bundes (z. B. BGH, BSozG, BVerwG) orientieren.

Zu den wichtigsten **Aufgabenbereichen** der Länder zählen die *Kultur,* die *Schulen* und *Universitäten,* die *Gaststätten,* das *Gesundheitswesen,* der *Strafvollzug* und die *Polizei.*
Die Tendenz zum Einheitsstaat wird dadurch verstärkt, dass die Länder die ihnen verbliebenen Kompetenzen häufig gleichförmig wahrnehmen, um bundesweit die gleichen Lebensverhältnisse zu gewährleisten. Nicht selten binden sich die Länder untereinander durch Staatsverträge und schaffen gemeinsame Einrichtungen.

Bsp.: Errichtung des Zweiten Deutschen Fernsehens (ZDF) als Anstalt des öffentl. Rechts; Schaffung der Zentralstelle für die Vergabe von Studienplätzen (in Dortmund).

Ein wichtiger Faktor im föderalen Wechselspiel ist die Verteilung der Steuern zwischen Bund und Ländern (Art. 104 a ff. GG). Die bes. ertragreichen Gemeinschaftssteuern, Lohn- und Einkommensteuer, Umsatzsteuer (Mehrwertsteuer) und Körperschaftsteuer, stehen Bund und Ländern gemeinsam zu, ausschließl. dem Bund die meisten Verbrauchsteuern, wie Mineralöl-, Tabak- und Branntweinsteuer. Dasselbe gilt für die Zölle. Dagegen sind den Ländern die Erbschafts- und die Kfz-Steuererträge zugewiesen. Daneben existieren noch einige kleinere Steuern, z. B. die Hundesteuer, deren Erträge den Kommunen zufallen.

Die bundestaatl. Ordnung verpflichtet die Länder zu **bundesfreundlichem Verhalten,** d. h. Bund wie Länder sind zur Zusammenarbeit und gegenseitigen Rücksichtnahme angehalten.

Daraus wird sogar die Pflicht abgeleitet, andere Bundesländer finanziell zu unterstützen, wenn deren Haushaltslage desolat geworden ist.

Der Bund darf von seinen Kompetenzen nicht Gebrauch machen, ohne betroffene Länder vorher zu informieren. Über den **Bundesrat** können die Länder auf die Willensbildung des Bundes Einfluss nehmen. Auch in anderen Bundesorganen wirken sie mit, etwa in der *Bundesversammlung* zur Wahl des Bundespräsidenten und im *Richterwahlausschuss,* der die Richter für die obersten Gerichtshöfe des Bundes bestimmt.

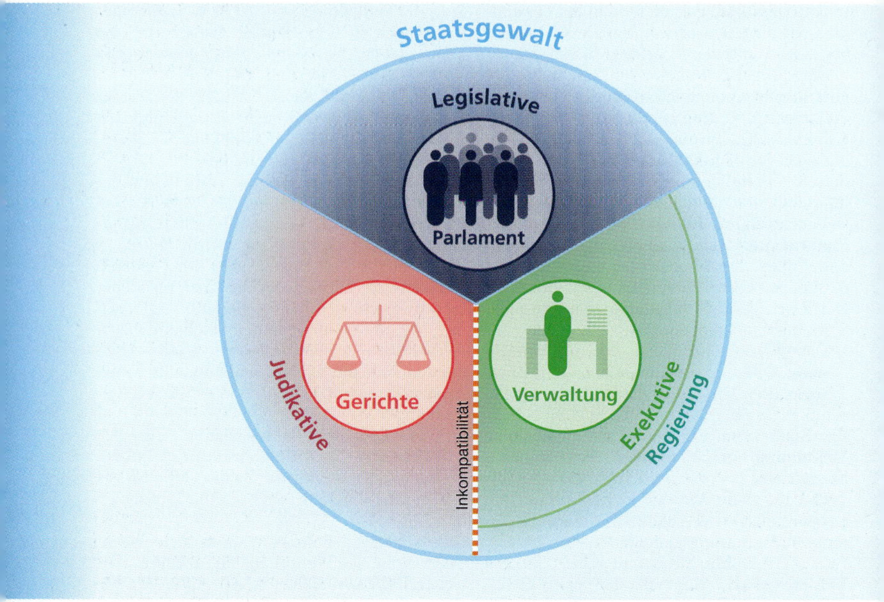

A Die drei Staatsgewalten

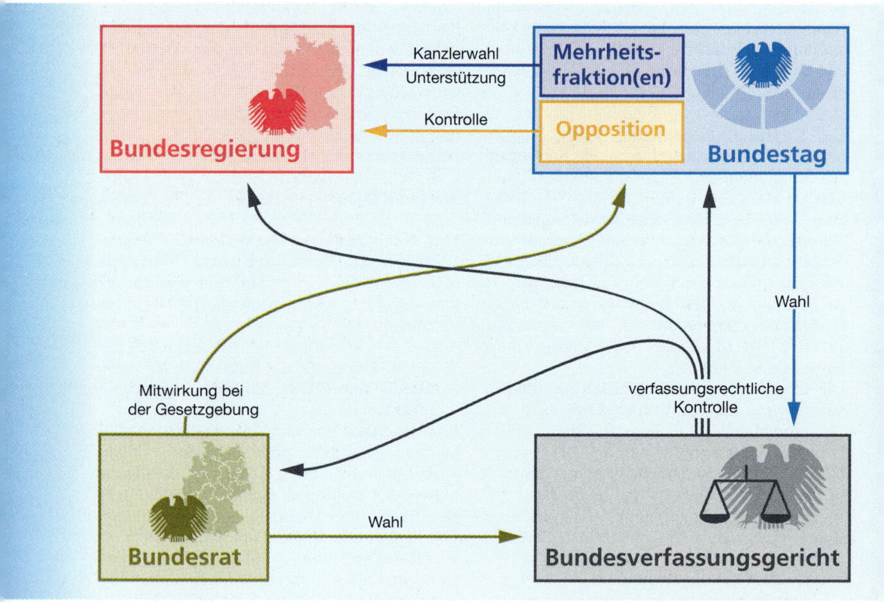

B Gewaltenverschränkung

Staatsgewalt ist die ungeteilte Herrschaftsmacht des Staates über sein Territorium und seine Bürger. Sie ist Voraussetzung für die Anerkennung als Staat. Wesentl. Merkmal des mod. Rechtsstaats ist die **Gewaltenteilung.** Sie schützt die individuelle Freiheit vor der Staatsgewalt. Ihr Grundgedanke ist die Teilung der Staatsgewalt in einzelne Funktionsbereiche, die sich wechselseitig hemmen und kontrollieren.

Die Kehrseite der wechselseitigen Gewaltenhemmung ist eine höhere Komplexität des gewaltenteilig organisierten Staatswesens, die unter ungünstigen Umständen zu Ineffizienz und Entscheidungsunsicherheit führen kann.

Bei der Teilung der Staatsgewalt werden traditionellerweise die **gesetzgebende,** die **vollziehende** und die **rechtsprechende** Gewalt unterschieden (A). Daneben findet sich auch der Gedanke einer *vertikalen Gewaltenteilung* in Gesamtstaat und Gliedstaaten.

In seiner weitesten Verwendung meint der Begriff »Gewaltenteilung« jeden **Pluralismus von Entscheidungszentren.**

In ihrer heutigen Gestalt stammt die Idee einer Teilung der staatl. Gewalten von MONTESQUIEU, der in seinem Werk ›Vom Geist der Gesetze‹ (1748) erstmals ausdrücklich Legislative, Exekutive und Judikative trennte, wobei er sich auf das brit. Verfassungssystem berief. In der US-amerikan. Verfassung (1787) wurde der Gedanke aufgegriffen und zu einem System von *checks and balances* erweitert. Seither gehört die Idee der Gewaltenteilung zu den Grundsätzen der westl. Verfassungsstaaten.

Eine strikte Trennung der staatl. Gewalten ist allerdings nur begriffl. möglich. In der Realität überschneiden sich die verschiedenen Funktionsbereiche des mod. Staates mehr oder weniger stark (B), so dass sich unterschiedl. Ausformungen des Gewaltenteilungsprinzips unterscheiden lassen.

Im GG ist die Gewaltenteilung in Art. 20 II Satz 2 festgelegt. Sie darf auch durch eine Verfassungsänderung nicht beseitigt werden (Art. 79 III GG).

Die drei Staatsgewalten werden teils im GG, teils in Einzelgesetzen näher geregelt.

Die drei Staatsgewalten

- Die **gesetzgebende Gewalt (Legislative)** liegt in einer Demokratie beim Volk bzw. bei den vom Volk gewählten Repräsentanten, dem Parlament.

  Das **Parlament** ist, neben dem Erlass von Gesetzen, auch für die *Kontrolle der Ausführung* der Gesetze durch die Regierung zuständig.
- Die **rechtsprechende Gewalt (Judikative)** ist der Richterschaft übertragen (Art. 92 GG) und wird von den Gerichten ausgeübt, wobei das BVerfG eine bes. einflussreiche Stellung innehat.

  Rechtsprechung besteht in der verbindl. Feststellung einer umstrittenen oder zweifelhaften Rechtslage im Einzelfall durch ein Gericht.

Die Gerichte besitzen ein Rechtsprechungsmonopol. Verwaltungsbeamte und andere Amtsträger können also kein Recht sprechen. In dieser Hinsicht ist das Gewaltentrennungsprinzip am strengsten durchgeführt.

- Die **vollziehende Gewalt (Exekutive)** umfasst, anders als ihr Name nahelegen könnte, nicht nur den Gesetzesvollzug, sondern jede Ausübung staatl. Gewalt, die nicht der gesetzgebenden oder der rechtsprechenden Gewalt zuzuordnen ist. Sie liegt bei der Regierung als polit. Führung und der rechtsanwendenden Verwaltung.

Im polit. System ist das Prinzip der Gewaltenteilung mehrfach durchbrochen.

In personaler Hinsicht ergeben sich Überschneidungen durch die Doppelzugehörigkeit von Abgeordneten zu Parlament und Regierung. Dagegen ist ein richterl. Amt mit einer Funktion in der Verwaltung unvereinbar *(Inkompatibilität).*

Funktionale Überschneidungen bilden die bereits erwähnten Rechtsetzungskompetenzen der Verwaltung, aber auch die de facto rechtsetzende Tätigkeit mancher Gerichte *(Richterrecht).* Die gesetzgebende Gewalt des Parlaments wird dadurch gefährdet, dass Gesetze immer häufiger von der Ministerialbürokratie vorbereitet und formuliert werden.

Einige Verfassungsorgane sind vom GG von vornherein gewaltübergreifend angelegt. So wirkt etwa der Bundesrat sowohl bei der Gesetzgebung als auch bei der Verwaltung des Bundes mit.

Eine Sonderrolle spielen die **Parteien.** Die Mehrheitsfraktion im Bundestag bestimmt die Regierung und arbeitet eng mit dieser zusammen, so dass sich in der Verfassungswirklichkeit nicht Regierung und Parlament gegenüberstehen, sondern Regierung und parlamentar. Opposition.

Problematisch ist daran bes. die Verlagerung von Entscheidungskompetenzen vom Parlament in Parteigremien.

Die **Presse** wird gelegentlich als die **»vierte Gewalt«** bezeichnet. Sie ist allerdings nicht Teil der Staatsgewalt, sondern von dieser unabhängig. Die Presse und die anderen Massenmedien üben erhebl. Einfluss aus, indem sie die drei Staatsgewalten kontrollieren und der Information der Bevölkerung dienen.

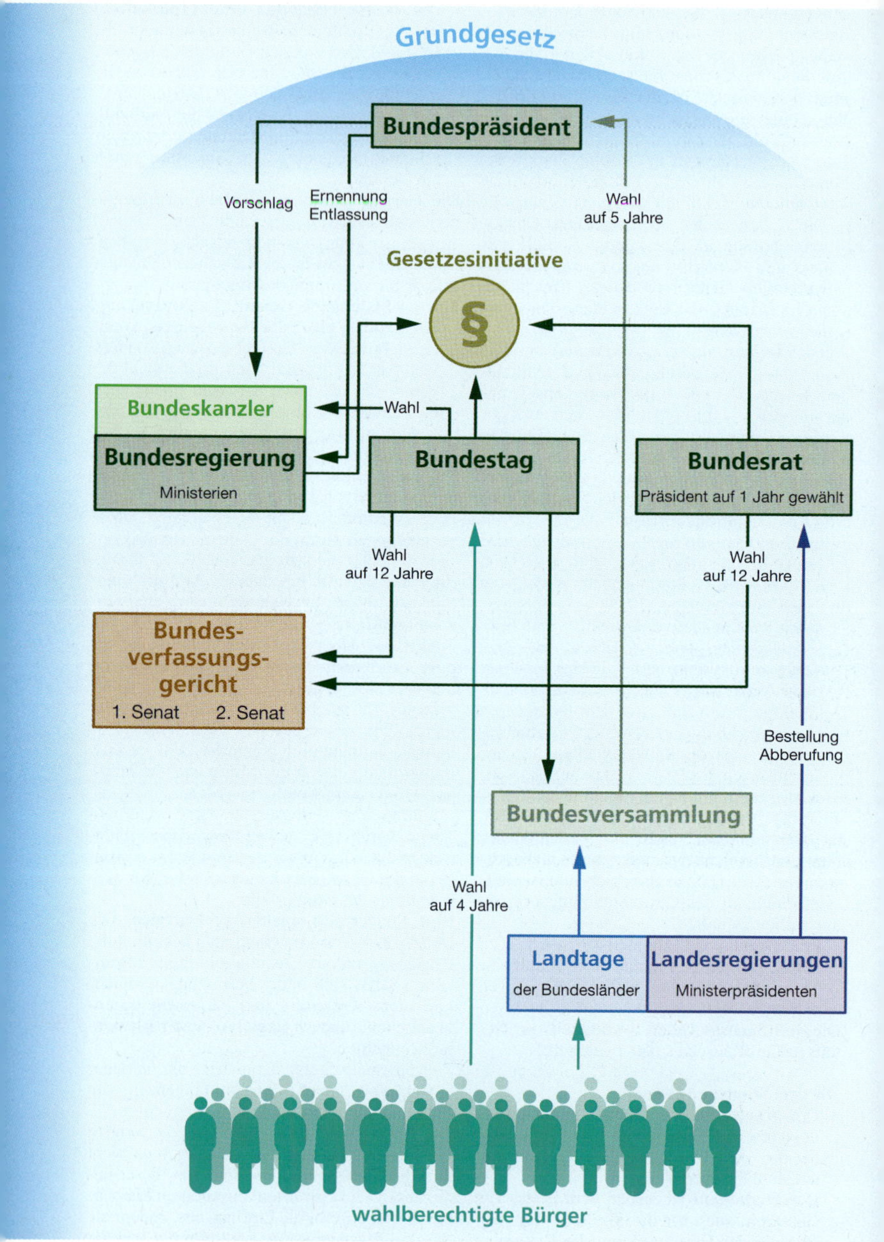

Staatsaufbau der Bundesrepublik Deutschland

Im Staatsaufbau der BRD (Abb.) spielen die **obersten Staatsorgane,** die sog. **Verfassungsorgane,** eine bes. Rolle; sie beziehen ihre Kompetenzen direkt aus der Verfassung, üben staatsleitende Funktionen aus und sind keinem anderen Staatsorgan untergeordnet.

Das GG kennt **sechs oberste Staatsorgane:** den **Bundestag** (Art. 38 ff.), den **Bundesrat** (Art. 50 ff.), den **Gemeinsamen Ausschuss** (Art. 53 a), den **Bundespräsidenten** (Art. 54 ff.), die **Bundesregierung** (Art. 62 ff.) und das **Bundesverfassungsgericht** (Art. 93 f.). Sie sind verpflichtet, bei der Ausübung ihrer Kompetenzen Rücksicht aufeinander zu nehmen **(Pflicht zur Organtreue).**

Bisweilen wird auch noch die *Bundesversammlung* dazugerechnet, deren Funktion sich jedoch darin erschöpft, den Bundespräsidenten zu wählen (Art. 54 GG).

Keine obersten Staatsorgane sind der *Bundesrechnungshof,* die *Bundesbank* und die *obersten Bundesgerichte* (BArbG, BFH, BGH, BSG und BVerwG).

Der Bundestag

Der Bundestag (Parlament) setzt sich aus den *Abgeordneten* zusammen und ist das einzige oberste Bundesorgan, das durch Wahlen *unmittelbar demokratisch legitimiert* ist.

Der Bundestag ist nicht lediglich ein Redeparlament, d. h. ein öffentl. Diskussionsforum der Abgeordneten verschiedener Parteien, sondern vom GG als *Arbeitsparlament* ausgestaltet. Zu seinen **zentralen Kompetenzen** gehört die **Wahl des Bundeskanzlers,** die **Kontrolle der Bundesregierung** und die **Gesetzgebung.**

Demokratische Wahlgrundsätze

Alle vier Jahre wird der Bundestag vom Volk neu gewählt. Dabei müssen die fünf **demokratischen Wahlgrundsätze** eingehalten werden, nämlich die Allgemeinheit, Unmittelbarkeit, Freiheit, Gleichheit und Geheimheit der Wahl (Art. 38 I GG):

- **Allgemeine Wahl** bedeutet, dass niemand aus polit., wirtschaftl. oder sozialen Gründen von der Ausübung des Wahlrechts ausgeschlossen werden darf.
- **Unmittelbar** ist eine Wahl, wenn die Wähler ihre Vertreter direkt wählen, also ohne dass andere Personen dazwischengeschaltet sind, wie z. B. in den USA die Wahlmänner.
- **Freie Wahl** heißt, dass die Wähler bei der Ausübung ihres Wahlrechts nicht behindert werden dürfen.
- **Gleiche Wahl** bedeutet, dass jeder Wähler die gleiche Anzahl von Stimmen hat und jede Stimme gleich zählt.
- **Geheim** ist eine Wahl, wenn die Wahlentscheidung des Bürgers vom Staat nicht kontrolliert wird.

Der Bundestag regelt seine Organisation, die Rechtsstellung seiner Mitglieder und das Verfahren seiner Meinungs- und Willensbildung selbst. Dies geschieht vor allem durch die **Geschäftsordnung.**

Auch die Sitzungstermine werden vom Bundestag autonom festgelegt.

Im Bundestag sind mehrere **Fraktionen** vertreten, die sich nach der Parteizugehörigkeit der Abgeordneten bilden. Eine Fraktion muss nach § 10 der Geschäftsordnung des Bundestages mindestens 5% der Mitglieder des Bundestages umfassen. Innerhalb der Fraktionen bestehen *Arbeitskreise* und *Interessengruppen.*

Die Mehrheitsfraktion stellt i. d. R. die Regierung, während die anderen Fraktionen die *parlamentarische Opposition* bilden. Hat keine Fraktion eine ausreichende Mehrheit, so wird die Regierung von einem Bündnis, einer *Koalition,* mehrerer Fraktionen gewählt und unterstützt.

Für wichtige Fachgebiete bildet der Bundestag fraktionsübergreifende **Ausschüsse,** in denen Sachfragen im Detail beraten und Gesetzesvorhaben diskutiert werden.

Wichtige Ausschüsse sind z. B. der *Haushaltsausschuss,* der *Finanzausschuss,* der für die Außenpolitik zuständige *Auswärtige Ausschuss,* der *Verteidigungsausschuss* und der *Petitionsausschuss.*

Zur Aufklärung bes. Vorgänge können *Untersuchungsausschüsse* gebildet werden.

Die **Rechtsstellung der Abgeordneten** wird geprägt vom Grundsatz des **freien Mandats:** Die Abgeordneten repräsentieren das ganze Volk. Sie sind nur ihrem Gewissen unterworfen und deshalb an Weisungen oder Aufträge nicht gebunden (Art. 38 I Satz 2 GG).

Fakt. Abhängigkeiten, z. B. von bes. einflussreichen Wählergruppen, kann das GG nicht ausschließen.

Auch die Einflussmöglichkeiten der eigenen Partei sind beschränkt: Abgeordnete dürfen nicht gezwungen werden, ihr Mandat im Sinn ihrer Partei auszuüben; es besteht kein **Fraktionszwang.**

Dagegen ist eine fraktionsinterne Willensbildung zulässig **(Fraktionsdisziplin).**

Abgeordnete genießen **Immunität.** Strafverfahren gegen sie bedürfen der Genehmigung des Bundestages (Art. 46 II–IV GG).

Es ist unzulässig, Abgeordnete wegen ihrer Äußerungen im Parlament oder in einem der Ausschüsse zur Verantwortung zu ziehen (**Indemnität,** Art. 46 I GG).

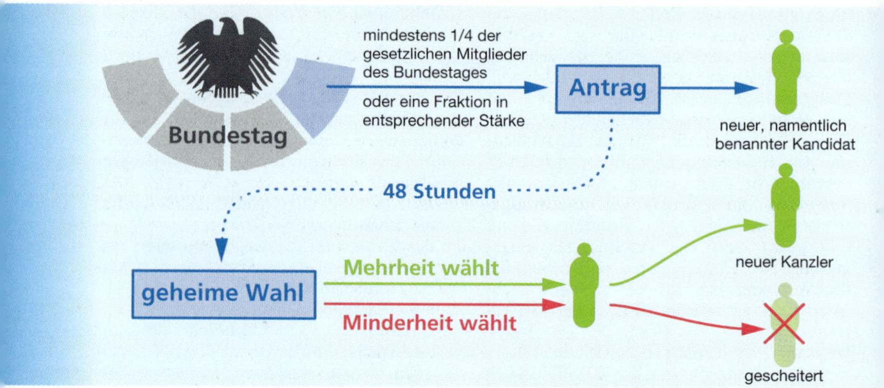

A Das konstruktive Misstrauensvotum

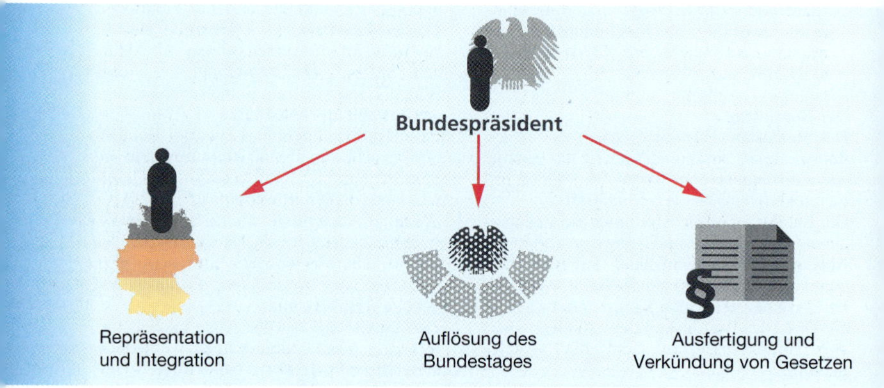

B Aufgaben des Bundespräsidenten

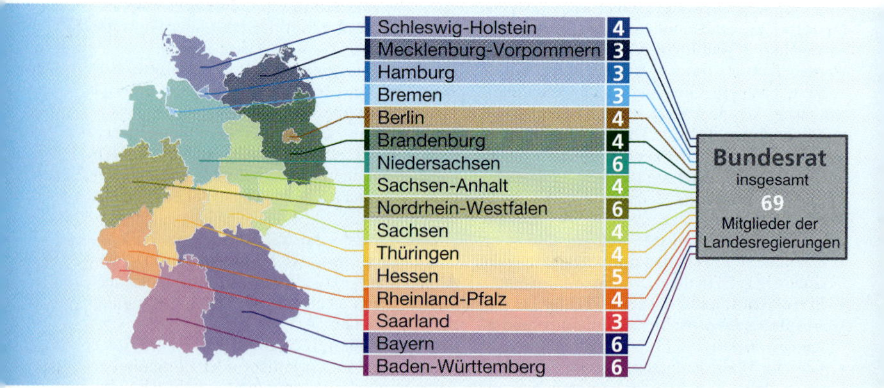

C Bundesrat

Bundesregierung

Die **Bundesregierung** besteht aus dem **Bundeskanzler** und den **Bundesministern** (Art. 62 GG). Sie bildet die Spitze der Exekutive und bestimmt die Politik.

Während der Bundeskanzler für den gesamten Regierungsbereich zuständig ist, sind die Bundesminister nur für einen bestimmten Geschäftsbereich (Ressort) verantwortlich. Die Zahl der Bundesministerien beträgt meist zwischen 12 und 15.

Die fünf klass. Ressorts sind: Auswärtige Angelegenheiten, Inneres, Justiz, Finanzen und Verteidigung.

Nach dem **Kanzlerprinzip** obliegt die Koordination und Führung der Regierung dem Bundeskanzler. Er besitzt die *Richtlinienkompetenz* und bestimmt die Grundzüge der Politik in eigener Verantwortung (Art. 65 Satz 1 GG).

Einzelweisungen werden grundsätzlich nicht mehr von der Richtlinienkompetenz des Bundeskanzlers gedeckt. Infolge der starken Stellung des Kanzlers ist jedoch der Übergang von allg. Richtlinien zu Einzelweisungen fließend.

Das **Ressortprinzip** besagt, dass die einzelnen Bundesminister das ihnen anvertraute Ressort eigenverantwortlich leiten (Art. 65 Satz 2 GG).

Sowohl der Bundeskanzler als auch die Bundesminister sind dem Bundestag **verantwortlich.** Allerdings stehen die Mehrheitsfraktionen im Regelfall hinter der von ihnen gewählten Bundesregierung, so dass die Aufgabe der Kontrolle und Kritik der Regierung im Wesentl. der (oder den) Minderheitsfraktion(en), also der parlamentar. *Opposition,* übertragen ist.

Der Bundestag kann den Kanzler und damit die gesamte Bundesregierung durch ein **konstruktives Misstrauensvotum** stürzen, indem er mit der Mehrheit seiner Stimmen einen Nachfolger wählt (A).

Die Abwahl des Kanzlers setzt voraus, dass sich der Bundestag auf einen neuen Kanzler einigen kann. Damit soll ein Machtvakuum an der Spitze des Staates verhindert werden.

Einzelne Minister können nicht vom Bundestag abgewählt werden. Der Bundestag kann ihnen allerdings das Misstrauen aussprechen und ihren Ministerien im Extremfall den Etat verweigern.

Bundespräsident

Der **Bundespräsident** ist formell das Staatsoberhaupt. Sein Amt ist mit geringen Befugnissen ausgestattet und erlaubt nur in sehr begrenztem Ausmaß eigene polit. Entscheidungen (B). Er wird von der Bundesversammlung auf fünf Jahre gewählt (Art. 54 GG). Seine Anordnungen und Verfügungen müssen vom Bundeskanzler oder einem anderen Regierungsmitglied **gegengezeichnet** werden (Art. 58 GG). Dies gilt nicht für die Ernennung bzw. Entlassung des Kanzlers und die Auflösung des Parlaments.

Die schwache Stellung des Bundespräsidenten unterscheidet *parlamentarische Demokratien* von *Präsidialdemokratien* wie den USA, wo der direkt vom Volk gewählte Präsident die Regierung leitet, den Oberbefehl über die Streitkräfte innehat und gegen Gesetze ein Veto einlegen kann.

Dem Bundespräsidenten sind drei Funktionen zugewiesen:

1. **Repräsentationsfunktion:** Er repräsentiert die BRD nach innen und außen.
2. **Integrationsfunktion:** Er verkörpert die Einheit des Staates und wirkt damit integrierend.
3. **Reservefunktion:** In Krisenzeiten hat er bes. Kompetenzen, wenn andere Verfassungsorgane funktionsunfähig geworden sind.

   Bsp.: Wenn der Bundestag sich weigert, dem Bundeskanzler das Vertrauen auszusprechen, ist der Bundespräsident befugt, den Bundestag aufzulösen (Art. 68 GG) und so den Weg zu Neuwahlen freizumachen.

Der Bundespräsident hat die vom Bundestag beschlossenen **Gesetze auszufertigen,** d. h. zu unterzeichnen (Art. 82 GG). Er muss dabei prüfen, ob die Gesetze in verfassungsmäßiger Form zustandegekommen sind *(formales Prüfungsrecht).* Nach überwiegender Meinung kann er ferner prüfen, ob Gesetze inhaltlich dem GG entsprechen *(materielles Prüfungsrecht).* Außerdem ernennt und erlässt er auf Vorschlag des Bundeskanzlers die Bundesminister (Art. 64 GG).

Der Bundesrat

Der **Bundesrat** setzt sich aus weisungsgebundenen Vertretern der Landesregierungen zusammen. Es handelt sich um das **föderative Organ des Bundes,** durch das sichergestellt werden soll, dass die Länderbelange im Bund hinreichend berücksichtigt werden (Art. 50 GG).

Die Stimmenzahl der einzelnen Bundesländer richtet sich nach der Zahl ihrer Einwohner (Art. 51 II GG; C).

Seine Organisation und sein Verfahren regelt der Bundesrat ebenso wie der Bundestag durch eine **Geschäftsordnung.**

Die wichtigste Aufgabe des Bundesrates besteht in der **Mitwirkung bei der Gesetzgebung des Bundes.**

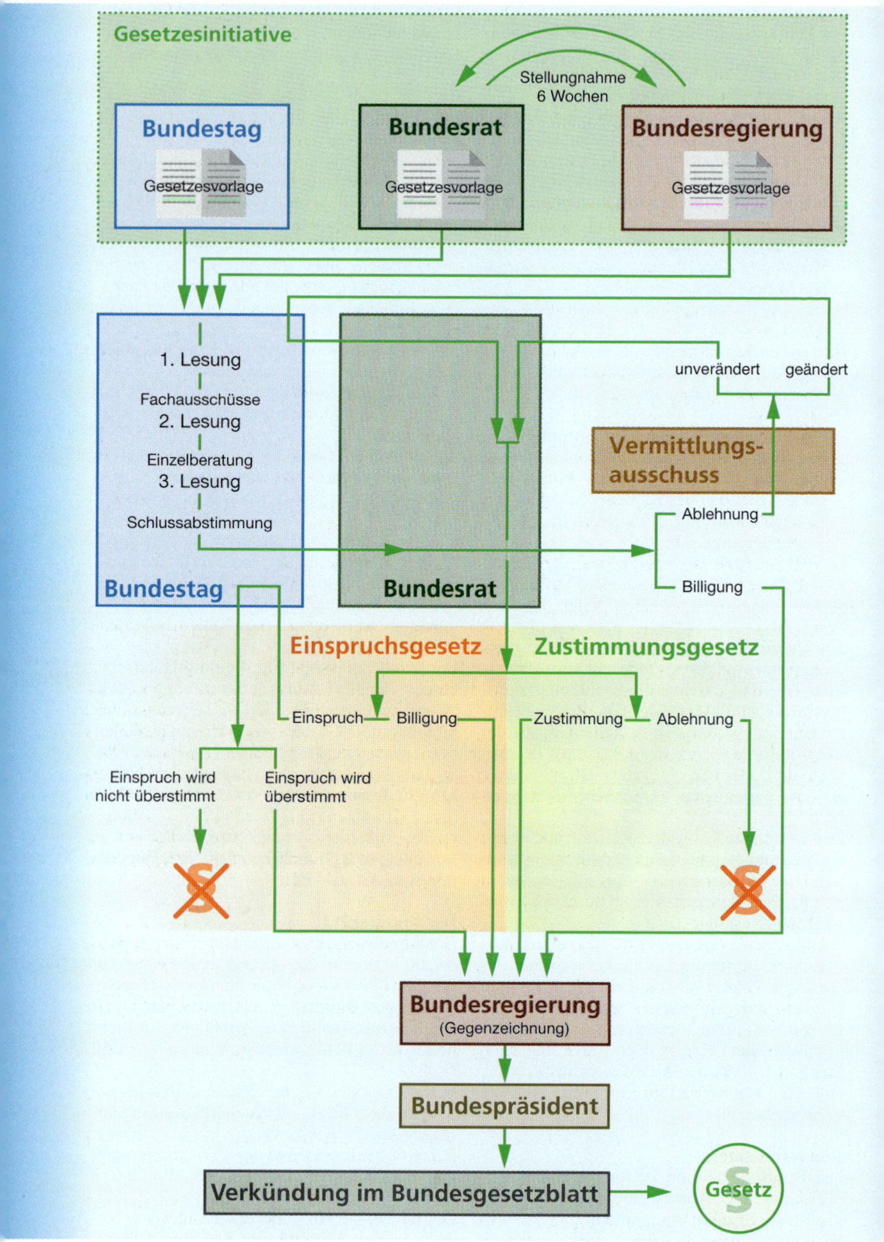

Gesetzgebungsverfahren des Bundes

Gesetze sind das wichtigste Regierungsinstrument in Bund und Ländern. Die Zuständigkeit, Gesetze zu erlassen, die sog. **Gesetzgebungskompetenz,** teilen sich Bund und Länder (Art. 70 GG).

Es lassen sich **vier Kompetenzbereiche** unterscheiden:

1. Eine **ausschließliche Kompetenz des Bundes** zur Gesetzgebung besteht bei solchen Angelegenheiten, die nur einheitl. für das gesamte Bundesgebiet geregelt werden können (Art. 73 GG).
   Dazu gehören z. B. die auswärtigen Angelegenheiten, die Verteidigung, die Staatsangehörigkeit im Bund, die Währung, das Postwesen und die Telekommunikation.
2. Die meisten Regelungsbereiche fallen unter die **konkurrierende Gesetzgebung von Bund und Ländern** (Art. 74 GG). Die Länder sind in diesen Bereichen zur Gesetzgebung befugt, solange der Bundesgesetzgeber nicht selbst tätig geworden ist. Dieser darf z.T. nur dann tätig werden, um im Bundesgebiet gleichartige Rechts- oder Wirtschaftsverhältnisse einzuführen.
   Zur konkurrierenden Gesetzgebung gehören v. a. das gesamte bürgerl. Recht, das Strafrecht sowie das Wirtschafts- und Arbeitsrecht und das Prozessrecht. Der Bund hat von seinen Kompetenzen auf dem Gebiet der konkurrierenden Gesetzgebung nahezu erschöpfend Gebrauch gemacht, so dass den Ländern in diesen Bereichen kaum Gesetzgebungsbefugnisse verblieben sind.
   In einzelnen Bereichen haben die Länder aber nach Erlass eines Bundesgesetzes eine **Abweichungskompetenz** (Art. 72 III GG). Dann geht das spätere Gesetz dem früheren vor.
   Dies gilt z. B. für das Recht des öffentl. Dienstes in den Ländern, das Hochschulrecht und das Presserecht. Diese Regelungsbereiche entsprechen im Wesentlichen denen der früheren *Rahmengesetzgebung,* die bei der Föderalismusreform 2006 abgeschafft wurde.
3. Alle anderen Bereiche fallen in die **ausschließliche Gesetzgebungskompetenz der Länder.** Obwohl das GG diesen Fall als den Regelfall bezeichnet (Art. 70 I GG), werden in der Praxis nur noch wenige Bereiche ausschließl. von den Ländern geregelt.
   Die wichtigsten in Länderkompetenz verbliebenen Materien sind das Polizeirecht, das Kommunalrecht und das Schulrecht.

Gesetzgebungsverfahren

Die Bundesgesetzgebung erfolgt in einem festgelegten **Verfahren** (Abb.).

An seinem Beginn steht ein *Gesetzentwurf* (bzw. eine *Gesetzesvorlage*), der durch die Bundesregierung oder durch den Bundesrat aus der Mitte des Bundestages bei diesem eingebracht werden kann (**Gesetzesinitiative,** Art. 76 I GG).

In der Praxis gehen rund drei Viertel aller Gesetze von der Bundesregierung aus. Der Rest geht überwiegend auf Initiativen des Bundestags zurück; der Bundesrat bringt kaum eigene Gesetzentwürfe ein.

Die meisten Gesetzesinitiativen beruhen auf einem sachkundigen Vorschlag der Ministerialbürokratie *(Referentenentwurf),* der mit den betroffenen Verbänden und Organisationen diskutiert, danach als *Kabinettsvorlage* der Bundesregierung zugeleitet und von dieser als *Regierungsentwurf* beschlossen wird.

Regierungsentwürfe müssen, anders als Entwürfe aus der Mitte des Bundestags, zunächst dem Bundesrat zugeleitet werden, der in rechtl. unverbindl. Form innerhalb von sechs Wochen dazu Stellung beziehen kann (Art. 76 II GG). Bei Vorlagen des Bundesrates ist es umgekehrt. Ist ein Entwurf in den Bundestag eingebracht worden, so wird er dort in **drei Lesungen** beraten.

Mit Ablauf der Wahlperiode des Bundestags werden alle noch nicht erledigten Entwürfe wirkungslos und müssen im neuen Bundestag erneut eingebracht werden (Grundsatz der **Diskontinuität**).

Nachdem der Bundestag einen Gesetzentwurf mit einfacher Mehrheit angenommen hat, wird der Entwurf dem Bundesrat zugeleitet (Art. 77 I GG). Dabei ist zwischen Einspruchs- und Zustimmungsgesetzen zu unterscheiden:

Bei **Einspruchsgesetzen** kann der Bundesrat das Inkrafttreten des Gesetzes lediglich verzögern. Dagegen ist bei **Zustimmungsgesetzen** seine Zustimmung erforderlich; andernfalls ist der Gesetzentwurf gescheitert. Um ein Zustimmungsgesetz handelt es sich, wenn die entsprechende Materie im GG ausdrücklich als zustimmungspflichtig bezeichnet wird.

Als Faustregel gilt, dass eine Zustimmung des Bundesrates dann erforderlich ist, wenn das entsprechende Gesetz die Belange der Bundesländer in bes. Maß berührt. Dies ist z. B. bei verfassungsändernden Gesetzen und bei Gesetzen, die Auswirkungen auf die Länderfinanzen haben, der Fall.

Bei Meinungsverschiedenheiten zwischen Bundestag und Bundesrat wird der **Vermittlungsausschuss** angerufen. Hat der Gesetzentwurf (Einspruchs- und Zustimmungsgesetz) den Bundesrat passiert, muss er vom Bundespräsidenten *ausgefertigt* und im Bundesgesetzblatt *verkündet* werden (Art. 82 I Satz 1 GG).

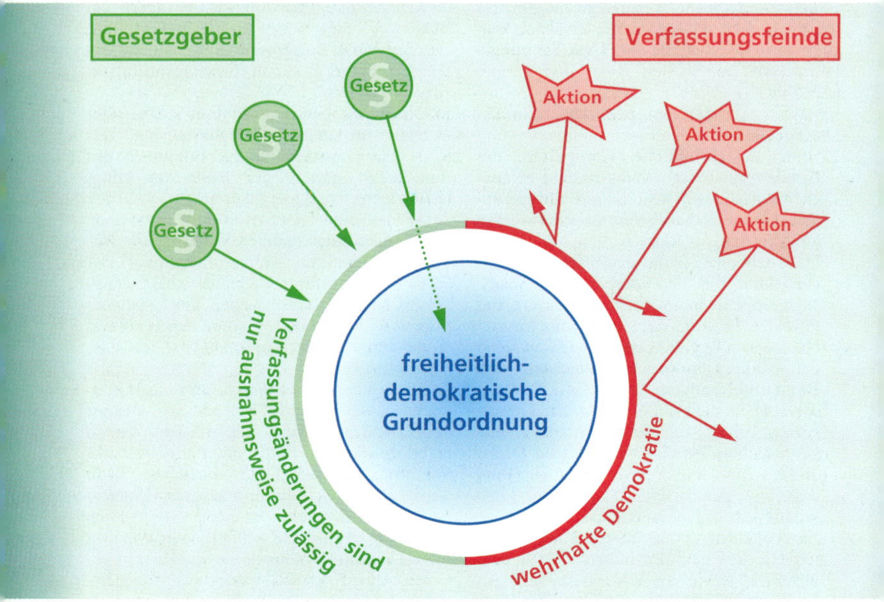

A Die freiheitlich-demokratische Grundordnung

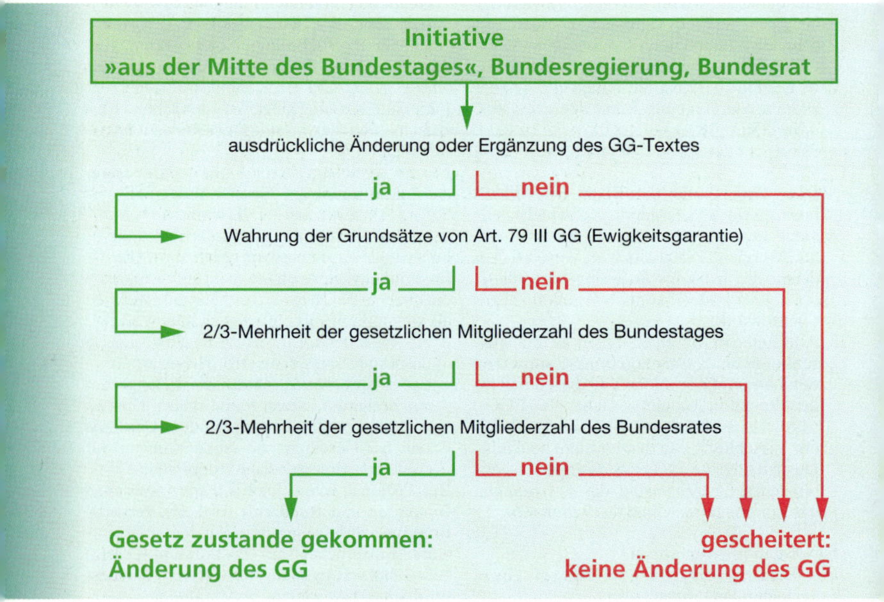

B Erfordernisse einer Grundgesetzänderung

Zu den Kernproblemen jeder freiheitlichen Verfassung gehört die Frage, wie sie sich vor Gegnern von innen und außen schützen kann, ohne ihre Freiheitlichkeit aufzugeben. Je freier und offener eine Demokratie ist, desto leichter ist sie von innen heraus zu stürzen. KARL POPPER nennt dies das »Paradox der Demokratie«.

Die Weimarer Republik konnte auf legalem Weg abgeschafft werden, weil die WRV keine ausreichenden Sicherungen gegen ihre Feinde enthielt.

Bei der Ausgestaltung des GG wurde dies berücksichtigt und der **Schutz der Verfassung** in der Verfassung selbst verankert. Dabei lassen sich zwei Leitprinzipien erkennen (A):

- Verfassungsänderungen sind an strenge Voraussetzungen gebunden und dadurch wesentl. erschwert. Ein Kernbestand der Verfassung, nämlich die freiheitl. demokrat. Grundordnung, ist jeder Verfassungsänderung entzogen *(Schutz gegen den Gesetzgeber);*
- polit. Betätigungen, die sich gegen die freiheitl.-demokrat. Grundordnung richten, können mit Gegenmaßnahmen beantwortet werden, die von der Beobachtung durch den Verfassungsschutz über die Grundrechtsverwirkung bis hin zum polit. Strafrecht reichen *(Schutz gegen äußere Verfassungsfeinde).*

Maßnahmen zum Schutz der Verfassung sind allerdings nur so lange wirksam, wie das GG von der Bevölkerung anerkannt ist. Jede Verfassung beruht letztlich auf der Zustimmung ihrer Bürger und damit auf Faktoren, die sie selbst nur in begrenztem Umfang zu garantieren vermag.

Dies gilt bes. für die ökonom. und sozialen Rahmenbedingungen des polit. Prozesses.

Änderung des GG

Während einfache Gesetze durch die Mehrheit der anwesenden Bundestagsmitglieder geändert werden können, ist für jede **Änderung des GG** ein Gesetz erforderlich, das von *zwei Dritteln* der Mitglieder des Bundestags und des Bundesrats unterstützt wird (Art. 79 II GG; B).

Solange die Regierung nicht über eine Zwei-Drittel-Mehrheit im Parlament verfügt, bedeutet dies, dass Regierung und Opposition zur Änderung der Verfassung zusammenwirken müssen.

Das GG kann nur durch Gesetze geändert werden, die seinen Wortlaut *ausdrücklich* ändern oder ergänzen (Art. 79 I Satz 1 GG). Eine **Verfassungsdurchbrechung,** die den Text des GG unangetastet lässt, ist verboten.

Dagegen ließ die WRV Verfassungsdurchbrechungen zu. Folge war, dass die Verfassung von innen heraus ausgehöhlt werden konnte, obwohl ihr Wortlaut unverändert blieb.

Bestimmte Grundsätze sind einer Verfassungsänderung ganz entzogen und unterstehen der **Ewigkeitsgarantie.** Es handelt sich v. a. um die Menschenwürde, das Bundesstaatsprinzip, das Prinzip der Republik, das Demokratieprinzip und das Prinzip des sozialen Rechtsstaats (Art. 79 III GG).

Bsp.: Wegen Art. 79 III GG könnte in Dtl. selbst durch ein von Bundestag und Bundesrat einstimmig verabschiedetes Gesetz nicht die Monarchie eingeführt werden. Auch die Aufhebung der föderalist. Ordnung und Einführung eines Einheitsstaates wäre verfassungswidrig.

Dagegen sind die Einzelgrundrechte (Art. 2–19 GG) abänderbar. Ihr Kern darf aber ebenfalls nicht angetastet werden (Art. 19 II GG). Außerdem sind die meisten Grundrechte mittelbar über den Schutz des Demokratie- und Rechtsstaats- sowie des Sozialstaatsprinzips (mit-) geschützt.

Schutz gegen Verfassungsfeinde

Personen, die best. Grundrechte wie die Meinungs- und Pressefreiheit oder die Versammlungsfreiheit zum Kampf gegen die freiheitlich-demokrat. Grundordnung missbrauchen, können diese Grundrechte **verwirken** (Art. 18 GG). Die Verwirkung kann nur durch das BVerfG ausgesprochen werden. Ziel dieser Regelung ist es, polit. Extremisten, die auf die Abschaffung des GG hinarbeiten, aus dem öffentl. Meinungs- und Willensbildungsprozess auszugrenzen. Das GG bekennt sich damit zum Prinzip der **streitbaren Demokratie:**

Keine Freiheit für die Feinde der Freiheit!

Verfassungsfeindl. Vereinigungen sind verboten (Art. 9 II GG).

Parteien, die sich aktiv gegen die verfassungsmäßige Ordnung richten, sind verfassungswidrig und können aufgelöst werden (Art. 21 II GG). Die Entscheidung darüber trifft das BVerfG.

In Dtl. ist es erst zweimal zu Parteiverboten gekommen: 1952 wurde die rechtsextremist. Sozialist. Reichspartei und 1956 die linksextremist. Kommunist. Partei Deutschlands aufgelöst.

Das Verbot einer verfassungsfeindl. Partei ist das letzte Mittel zu ihrer Bekämpfung. Im Vordergrund steht die polit. Auseinandersetzung. Solange eine Partei nicht vom BVerfG für verfassungswidrig erklärt worden ist, darf sie in ihrer polit. Betätigung nicht beschränkt werden **(Parteienprivileg).**

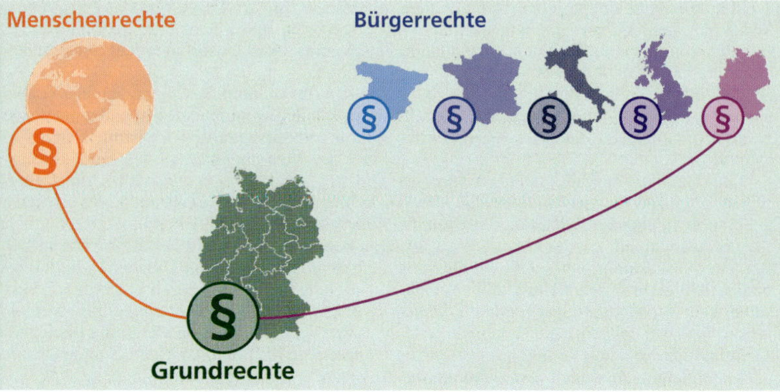

A Grundrechte

griechische Aufklärung (Sophistik) Idee der Menschenwürde	Griechenland	5./4. Jh.v.Chr.
Stoa Gleichstellung der Menschen unter göttlichem Gesetz	Griechenland	ab 3.-1. Jh.v.Chr.
Christentum Gottesebenbildlichkeit des Menschen	Europa	ab 1. Jh.n.Chr.
Magna Charta (Libertatum) erste Freiheitsverbürgungen	England	1215
Act of Habeas Corpus prozedurale Garantien	England	1679
Bill of Rights einzelne Individualrechte	England	1689
Virginia Bill of Rights Menschenrechte	Nordamerika	1776
Déclaration des droits de l`homme et du citoyen Menschen- und Bürgerrechte	Frankreich	1789
frühkonstitutionelle Verfassungen Süddeutschlands erste Grundrechtskataloge	Deutschland	ab 1818
Paulskirchenverfassung Freiheits- und Gleichheitsverbürgungen	Deutschland	1848
Preussische Verfassungsurkunde der Paulskirchenverfassung nachgebildet	Deutschland	1850
Weimarer Reichsverfassung Grundrechte	Deutschland	1919
Grundgesetz der BRD Grundrechte	Deutschland	1949

B Die Entwicklung der Menschen- und Bürgerrechte bis 1949

Als **Menschenrechte** bezeichnet man unveräußerliche Rechte des Individuums, die der staatl. Gewährung vorausgehen und die Befugnisse des Staates begrenzen. Es handelt sich nicht um jurist., sondern um *moral. Rechte.* Menschenrechte sind nicht an eine bestimmte Staatsangehörigkeit geknüpft. Dagegen stehen **Bürgerrechte** nur den Angehörigen einzelner Staaten zu.

Dahinter verbirgt sich die Vorstellung, dass Menschenrechte bereits im (als real oder fiktiv gedachten) Naturzustand existieren, während die Bürgerrechte erst beim Übergang zu einer staatl. Gesellschaftsordnung (durch den sog. *Gesellschaftsvertrag*) entstehen.

Der für die dt. Verfassungstradition typ. Begriff **Grundrechte** umfasst sowohl Menschen- als auch Bürgerrechte (A).

Die **staatsbürgerlichen Rechte,** die eine aktive Mitwirkung beim staatl. Willensbildungsprozess gewährleisten (z. B. Wahlrecht), sind von den Bürgerrechten zu unterscheiden.

Die Idee individueller Menschenrechte hat zahlreiche Quellen, die bis in die **griechische Aufklärung** (Sophistik) zurückreichen (B). Damals entstand die Vorstellung eines von dem positiven staatl. Recht verschiedenen, ihm teilw. sogar widersprechenden Naturrechts. Klar ausgeprägt findet sich die Idee der Menschenrechte in der Philosophie der gr. und röm. **Stoa** (Zenon, Epiktet). Das **Christentum** nahm viele Elemente der stoischen Philosophie auf und verband sie mit der Vorstellung der Gottesebenbildlichkeit und Gotteskindschaft jedes Menschen.

Aus dieser Idee wurden jedoch kaum polit. Konsequenzen gezogen; bes. die Sklaverei blieb als Institution akzeptiert.

Die mittelalterl. Freiheitverbürgungen gehören ebenfalls zur Geschichte der Menschenrechte. Am bekanntesten ist die **Magna C(h)arta (Libertatum)** (1215; endgült. Fass. 1225), die Adel und Geistlichkeit dem König abtrotzten.

Erst in der frühen Neuzeit kam es zu einer Ausweitung des Rechtsschutzes. Zu nennen sind: *Petition of Rights* (1628), *Habeas-Corpus-Akte* (1679) und *Bill of Rights* (1689).

In seinen ›Zwei Abhandlungen über die Regierung‹ (1690) entwickelte John Locke die Idee eines Naturzustandes, in dem alle Menschen ein Recht auf Leben, Freiheit und Eigentum haben.

Lockes Ideen wurden in der amerikan. Revolution aufgegriffen.

Die Französische Revolution stellt einen Höhepunkt in der Geschichte der Menschenrechte dar. In der **Déclaration des droits de l'homme et du citoyen** (1789) wurden die Menschenrechte nicht mehr, wie in der angelsächs. Tradition, als Verbürgung alter Freiheiten verstanden, sondern mit revolutionärem Pathos als Mittel zur Umgestaltung der überkommenen feudalen Staatsform dargestellt.

Die Menschenrechtsidee der Neuzeit ist wesentl. vom *Verlangen nach religiöser Toleranz und Glaubensfreiheit* geprägt. Dies gilt v. a. für die frühen amerikan. Menschenrechtserklärungen. Historisch älter ist allerdings der Schutz gegen willkürl. Verhaftung. Die Menschenrechtsphilosophie der Aufklärung besaß eine kirchenkrit. Tendenz, die dazu beigetragen haben mag, dass die christl. Religionsgemeinschaften, allen voran die kath. Kirche, die Menschenrechtsidee bis in die Mitte des 20. Jh. hinein scharf ablehnten.

Die **Verfassungswirklichkeit** blieb lange Zeit hinter der Menschenrechtstheorie zurück. In den Verfassungen von Bayern (1818), Baden (1818) und Württemberg (1819) wurden lediglich Bürgerrechte garantiert. Erst 1848 verabschiedete die **Paulskirchenversammlung** einen Grundrechtekatalog, der aber nach dem Scheitern der Revolution von 1848 nicht wirksam wurde. In der *Norddt. Bundesverfassung* (1867) und der *Reichsverfassung* (1871) waren Grundrechte nicht vorgesehen.

In der **Weimarer Reichsverfassung** (1919) war der zweite Hauptteil mit ›Grundrechte und Grundpflichten der Deutschen‹ betitelt. Der Text knüpfte an die Formulierungen der Paulskirchenversammlung von 1848 an und enthielt die klass. liberalen Rechte wie Freiheit der Person, Gleichheit vor dem Gesetz, Glaubensfreiheit, Meinungs- und Versammlungsfreiheit, Vereinigungsfreiheit und Freizügigkeit. Hinzu traten erstmals *soziale* und *ökonom. Grundrechte* (etwa die Garantie der Sozialversicherung, der Arbeitslosenunterstützung und der Unentgeltlichkeit der Schulen), die aber in der Praxis kaum Wirkung entfalteten. Der Grundrechtsteil der WRV diente, anders als das Weimarer Staatsorganisationsrecht, nach 1945 als *Vorbild für das GG.*

Die Forderung nach den Menschenrechten wird heute weltweit erhoben. Die **Charta der Vereinten Nationen** (1945) und die **Allgemeine Erklärung der Menschenrechte** (1948) verlangen ihre Beachtung. Zahlreiche internationale Verträge sollen ihre Einhaltung sichern. Es ist allerdings fraglich, ob sich das von der westeurop. Aufklärung geprägte Menschenrechtsideal ohne weiteres auf fremde Kulturkreise, die z. B. durch den Islam geprägt sind, übertragen lässt.

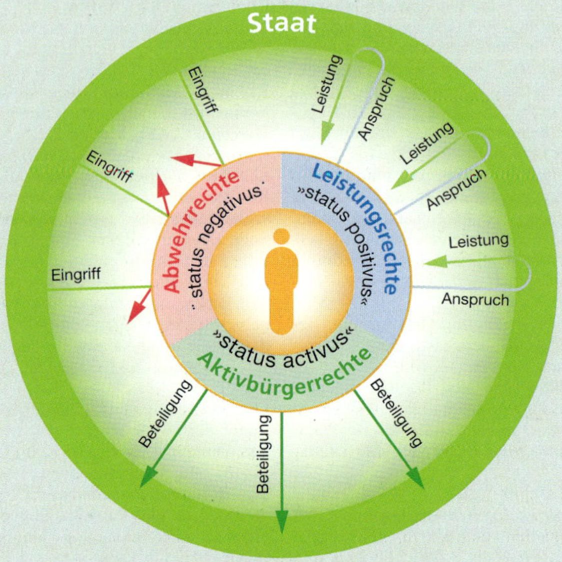

A Funktionen der Grundrechte

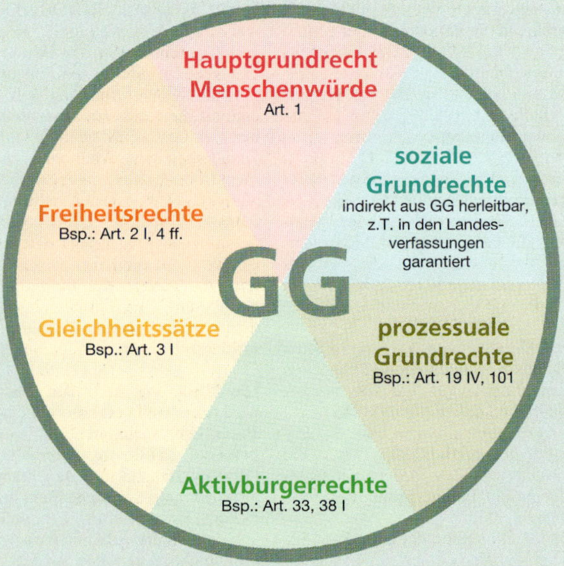

B Arten von Grundrechten

Im GG sind die **Grundrechte** in Art. 1–19 geregelt. Hinzu treten die **grundrechtsgleichen Rechte** in Art. 20 IV, 33, 38, 101, 103 und 104.

Alle Grundrechte und grundrechtsgleichen Rechte richten sich in erster Linie *gegen den Staat* und beschränken dessen Eingriffsbefugnisse.

Die Verletzung der Grundrechte und grundrechtsgleichen Rechte kann mit einer *Verfassungsbeschwerde* vor dem BVerfG oder den Verfassungsgerichten der Länder (Art. 93 I Nr. 4 a GG) gerügt werden.

Grundrechtstypen

Der Staatsrechtler Georg Jellinek (1851–1911) unterschied zu Beginn des 20. Jh. drei *Funktionstypen* von Grundrechten (A):

1. **Abwehrrechte** *(status negativus)* dienen dazu, unzulässige Eingriffe des Staates in die Rechtssphäre seiner Bürger zurückzuweisen.
   Hierzu gehören klass. Grundrechte wie das Recht auf Leben, auf Freiheit und auf körperl. Unversehrtheit.
2. **Leistungsrechte** *(status positivus)* erlauben es, Leistungen des Staates einzufordern.
   Darunter fallen bes. soziale Grundrechte, die allerdings im GG kaum zu finden sind.
3. **Aktivbürgerrechte** *(status activus)* schließlich regeln das Recht der Bürger, aktiv das staatl. Geschehen zu beeinflussen.
   Das wichtigste Beispiel ist das Wahlrecht.

Eine andere Einteilung der Grundrechte ist auf den jeweiligen Regelungsinhalt ausgerichtet (B):

1. **Freiheitsrechte** garantieren die freie Entfaltung der Persönlichkeit gegenüber staatl. Eingriffen.
   Neben dem allg. Freiheitsrecht (Art. 2 I GG) existieren zahlreiche spezielle Freiheitsrechte: Schutz der Person, der Privatsphäre, die demokrat., wirtschaftl. und kulturellen Freiheitsrechte (s. S. 120, B).
2. **Gleichheitsrechte** richten sich gegen die unterschiedl. Behandlung von Individuen durch den Staat.
   Auch hier ist das allg. Gleichheitsrecht (Art. 3 I GG) von den speziellen Gleichheitsnormen zu unterscheiden, die etwa die Gleichberechtigung von Mann und Frau, der versch. Rassen oder Glaubensrichtungen festlegen (Art. 3 II, III GG).
3. **Aktivbürgerrechte** beinhalten das Recht der Bürger zur Teilnahme am staatl. Leben.
   Dazu gehören das aktive und passive Wahlrecht (Art. 38 II GG), das Widerstandsrecht (Art. 20 IV GG) und die staatsbürgerl. Rechte des Art. 33 GG (u. a. gleiche Zugangsmöglichkeit zu jedem öffentl. Amt).
4. **Prozessuale Grundrechte** dienen der Sicherung eines effektiven und fairen Justizverfahrens.
   Hierzu zählen neben der allg. Rechtsschutzgarantie (Art. 19 IV GG) das Petitionsrecht (Art. 17 GG) sowie die Gewährleistung eines gesetzl. Richters und der Anspruch auf rechtl. Gehör (Art. 101, 103 GG).
5. **Soziale Grundrechte** beinhalten gegen den Staat gerichtete Ansprüche auf soziale Leistungen.
   Im Gegensatz zur WRV enthält das GG keine ausdrückl. Regelung sozialer Grundrechte. Sie lassen sich allenfalls indirekt aus anderen Grundrechten herleiten. Dagegen gewährleisten viele Landesverfassungen ausdrückl. Rechte auf Bildung, Sozialhilfe, Wohnung oder Arbeit.
6. **Hauptgrundrecht** ist die **Menschenwürde** (Art. 1 I GG). Die anderen Grundrechte knüpfen an sie an und konkretisieren sie.

Andere Grundrechtekataloge

Teilw. räumen die **Landesverfassungen** Rechte ein, die über das GG hinausgehen. Beide Rechtsebenen bestehen nebeneinander (Art. 142 GG): Allerdings können die Landesgrundrechte durch einfaches Bundesrecht eingeschränkt werden (Art. 31 GG).

Die **Europäische Konvention zum Schutz der Menschenrechte und Grundfreiheiten** (1950) gewährleistet wichtige Individualrechte, deren Verletzung nach Erschöpfung des innerstaatlichen Rechtsweges vor dem *Europ. Gerichtshof für Menschenrechte* gerügt werden kann. Die in der Konvention geregelten Rechte und Grundfreiheiten decken sich weitgehend mit den Grundrechten des GG.

In der **Charta der Vereinten Nationen** (1945) wird ebenfalls die allgemeine Achtung und Verwirklichung der Menschenrechte gefordert.

Einen eingehenden Katalog von Grundrechten enthält die **Allgemeine Erklärung der Menschenrechte,** die 1948 von der UN-Generalversammlung genehmigt wurde; sie ist allerdings **völkerrechtlich unverbindlich**. Umso größer ist ihre polit. Bedeutung.

Verbindl. Regelungen enthalten dagegen der **Internationale Pakt über bürgerliche und politische Rechte** und der **Internationale Pakt über wirtschaftl., soziale und kulturelle Rechte** (1976).

Liegt eine **Konkurrenz von Grundrechten** vor, geht die speziellere Regelung vor.

Bsp.: Wer sich etwa wegen seiner religiösen Anschauungen diskriminiert fühlt, kann sich nicht auf Art. 3 I GG, sondern nur auf Art. 3 III GG berufen.

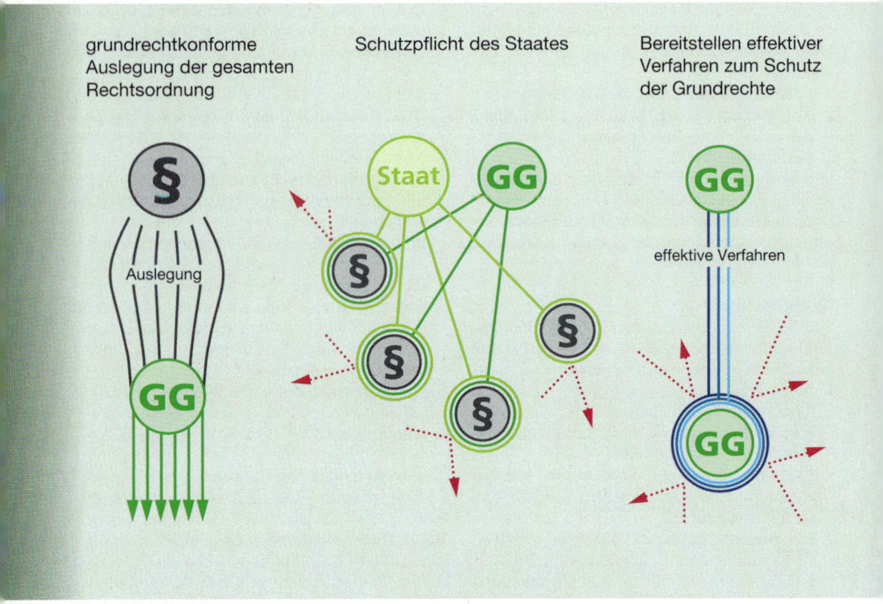

A Die drei Aspekte der objektivrechtlichen Grundrechtsfunktion

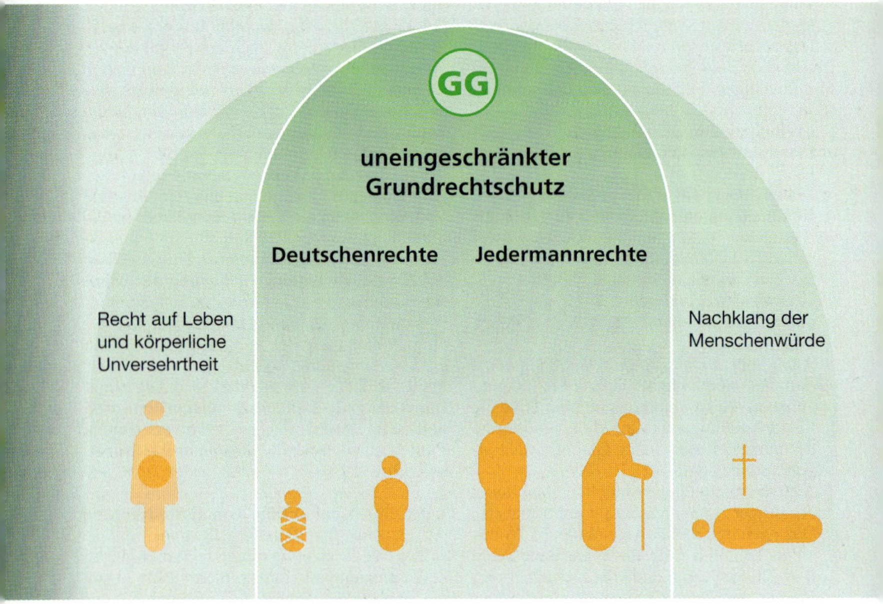

B Entwicklung des Grundrechtschutzes

Den Grundrechtsfunktionen ist gemeinsam, dass sie *subjektive Rechte* der jeweiligen Grundrechtsinhaber gewähren.

Daneben ist die sog. **objektivrechtliche Funktion** anerkannt: die Grundrechte bilden eine *objektive Wertordnung*. Daraus ergeben sich drei Folgerungen (A):

1. Das gesamte einfache (d. h. unter der Verfassung stehende) Recht muss *grundrechtskonform ausgelegt* werden.
   Auf diese Weise wirken die Grundrechte nicht nur gegen den Staat, sondern mittelbar auch im Verhältnis der Bürger zueinander *(mittelbare Drittwirkung der Grundrechte).*
2. Der Staat ist nicht nur verpflichtet, Eingriffe in best. grundrechtlich geschützte Rechtspositionen zu unterlassen, er muss vielmehr in Einzelfällen aktiv Maßnahmen zum *Schutz* des Rechtsguts ergreifen.
   So hat das BVerfG entschieden, dass der Staat sich vor das werdende menschl. Leben zu stellen und es zu schützen habe.
3. Staatl. Einrichtungen, z. B. Behörden, Universitäten, müssen so organisiert sein, dass die Grundrechte darin optimal zur Geltung kommen. Zum Schutz der Grundrechte müssen *effektive Verfahren* zur Verfügung gestellt werden.

Manche Grundrechte haben die Funktion, **best. Einrichtungen zu gewährleisten,** die deshalb nicht durch staatl. Handeln ausgehöhlt oder gar abgeschafft werden dürfen **(Einrichtungsgarantie).**

So werden durch Art. 6 I GG Ehe und Familie garantiert, durch Art. 14 I GG Eigentum und Erbrecht, durch Art. 33 V GG das Berufsbeamtentum.

Bezieht sich die Gewährleistung auf privatrechtl. Einrichtungen, spricht man von einer *Institutsgarantie,* bezieht sie sich auf eine öffentlich-rechtl. Einrichtung, von einer *institutionellen Garantie.*

Grundrechtsschutz

Das Problem der **Grundrechtsberechtigung** betrifft die Frage, wer durch ein Grundrecht geschützt wird. Man spricht auch von der *Grundrechtsträgerschaft.* Die meisten Grundrechte sind **Jedermannsrechte,** die in persönl. Hinsicht keine Einschränkungen vorsehen.

Dies gilt etwa für das Recht auf Leben und körperl. Unversehrtheit (Art. 2 II Satz 1 GG) oder die Meinungsfreiheit (Art. 5 I Satz 1 GG).

Andere Grundrechte, etwa die Versammlungsfreiheit (Art. 8 I GG) und die Vereinigungsfreiheit (Art. 9 I GG), stehen nur Deutschen zu und sind sog. **Deutschenrechte.** Auch das Wahlrecht ist, trotz seines diesbezügl. unklaren Wortlautes, ein Deutschenrecht.

Bes. Probleme wirft die zeitl. Dimension des **Grundrechtsschutzes** auf (B). Grundsätzlich wirken die Grundrechte nur nachgeburtlich und für lebende Menschen.

Es wäre widersinnig, von der Meinungsfreiheit eines Embryos oder eines Verstorbenen zu sprechen.

Dies gilt jedoch nicht für alle Grundrechte. So setzt z. B. die Menschenwürde (Art. 1 I GG) dem Umgang mit Toten Grenzen **(postmortaler Persönlichkeitsschutz).**

Deshalb wäre eine staatl. betriebene industrielle Verwertung von Leichen unzulässig. Dagegen wird die Organentnahme bei Toten überwiegend nicht als Verstoß gegen die Menschenwürde angesehen, jedenfalls dann nicht, wenn der Betroffene vor seinem Tod dieser zugestimmt hat. Näheres ist im Transplantationsgesetz (TPG) geregelt.

Ungeborene werden nach überwiegender Ansicht durch Art. 2 II Satz 1 GG (Recht auf Leben und körperl. Unversehrtheit) geschützt.

Das BVerfG hat den Beginn des Schutzes mit dem 14. Tag nach der Empfängnis angesetzt. Nach a. A. beginnt der Schutz schon mit der Befruchtung.

Die Gleichsetzung prä- und postnatalen Lebens ist jedoch v. a. im Hinblick auf die Zulässigkeit des Schwangerschaftsabbruchs sehr problematisch. Es wird deshalb vertreten, Ungeborene seien keine (selbständigen) Grundrechtsträger. Sie seien zwar durch Art. 2 II Satz 1 GG mitgeschützt, doch lasse dieser Schutz Abstufungen zu.

Nach Art. 19 III GG können sich inländ. **jurist. Personen** auf Grundrechte berufen, soweit diese auf die jurist. Person anwendbar sind. Jurist. Personen sind rechtsfähige Personenmehrheiten und Organisationen, die dem Privatrecht (z. B. Aktiengesellschaft, GmbH, rechtsfähige Stiftung) oder dem öffentl. Recht (Gemeinde, Universität) angehören können.

Der Grundrechtsschutz gilt etwa für das Eigentum (Art. 14 I GG), nicht dagegen für die Rechtsgüter Leben und körperl. Unversehrtheit.

Jurist. Personen des öffentl. Rechts können sich grundsätzl. nicht auf Grundrechte berufen, weil sie als Teil des Staates betrachtet werden und die Grundrechte gerade gegen staatl. Machtentfaltung schützen sollen. Anerkannte Ausnahmen stellen Universitäten, Rundfunkanstalten und Kirchen dar, da sie unmittelbar einem durch best. Grundrechte geschützten Lebensbereich zugeordnet sind.

Private Rechtssubjekte sind in ihrem Verkehr untereinander nicht an die Grundrechte gebunden, sondern nur an das einfache Recht *(keine unmittelbare Drittwirkung der Grundrechte).*

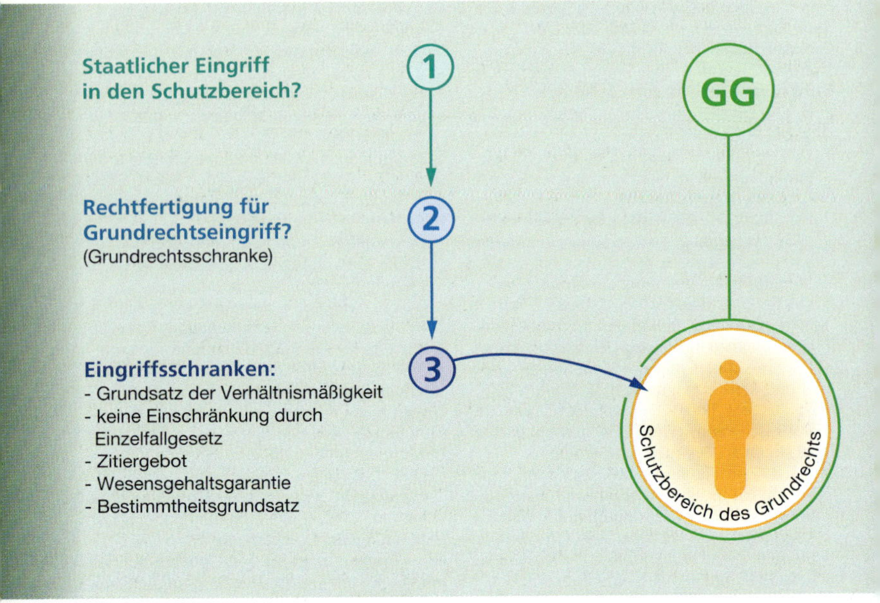

A Grundrechtseingriffe und ihre Schranken

B Die Freiheit des Einzelnen findet ihre Grenzen in der Freiheit der anderen

Um die Zulässigkeit einer staatl. Maßnahme am Maßstab der Grundrechte festzustellen, sind drei Prüfungsschritte erforderlich (A):

1. **Schutzbereich:** Handelt es sich um einen staatl. Eingriff in einen grundrechtlich geschützten Bereich?
2. **Schrankenbereich:** Existieren Grundrechtsbeschränkungen, die den Eingriff rechtfertigen können?
3. **Eingriffsschranken:** Hält sich der Eingriff im Rahmen der zulässigen Grundrechtsbeschränkungen?

Schutzbereich

Grundrechtlich geschützt ist nur solches Verhalten, das innerhalb des Schutzbereichs eines Grundrechts stattfindet *(Grundrechtsgebrauch).* Dies kann (aktives) Handeln, aber auch ein Unterlassen sein *(negative Freiheit).* Um die **Reichweite des Schutzbereichs** zu klären, muss die Grundrechtsnorm *ausgelegt* werden.

Ein **Eingriff** in den Schutzbereich ist jedes staatl. Verhalten, das den Grundrechtsgebrauch beeinträchtigt. Ob die Beeinträchtigung beabsichtigt war, spielt keine Rolle.

Der Eingriff kann sowohl in einem Einzelfall (etwa durch Gerichtsurteil oder Verwaltungsakt) als auch durch generelle Regelung (Gesetz, Rechtsverordnung, Satzung) erfolgen.

Von einem Eingriff zu unterscheiden sind gesetzl. Regelungen, die den Schutzbereich des Grundrechts nicht einschränken, sondern nur *konkretisieren* und *näher ausgestalten.*

Schrankenbereich

Ein schrankenloser Grundrechtsgebrauch würde zu erhebl. Konflikten sowohl zwischen dem Einzelnen und dem Staat (d. h. der Allgemeinheit) als auch der Bürger untereinander führen. Deshalb existieren für jedes Grundrecht Schranken. In den meisten Fällen enthält bereits der Verfassungstext eine Klausel, wonach das Grundrecht durch Gesetz eingeschränkt werden kann. Man nennt dies einen **Gesetzesvorbehalt.** Es lassen sich drei Arten von Grundrechtsschranken unterscheiden:

a) **Einfacher Gesetzesvorbehalt:** es reicht aus, dass ein Eingriff durch ein Gesetz oder aufgrund eines Gesetzes (etwa durch Verwaltungsakt) erfolgt, z. B. Art. 2 II Satz 3 GG;
b) **qualifizierter Gesetzesvorbehalt:** das eingriffsrechtfertigende Gesetz muss an bes. Umstände anknüpfen, etwa das Vorliegen einer näher bestimmten Gefahr, z. B. Art. 13 III GG;
c) **ungeschriebene Grundrechtsschranken:** sie greifen ein, wenn ein Gesetzesvorbehalt fehlt. Dies ist etwa bei der Glaubens- und Gewissensfreiheit (Art. 4 I GG) und der Kunstfreiheit (Art. 5 III Satz 1 GG) der Fall. Nach h. M. haben derartige Grundrechte dort ihre Grenze, wo der grundrechtlich geschützte Freiheitsgebrauch Anderer beginnt (B) oder sie mit grundgesetzlich gewährleisteten Verfassungsgütern zusammenstoßen *(kollidierendes Verfassungsrecht).*

Das Erfordernis eines Gesetzesvorbehalts beruht auf dem Gedanken, dass Grundsrechtseingriffe der Verwaltung einer gesetzl. Ermächtigung bedürfen.

Dies war im 19. Jh. eine der zentralen Forderungen des Bürgertums im Kampf gegen die konstitutionelle Monarchie.

Im demokrat. Verfassungsstaat ist die Eigenmacht der Verwaltung noch stärker beschränkt. Nach h. M. muss der parlamentar. Gesetzgeber alle für die Bürger wesentl. Entscheidungen selbst treffen und darf sie nicht an die Verwaltung delegieren (sog. **Wesentlichkeitslehre**). Da ein Eingriff in Grundrechte für den Bürger stets wesentlich ist, folgt daraus, dass das Parlament die Voraussetzungen des Grundrechtseingriffs detailliert regeln muss. Der Gesetzesvorbehalt wird so zum **Parlamentsvorbehalt.**

Eingriffsschranken

Grundrechte lassen sich nicht beliebig durch Gesetz oder durch Berufung auf kollidierendes Verfassungsrecht einschränken. Die Möglichkeit, dem Grundrechtsgebrauch Schranken zu setzen, ist vielmehr ihrerseits beschränkt. Folgende Eingriffsschranken sind anerkannt:

- **Grundsatz der Verhältnismäßigkeit:** Der staatl. Eingriff muss *verhältnismäßig* sein. Dies ist dann der Fall, wenn das zur Erreichung des angestrebten Zwecks eingesetzte Mittel *geeignet* und *erforderlich* ist. Ein Mittel ist erforderlich, wenn kein gleich geeignetes milderes Mittel existiert.
- **Keine Einschränkung durch Einzelfallgesetz:** Eingriffe in Form von Gesetzen, die nur einen einzigen Anwendungsfall haben, sind verboten (Art. 19 I Satz 1 GG).
- **Zitiergebot:** Wird ein Grundrecht durch ein Gesetz eingeschränkt, muss im Gesetz das Grundrecht unter Angabe des Artikels genannt werden (Art. 19 I Satz 2 GG).
- **Wesensgehaltsgarantie:** Der Eingriff muss den Kern des Grundrechts unangetastet lassen (Art. 19 II GG). Es ist dem Staat verwehrt, ein Grundrecht auf dem Papier stehenzulassen, faktisch aber abzuschaffen.
- **Bestimmtheitsgrundsatz:** Das einschränkende Gesetz muss in Tatbestand und Rechtsfolge klar und eindeutig gefasst sein.

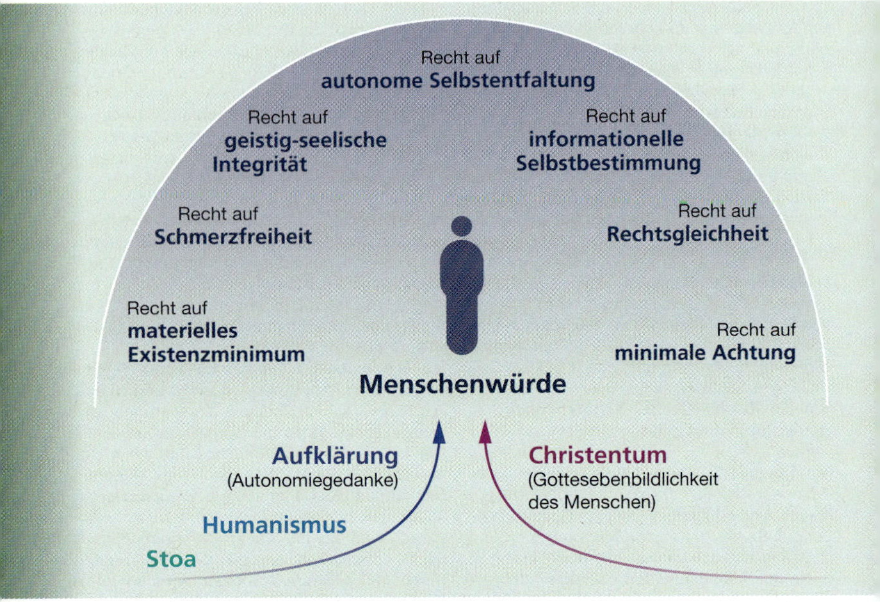

A Herkunft und Inhalt der Menschenwürde

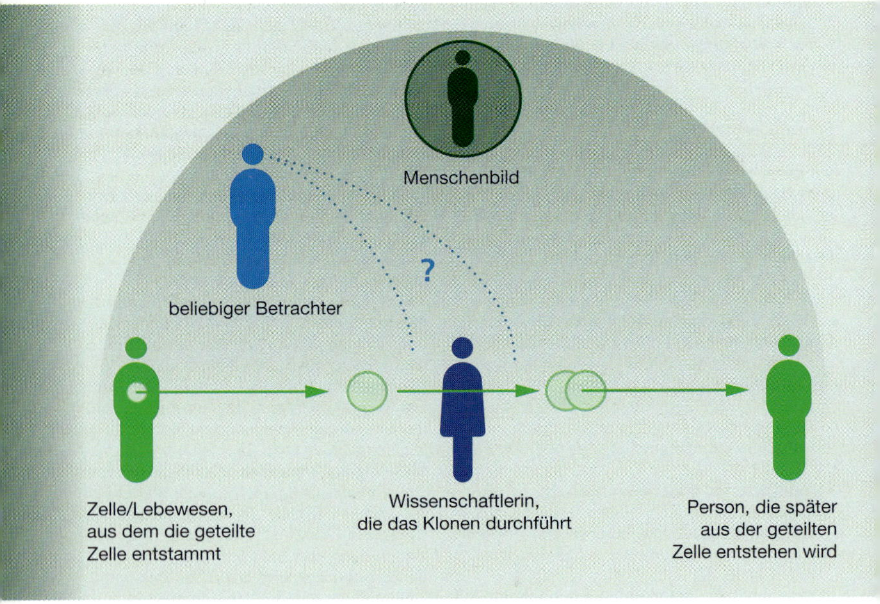

B Wessen Würde wird durch das Klonen einer Zelle verletzt?

Das **Bekenntnis zur Menschenwürde** (Art. 1 I GG) ist eine Antwort auf die Gewaltverbrechen des Nationalsozialismus und eine Absage an jede Form totalitärer Vereinnahmung des Individuums. Die Menschenwürde gehört als **oberster Wert und Maßstab allen staatlichen Handelns** zu den tragenden Prinzipien der dt. Verfassungsordnung.

Art. 1 I Satz 2 GG verpflichtet den Staat zum einen, die Menschenwürde zu *achten,* also sich aller Eingriffe zu enthalten. Zum anderen ist er verpflichtet, die Menschenwürde (aktiv) zu *schützen,* also Maßnahmen zu ihrer Bewahrung und Förderung zu ergreifen.

Die Menschenwürde steht unter **keinem Gesetzesvorbehalt.** Nicht einmal durch eine Verfassungsänderung darf sie angetastet werden (Art. 79 III GG). Jeder Eingriff in die Menschenwürde, mag er auch von der Mehrheitsmeinung getragen sein, ist demnach verfassungswidrig.

Soziolog. betrachtet ist die Menschenwürde der wohl letzte nahezu allg. akzeptierte Leitwert unserer Gesellschaft. Angesichts dieser überragenden Bedeutung überrascht es nicht, dass sich zahlreiche rechtspolit. Programme auf die Menschenwürde berufen. Der fast schon *inflationäre und floskelhafte Gebrauch* des Wortes 'Menschenwürde' gefährdet ihre einheitsstiftende Funktion. Immer wieder ist deshalb versucht worden, klare Kriterien dafür herauszuarbeiten, wann ein Verstoß gegen die Menschenwürde vorliegt.

In der Öffentlichkeit spricht man häufig von einem »Instrumentalisierungsverbot«. Dies greift jedoch zu kurz: Weder beinhalten alle Verstöße gegen die Menschenwürde eine »Instrumentalisierung« des Opfers – die eindeutig menschenwürdewidrige Folter kann durchaus Endzweck sein – noch liegt umgekehrt in jeder Instrumentalisierung zugleich eine Menschenwürdeverletzung.

Menschenwürde i. S. v. Art. 1 I GG ist ein **Rechtsbegriff.** Seine Definition kann der Begriffsverwendung in anderen Disziplinen (wie der Theologie oder Philosophie) entsprechen, muss es aber nicht. Einer Formulierung des Philosophen KANT folgend hat der Verfassungsrechtler GÜNTER DÜRIG vorgeschlagen, eine Verletzung der Menschenwürde dann anzunehmen, »wenn der konkrete Mensch zum Objekt, zu einem bloßen Mittel, zur vertretbaren Größe herabgewürdigt wird« (sog. **Objektformel**). Die Rspr. hat sich diesem Definitionsvorschlag weitgehend angeschlossen, während er in der Literatur als zu unbestimmt kritisiert und teilw. sogar als Leerformel bezeichnet wurde.

Um den Gehalt der Menschenwürdegarantie genauer herauszuarbeiten, muss ihre ideengeschichtl. Tradition ins Auge gefasst werden. Der Menschenwürdetopos hat im Wesentl. zwei Quellen (A): die Vorstellung vom **Selbstbestimmungsrecht** des Menschen *(Autonomie),* die über die Renaissance (PICO DELLA MIRANDOLA) bis in die gr. Antike (Stoa) zurückreicht, und die christl. Idee von der menschl. **Gottesebenbildlichkeit.**

Beide Ideen stehen zueinander in einem deutl. Spannungsverhältnis. Gemeinsam ist ihnen jedoch die Vorstellung, dass jedem Menschen ein unverlierbarer und unantastbarer **Eigenwert** zukommt. Der Begriff »Eigenwert« ist allerdings zu unbestimmt, um in verfassungsrechtl. Problemfällen eine eindeutige Lösung zu gewährleisten. Es ist deshalb erforderlich, die Menschenwürde durch eine Reihe **subjektiver Rechte** näher zu umschreiben. Eine Verletzung des menschl. Eigenwertes und damit ein Eingriff in seine Würde liegt danach vor,

- wenn einem Individuum existenznotwendige Güter, z. B. Nahrung, Luft, Raum, vorenthalten werden: **Recht auf das materielle Existenzminimum;**
- wenn einem Individuum minimale Freiheitsrechte genommen werden: **Recht auf autonome Selbstentfaltung;**
- wenn das Bewusstsein eines Individuums durch unwiderstehl. Mittel (Drogen, »Gehirnwäsche«) tiefgreifend verändert wird: **Recht auf geistig-seelische Integrität;**
- wenn einem Individuum schwerer und lang andauernder Schmerz zugefügt wird: **Recht auf Schmerzfreiheit;**
- wenn die höchstpersönl. Privatsphäre eines Individuums dem Zugriff Dritter offengelegt wird: **Recht auf informationelle Selbstbestimmung;**
- wenn einem Individuum der Status als Rechtsinhaber verweigert wird: **Recht auf Rechtsgleichheit** und
- wenn ein Individuum über die aufgeführten Eingriffsformen hinaus in extremer Weise erniedrigt oder um seine Selbstachtung gebracht wird: **Recht auf minimale Achtung.**

Keine Einigkeit besteht darüber, ob ein Menschenwürdeverstoß auch dann vorliegen kann, wenn sich eine Person freiwillig in eine unwürdige Situation bringt, z. B. in Peepshows.

Träger der Menschenwürde ist jeder einzelne Mensch. Ob auch (befruchtete) Eizellen und frühe Embryonen Menschenwürde besitzen, ist umstritten, richtigerweise aber zu verneinen. Problemat. ist ferner, ob Art. 1 I GG über den Schutz konkreter Individuen hinaus noch weitere Schutzwirkungen hat. Diese Frage ist bes. bei der Diskussion um die Gentechnik und Reproduktionsmedizin aktuell (B).

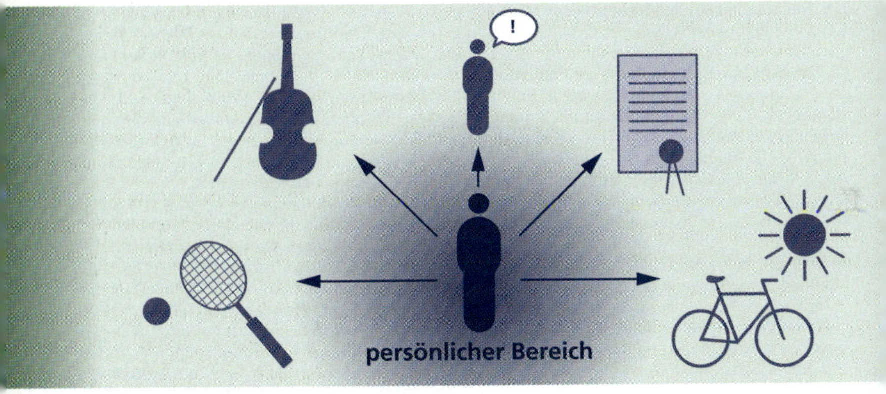

A Die freie Entfaltung der Persönlichkeit

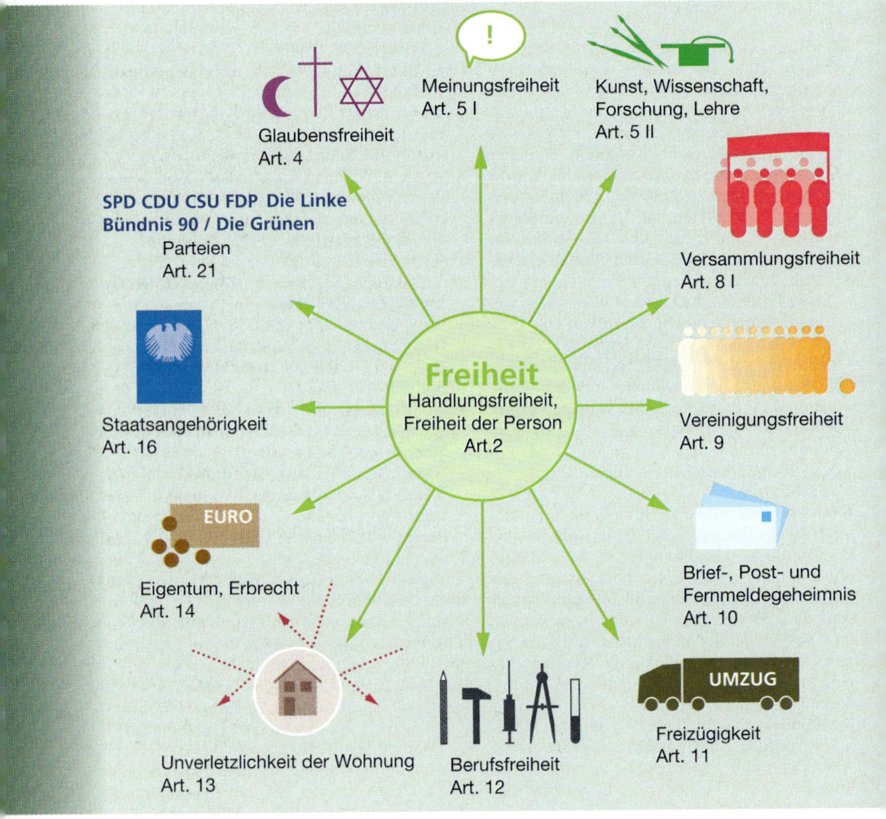

B Die Freiheitsrechte

Das **Recht auf freie Entfaltung der Persönlichkeit** (allgemeine Handlungsfreiheit) wird durch Art. 2 I GG geschützt. Es ist **eines der praktisch bedeutsamsten Grundrechte.**
Jeder Mensch ist danach frei, zu tun und zu lassen, was ihm beliebt, sofern er sich an die vom GG gezogenen Schranken hält.

Die freie Entfaltung wird nicht nur im persönl. Bereich geschützt, sondern auch im sozialen, wirtschaftl. oder kulturellen Kontext (A).

Wegen seines sehr weiten Schutzbereichs stellt Art. 2 I GG einen allg. **Auffangtatbestand** dar, der nur in solchen Fällen einschlägig wird, in denen speziellere Freiheitsrechte, etwa die Glaubens- oder die Meinungsfreiheit, nicht eingreifen (B).

Bsp.: Genuss von Rauschmitteln, Gestaltung der äußeren Erscheinung durch Kleidung oder Haartracht, individuelle Gestaltung der Freizeit; Orientierung an der traditionellen Rechtschreibung.

In der prakt. Fallprüfung ist Art. 2 I GG erst dann heranzuziehen, wenn sich speziellere Grundrechte als nicht einschlägig erwiesen haben.

Das BVerfG hat aus Art. 2 I GG (zusammen mit Art. 1 I GG) zusätzlich ein **allgemeines Persönlichkeitsrecht** entwickelt. Es soll v. a. die engere persönl. Lebenssphäre, die Ehre und das Verfügungsrecht über Darstellungen der eigenen Person gewährleisten.

Bsp.: Einschlägige Fälle sind etwa die Verwertung privater Tagebuchaufzeichnungen, Ehrverletzungen, Verletzungen des Rechts am eigenen Bild und die unkontrollierte Weitergabe persönl. Daten.

Für die Verletzung des allg. Persönlichkeitsrechts kann Schmerzensgeld (§ 253 II BGB) verlangt werden. Teilbereiche des allg. Persönlichkeitsrechts sind auch strafrechtlich geschützt, etwa die *Ehre* (§§ 185 ff. StGB) und der *persönl. Geheimbereich* (§ 201 ff. StGB).
Der weite Schutzbereich des Art. 2 Abs. 1 GG erweitert die Möglichkeit einer **Verfassungsbeschwerde** beträchtlich.

Da die allg. Handlungsfreiheit durch jede Handlungsnormierung und daher durch die meisten staatl. Gesetze eingeschränkt wird, muss fast jedes Gesetz am Maßstab des Art. 2 I GG gemessen werden. Kritiker bemängeln, dass dadurch das Recht, eine Verfassungsbeschwerde zu erheben, ausufere.

Die allg. Handlungsfreiheit und das allg. Persönlichkeitsrecht werden durch drei Gesichtspunkte, die sog. **Schrankentrias,** begrenzt: die *verfassungsmäßige Ordnung*, die *Rechte anderer* und das *Sittengesetz.*

1. Die **verfassungsmäßige Ordnung** besteht aus sämtl. Rechtsnormen, die mit der Verfassung in Einklang stehen, also auch aus einfachen Gesetzen. Die allg. Handlungsfreiheit unterliegt damit einem *einfachen Eingriffsvorbehalt.* Gesetze, die die Handlungsfreiheit einschränken, müssen in jeder Hinsicht der Verfassung entsprechen, sie müssen also in verfassungsgemäßer Weise zustande gekommen sein und darüber hinaus auch inhaltlich verfassungskonform sein.

   Unverhältnismäßige Eingriffe sind nicht erlaubt: Jeder Eingriff muss ein legitimes Ziel verfolgen und zur Zielerreichung geeignet und erforderlich sein; ein ebenso wirksames milderes Mittel darf also nicht existieren. Außerdem darf der Eingriff den Betroffenen nicht unangemessen belasten (Zumutbarkeit).
2. Die **Rechte anderer** sind sämtl. subjektiven Rechte anderer Personen.

   Da diese bereits in der verfassungsmäßigen Ordnung enthalten sind, kommt den Rechten anderer bei der Begrenzung der allg. Handlungsfreiheit keine eigenständige Bedeutung zu.
3. Der Verweis auf das **Sittengesetz** bezieht sich auf solche moral. Auffassungen, die in der Rechtsgemeinschaft allgemein oder zumindest nahezu allgemein als bes. wichtig akzeptiert werden *(Kern der geltenden Sozialmoral).*

   Der Inhalt des Sittengesetzes ist also dem histor. Wandel unterworfen. Ob es darüber hinaus ein unwandelbares überpositives Sittengesetz gibt, ist umstritten. Der Rechtsanwender ist jedenfalls nicht befugt, ohne weiteres die eigenen moral. Überzeugungen zur Geltung zu bringen.

Da heute fast alle Lebensbereiche gesetzl. bis ins Detail geregelt sind und diese Gesetze als Bestandteil der verfassungsmäßigen Ordnung gelten, spielt das Sittengesetz als Schranke der allg. Handlungsfreiheit in der Praxis kaum eine eigenständige Rolle.

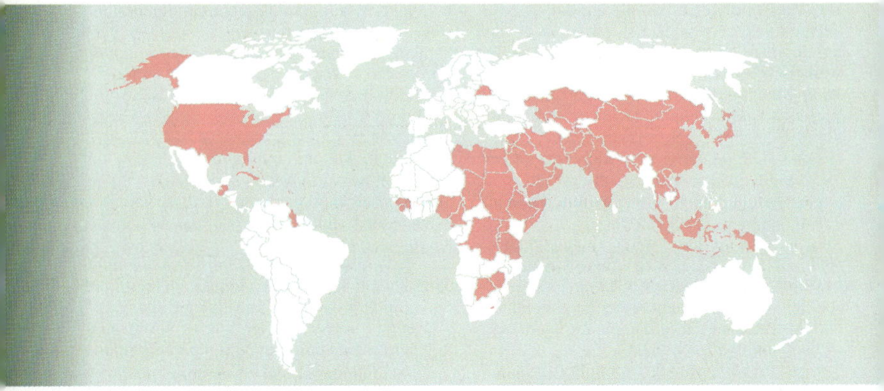

A Staaten, die Todesurteile vollstrecken (2007)

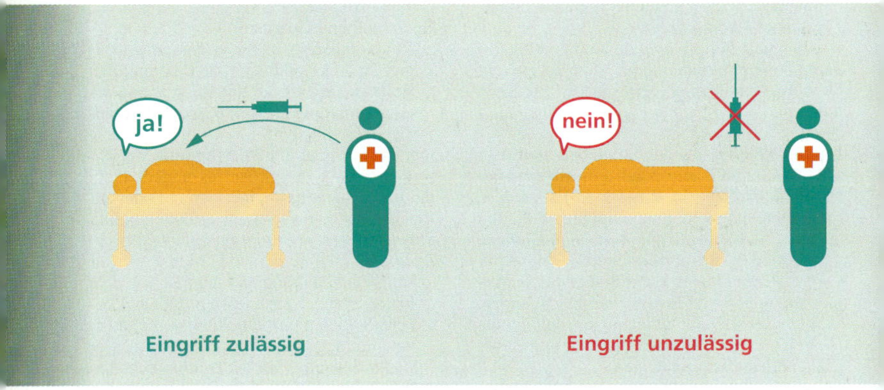

B Heileingriff und Einwilligung

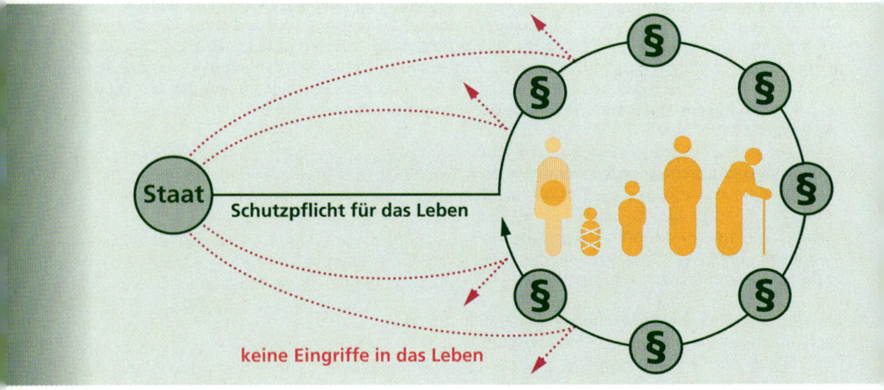

C Der staatliche Lebensschutz

Das **Recht auf Leben und körperliche Unversehrtheit** (Art. 2 II Satz 1 GG) schützt das körperl. Dasein sowie die physisch-psych. Unversehrtheit jedes Menschen gegen staatl. Eingriffe. Es steht *jedem geborenen Menschen* bis zu seinem Tod zu.

Das Grundrecht wurde als Reaktion auf die nationalsozialist. Massenmorde, Folterungen und Zwangsversuche an Menschen geschaffen und stellt in der dt. Verfassungsgeschichte ein Novum dar.

Als **Eingriffe** in dieses Recht sind alle Maßnahmen anzusehen, die das Leben oder die körperl. Unversehrtheit direkt oder indirekt beeinträchtigen.

Direkte Beeinträchtigungen des Rechts auf Leben sind etwa die Vollstreckung der Todesstrafe, die Art. 102 GG ausdrücklich verbietet (A), oder der polizeiliche Todesschuss. Eine *indirekte* Beeinträchtigung stellt die Pflicht zum Einsatz des eigenen Lebens dar, der u. a. Soldaten und Feuerwehrleute unterliegen.

Eine bes. umstrittene (direkte) Beeinträchtigung der körperl. Unversehrtheit ist der ärztl. Heileingriff. Nur die Einwilligung des Patienten kann den Eingriff rechtfertigen (B).

Auch leichte Beeinträchtigungen (z. B. die zwangsweise Veränderung der Haar- und Barttracht von Soldaten) stellen Eingriffe in das Recht auf körperl. Unversehrtheit dar.

Das *ungeborene menschl. Leben* (der Nasciturus) wird ab dem Zeitpunkt seiner Entstehung geschützt, also ab der Verschmelzung von Ei- und Samenzelle.

Umstritten ist allerdings die Intensität des vorgeburtl. Schutzes. Das BVerfG und viele Verfassungsinterpreten vertreten die Auffassung, dass das ungeborene mit dem geborenen Leben gleichzustellen sei. Diese Position ist aber mit der Zulässigkeit eines Schwangerschaftsabbruchs nur schwer zu vereinbaren. Das ungeborene menschl. Leben wird durch Art. 2 II Satz 1 GG zwar geschützt, doch tritt dieser Schutz in gravierenden Fällen hinter die Interessen der Mutter zurück.

Ungeklärt ist, ob das ungeborene menschl. Leben selbst Grundrechtsträger ist (Recht auf Leben als *subjektives* Recht) oder ob es lediglich durch Art. 2 II Satz 1 GG mitgeschützt ist (*objektiver* Schutz ohne eigene Grundrechtsträgerschaft).

Die Grundrechte auf Leben und körperl. Unversehrtheit sind in erster Linie *Abwehrrechte*, richten sich also gegen Eingriffe des Staates. Schon in seiner ersten Abtreibungsentscheidung (1975) hat das BVerfG allerdings ausgesprochen, dass sich aus dem Grundrecht auf Leben die Pflicht des Staates ergeben könne, menschl. Leben (aktiv) zu schützen (C). Dabei bleibt es dem Staat überlassen, wie er seiner Schutzpflicht nachkommen will.

Bes. umstritten ist, ob der Staat verpflichtet sein kann, zum Schutz des Lebens entsprechende *Strafrechtsvorschriften* zu erlassen. Dies ist lediglich dann der Fall, wenn mildere Mittel nicht zur Verfügung stehen. Beim Schwangerschaftsabbruch hat sich gezeigt, dass die staatl. Strafandrohung nicht geeignet war, das ungeborene Leben wirkungsvoll zu schützen.

Dagegen würde es gegen die staatl. Pflicht zum Lebensschutz verstoßen, wenn der Gesetzgeber die Strafbarkeit des Totschlags (§ 212 StGB) aufheben würde.

Aus dem Recht auf körperl. Unversehrtheit folgt, dass eine **ärztliche Zwangsbehandlung** von Strafgefangenen i. d. R. unzulässig ist. Bes. schwierig ist die Situation bei einem Hungerstreik:

Einerseits darf der Staat nicht durch Unterlassen von Ernährungsmaßnahmen das Leben oder die körperl. Unversehrtheit eines Gefangenen beeinträchtigen; andererseits ist er daran gehindert, aktiv in dessen körperl. Unversehrtheit einzugreifen.

Allenfalls bei akuter Lebensgefahr des Hungernden dürfte eine *staatl. Pflicht zur Zwangsernährung* anzunehmen sein.

Vereinzelt wird aus dem Recht auf körperl. Unversehrtheit eine staatl. Schutzpflicht gegen Umweltbeeinträchtigungen und damit ein **Grundrecht auf Umweltschutz** herzuleiten versucht. Im Umweltrecht spielen allerdings auch andere Grundrechte eine maßgebende Rolle, so etwa der Schutz der Berufsfreiheit (Art. 12 GG) und der Schutz des Eigentums (Art. 14 GG). Ein Grundrecht auf Umweltschutz kann jedenfalls nicht allein auf die Pflicht des Staates gestützt werden, die körperl. Unversehrtheit seiner Bürger zu schützen. Die Konstruktion derartiger Grundrechte läuft überdies Gefahr, die Entscheidungsmacht des Parlaments unangemessen zu beschränken.

Die Grundrechte auf Leben und auf körperl. Unversehrtheit stehen unter einem **Gesetzesvorbehalt** (Art. 2 II Satz 3 GG), können also gesetzl. eingeschränkt werden.

Das Recht auf Leben ist wegen seiner überragenden Bedeutung nur durch ein **Parlamentsgesetz** (Gesetz im formellen Sinn) einschränkbar. Dasselbe wird man auch für die körperl. Unversehrtheit anzunehmen haben; allenfalls leichte Beeinträchtigungen, z. B. die Vorgabe eines best. Haarschnitts, lassen sich auf Rechtsverordnungen (Gesetze im materiellen Sinn) stützen.

allgemeiner Gleichheitssatz

Art. 3 I

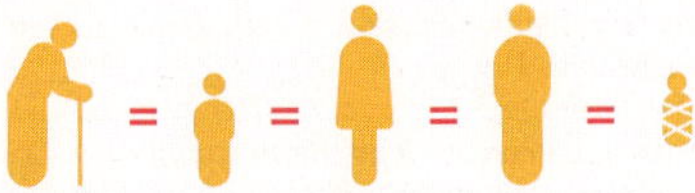

besondere Gleichheitssätze

Gleichberechtigung von Mann und Frau
Art. 3 II

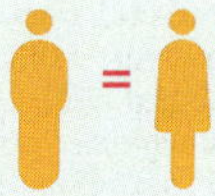

Gleichberechtigung nichtehelicher Kinder
Art. 6 V

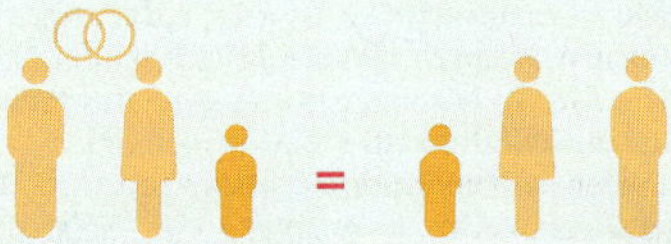

gleiche staatsbürgerliche Rechte und Pflichten
Art. 33 I

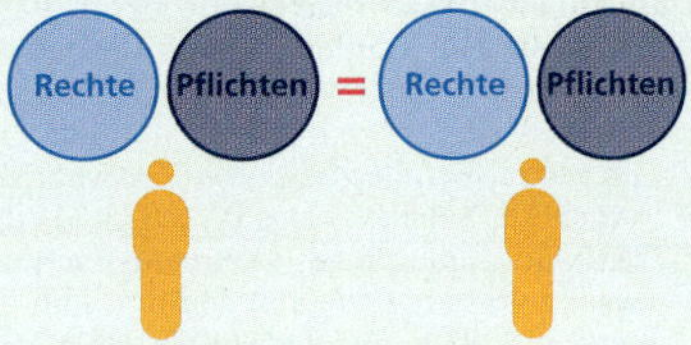

Gleichheit der Wahl
Art. 38 I

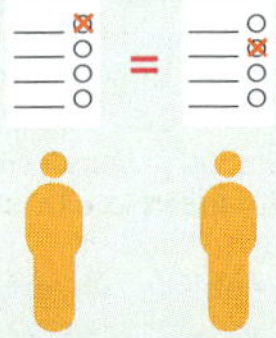

gleicher Zugang zu öffentlichen Ämtern
Art. 33 II

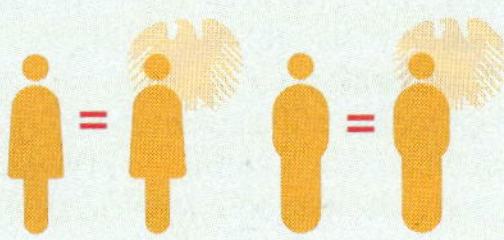

Der allgemeine und die besonderen Gleichheitssätze

Der **allgemeine Gleichheitssatz** schreibt vor, dass alle Menschen vor dem Gesetz gleich sind (Art. 3 I GG). Die Staatsgewalt darf Sachverhalte, die sich in wesentl. Hinsicht gleichen, nicht ohne hinreichenden Grund ungleich behandeln (*Diskriminierungs-* oder *Willkürverbot*).

Der allgemeine Gleichheitssatz ist ein **tragendes Konstitutionsprinzip** der dt. Rechtsordnung.

Anders als die Freiheitsgrundrechte mit ihrer Prüfungsabfolge Schutzbereich, Schranken und Eingriffsschranken erfolgt die Prüfung bei den Gleichheitsgrundrechten *zweistufig:* Zunächst wird eine Ungleichbehandlung festgestellt, anschließend wird gefragt, ob diese Ungleichbehandlung durch einen sachl. Grund gerechtfertigt werden kann.

Will der Gesetzgeber Personengruppen verschieden behandeln, so muss sichergestellt sein, dass für die vorgesehene Differenzierung Gründe bestehen, die die ungleichen Rechtsfolgen rechtfertigen können.

Der Gleichheitssatz gilt für die gesamte Staatsgewalt, also für den Gesetzgeber ebenso wie für die Verwaltung und die Rspr. Gesetze dürfen nicht willkürlich Unterscheidungen treffen (diskriminieren). Verwaltung und Rspr. müssen das Recht »ohne Ansehen der Person« anwenden. Jeder Träger öffentl. Gewalt muss sich auf sachl. Gründe stützen können, wenn in wesentl. Hinsicht gleiche Sachverhalte ungleich behandelt werden sollen.

Was in wesentl. Hinsicht gleich ist und auf welche sachl. Gründe die Unterscheidung gestützt werden soll, gibt das GG allerdings nicht vor. Hier existiert ein erhebl. Ermessensspielraum für Rechtssetzung und Verwaltung.

In Art. 3 III S. 1 GG werden best. Unterscheidungsmerkmale

– Geschlecht, Abstammung, Rasse, Sprache, Heimat und Herkunft, Glauben, religiöse oder polit. Anschauungen –

von vornherein ausgeschlossen. Sie stellen also keine sachl. Gründe dar, an die die Staatsgewalt bei einer Besser- oder Schlechterstellung anknüpfen darf.

Bsp.: Dem Gesetzgeber ist es verwehrt, die Höhe best. Sozialleistungen von der Rasse oder dem Geschlecht des Empfängers abhängig zu machen.

Die **Verwaltung** ist an die Gesetze gebunden. Nicht wenige Rechtsnormen räumen der Verwaltung aber (z. T. beträchtl.) Ermessensspielräume ein. Hat sich einmal eine ständige Verwaltungspraxis etabliert, darf die Verwaltung davon im Einzelfall nicht ohne rechtfertigenden Grund abweichen **(Selbstbindung der Verwaltung).** Dies gilt nur dann nicht, wenn die ständige Verwaltungspraxis rechtswidrig war. Es existiert also kein Anspruch auf Fehlerwiederholung.

Hat etwa eine Behörde zu Unrecht an eine größere Zahl von Menschen Geldleistungen erbracht und erkennt dann ihren Fehler, kann sich ein neuer Bewerber nicht auf das Argument stützen, die anderen hätten die Geldleistungen schließlich auch erhalten. Es gibt **keine Gleichheit im Unrecht.**

Die **Gleichberechtigung von Mann und Frau** gehört zu den meistdiskutierten rechtspolit. Fragen der Gegenwart. Es ist grundsätzl. unzulässig, das Geschlecht als Ansatzpunkt einer rechtl. Ungleichbehandlung zu wählen.

Bsp.: Strikte Quotenregelungen für den öffentl. Dienst, die einen Vorrang von Frauen bei der Besetzung staatl. Stellen vorsehen, knüpfen die Ungleichbehandlung ausschließlich an das Geschlecht und sind deshalb verfassungswidrig (vgl. auch Art. 33 II GG, § 7 BRRG).

Dagegen sind geschlechtsspezif. Sonderregelungen, die sich durch objektive biolog. Merkmale rechtfertigen lassen, zulässig (z. B. Schwerstarbeitsverbote für Frauen). Die Bedeutung biolog. Unterschiede nimmt allerdings durch die zunehmende Technisierung der Arbeitswelt immer mehr ab.

Im Hinblick auf das Gleichberechtigungsgebot fragwürdig ist die einseitige Belastung des Mannes mit öffentl. Dienstpflichten (Wehrdienst, Ersatzdienst, vgl. Art. 12 a GG) und die Privilegierung der Frau beim Renteneintrittsalter.

Der 1994 neu in das GG aufgenommene Art. 3 II S. 2 sieht vor, dass der Staat die tatsächl. Durchsetzung von Gleichberechtigung zwischen den Geschlechtern zu *fördern* habe. Damit sind bes. Maßnahmen gemeint, die einer nicht gerechtfertigten Ungleichbehandlung von Frauen (etwa bei der Entlohnung) entgegenwirken sollen. Andererseits sind auch solche Regelungen, die aufgrund des traditionellen Rollenverständnisses eine Besserstellung von Frauen vorsahen, durch den Gleichheitsgrundsatz zunehmender Erosion ausgesetzt.

Bsp.: Ein Nachtarbeitsverbot für Arbeiterinnen ist nach Ansicht der Rspr. mit dem Gleichheitsgrundsatz unvereinbar.

Besondere Gleichheitssätze (Abb.) enthalten u. a. die Art. 6 V GG (Gleichstellung von unehelichen Kindern), 33 I GG (gleiche staatsbürgerl. Rechte und Pflichten), Art. 33 II GG (gleicher Zugang zu öffentl. Ämtern) und Art. 38 I GG (Allgemeinheit und Gleichheit der Wahl). Art. 3 I GG tritt hinter sie zurück.

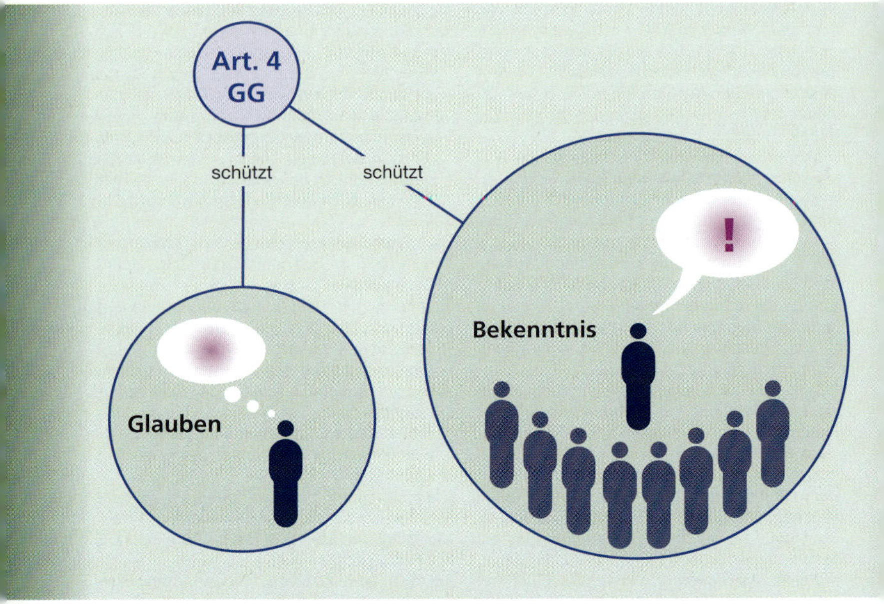

A Forum internum und forum externum

B Das Grundrecht der Glaubensfreiheit

Die **Glaubensfreiheit** wird in Art. 4 I und II GG geregelt und umfasst die **Freiheit, einen Glauben zu bilden, danach zu leben, zu bekennen** und **danach zu handeln.** Letzteres schließt auch die Werbung für einen Glauben ein. Durch Art. 4 GG wird nicht nur der Innenbereich des Glaubens, das sog. *forum internum,* geschützt, sondern auch der Außenbereich, d. h. das Recht, seinen Glauben zu zeigen und dafür zu werben, das sog. *forum externum* (A).

Art. 4 I GG schützt ferner die Freiheit, sich seinem **Gewissen** gemäß zu entscheiden. Eine Gewissensentscheidung ist jede an den Kategorien von Gut und Böse orientierte Entscheidung, die der Einzelne als für sich bindend erfährt. Sie setzt das Gefühl einer moral. Verpflichtung voraus.

Das Grundrecht richtet sich als *Abwehrrecht* gegen staatl. Eingriffe; Teilhabe- oder Leistungsansprüche lassen sich daraus nicht herleiten. Der Schutz des Art. 4 GG gilt vor allem **natürlichen Personen.** Doch auch die als jurist. Personen des öffentl. Rechts anerkannten **Religionsgemeinschaften** können sich auf die Glaubensfreiheit berufen und damit eigene Rechte gegen den Staat geltend machen.

Bei der Auslegung von Art. 4 I GG ist darauf zu achten, dass umstrittene religiöse oder weltanschauliche Richtungen nicht einfach durch eine geeignete definitor. Festlegung aus dem Schutzbereich des Grundrechts herausgenommen werden dürfen.

Der **Begriff »Glaube«** ist weit gefasst und beinhaltet jede von einer Einzelperson verinnerlichte Überzeugung von der Stellung des Menschen in der Welt, der Existenz höherer Mächte oder Kräfte und dem Verhältnis des Menschen zu ihnen. Glaubensfreiheit genießen damit sowohl Religionen wie Weltanschauungen in allen ihren Ausprägungen (mit Einschluss des Atheismus; B).

Nicht nur Anhänger der in unserem Kulturkreis traditionell vertretenen Religionen sind geschützt, sondern auch *Minderheitenreligionen* (Sekten). Es reicht allerdings nicht aus, einen Glauben nur zu behaupten; vielmehr muss die religiöse oder weltanschaul. Bindung in nachvollziehbarer Weise dargelegt werden. V. a. bei betont wirtschaftl. ausgerichteten Vereinigungen (z. B. Scientology) muss genau geprüft werden, ob die Berufung auf die Glaubensfreiheit nicht bloß als Vorwand dient, um den Schutz von Art. 4 GG zu erlangen.

Zur Glaubensfreiheit gehört die Freiheit, einen Glauben oder eine Weltanschauung nicht zu teilen und sich dagegen auszusprechen; die **negative Glaubens- und Weltanschauungsfreiheit.** Der Staat wird durch Art. 4 GG zu religiöser und weltanschaul. Neutralität verpflichtet. Die negative Glaubensfreiheit ist schon wiederholt Gegenstand intensiver verfassungsrechtl. und verfassungspolit. Auseinandersetzungen gewesen. Dies gilt bes. für den schulischen Bereich.

Bsp.: Ein freiwilliges überkonfessionelles Schulgebet verstößt nicht gegen die negative Glaubens- und Bekenntnisfreiheit, wenn die ablehnenden Schüler bzw. deren Eltern frei über die Teilnahme am Gebet entscheiden können. Dagegen stellt die Pflicht zum Aufhängen von Kreuzen in öffentl. Schulen einen Verstoß gegen Art. 4 I GG dar.

Religiös fundierte Bekleidungsvorschriften können u. U. eine Befreiung vom Sportunterricht erforderlich machen.

Niemand ist verpflichtet, seine religiöse Überzeugung zu offenbaren. Art. 137 I WRV legt die **Trennung von Staat und Kirche** fest, die im GG allerdings nur unvollkommen durchgeführt ist, wie v. a. die staatl. Einziehung der Kirchensteuer und der Religionsunterricht an staatl. Schulen zeigen.

Das Verhältnis zwischen Staat und Kirche wird durch das *Staatskirchenrecht* geregelt.

Art. 4 GG selbst enthält **keine Eingriffsermächtigung.** Eine Übertragung der Schranken aus Art. 2 I GG (Rechte anderer, verfassungsgemäße Ordnung, Sittengesetz) oder Art. 5 II GG (allgemeine Gesetze) hat das BVerfG abgelehnt. Eine unbeschränkte Ausübung der eigenen Glaubens- und Gewissensüberzeugungen würde jedoch in vielen Fällen die ebenfalls verfassungsmäßig geschützten Rechte Anderer verletzen. Aus diesem Grund sind bei kollidierenden Grundrechten Begrenzungen der Glaubens- und Gewissensfreiheit notwendig (verfassungsimmanente Schranken durch kollidierendes Verfassungsrecht). Es ist ein Ausgleich zu finden, der die betroffenen Grundrechtspositionen möglichst wenig einschränkt.

Die **Kriegsdienstverweigerung aus Gewissensgründen** (Art. 12 a I GG) ist ein Sonderfall der Gewissensfreiheit und wird in Art. 4 III GG geregelt:

Anstelle des im Wehrpflichtgesetz (WPflG) geregelten Wehrdienstes ist ein Ersatzdienst zu leisten. Die gängigste Form des Ersatzdienstes ist der Zivildienst. Dessen Einzelheiten sind im Gesetz über Zivildienst (ZDG) festgelegt. Nach § 24 II ZDG entspricht die Dauer des Zivildienstes der Dauer des Grundwehrdienstes.

Der Ersatzdienst darf, anders als der Wehrdienst, nicht aus Gewissensgründen verweigert werden.

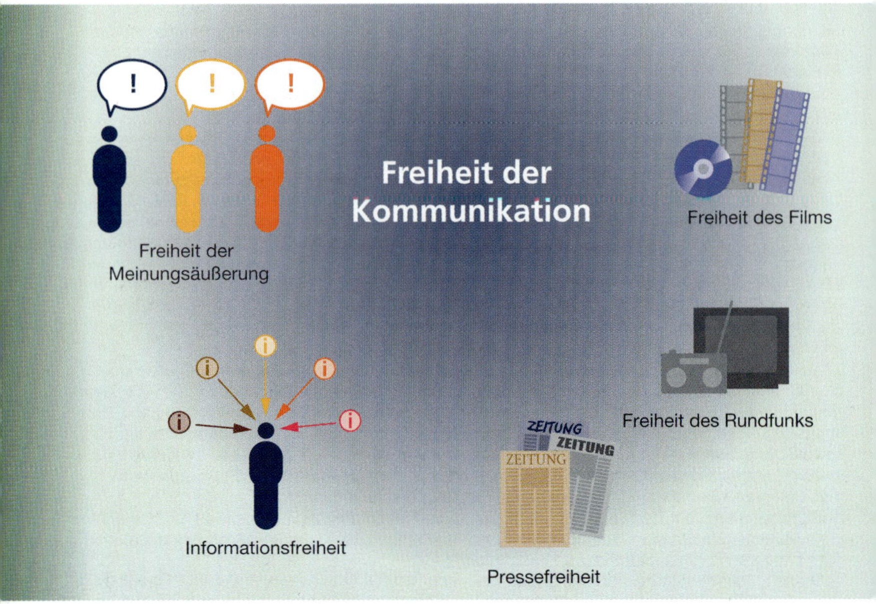

A Die Freiheit der Kommunikation

Auflagengrößenklasse	1954		1976		1991		2004	
bis 1.000	25	4,0%	7	1,7%	1	0,2%	2	0,6%
1.001-2.000	80	12,8%	27	6,7%	12	2,9%	4	1,1%
2.001-5.000	172	27,6%	55	13,6%	38	9,3%	25	7,0%
5.001-10.000	116	18,6%	92	22,8%	86	21,0%	73	20,3%
10.001- 20.000	84	13,5%	77	19,1%	85	20,7%	76	21,2%
20.001-40.000	59	9,5%	55	13,6%	64	15,6%	54	15,0%
40.001-60.000	22	3,5%	23	5,7%	28	6,8%	31	8,6%
60.001-100.000	23	3,7%	17	4,2%	22	5,4%	25	7,0%
100.001-150.000	16	2,6%	15	3,7%	22	5,4%	31	8,6%
150.001-200.000	9	1,4%	18	4,5%	23	5,6%	16	4,5%
200.001-250.000	4	0,6%	6	1,5%	11	2,7%	10	2,8%
über 250.000	2	0,3%	10	2,5%	18	4,4%	8	2,2%
ohne Angaben	12	1,9%	1	0,2%	-	-	4	1,1%
Zeitungsverlage insgesamt	624		403		410		359	

	1954	1964	1969	1976	1981	1989	1991	2007
Verlagsbetriebe, die Tageszeitungen herausgeben	624	573	517	403	392	358	410	352
redaktionelle Ausgaben von Tageszeitungen	1.500	1.495	1.372	1.229	1.258	1.344	1.673	1.524
Vollredaktionen (so genannte publizistische Einheiten)	225	183	149	121	124	119	158	136
Verkaufsauflagen aller Tageszeitungen in Mio. Exemplaren	13,4	17,3	18,1	19,5	20,4	20,3	27,3	20,78
Leserdichte (Tageszeitungsexemplare je 1000 Einwohner)	344	390	399	428	430	381	406	302

B Pressekonzentration in der BRD

Die **Freiheit der Kommunikation** wird in Art. 5 I GG geregelt und umfasst fünf Grundrechte (A):

- das Recht, seine Meinung in Wort, Schrift und Bild frei zu äußern und zu verbreiten *(Freiheit der Meinungsäußerung),*
- das Recht, sich aus allgemein zugängl. Quellen ungehindert zu unterrichten *(Informationsfreiheit)* sowie
- das Recht, Druckwerke, Rundfunk und Filme frei zu gestalten und zu verbreiten *(Pressefreiheit, Freiheit des Rundfunks und Freiheit des Films).*

Die Kommunikationsfreiheit ist eines der wichtigsten Grundrechte und gehört zu den wesentl. Voraussetzungen einer offenen Gesellschaft.

Das **Recht auf freie Meinungsäußerung** erfasst zum einen *Werturteile,* zum anderen *Tatsachenbehauptungen,* soweit sie der Meinungsbildung dienen und es sich nicht um bewusst unwahre Behauptungen handelt. Der Schutz von Werturteilen ist unabhängig davon, ob die dahinterstehende Wertung von der Mehrheitsmeinung getragen wird.

Auch wer abwegige Werturteile äußert, kann sich auf die Meinungsfreiheit berufen. Dasselbe gilt für falsche Tatsachenbehauptungen, solange sie der Sprecher für richtig hält *(Freiheit zum Irrtum).*

Das Grundrecht auf Meinungsfreiheit ist ein *Jedermannsrecht;* es steht also nicht nur Deutschen zu, sondern allen Menschen, die sich im Geltungsbereich des GG aufhalten.

Ziel der Informationsfreiheit ist es, staatl. Informationsbeschränkungen (z. B. durch Verbot bestimmter Schriften oder die Sperrung von Archiven) entgegenzuwirken. Die Informationsfreiheit stellt in der dt. Verfassungstradition ein Novum dar. Sie schützt nicht die Möglichkeit, die Meinungsbildung anderer zu beeinflussen, sondern die **Grundlagen der eigenen Meinungsbildung.**

Bsp.: für allg. zugängl. Informationsquellen: Druckwerke aller Art, Rundfunk- und Fernsehsendungen, öffentl. Informationsveranstaltungen, Gerichtsverhandlungen.

Zur **Presse** gehören nicht nur periodisch erscheinende Druckwerke (Zeitungen und Zeitschriften), sondern auch einmalige Publikationen (Bücher, Handzettel). Geschützt ist die Beschaffung, Gestaltung, Bewertung und Verbreitung von Information durch die im Pressewesen tätigen Personen und Unternehmer. Grundrechtsberechtigte sind damit v. a. die Verleger, Redakteure und Journalisten.

Die Presse ist zu wahrheitsgetreuer Berichterstattung verpflichtet und muss Nachrichten vor ihrer Weitergabe prüfen. Neben der Berichterstattung über *Fakten* ist auch ihre *Bewertung* durch das Grundrecht auf Meinungsfreiheit geschützt, wobei eine faire Berichterstattung voraussetzt, dass Nachricht und Meinung getrennt werden.

Ein weiteres Sonderproblem stellt die teilw. erhebl. **Pressekonzentration** dar, die die Meinungsvielfalt bedroht (B). Da Art. 5 I GG nicht nur ein Abwehrrecht gegen staatl. Eingriffe formuliert, sondern darüber hinaus die *institutionelle Garantie* einer freien Presse darstellt, ist es Aufgabe des Gesetzgebers, durch geeignete Maßnahmen (Fusionskontrolle, evtl. auch Marktanteilsbegrenzung) Meinungsmonopole in der Presse zu verhindern.

Die **Rundfunkfreiheit** umfasst ebenso wie die Freiheit der Presse die Beschaffung und Verbreitung von Nachrichten und Meinungen. Das Grundrecht schützt öffentl.-rechtl. wie private Rundfunkanstalten (duales System).

Der Begriff **»Rundfunk«** wird definiert als jede an eine unbestimmte Vielzahl von Personen gerichtete Übermittlung von Gedankeninhalten durch elektromagnet. Wellen oder vergleichbare techn. Vorrichtungen.

Damit sind Hörfunk, Fernsehen und auch das Internet als Rundfunk einzustufen, nicht dagegen das private Telefonat.

Die Rundfunkfreiheit ist in bes. Maße auf die rechtl. Ausgestaltung durch den Gesetzgeber angewiesen (normgeprägtes Grundrecht).

Nach Ansicht des BVerfG ist die polit. und kulturelle »Grundversorgung« mit Information Aufgabe der öffentl.-rechtl. Rundfunkanstalten, die sich dafür, anders als die privaten, über Gebühren finanzieren dürfen.

Die Kommunikationsgrundrechte finden ihre Grenze an den **allgemeinen Gesetzen** (Art. 5 II GG). Das sind Bestimmungen, die unter Wahrung der Meinungsneutralität andere hochrangige Ziele schützen und nicht gezielt einzelne Meinungen einschränken.

Eine staatl. **Zensur,** gemeint ist damit nur die Zensur vor der Publikation, die sog. *Vorzensur,* ist in keinem Fall zulässig.

Begrenzt werden die Kommunikationsgrundrechte durch die **Gesetze zum Jugendschutz** (bes. das Gesetz über die Verbreitung jugendgefährdender Schriften) und die **Gesetze zum Schutz der Ehre** (§§ 185 ff. StGB).

Gesetze, die ein Kommunikationsgrundrecht einschränken, sind nach der Rspr. des BVerfG so auszulegen, dass das jeweilige Grundrecht möglichst wenig eingeschränkt wird *(Wechselwirkungstheorie).* Dies wird damit begründet, dass der Kampf der Meinungen für eine Demokratie unverzichtbar ist. V. a. das BVerfG neigt dazu, der Meinungsfreiheit im öffentl. Raum den Vorrang vor anderen Rechtsgütern einzuräumen.

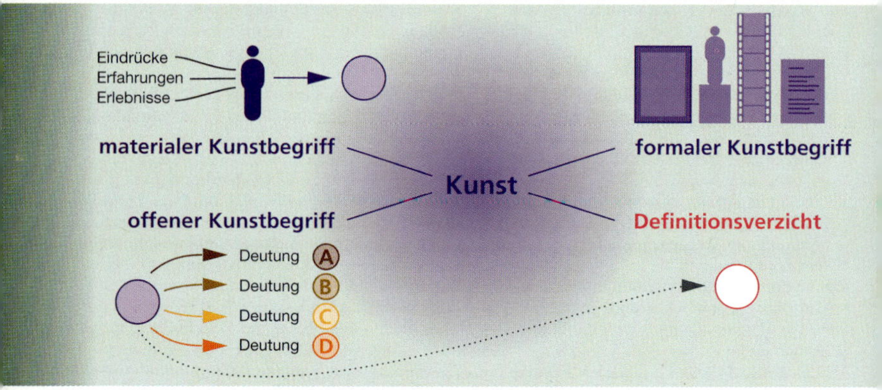

A Der Kunstbegriff und seine Interpretation

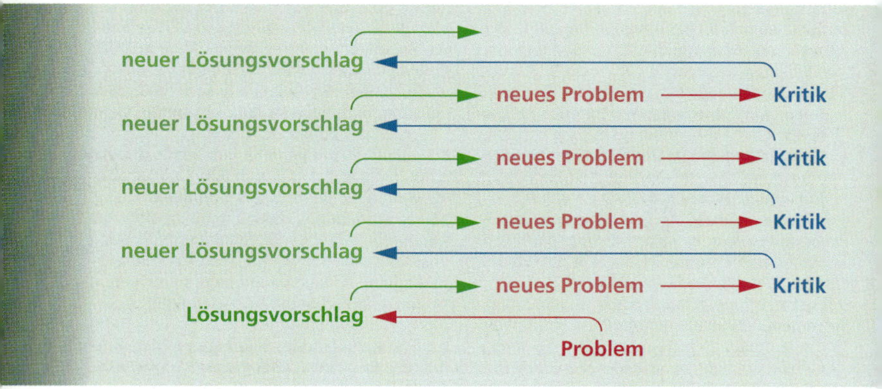

B Modell der Wissenschaft

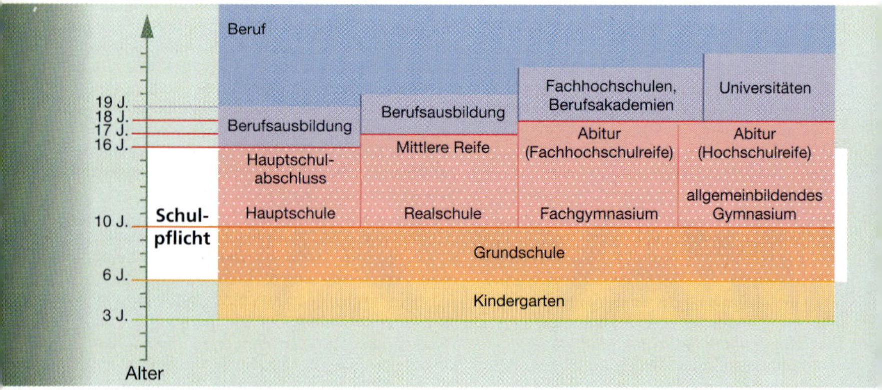

C Das Bildungssystem in Deutschland

Der Begriff **»Kunst«** (Art. 5 III GG) ist umstritten.

Die Ansicht, »Kunst« sei nicht definierbar oder dürfe vom Gesetzgeber nicht definiert werden **(Definitionsverzicht),** ist wenig überzeugend, denn ohne einen zumindest einigermaßen präzisen Kunstbegriff würde das Grundrecht ins Leere laufen.

Bei der Auslegung geht es nicht um eine willkürl. Festsetzung dessen, was als »Kunst« gelten soll, sondern um eine *begriffliche Ausführung* des in der Rechtsgemeinschaft geltenden Kunstverständnisses (A).

Das BVerfG hat die künstler. Betätigung dadurch gekennzeichnet, dass in ihr »Eindrücke, Erfahrungen, Erlebnisse des Künstlers durch das Medium einer best. Formensprache zu unmittelbarer Anschauung gebracht« würden **(materialer Kunstbegriff).**

Nach a. A. zeichnet sich ein Kunstwerk dadurch aus, dass es sich einem best. Werktyp (Bild, Skulptur, Gedicht usw.) zuordnen lässt **(formaler Kunstbegriff).**

In der neueren Rspr. wird das Wesentliche eines Kunstwerks teilw. darin gesehen, dass es fortgesetzter Deutung zugänglich ist (**offener Kunstbegriff).**

Dadurch wird der Kunstbegriff allerdings nicht mehr nach dem künstler. Objekt, sondern nach der (grundsätzl. unerschöpflichen) Deutungstätigkeit des Interpreten bestimmt, sodass der offene Kunstbegriff auf einen Definitionsverzicht hinausläuft.

Einigkeit besteht weitgehend darüber, dass der Schutz der Kunstfreiheit auch Werken zukommen muss, die als ungewöhnlich oder gar als hässlich oder anstößig empfunden werden (Happenings, Duftereignisse, Schock-Kunst, pornograph. Provokationen).

Eine Differenzierung in »höhere« und »niedere« Kunst ist im Hinblick auf die Kunstfreiheit unzulässig.

Die Kunstfreiheit umfasst sowohl die Herstellung des Kunstwerks **(Werkbereich)** als auch seine Zurschaustellung **(Wirkbereich).**

Der Kunstkonsum fällt nach h. M. nicht in den Schutzbereich der Kunstfreiheit.

Die Kunstfreiheit wird vom GG **ohne Gesetzesvorbehalt** gewährleistet. Auch die Schranken des Art. 5 II GG (»allgemeine Gesetze«) und Art. 2 I GG (»Sittengesetz«) sind nicht einschlägig. Es herrscht aber Einigkeit darüber, dass nicht jede Form von Kunst zulässig sein kann.

Bsp.: Darbietung von Kunstwerken auf einer vielbefahrenen Straßenkreuzung, Selbstverstümmelung, Verletzung des Eigentums oder der körperl. Unversehrtheit anderer.

Die Freiheit der Kunst findet ihre Grenze an den Grundrechten anderer und an den von der Verfassung gewährten Prinzipien *(kollidierendes Verfassungsrecht).*

Die **Freiheit der Wissenschaft** umfasst Forschung und Lehre.

Wissenschaftl. Forschung ist das planmäßige Streben nach Erkenntnissen, die in nachprüfbarer Weise formuliert und systemat. geordnet werden.

Kennzeichen von Wissenschaft ist die intersubjektive Nachprüfbarkeit der in ihr formulierten Sätze sowie ihre Kritikoffenheit: Jede wissenschaftl. Aussage muss sich prinzipiell wieder in Frage stellen lassen (B).

Grundrechtsberechtigt sind Hochschullehrer (auch an Fachhochschulen), Assistenten und auch Studierende, sofern sie in die wissenschaftl. Forschung eingebunden sind. Darüber hinaus sind auch die (staatl. wie privaten) Hochschulen selbst sowie die einzelnen Fakultäten als jurist. Personen des öffentl. Rechts Grundrechtsträger.

Eingriffe in die Wissenschaftsfreiheit sind Maßnahmen, die den Prozess der wissenschaftl. Erkenntnisgewinnung und -vermittlung mehr als nur unerheblich behindern.

Wie die Kunstfreiheit ist auch die Wissenschaftsfreiheit ohne Gesetzesvorbehalt gewährt. Sie ist deshalb nur durch die verfassungsmäßig geschützten Rechte anderer begrenzt.

Das gesamte **Schulwesen** steht nach Art. 7 I GG unter der Aufsicht des Staates. Damit wird eine umfassende Planungs-, Organisations- und Leistungsfunktion des Staates festgelegt. Das Schulwesen umfasst alle Einrichtungen, die der Vermittlung von Wissen und anderen Bildungsgütern dienen und einer größeren Zahl von Personen offen stehen (C). Hochschulen gehören nicht dazu.

Ob sich aus Art. 7 I GG zusammen mit dem Sozialstaatsprinzip ein **»Recht auf Bildung«** begründen lässt, ist umstritten, wird aber überwiegend verneint.

Art. 7 III Satz 1 GG gewährleistet in den öffentl. Schulen den **Religionsunterricht** als ordentl. Lehrfach. Die Religionsgemeinschaften, aber auch Eltern und Schüler haben einen Anspruch darauf, dass bei hinreichend großer Schülerzahl einer best. religiösen Richtung ein entsprechender Religionsunterricht erteilt wird. Dies kann auch ein nicht-christl. (z. B. islam.) Unterricht sein. Der Unterricht muss in Übereinstimmung mit den Grundsätzen der jeweiligen Religionsgemeinschaft erteilt werden.

Durch die Vorschrift wird die Trennung von Kirche und Staat durchbrochen.

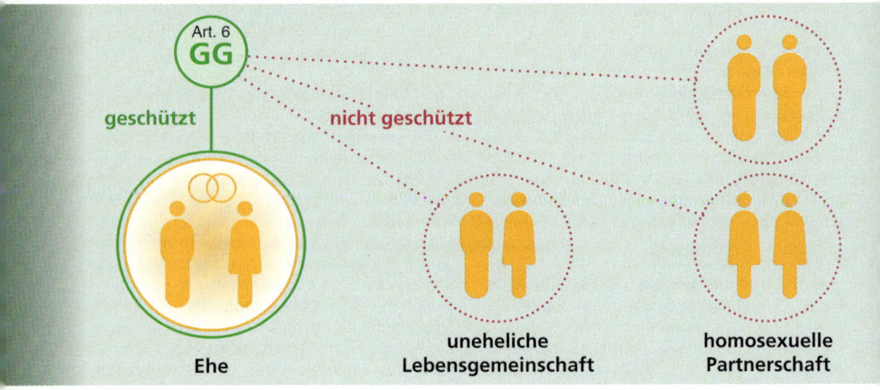

A Der Schutz der Ehe

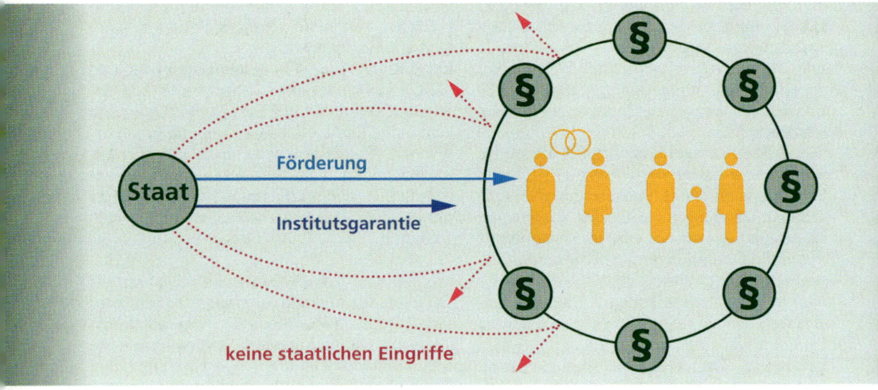

B Der besondere Schutz von Ehe und Familie

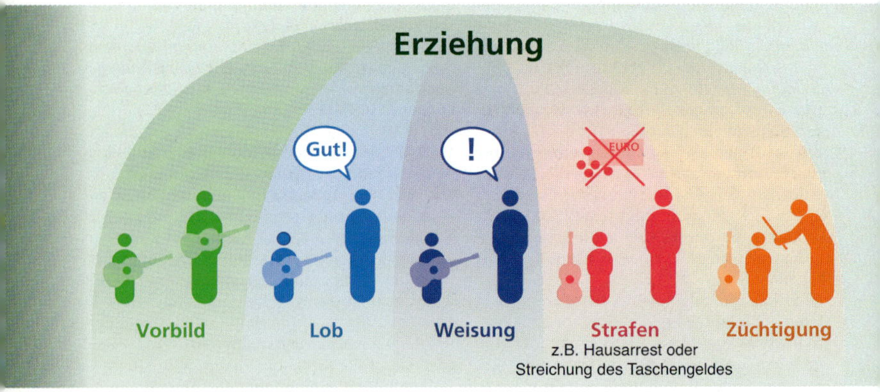

C Erziehungsmittel

Ehe und Familie werden vom GG bes. geschützt (Art. 6). Das Leitbild von Ehe und Familie hat sich allerdings in den letzten Jahrzehnten stark verändert.

Noch in den 1950er Jahren wurden Ehe und Familie unter dem Einfluss des *christl. Eheverständnisses* als nahezu identisch angesehen. Die Familie war die normale Folge der Ehe. In den vergangenen Jahrzehnten hat die Zahl kinderloser Ehen erheblich zugenommen. Auch das Heiratsalter ist stark angestiegen.

Unter **»Ehe«** versteht das GG die auf Dauer angelegte, grundsätzl. unauflösliche Lebensgemeinschaft von Mann und Frau. Dazu gehört eine formelle Eheschließung (Standesamt). Auch in der Ehe sind Mann und Frau gleichberechtigt (Art. 3 II S. 1 GG). *Nichteheliche Lebensgemeinschaften* werden von Art. 6 I GG ebenso wenig erfasst wie *homosexuelle Partnerschaften* (A).

Häufig wird gefordert, zumindest auf Dauer angelegte nichtehel. Lebensgemeinschaften mit Ehen *gleichzustellen*. Dabei wird aber übersehen, dass die Ehe nicht nur Rechte, sondern auch Pflichten nach sich zieht, z. B. Unterhalt bei Scheidung oder Erbansprüche. Wenn ein Paar bewusst auf eine förmliche Eheschließung verzichtet, erscheint es kaum angängig, sämtl. Ehefolgen zwangsweise aufzuerlegen. Möglich und wünschenswert ist es aber, einzelne Ehefolgen, z. B. Informationsrecht bei Krankheit, auf nichtehel. Lebensgemeinschaften zu übertragen. Für gleichgeschlechtl. Paare wurde 2001 das Rechtsinstitut der eingetragenen Lebenspartnerschaft nach dem LPartG eingeführt. Es sieht gegenseitige Rechte und Pflichten vor, die denen der Ehe in weiten Teilen nachgebildet sind.

Eine **Familie** ist die Gemeinschaft von Eltern mit ihren Kindern. Nach der Rspr. besteht zwischen Eltern und Kindern eine lebenslange Beistandspflicht.

Bes. Probleme wirft der Fall auf, in dem aus einer nichtehel. Lebensgemeinschaft Kinder hervorgegangen sind. Hier wird teilw. angenommen, es bestünden zwei Familien, eine zwischen Mutter und Kind und eine zwischen Vater und Kind. Diese Konstruktion wird allerdings zu Recht als lebensfremd kritisiert. Vorzugswürdig ist es, nichtehel. Lebensgemeinschaften mit (mindestens einem) Kind als Familie i. S. v. Art. 6 I GG anzusehen.

Der **»besondere Schutz«** von Ehe und Familie wirkt sich in dreierlei Hinsicht aus (B):

- Art. 6 I GG ist zunächst ein klass. *Abwehrrecht* gegen den Staat. Dieser hat daher grundsätzlich alles zu unterlassen, was Ehe und Familie beeinträchtigen könnte.
  Daraus folgt u. a., dass verheiratete Paare steuerlich nicht schlechter gestellt sein dürfen als unverheiratete.
- Des Weiteren ist Art. 6 I GG zu entnehmen, dass der Staat verpflichtet ist, Ehe und Familie zu fördern **(Leistungsrecht).** Dazu gehört bes. die Förderung und Unterstützung kinderreicher Familien, z. B. durch Kindergeld.
- Schließlich beinhaltet Art. 6 I GG noch eine **Institutsgarantie:** Die Existenz von Ehe und Familie in der Gesellschaft wird in ihren wesentl. Zügen garantiert. Der Gesetzgeber darf also keine Maßnahmen ergreifen, die diese Institutionen langfristig gefährden könnten.

Unter den Rechten von Eltern hebt das GG das **Erziehungsrecht** bes. hervor (Art. 6 II GG). Der Staat darf darin grundsätzlich nicht eingreifen. Zur Erziehung gehören sowohl die Bestimmung des Erziehungsziels als auch die Wahl der Erziehungsmittel.

Das Erziehungsziel muss allerdings im Rahmen der kulturellen Gesamtordnung liegen. So stellt etwa die Erziehung zum Kleinkriminellen kein vom GG geschütztes Erziehungsziel dar. Auch die Erziehungsmittel (C) können nicht beliebig gewählt werden. Körperl. Züchtigungen etwa sind nur in engen Grenzen zulässig (vgl. § 1631 II BGB).

Neben den Eltern wirkt auch der Staat bei der Erziehung von Kindern mit. Dies geschieht v. a. durch die staatl. **Schulen.** Aus dem elterlichen Erziehungsrecht ergeben sich aber weitgehende Mitsprache- und Kontrollbefugnisse der Eltern im schul. Bereich.

Die Eltern dürfen die Schule, die ihre Kinder besuchen sollen, grundsätzlich frei wählen. Dabei müssen sie aber die bes. Leistungserfordernisse des entsprechenden Schultyps beachten. Die Inhalte des Schulunterrichts werden vom Staat festgelegt.

Nur ausnahmsweise ist es zulässig, Kinder von ihren Erziehungsberechtigten zu *trennen*. Dies gilt bes. dann, wenn die Kinder zu verwahrlosen drohen (Art. 6 III GG).

Die staatliche Pflicht zum **Mutterschutz** ist in Art. 6 IV GG geregelt. Es handelt sich um eine Ausnahme vom Grundsatz der Gleichbehandlung von Mann und Frau (Art. 3 II S. 1 GG).

Zum Mutterschutz gehören etwa die Unterstützung während der Schwangerschaft und die Schaffung einer ausreichenden Zahl von Kindergartenplätzen.

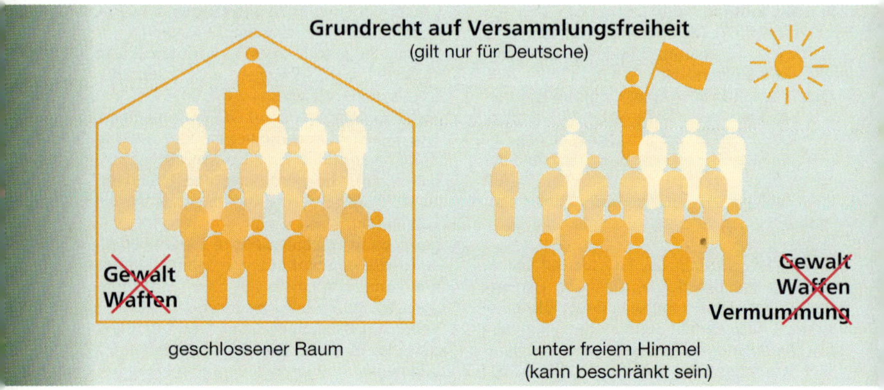

A Versammlung im geschlossenen Raum und unter freiem Himmel

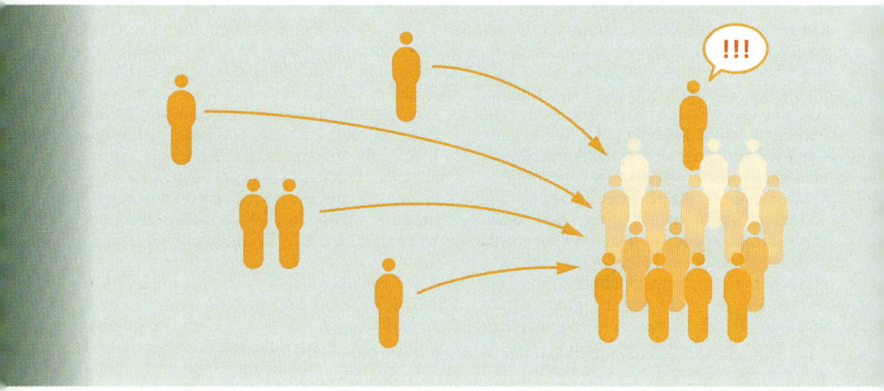

B Spontanversammlung

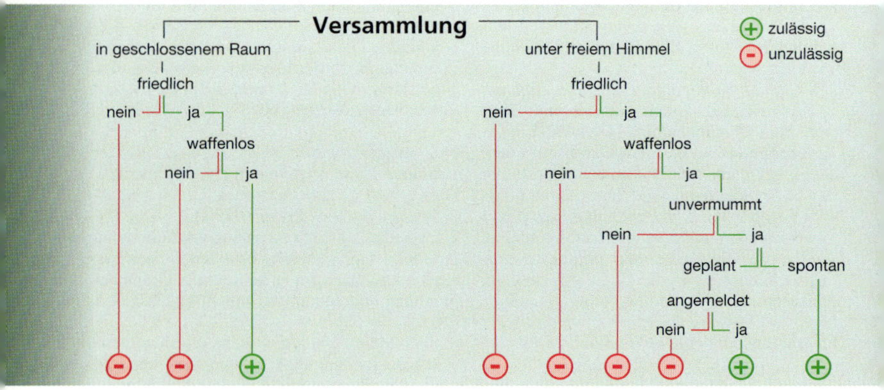

C Zulassungsvoraussetzungen

Die **Versammlungsfreiheit** (Art. 8 GG) gehört zu den demokrat. Grundrechten. Alle Deutschen haben das Recht, sich ohne Anmeldung oder Erlaubnis friedlich und ohne Waffen zu versammeln (A).
Nur für Versammlungen unter freiem Himmel kann dieses Recht gesetzl. eingeschränkt werden (Art. 8 II GG).
Für öffentl. Versammlungen ist die Versammlungsfreiheit im *Versammlungsgesetz* (VersammlG) näher ausgestaltet.

Das Grundrecht der Versammlungsfreiheit entstammt dem 18. Jh. und bildete sich zunächst in Großbritannien, Frankreich und den USA heraus. In Dtl. wurde sie zum ersten Mal in der *Paulskirchenverfassung* (1849) festgelegt.

Unter **Versammlung** versteht man die Zusammenkunft einer Mehrzahl von Menschen zum Zweck einer gemeinsamen Meinungs- und Willensbildung. Eine polit. Zielsetzung ist nicht erforderlich. Wichtig ist die meinungsbildende Funktion des Zusammentreffens.
Daher ist die Versammlungsfreiheit eng mit der Meinungsfreiheit verknüpft.
Auch Versammlungen, die sich zu einem konkreten Anlass ungeplant bilden (*Spontanveranstaltungen;* B), werden durch Art. 8 GG geschützt.

Bsp.: Kommen Bürger einer Gemeinde zusammen, um über den Bau eines neuen Sportheims zu diskutieren, liegt genauso eine Versammlung vor wie bei der Demonstration für eine Partei. Dagegen sind Konzertveranstaltungen keine Versammlungen, denn sie dienen nicht der Meinungsbildung, sondern dem gemeinsamen Kunstgenuss.

Das Grundrecht auf Versammlungsfreiheit **steht,** anders als die Meinungsfreiheit, **nur Deutschen zu.** Ausländer können sich nicht darauf berufen.

Dies bedeutet nicht, dass sich Ausländer nicht versammeln dürfen. Ihre Versammlungen sind nur nicht durch Art. 8 GG geschützt. Angesichts der zahlreichen, schon viele Jahre in Dtl. lebenden Ausländer wird teilw. gefordert, das Grundrecht der Versammlungsfreiheit auf sie auszudehnen.

Die Zulässigkeitsvoraussetzungen einer Versammlung sind im VersG genau geregelt (C).

Geschützt werden nur Versammlungen, die **friedlich** und **ohne Waffen** stattfinden.

Unfriedlich ist eine Versammlung, in deren Verlauf es zu Gewalttaten kommt und dadurch der Rechtsfrieden beeinträchtigt wird. Waffen sind alle Gegenstände, die dazu bestimmt sind, Verletzungen herbeizuführen. Dazu gehören z. B. Schusswaffen und Schlagringe, nicht dagegen Schutzmittel (z. B. Helme).
Bes. Probleme werfen solche Versammlungen auf, in deren Verlauf sich ein kleiner Teil der Teilnehmer gewalttätig verhält. Eine Auflösung durch die Polizei darf in derartigen Fällen erst erfolgen, wenn es nicht gelingt, die Gewalttäter von den friedlichen Teilnehmern zu trennen.

Die **Vereinigungsfreiheit** ist in Art. 9 I GG festgelegt. Geschützt ist nicht nur die Bildung von Vereinen und Gesellschaften i. e. S., sondern alle über einen längeren Zeitraum hinweg bestehenden, zweckgerichteten Zusammenschlüsse von Personen. Welche Zwecke dabei verfolgt werden, ob z. B. polit., soziale oder sportl., ist ohne Belang. Nur Vereinigungen, deren Tätigkeit gegen die Strafgesetze oder die verfassungsmäßige Ordnung verstößt oder die sich gegen den Gedanken der Völkerverständigung richten, sind verboten (Art. 9 II GG).

Das Grundrecht der Vereinigungsfreiheit zielt auf die *gesellschaftl. Willensbildung von unten nach oben.* Es entwickelte sich erst im 19. Jh., also später als die Meinungs- und Versammlungsfreiheit, gehört aber seither zu den zentralen Postulaten des polit. Liberalismus.

Die Vereinigungsfreiheit steht wie die Versammlungsfreiheit nur Deutschen zu. Sie umfasst das Recht, Vereinigungen zu bilden, bereits existierenden Vereinigungen beizutreten und sich in ihnen zu betätigen.

Dazu zählt bes. auch das Recht zur Bildung von polit. Parteien.

Die Stellung der Parteien ist in Art. 21 GG geregelt; Details finden sich im Parteiengesetz (ParteiG).
Liegt der Zweck der Vereinigung darin, die Arbeits- und Wirtschaftsbedingungen seiner Mitglieder zu fördern, so ist die **Koalitionsfreiheit** (Art. 9 III GG) als *Sonderregelung* einschlägig.
Koalitionen i. S. v. Art. 9 III GG sind die Berufsverbände der Arbeitnehmer (Gewerkschaften) und der Arbeitgeber (Arbeitgeberverbände). Sie dürfen nicht mit polit. Koalitionen verwechselt werden.

Koalitionen von Arbeitern (Gewerkschaften) waren lange Zeit verboten, weil sie die Voraussetzung von Arbeitskämpfen sind. Als sich im Zuge der industriellen Revolution die soziale Lage der Arbeiter immer weiter verschlechterte, war die Gründung von Gewerkschaften trotz staatl. Repressalien nicht mehr aufzuhalten. Schritt für Schritt setzten die Gewerkschaften eine Verbesserung der Lebensbedingungen durch.

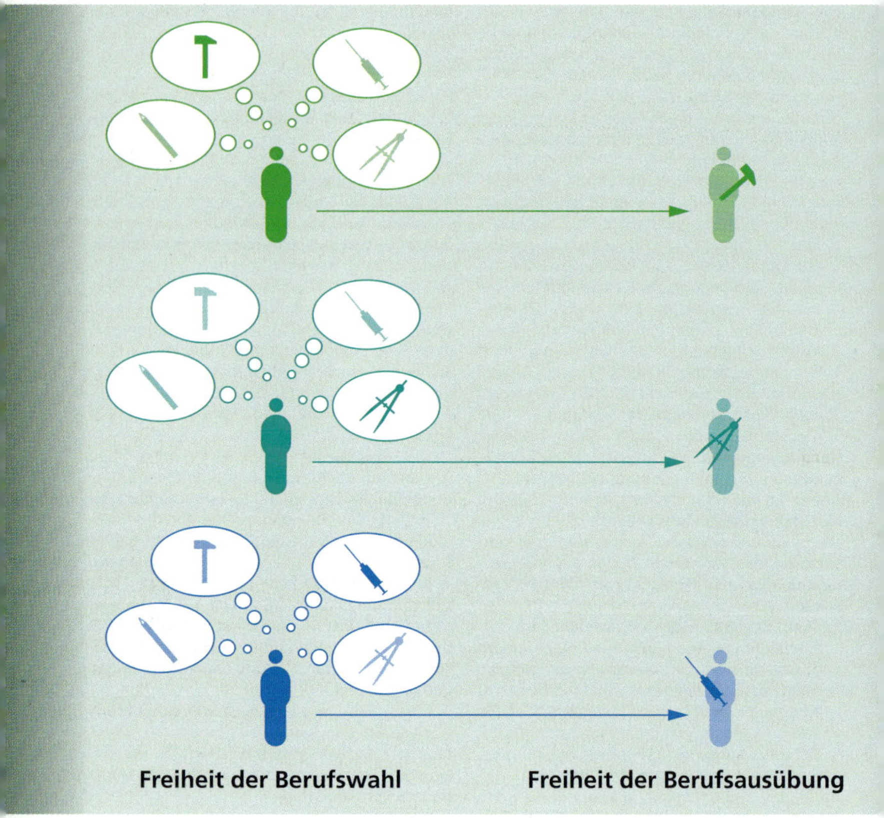

A Die Elemente der Berufsfreiheit

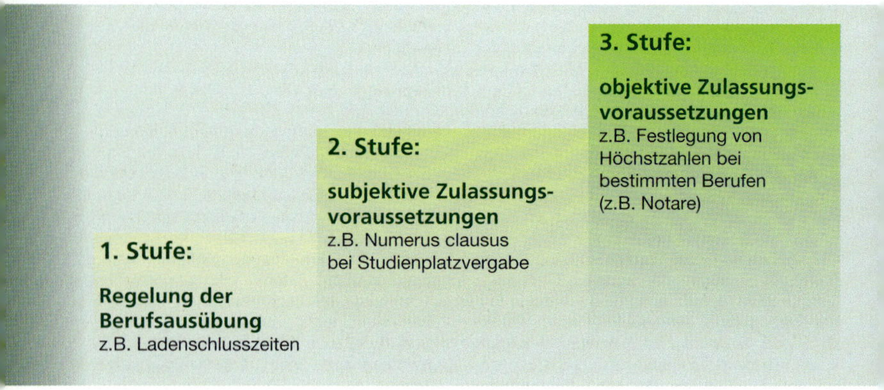

B Die Drei-Stufen-Theorie

Zur **Berufsfreiheit** (Art. 12 I GG) gehören

- die **Freiheit der Berufswahl** einschließl. der Wahl der Ausbildungsstätte und des Arbeitsplatzes sowie
- die **Freiheit der Berufsausübung** (A).

Die berufl. Tätigkeit eines Menschen dient in den meisten Fällen nicht nur dem Gelderwerb, sondern steht in enger Beziehung zu seiner persönl. Lebensplanung und Lebensgestaltung. Dennoch lässt sich aus der Berufsfreiheit kein allg. Recht auf Arbeit herleiten.

Die *Geschichte der Berufsfreiheit* beginnt im 18. Jh. mit den Forderungen des Bürgertums nach Gewerbefreiheit, also dem Recht, uneingeschränkt Gewerbeunternehmen zu gründen und zu betreiben. In der Gewerbeordnung (1869) wurde sie gesetzl. geregelt und 1919 in der WRV in den Rang eines Grundrechts erhoben.

Beruf im Sinne des GG ist jede auf Dauer angelegte, dem Lebensunterhalt dienende Tätigkeit. Darunter fallen nicht nur die herkömmlichen, sondern auch neuentstandene Berufsbilder. Eine Unterscheidung zwischen selbständiger und unselbständiger Tätigkeit wird im GG nicht getroffen. Auch die Tätigkeit im öffentl. Dienst wird von Art. 12 GG geschützt.

Dies betrifft v. a. Beamte, Richter und Soldaten, ferner Angestellte und Arbeiter im öffentl. Dienst. Auch staatl. gebundene halbamtl. Berufe (Notar, Schornsteinfeger) werden geschützt. Allerdings erlaubt Art. 33 IV und V GG für den öffentl. Dienst Sonderregelungen.

Dagegen werden **Nebentätigkeiten,** die nicht der Schaffung oder Erhaltung der Lebensgrundlage dienen, durch Art. 12 GG nicht geschützt. Dasselbe gilt für Tätigkeiten, die **sozialschädlich** sind.

Bsp.: Rauschgifthändler, Taschendiebe und Zuhälter üben keinen Beruf i. S. v. Art. 12 GG aus, auch wenn sie mit ihrer Tätigkeit ihren Lebensunterhalt bestreiten.

Die **Freiheit der Ausbildung** stellt ein *Abwehrrecht* gegen Beschränkungen der Freiheit im Ausbildungswesen dar. Die Ausbildung muss auf eine **berufsbezogene Qualifikation** gerichtet sein. Die schul. Bildung als solche wird durch Art. 12 GG nicht geschützt.

Bsp.: Die Ausbildungsfreiheit umfasst die Lehrlingsausbildung sowie die Ausbildung an Fachhochschulen und Universitäten, nicht jedoch den Unterricht an Grund- und Hauptschulen.

Die **Freiheit des Arbeitsplatzes** umfasst das Recht des Individuums, die Stelle zu bestimmen, an der es seinem gewählten Beruf nachgehen möchte. Dazu gehören sowohl der Arbeitsort als auch die Art des Arbeitsverhältnisses.

Einschränkung der Berufsfreiheit

Die Berufsfreiheit ist nicht grenzenlos gewährleistet, sondern kann vom Staat eingeschränkt werden.

Staatl. **Eingriffe in die Berufsfreiheit** müssen stets verhältnismäßig sein, d. h. einem anerkannten Ziel dienen und die Berufsfreiheit nur so weit einschränken, wie es zur Erreichung des Zieles unbedingt erforderlich ist. Je intensiver der Eingriff in die Berufsfreiheit ist, desto wertvoller muss das verfolgte Ziel sein *(Güterabwägung).* Das BVerfG hat allgemein anerkannte Grundsätze aufgestellt, die sog. **Drei-Stufen-Theorie,** die bei allen Einschränkungen der Berufsfreiheit zu beachten sind (B):

1. Stufe: Regelungen der Berufsausübung stellen den leichtesten Eingriff dar. Sie sind schon gerechtfertigt, wenn sie zur Erreichung vernünftiger Ziele erforderlich sind.

Bsp.: Regelung der Ladenschlusszeiten, Hygienevorschriften.

2. Stufe: Subjektive Zulassungsvoraussetzungen, also Regelungen, die die Zulassung zu einem best. Beruf von persönl. Eigenschaften und Fähigkeiten abhängig machen, sind nur gerechtfertigt, wenn die Ausübung des Berufs ohne sie unmöglich oder für die Allgemeinheit gefährlich wäre (Schutz wichtiger Gemeinschaftsgüter).

Bsp.: Numerus clausus beim Hochschulzugang.

3. Stufe: Objektive Zulassungsvoraussetzungen, die den Zugang zu einem Beruf von objektiven (also von der Person des Bewerbers unabhängigen) Kriterien abhängig machen, sind nur zulässig, wenn sie zur Abwehr nachweisbarer oder höchstwahrscheinl. schwerer Gefahren für ein überragend wichtiges Gemeinschaftsgut erforderlich sind.

Bsp.: Festsetzung von Höchstzahlen für Kraftfahrzeuge im Güterfernverkehr.

Das **Verbot von Arbeitszwang und Zwangsarbeit** ist in Art. 12 II und III GG enthalten. *Arbeitszwang* ist der Zwang zu best. einzelnen Arbeitsleistungen, während *Zwangsarbeit* den Zwang zum unbeschränkten Einsatz der gesamten Arbeitskraft meint (z. B. in Arbeitslagern). Arbeitszwang ist ausnahmsweise zulässig, wenn er sich im Rahmen einer traditionell anerkannten, allg. öffentl. Dienstleistungspflicht bewegt.

Bsp.: Feuerwehrpflicht; Pflicht zu gemeindl. Hand- und Spanndiensten.

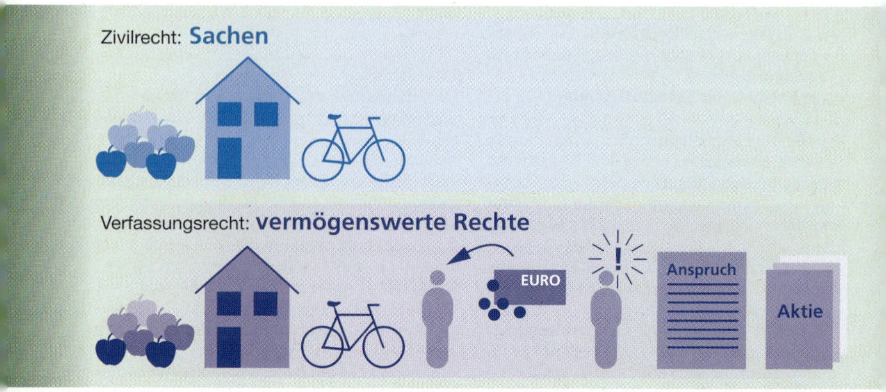

A Zivilrechtlicher und verfassungsrechtlicher Eigentumsbegriff

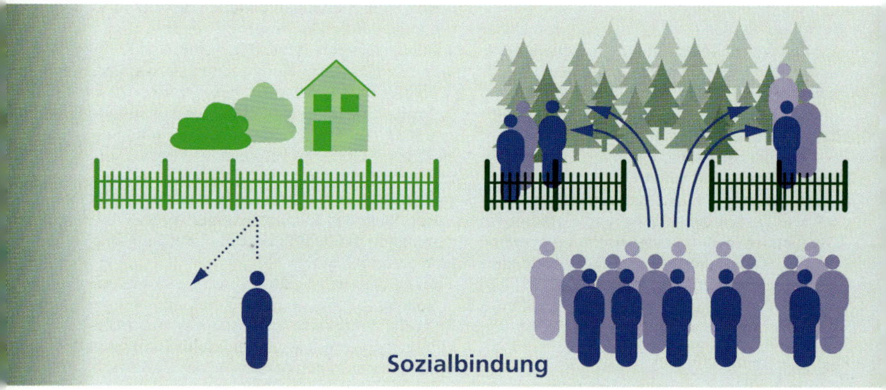

B Sozialbindung der Eigentums

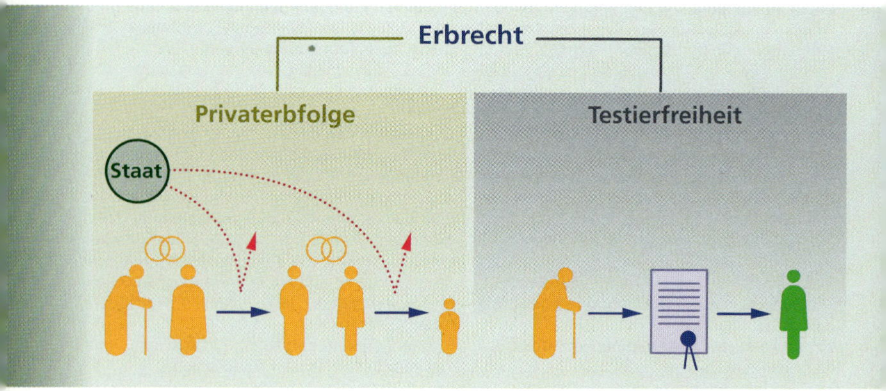

C Erbrecht

Das **Grundrecht auf Privateigentum** wird von Art. 14 I GG gewährleistet. Es handelt sich in erster Linie um ein *Abwehrrecht* gegen staatl. Eingriffe. Darüber hinaus enthält Art. 14 aber auch eine *Institutsgarantie,* die den Gesetzgeber daran hindert, das Rechtsinstitut »Eigentum« völlig abzuschaffen.

Der Schutz des Eigentums war eine zentrale Forderung der liberalen Verfassungsbewegung. Sie steht seit jeher im Schnittpunkt von kapitalistischen und sozialreformer. Interessen. Das GG verbindet beide Gesichtspunkte, indem es das Eigentum verbürgt, aber auch seine Sozialbindung (s. u.) festschreibt.

Als **Grundrechtsträger** kommen alle natürl. Personen sowie inländ. jurist. Personen des Privatrechts in Betracht. Dagegen können sich jurist. Personen des öffentl. Rechts gegenüber staatl. Eingriffen in ihr Eigentum nicht auf Art. 14 GG berufen.

Der **verfassungsrechtliche Eigentumsschutz** ist sehr viel umfassender als der zivilrechtl. (§ 903 BGB), der nur das Eigentum an Sachen, also körperl. Gegenständen, erfasst (A). Eigentum im *verfassungsrechtl.* Sinn sind nach der Rspr. des BVerfG

»alle vermögenswerten Rechte ..., die dem Berechtigten von der Rechtsordnung in der Weise zugeordnet sind, dass er die damit verbundenen Befugnisse nach eigenverantwortl. Entscheidung zu seinem privaten Nutzen ausüben darf.«

Damit schützt Art. 14 GG nicht nur das Sacheigentum, sondern auch Aktien, Forderungen (z. B. Kaufpreisansprüche) und Urheberrechte (»geistiges Eigentum«). Auch **öffentlichrechtliche Leistungsansprüche,** z. B. aus der Rentenversicherung, werden geschützt, wenn sie durch eigene Leistung des Berechtigten erworben wurden. Dagegen werden sozialrechtl. Ansprüche, die der Staat *ohne Gegenleistung* gewährt, z. B. Sozialhilfe, durch Art. 14 GG nicht geschützt.

Bsp.: Hat jemand jahrelang Beiträge zu einer Sozialversicherung geleistet und wird der daraus resultierende Anspruch durch ein Gesetz aufgehoben, so liegt ein Eingriff in das verfassungsrechtlich gewährleistete Eigentum des Beitragszahlers vor.

Der Gesetzgeber hat die Aufgabe, **Inhalt und Schranken des Eigentums** näher zu bestimmen (Art. 14 I S. 1 GG). Dabei muss er die in Art. 14 II GG festgelegte **Sozialbindung** des Eigentums berücksichtigen: Der Gebrauch von Eigentum soll zugleich dem Wohl der Allgemeinheit dienen. Die Sozialbindung wirkt sich allerdings nicht bei allen Formen des Eigentums gleich aus, sondern ist umso stärker, je mehr andere Menschen auf die Mitbenutzung des Eigentums angewiesen sind (*Bindung an die Interessen des Gemeinwohls,* B).

Bsp.: Ein Waldeigentümer darf Spaziergänger nicht von seinem Grund und Boden vertreiben, da seine Eigentumsbefugnisse durch das Bundeswaldgesetz (§ 14) beschränkt sind. Dagegen darf ein Garteneigentümer den Fremden ohne weiteres von seinem Grundstück weisen.

Andere Einschränkungen des Privateigentums aus Gründen des Gemeinwohls sind z. B. im Baurecht, Nachbarrecht und Recht des Naturschutzes enthalten.

Ob auch die **Steuerpflicht** als Beschränkung des Eigentums angesehen werden kann, ist umstritten. Steuern sind aus dem Vermögen insgesamt zu leisten und belasten nicht einzelne vermögenswerte Rechte. Aus diesem Grund hat das BVerfG erklärt, Steuern bedeuteten keinen Eingriff in das Eigentum. Dem lässt sich aber entgegenhalten, dass Steuern sich jedenfalls auf die Vermögensrechte insgesamt auswirken. Außerdem beschränken Steuern den Handlungsspielraum des Eigentümers. Deshalb kann die Steuerpflicht als (durch das Gemeinwohl gerechtfertigte) Einschränkung des Eigentums angesehen werden.

Auch das BVerfG lehnt eine übermäßige Belastung des Steuerpflichtigen ab *(Erdrosselungssteuer)* und nennt in seiner jüngeren Rspr. als Grenze der zulässigen steuerl. Gesamtbelastung eine Abgabenquote von 50% des Einkommens.

Eine **Enteignung,** also ein über die Sozialbindung hinausgehender Entzug des Eigentums, ist nur zum Wohl der Allgemeinheit zulässig (Art. 14 III S. 1 GG). Sie darf nur durch ein Gesetz oder zumindest auf Grund eines Gesetzes erfolgen.

Im ersten Fall spricht man von einer *Legislativ-*, im zweiten von einer *Administrativenteignung.*

Der enteignete Eigentümer muss angemessen **entschädigt** werden.

Das **Erbrecht** mit seinen beiden tragenden Grundsätzen, der Privaterbfolge und der Testierfreiheit (C), wird auch von Art. 14 I GG garantiert. *Privaterbfolge* bedeutet, dass die Eigentumsrechte nach dem Tod des Eigentümers fortbestehen und nicht etwa ohne weiteres an den Staat fallen. *Testierfreiheit* ist das Recht des Erblassers, selbst zu bestimmen, auf wen sein Eigentum übergeht.

Gegen staatl. Eingriffe können sich die Erben (in den Grenzen der Sozialbindung) auf Art. 14 I GG berufen.

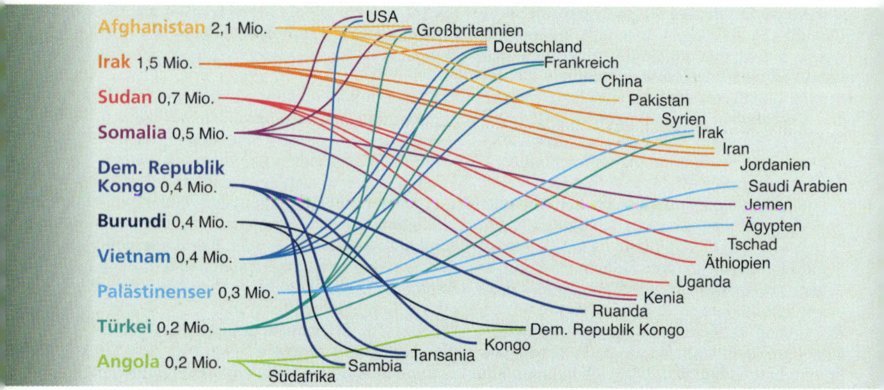

A Herkunfts- und Hauptasylländer 2006

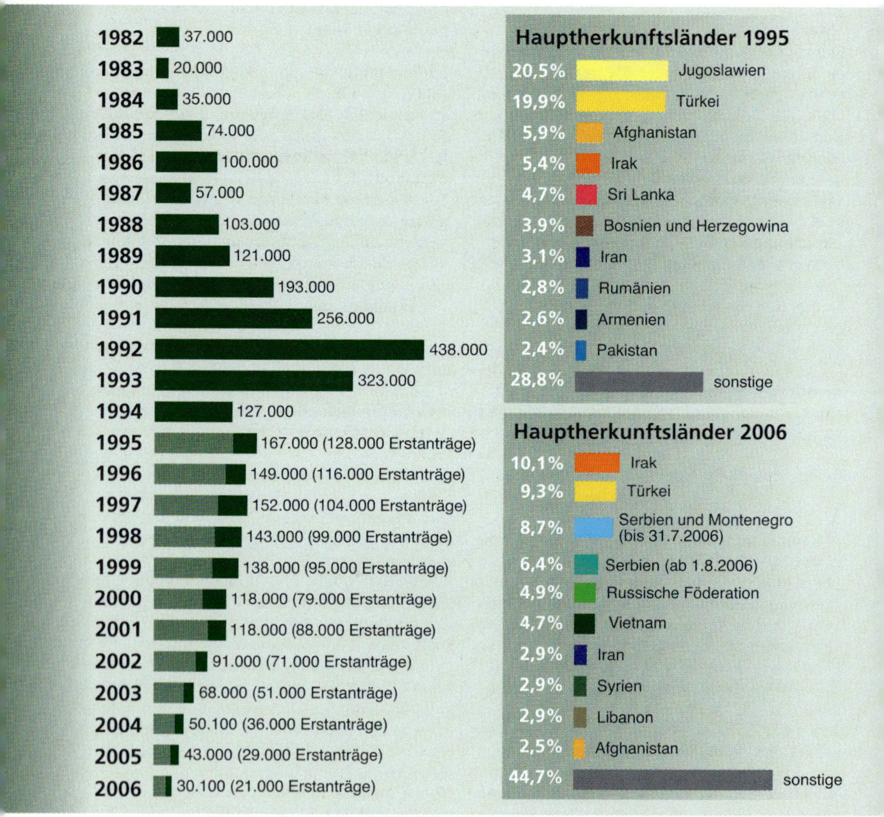

B Asylbewerber in der Bundesrepublik

Unter **Asyl** versteht man den Schutz, den ein Staat einer staatsfremden Person gegen polit. Verfolgung in ihrem Heimatstaat einräumt. Das GG (Art. 16 a I) gewährt polit. Verfolgten ein Recht auf Asyl in Dtl.

Die **Genfer Flüchtlingskonvention** (1951) schließt aus, Flüchtlinge in ein Gebiet zurückzuweisen, in dem ihnen polit. Verfolgung mit Gefahr für Leben oder Freiheit droht.

Gegenwärtig gibt es auf der Welt ca. 10 Millionen Flüchtlinge, die meisten davon in der Dritten Welt (A). Die reichen Länder der nördl. Hemisphäre sind von den globalen Flüchtlings- und Migrationsbewegungen bislang nur wenig betroffen.

Unter dem Eindruck der *nationalsozialistischen Verfolgung* räumte das GG zunächst allen polit. Verfolgten ein umfassendes Recht auf Asyl ein. Anfang der 1990er Jahre stieg die Zahl der Zuwanderer in Dtl. stark an (B). Viele Menschen wurden gewerbsmäßig nach Dtl. eingeschleust. Die sog. *Anerkennungsquote,* d. h. der Anteil der vor Gericht anerkannten polit. Verfolgten, betrug regelmäßig unter 5%.

Parallel dazu nahm der Unmut über Ausländer in der dt. Bevölkerung zu. Fälle fremdenfeindl. Gewalt häuften sich, rechtsradikale Parteien gewannen an Einfluss.

Die großen Parteien einigten sich deshalb auf eine **Grundgesetzänderung.** Die neue, sehr restriktive Regelung ist seit 1993 in Kraft.

Asylrecht genießt nur, wer **politisch verfolgt** ist.

Dies ist dann der Fall, wenn die Verfolgung auf die Rasse, die Volkszugehörigkeit, die Religion, die polit. Überzeugung oder ein vergleichbares Merkmal abzielt. Es muss sich um staatl. Verfolgung handeln.

Wer aus anderen Gründen einwandern möchte, kann sich nicht auf das Asylrecht berufen, auch wenn humanitäre Gründe für eine Hilfeleistung sprechen.

Bsp.: Hungersnöte oder Kriegswirren bedeuten keine polit. Verfolgung.

Ein Sonderproblem ist die Schaffung sog. **Nachfluchtgründe:** Ein Ausländer, der nach Deutschland einreist, ohne polit. verfolgt zu sein, auf dt. Boden aber vorsätzlich bewirkt, dass er in seinem Herkunftsland zu einem polit. Verfolgten wird, genießt kein Asylrecht.

Bsp.: Der bisher polit. nicht interessierte A reist als Tourist nach Dtl. und nimmt hier an Demonstrationen vor der Botschaft seines Landes teil, woraufhin er in Abwesenheit zur einer Freiheitsstrafe verurteilt wird.

Eine **Berufung** auf das Asylrecht ist ausgeschlossen, wenn die betreffende Person aus einem EU-Staat oder einem **sicheren Drittstaat** nach Dtl. eingereist ist (Art. 16 a II GG). Da alle Nachbarstaaten Dtls. diese Voraussetzungen erfüllen, ist eine erfolgreiche Geltendmachung des Asylrechts nur noch für solche Personen möglich, die mit einem Flugzeug oder einem Schiff direkt nach Dtl. einreisen. Luftverkehrsgesellschaften und Reedereien sind allerdings kaum bereit, Ausländer ohne gültiges Visum nach Dtl. zu befördern.

Diese Regelung lässt vom Asylrecht, so wie es das GG urspr. vorgesehen hatte, nicht mehr viel übrig.

Für Asylbewerber aus sicheren Herkunftsländern (sog. Nichtverfolgerstaaten) ist ein verkürztes Verfahren vorgesehen. Einzelheiten sind im *Asylverfahrensgesetz* geregelt. Die Sozialhilfeleistungen an Asylbewerber wurden im *Asylbewerberleistungsgesetz* erheblich reduziert. Überwiegend werden nur noch Sachgüter gewährt. Als Folge der neuen Regelung sind die Asylbewerberzahlen seit 1994 stark zurückgegangen.

Die Verweigerung von Asyl führt nicht automat. zu einer Ausweisung. Zudem gibt es Flüchtlinge, deren Bleiberecht nicht auf einer Asylgewährung beruht.

Folgende **Flüchtlingsgruppen** lassen sich unterscheiden:

- *anerkannte Asylberechtigte* (Art. 16 a GG);
- *Kontingentflüchtlinge,* deren Bleiberecht nicht auf Asyl, sondern auf einer Aufnahme im Rahmen einer humanitären Hilfsaktion beruht, z. B. die vietnames. Boatpeople oder Flüchtlinge aus dem Kosovo;
- *De-facto-Flüchtlinge,* die nicht als Asylberechtigte anerkannt wurden, aus völkerrechtl., humanitären oder fakt. Gründen aber nicht abgeschoben werden können (vgl. §§ 51 ff. AuslG);
- *Bürgerkriegsflüchtlinge,* deren Aufenthaltsrecht in der BRD nur vorübergehend ist (vgl. § 32 a AuslG).

Neben dem staatl. Asyl wird gelegentlich das sog. **Kirchenasyl** beansprucht.

Bsp.: Eine eritreische Familie wird in den Räumen einer Kirche aufgenommen, um sie vor drohender Abschiebung zu schützen.

Rechtlich hat das Kirchenasyl keine Bedeutung. Der Staat ist ohne weiteres befugt, seine Entscheidungen auch in kirchl. Räumen durchzusetzen.

Die Gewährung von Kirchenasyl kann jedoch dazu beitragen, auf die oft verzweifelte Lage von Flüchtlingen hinzuweisen, Öffentlichkeit zu schaffen und so die zuständigen Behörden u. U. zu einem Überdenken ihrer Entscheidung zu bewegen.

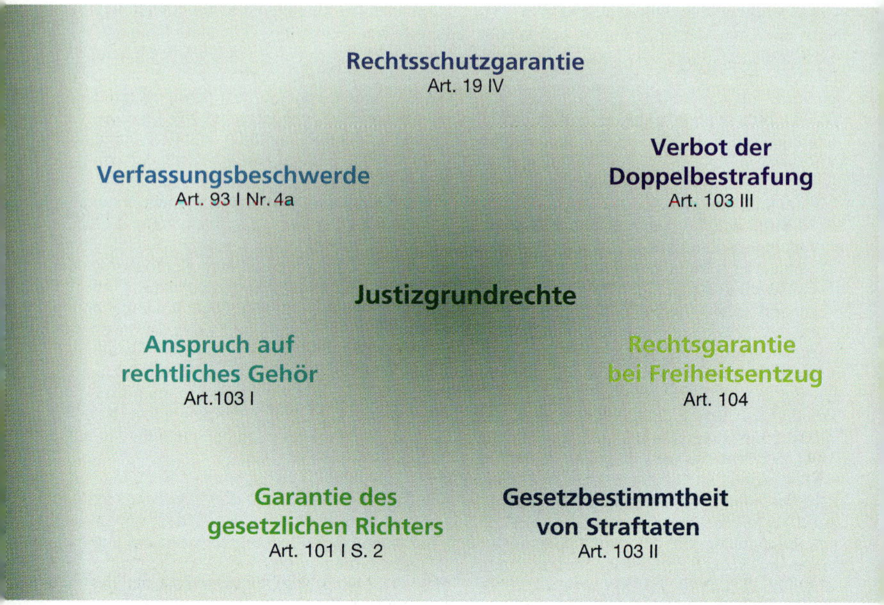

A Justizgrundrechte

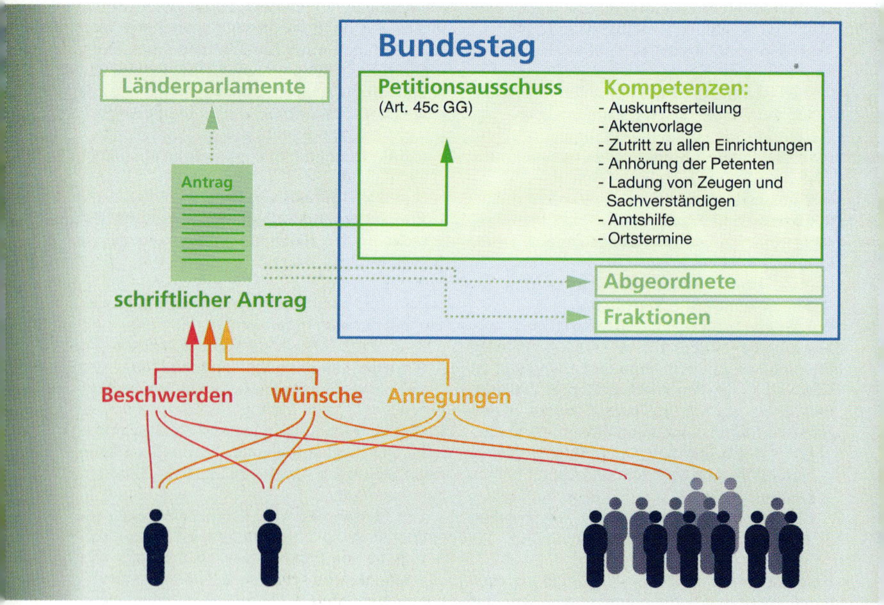

B Petitionsrecht

Die **Justizgrundrechte** schützen und stärken die Position des rechtsunterworfenen Bürgers, indem sie den Rechtsweg sichern und das Verfahren vor den Gerichten an feste Regeln binden (A):

Die **Rechtsschutzgarantie** (Art. 19 IV GG) sichert jedem, der sich durch die Staatsgewalt in seinen Rechten verletzt fühlt, den Rechtsweg zu. Dies bedeutet, dass kein Akt der Exekutive der richterl. Nachprüfung entzogen werden darf, also *uneingeschränkte Justiziabilität.* Damit wird die Position des Bürgers gegenüber der Exekutive wesentlich gestärkt. Man nennt die Rechtsschutzgarantie deshalb auch **formelles Hauptgrundrecht** analog zum »materiellen Hauptgrundrecht«, der allg. Handlungsfreiheit (Art. 2 I GG).

Die Rechtsschutzgarantie ist ein wesentl. Bestandteil des modernen Rechtsstaatsverständnisses.

Art. 19 IV GG garantiert nicht nur Zugang zu den Gerichten, sondern einen **effektiven Rechtsschutz:** Das gerichtl. Verfahren muss in einer Weise geregelt sein, die dem Bürger die Wahrung und Durchsetzung seiner Rechte nicht erschwert. Dazu gehört, dass der Bürger auf die gerichtl. Klärung seines Falles nicht zu lange warten muss, wobei die Praxis diesem Verfassungsgebot nicht immer gerecht wird. Bes. das Strafverfahren muss so ausgestaltet sein, dass der Betroffene auf den Gang des Verfahrens Einfluss nehmen und seine Rechte effektiv zur Geltung bringen kann *(Fairnessgebot).*

Nur in wenigen Fällen ist die **Rechtsschutzgarantie eingeschränkt.** Dies gilt etwa für *Prüfungsentscheidungen,* die infolge des Beurteilungsspielraums des Prüfers nur teilw. gerichtlich kontrolliert werden können.

Dasselbe gilt für Entscheidungen über die *Begnadigung* von Strafgefangenen, soweit sie nicht auf einem gesetzl. geregelten Verfahren basieren.

Der Wortlaut des Art. 19 IV GG erweckt den Eindruck, als sei der Weg zu den Gerichten nur dann zulässig, wenn eine Rechtsverletzung definitiv gegeben ist. Gerade dies wird jedoch erst durch die Gerichte geprüft und festgestellt. Um vor Gericht klagen zu können, braucht der Betroffene lediglich *in nachvollziehbarer Weise* zu behaupten, in seinen Rechten verletzt worden zu sein. Wichtig ist, dass die behauptete Rechtsverletzung *eigene Rechte* des Klägers betrifft.

Das **Recht der Verfassungsbeschwerde** ist eine bes. Ausprägung der Rechtsschutzgarantie (Art. 93 I Nr. 4 a GG): Jeder Bürger kann zur Durchsetzung seiner Grundrechte Verfassungsbeschwerde beim BVerfG einlegen. Daneben existiert in mehreren Bundesländern, z. B. in Bayern, Berlin und Sachsen, die Möglichkeit, bei Verletzung von Grundrechten aus der Landesverfassung den Verfassungsgerichtshof des Landes anzurufen.

Das **Recht auf den gesetzlichen Richter** (Art. 101 I S. 1 GG) ergänzt die Rechtsschutzgarantie. Die Zuständigkeit der Richter muss durch die Gesetze und die Geschäftsverteilungspläne der Gerichte festgelegt sein. Der danach zuständige gesetzl. Richter darf nicht durch Einzelfallentscheidungen einem anderen Verfahren zugewiesen werden (Art. 101 I S. 2 GG).

Dadurch soll der Gefahr vorgebeugt werden, dass im Einzelfall durch Zuweisung geeigneter Richter am Verfahrensausgang manipuliert wird.

Ausnahmegerichte, die nur für spezielle Einzelfälle (z. B. einen bes. aufsehenerregenden Mordfall) gebildet werden, sind verboten. Dagegen sind Gerichte für bes. Sachgebiete, z. B. für Handelssachen, zulässig.

Der **Anspruch auf rechtliches Gehör** (Art. 103 I GG) garantiert das Recht, sich als Kläger oder Beklagter vor Gericht zu der behandelten Sache zu äußern. Der Einzelne soll vor einer Entscheidung, die seine Rechte betrifft, die Möglichkeit haben, selbst auf das Verfahren Einfluss zu nehmen. Das Gericht muss die Beteiligten hinreichend informieren, damit diese fundiert auf die Sachlage eingehen können. Auch zur Rechtslage dürfen sich die Beteiligten äußern. Das Gericht muss ihre Stellungnahmen zur Kenntnis nehmen und bei seinen Erwägungen berücksichtigen.

Auch das **strafrechtliche Gesetzlichkeitsprinzip** *(Nulla-poena-sine-lege-Grundsatz)* gehört zu den Justizgrundrechten. Strafbarkeit und Strafe müssen gesetzl. niedergelegt und so bestimmt formuliert sein, dass jedermann sein Verhalten daran ausrichten kann. **Rückwirkende Strafgesetze** sind ebenso verboten (Art. 103 II GG, ebenso § 1 StGB) wie die **Doppelbestrafung** (Art. 103 III GG).

Das Verbot der Doppelbestrafung soll ungerechte Härten bei der Bestrafung vermeiden. Nach Ansicht der Rspr. ist es allerdings zulässig, dass neben eine Strafsanktion eine disziplinar. Maßnahme, z. B. nach der Wehrdisziplinarordnung für Soldaten, tritt.

Bei staatlichen Freiheitsentziehungen müssen bestimmte Formalitäten beachtet werden und es besteht ein Folterverbot (Art. 104 GG).

Das **Petitionsrecht** (Art. 17 GG) bezeichnet das Recht, sich mit Bitten oder Beschwerden jeder Art an die zuständigen Stellen zu wenden (B). Es ist kein Justizgrundrecht; gelegentlich spricht man von einem »prozessualen Grundrecht«.

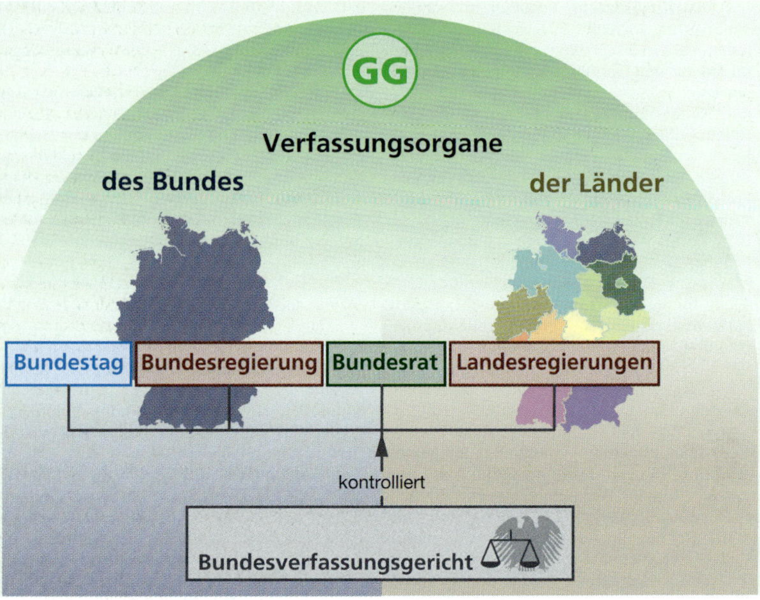

A Das Bundesverfassungsgericht als Hüter der Verfassung

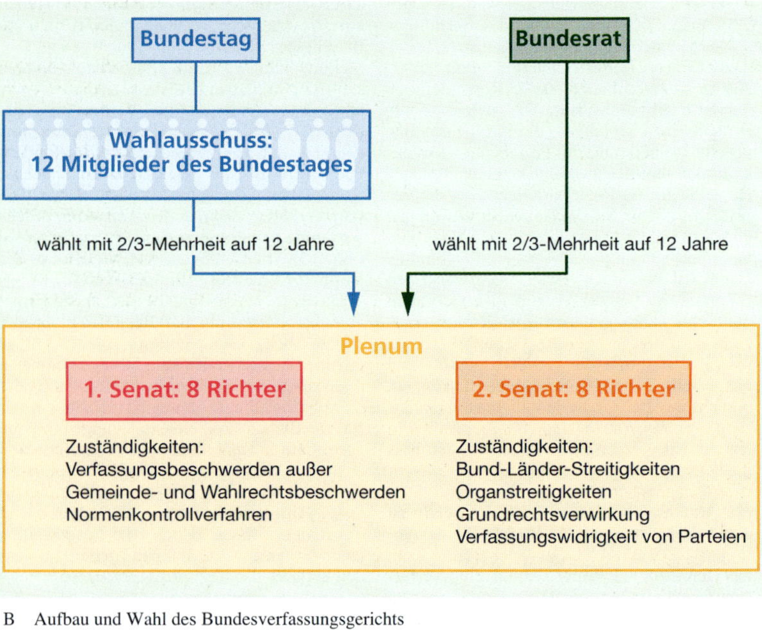

B Aufbau und Wahl des Bundesverfassungsgerichts

Alle Staatsorgane sind an die Verfassung gebunden. Ob sie dieser Verpflichtung nachkommen, wird vom BVerfG kontrolliert.

Man nennt dieses deshalb den **Hüter der Verfassung** (A). Der Maßstab, an dem das BVerfG die Tätigkeit der Staatsorgane misst, ist das GG. Da das GG aber in vielen Punkten lückenhaft und auslegungsbedürftig ist, übt das BVerfG neben seiner rechtsprechenden Funktion eine wichtige **politische Funktion** aus.

Die Idee einer **Verfassungsgerichtsbarkeit,** also einer gerichtl. Kontrolle der Staatsmacht, taucht zum ersten Mal in der brit. Verfassungsgeschichte auf. Richter SIR EDWARD COKE (1552–1634) stellte im ›Fall BONHAM‹ (1610) fest, Akte des Parlaments, die gegen Grundsätze des Rechts verstießen, seien nichtig.

Dahinter steht die Vorstellung des **Vorrangs der Verfassung,** d. h. dass der Gesetzgeber an best. Rechtsgrundsätze gebunden sei.

In England konnte sich diese Ansicht nicht durchsetzen. Dagegen fand sie in den neuen amerikan. Kolonien rasch Verbreitung und gelangte von dort in die US-amerikan. Verfassung (1787). Der *Supreme Court* ist u. a. zuständig für Konflikte der Staatsorgane untereinander *(Organstreitigkeiten),* für Streitigkeiten der Union mit einzelnen Gliedstaaten *(Bund-Länder-Streitigkeiten)* und für *Anklagen des Präsidenten.*

Im ›Fall MARBURY VS. MADISON‹ (1803) stellte der Supreme Court unter Richter MARSHALL fest, dass das Gericht über die o. g. Kompetenzen hinaus auch Gesetze für verfassungswidrig und damit nichtig erklären dürfe *(Normenkontrolle).*

Dies war die eigentl. **Geburtsstunde der modernen Verfassungsgerichtsbarkeit.**

In Dtl. findet sich die Idee einer Verfassungsgerichtsbarkeit erstmals im **Verfassungsentwurf der Paulskirche.** Sogar eine *Verfassungsbeschwerde der Bürger* war darin vorgesehen. Nach dem Scheitern der Revolution wurden diese Pläne jedoch nicht Wirklichkeit. In der WRV (1919) wurde eine Verfassungsgerichtsbarkeit nur in Ansätzen geregelt. Der *Reichsstaatsgerichtshof* war u. a. für Konflikte zwischen dem Reich und einzelnen Ländern zuständig. In der Praxis hatte er keinen großen Einfluss.

Erst nach dem Zweiten Weltkrieg wurde mit dem BVerfG auch in Dtl. eine vollwertige Verfassungsgerichtsbarkeit etabliert.

Das BVerfG hat seinen Sitz in Karlsruhe. Sein **Aufbau** (B) ist im *Gesetz über das BVerfG* (BVerfGG) im Detail geregelt:

Das Gericht besteht aus **zwei Senaten** mit je acht Richtern, von denen der erste im Wesentl. für die Grundrechte zuständig ist *(Grundrechtssenat),* der zweite für das (sonstige) Staatsrecht *(Staatsrechtssenat).* Das **Plenum** wird von allen 16 Mitgliedern des Gerichts gebildet. Außerdem sind aus drei Richtern bestehende *Kammern* vorgesehen, die bei best. Verfahrensarten (bes. der Verfassungsbeschwerde) eine Vorprüfung vornehmen. Dadurch wird das Gericht wesentlich entlastet.

Die Richter werden je zur Hälfte von einem Wahlausschuss des Bundestags und vom Bundesrat **gewählt** (Art. 94 GG). Für die Wahl ist eine Zweidrittelmehrheit erforderlich. Drei Richter jedes Senats müssen einem der obersten Bundesgerichte (Bundesgerichtshof, Bundesverwaltungsgericht, Bundesfinanzhof, Bundesarbeitsgericht und Bundessozialgericht) entstammen.

Wählbar ist nur, wer die Befähigung zum Richteramt besitzt und das 40. Lebensjahr vollendet hat. Die Amtszeit beträgt zwölf Jahre. Eine Wiederwahl ist nicht möglich.

An dem Wahlverfahren ist immer wieder Kritik geübt worden; v. a. wird gefordert, den Anteil der Richter aus den obersten Bundesgerichten zu erhöhen, um die jurist. Fachkompetenz des BVerfG zu sichern.

Das Gericht entscheidet mit einfacher Mehrheit. Die wichtigsten Entscheidungen werden in einer eigenen Entscheidungssammlung publiziert. Überstimmte Richter können ihre abweichende Ansicht in einem **Sondervotum** niederlegen, das ebenfalls publiziert wird. Für die übrigen Verfassungsorgane des Bundes und der Länder sowie die Gerichte und Behörden sind die Entscheidungen des BVerfG bindend.

Die polit. Funktion des BVerfG zeigt sich u. a. darin, dass es wesentlich zur **Fortbildung des GG** beigetragen hat. So geht etwa der Gedanke einer von den Grundrechten gebildeten *objektiven Wertordnung* des GG auf die Rspr. des BVerfG zurück. Die Wirkungen seiner Entscheidungen greifen oft weit in den Zuständigkeitsbereich anderer Gerichte, aber auch der Regierung und des Parlaments ein.

Bsp.: Die Entscheidungen gegen die Hochschulreform (1973) und die Neuregelung der Strafbarkeit des Schwangerschaftsabbruchs (1975 und 1993) sowie die Entscheidung gegen das Volkszählungsgesetz (1983). Gelegentlich hat das Gericht sogar *Gesetzgebungsaufträge* ausgesprochen.

Die starke polit. Wirkung des BVerfG ist nicht unproblematisch. Es ist deshalb von großer Bedeutung, dass das Gericht von seinen Kompetenzen zurückhaltend Gebrauch macht.

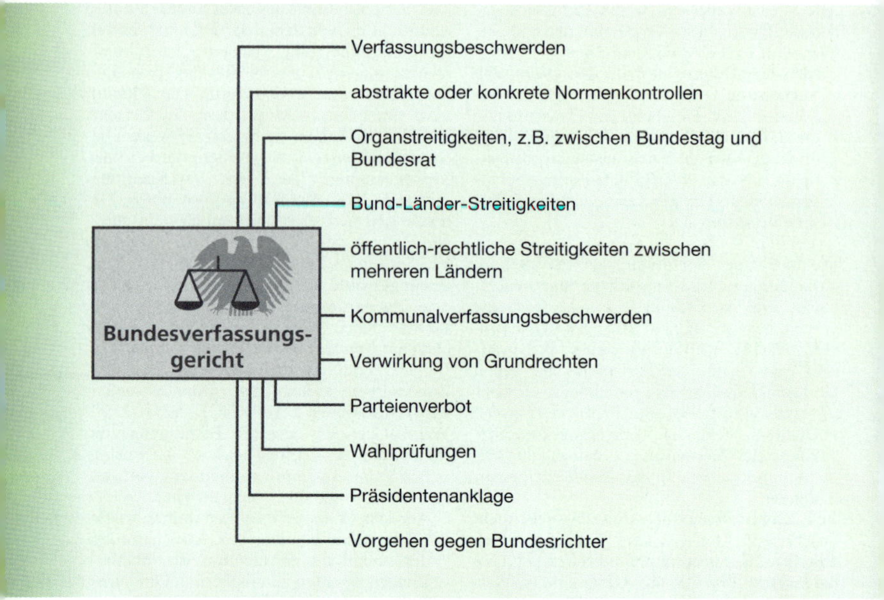

A Wichtige Zuständigkeiten des Bundesverfassungsgerichts

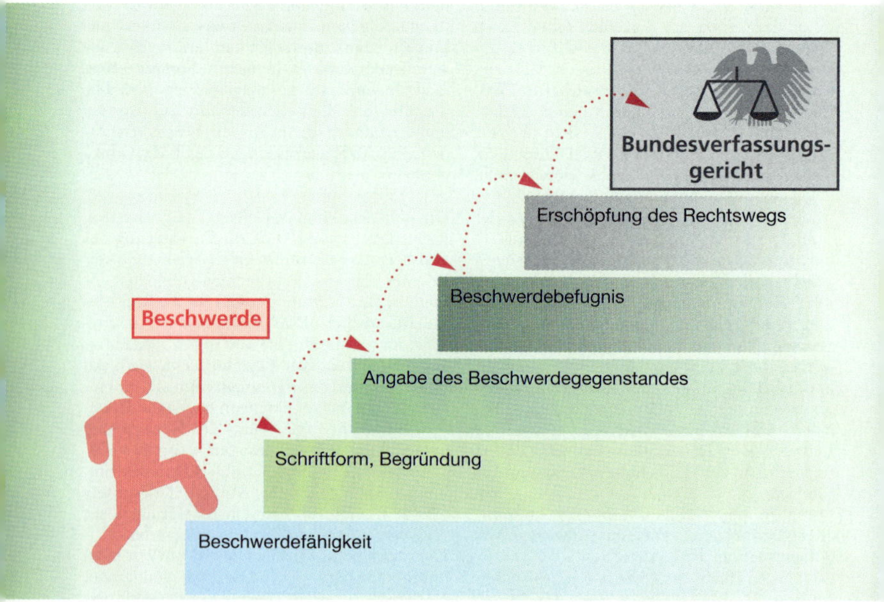

B Allgemeine Zulässigkeitsvoraussetzungen einer Verfassungsbeschwerde

Den weitreichenden Zuständigkeiten des BVerfG entsprechen versch. **Verfahrensarten** (A). Im BVerfGG sind sie vollständig aufgeführt (§ 13).

Die **Verfassungsbeschwerde**
ist die mit Abstand häufigste Verfahrensart. Sie macht weit über 90% aller beim BVerfG anhängig gemachten Verfahren aus.
Vor der Prüfung einer Verfassungsbeschwerde sind, wie bei allen Gerichtsverfahren, best. **Zulässigkeitsvoraussetzungen** zu beachten (B).
Verfassungsbeschwerde kann von jedem Grundrechtsträger eingelegt werden, der sich durch die öffentl. Gewalt in einem seiner Grundrechte oder den in Art. 93 I Nr. 4 a GG aufgeführten grundrechtsähnl. Rechten verletzt fühlt *(Beschwerdefähigkeit)*.
Weiterhin ist erforderlich, dass die Beschwerde *schriftlich* eingelegt und *begründet* worden ist. Auch muss angegeben sein, wogegen sich der Beschwerdeführer wendet *(Beschwerdegegenstand)*.

In Frage kommen alle Maßnahmen dt. Hoheitsträger, etwa Akte der Verwaltung, Gerichtsurteile, aber auch Gesetze und Verordnungen.

Allerdings können nicht beliebige Grundrechtsverletzungen angegriffen werden. Erforderlich ist vielmehr, dass der Beschwerdeführer persönl. in einem Grundrecht betroffen ist *(Beschwerdebefugnis)*.

Bsp.: Als A erfährt, dass seiner 80-jährigen Nachbarin B zum wiederholten Mal das Wohngeld gekürzt worden ist, erhebt er Verfassungsbeschwerde mit der Begründung, die Kürzungen verletzten Bs Menschenwürde. Die Beschwerde ist schon deshalb nicht zulässig, weil A als Nichtbetroffener gar nicht beschwerdebefugt ist.

Die Verfassungsbeschwerde kann grundsätzlich erst *nach Erschöpfung des Rechtsweges* eingelegt werden. Dies bedeutet, dass der Hoheitsakt, der den Beschwerdeführer möglicherweise in seinen Grundrechten verletzt, zunächst mit einfacheren Rechtsbehelfen angegriffen werden muss. Die Verfassungsbeschwerde soll also immer das »letzte Mittel« sein.

Bsp.: Gegen Verwaltungsakte muss zunächst Widerspruch eingelegt werden; danach sind die Verwaltungsgerichte zuständig. Erst wenn dieser Rechtsweg erfolglos durchschritten wurde, kann u. U. Verfassungsbeschwerde eingelegt werden.

Verfassungsbeschwerden unterliegen einer strengen **Vorprüfung.** Offensichtlich unbegründete Beschwerden werden von vornherein nicht zugelassen.

Damit soll der ständig wachsenden Flut von Verfassungsbeschwerden Einhalt geboten werden.

Die **konkrete Normenkontrolle**
bildet die zweitgrößte Gruppe der beim BVerfG anhängig gemachten Verfahren (Art. 100 I GG). Wenn ein Gericht im Laufe eines Prozesses zu der Überzeugung gelangt, dass ein für seine Entscheidung erhebl. Gesetz gegen das GG verstößt, so muss es das Verfahren aussetzen und eine Entscheidung des BVerfG einholen.

Ein verfassungswidriges Gesetz darf nicht angewendet werden.

Diese Normenkontrolle ist konkret, weil ein (konkreter) Einzelfall Anlass der Überprüfung ist.
Dagegen wird bei der **abstrakten Normenkontrolle** (Art. 93 I Nr. 2 GG) das in Frage stehende Gesetz ohne jeden Bezug auf einen Einzelfall geprüft. Gegenstand der Prüfung kann jede Norm des Bundes- oder Landesrechts sein.

Die Überprüfung erfolgt nur auf Antrag der Bundesregierung, einer Landesregierung oder eines Drittels der Mitglieder des Bundestags.

Des Weiteren entscheidet das BVerfG bei **Organstreitigkeiten** (Art. 93 I Nr. 1 GG). Darunter versteht man eine Auseinandersetzung zweier Organe innerhalb ein und derselben jurist. Person. Als Streitparteien kommen nur oberste Bundesorgane in Betracht, z. B. Bundespräsident, Bundestag, Bundesrat und Bundesregierung, sowie mit eigenen Rechten ausgestattete Teile dieser Organe, z. B. Bundestagsfraktionen.
Auch bei **Bund-Länder-Streitigkeiten** (Art. 93 I Nr. 3 GG), also Auseinandersetzungen zwischen dem Bund und einem oder mehreren Bundesländern über ihre Rechte und Pflichten, entscheidet das BVerfG.

Streitgegenstand ist oft die Ausführung von Bundesrecht durch die Länder.

Andere Verfahrensarten sind Entscheidungen über die Verwirkung von Grundrechten (Art. 18 GG), Parteienverbote (Art. 21 II GG), Wahlprüfungen (Art. 41 II GG), die Anklage des Bundespräsidenten (Art. 61 GG) und die Kommunalverfassungsbeschwerde (Art. 93 I Nr. 4 b GG). Diesen Verfahrensarten kommt in der Praxis nur geringe Bedeutung zu.

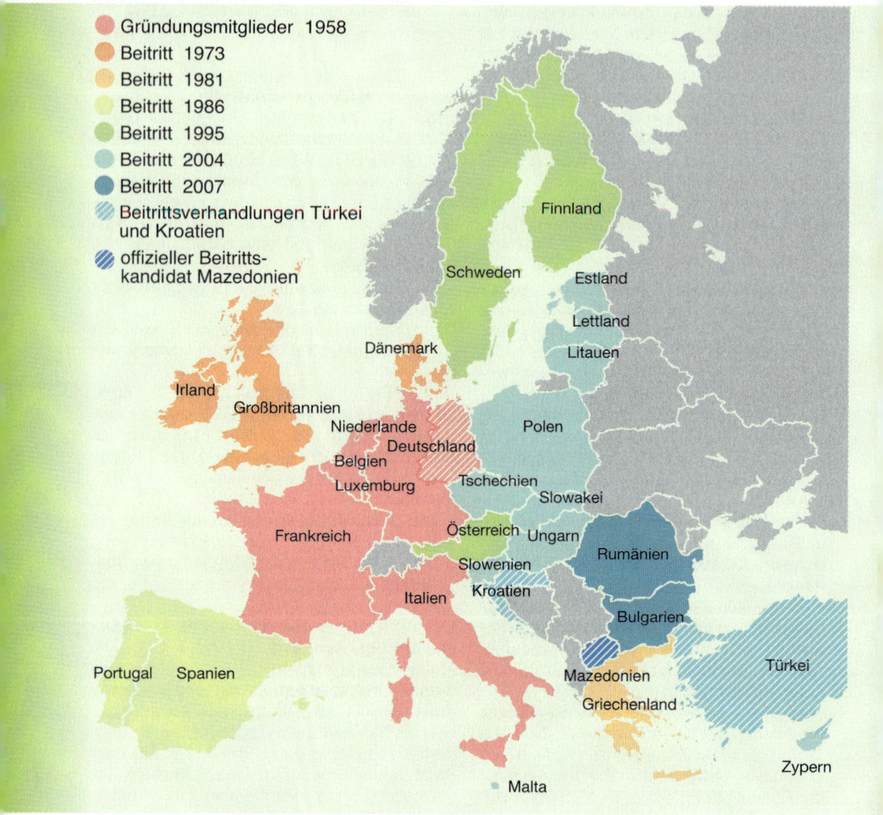

A Europäische Union

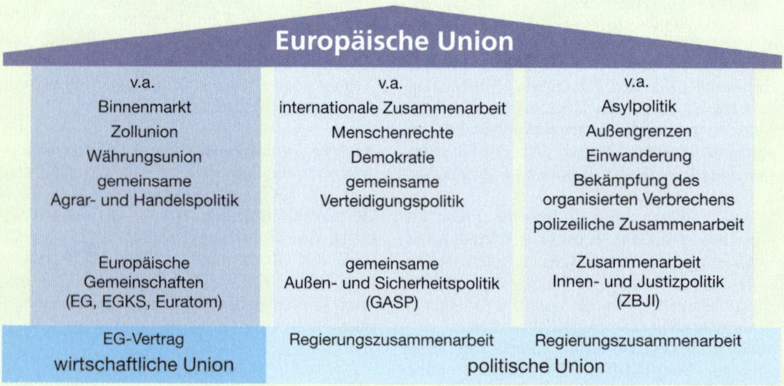

B Die drei Säulen der EU

Die **Geschichte** des Europarechts beginnt erst nach dem Zweiten Weltkrieg. Um den Krieg für immer aus Europa zu verbannen, wollte man »etwas wie die Vereinigten Staaten von Europa« schaffen.

Bereits 1948 wurde zur Förderung des wirtschaftl. Wiederaufbaus Europas unter maßgebl. Beteiligung der USA die *Organisation für europäische wirtschaftliche Zusammenarbeit* (OEEC) gegründet, die später in die (weltweit tätige) *Organisation für wirtschaftliche Zusammenarbeit und Entwicklung* (OECD) überführt wurde. Als erste rein europ. Einrichtung entstand 1949 der **Europarat.** 1952 wurde die auf 50 Jahre angelegte Europ. Gemeinschaft für Kohle und Stahl (EGKS), die **Montanunion,** gegründet. Sie war die erste supranationale, d. h. den Einzelstaaten übergeordnete europ. Institution.

Eine engere Integration zu einer *europäischen politischen Gemeinschaft* und einer *europäischen Verteidigungsgemeinschaft* wurde 1954 von der frz. Nationalversammlung abgelehnt. Dagegen machte die wirtschaftl. Zusammenarbeit rasche Fortschritte. Bereits 1957 wurden in Rom die Verträge über die Gründung der *Europäischen Wirtschaftsgemeinschaft* (EWG, heute EG) und der *Europäischen Atomgemeinschaft* (Euratom) unterzeichnet, die sog. **Römischen Verträge.** Gründungsmitglieder waren Belgien, die BRD, Frankreich, Italien, Luxemburg und die Niederlande.

Sowohl EGKS (2002 ausgelaufen), EWG als auch Euratom (zusammen auch als die **Europäischen Gemeinschaften** bezeichnet) hatten urspr. eigene Institutionen. Im **Fusionsvertrag** (1967) wurden diese zu einem gemeinsamen Rat und einer gemeinsamen Kommission zusammengelegt.

1973 fand die erste Erweiterung durch den Beitritt Großbritanniens, Dänemarks und Irlands statt. 1981 kam Griechenland dazu, Portugal und Spanien 1986. (A)

Mehrere in den 1970er und frühen 1980er Jahren unternommene Versuche, über die wirtschaftl. Zusammenarbeit hinaus zu einer polit. Integration zu gelangen, scheiterten. Erst 1986 wurde die Stagnation mit der **Einheitlichen Europäischen Akte** überwunden und die Vollendung des europ. Binnenmarktes bis Ende 1992 vereinbart.

Eine Zäsur stellt der **Maastrichter Vertrag** (1992) zur Gründung der **Europäischen Union** (EU) dar: Neben einigen Reformen wird die EWG nunmehr als *Europäische Gemeinschaft* (EG) bezeichnet.

1995 traten Finnland, Österreich und Schweden bei.

Im Vertrag von Amsterdam (1997) wurden die Verträge zur EG und EU überarbeitet und ergänzt. Insbesondere die Parlamentsrechte wurden erweitert.

Der Vertrag von Nizza, der eine institutionelle Neuordnung beinhaltete, wurde 2001 unterzeichnet. Zeitgleich wurde die *Grundrechtecharta* der EU von den Staats- und Regierungschefs der Mitgliedstaaten proklamiert.

Die große Erweiterung der EU nach Osten fand 2004 statt. Estland, Lettland, Litauen, Polen, Slowakei, Slowenien, Tschechien, Ungarn sowie Malta und Zypern traten bei. Bulgarien und Rumänien folgten 2007.

Die EU basiert auf drei Säulen (B):

Die *erste* und nach wie vor wichtigste Säule bilden die Europäischen Gemeinschaften EG und Euratom mit ihren Organen; die *zweite* ist die gemeinsame Außen- und Sicherheitspolitik und die *dritte* die polizeiliche und justizielle Zusammenarbeit in Strafsachen.

Aktuell steht die EU vor einigen Herausforderungen: Im Rahmen der Verhandlungen zum Vertrag von Nizza versäumten es die Mitgliedstaaten, die Institutionen und Verfahrensweisen der EU an die erweiterte Anzahl an Mitgliedstaaten anzupassen. Man einigte sich schließlich darauf, einen Verfassungskonvent einzuberufen. Dieser legte einen Entwurf für eine gemeinsame Verfassung vor. 2004 wurde von den damals 25 Staats- und Regierungschefs der Mitgliedstaaten sowie deren Außenministern und den drei damaligen Kandidatenländern Rumänien, Bulgarien und Türkei in Rom der **Vertrag über eine Verfassung für Europa** unterzeichnet. Inhalt des Verfassungsvertrages ist u. a. ein einheitlicher Grundrechtekatalog, die Anpassung der Institutionen unter Einbeziehung neuer Gewichtungen der Stimmen der Mitgliedstaaten und die Schaffung eines Europ. Außenministeriums. Die weitgehenden Reformvorhaben wurden allerdings von der frz. und niederländ. Bevölkerung nicht akzeptiert, sie sprachen sich in einem Referendum dagegen aus.

Eine der Ursachen dafür ist das **Demokratiedefizit** der EU. Die europ. Institutionen üben weitgehende hoheitliche Kompetenzen aus, die das Leben in allen europ. Staaten wesentlich beeinflussen. Dabei ist für die Bürger oftmals unklar, wer die Entscheidungen in EU und EG trifft. Das demokratisch legitimierte Europ. Parlament kann diesem Missstand derzeit nicht abhelfen. Trotz der Reformen hat es keine mit den Befugnissen der nationalen Parlamente vergleichbaren Kompetenzen.

Hinsichtlich der vertragl. Grundlagen der EU haben sich die Staats- und Regierungschefs im Dez. 2007 auf einen neuen Grundlagenvertrag, den **Vertrag von Lissabon,** geeinigt. Dieser soll von allen Mitgliedstaaten bis 2009 ratifiziert werden.

Europäisches Parlament 785 Abgeordnete

Bev. in Mio.		Abgeordnete
0,40	Malta	5
0,47	Luxemburg	6
0,78	Zypern	6
1,4	Estland	6
2,0	Slowenien	7
2,4	Lettland	9
3,7	Irland	13
3,7	Litauen	13
5,2	Finnland	14
5,3	Dänemark	14
5,4	Slowakei	14
7,7	Bulgarien	18
8,1	Österreich	18
8,9	Schweden	19
9,9	Portugal	24
10,0	Ungarn	24
10,2	Belgien	24
10,3	Tschechien	24
10,6	Griechenland	24
15,8	Niederlande	27
26,8	Rumänien	35
38,6	Polen	54
39,4	Spanien	54
57,7	Italien	78
59,8	Großbritannien	78
62,1	Frankreich	78
82,5	Deutschland	99

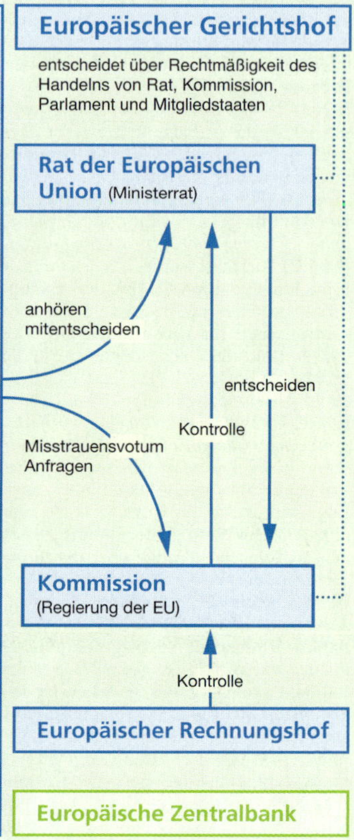

A Organe der Europäischen Gemeinschaften (2007)

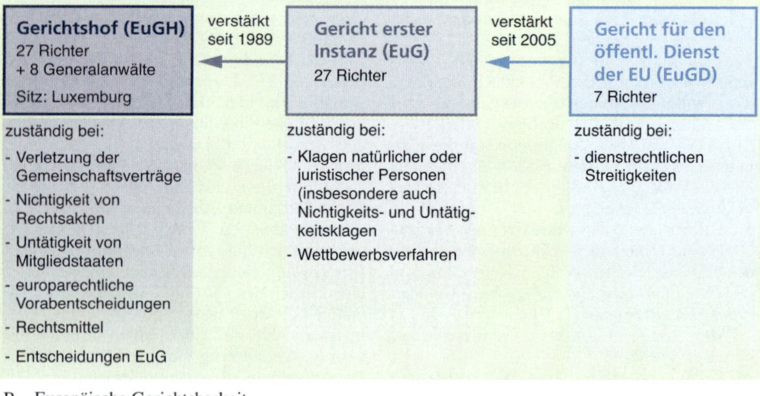

B Europäische Gerichtsbarkeit

Der schon 1949 gegründete **Europarat** mit Sitz in Straßburg ist eine von EU und EG zu unterscheidende völkerrechtliche Organisation. Er besteht aus derzeit (2007) 47 Mitgliedstaaten unter Einschluss Russlands und der Türkei. Der Europarat berät über das gemeinschaftl. Vorgehen in wirtschaftl., sozialen, kulturellen und wissenschaftl. Fragen und schließt entsprechende Verträge.

1950 wurde die *Konvention zum Schutz der Menschenrechte und Grundfreiheiten,* die **Europäische Menschenrechtskonvention** (EMRK) unterzeichnet.

Die EMRK gewährleistet zentrale *Menschenrechte* (v. a. Leben, Freiheit) und verbietet Folter und Sklaverei.

Ihre bes. Bed. liegt darin, dass sie diese Rechte nicht nur proklamiert, sondern durch ein *effektives Rechtsschutzverfahren* auch durchzusetzen hilft. Dafür wurden die *Europäische Kommission für Menschenrechte* (1954) und der *Europäische Gerichtshof für Menschenrechte* (1959) mit Sitz in Straßburg errichtet.

Der 1998 reformierte Gerichtshof hat auf die Entwicklung des Rechts in Europa wesentl. Einfluss genommen und eine *gesamteurop. Grundrechtsbasis* geschaffen.

Organe der Europäischen Union

Das Hauptorgan der EU ist der **Europäische Rat.** Dieser ist weder mit dem *Europarat* (s. o.) noch mit dem *Rat* (s. u.) zu verwechseln. Er ist das *Leitungsorgan* und *politische Entscheidungszentrum der EU* und setzt sich aus den Staats- und Regierungschefs der Mitgliedstaaten sowie dem Kommissionspräsidenten zusammen. Aus dieser Konstellation ergibt sich das bes. Gewicht der Entscheidungen des Europäischen Rates.

Neben dem Europäischen Rat nutzt die EU die Organe der Europäischen Gemeinschaften. Diese führen im Rahmen der EU bes. die Vorgaben des Europäischen Rates durch.

Organe der Europäischen Gemeinschaften

Die EG und Euratom haben folgende *gemeinsame Organe* (A):

Der **Rat** (auch **Ministerrat** genannt) mit Sitz in Brüssel ist das Organ der Mitgliedstaaten. Er besitzt unter den Gemeinschaftsorganen die größten Kompetenzen. Jeder Staat sendet einen Vertreter auf Ministerebene, wobei je nach Beratungsthema die für den jeweiligen Fachbereich zuständigen Minister zusammenkommen. Der Ratsvorsitz hat ein Mitgliedstaat für jeweils sechs Monate inne.

Hauptaufgabe des Rates ist die Mitwirkung am Gesetzgebungsprozess. Gemeinsam mit dem Parlament erlässt der Rat alle wesentl. Gesetzgebungsakte der Europ. Gemeinschaften. Zudem hat er bei der Aufstellung des Haushaltsplans mitzuwirken.

Das **Europäische Parlament** mit Sitz in Straßburg ist das demokrat. Repräsentativorgan der Europ. Gemeinschaften. Ihm gehören derzeit 785 Abgeordnete an, die weder an Aufträge noch an Weisungen gebunden sind. Sie werden seit 1979 für fünf Jahre direkt gewählt. Das Europ. Parlament hat in weiten Teilen der *Rechtsetzung* Entscheidungsbefugnisse, welche denen des Rates entsprechen. Bei der Ernennung des Kommissionspräsidenten und seines Kollegiums bedarf es der Zustimmung des Parlaments. Es kann der Kommission sein Misstrauen aussprechen und Untersuchungsausschüsse einsetzen.

Die **Kommission** ist das supranationale Organ der Europ. Gemeinschaften. Sie nimmt primär die Interessen der Gemeinschaft wahr. Ihr gehören derzeit (2007) 27 Mitglieder an, welche aus jeweils einem Mitgliedstaat für fünf Jahre entsandt wurden. Die Kommissionsmitglieder sind nicht an Weisungen der Entsendestaaten gebunden.

An der Rechtsetzung der Europ. Gemeinschaften nimmt die Kommission durch konkrete Vorschläge *(Initiativrecht)* wesentlichen Anteil. Zudem *kontrolliert* sie die Einhaltung des Gemeinschaftsrechts in den Einzelstaaten und nimmt dabei zum Teil direkte *Exekutivbefugnisse* war (z. B. im Bereich des Wettbewerbsrechts). Gegenüber Drittstaaten und völkerrechtlichen Organisationen vertritt die Kommission die Gemeinschaft.

Der **Europäische Gerichtshof** (EuGH; B) mit Sitz in Luxemburg ist seit 1957 das Rechtsprechungsorgan der Europ. Gemeinschaften. Ihm gehören derzeit (2007) 27 Richter an, die von den Regierungen der Mitgliedstaaten im gegenseitigen Einvernehmen auf sechs Jahre ernannt werden.

Der EuGH legt die europ. Verträge aus und kontrolliert Rechtsakte der Gemeinschaftsorgane sowie das Verhalten der Mitgliedstaaten. Dabei ist die Rspr. des EuGH oft betont **integrationsfreundlich** ausgerichtet und das Gericht legt seine Kompetenzen gelegentlich *seht weit* aus.

Der EuGH wurde 1989 durch ein *Gericht erster Instanz* (EuG) verstärkt, gegen dessen Entscheidungen ein Rechtsmittel beim EuGH besteht. Seit 2005 unterstützt das Gericht für den öffentl. Dienst der EU, auch **EU Beamtengericht** genannt, als spezialisierte Kammer das EuG.

Der **Europäische Rechnungshof** überprüft die Recht- und Ordnungsmäßigkeit der Einnahmen und Ausgaben der Europ. Gemeinschaften sowie die Wirtschaftlichkeit der Haushaltsführung.

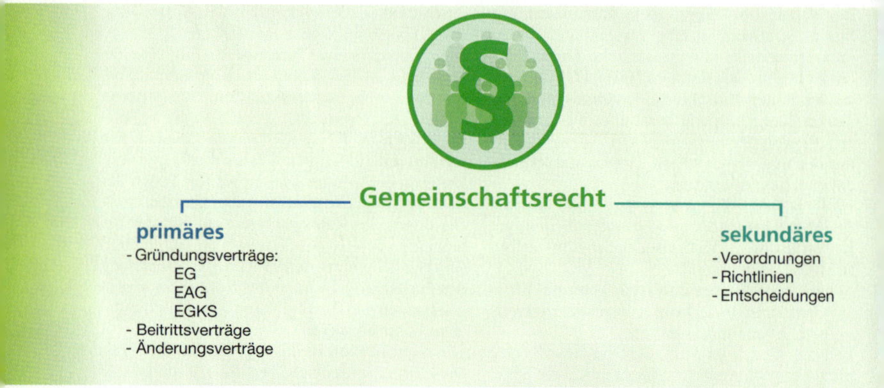

A Gemeinschaftsrecht

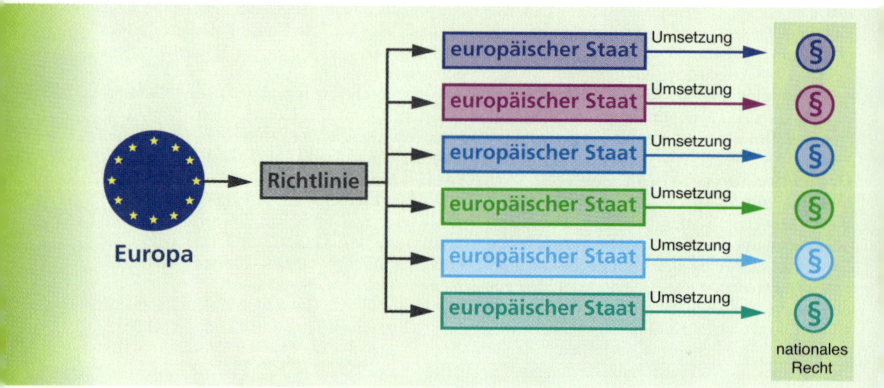

B Europäische Richtlinien

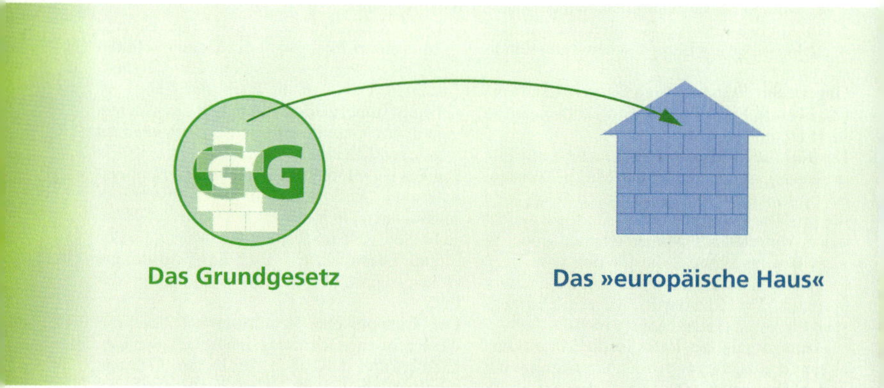

C Gemeinschaftsrecht und Grundgesetz

Die Europäische Union (EU) ist weder eine weitere selbständige Europ. Gemeinschaft noch ersetzt sie die Europ. Gemeinschaften. Sie ist ein Staatenverbund eigener Art und handelt weitgehend durch die Organe der weiterhin bestehenden Europ. Gemeinschaften.

Das **Gemeinschaftsrecht** ist das Recht der EU und der damit verbundenen europ. Einrichtungen. Es dient der Ordnung und Sicherung einer dauerhaften europ. Integration und ist eine eigenständige und zunehmend differenzierter werdende Rechtsordnung, die, anders als das Völkerrecht, auch in den Einzelstaaten unmittelbar gilt.

Auf der Grundlage des *primären Gemeinschaftsrechts* (bes. Gründungs-, Beitritts- und Änderungsverträge der EU und EG) schaffen die Gemeinschaftsorgane (bes. der Rat, das Parlament und die Kommission) *sekundäres Gemeinschaftsrecht* (A). Diese Rechtsakte können in versch. Formen erfolgen:

Verordnungen entsprechen weitgehend den innerstaatl. Gesetzen. Sie gelten, ohne dass es eines weiteren Rechtsaktes bedarf, unmittelbar in allen Mitgliedstaaten (Durchgriffswirkung) und gehen dem nationalen Recht grundsätzlich vor.

Ohne den Vorrang des Gemeinschaftsrechts hätte es jeder Mitgliedstaat in der Hand, das Gemeinschaftsrecht durch eigene Normen außer Kraft zu setzen.

Richtlinien (B) sind ebenfalls Rechtsakte der Europ. Gemeinschaften hinsichtlich bedeutender Politikbereiche. Anders als Verordnungen gelten diese vom Grundsatz nicht unmittelbar in den nationalen Staaten, vielmehr sind diese durch den nationalen Gesetzgeber *umzusetzen*. Dabei hat dieser bzgl. der Umsetzung oftmals einen Spielraum was die inhaltl. Ausgestaltung angeht.

Sowohl die Verordnungen wie die Richtlinien werden im ›Amtsblatt der Europ. Gemeinschaften‹ veröffentlicht.

In den Richtlinien wird den Mitgliedstaaten eine gewisse Frist zur Umsetzung in innerstaatl. Recht eingeräumt. Versäumt ein Staat eine fristgerechte Umsetzung, so kann er nach der Rspr. des EuGH seinen Bürgern gegenüber zum **Schadensersatz** verpflichtet sein. Außerdem kann die Richtlinie unmittelbar, also ohne Zwischenschaltung des nationalen Gesetzgebers, angewendet werden, sofern sie hinreichend genau formuliert ist und konkrete Rechte des Bürgers nennt. Das nationale Recht ist außerdem **richtlinienkonform auszulegen,** d. h. so zu interpretieren, dass kein Widerspruch zu europ. Richtlinien entsteht.

Hinter dieser Rspr. steht das Bestreben, die Wirkungskraft der Richtlinien zu verstärken. Das BVerfG hat die Rspr. des EuGH zur unmittelbaren Anwendung von Richtlinien im Grundsatz gebilligt.

Entscheidungen ergehen, anders als Verordnungen und Richtlinien, zur verbindlichen Regelung eines Einzelfalles. Sie besitzen also unmittelbare Rechtswirkung.

Die Rechtsakte der Europ. Gemeinschaften setzen für ihre Wirksamkeit eine **Ermächtigungsgrundlage** voraus. Aus ihr ergibt sich auch, ob der Rechtsakt in Form einer Verordnung oder einer Richtlinie zu ergehen hat. Die Gemeinschaft besitzt damit keine Allzuständigkeit, sondern nur eine *beschränkte Rechtssetzungskompetenz.* Nach der Lehre von den **»implied powers«** stehen der Gemeinschaft allerdings neben den geschriebenen Kompetenzen auch jene zu, die sie zur Erfüllung der ihr gestellten Aufgaben benötigt.

In den Gründungsverträgen (EWG, Euratom, EGKS, EU) haben die Mitgliedstaaten der Gemeinschaft lediglich best. Kompetenzen übertragen *(Prinzip der begrenzten Einzelermächtigung).* Das einen Rechtsakt erlassende Gemeinschaftsorgan muss die jeweilige Ermächtigungsgrundlage angeben.

Lässt sich für eine best. Materie im primären Gemeinschaftsrecht keine Ermächtigungsgrundlage finden, bleiben dafür die einzelnen Mitgliedstaaten zuständig.

Zu den Materien, die **ausschließlich** in die Kompetenz der EG fallen, gehören v. a. die

- gemeinsame Handels- und Fischereipolitik,
- Zolltarife und der
- grenzüberschreitende Verkehr.

Die von den Gemeinschaftsorganen erlassenen Rechtsakte werden i. d. R. nicht von der Gemeinschaft selbst, sondern von den Mitgliedstaaten vollzogen *(indirekter Vollzug).*

Ein bes. Problem stellt das **Verhältnis des Gemeinschaftsrechts zum Grundgesetz** dar. Grundsätzlich geht das Gemeinschaftsrecht nicht nur dem einfachen Gesetzesrecht, sondern auch dem Grundgesetz vor.

Die Übertragung hoheitlicher Kompetenzen auf die EU führt dazu, dass sie nicht mehr in den Geltungsbereich der dt. Verfassungsordnung fallen (C).

Damit droht die Gefahr einer **Aushöhlung des GG** durch immer weitergehende Übertragung von Kompetenzen. Die wesentl. Strukturprinzipien der dt. Verfassungsordnung dürfen allerdings nicht angetastet und daher auch nicht übertragen werden.

Dazu gehören Demokratie, Rechtsstaatlichkeit unter Einschluss des Kernbereichs der Grundrechte, Sozialstaatlichkeit und der Föderalismus (vgl. Art. 79 III GG). Die Reichweite der »übertragungsfesten Tabuzone« ist im Einzelnen umstritten.

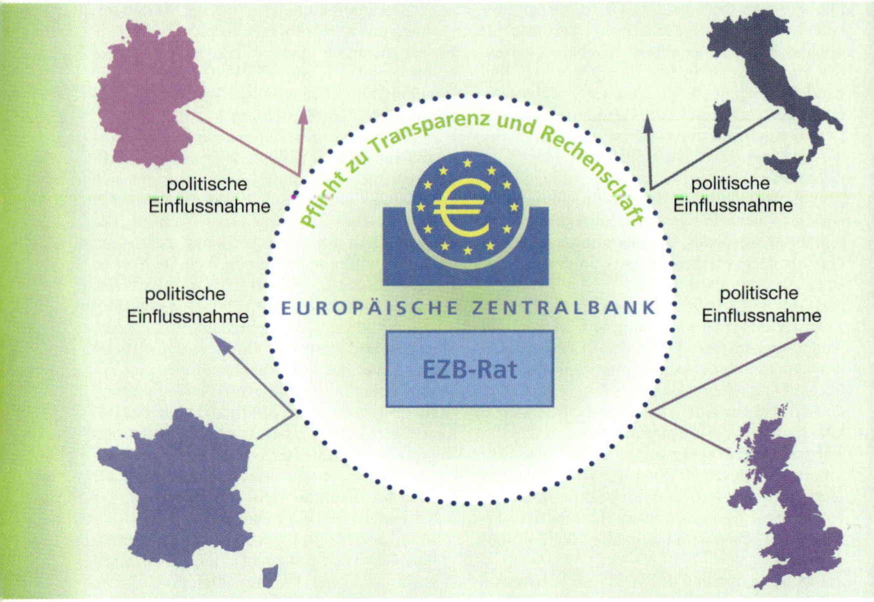

A Die Unabhängigkeit der Europäischen Zentralbank

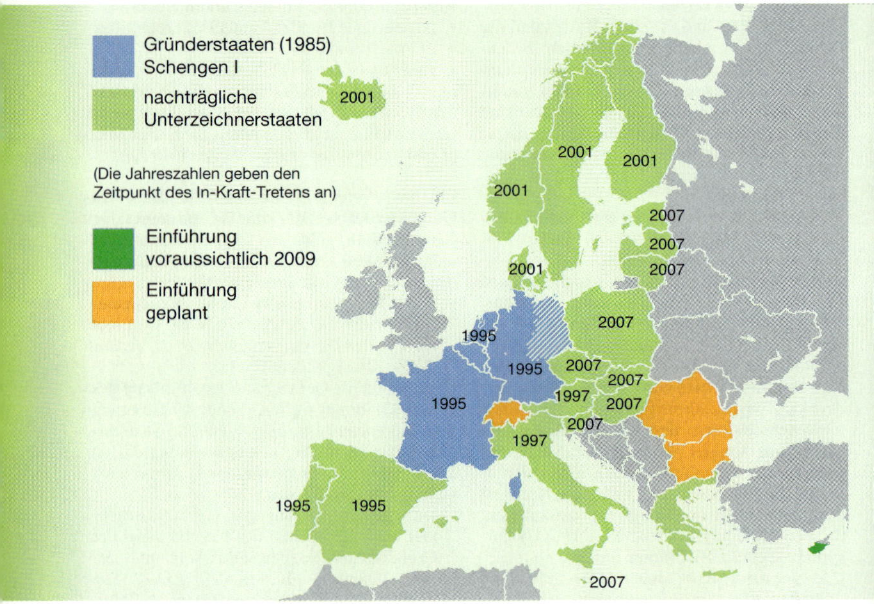

B Das Abkommen von Schengen

Eine Haupttriebfeder der europ. Einigung war das Streben nach einem **gemeinsamen Binnenmarkt**, der seit dem 1. 1. 1993 verwirklicht ist. Dazu gehören folgende *vier Grundfreiheiten:*

- der freie Personenverkehr
- der freie Warenverkehr
- der freie Dienstleistungsverkehr
- der freie Kapitalverkehr

Durch die **Währungsunion** wurde die Einheitlichkeit des europ. Wirtschaftsraums gestärkt. Seit Januar 2002 ist der **Euro** das einzige gesetzl. Zahlungsmittel in der Eurozone (13 EU-Staaten; ab 1. 1. 2008 zudem Malta und Zypern). Schon 1999 hat die **Europäische Zentralbank** (EZB) die alleinige Verantwortung für die Geldpolitik in der EU.

Bei der Einrichtung der EZB wurde bes. Wert auf die Sicherung ihrer Unabhängigkeit gelegt (A).

Auch in der **Rechts- und Innenpolitik** arbeiten die Mitgliedstaaten zusammen. 1985 wurde in *Schengen* ein Vertrag über den stufenweisen Abbau von Kontrollen im Personenverkehr und den Ausbau der polizeilichen Zusammenarbeit unterzeichnet. 1990 kam das ergänzende Durchführungsübereinkommen SDÜ hinzu *(Schengen II),* das 1995 in den meisten Schengen-Staaten in Kraft gesetzt wurde (B). Danach sind Personen- und Warenkontrollen an den Grenzen weitgehend abgeschafft. Visa werden gegenseitig anerkannt.

Um die innere Sicherheit zu gewährleisten, wurde das **Schengener-Informations-System** (SIS) entwickelt, ein gemeinsames computergestütztes Fahndungs- und Informationssystem, das die Verfolgung von Straftätern über die Landesgrenzen hinweg erlauben soll.

Durch das Schengen-Protokoll zum Amsterdamer Vertrag (1997) wurde das Schengener Abkommen in den Rahmen der EU einbezogen, einschl. einer institutionellen Integration.

Nach dem **Vertrag von Maastricht** (1992) erstreckt sich die rechts- und innenpolit. Zusammenarbeit u. a. auf folgende Bereiche:

- Asylpolitik
- Flüchtlings- und Zuwanderungspolitik
- Bekämpfung der Drogenkriminalität
- Bekämpfung von internationalem Betrug
- justizielle Zusammenarbeit
- Zusammenarbeit im Zollwesen
- polizeiliche Zusammenarbeit

Um die grenzüberschreitende organisierte Kriminalität wirkungsvoll bekämpfen zu können, wurde der Aufbau einer europ. Polizeibehörde **(Europol)** mit Sitz in Den Haag beschlossen. Sie dient v. a. als zentrale Datensammelstelle.

Die Mitglieder von Europol sollen im Rahmen ihrer amtlichen Tätigkeit von jeder Gerichtsbarkeit ausgenommen sein (Immunität). Weder der Europ. Gerichtshof noch nationale Gerichte (wie das BVerfG) besitzen wirksame Kontrollbefugnisse.

Im Rahmen der europ. Verfassung bzw. des neuen Grundlagenvertrags soll die Rechts- und Innenpolitik noch stärker als bisher in eine Gemeinschaftsaufgabe umgewandelt werden.

Die **gemeinsame Außen- und Sicherheitspolitik** der EU (GASP) steckt noch in den Anfängen.

Schon 1954 wurde die *Westeuropäische Union* (WEU) als Beistandspakt für den Fall eines bewaffneten Angriffs auf einen Mitgliedstaat begründet. Eine außenpolit. Zusammenarbeit der EG-Staaten existiert seit den frühen 1970er Jahren in Form der *Europäischen Politischen Zusammenarbeit* (EPZ). Erst der Maastrichter Vertrag hat jedoch die Grundlagen für eine intensivere gemeinsame Außen- und Sicherheitspolitik geschaffen.

Zuständig für die Festlegung **allgemeiner Leitlinien** der gemeinsamen Außen- und Sicherheitspolitik ist der sich aus dem Präsidenten der Europ. Kommission und den europ. Staats- und Regierungschefs zusammensetzende *Europäische Rat.* Im davon zu unterscheidenden *Rat der Europäischen Union* (Ministerrat) werden die außenpolit. Auffassungen der einzelnen Mitgliedstaaten koordiniert und gemeinsame Standpunkte festgelegt.

Unter den Außenbeziehungen der EU spielen die Abkommen mit Entwicklungsländern aus dem afrikanischen, karibischen und pazifischen Raum (sog. AKP-Staaten) eine bes. Rolle (Lomé-Abkommen).

Eine wirksame gemeinsame Außenpolitik der EU existiert bis heute nicht. Die Vorbehalte der Mitgliedstaaten gegen eine Aufgabe zentraler Souveränitätsrechte sind zu groß.

Bes. deutlich wurde das Fehlen einer einheitl. Außenpolitik während des Irakkrieges 2003.

Bei der **Bewertung** der Innen- und Außenpolitik der EU sollte man berücksichtigen, dass gerade dieser Regelungsbereich, anders als der sehr erfolgreiche wirtschaftl. Sektor, noch weitgehend am Beginn seiner Entwicklung steht. Es hängt viel davon ab, ob es den Politikern gelingt, der gemeinsamen Außen- und Sicherheitspolitik gegenüber der nationalen Außenpolitik größeres Gewicht zu verleihen. Dabei sollte darauf geachtet werden, klarere Regelungen als bisher zu schaffen, Verantwortungsbereiche deutlich abzugrenzen und die demokrat. Legitimation der Entscheidungsträger sicherzustellen.

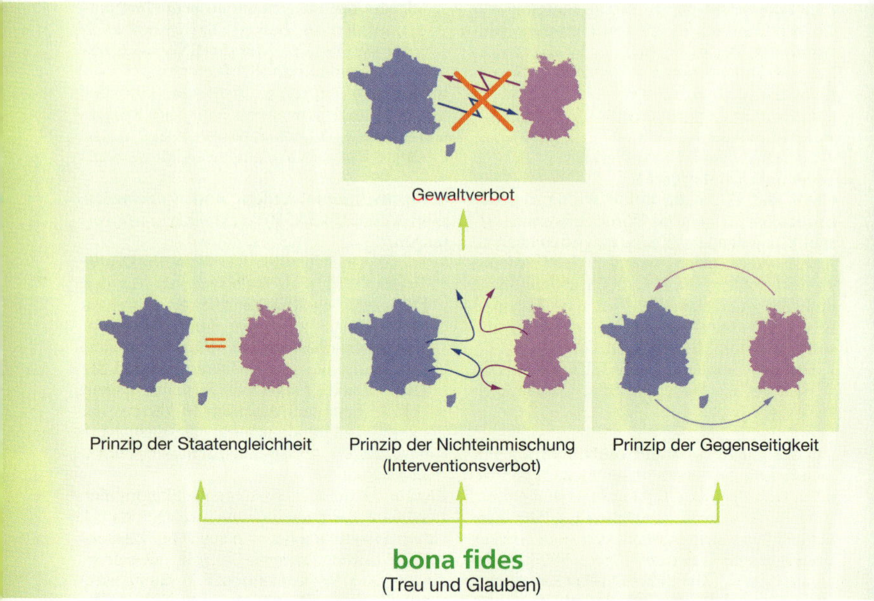

A Tragende Prinzipien des Völkerrechts

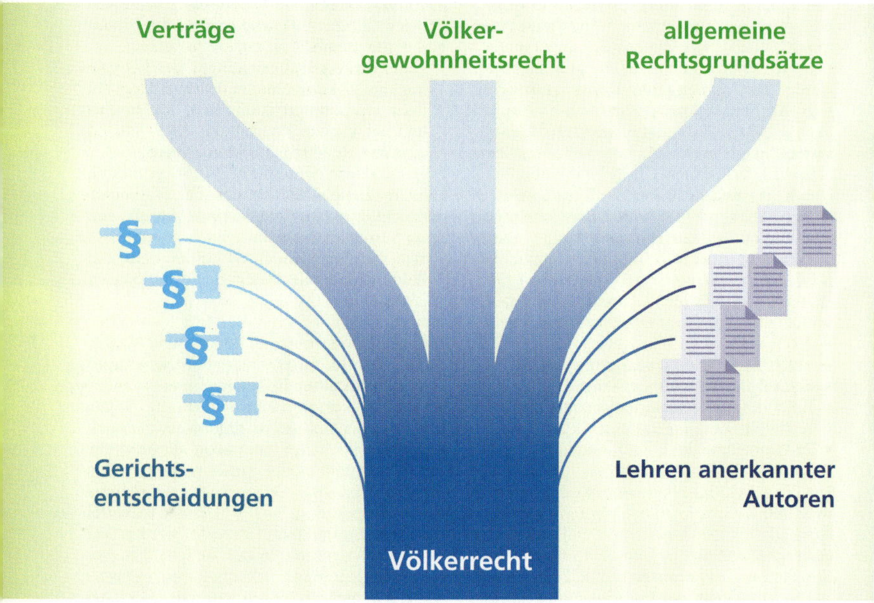

B Quellen des Völkerrechts

Das **Völkerrecht** regelt die Rechte und Pflichten der Staaten und anderer Völkerrechtssubjekte in ihren Beziehungen untereinander (A). Es beruht auf dem Grundprinzip von Treu und Glauben *(bona fide).*

Anerkannt sind ferner die Prinzipien der *Gegenseitigkeit:*

ein Staat darf von einem anderen Staat nur solches Verhalten fordern, das er auch selbst praktiziert,

und der *souveränen Gleichheit*:

ein Kleinstaat hat grds. denselben völkerrechtl. Status wie eine Großmacht.

Neben den *Staaten* und den *internationalen Organisationen* sind der *Heilige Stuhl,* das *Internationale Komitee vom Roten Kreuz* und der *Malteser-Ritterorden* als **Völkerrechtssubjekte** anerkannt. *Individuen* kommen nur begrenzt als Völkerrechtssubjekte in Betracht.

Völkerrecht weist im Vergleich zu anderen Rechtsnormen einige **Eigenheiten** auf: Es gibt weder ein zentrales Gesetzgebungsorgan noch eine Instanz, mittels derer sich die Befolgung völkerrechtl. Normen erzwingen ließe. Deshalb ist immer wieder behauptet worden, Völkerrecht sei gar kein Recht, sondern ein System machtgestützter Umgangsregeln für die internationale Politik.

Die Überzeugungskraft derartiger Argumente hängt von der Definition des Begriffs »Recht« ab. Das Völkerrecht ähnelt in mancher Hinsicht dem Recht primitiver Völker.

In der Praxis wird der Rechtscharakter des Völkerrechts anerkannt. Seine allg. Regeln sind gemäß Art. 25 GG Bestandteil des dt. Bundesrechts.

Das Völkerrecht weist einen sehr engen **Bezug zur internationalen Politik** auf. Viele im internationalen Verkehr üblichen Verhaltensregeln besitzen keinen Rechtscharakter, sondern stellen Höflichkeitsregeln dar (Courtoisie).

Bsp.: Protokollarische Ehren beim Empfang eines ausländischen Staatsoberhauptes.

Viele Staaten stellen in ihrer Außenpolitik **Doktrinen** (Grundsätze) auf, die als solche jedoch noch kein Völkerrecht darstellen.

Bsp.: Die nach einem früheren dt. Staatssekretär benannte *Hallstein-Doktrin* (1955) besagte, dass die BRD die Anerkennung der DDR durch einen Drittstaat als unfreundlichen Akt ansah, der mit dem Abbruch der diplomat. Beziehungen beantwortet wurde.

Völkerrechtsquellen

Anders als in den nationalen Rechten gibt es im Völkerrecht kein engmaschiges Normensystem aus Gesetzen und anderen Rechtsregeln, das man zur Lösung von Streitfragen heranziehen kann. Vielmehr ist häufig problematisch, was als Norm des Völkerrechts gilt. Das Statut des Internationalen Gerichtshofes (IGH) nennt in Art. 38 I folgende **Völkerrechtsquellen** (Entstehungsgründe für Völkerrecht; B):

- völkerrechtliche Verträge
- Völkergewohnheitsrecht
- allgemeine Rechtsgrundsätze

sowie als Hilfsmittel zur Feststellung von Rechtsnormen:

- Gerichtsentscheidungen und die
- Lehren der anerkanntesten Völkerrechtsautoren.

Bei den **völkerrechtlichen Verträgen** sind *zweiseitige* (bilaterale) von *mehrseitigen* (multilateralen) Verträgen zu unterscheiden. Die Bindungswirkung erstreckt sich nur auf die Vertragspartner. Es gibt deshalb keine universal (weltweit) geltenden Verträge, sondern nur partikulare.

Ein Vertrag mit nahezu universaler Geltung ist die *Satzung der Vereinten Nationen.*

Völkergewohnheitsrecht setzt eine

- langdauernde gleichartige Übung *(consuetudo)* voraus, die von einer
- unbezweifelten Rechtsüberzeugung *(opinio iuris sive necessitatis)*

getragen wird. Daraus folgt, dass einmaliges Verhalten eines Völkerrechtssubjekts kein Völkergewohnheitsrecht begründen kann.

Ausnahmsweise kann jedoch eine stillschweigend übernommene Verpflichtung vorliegen, sich künftig gleichartig zu verhalten.

Allgemeine Rechtsgrundsätze sind Regeln, die allen oder fast allen Rechtsordnungen in ähnlicher Form zugrundeliegen,

z. B. Verjährung, Verbot des Rechtsmissbrauchs,

oder für die Existenz einer Völkerrechtsordnung notwendig sind,

z. B. das Nichteinmischungsprinzip.

Auch die *Grundsätze der Rechtslogik* gehören dazu,

z. B. der Grundsatz, dass eine speziellere Regelung die allgemeine verdrängt *(lex specialis derogat legi generali).*

Gelegentlich werden die allg. Rechtsgrundsätze mit dem *Naturrecht* gleichgesetzt.

Zu den nicht als Völkerrechtsquelle anerkannten, sondern nur als Hilfsmittel zur Feststellung von Völkerrecht zugelassenen **Gerichtsentscheidungen** zählen die Entscheidungen internationaler wie nationaler Gerichte.

Gerichtsentscheidungen besitzen im Völkerrecht *keine Präzedenzwirkung*, sind also für spätere Streitigkeiten nicht bindend.

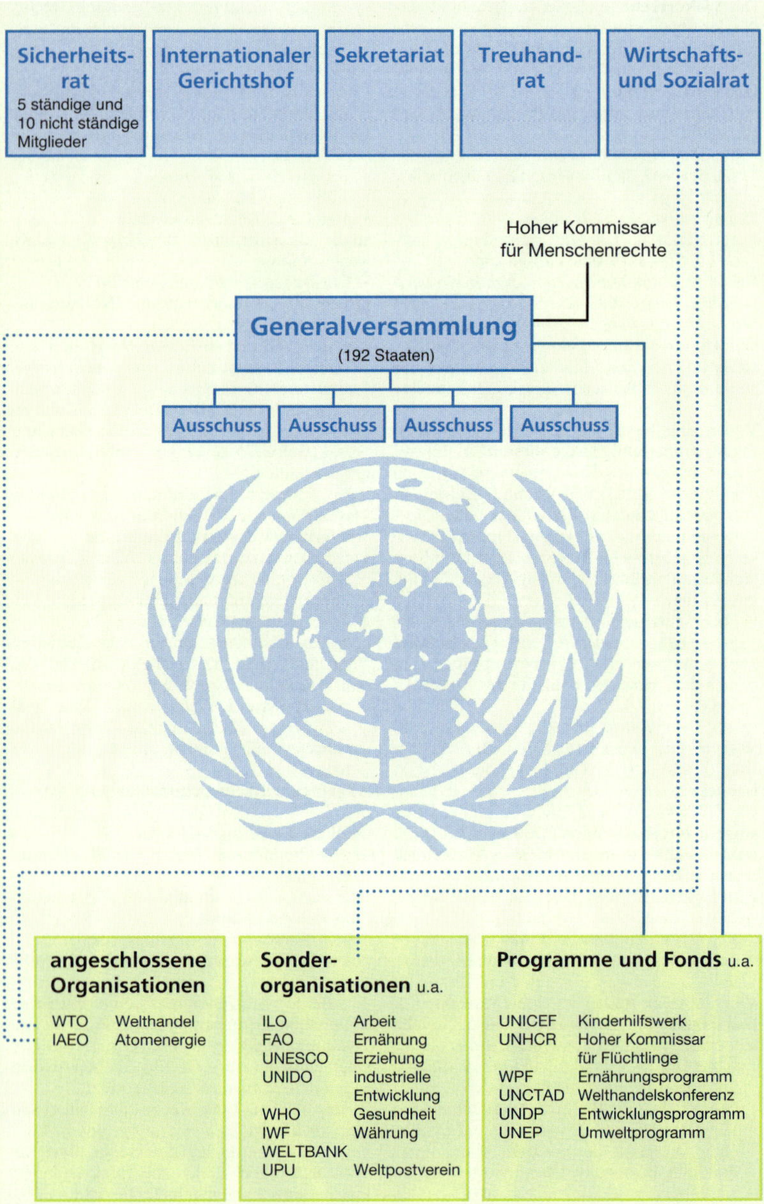

Organisation der Vereinten Nationen

Neben den Staaten, die als *geborene Völkerrechtssubjekte* bezeichnet werden, können auch **internationale Organisationen** im Völkerrecht eigenständig auftreten *(gekorene Völkerrechtssubjekte)*. Voraussetzung dafür ist eine Verleihung der Völkerrechtssubjektivität durch die beteiligten Staaten.

Die wichtigste internationale Organisation ist die Organisation der **Vereinten Nationen** mit Sitz in New York (United Nations Organization, UNO).

Die Satzung der UNO trat 1945 in Kraft. Vorläufer war der von 1920 bis 1946 bestehende *Völkerbund.*

Der UNO gehören heute nahezu alle international anerkannten Staaten an (2007: 192 Staaten). Die wenigen Staaten, die nicht Vollmitglied sind, arbeiten i .d. R. zumindest in einer der Teilorganisationen der UNO mit.

Die BRD erwarb die Vollmitgliedschaft – zusammen mit der früheren DDR – erst 1973.

Ziel der UNO ist die Sicherung des *Weltfriedens* und des *sozialen Fortschritts* sowie der *Schutz der Menschenrechte* durch Einrichtung eines umfassenden Systems der internationalen Zusammenarbeit.

Die Struktur und die Aufgaben der UNO sind in ihrer **Satzung** (Charta) geregelt. Anders als in der Satzung des Völkerbunds wird der Krieg geächtet; die Anwendung von Gewalt in internationalen Beziehungen ist verboten. Dagegen werden die Souveränität und Gleichheit aller UNO-Mitgliedstaaten bes. hervorgehoben und die Einmischung in die inneren Angelegenheiten fremder Staaten untersagt *(Nichteinmischungsprinzip).*

Der internationale **Schutz der Menschenrechte,** zu dem sich die UNO in der *Allgemeinen Erklärung der Menschenrechte* (1948) bekannt hat, wird durch das Nichteinmischungsprinzip begrenzt. Eine *humanitäre Intervention,* also der bewaffnete Eingriff in die Hoheitsgewalt eines fremden Staates zum Schutz der Menschenrechte fremder Staatsbürger, ist nur in Ausnahmefällen zulässig.

Bisweilen wird argumentiert, ein Staat, der sich in einem völkerrechtl. Vertrag zur Einhaltung der Menschenrechte verpflichtet habe, verletze durch eine menschenrechtswidrige Praxis auch Rechte der anderen Unterzeichnerstaaten (Erga-omnes-Lehre). Selbst daraus ergibt sich jedoch noch nicht ohne weiteres die Befugnis zu einem bewaffneten Eingriff.

Die **Organisation** der UN ist kompliziert (Abb.). Zentralorgan ist die **Generalversammlung** (Vollversammlung), in der jedes Mitglied eine Stimme hat. Sie tritt jeden Herbst zusammen. Die Generalversammlung ist für alle Angelegenheiten der UNO einschl. der Haushaltsfestsetzung zuständig. Die meisten Fragen werden in einem der Ausschüsse vorbereitet.

Einer davon ist die *Völkerrechtskommission* (International Law Commission), die für die Fortentwicklung des Völkerrechts zuständig ist.

Daneben existieren weitere Hauptorgane:

Dem **Sicherheitsrat** (Weltsicherheitsrat) kommt polit. die größte Bedeutung zu. Er ist für die Feststellung von Friedensgefährdungen und deren Abwehr zuständig und besteht aus 15 Mitgliedern, fünf ständigen und zehn nicht ständigen, die durch die Generalversammlung gewählt werden.

Die ständigen Mitglieder China, Frankreich, Großbritannien, Russland und USA besitzen ein Vetorecht, wodurch die Arbeit des Sicherheitsrats oft blockiert wird. Seit längerem wird eine Reform des Sicherheitsrats gefordert, bes. hinsichtlich seiner Zusammensetzung.

Der von der Generalversammlung gewählte **Wirtschafts- und Sozialrat** leitet und koordiniert die Tätigkeiten der UNO in wirtschaftl., sozialen, kulturellen und humanitären Fragen. Dazu bedient er sich zahlreicher UN-Hilfswerke und Sonderorganisationen,

z. B. der Organisation der UN für Erziehung, Wissenschaft und Kultur (UNESCO).

Das **Sekretariat** ist das Verwaltungsorgan der UN und steht unter der Leitung eines *Generalsekretärs,* der auf Empfehlung des Sicherheitsrates von der Generalversammlung für die Dauer von 5 Jahren gewählt wird.

Der Generalsekretär darf von keiner Einzelregierung Weisungen entgegennehmen.

Der **Internationale Gerichtshof** (IGH) in Den Haag stellt das richterl. Hauptorgan der UN dar. Er entscheidet nicht nur durch Urteile, sondern erstellt auch Rechtsgutachten.

Der seit 1946 bestehende IGH ist Nachfolger des Ständigen Intern. Gerichtshofes (StIHG), der 1920 durch die Satzung des Völkerbundes errichtet worden war.

Unter den Aktivitäten der UN kommt den **friedenssichernden Maßnahmen** durch Entsendung von UN-Streitkräften bes. Bedeutung zu. Sie sind in der Satzung der UN nicht ausdrücklich geregelt; vielmehr wird die Rechtsgrundlage von Fall zu Fall durch Resolutionen der Generalversammlung und des Sicherheitsrates geschaffen.

Hauptaufgaben der UN-Streitkräfte waren bis Anfang der 90er Jahre Beobachtung und Kontrolle vor Ort.

Seit dem Wegfall des Ost-West-Gegensatzes setzen UN-Friedenstruppen verstärkt Waffengewalt ein.

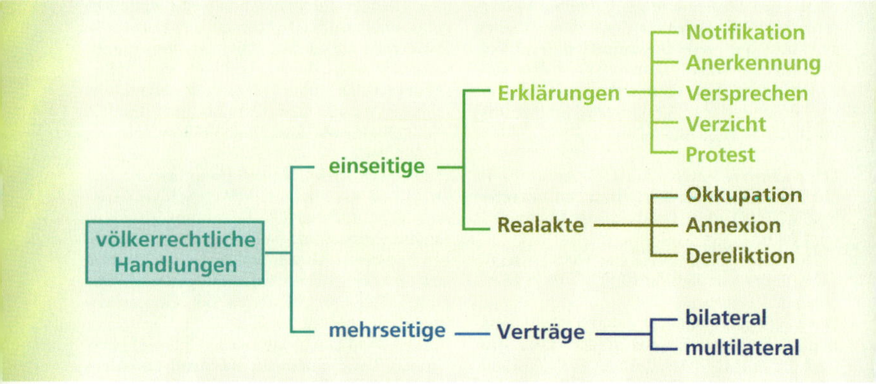

A Arten völkerrechtlicher Handlungen

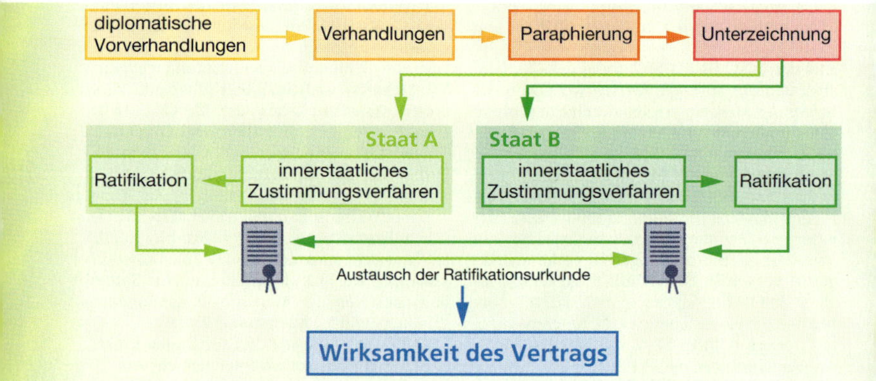

B Bilateraler völkerrechtlicher Vertrag mit Ratifikation

C Streitbeilegungsmittel im Völkerrecht

Im Völkerrecht werden *einseitige* und *mehrseitige* **Handlungsformen** unterschieden (A).

Völkerrechtl. Handlungen sind nicht an eine best. Form gebunden. Bei Verträgen wird i. d. R. die Schriftform gewählt.

Die **einseitigen völkerrechtlichen Handlungen** gliedern sich in Erklärungen und Tathandlungen (Realakte). Zu den **Erklärungen** gehören die amtl. Mitteilung mit Rechtscharakter *(Notifikation)*, die Erklärung, eine Situation oder einen Anspruch zu akzeptieren *(Anerkennung)*, die einseitige Selbstverpflichtung zu einem best. Verhalten *(Versprechen)*, die Aufgabe völkerrechtl. Rechte *(Verzicht)* und das Erheben von Widerspruch *(Protest)*.

Einseitige völkerrechtl. **Realakte** sind die (krieger. oder friedl.) Besetzung fremden Gebietes *(Okkupation)*, die vollständige und auf Dauer angelegte Einverleibung fremden Gebietes *(Annexion)* und die Aufgabe von Gebiet *(Dereliktion)*.

Völkerrechtl. **Verträge** beruhen auf **mehrseitigen** (bi- oder multilateralen) **Erklärungen**. Es handelt sich um Übereinkommen, die von mind. zwei Völkerrechtssubjekten zur rechtl. Regelung hoheitl. Beziehungen auf der Grundlage des Völkerrechts geschlossen werden.

Bsp.: Vertrag über die Gründung der UNO.

Der **Abschluss** völkerrechtl. Verträge erfolgt teilw. durch die Unterhändler selbst *(einphasiges Abschlussverfahren)*. Meist wird der Vertrag aber erst wirksam, wenn die (nach dem Verfassungsrecht des jeweiligen Staates) zuständigen innerstaatl. Organe zugestimmt haben (*mehrphasiges Abschlussverfahren*; B).

In Dtl. muss die Zustimmung des Bundestags und (wenn Interessen der Länder berührt werden) auch des Bundesrats eingeholt werden. Danach wird der Vertrag vom Bundespräsidenten als Staatsoberhaupt *ratifiziert* (als verbindlich bestätigt). Der Vertrag tritt meist erst nach Austausch der Ratifikationsurkunden in Kraft.

Bei der **Auslegung** völkerrechtl. Verträge spielt neben dem Wortlaut der von den Vertragsparteien angestrebte Zweck (sog. *effet utile*) eine bes. Rolle. Vertragsrevisionen sind nur einverständlich möglich.

Sonderformen völkerrechtl. Verträge sind die *Konkordate*, die zw. dem Heiligen Stuhl und einem Staat abgeschlossen werden.

Wird das Völkerrecht durch ein Völkerrechtssubjekt verletzt und fügt es dadurch einem anderen Völkerrechtssubjekt einen Schaden zu, so liegt ein **völkerrechtliches Delikt** vor.

Bsp.: Beleidigung eines Staates durch ein fremdes Staatsoberhaupt; Nichterfüllung eines völkerrechtl. Vertrags.

Völkerrechtl. *Rechtfertigungsgründe*, etwa Notwehr oder Einwilligung des betroffenen Staates, können die Rechtswidrigkeit ausschließen. Jeder Staat haftet für die Folgen, die aus völkerrechtswidrigen Handlungen seiner Organe entstehen. Als **Formen der Wiedergutmachung** kommen in Betracht:

- Wiederherstellung des früheren Zustands
- Schadensersatz
- Leistung von Genugtuung (z. B. durch Entschuldigung, Geldbuße)

Im Völkerrecht kommt der geregelten Beilegung von **Streitigkeiten** (C) bes. Bedeutung zu, denn als Alternativen kommen nicht nur friedl. Aktionen, etwa Wirtschaftsembargos, in Betracht, sondern auch kriegerische Auseinandersetzungen.

Zu den wichtigsten Formen einer **nichtrichterlichen Streitbeilegung** gehören diplomat. *Verhandlungen* und die Inanspruchnahme »guter Dienste« seitens nicht direkt am Streit beteiligter Staaten (v. a. prakt. Hilfe zur Verhandlungsaufnahme). Unterbreitet der Unbeteiligte einen Kompromissvorschlag, spricht man von *Vermittlung*. Sie endet häufig in einem *Vergleich* der Streitparteien.

Die **richterliche Streitbeilegung** kann auf zwei Wegen erfolgen: durch internationale Schiedsgerichtsbarkeit und durch (echte) internationale Gerichtsbarkeit:

1. Bei der internationalen **Schiedsgerichtsbarkeit** erfolgt die Streitentscheidung durch Personen, die von den Streitparteien ausgewählt wurden. Oftmals enthalten völkerrechtliche Verträge die Verpflichtung, sich einem Schiedsgerichtsverfahren zu unterwerfen und dessen Entscheidungen zu akzeptieren.

   Die meisten Schiedsgerichte werden aus Anlass eines Streitfalls ad hoc gebildet. Möglich ist auch die Anrufung des *Ständigen Schiedshofs* in Den Haag, aus dessen Mitte Schiedsrichter gewählt werden können.

2. Die (echte) **internationale Gerichtsbarkeit** unterscheidet sich von der Schiedsgerichtsbarkeit dadurch, dass die Richter nicht von den Streitparteien bestimmt werden. Die Gerichte werden allerdings nur tätig, wenn sich die Streitparteien ihrer Gerichtsbarkeit *unterworfen* haben.

   Die wichtigste Einrichtung dieser Art ist der *Internationale Gerichtshof* (IGH) in Den Haag. Ein weiterer internat. Gerichtshof ist der *Internationale Seegerichtshof* (ISGH) in Hamburg. Wichtige internat. Gerichtshöfe mit europ. Zuständigkeit sind der *Europäische Gerichtshof* (EuGH) in Luxemburg und der *Europäische Gerichtshof für Menschenrechte* (EGMR) in Straßburg.

	Anzahl		Steigerungsrate (%)	Aufklärungsquote (%)	
	2005	2006		2005	2006
Gewaltkriminalität insgesamt	212.832	215.471	1,2	75,3	75,4
• Mord und Totschlag	2.396	2.468	3,0	95,8	95,5
• Raubdelikte	54.841	53.696	-2,1	50,9	51,5
• gefährliche und schwere Körperverletzung	147.122	150.874	2,6	83,5	83,2
Diebstahlskriminalität insgesamt	2.727.048	2.601.902	-4,6	29,5	29,7
• von Kraftwagen	50.361	42.320	-16,0	27,9	29,2
• aus Kraftwagen	391.372	361.759	-7,6	9,6	9,7
• Ladendiebstahl	461.293	437.896	-5,1	93,2	92,6
• Wohnungseinbruchdiebstahl	109.736	106.107	-3,3	19,6	19,3
• Taschendiebstahl	110.552	100.984	-8,7	5,4	6,2

A Kriminalitätsentwicklung in der BRD (2005-2006)

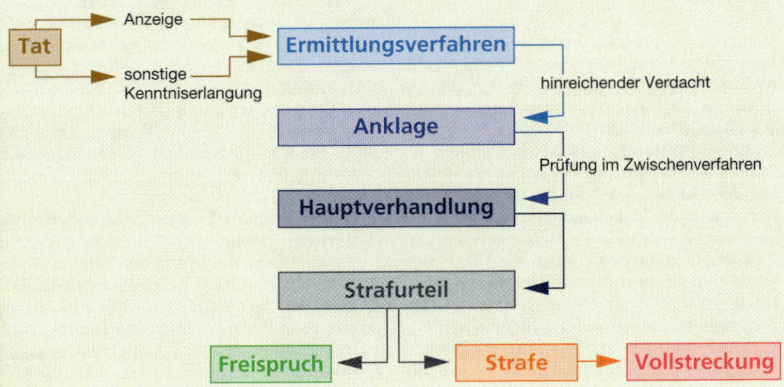

B Die strafrechtliche Kriminalitätsverarbeitung

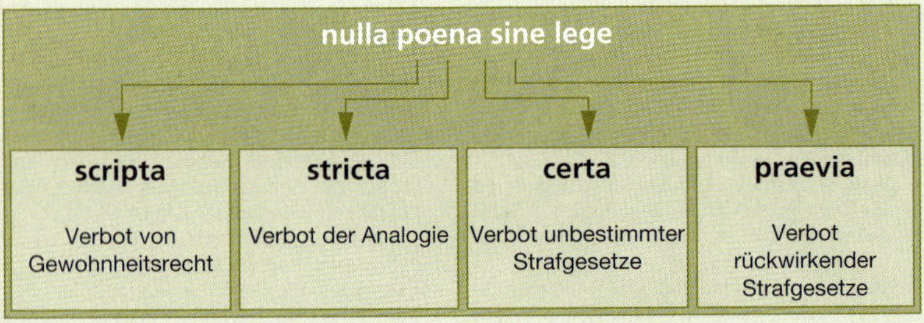

C Die Garantiefunktion des Strafgesetzes

Das Strafrecht umfasst den Teil der Rechtsordnung, der im Detail Art und Voraussetzungen staatlichen Strafens festlegt.
Wie kein anderes Rechtsgebiet steht es im Blickpunkt der Öffentlichkeit. Die **Verarbeitung von Straftaten** ist deshalb nicht nur ein individuelles, sondern auch ein gesellschaftl. Problem (A). In der BRD ist sie umfassend gesetzl. geregelt (B), um willkürl. Entscheidungen auszuschließen.
Die Strafverfolgung beginnt meist mit einer *Anzeige* bei der Kriminalpolizei oder der Staatsanwaltschaft. Handelt es sich um einen ernstzunehmenden Vorwurf, so führt die Staatsanwaltschaft ein *Ermittlungsverfahren* durch, in dem versucht wird, den relevanten Sachverhalt soweit wie möglich aufzuklären. Bestätigt sich dabei der Verdacht einer Straftat und wird das Verfahren nicht eingestellt (§§ 153 ff. StPO), so erhebt die Staatsanwaltschaft *Klage* vor dem zuständigen Gericht. In der öffentl. geführten **Hauptverhandlung,** dem wichtigsten Bestandteil des Strafverfahrens, wird der Tatvorwurf im Detail erörtert und Beweis erhoben. Kann dem Angeklagten die Straftat nachgewiesen werden, so wird er zu einer Strafe verurteilt; andernfalls wird er freigesprochen. Die Strafvollstreckung liegt wieder in den Händen der Staatsanwaltschaft.
Das Ermittlungs- und Strafverfahren stellt für den Betroffenen eine **extreme Belastung** dar, zumal es i. d. R. mit zusätzl. Sanktionen aus dem privaten Umfeld verbunden ist. Es ist daher von größter Wichtigkeit, dass die Voraussetzungen der Strafbarkeit unter öffentl. Kontrolle im Detail festgelegt sind und in klarer, nachvollziehbarer Weise angewandt werden.

Das Gesetzlichkeitsprinzip
Das in § 1 StGB und Art. 103 II GG festgelegte **Gesetzlichkeitsprinzip** besagt, dass eine Tat nur bestraft werden kann, wenn die Strafbarkeit gesetzl. bestimmt war, **bevor** die Tat begangen wurde.
Dieses Prinzip geht auf P. J. A. FEUERBACH (1775–1833) zurück, den Begründer der modernen dt. Strafrechtswissenschaft. Der von ihm formulierte Grundsatz »nullum crimen, nulla poena sine lege« (»kein Verbrechen, keine Strafe ohne Gesetz«) umfasst vier Aspekte, die man zusammen als die **Garantiefunktion des Strafgesetzes** (C) bezeichnet:

1. **Verbot von Gewohnheitsrecht:** das Strafgesetz muss schriftlich niedergelegt sein.
2. **Verbot von straferweiternder Analogie:** die Strafe muss sich aus dem Wortlaut des Strafgesetzes herleiten lassen.
3. **Verbot von gesetzlicher Unbestimmtheit:** das Gesetz muss Art und Voraussetzungen der Strafe klar erkennen lassen.
4. **Verbot von Rückwirkung:** das Strafgesetz muss vor der Straftat existiert haben.

Der Tatbestand eines Strafgesetzes enthält die abstrakte (vertypte) Beschreibung einer Verhaltensweise, die vom Gesetzgeber als Unrecht angesehen und deshalb mit Strafe belegt wurde.

Bsp. für vertypte Unrechtsbeschreibungen: Zerstörung einer Sache (Sachbeschädigung); Tötung eines Menschen (Totschlag); Verletzung eines Menschen (Körperverletzung)

Bei der Entscheidung über strafrechtlich zu sanktionierende Verhaltensweisen orientiert sich der Gesetzgeber an der **Sozialmoral.** Das Strafrecht dient dem Schutz anerkannter Güter wie Leben, Freiheit und Eigentum, die dadurch zu *Rechtsgütern* werden. Allerdings ist nicht alles strafbar, was sozialethisch missbilligt wird; unter Strafe gestellt (pönalisiert) werden vielmehr nur solche Verhaltensweisen, die vom Gesetzgeber als bes. schwerwiegend angesehen werden. Man bezeichnet das Strafrecht deshalb bisweilen als das *ethische Minimum,* weil nur ein Mindeststandard der Sozialmoral festgeschrieben wird, teilw. aber auch als das *ethische Maximum,* weil das Strafrecht nur die zentralen, bes. wichtigen Regeln der Sozialmoral enthält.

Das Strafrecht ist **Teil des öffentlichen Rechts,** weil es die Rechtsbeziehungen zw. Staat und Bürger regelt. Es hat drei Teile:

1. Das v. a. im StGB geregelte **materielle Strafrecht** enthält in seinem *Besonderen Teil* (§§ 80–358 StGB) die Beschreibung der einzelnen Unrechtstypen mitsamt den damit verknüpften Rechtsfolgen (Strafen). Der *Allgemeine Teil* des Strafrechts (§§ 1–79 b StGB) regelt Grundsätzliches, etwa Fragen des Vorsatzes, des Versuches und der Rechtfertigungsgründe. Zahlreiche Fragen des Allgemeinen Teils sind allerdings gesetzl. nur in Ansätzen oder gar nicht normiert.
2. Das **formelle Strafrecht** oder **Strafprozessrecht** enthält zum einen (u. a. im GVG) Bestimmungen über den Aufbau und die Zuständigkeiten der Organe der Rechtspflege (v. a. Gerichte und Staatsanwaltschaft), zum anderen (in der StPO) Bestimmungen über den Ablauf des Strafverfahrens. Hinzu treten die Bestimmungen über das staatl. Strafregister (im BZRG).
3. Das **Strafvollzugsrecht** beinhaltet (im StVollzG) die Bestimmungen über die Durchführung der von den Strafgerichten verhängten Rechtsfolgen. Dabei kommt dem Vollzug der Freiheitsstrafe bes. Bedeutung zu.

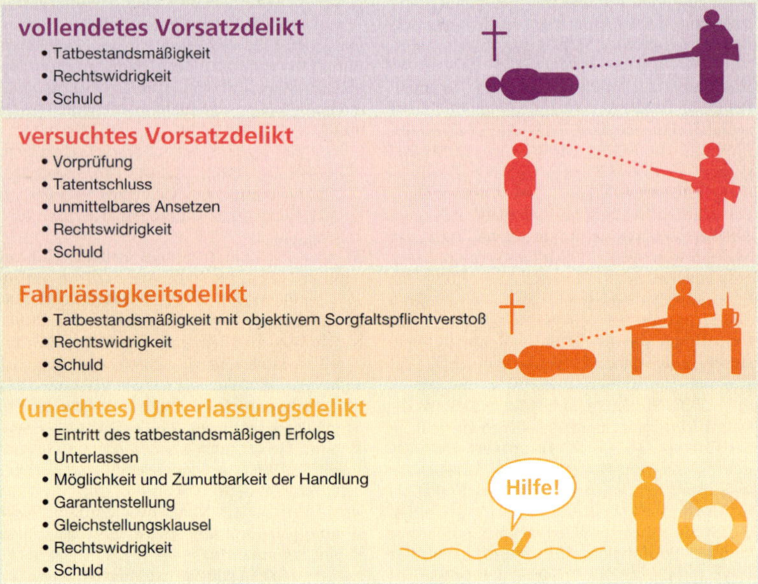

A Die vier wichtigsten Erscheinungsformen der Straftat

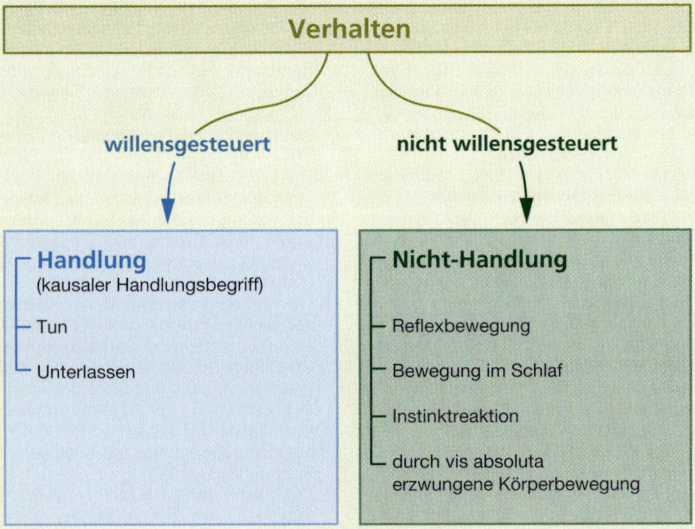

B Handlungen

Das dt. Strafrecht unterscheidet **vier Formen strafbarer Handlungen (Straftaten)** (A): das *vollendete Vorsatzdelikt,* das *versuchte Vorsatzdelikt,* das *Fahrlässigkeitsdelikt* und das (unechte) *Unterlassungsdelikt.* Die Voraussetzungen dieser Straftattypen unterscheiden sich z. T. erheblich; auch ihr Prüfungsaufbau, d. h. die Prüfung der einzelnen Voraussetzungen für die Strafbarkeit des Täters, weicht voneinander ab.

Das **vollendete Vorsatzdelikt,** das den »Normalfall« kriminellen Verhaltens darstellt, weist folgenden Prüfungsaufbau auf:

1. **Tatbestandsmäßigkeit,** 2. **Rechtswidrigkeit** und 3. **Schuld.** Bei der Tatbestandsmäßigkeit wird zusätzlich zwischen dem objektiven und dem subjektiven Tatbestand unterschieden:

1 a. Den **objektiven Tatbestand** eines Delikts erfüllt, wer den vom Gesetz beschriebenen Unrechtstypus verwirklicht, also etwa einen Menschen tötet (§ 212 StGB) oder eine fremde Sache beschädigt (§ 303 StGB).

1 b. Der **subjektive Tatbestand** umfasst den Vorsatz, also den Willen des Täters, den objektiven Tatbestand eines Strafgesetzes zu verwirklichen. Um wegen Totschlags (§ 212 StGB) strafbar zu sein, reicht es also nicht aus, einen Menschen getötet zu haben; dies muss vielmehr vorsätzlich geschehen sein.

2. Auf der Prüfungsstufe der **Rechtswidrigkeit** wird untersucht, ob sich der Täter auf einen Rechtfertigungsgrund, z. B. Notwehr, berufen kann. Rechtfertigungsgründe schließen die Rechtswidrigkeit aus.
3. Auf der Prüfungsstufe der **Schuld** wird gefragt, ob dem Täter die Tat persönlich vorgeworfen werden kann. Dies ist z. B. dann nicht der Fall, wenn der Täter noch ein Kind ist oder wenn er z. Z. der Tat infolge extremen Alkoholkonsums schuldunfähig war.

Der Täter kann nur bestraft werden, wenn sein Verhalten (objektiv wie subjektiv) tatbestandsmäßig *und* rechtswidrig *und* schuldhaft war.

Ein **versuchtes Vorsatzdelikt (Versuch)** zeichnet sich dadurch aus, dass der Täter zwar mit dem Vorsatz handelt, ein bestimmtes Delikt zu begehen, diesen Vorsatz aber nicht oder jedenfalls nicht vollständig in die Tat umsetzen kann. Beim Versuch liegt also der subjektive Tatbestand (der hier **Tatentschluss** genannt wird) vollständig vor, während der objektive Tatbestand nicht oder nur teilw. gegeben ist.

Bsp.: A schießt auf B, um ihn zu töten. Die Kugel verfehlt jedoch ihr Ziel: kein vollendeter Totschlag, sondern nur ein Totschlagsversuch.

Ein versuchtes Vorsatzdelikt ist nur strafbar, wenn es sich bei der versuchten Tat um ein **Verbrechen** handelt, also um eine Tat, die mit mindestens einem Jahr Freiheitsstrafe geahndet wird (§ 12 I StGB). Handelt es sich um ein **Vergehen,** also eine rechtswidrige Tat, die mit einer Freiheitsstrafe unter einem Jahr oder mit Geldstrafe bedroht wird, ist der Versuch nur strafbar, wenn dies im Gesetz ausdrücklich angeordnet ist.

Der Prüfungsaufbau eines versuchten Vorsatzdeliktes sieht wie folgt aus: 1. **Vorprüfung,** ob die **Tat nicht vollendet** und der **Versuch strafbar** ist, 2. **Vorliegen eines Tatentschlusses,** 3. **unmittelbares Ansetzen** zur Tatbestandsverwirklichung, 4. **Rechtswidrigkeit** und 5. **Schuld.**

Die Prüfungspunkte 2. und 3. werden auch als der *Tatbestand des Versuchs* bezeichnet.

Beim **Fahrlässigkeitsdelikt** verwirklicht der Täter einen Straftatbestand nicht vorsätzlich, sondern aus Unachtsamkeit, also fahrlässig.

Bsp.: Als A sein Gewehr reinigt, löst sich ein Schuss, der B tötet. A hat sich nicht wegen einer vorsätzlichen, sondern wegen einer fahrlässigen Tötung (§ 222 StGB) strafbar gemacht.

Das (unechte) **Unterlassungsdelikt** ist dadurch gekennzeichnet, dass ein Straftatbestand nicht durch aktives Tun, sondern durch Unterlassen erfüllt wird.

Bsp.: A sieht seelenruhig zu, wie B ertrinkt. Es handelt sich um einen Totschlag durch Unterlassen.

Die (unechten) Unterlassungsdelikte untergliedern sich zwar ebenfalls in **Tatbestandsmäßigkeit, Rechtswidrigkeit** und **Schuld,** weisen aber beim Tatbestand einen eigenen, komplizierten Prüfungsaufbau auf.

Strafbarkeit setzt immer eine **Handlung** des Täters voraus. Unter Handlung versteht man willensgesteuertes Verhalten (sog. *kausaler Handlungsbegriff*). Es kann in einem (aktiven) Tun, aber auch in einem Unterlassen liegen (B).

Keine Handlungen sind Reflexbewegungen, Bewegungen im Schlaf und Instinktreaktionen.

In der Literatur wird der Handlungsbegriff teilw. durch weitere Merkmale angereichert. So soll es nach dem *sozialen Handlungsbegriff* darauf ankommen, dass die Handlung sozial erhebl. Folgen hat. Der *finale Handlungsbegriff* setzt eine zielgerichtete Tätigkeit voraus.

Die daran anknüpfende *finale Handlungslehre* (WELZEL) spielte in der strafrechtl. Grundlagendiskussion der 1950er und 1960er Jahre eine große Rolle.

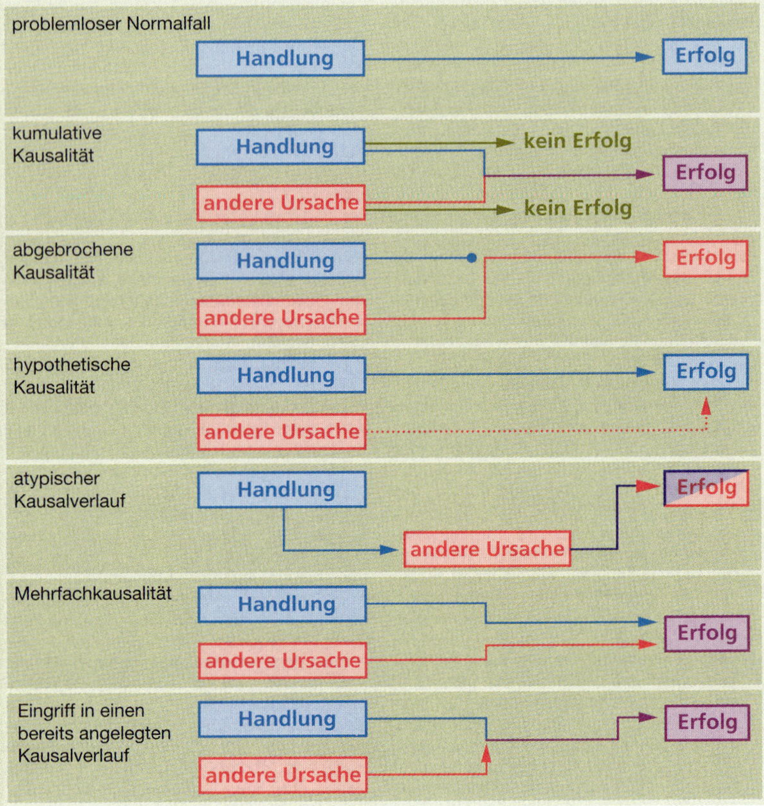

A Einfache und problematische Fälle von Kausalität

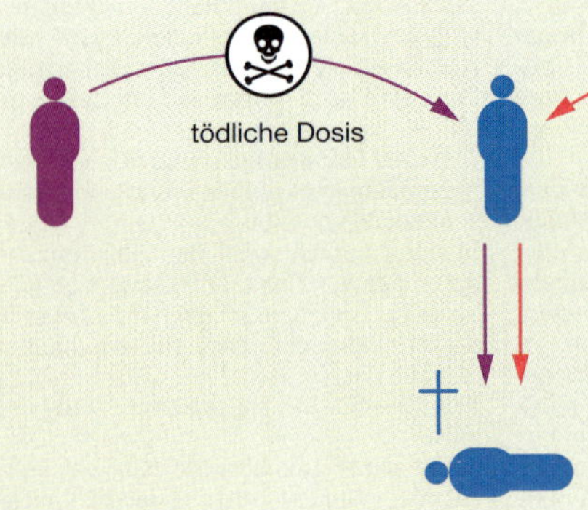

B Mehrfachkausalität

Viele Straftatbestände verlangen, dass als Folge der Täterhandlung ein best. (sozialschädl.) »Erfolg« eintritt, etwa eine Körperverletzung (§ 223 I StGB) oder ein Sachschaden (§ 303 StGB). Man nennt dies das Erfordernis der **Kausalität.** Eine Strafbarkeit des Handelnden setzt in diesen Fällen voraus, dass die Handlung für den Erfolg kausal war, d. h. diesen hervorgerufen hat.

Eine Handlung ist nach der **conditio-sine-qua-non-Formel** (csqn-Formel) kausal für einen bestimmten Erfolg, wenn man sie nicht »hinwegdenken« kann, ohne dass der Erfolg entfiele.

Bei den unechten Unterlassungsdelikten wird die csqn-Formel leicht modifiziert und man verlangt, dass der Erfolg mit an Sicherheit grenzender Wahrscheinlichkeit ausgeblieben wäre, wenn die rettende Handlung vorgenommen worden wäre; die Rettungshandlung muss also »hinzugedacht« werden.

Bsp.: A unterlässt es, dem schwer erkrankten B das rettende Medikament zu geben. Wenn B bei Einnahme des Medikaments mit an Sicherheit grenzender Wahrscheinlichkeit nicht gestorben wäre (wenn also der tödliche Erfolg weggefallen wäre, wenn man die Vergabe des Medikaments »hinzudenkt«), war das Unterlassen As *kausal* für Bs Tod.

Nach der csqn-Formel sind *alle Ursachen gleichwertig,* weshalb man auch von der **Äquivalenztheorie** der Kausalität spricht.

Bsp.: A erschießt B. Nach der csqn-Formel ist nicht nur die Handlung As kausal für Bs Tod; auch C, der A die Waffe verkauft hat, und D, der B zu A geschickt hat, haben gleichwertige, d. h. äquivalente Ursachen für Bs Tod gesetzt. Das Setzen einer Ursache allein führt jedoch noch nicht zu Strafbarkeit.

Die csqn-Formel stellt nicht auf irgendeinen, sondern auf den **Erfolg in seiner »konkreten Gestalt«** ab. Auf diese Weise lässt sich ein Kausalzusammenhang auch in Fällen bejahen, in denen der Täter den Erfolg nur modifiziert oder beschleunigt hat.

Bsp.: Wer einem Sterbenden eine tödl. Dosis Gift verabreicht, hat den Todeseintritt zwar nur beschleunigt, trotzdem war die Giftzuführung nach der csqn-Formel kausal für den Eintritt des Todes *zu diesem konkreten Zeitpunkt.*

Sonderfälle von Kausalität (A):

- Von **kumulativer Kausalität** spricht man, wenn mehrere unabhängig voneinander gesetzte Bedingungen erst durch ihr Zusammentreffen den Erfolg bewirken.
  Bsp.: A und B geben C unabhängig voneinander eine Giftdosis, die jeweils für sich genommen nicht gefährlich wäre, zusammengenommen aber C töten. A und B haben beide eine Ursache für Cs Tod gesetzt.
- Von **abgebrochener Kausalität** spricht man, wenn eine Handlung völlig unabhängig von einem durch eine andere Handlung bereits in Gang gesetzten Kausalverlauf den Erfolg herbeiführt.
  Bsp.: A hat B ein langsam wirkendes tödliches Gift verabreicht. Noch bevor das Gift zu wirken beginnt, wird B von C erschossen. Allein Cs Schuss war kausal für den Erfolg.
- **Hypothetische Kausalität** liegt vor, wenn eine andere Ursache den Erfolg ebenfalls herbeigeführt hätte.
  Bsp: A wirft Bs Fensterscheibe ein. Die Scheibe wäre wenige Sekunden später durch einen Überschalljet ohnehin zerstört worden. Dies ändert jedoch an der Kausalität von As Handlung nichts.
- Von einem **atypischen Kausalverlauf** spricht man, wenn der Erfolg erst durch eine an die erste Ursache anknüpfende atypische zweite Ursache herbeigeführt wird.
  Bsp.: A ohrfeigt B. Da B Bluter ist, erleidet er schwere Hirnblutungen, die zu seinem Tod führen. As Handlung (das Ohrfeigen) war für diesen Erfolg ebenso kausal wie Bs atypische Konstitution.
- Von **Mehrfachkausalität** (alternative Kausalität) spricht man, wenn mehrere unabhängig voneinander gesetzte Ursachen zusammenwirken, wobei jede für sich genommen geeignet ist, den Erfolg herbeizuführen (B).
  Bsp.: A und B vergiften unabhängig voneinander C. Jede Dosis hätte für sich genommen ausgereicht, C zu töten. In diesem Fall sind beide für den Erfolg kausal geworden.
- Ein **Eingriff in einen bereits angelegten Kausalverlauf** liegt vor, wenn eine Handlung (Ursache) einen bereits angelaufenen Kausalverlauf modifiziert.
  Bsp.: A hat B so schwer angeschossen, dass dieser am Verbluten ist. C, der B am Boden liegen sieht, gibt ihm einen »Gnadenschuss«. Sowohl As wie auch Cs Handlung waren kausal für den tödlichen Erfolg.

Es kommt vor, dass in einer Fallkonstellation verschiedene Sonderfälle von Kausalität gegeben sind.

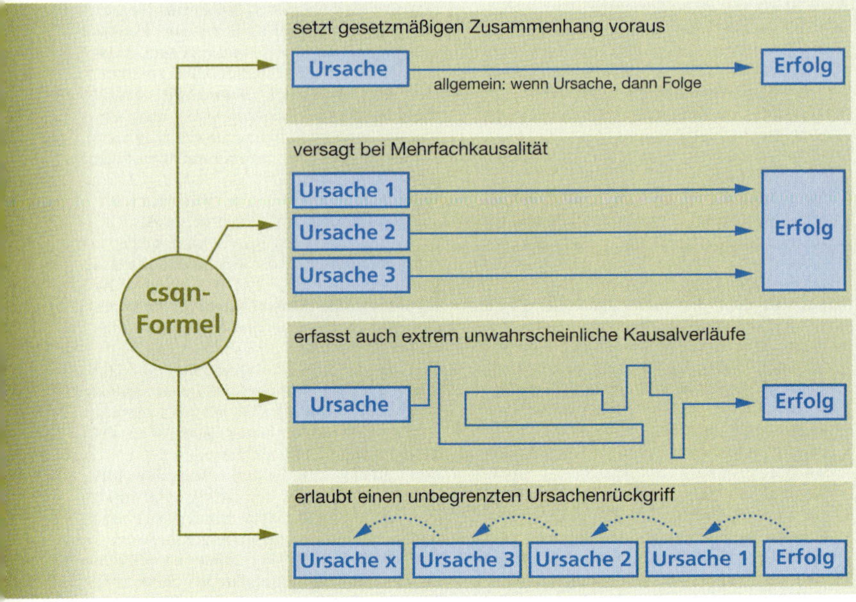

A Probleme der csqn-Formel

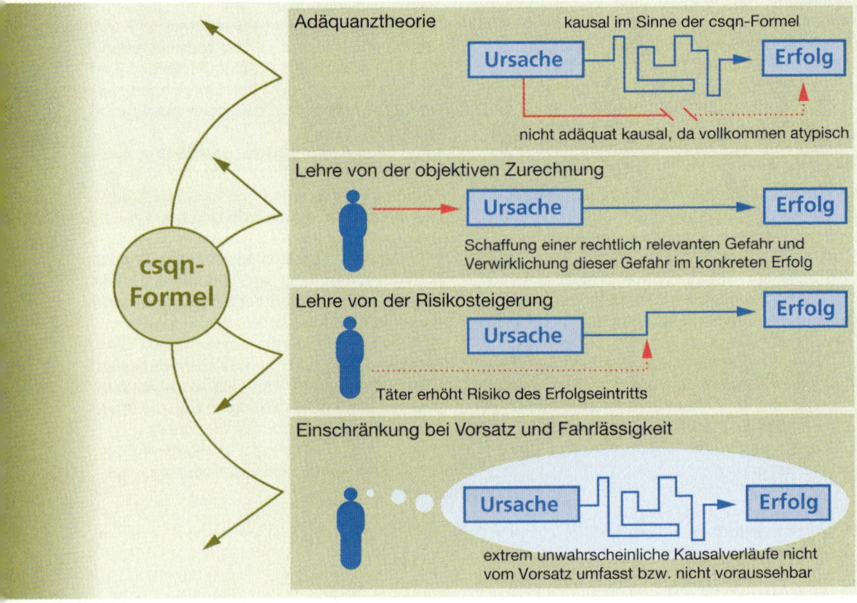

B Einschränkungen der csqn-Formel

Mit Hilfe der csqn-Formel lassen sich die meisten strafrechtl. Fälle sachgerecht lösen. Bei genauerem Hinsehen weist die Formel jedoch **Schwachstellen** auf (A):
Um überhaupt praktikabel zu sein, setzt die csqn-Formel einen faktisch bestehenden **gesetzmäßigen Zusammenhang** zwischen Handlung (Ursache) und Erfolg voraus: Wenn man nicht weiß, dass ein bestimmter Erfolg nach »Hinwegdenken« der Täterhandlung entfallen würde, lässt sich die Formel nicht anwenden.
Gesetzmäßige Zusammenhänge werden v. a. durch Naturgesetze vermittelt, deren Feststellung nicht in den Zuständigkeitsbereich der Jurisprudenz, sondern in den der empir. Wissenschaften fällt.

Bsp.: Die Frage, ob das Arzneimittel Contergan die Ursache für die zahlreichen während der 1960er Jahre aufgetretenen Missbildungen an Neugeborenen war, fiel in den Zuständigkeitsbereich der Mediziner und Toxikologen, die deshalb als Sachverständige vor Gericht zu hören waren.

Die csqn-Formel versagt ferner, wenn eine Ersatzursache bereitsteht, die den Erfolg auch ohne die Erstursache herbeiführen kann **(Mehrfachkausalität).**

Bsp.: A und B verabreichen C gleichzeitig eine Dosis Gift, die jeweils schon für sich genommen tödlich wirkt.

Wendet man in diesem Fall die csqn-Formel konsequent an, so kann man die Handlung des A »hinwegdenken«, ohne dass der Erfolg (Tod des C) entfiele.

C wäre in diesem Fall durch das Gift des B gestorben. Für B lassen sich allerdings dieselben Erwägungen anstellen, was zu dem unbefriedigenden Ergebnis zu führen scheint, dass weder A noch B eine Ursache für den Tod von C gesetzt haben.

Um die Fälle von Mehrfachkausalität zu lösen, wird die csqn-Formel abgewandelt:
Von mehreren Bedingungen, die zwar alternativ, nicht aber kumulativ hinweggedacht werden können, ohne dass der Erfolg entfiele, ist jede erfolgsursächlich.
Das dritte Problem der csqn-Formel liegt darin, dass sie den Rückgriff auf immer neue, strafrechtl. offensichtlich irrelevante Ursachen erlaubt **(unbegrenzter Ursachenrückgriff).**

Bsp.: Nach der csqn-Formel hat nicht nur der Mörder, sondern auch der Vater des Mörders eine Ursache für den Tod des Ermordeten gesetzt: Denkt man die Zeugung des Täters hinweg, wäre der Mord nicht erfolgt und das Opfer noch am Leben.

Die csqn-Formel erfasst schließlich auch **extrem unwahrscheinliche Kausalverläufe.**

Bsp.: A schickt seinen Erbonkel B ins Gebirge, damit dieser vom Blitz erschlagen wird. Dort kommt B entgegen aller Wahrscheinlichkeit tatsächlich durch einen Blitzschlag zu Tode (sog. *Erbonkel-Fall*). Das Verhalten des Neffen war nach der csqn-Formel kausal für den Tod seines Onkels (Eintritt des tatbestandsmäßigen Erfolgs). Trotzdem erscheint es unbillig, A für sein Tun zu bestrafen, denn die Chancen, dass er mit seinem Plan Erfolg haben würde, waren minimal.

In derartigen Fällen ist, ebenso wie bei der Fallgruppe des unbegrenzten Ursachenrückgriffs, eine Einschränkung der csqn-Formel erforderlich.
Dazu existieren unterschiedl. Modelle (B):

- Nach der **Adäquanztheorie** soll ein *adäquater Kausalzusammenhang* dann verneint werden, wenn der Kausalverlauf vollkommen atypisch und unvorhersehbar war. Im Erbonkel-Fall wäre danach das Verhalten des Neffen zwar kausal i. S. d. csqn-Formel, nicht aber adäquat kausal für den Tod des Onkels gewesen.
- Die **Lehre von der objektiven Zurechnung** zielt auf die Frage ab, ob der Täter *eine rechtlich missbilligte Gefahr geschaffen und diese Gefahr sich im Erfolg verwirklicht* hat. Oft wird diese Lehre noch mit Normzweckgesichtspunkten verknüpft.
  Da sich im Erbonkel-Fall lediglich eine allgemeine Naturgefahr verwirklichte, wäre nach dieser Lehre zwar Kausalität gegeben, dem Neffen ließe sich jedoch der Tod seines Onkels nicht (objektiv) zurechnen.
- Eine Variante dieser Lehre fragt danach, ob der Täter das **Risiko der Erfolgsverwirklichung** wesentl. gesteigert hat (Lehre von der Risikosteigerung).
  Auch nach dieser Lehre wäre im Erbonkel-Fall eine Zurechnung zu verneinen.
- Die Rspr. versucht überwiegend, Korrekturen auf der Ebene von **Vorsatz und Fahrlässigkeit** vorzunehmen. Auf diese Weise lassen sich die Fälle des unbegrenzten Kausalrückgriffs überzeugend lösen. Etwas anderes gilt für die extrem unwahrscheinl. Kausalverläufe:
  Im Erbonkel-Fall erfüllt das Verhalten des Neffen nicht nur den objektiven, sondern auch den subjektiven Tatbestand des § 212 StGB.

Bislang hat sich keiner dieser Wege zur Einschränkung der Kausalität eindeutig durchsetzen können. Im Mittelpunkt aller Einschränkungsvorschläge steht jedoch der Gedanke, dass extrem unwahrscheinl. Kausalverläufe demjenigen, der dafür eine Ursache gesetzt hat, nicht zugerechnet werden sollen.

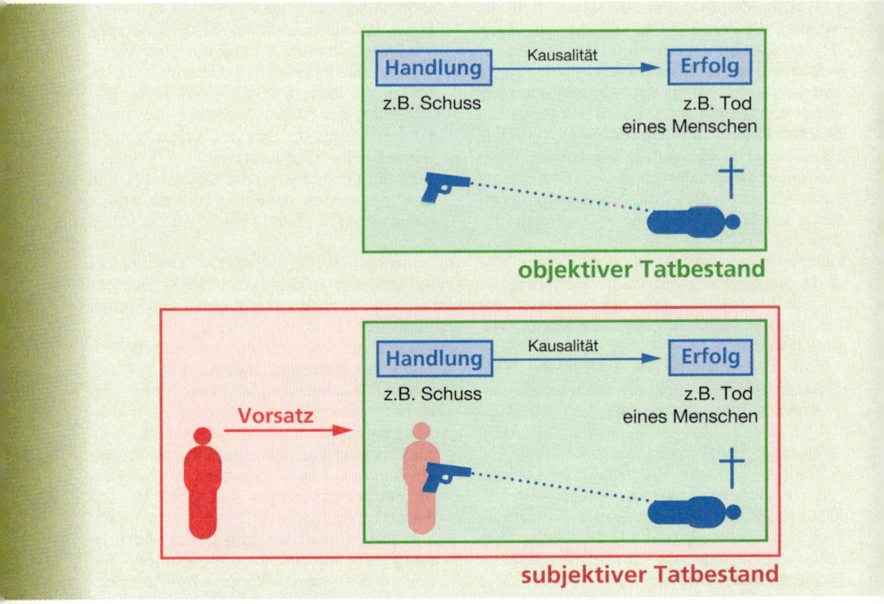

A Vorsatz: Wissen und Wollen der Tatbestandsverwirklichung

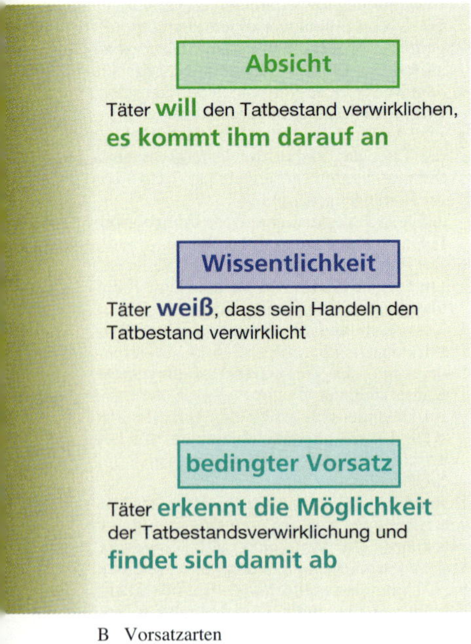

B Vorsatzarten

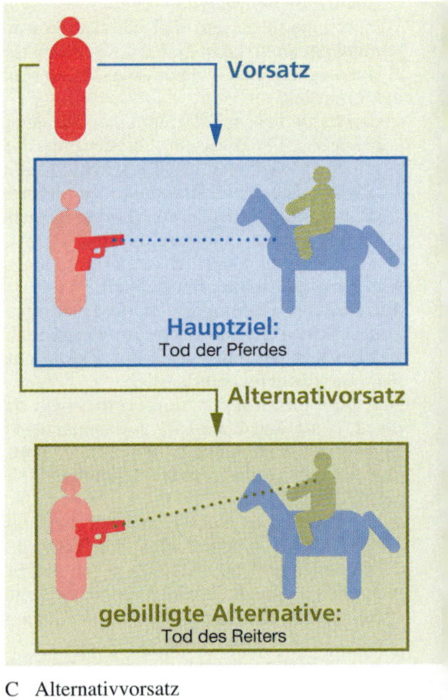

C Alternativvorsatz

Strafbarkeit setzt voraus, dass der Täter den objektiven Tatbestand eines Delikts **vorsätzlich** erfüllt hat.

Vorsatz bedeutet Wissen und Wollen der Tatbestandsverwirklichung.

Man spricht auch von der *kognitiven* und der *voluntativen* Seite des Vorsatzes.

Der Täter muss also den *Willen* zur Verwirklichung eines Straftatbestandes und das *Wissen* aller seiner Tatbestandsvoraussetzungen haben.

Der Vorsatz ist eine subjektive, in der Täterpsyche liegende Strafbarkeitsvoraussetzung. Er muss zum Zeitpunkt der objektiven Tatbestandsverwirklichung vorhanden sein; ein nur im Vorfeld der Tat bestehender Vorsatz *(dolus antecedens)* oder ein Vorsatz, der erst nachträglich gefasst wird *(dolus subsequens),* reichen nicht aus.

Bei bestimmten Strafnormen (z. B. §§ 242, 263 StGB) treten im subjektiven Tatbestand neben den Vorsatz noch *besondere subjektive Tatbestandsmerkmale,* etwa eine Zueignungs- oder eine Bereicherungsabsicht.

Beim **Fahrlässigkeitsdelikt** genügt dagegen fahrlässiges Verhalten, also eine Verletzung der gebotenen Sorgfalt.

Das Wissenselement des Vorsatzes ist bes. problematisch. Vorsatz kann nur bejaht werden, wenn der Täter bei Begehung der Tat *alle Merkmale des objektiven Tatbestandes in ihren wesentl. Zügen gekannt* hat (A). Für das Tatobjekt heißt dies, dass eine gattungsmäßige Bestimmtheit (ein »Mensch«, § 212 StGB; eine »Sache«, § 303 StGB) erforderlich ist, aber auch ausreicht. Weitergehende Vorsatzkonkretisierungen (der Mensch x, die Sache y) sind nicht notwendig.

Bei den **deskriptiven Tatbestandsmerkmalen** reicht zur Vorsatzbejahung aus, dass der Täter den »natürl. Sinngehalt« des Merkmals erfasst hat. Bei Tatbestandsmerkmalen, deren Bedeutung durch die Rechtsordnung festgelegt wird, den sog. **normativen Tatbestandsmerkmalen,** ist nach h. M. eine *Parallelwertung in der Laiensphäre* erforderlich.

Bsp.: Beim Diebstahl (§ 242 StGB) reicht es aus, wenn der Täter den Bedeutungsgehalt des Tatbestandsmerkmals »fremd« sinngemäß erfasst. Er muss also wissen, dass die weggenommene Sache einem anderen gehört (Parallelwertung). Dagegen ist es nicht erforderlich, dass der Täter die eigentumsrechtl. Zuordnung im Detail versteht.

Es lassen sich **drei Vorsatzarten** unterscheiden (B):

1. **Absicht** liegt vor, wenn es dem Täter gerade darauf ankommt, den Tatbestand zu verwirklichen. Diese Zielvorstellung muss weder mit seinem Motiv noch mit seinem Fernziel identisch sein. Bei der Absicht liegt der *Schwerpunkt* auf dem *Wollenselement des Vorsatzes.* Ob sich der Täter die Tatbestandsverwirklichung als sicher oder nur als möglich vorstellt, ist unerheblich.
2. **Wissentlichkeit** (direkter Vorsatz) ist gegeben, wenn der Täter sicher weiß, dass sein Handeln den Tatbestand verwirklicht, es ihm aber bei seinem Tun nicht darauf ankommt, den Tatbestand zu verwirklichen. Der *Schwerpunkt* liegt auf dem *Wissenselement des Vorsatzes.* Ob die Tatbestandsverwirklichung dem Täter erwünscht oder unerwünscht ist, spielt keine entscheidende Rolle.
3. **Eventualvorsatz** (auch **bedingter Vorsatz** oder **dolus eventualis**) liegt vor, wenn der Täter es ernsthaft für möglich hält, dass er rechtswidrig handelt und dies billigt bzw. sich damit abfindet. Bei dieser Vorsatzart ist sowohl das *voluntative* als auch das *kognitive Element des Vorsatzes* gegeben. Beide sind aber gegenüber der Absicht bzw. der Wissentlichkeit erheblich abgeschwächt.

   Bsp.: Ein flüchtender Einbrecher, der Schüsse auf seine Verfolger abfeuert, handelt mit bedingtem Tötungsvorsatz, wenn er sich mit deren Tod abfindet.

Wo das Gesetz nicht ausdrücklich Absicht oder Wissentlichkeit voraussetzt, genügt als Vorsatzart dolus eventualis. Dies gilt auch beim Versuch, der sich dadurch auszeichnet, dass der subjektive Tatbestand (Vorsatz) voll gegeben ist, während der objektive Tatbestand nicht oder nur teilw. verwirklicht wird. Die fahrlässige Verwirklichung eines Straftatbestandes ist hingegen nur strafbar, wenn das Gesetz es ausdrücklich vorsieht.

Dies ist etwa bei der fahrlässigen Tötung (§ 222 StGB) oder der fahrlässigen Körperverletzung (§ 229 StGB) der Fall, nicht dagegen bei der fahrlässigen Sachbeschädigung. Letztere ist daher nicht strafbar.

Ein in Ausbildung wie Rechtspraxis außerordentlich wichtiges Problem ist die **Abgrenzung von Eventualvorsatz und bewusster Fahrlässigkeit.** Nicht selten entscheidet sie zwischen Strafbarkeit und Nichtstrafbarkeit der Tat. Oft hilft die Faustregel: Wenn der Täter sich sagt, »Ob etwas passiert, ist mir egal«, dann liegt Eventualvorsatz vor.

Ein Sonderproblem stellt der sog. **Alternativvorsatz** dar: Der Täter kann mit einer Handlung zwei einander ausschließende Tatbestände verwirklichen und erkennt dies auch (C). Hier ist Vorsatz in Bezug auf beide Tatbestände zu bejahen.

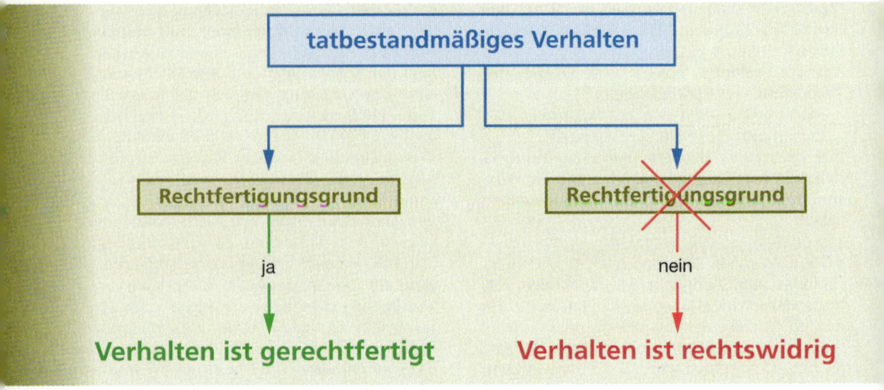

A Wirkung von Rechtfertigungsgründen

B Pflichtenkollision

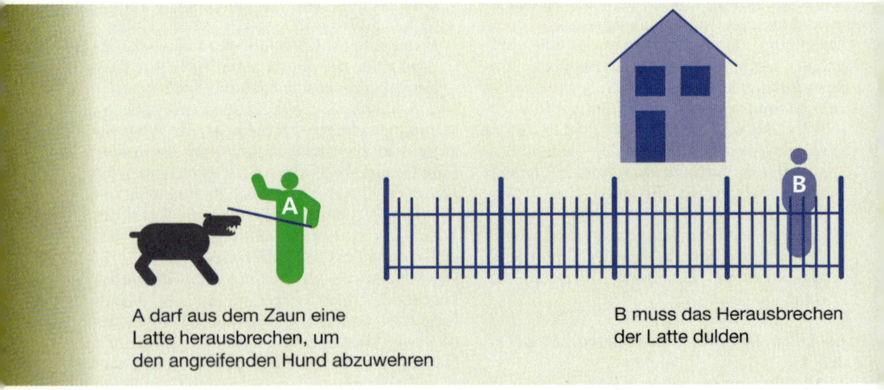

C Handlungserlaubnis und Duldungspflicht beim Notstand

Erfüllt willengesteuertes menschl. Verhalten einen **Straftatbestand,** so spricht eine Vermutung dafür, dass dieses Verhalten **rechtswidrig** ist, d. h. die *Tatbestandsmäßigkeit indiziert die Rechtswidrigkeit.*

Ein Verhalten, das einen Straftatbestand erfüllt, ist jedoch ausnahmsweise erlaubt, wenn es durch einen Rechtfertigungsgrund gedeckt wird (A).

Rechtfertigungsgründe sind also »Erlaubnistatbestände«, die ein rechtsgutverletzendes (und damit grundsätzlich verbotenes) Verhalten ausnahmsweise gestatten.

Bsp.: A schlägt B zu Boden, weil dieser ihn mit einem Messer angegriffen hatte. In diesem Fall erfüllt A vorsätzlich den objektiven Tatbestand einer Körperverletzung (§ 223 I Var. 1 StGB), doch kann sein Verhalten durch Notwehr (§ 32 StGB) gerechtfertigt werden.

Rechtfertigungsgründe enthalten neben **objektiven Voraussetzungen** auch ein **subjektives Element.** So tritt etwa bei der Notwehr neben die objektiven Voraussetzungen (Vorliegen eines gegenwärtigen, rechtswidrigen Angriffs) der (subjektive) Verteidigungswille.

Die meisten Rechtfertigungsgründe sind im StGB geregelt. Andere beruhen auf Gewohnheitsrecht.

Die Zahl der Rechtfertigungsgründe ist nicht begrenzt; grundsätzl. ist es also möglich, neue Rechtfertigungsgründe zu entwickeln (z. B. aus den Grundrechten). Rspr. wie Lehre sind allerdings bei der Annahme neuer Rechtfertigungsvoraussetzungen sehr zurückhaltend.

Eine rechtswidrige, also nicht gerechtfertigte Tat wird als **Unrecht** bezeichnet. Ein solches rechtl. konstituiertes Unrecht ist strikt von moral. Unrecht zu unterscheiden. Der Sprachgebrauch des Alltags weicht hier nicht unerheblich von der jurist. Ausdrucksweise ab.

Die **wichtigsten Rechtfertigungsgründe:**

- **Notwehr,** §§ 32 StGB, 227 BGB. Wer angegriffen wird, darf sich angemessen verteidigen. Schäden, die dabei dem Angreifer zugefügt werden, sind gerechtfertigt.
- **Rechtfertigender Notstand,** §§ 34 StGB, 16 OWiG. Wer in einer Notlage einen Straftatbestand erfüllt, um sich oder einen anderen zu retten, ist gerechtfertigt. Sonderformen des allg. strafrechtl. Notstandsparagraphen stellen die beiden Varianten des zivilrechtl. Notstandes (§§ 228, 904 BGB) dar.
- **Einwilligung.** Willigt das Opfer in die Rechtsgutverletzung ein, bleibt zwar i. d. R. die Tatbestandmäßigkeit des Verletzerverhaltens bestehen, der Eingriff ist jedoch gerechtfertigt. Dagegen schließt das Vorliegen eines *Einverständnisses* bereits den Tatbestand aus. Die Einwilligung ist gesetzl. nicht geregelt, sondern beruht auf Gewohnheitsrecht.
- **Mutmaßliche Einwilligung.** Dieser gesetzl. ebenfalls nicht geregelte Rechtfertigungsgrund spielt dann eine Rolle, wenn eine ausdrückl. Einwilligung entweder nicht eingeholt werden kann oder wegen der Geringfügigkeit des Geschehens nicht eingeholt zu werden braucht.
- **Rechtfertigende Pflichtenkollision.** Dieser gesetzl. nicht geregelte Rechtfertigungsgrund greift in Situationen ein, in denen zumindest eine Handlungspflicht notwendig verletzt wird.

  Bsp.: Wenn etwa A nur entweder B oder C retten kann, nicht aber beide, und er B rettet, erfüllt sein Unterlassen C gegenüber i. d. R. einen Straftatbestand (B). Trotzdem handelt A nicht rechtswidrig, wenn die Situation die Voraussetzungen einer rechtfertigenden Pflichtenkollision erfüllt.
- **Festnahmerecht,** § 127 StPO. Wer bei einer strafbaren Handlung auf frischer Tat ertappt wird, darf von der Polizei und u. U. sogar von Privatpersonen festgehalten werden.
- **Wahrnehmung berechtigter Interessen,** § 193 StGB. Dieser Rechtfertigungsgrund spielt nur im Beleidigungsstrafrecht (§§ 185 ff. StGB) eine Rolle. Eine Verletzung der Ehre (etwa durch die Presse) kann danach gerechtfertigt sein, wenn sie bloß die unumgängl. Nebenfolge der angemessenen Verfolgung eines anderen berechtigten Interesses (etwa dem nach polit. Information) darstellt.

Die **Wirkung der Rechtfertigungsgründe** besteht darin, dass ein tatbestandsmäßiges Verhalten ausnahmsweise als nicht rechtswidrig eingestuft wird. Das Vorliegen eines Rechtfertigungsgrundes bedeutet für den Handelnden eine *Handlungserlaubnis,* der auf Seiten des Betroffenen eine Duldungspflicht entspricht (C).

Relevant wird dies bes. bei der Notwehr, wo ein Abwehrrecht nur dann besteht, wenn der Angriff rechtswidrig ist. Gegen einen durch Notwehr gerechtfertigten Angriff ist deshalb keine Notwehr zulässig.

Die Rechtfertigung gilt in der gesamten Rechtsordnung, also bes. auch im Verwaltungs- und Zivilrecht. Daraus folgt, dass an ein gerechtfertigtes Verhalten nicht nur keine Strafe geknüpft werden kann, sondern auch keine verwaltungs- oder zivilrechtl. Sanktion, z. B. die Verpflichtung zu Schadensersatz.

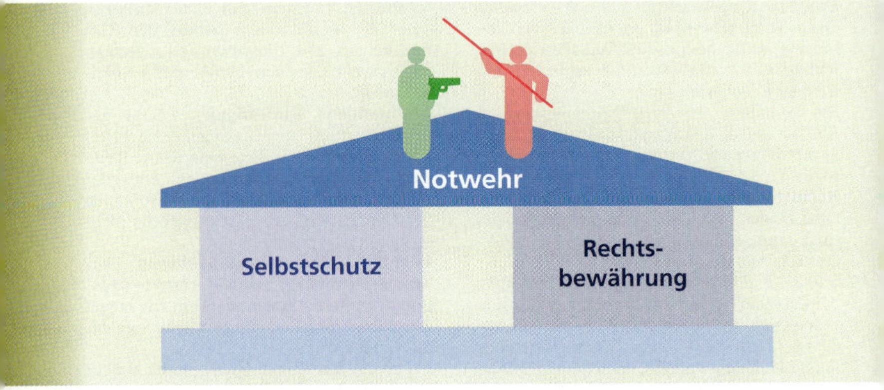

A Die beiden Säulen des Notwehrrechts

B Notwehrmittel

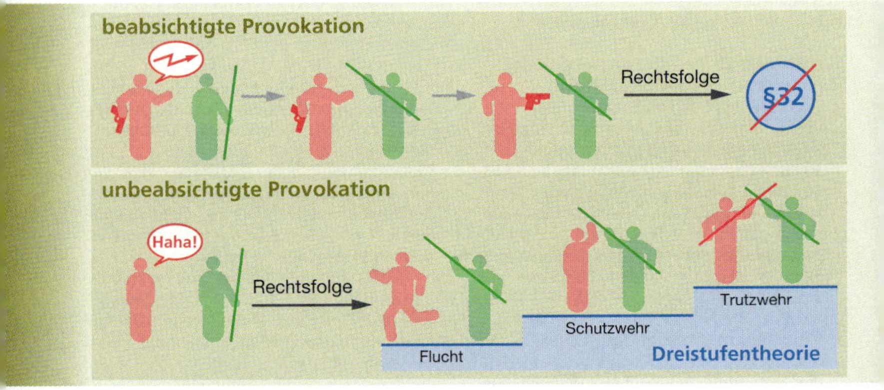

C Notwehrprovokation

Notwehr

Ein bes. wichtiger Rechtfertigungsgrund ist die **Notwehr** (§ 32 StGB). Ihre beiden tragenden Grundsätze sind der Selbstschutz und die Rechtsbewährung: Das Recht braucht dem Unrecht nicht zu weichen (A).

Das Gesetz schreibt folgende drei Voraussetzungen für das Vorliegen von Notwehr vor: eine Notwehrlage, die Notwehrhandlung und als subjektives Rechtfertigungselement den Verteidigungswillen;

1. Die **Notwehrlage** besteht in einem *gegenwärtigen, rechtswidrigen Angriff* auf ein rechtl. geschütztes (notwehrfähiges) Rechtsgut, etwa Leben oder Eigentum.
2. Die **Notwehrhandlung** ist die Handlung, um deren Rechtfertigung es geht. Sie muss zur Abwehr des Angriffs *geeignet, erforderlich* und *geboten* sein (B). Da Notwehr der Angriffsabwehr dient, muss sich die Notwehrhandlung *gegen den Angreifer* richten. Sie ist auch erlaubt, um einen Angriff von einer anderen Person abzuwenden. In diesem Fall bezeichnet man die Handlung als **Nothilfe.**

   Eine Notwehrhandlung ist *geeignet,* wenn sie eine sofortige und sichere Abwehr des Angriffs erlaubt. Sie ist *erforderlich,* wenn es kein milderes Mittel zur Angriffsabwehr gibt. Die Tötung des Angreifers ist nur als letztes Mittel zulässig. Jede Notwehrhandlung muss außerdem *geboten* sein. Man spricht diesbezüglich von den **sozialethischen Einschränkungen des Notwehrrechts.** Liegt eine davon vor, darf der Angriff nicht abgewehrt, sondern muss hingenommen werden. Die (im Einzelnen sehr umstrittenen) Fallgruppen der Notwehreinschränkung sind:
   - extremes Missverhältnis zwischen geschütztem und verletztem Rechtsgut,
   - Angriffe von Kindern, Geisteskranken und sonst schuldlos Handelnden,
   - enge persönl. Beziehungen zwischen Angreifer und Angegriffenem und
   - Notwehrprovokation.

   Wurde der Angriff nicht absichtlich provoziert, aber doch durch ein vorwerfbares Verhalten des Angegriffenen herbeigeführt, gilt nach überwiegender Ansicht die sog. *Dreistufentheorie:* Der Angegriffene muss zunächst versuchen, dem Angriff *auszuweichen* (Flucht). Nur wenn dies nicht möglich ist, ist es ihm gestattet, den Angriff *abzuwehren* (Schutzwehr). Zu einem *Gegenangriff* (Trutzwehr) darf er erst übergehen, wenn keine anderen Möglichkeiten mehr gegeben sind (C).
3. Subjektiv muss die Notwehrhandlung von **Verteidigungswillen** getragen sein.

Notstand

Der **rechtfertigende Notstand** (§ 34 StGB) setzt ebenfalls eine dreistufige Prüfung voraus: Notstandslage, Notstandshandlung, subjektives Element:

1. Die **Notstandslage** besteht in einer gegenwärtigen Gefahr für ein Rechtsgut (z. B. Leben, Freiheit, Eigentum). Eine *gegenwärtige* Gefahr ist ein Zustand, der bei ungehindertem Fortschreiten einen Schaden herbeiführen wird. Für die Beurteilung einer Situation als »Gefahr« ist also empir. Wissen erforderlich. Auch Dauergefahren sind gegenwärtig. Dagegen setzt die Notwehr eine bloß punktuelle, von einem Menschen rechtswidrig ausgehende Gefahr (rechtswidriger Angriff) voraus.
2. Die **Notstandshandlung,** also die Handlung, um deren Rechtfertigung es geht, muss zur Gefahrenabwehr *geeignet* und *erforderlich* sein.
3. Subjektiv verlangt § 34 StGB außerdem den **Rettungswillen:** Der Täter muss die Tat begehen, um den Notstand von sich oder einem anderen abzuwenden.

Anders als bei der Notwehr ist beim rechtfertigenden Notstand zusätzlich eine umfassende **Abwägung** zwischen den geschützten Interessen des Täters und den von ihm beeinträchtigten Interessen erforderlich. Dabei ist bes. der Rang der betroffenen Rechtsgüter zu berücksichtigen, z. B. steht das Leben seinem Rang nach über der körperl. Unversehrtheit.

Einwilligung

Die **Einwilligung** ist nicht gesetzlich geregelt. Die Möglichkeit, in eine Rechtsgutverletzung einzuwilligen, ergibt sich aus dem grundgesetzl. verbürgten *Selbstbestimmungsrecht,* das jedoch nicht unbegrenzt gilt: Das Rechtsgut, in dessen Verletzung eingewilligt wird, muss grundsätzlich verfügbar sein (Disponibilität). Dies ist beim Eigentum uneingeschränkt der Fall, nicht aber bei der körperl. Unversehrtheit (§ 228 StGB). Das Rechtsgut »Leben« ist nach noch h. M. der Verfügungsmacht des Einzelnen gänzlich entzogen.

Die **mutmaßliche Einwilligung** stellt einen eigenständigen Rechtfertigungsgrund dar, der jedoch gegenüber der ausdrücklich oder schlüssig (konkludent) erklärten Einwilligung subsidiär ist. Sie tritt in zwei Formen auf:

a) *Handeln im Interesse eines Betroffenen,* der vor dem Eingriff nicht befragt werden kann.
   Bsp.: Notoperation eines bewusstlos eingelieferten Patienten.

b) *Handeln bei mangelndem Interesse des Betroffenen.*
   Bsp.: Aufsammeln von reichlich umherliegendem fremden Fallobst.

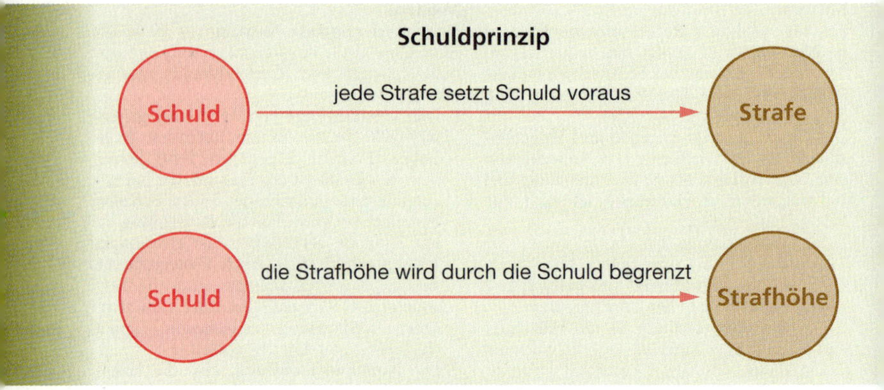

A Die beiden Komponenten des Schuldprinzips

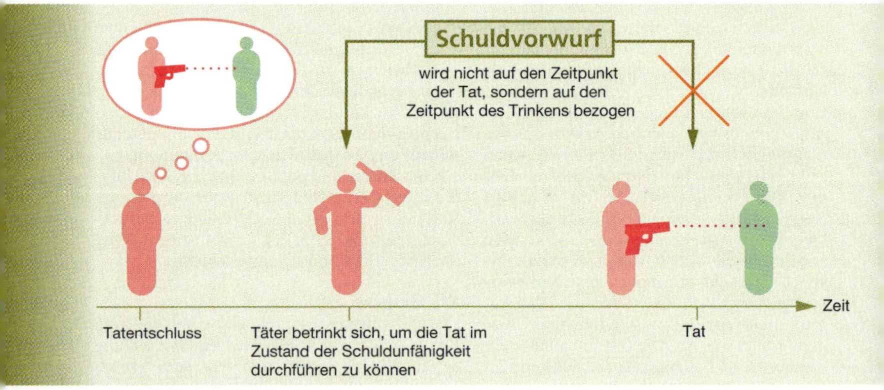

B Struktur der actio libera in causa

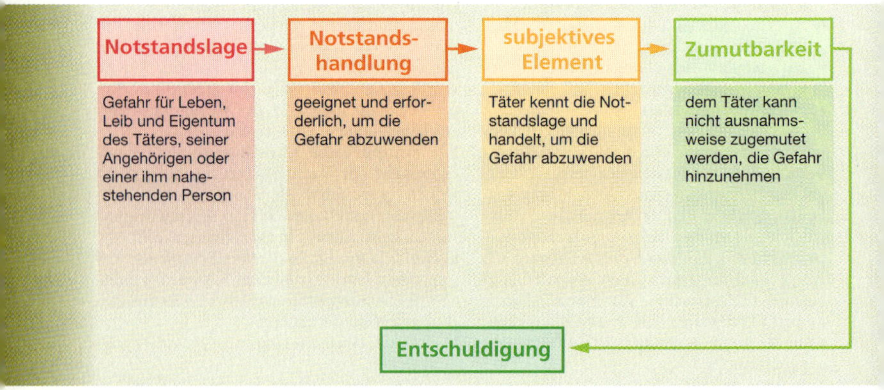

C Struktur des entschuldigenden Notstands

Nach der Tatbestandsmäßigkeit und der Rechtswidrigkeit bildet die **Schuld** die dritte Wertungsstufe strafrechtl. relevanten Verhaltens.

Das dt. Strafrecht beruht auf dem **Schuldprinzip** (A):

- Strafe setzt Schuld voraus.
- Die Strafhöhe wird durch die Schuld begrenzt.
  Daraus ergibt sich, dass eine Strafe nur gegenüber denjenigen verhängt werden kann, die straffällig geworden sind, also einen Straftatbestand vorsätzlich, rechtswidrig und schuldhaft verwirklicht haben. Dagegen ist es unzulässig, Strafe allein an die bes. Gefährlichkeit eines Menschen zu knüpfen.

Der Täter handelt schuldhaft, wenn ihm die Tat **persönlich vorzuwerfen** ist. Maßgebend für den Schuldvorwurf sind die sozialethischen Wertvorstellungen der Rechtsordnung; d. h. es handelt sich um eine **Rechts**schuld, nicht um sittliche Schuld.

Die **Feststellung der Schuld** setzt folgendes voraus: Schuldfähigkeit des Täters, Prüfung spezieller Schuldmerkmale, Schuldform (Vorsatz oder Fahrlässigkeit), Unrechtsbewusstsein und Fehlen von Entschuldigungsgründen:

- **Schuldfähigkeit**

Schuldunfähig sind Kinder bis zum vollendeten 14. Lebensjahr (§ 19 StGB) sowie Erwachsene unter den Voraussetzungen des § 20 StGB. Dort werden folgende Defekte genannt, bei deren Vorliegen darauf geschlossen wird, dass der Täter das Unrecht der Tat nicht einsehen konnte:

- eine krankhafte seel. Störung (z. B. hirnorgan. bedingte Störungen; Schizophrenie),
- eine tiefgreifende Bewusstseinsstörung (z. B. Vollrausch, Erschöpfung, hochgradiger Affekt),
- Schwachsinn und andere schwere seel. Abartigkeiten (z. B. Neurose, Triebstörung).

In der Praxis bes. wichtig ist die Schuldunfähigkeit infolge übermäßiger Alkoholisierung.

Bloß **vermindert schuldfähig** sind Personen, deren Einsichts- oder Steuerungsfähigkeit bei Begehung der Tat aus den in § 20 StGB genannten Gründen erheblich herabgesetzt ist (§ 21 StGB). Verminderte Schuldfähigkeit stellt nur einen fakultativen Strafmilderungsgrund dar.

Trotz Schuldunfähigkeit zum Zeitpunkt der Tat kommt über das Prinzip der **actio libera in causa** (B) eine Strafbarkeit in Frage, wenn sich der Täter vorsätzlich oder fahrlässig in den Zustand der Schuldunfähigkeit versetzt hat und schon zu diesem Zeitpunkt die Tat begehen wollte (Vorsatz) oder zumindest damit rechnete, sie zu begehen (Fahrlässigkeit).

Wer sich also mit dem Ziel betrinkt, im Rauschzustand (vermeintlich ohne Schuld) eine Straftat zu begehen, macht sich trotzdem strafbar.

Der BGH schränkt den Anwendungsbereich der *actio libera in causa* allerdings zunehmend ein.

- **Spezielle Schuldmerkmale**

charakterisieren nicht das Handlungsunrecht, sondern unmittelbar und ausschließlich den Gesinnungsunwert einer Tat.

Bsp.: Niedrige Beweggründe (§ 211 II 1. Gruppe StGB); Rücksichtslosigkeit (§ 315 c Nr. 2 StGB).

- **Schuldform**

Den auf Tatbestandsebene zu prüfenden *Verhaltensformen* (Vorsatz und Fahrlässigkeit) entsprechen auf der Schuldebene die **Schuldformen** »Vorsatzschuld« und »Fahrlässigkeitsschuld«. Vorsatz und Fahrlässigkeit haben also eine Doppelfunktion.

- **Unrechtsbewusstsein**

besteht in der Einsicht des Täters, dass seine Tat rechtl. verboten ist. Sein Unrechtsbewusstsein muss sich auf bestimmte Einzeltatbestände beziehen. Handelt der Täter ohne Unrechtsbewusstsein **(Verbotsirrtum),** so hängt seine Strafbarkeit davon ab, ob er seinen Irrtum vermeiden konnte (§ 17 StGB). Nur bei unvermeidbaren Irrtümern entfällt die Schuld (und damit die Strafbarkeit).

- **Entschuldigungsgründe**

Während die Schuldunfähigkeit und der unvermeidbare Verbotsirrtum als Schuldausschließungsgründe eingestuft werden, also das Entstehen von Schuld verhindern, bewirken die Entschuldigungsgründe eine Herabstufung des Unrechts- und Schuldgehalts einer Tat unter die Grenze der Strafwürdigkeit.

Der wichtigste Entschuldigungsgrund ist der **entschuldigende Notstand** (§ 35 StGB). Er tritt in Kraft, wenn der Täter bei akuter Gefahr für sein Leben, seine körperl. Unversehrtheit oder seine Freiheit eine Straftat begeht, um die Gefahr abzuwenden. Wie bei der Notwehr (§ 32 StGB) und dem rechtfertigenden Notstand (§ 34 StGB) muss die Tat geeignet sein, die Gefahr abzuwenden, und das mildeste aller verfügbaren Mittel darstellen (Erforderlichkeit). Auch die Rettung nahestehender Personen kann über § 35 StGB entschuldigt sein.

Trotz Notstandslage und geeigneter und erforderl. Notstandshandlung entfällt der Schuldvorwurf allerdings nicht, wenn dem Täter nach den Umständen zugemutet werden konnte, die Gefahr hinzunehmen (C).

Bsp.: Ein Bergführer durchschneidet in höchster Lebensgefahr das Seil, das ihn mit einem zweiten Bergsteiger verbunden hatte: § 35 StGB liegt vor.

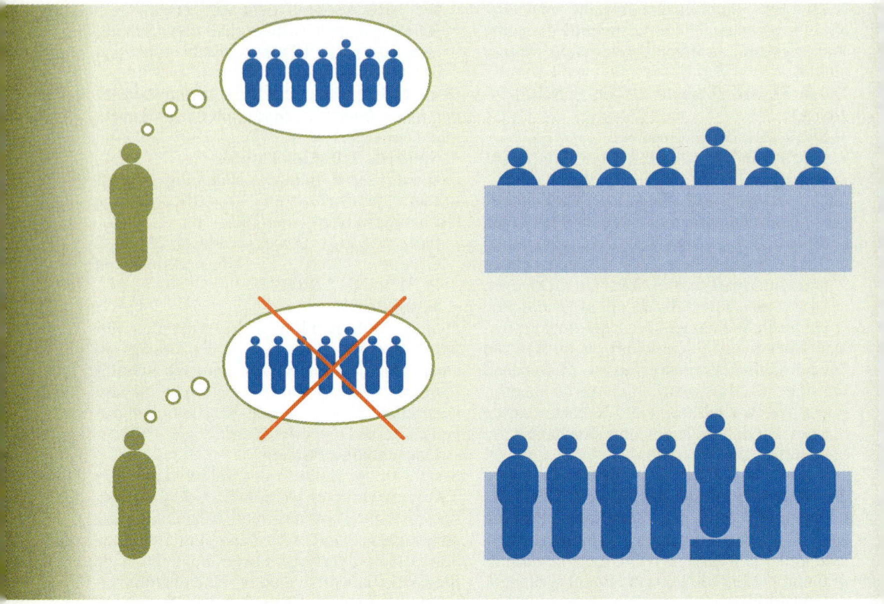

A Irrtum: Auseinanderfallen von Vorstellung und Wirklichkeit

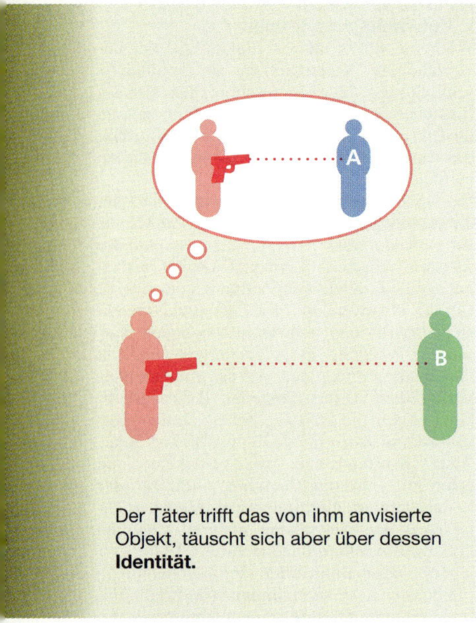

B Irrtum über das Handlungsobjekt

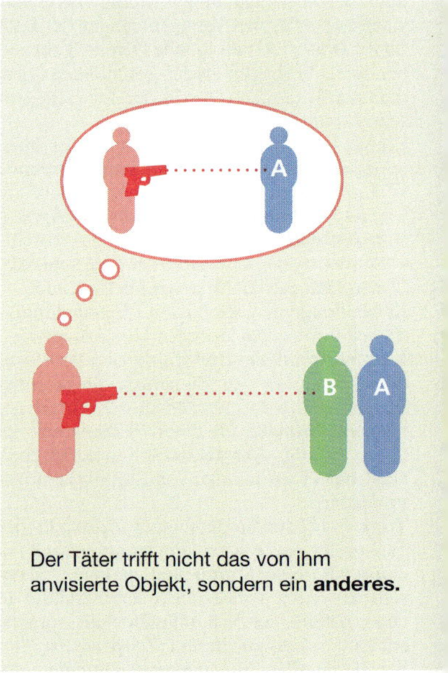

C Fehlgehen der Tat

Ein **Irrtum** liegt im Strafrecht dann vor, wenn die Vorstellung des Täters nicht mit der Wirklichkeit übereinstimmt (A): Der Täter verwechselt sein Tatobjekt mit einem anderen (Tatbestandsirrtum), hält sein Tun irrtümlich für gerechtfertigt (Irrtum über einen Rechtfertigungsgrund) oder handelt aus einem anderen Grund ohne Unrechtsbewusstsein (Verbotsirrtum).
Daneben existieren noch weitere Irrtumsformen, die sich aber meist auf die genannten Standardirrtümer zurückführen lassen.

Ein **Tatbestandsirrtum**
liegt vor, wenn der Täter nicht erkennt, dass er ein Merkmal eines gesetzl. Tatbestandes verwirklicht. Ob es sich um reines Nichtwissen oder um eine best. Fehlvorstellung handelt, ist unerheblich.

Bsp.: Ein Förster bemerkt eine Bewegung in einem Gebüsch. Weil er glaubt, es handele sich um ein wildes Tier, schießt er darauf. In Wirklichkeit hatte sich im Gebüsch ein Kind versteckt, das durch den Schuss verletzt wird.

Liegt ein Tatbestandsirrtum vor, so scheidet vorsätzl. Handeln aus (§ 16 StGB). Eine Strafe wegen eines Fahrlässigkeitsdelikts bleibt dagegen möglich.

Im obigen Bsp. kann der Förster trotz Erfüllung des objektiven Tatbestands von § 223 I Var. 1 StGB nicht wegen vorsätzl. Körperverletzung bestraft werden. In Betracht kommt jedoch eine Fahrlässigkeitstat gem. § 229 StGB, wenn dem Täter ein Fahrlässigkeitsvorwurf gemacht werden kann. Dies ist dann der Fall, wenn er die Möglichkeit hätte voraussehen können, dass sich im Gebüsch ein Kind befindet.

Ein Sonderfall des Tatbestandsirrtums ist der **Irrtum über das Handlungsobjekt** (Objektsverwechslung, *error in persona vel objecto,* B). Der Täter irrt hier bei der Identität des Tatobjekts, sei es eine Person oder eine Sache. Ein derartiger Irrtum lässt den Vorsatz entfallen, wenn das vorgestellte und das tatsächl. Handlungsobjekt tatbestandlich nicht mehr gleichwertig sind.

Bsp.: Täter T hält einen Menschen für ein wildes Tier und erschießt ihn. Wegen der Ungleichwertigkeit des vorgestellten und des tatsächlich getroffenen Handlungsobjektes liegt ein Tatbestandsirrtum gem. § 16 I StGB vor.

Anders verhält es sich, wenn T den Menschen A mit dem Menschen B verwechselt. Hier sind beide Handlungsobjekte gleichwertig. Der Irrtum über die Identität des Opfers lässt den Vorsatz unberührt.
Ein **Fehlgehen der Tat** (*aberratio ictus,* C) liegt vor, wenn der Täter ein best. individualisiertes Tatobjekt angreift, der Angriff jedoch fehlgeht und ein anderes Objekt trifft.
Der **Irrtum über Rechtfertigungsgründe**
ist im Gesetz nicht geregelt. Zwei Grundformen sind zu unterscheiden: der Erlaubnisirrtum und der Erlaubnistatbestandsirrtum. Beim **Erlaubnisirrtum** verkennt der Täter die Grenzen eines anerkannten Rechtfertigungsgrunds oder glaubt an die Existenz eines von der Rechtsordnung nicht anerkannten Rechtfertigungsgrunds. Es handelt sich um einen (indirekten) Verbotsirrtum, also um einen Irrtum über das Verbotensein der Tat, der über § 17 StGB gelöst wird.
Ein **Erlaubnistatbestandsirrtum** liegt vor, wenn der Täter irrig Umstände für gegeben hält, die im Falle ihres tatsächl. Vorliegens die Voraussetzungen eines anerkannten Rechtfertigungsgrunds erfüllen würden. Ein Sonderfall des Erlaubnistatbestandsirrtums ist die **Putativnotwehr:**

Bsp.: A glaubt irrtümlicherweise, B greife ihn an, und führt eine Abwehrhandlung aus, die B am Körper verletzt.

Die jurist. Lösung des Erlaubnistatbestandsirrtums ist schwierig und umstritten. Nach überwiegender Ansicht handelt der Täter zwar objektiv tatbestandsmäßig, jedoch ohne Vorsatz (richtigerweise ist nur der Schuldvorsatz zu verneinen), so dass eine Bestrafung wegen einer Vorsatztat nicht in Betracht kommt.
Beim **Verbotsirrtum**
(bei Unterlassungsdelikten *Gebotsirrtum* genannt) täuscht sich der Täter über die Rechtswidrigkeit seiner Tat; er weiß zwar, was er tatbestandlich tut, nimmt aber irrig an, es sei erlaubt (Mangel an Unrechtsbewusstsein).
Die Rechtsfolgen des Verbotsirrtums sind in § 17 StGB geregelt: Bei *unvermeidbaren* Verbotsirrtümern fehlt die Schuld des Täters; er wird nicht bestraft. War der Irrtum dagegen *vermeidbar,* kommt nur eine Strafmilderung nach § 49 I StGB in Betracht. Die Rspr. nimmt Unvermeidbarkeit eines Verbotsirrtums nur in seltenen Ausnahmefällen an. In der Praxis relevant wird die Vermeidbarkeitsfrage v. a. bei Straftätern, die in fremden Kulturkreisen aufgewachsen sind.

Beim **Subsumtionsirrtum**
weiß der Täter, was er tut, verkennt jedoch, dass er dadurch einen Straftatbestand erfüllt:

Bsp.: Der Täter tötet den Hund seines Nachbarn, ist aber irrtümlich der Meinung, dass dies nicht den Tatbestand einer Sachbeschädigung (§ 303 StGB) erfüllt.

Solche Irrtümer lassen die Strafbarkeit grundsätzlich unangetastet, können aber in Ausnahmefällen einen Verbotsirrtum darstellen.

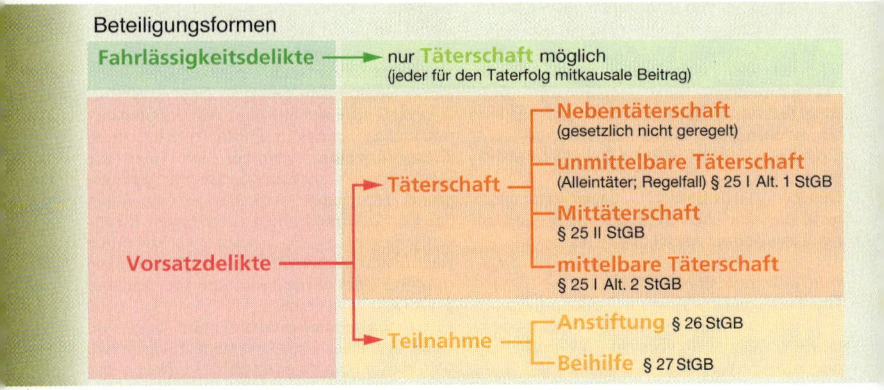

A Die Formen der Täterschaft bei Vorsatz- und Fahrlässigkeitsdelikten

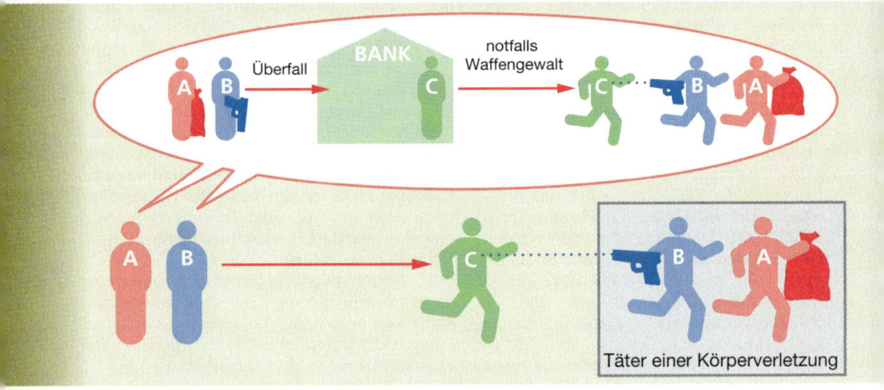

B Die wechselseitige Zurechnung von Tatbeiträgen bei der Mittäterschaft

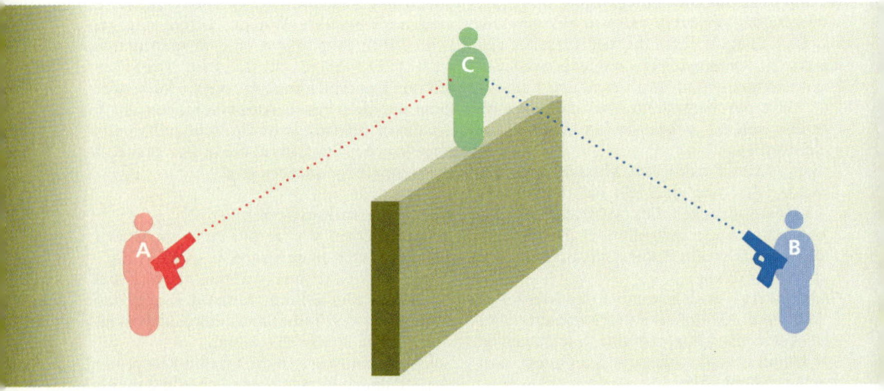

C Nebentäterschaft: A und B schießen auf C, ohne voneinander zu wissen

Das dt. Strafrecht kennt **zwei Beteiligungsformen** an einer Straftat: **Täterschaft** und **Teilnahme** (A).
Zur Täterschaft gehören neben der *unmittelbaren* Täterschaft die *mittelbare* Täterschaft, die *Mittäterschaft* und die *Nebentäterschaft*.
Die Teilnahme tritt in den Formen *Anstiftung* und *Beihilfe* auf.
Die Unterscheidung zwischen Täterschaft und Teilnahme wird nur bei Vorsatzdelikten relevant.

Täter eines Fahrlässigkeitsdelikts ist jeder, der sorgfaltswidrig zur Verwirklichung eines gesetzl. Tatbestandes beiträgt **(Einheitstäterprinzip).**
Dieses Prinzip gilt auch im Recht der Ordnungswidrigkeiten (§ 14 OWiG).

Täterschaft
Unmittelbarer Täter ist, wer die Straftat in eigener Person begeht (§ 25 I Var. 1 StGB). Dies ist der Normalfall kriminellen Verhaltens.
Mittelbarer Täter ist, wer die Tat »durch einen anderen« verwirklicht (§ 25 I Var. 2 StGB). Der Hintermann lässt hier eine Mittelsperson, die er weitgehend beherrschen kann, für sich handeln. Man spricht daher von einem **»menschlichen Werkzeug«.** Die Überlegenheit des Hintermannes kann auf Täuschung, aber auch auf intellektuellen oder sonstigen Defiziten des »Werkzeugs« beruhen. Mittelbare Täterschaft tritt in unterschiedl. Fallgruppen auf:

- Um ein **objektiv tatbestandslos handelndes Werkzeug** handelt es sich, wenn die Mittelsperson nicht einmal den objektiven Tatbestand einer Strafnorm erfüllt.
  Bsp.: Unter dem überwältigenden Einfluss des T tötet sich W selbst. W erfüllt nicht den Tatbestand von § 212 StGB (Totschlag), da dort die Tötung eines anderen Menschen vorausgesetzt wird, und kommt deshalb als Täter nicht in Frage. Dagegen erfüllt T den Tatbestand des § 212 durch W und handelt damit in mittelbarer Täterschaft.
- Von einem **subjektiv tatbestandslos handelnden Werkzeug** spricht man, wenn die Mittelsperson ohne Vorsatz handelt.
  Bsp.: Nach Aufforderung des (die gesamte Situation überschauenden) T betätigt W einen Schalter. Er weiß nicht, dass er dadurch X einen schmerzhaften Stromstoß verabreicht und handelt insofern vorsatzlos.
- Ein **rechtmäßig handelndes Werkzeug** ist anzunehmen, wenn die Mittelsperson bei der Tatbestandsverwirklichung gerechtfertigt handelt.
  Bsp.: T täuscht dem Polizeibeamten W vor, X habe gerade eine Bank ausgeraubt. Daraufhin nimmt W (berechtigterweise, vgl. § 127 II StPO) X fest.
- Von einem **schuldlos handelnden Werkzeug** spricht man, wenn die Mittelsperson, z. B. infolge Geisteskrankheit, schuldunfähig ist oder aus einem anderen Grund schuldlos handelt.
  Bsp.: T schickt den ihm hörigen Geisteskranken W los, um einen Mord zu begehen.

In allen diesen Fällen ist der Hintermann T als mittelbarer Täter des jeweiligen Delikts strafbar, während das Werkzeug straflos bleibt.
Mittäter ist, wer die Tat zusammen mit einem (oder mehreren) Komplizen begeht (§ 25 II StGB).
Mittäterschaft bedeutet die gemeinschaftl. Verwirklichung eines Straftatbestandes durch **bewusstes** und **gewolltes Zusammenwirken.** Das Einvernehmen der Mittäter kann auch noch während der Tatbestandsverwirklichung hergestellt werden. Mittätern werden ihre Tatbeiträge, sofern sie sich im Rahmen des mittäterschaftl. Einvernehmens halten, *wechselseitig zugerechnet* (B).

Bsp.: A und B überfallen gemeinsam eine Bank. Wenn nun B auf der Flucht auf die Verfolger schießt und sich A und B vorher darüber geeinigt hatten, dass sie notfalls Waffengewalt einsetzen, kann neben B auch A wegen Körperverletzung angeklagt werden.

Die Mittäterschaft setzt grundsätzlich eine Mitwirkung im Ausführungsstadium der Tat voraus, doch kann ein »Minus« bei der Tatbestandsverwirklichung ausnahmsweise durch ein »Plus« bei der Deliktsvorbereitung oder -planung ausgeglichen werden *(funktionelle Tatherrschaft).*

Bsp.: A und B führen gemeinsam einen Einbruch durch, den C im Detail geplant hat. Auch wenn C nicht am Tatort anwesend ist, kann er wegen seines übergroßen Anteils an der Tatplanung als Mittäter angesehen werden.

Bei der gesetzl. nicht geregelten **Nebentäterschaft** (C) begehen zwei oder mehrere Personen eine Straftat gleichzeitig, ohne voneinander zu wissen. Jeder von ihnen wird als (unmittelbarer) Täter bestraft.

Bsp.: Die beiden Wilderer A und B schießen unabhängig voneinander und ohne einander zu sehen auf den Förster C.

Eine in jüngerer Zeit bes. intensiv diskutierte Fallgruppe betrifft die **Täterschaftsfrage bei den Todesschüssen an der ehemaligen innerdt. Grenze.** Die Grenzsoldaten, die eigenhändig tödl. Schüsse abgegeben haben, sind als (unmittelbare) Täter anzusehen. Ihre Vorgesetzten und Auftraggeber werden teils als Mittäter qualifiziert, teils als mittelbare Täter.

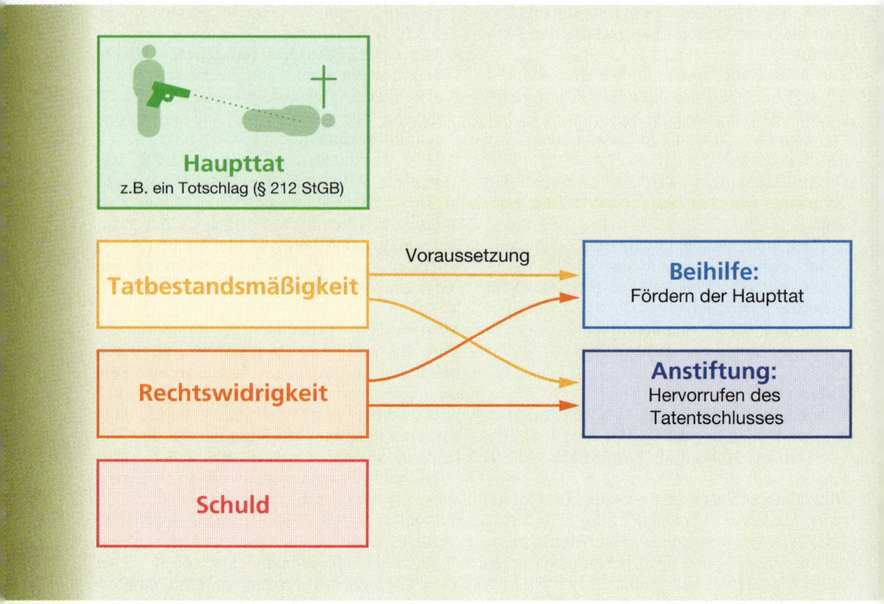

A Limitierte Akzessorietät

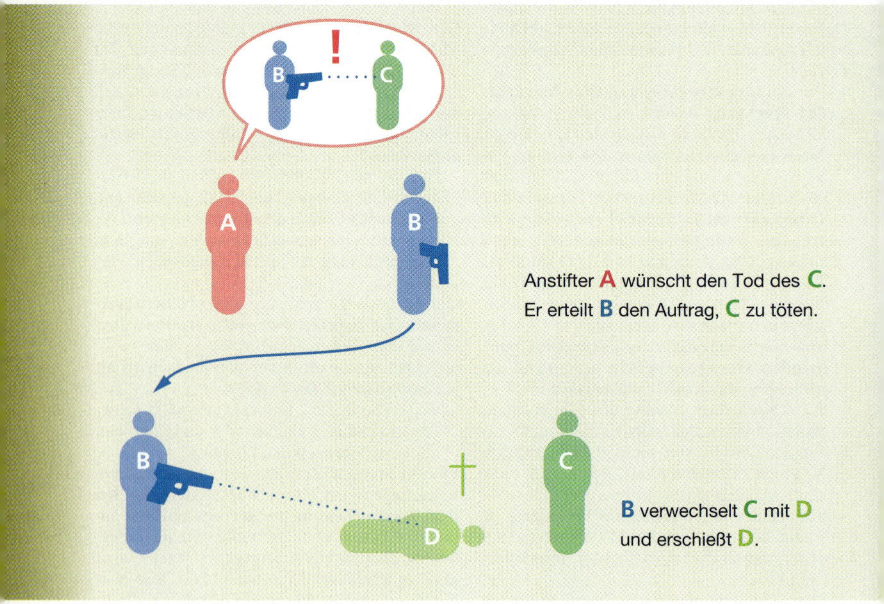

B Die Konstellation des Rose-Rosahl-Falles

Nicht alle an einer Straftat Beteiligten sind Mittäter. Häufig beschränkt sich ein Komplize darauf, die Tatausführung zu unterstützen, d. h. **Beihilfe** zu leisten. In anderen Fällen tritt jemand als **Anstifter** nur *vor* der Tatausführung in Erscheinung. In beiden Fällen liegt nicht Täterschaft, sondern **Teilnahme** vor.

Die **Abgrenzung zwischen Täterschaft und Teilnahme** ist umstritten. Dies gilt v. a. beim Verhältnis von Mittäterschaft zur Beihilfe und von mittelbarer Täterschaft zur Anstiftung. Folgende Abgrenzungskriterien werden vorgeschlagen:

- Nach der älteren **formal-objektiven Theorie** ist Täter, wer die tatbestandl. Ausführungshandlung zumindest teilw. selbst verwirklicht.
- Nach der v. a. von der Rspr. vertretenen **gemäßigt-subjektiven Theorie** ist Täter, wer mit Täterwillen *(animus auctoris)* handelt, Teilnehmer, wer mit Teilnehmerwillen *(animus socii)* handelt. Maßgeblicher Gesichtspunkt bei der Feststellung des Täter- bzw. Teilnehmerwillens ist das eigene Interesse an der Tat.
  Bei eigenhändiger Tatausführung liegt nach überwiegender Ansicht immer Täterschaft vor (§ 25 I Var. 1 StGB).
- Die **extrem-subjektive Theorie** hält dagegen Beihilfe selbst in Fällen eigenhändiger Tatausführung für möglich. Diese Ansicht lag der Rspr. des RG zugrunde und klingt auch in der neueren BGH-Rspr. immer wieder an.
- Die **Lehre von der Tatherrschaft** wird v. a. in der Literatur vertreten. Täter ist ihr zufolge wer den Geschehensablauf »in Händen hält« und kontrolliert. Im Unterschied zur »subjektiven Theorie« der Rspr. spricht man auch von der **objektiven Theorie.**

Teilnahme

Formen der Teilnahme sind **Anstiftung** (§ 26 StGB) und **Beihilfe** (§ 27 StGB).

Der *Anstifter überredet* den Haupttäter zu seiner Tat, der *Gehilfe unterstützt* den Haupttäter bei der Tatbegehung. Gemeinsam ist Anstiftung wie Beihilfe, dass sie eine tatbestandsmäßige und rechtswidrige Haupttat voraussetzen. Schuldhaft braucht die Haupttat nicht begangen zu sein (*limitierte Akzessorietät,* vgl. A); die Teilnahme an der Tat eines Schuldunfähigen ist also strafbar.

Daraus ergibt sich eine wichtige Aufbauregel: **Täterschaft vor Teilnahme prüfen!** Die Strafe für Anstifter richtet sich grundsätzlich nach der Strafe des Täters; für die Beihilfe legt § 27 II 2 StGB eine obligator. Strafmilderung fest.

Anstiftung (§ 26 StGB) setzt objektiv ein *Bestimmen des Haupttäters zur Tat* voraus. »Bestimmen« bedeutet Hervorrufen eines Tatentschlusses durch beliebige Mittel.

> Bsp.: A schlägt B vor, C zu verprügeln, woraufhin B einen entsprechendem Tatentschluss fasst. An der nachfolgenden Tatausführung wirkt A nicht mit.

Eine Person, die schon zur Tat entschlossen ist (ein sog. **omnimodo facturus**) kann nicht mehr angestiftet werden. Der Vorsatz des Anstifters muss sich sowohl auf das Hervorrufen des Tatentschlusses bei dem anderen als auch auf die Verwirklichung der Haupttat richten. Man spricht daher vom *doppelten Anstiftervorsatz.*

Beihilfe (§ 27 StGB) liegt vor, wenn einem anderen zu dessen vorsätzlich begangener rechtswidrigen Tat vorsätzlich Hilfe geleistet wird.

> Bsp.: A bringt B einen Knüppel, damit dieser C besser verprügeln kann.

Die Hilfeleistung kann in jedem **Fördern der Haupttat** bestehen. Der Vorsatz des Gehilfen muss nicht nur die fördernde Handlung, sondern auch die geförderte Haupttat in ihren wesentl. Zügen umfassen.

Ein Sonderfall der Beihilfe liegt vor, wenn der Gehilfe den Haupttäter lediglich in einem schon gefassten Tatentschluss bestärkt (sog. *psych. Beihilfe*). Dies kann etwa durch lobenden Zuspruch geschehen, aber auch durch das Ausreden von Skrupeln. Wird der Tatentschluss beim Haupttäter durch den Teilnehmer dagegen erst hervorgerufen, handelt es sich nicht um Beihilfe, sondern um Anstiftung.

Notwendige Teilnahme (Anstiftung und Beihilfe) liegt dann vor, wenn ein Tatbestand schon begrifflich die Teilnahme mehrerer Personen voraussetzt. Steht dabei einer der Beteiligten auf der Opferseite, so bleibt er straflos, sofern er das Maß der begrifflich notwendigen Teilnahme nicht überschreitet.

> Bsp.: Die 15jährige Schülerin, die ihren Lehrer verführt, macht sich nicht wegen Anstiftung zum sexuellen Missbrauch von Schutzbefohlenen (§ 174 StGB) strafbar.

Ein berühmtes, seit über 100 Jahren diskutiertes Problem betrifft die Frage, wie sich ein für den Haupttäter unerheblicher *error in persona* auf den Anstifter auswirkt (B).

> Bsp.: A stiftet B an, C zu erschießen. B verwechselt C mit D und erschießt diesen (**Rose-Rosahl-Fall,** nach einem vom Preuß. Obertribunal 1859 entschiedenen Sachverhalt).

Nach h. M. ist ein solcher Irrtum nicht nur für den Haupttäter, sondern auch für den Anstifter unerheblich:

> B ist als Haupttäter nach § 212 StGB (Totschlag) zu bestrafen. A macht sich als Anstifter zum Totschlag strafbar.

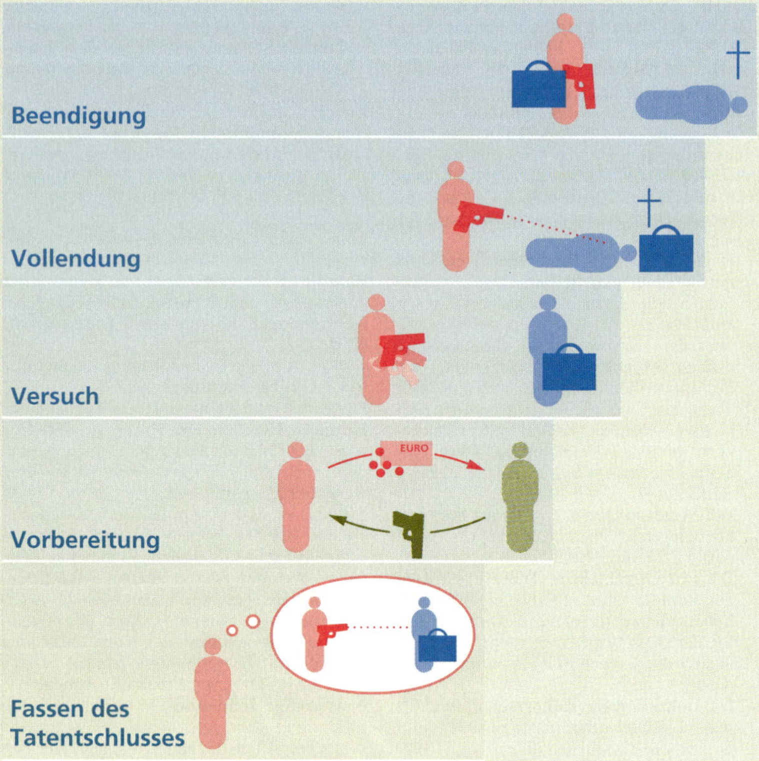

A Verwirklichungsstufen einer Straftat

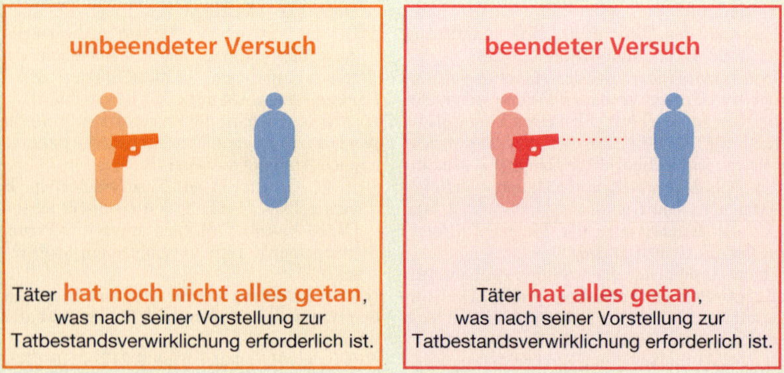

B Abgrenzung zwischen unbeendetem und beendetem Versuch

Bei jeder Straftat lassen sich folgende **Verwirklichungsstufen** unterscheiden: *Fassen des Tatentschlusses, Vorbereitung, Versuch, Vollendung, Beendigung* (A).

Die Strafbarkeit beginnt grundsätzlich erst, wenn das Versuchsstadium erreicht ist. Der Versuch ist allerdings nur dann strafbar, wenn es sich bei der versuchten Tat um ein Verbrechen (§ 12 I StGB) handelt. Bei Vergehen muss die Versuchsstrafbarkeit gesetzl. ausdrücklich vorgesehen sein.

Dies ist z. B. in § 223 II StGB (versuchte einfache Körperverletzung) der Fall.

Ein **Versuch** setzt einen auf die Verwirklichung eines best. gesetzl. Tatbestandes gerichteten **Tatentschluss** voraus. Er umfasst den Vorsatz sowie sonstige subjektive Tatbestandsmerkmale.

Der Täter muss den Vorsatz haben, eine best. Straftat, etwa einen Mord oder eine Körperverletzung, zu begehen.

Die sich im Tatentschluss manifestierende böse Gesinnung allein ist noch nicht strafbar. Erforderlich ist vielmehr ein **unmittelbares Ansetzen zur Verwirklichung des Tatbestandes** (§ 22 StGB). Die Tat muss also das Vorbereitungsstadium überschritten haben. Dies ist dann der Fall, wenn der Täter Handlungen vornimmt, die nach seiner Vorstellung von der Tat unmittelbar in die Rechtsgutsverletzung einmünden sollen. Gebräuchlich ist die Faustregel, der Versuch beginne, wenn der Täter aus seiner Sicht die Schwelle zum *»Jetzt geht es los!«* überschritten habe.

Bsp.: Lauert der Täter seinem Opfer auf, um ihm die Tasche zu entreißen, so beginnt der Versuch weder beim Sich-Verbergen des Täters noch beim Ergreifen der Tasche, sondern in dem Moment, in dem der Täter sein Versteck verlässt und auf sein Opfer zueilt.

Schwierige Sonderfragen wirft der untaugl. Versuch und seine Abgrenzung zum Wahndelikt auf:

Wenn ein Tatentschluss aus tatsächl. oder rechtl. Gründen nicht zur Verwirklichung eines gesetzl. Tatbestandes führen kann, handelt es sich um einen **untauglichen Versuch.** Der untaugl. Versuch ist strafbar. Ausnahmsweise kann das Gericht jedoch von der Strafe absehen, wenn es sich um ein offenkundig abwegiges Unternehmen, dessen Sinnlosigkeit jedem vernünftigen Menschen einleuchten musste, handelt (§ 23 III StGB).

Bsp.: Der Versuch, mittels eines Luftgewehrs einen Pkw »abzuschießen«, ist angesichts der geringen Reichweite und Durchschlagskraft der Waffe untauglich. Dennoch bleibt der Versuch strafbar. Schießt der Täter mit dem Luftgewehr in Zerstörungsabsicht auf ein mehrere Kilometer hoch fliegendes Flugzeug, so ist der Versuch wegen seiner offenkundigen Sinnlosigkeit *straflos.*

Ein **Wahndelikt** ist gegeben, wenn ein Täter irrig annimmt, sein Verhalten falle unter eine strafrechtl. Verbotsnorm, etwa weil er eine Strafnorm falsch auslegt oder weil eine Norm nur in seiner Einbildung existiert. Das Wahndelikt ist straflos.

Der **Versuch** zeichnet sich dadurch aus, dass der Täter seinen Tatentschluss noch nicht (voll) verwirklicht hat. Nimmt er freiwillig von einer Vollendung der Tat Abstand, etwa weil ihn sein Tun reut, so kann dies einen **Rücktritt vom Versuch** (§ 24 I StGB) darstellen.

Um Straftäter zum Rücktritt anzuhalten, *belohnt* der Gesetzgeber die Rückkehr zur Legalität mit einem Absehen von Strafe. Der Rücktritt vom Versuch stellt einen *persönl. Strafaufhebungsgrund* dar. Ein Rücktritt ist ausgeschlossen, wenn die Tat bereits vollendet ist. Er ist ferner ausgeschlossen, wenn es sich um einen **fehlgeschlagenen Versuch** handelt, d. h. dann, wenn der Täter den von ihm gewollten Erfolg nicht mehr erreichen kann und er dies auch erkennt.

Bsp.: A bricht in eine Villa ein, um ein bestimmtes Bild zu stehlen. Dort muss er feststellen, dass sich das Bild nicht mehr im Haus befindet. Ein Rücktritt vom versuchten Einbruchsdiebstahl ist hier nicht mehr möglich, da es sich um einen fehlgeschlagenen Versuch handelt.

§ 24 I StGB setzt die **Unterscheidung von beendetem und unbeendetem Versuch** voraus. Ein Versuch ist beendet, wenn der Täter nach seiner Vorstellung von der Tat alles getan zu haben glaubt, um den tatbestandsmäßigen Erfolg herbeizuführen. Ansonsten ist der Versuch unbeendet. Abzustellen sind dabei auf die Vorstellungen des Täters nach Ausführung der letzten Tathandlung (B).

Die Anforderungen, die beim unbeendeten bzw. beim beendeten Versuch an einen strafbefreienden Rücktritt zu stellen sind, unterscheiden sich wesentlich: Beim unbeendeten Versuch gibt der Täter *freiwillig die weitere Ausführung der Tat endgültig auf.* Beim beendeten Versuch verhindert der Täter dagegen *freiwillig die Vollendung der Tat,* zeigt also eine Gegenaktivität.

Der Rücktritt vom Versuch erfasst nur die versuchte Straftat. Hat der Täter durch den Versuch eine andere Straftat vollendet, so bleibt diese trotz des Rücktritts strafbar (sog. **qualifizierter Versuch**).

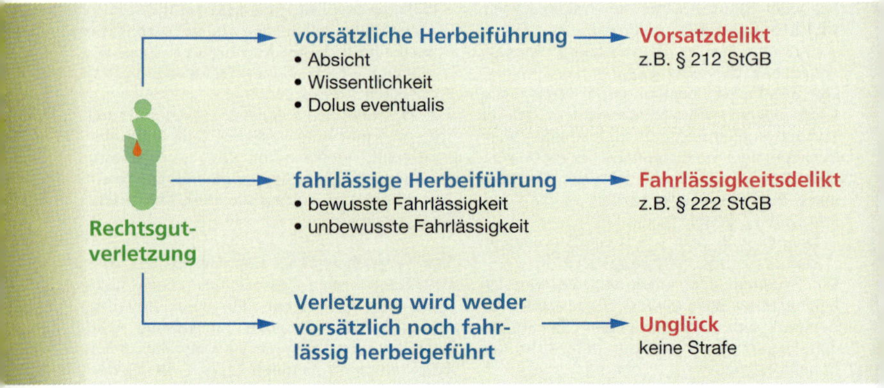

A Vorsatz und Fahrlässigkeit

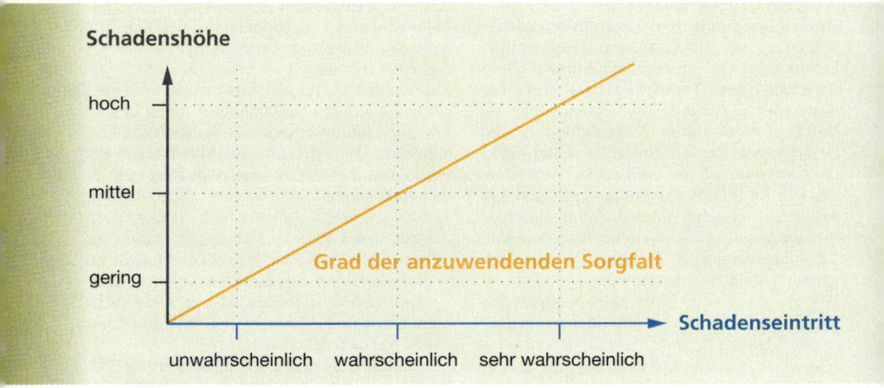

B Grad der anzuwendenden Sorgfalt

C Struktur eines fahrlässigen Erfolgsdelikts

Kennzeichnend für fahrlässige Delikte ist die **ungewollte Verwirklichung** eines gesetzl. Tatbestandes durch **pflichtwidrige Vernachlässigung der im Verkehr erforderlichen Sorgfalt.** Man muss beachten, dass der strafrechtl. Fahrlässigkeitsbegriff nicht mit dem zivilrechtl. übereinstimmt. Fahrlässiges Verhalten ist nur strafbar, wenn das Gesetz dies ausdrücklich vorsieht (§ 15 StGB).

Bsp.: Wer einen anderen Menschen absichtlich anschießt, ist wegen vorsätzlicher Körperverletzung (§§ 223, 224 StGB) strafbar. Wird die Körperverletzung durch Unvorsichtigkeit des Täters herbeigeführt, z. B. beim Gewehrreinigen, so liegt bloß eine fahrlässige Körperverletzung (§ 229 StGB) vor. Kann man dem Täter nicht einmal einen Sorgfaltsverstoß vorwerfen, handelt es sich um ein strafloses Unglück (A).

Drei **Formen von Fahrlässigkeit** sind zu unterscheiden:

1. **Unbewusste Fahrlässigkeit** liegt vor, wenn der Täter durch einen Sorgfaltsmangel einen gesetzl. Tatbestand verwirklicht, ohne an diese Möglichkeit zu denken, z. B. Fahren mit defekten Bremsen.
2. Um **bewusste Fahrlässigkeit** handelt es sich, wenn der Täter durch einen Sorgfaltsmangel einen gesetzl. Tatbestand verwirklicht, wobei er diese Möglichkeit erkennt, jedoch pflichtwidrig darauf vertraut, es werde schon nichts passieren, z. B. bewusstes Fahren entgegen der Fahrtrichtung.
3. Von Leichtfertigkeit spricht man, wenn die erforderl. Sorgfalt in ungewöhnl. hohem Maße verletzt wird. Die Frage, ob ein best. Verhalten als sorgfaltswidrig einzustufen ist, ist häufig schwer zu beantworten. **Grundsätzlich handelt sorgfaltswidrig, wer die im Verkehr erforderliche Sorgfalt außer Acht lässt.**

Der Sorgfaltsverstoß kann sich aus der Verletzung einer geschriebenen (z. B. § 2 I Satz 1 StVO: Rechtsfahrgebot) oder ungeschriebenen (sozialethischen) Norm ergeben. Nach der Rspr. ergibt sich das Maß der anzuwendenden Sorgfalt aus einer Betrachtung der Gefahrenlage *ex ante,* d. h. aus der Situation *vor* Eintritt des tatbestandsmäßigen Erfolgs. Die Leitfrage lautet stets: Wie hätte sich ein besonnener und gewissenhafter Mensch in der konkreten Lage des Handelnden verhalten?

Sorgfaltspflichten werden **begründet,** wenn ein Schaden voraussehbar ist. Ist ein best. Verhalten erfahrungsgemäß gefahrenträchtig, der Eintritt eines Schadens also vorauszusehen, so spricht dies dafür, das ein solches Verhalten gegen die erforderl. Sorgfalt verstößt.

Bsp.: Wer mit 100 km/h auf der Landstraße fährt und diese Geschwindigkeit auch an einer unübersichtl. Stelle, an der sich schon mehrfach Unfälle ereignet haben, nicht vermindert, handelt sorgfaltswidrig.

Sorgfaltspflichten **erhöhen sich** mit der Größe des drohenden Schadens und seiner Wahrscheinlichkeit. Entsprechend vermindern sie sich, wenn der Schadenseintritt unwahrscheinlich wird (B).

Bsp.: Befindet sich an einer unübersichtl. Straßenstelle ein Kindergarten, aus dem erfahrungsgemäß immer wieder Kinder überraschend auf die Straße laufen, so gelten in diesem Bereich für Autofahrer stark erhöhte Sorgfaltspflichten.

Sorgfaltspflichten werden **begrenzt** durch das **erlaubte Risiko** und den **Vertrauensgrundsatz.** Das Eingehen eines best. Risikos ist erlaubt, wenn es die notwendige Folge eines allgemein als zulässig erachteten Verhaltens darstellt.

Bsp.: Produktion und Vertrieb von Pkw führen in voraussehbarer Weise zu Unfällen im Straßenverkehr. Dennoch würde kaum jemand auf die Idee verfallen, diese Verhaltensweisen als fahrlässig einzustufen.

Der v. a. für den Straßenverkehr entwickelte **Vertrauensgrundsatz** besagt, dass man im Normalfall darauf vertrauen darf, dass sich die anderen Verkehrsteilnehmer verkehrsgerecht verhalten.

Bsp.: Wer bei Grün in eine Kreuzung einfährt, darf sich darauf verlassen, dass aus der Querstraße nicht plötzlich ein anderer Pkw die eigene Fahrbahn kreuzt. Das Unterlassen entsprechender Vorsichtsmaßnahmen, z. B. bes. langsames Fahren, ist also nicht sorgfaltswidrig.

Die **Pflichtwidrigkeit** eines Verhaltens muss sich im konkreten »Erfolg« verwirklichen. Dieser Pflichtwidrigkeitszusammenhang ist dann nicht gegeben, wenn der Erfolg auch bei pflichtgemäßem, rechtl. erlaubtem Verhalten eingetreten wäre.

Bsp.: A überholt einen Radfahrer mit nur 50 cm Seitenabstand. Der Radfahrer stürzt und verletzt sich. Später stellt sich heraus, dass der Radfahrer so betrunken war, dass er mit an Sicherheit grenzender Wahrscheinlichkeit auch bei Einhaltung eines ordnungsgemäßen Seitenabstands gestürzt wäre. Eine fahrlässige Körperverletzung scheidet hier aus.

Die Fahrlässigkeitsdelikte weichen teilw. erheblich von den Vorsatzdelikten ab: Die Struktur eines fahrlässigen Erfolgdeliktes ist anders (C); außerdem gibt es bei Fahrlässigkeitsdelikten keinen Versuch und keine Teilnahme.

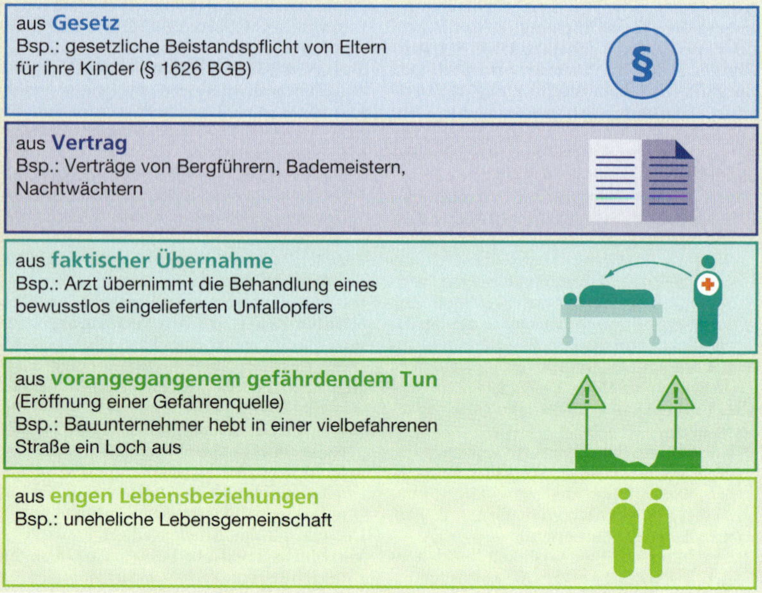

A Entstehungsgründe von Garantenpflichten

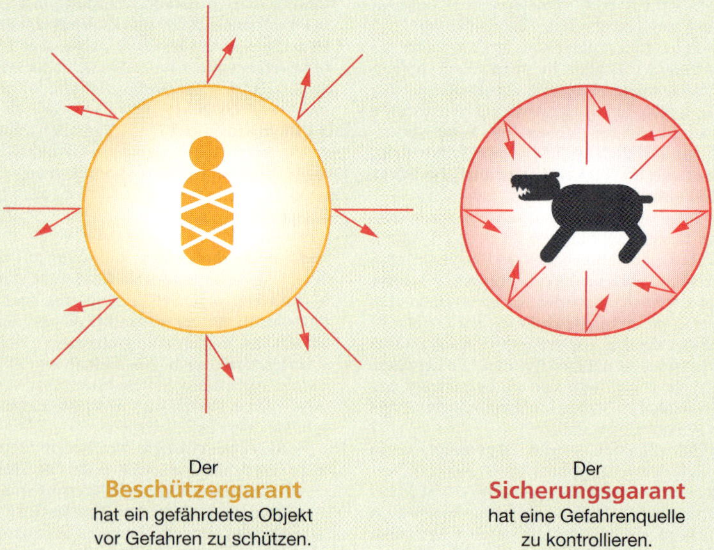

B Beschützer- und Sicherungsgaranten

Eine Straftat kann nicht nur durch aktives Tun begangen werden **(Begehungsdelikt),** sondern auch durch Unterlassen **(Unterlassungsdelikt).**

Bsp.: A schaut untätig zu, wie B ertrinkt; A lässt den Schwerverletzten B am Straßenrand liegen.

Zwei **Arten von Unterlassungsdelikten** sind zu unterscheiden:

Echte Unterlassungsdelikte bestehen im Unterlassen einer vom Gesetz ausdrücklich geforderten Tätigkeit.

Bsp.: Sich-nicht-Entfernen bei Hausfriedensbruch (§ 123 I Var. 2 StGB); Nichtanzeige von Verbrechen (§ 138 StGB); Unterlassen von Hilfeleistung (§ 323 c StGB).

Unechte Unterlassungsdelikte sind dagegen nicht eigens geregelt, sondern knüpfen über § 13 StGB jeweils an ein Begehungsdelikt (z. B. § 212, § 223 StGB) an. Unechte Unterlassungsdelikte bestehen in der Herbeiführung eines Straftaterfolges durch Unterlassen.

Bsp.: Wenn A den B verhungern lässt, unterlässt er nicht eine vom Gesetz ausdrücklich geforderte Tätigkeit, sondern führt den Taterfolg des Totschlags (§ 212 StGB) durch Unterlassen herbei (Tötung durch Unterlassen, §§ 212, 13 StGB).

Der **Tatbestandsaufbau** eines unechten Unterlassungsdelikts unterscheidet sich wesentl. von dem eines Begehungsdelikts. Folgende Elemente sind zu unterscheiden:

- Der tatbestandsmäßige Erfolg ist eingetreten.
- Der Unterlassungstäter hat die erforderliche Rettungshandlung nicht durchgeführt.
- Die geforderte Handlung war dem Unterlassenden faktisch möglich und zumutbar.
  Eine Rettungshandlung, die faktisch unmöglich ist (etwa die Rettung eines weit draußen im Meer Ertrinkenden), wird von der Rechtsordnung nicht verlangt *(ultra posse nemo obligatur).*
- Das Unterlassen der Rettungshandlung war kausal für den Eintritt des tatbestandsmäßigen Erfolgs.
- Der Unterlassende war in bes. Weise verpflichtet, den Schaden abzuwenden (Garantenpflicht, § 13 StGB).
  Die bes. Pflichtenstellung des Unterlassungstäters kann sich aus dem *Gesetz,* aus einem *Vertrag,* aus *fakt. Übernahme* der Pflichtenstellung, aus *vorangegangenem gefährdendem Tun* (Ingerenz) und aus *engen Lebensbeziehungen ergeben* (A).
- Die Herbeiführung des Erfolgs durch Unterlassen entspricht bei wertender Betrachtung der Verwirklichung des gesetzl. Tatbestands durch aktives Tun (§ 13 StGB, sog. *Gleichstellungsklausel*).
- Im subjektiven Tatbestand bezieht sich der Vorsatz auf alle objektiven Tatbestandsmerkmale.
  Der Unterlassungstäter muss die fakt. Umstände, aus denen sich seine Pflicht zum Tätigwerden ergibt, kennen.

Die **Abgrenzung von Tun und Unterlassen** ist schwierig. Viele Verhaltensweisen lassen sich ebenso als Tun wie als Unterlassen deuten.

Bsp.: Arzt A schaltet einen lebenserhaltenden Apparat ab, an den Patient B angeschlossen ist, woraufhin B stirbt. Das Betätigen des Schalters stellt ein aktives Tun dar, während eine Gesamtwürdigung des Geschehens mehr für einen Behandlungsabbruch (Unterlassen) spricht.

Die h. M. will darauf abstellen, wo bei »normativer Betrachtung« und bei Berücksichtigung des »sozialen Handlungssinnes« der Schwerpunkt des strafrechtl. relevanten Verhaltens liegt. Danach soll im Abschalten eines lebenserhaltenden Apparates kein aktives Tun, sondern ein Unterlassen zu sehen sein.

Täter eines unechten Unterlassungsdelikts (etwa der Tötung durch Unterlassen) kann nicht jedermann sein, sondern nur eine Person, die zum Schutz des betreffenden Rechtsguts bes. verpflichtet ist (Erfordernis einer **Garantenpflicht** bzw. einer **Garantenstellung**). Täter eines echten Unterlassungsdelikts kann dagegen jedermann, unabhängig von einer bes. Pflichtenstellung, sein.

Bsp.: Wenn A das Unfallopfer B am Straßenrand liegen lässt und B daraufhin stirbt, so erfüllt dies den Tatbestand einer unterlassenen Hilfeleistung (§ 323 c StGB).
Eine – deutlich härter bestrafte – Tötung durch Unterlassen (§§ 212, 13 StGB) kann nur dann vorliegen, wenn A zur Rettung des B in bes. Weise verpflichtet gewesen wäre (Garantenstellung des A).

Garantenpflichten lassen sich in **zwei Kategorien** einteilen (B):

1. **Beschützergaranten** sind verantwortl. für Wohl und Wehe best. Personen. Sie sind verpflichtet, von außen kommende Gefahren abzuwehren.
   Bsp.: Ein Bergführer, der eine Tour übernommen hat, ist vertraglich für die Sicherheit der von ihm Geführten verantwortlich.
2. **Überwachungsgaranten** sind verantwortlich für eine best. Gefahrenquelle. Sie sind verpflichtet, hiervon ausgehende Gefahren zu kontrollieren.
   Bsp.: Der Halter eines gefährl. Hundes ist verpflichtet, andere vor den von dem Tier ausgehenden Gefahren zu bewahren.

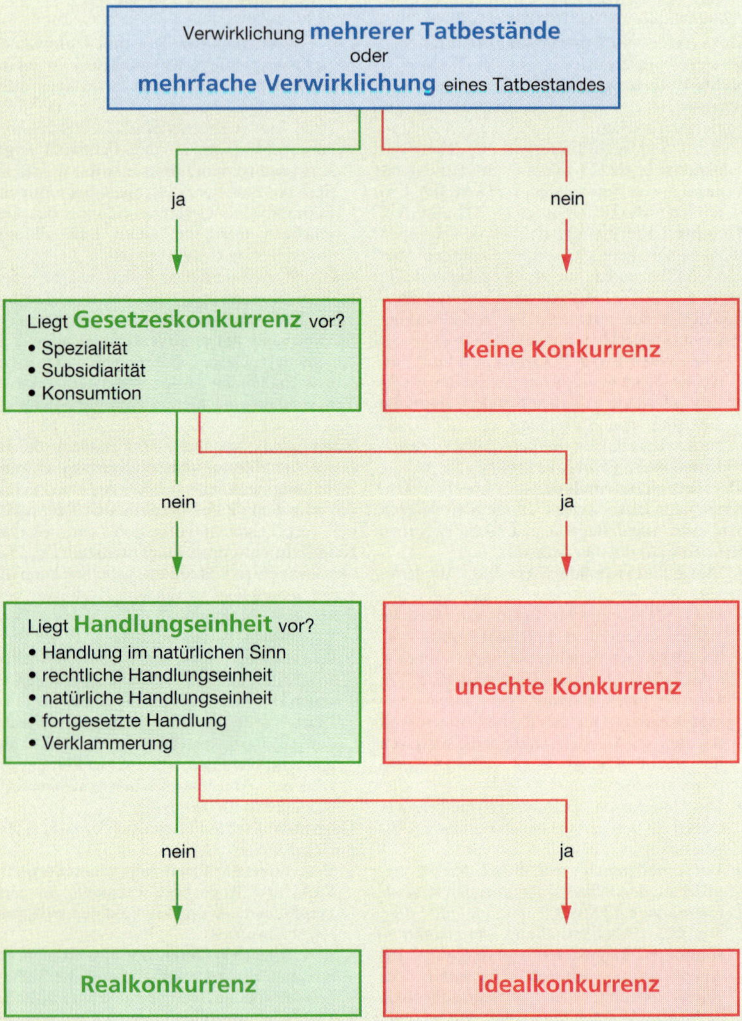

Ablauf einer Konkurrenzprüfung

Nicht selten verletzt der Täter durch seine Tat nicht nur eines, sondern mehrere Strafgesetze. Die Frage, aus welchem der verwirklichten Straftatbestände die Strafe zu entnehmen ist, regelt die **Lehre von den Konkurrenzen** (Abb.).

Grundlegend ist dabei die Unterscheidung zwischen Idealkonkurrenz und Realkonkurrenz:

- **Idealkonkurrenz** liegt vor, wenn dieselbe Handlung mehrere Strafgesetze oder ein Strafgesetz mehrmals verletzt (Handlungseinheit). Es wird nur eine Strafe verhängt, die dem Gesetz zu entnehmen ist, das die schwerste Bestrafung vorsieht (§ 52 II StGB, sog. *Absorptionsprinzip*).
- **Realkonkurrenz** liegt vor, wenn es durch mehrere selbständige Handlungen zu mehrfachen Gesetzesverletzungen kommt (Handlungsmehrheit). Die Strafe wird in diesem Fall aus sämtl. Einzelstrafen gebildet, die allerdings nicht lediglich addiert werden. Vielmehr wird der Strafrahmen des schwersten Delikts erhöht (§§ 53 ff. StGB, sog. *Asperationsprinzip*).

Der Handlungsbegriff

Der Handlungsbegriff der strafrechtl. Konkurrenzlehre weicht vom allg. strafrechtl. Handlungsbegriff und vom Handlungsverständnis des Alltags erheblich ab. »Handlung« kann in der Konkurrenzlehre folgende vier Bedeutungen haben:

1. **Handlung im natürlichen Sinn** liegt vor, wenn ein Handlungsentschluss sich in einer einzigen Willensbetätigung umsetzt und dadurch die Tatbestände mehrerer Strafgesetze verwirklicht werden.
   Bsp.: A wirft eine Bombe in eine Menschengruppe, wobei mehrere Personen verletzt und einige getötet werden.
2. Von einer **tatbestandlichen Handlungseinheit** spricht man, wenn mehrere Handlungen im natürl. Sinn vom jeweiligen gesetzl. Tatbestand zu einer Einheit verbunden werden.
   Bsp.: Der Tatbestand des Raubes (§ 249 StGB) fasst die Einzelhandlungen »Wegnahme der Beute« und »Anwendung von Gewalt gegenüber dem Opfer« zu einer Einheit zusammen.
3. Eine **natürliche Handlungseinheit** liegt nach Ansicht der Rspr. vor, wenn mehrere Verhaltensweisen von einem einheitl. Willen getragen und aufgrund ihres räumlich-zeitl. Zusammenhangs derart eng miteinander verknüpft sind, dass das gesamte Tätigwerden objektiv als ein einheitl., zusammengehöriges Tun erscheint.
   Bsp.: Auf der Flucht vor der Polizei entwendet ein Straftäter einen Pkw, fährt einen Menschen an und rammt eine Straßenlaterne. Die damit verwirklichten Tatbestände (§§ 242, 223 und 303 StGB) bilden eine natürl. Handlungseinheit.
4. Eine **fortgesetzte Handlung** wurde in der früheren Rspr. angenommen, wenn mehrere Einzelakte sich gegen *dasselbe Rechtsgut* richten, in der *Begehungsweise gleichartig* sind und von einem *Gesamtvorsatz* getragen werden. In seiner neueren Rspr. hat der BGH die Figur der fortgesetzten Handlung weitgehend eingeschränkt.
   Bsp.: A bricht einem vorher gefassten Tatplan entsprechend über Monate hinweg in die Kaufhäuser der Umgebung ein und entwendet Computerzubehör, das er auf dem Schwarzmarkt verkauft.

Handlungseinheit kann auch dann gegeben sein, wenn sich mehrere an sich selbständige Handlungen **überschneiden** oder wenn sie durch ein Delikt verbunden (»verklammert«) werden. Liegt keine Handlungseinheit vor, ist automat. Handlungsmehrheit und damit Realkonkurrenz (§ 53 StGB) anzunehmen.

Von der echten sind die Fälle der **unechten Konkurrenz** zu unterscheiden. Bei ihr werden an sich erfüllte Straftatbestände von anderen verdrängt, so dass sie bei der Strafzumessung von vornherein nicht zu berücksichtigen sind.

Bsp.: In jeder Tötung steckt als »Durchgangsstadium« auch eine Körperverletzung des Opfers. Die Strafzumessung richtet sich aber ausschließlich nach § 212 StGB.

Es existieren folgende drei **Formen der unechten Konkurrenz:**

1. **Spezialität:** Eine Strafvorschrift enthält begriffsnotwendig alle Merkmale einer anderen und noch mindestens ein Merkmal mehr.
   Bsp.: Mord (§ 211 StGB) enthält alle Tatbestandsmerkmale des Totschlags (§ 212 StGB) und zusätzlich die Mordmerkmale.
2. **Subsidiarität:** Eine Vorschrift tritt ihrem Sinn nach hinter eine andere zurück. Subsidiarität ist teils ausdrücklich geregelt (z. B. in § 145 II, 265 a StGB), teils ergibt sie sich aus dem Sinnzusammenhang.
   Bsp.: Der Versuch eines Delikts tritt stets hinter das vollendete Delikt zurück.
3. **Konsumtion:** Eine Straftat ist zwar nicht begriffsnotwendig, aber doch typischerweise mit einer anderen verbunden, so dass der Unrechts- und Schuldgehalt des leichteren Delikts durch das schwerere miterfasst wird.
   Bsp.: Ein Einbruchsdiebstahl (§ 243 I Nr. 1 StGB) enthält (konsumiert) einen Hausfriedensbruch (§ 123 StGB) und eine Sachbeschädigung (§ 303 StGB).

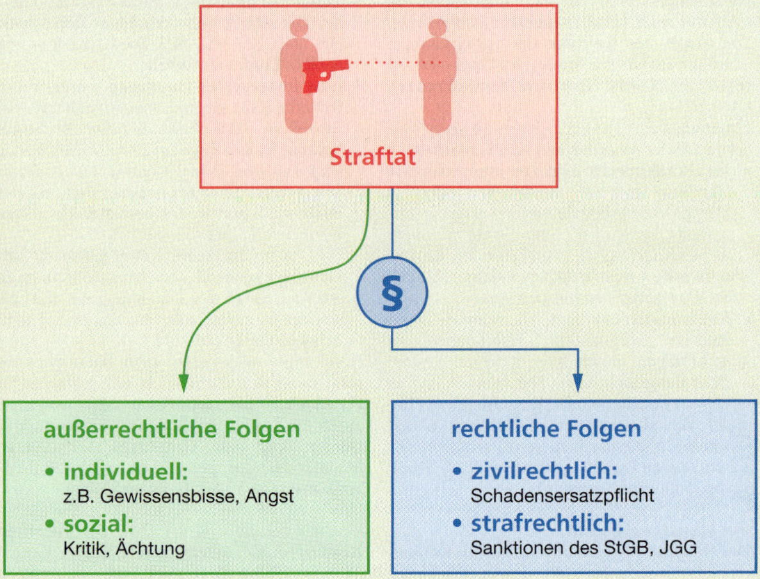

A Folgen einer Straftat

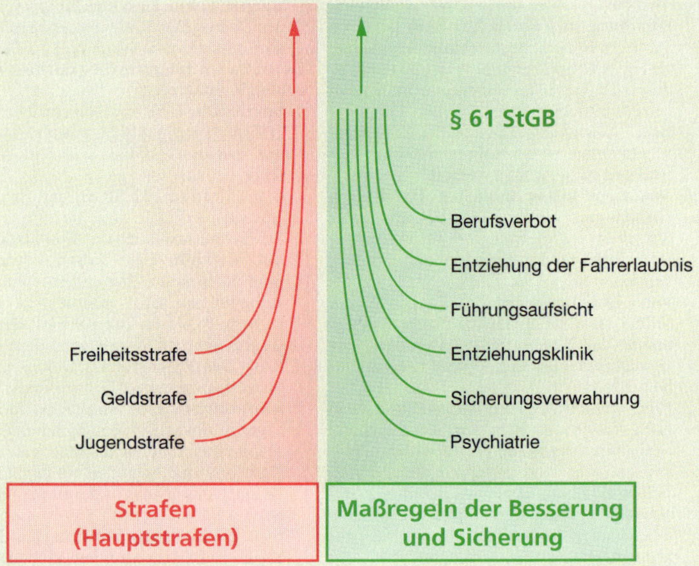

B Das strafrechtliche Sanktionensystem

Strafrechtsnormen legen nicht nur den Tatbestand eines Delikts fest, sondern verknüpfen ihn mit einer best. Rechtsfolge, der strafrechtl. **Sanktion** (A).

Die Entscheidung über Art und Höhe der Sanktion ist in einem rationalen Strafrechtssystem nicht von dem Wunsch nach Vergeltung bestimmt, sondern von der Zielsetzung, das allg. Rechtsvertrauen zu bewahren, die Gesellschaft zu schützen und den Täter in die Rechtsgemeinschaft zurückzuführen *(General- und Spezialprävention)*. Die Sanktionszumessung erfolgt also nicht irrational, sondern **zweckorientiert.** Dabei kann sie sich auf die *empir. Sanktionenforschung* stützen, wie sie im Rahmen der modernen Kriminologie betrieben wird.

Zwei Arten von Sanktionen sind zu unterscheiden (sog. Zweispurigkeit, B):

Die Verhängung einer **Strafe** setzt voraus, dass der Täter einen Straftatbestand rechtswidrig und schuldhaft erfüllt hat *(schuldabhängige Sanktion)*.

Jede Strafe setzt Schuld voraus; das Strafmaß wird durch die Schuld begrenzt.

Dagegen knüpfen die **Maßregeln der Besserung und Sicherung** allein an die Gefährlichkeit des Täters an. Sie sind deshalb auch dann anwendbar, wenn der Täter bei Begehung der Tat vermindert schuldfähig oder schuldunfähig war *(schuldunabhängige Sanktion)*.

Strafarten

Strafe ist die schärfste Sanktion, die der Staat bei sozialschädl. Verhalten verhängen kann. Sie ist die *ultima ratio* des Rechtsgüterschutzes. Strafe hat diskriminierende Wirkung. Deshalb sollte von ihr nur zurückhaltend Gebrauch gemacht werden. Das StGB sieht zur Zeit **drei Strafarten** vor:

1. **Freiheitsstrafe** kann lebenslang oder (zeitl.) befristet verhängt werden (§ 38 I StGB). Ersteres ist nur bei Schwerstverbrechen (z. B. bei Mord, § 211 StGB) der Fall. Das gesetzl. Mindestmaß der befristeten Freiheitsstrafe beträgt einen Monat, das Höchstmaß 15 Jahre.

Die Festlegung der Strafhöhe im Einzelnen ist Aufgabe der **Strafzumessung** durch das Gericht. Freiheitsstrafen werden häufig zur **Bewährung ausgesetzt** (§ 56 StGB), wenn eine günstige Sozialprognose vorliegt, also wenn anzunehmen ist, dass der Täter nicht erneut straffällig werden wird.

Der **Strafvollzug** ist im StVollzG geregelt. Er erfolgt in einer Justizvollzugsanstalt. Bei befristeten Freiheitsstrafen wird nach einer Verbüßung von zwei Dritteln der Strafrest i. d. R. zur Bewährung ausgesetzt. Bei lebenslangen Freiheitsstrafen geschieht dies i. d. R. nach 15 Jahren, wenn eine günstige Sozialprognose vorliegt und das Gericht nicht (wie z. B. bei Sexualmorden) eine bes. Schwere der Schuld festgestellt hat.

2. Die **Geldstrafe** (§ 40 StGB) ist die mit Abstand häufigste Strafe. Sie ist, anders als der dem Geschädigten gegenüber zu entrichtende zivilrechtl. Schadensersatz (z. B. nach § 823 BGB), an den Fiskus zu zahlen.
   Geldstrafe wird nicht in absoluten Beträgen, sondern in Tagessätzen bemessen, wobei sich die Höhe des Tagessatzes nach den wirtschaftl. Verhältnissen des Verurteilten (tägl. Nettoeinkommen) richtet und die Zahl der Tagessätze nach der Tatschuld.
   Bsp.: A wird wegen eines Diebstahls zu 20 Tagessätzen à 40 EUR verurteilt.
3. Das **Fahrverbot** (§ 44 StGB) ist nur bei verkehrsbezogenen Straftaten möglich und kann nur neben einer Freiheits- oder Geldstrafe verhängt werden. Das Fahrverbot darf nicht mit der Entziehung der Fahrerlaubnis (§ 69 StGB) verwechselt werden.

Die **Todesstrafe** ist abgeschafft (Art. 102 GG). Auch Prügelstrafen kennt das StGB nicht.

Die zweite Sanktionsart des dt. Strafrechts sind die **Maßregeln der Besserung und Sicherung** (§ 61 StGB). Sie orientieren sich nicht am Verschulden, sondern an der **Gefährlichkeit** des Täters und dienen dem Schutz der Gesellschaft. Allerdings setzen auch sie eine tatbestandsmäßige und rechtswidrige Tat voraus. Freiheitsentziehende Maßregeln sind: Unterbringung in einem psychiatr. Krankenhaus, in einer Entziehungsanstalt sowie Sicherheitsverwahrung. Maßregeln ohne Freiheitsentzug sind: Führungsaufsicht, Entziehung der Fahrerlaubnis und Berufsverbot.

Kinder, die zur Tatzeit unter 14 Jahren alt sind, sind noch nicht strafmündig. Für Straftaten Jugendlicher, die zur Tatzeit 14, aber noch nicht 18 Jahre alt sind, sieht das im JGG geregelte **Jugendstrafrecht** bes. Rechtsfolgen vor: *Erziehungsmaßregeln* (z. B. Weisungen für die Lebensführung, Erbringung von Arbeitsleistungen), *Zuchtmittel* (z. B. Verwarnung, Schadenswiedergutmachung, Bußzahlungen an gemeinnützige Einrichtungen) und (nur im äußersten Fall zu verhängende) *Jugendstrafen* (Freiheitsstrafen). Die Sanktionen des Jugendstrafrechts zielen bes. auf die Erziehung des Jugendlichen ab, während Sühne oder Generalprävention zurücktreten.

Bei Heranwachsenden im Alter zwischen 18 und 21 Jahren muss das Gericht im Einzelfall prüfen, ob der Täter noch einem Jugendlichen gleichzustellen ist oder ob auf seine Tat bereits uneingeschränkt das Allg. Strafrecht angewandt werden kann.

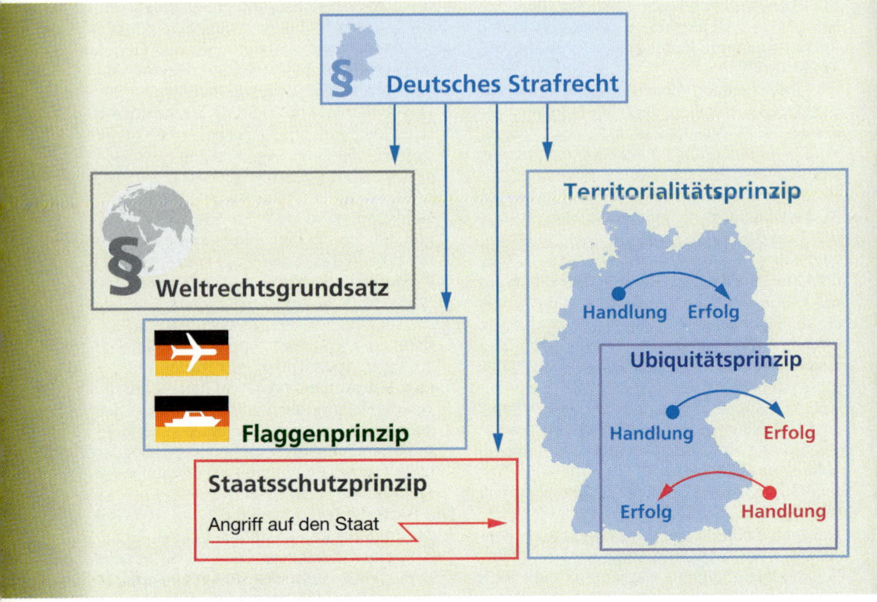

A Das internationale Strafrecht des StGB

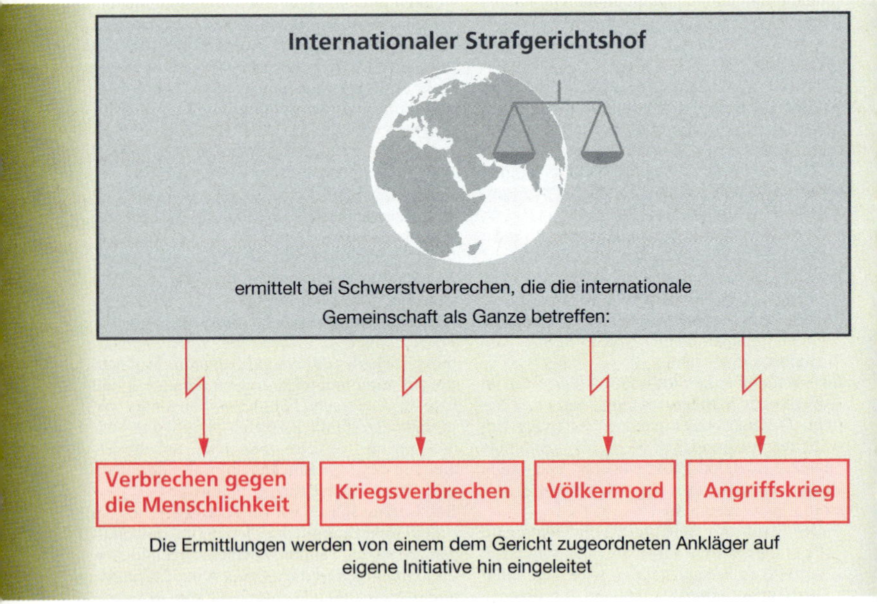

B Aufgaben des Ständigen Internationalen Strafgerichtshofs

Die *Strafgewalt des Staates* ist Ausdruck seiner *Souveränität.* Daraus folgt, dass die Strafgewalt eines Staates an den Staatsgrenzen endet. Dieser Grundsatz wird durch einige Ausnahmen durchbrochen **(grenzüberschreitendes Strafrecht).** Sie sind geregelt im *internationalen Strafrecht,* im (erst ansatzweise existierenden) *europäischen Strafrecht* und im *Völkerstrafrecht.*

Das **internationale Strafrecht** regelt (trotz seines irreführenden Namens) nur den Anwendungsbereich des dt. nationalen Strafrechts (A). Grundsätzlich gilt dt. Strafrecht für Taten, die im Inland begangen werden (**Territorialitätsprinzip,** § 3 StGB). Dazu reicht es aus, dass der Täter auf dt. Boden handelt oder der Taterfolg in Dtl. eintritt (Ubiquitätsprinzip, § 9 StGB).

Bsp.: A sendet von Österreich aus eine Briefbombe an B, wodurch dieser in Konstanz verletzt wird. Hier liegt zwar nicht der Handlungsort, wohl aber der Erfolgsort auf dt. Territorium, so dass dt. Strafrecht anzuwenden ist.

Außerhalb der dt. Grenzen ist dt. Strafrecht auf Taten anwendbar, die auf einem dt. Schiff oder Luftfahrzeug begangen werden (**Flaggenprinzip,** § 4 StGB). Dasselbe gilt, wenn sich die Tat gegen best. bes. hochrangige dt. Rechtsgüter richtet, etwa gegen den demokrat. Rechtsstaat (**Schutzprinzip,** § 5 StGB).

Einige wenige Verbrechen fallen nach dem **Weltrechtsprinzip** unabhängig vom Tatort stets unter das dt. Strafrecht, so etwa Völkermord, Piraterie, Menschenhandel, Verbreitung von Kinderpornographie und Subventionsbetrug.

Bsp.: Einem Serben kann in München der Prozess gemacht werden, wenn er hinreichend verdächtig ist, sich auf dem Balkan des Völkermords schuldig gemacht zu haben.

Ein übernationales **europäisches Strafrecht** ist erst in Ansätzen vorhanden. Die Europ. Union (EU) besitzt keine eigene Strafgewalt. Sie ist also nicht befugt, Strafvorschriften zu erlassen oder Strafgerichte einzusetzen. In der **Europäischen Menschenrechtskonvention** (EMRK) sind einige bes. wichtige Grundsätze des Strafrechts und Strafverfahrensrechts festgelegt, etwa das *Verbot der Folter,* das *Gesetzlichkeitsprinzip* und (in einem Zusatzprotokoll) die *Abschaffung der Todesstrafe.* Im Zuge der europ. Integration kommt es zu einer verstärkten *Angleichung der nationalen europ. Strafrechtsordnungen,* wodurch sich auf längere Sicht ein einheitl. europ. Strafrecht herausbilden könnte.

Unter **Völkerstrafrecht** versteht man solche Strafrechtsnormen, die als Teil des Völkerrechts über die einzelnen Rechtsordnungen hinaus gelten und unmittelbar die Verantwortlichkeit von Einzelpersonen festlegen.

Das *klass. Völkerrecht* kannte die Verantwortlichkeit von Einzelpersonen nicht, obwohl der Gedanke eines weltumgreifenden einheitl. Strafrechts bereits in der Naturrechtslehre des 16. und 17. Jh. auftaucht.

Erhebl. Auftrieb erhielt die Idee des Völkerstrafrechts erst durch die beiden Weltkriege des 20. Jh., nach deren Beendigung sich jeweils die Frage stellte, ob und wie die Hauptverantwortlichen zu bestrafen waren.

1945 fand aufgrund des *Londoner Abkommens vom 8. 8. 1945* der Prozess gegen die NS-Hauptkriegsverbrecher vor dem **Internationalen Militärgerichtshof in Nürnberg** statt. Ein ähnl. Prozess wurde 1946 vor dem Militärgerichtshof in Tokyo geführt. Anklage wurde wegen *Kriegsverbrechen, Verbrechen gegen den Frieden* und *Verbrechen gegen die Menschlichkeit* erhoben.

Nach 1945 stagnierte die Entwicklung des Völkerstrafrechts. Der erstmals 1946 zusammengetretene **Internationale Gerichtshof** (IGH) ist kein Strafgericht, sondern das allg. richterl. Organ der UN. Er urteilt auf der Grundlage des gesamten Völkerrechts bei Streitigkeiten der Staaten untereinander. Auch der **Europäische Gerichtshof** (EuGH) und der **Europäische Gerichtshof für Menschenrechte** (EGMR) sind keine Strafgerichte.

Als Gründe für die Stagnation des Völkerstrafrechts nach 1945 ist zum einen die erhebliche Divergenz der nationalen Strafrechtstraditionen zu nennen, zum anderen die Tatsache, dass kaum ein Staat ernsthaft daran interessiert war, seine Souveränität durch ein übernationales Strafgericht einschränken zu lassen.

Mit dem Wegfall des Ost-West-Konflikts hat sich seit Beginn der 1990er Jahre die internationale Akzeptanz des Völkerstrafrechts erhebl. verbessert.

1998 wurde in Rom (gegen den Widerstand Chinas und der USA) das Statut für einen **Ständigen Internationalen Strafgerichtshof** (IStGH) beschlossen, der weltweit Verbrechen ahnden soll, die die internationale Gemeinschaft als Ganzes betreffen.

Das Gericht (Sitz: Den Haag) ist zunächst für Verbrechen gegen die Menschlichkeit, Kriegsverbrechen und Völkermord zuständig, später auch für Angriffskriege (B).

2003 hat der IStGH seine Arbeit aufgenommen. In Dtl. wurde dazu ein Völkerstrafgesetzbuch (VStGB) erlassen.

Allgemeiner Teil

1. Abschnitt:	Das Strafgesetz
2. Abschnitt:	Die Tat
3. Abschnitt:	Rechtsfolgen der Tat
4. Abschnitt:	Strafantrag, Ermächtigung, Strafverlangen
5. Abschnitt:	Verjährung

Besonderer Teil

1. Abschnitt:	Friedensverrat, Hochverrat und Gefährdung des demokratischen Rechtsstaats	Straftaten gegen die Allgemeinheit
2. Abschnitt:	Landesverrat und Gefährdung der äußeren Sicherheit	
3. Abschnitt:	Straftaten gegen ausländische Staaten	
4. Abschnitt:	Straftaten gegen Verfassungsorgane sowie bei Wahlen und Abstimmungen	
5. Abschnitt:	Straftaten gegen die Landesverteidigung	
6. Abschnitt:	Widerstand gegen die Staatsgewalt	
7. Abschnitt:	Straftaten gegen die öffentliche Ordnung	
8. Abschnitt:	Geld- und Wertzeichenfälschung	
9. Abschnitt:	Falsche uneidliche Aussage und Meineid	
10. Abschnitt:	Falsche Verdächtigung	
11. Abschnitt:	Straftaten, welche sich auf Religion und Weltanschauung beziehen	
12. Abschnitt:	Straftaten gegen den Personenstand, die Ehe und die Familie	
13. Abschnitt:	Straftaten gegen die sexuelle Selbstbestimmung	Straftaten gegen die Person
14. Abschnitt:	Beleidigung	
15. Abschnitt:	Verletzung des persönlichen Lebens- und Geheimbereichs	
16. Abschnitt:	Straftaten gegen das Leben	
17. Abschnitt:	Straftaten gegen die körperliche Unversehrtheit	
18. Abschnitt:	Straftaten gegen die persönliche Freiheit	
19. Abschnitt:	Diebstahl und Unterschlagung	Straftaten gegen Eigentum und Vermögen
20. Abschnitt:	Raub und Erpressung	
21. Abschnitt:	Begünstigung und Hehlerei – Strafvereitelung	
22. Abschnitt:	Betrug und Untreue	
23. Abschnitt:	Urkundenfälschung	
24. Abschnitt:	Insolvenzstraftaten	
25. Abschnitt:	Strafbarer Eigennutz	
26. Abschnitt:	Straftaten gegen den Wettbewerb	
27. Abschnitt:	Sachbeschädigung	
28. Abschnitt:	Gemeingefährliche Straftaten	
29. Abschnitt:	Straftaten gegen die Umwelt	
30. Abschnitt:	Straftaten im Amt	

Das Strafgesetzbuch

Aufgabe des Strafrechts ist der Schutz bestimmter, vom Gesetzgeber als bes. schutzwürdig ausgezeichneter *Rechtsgüter*. Um diese Aufgabe zu erfüllen, werden im Besonderen Teil des Strafrechts häufig auftretende Verletzungshandlungen in abstrakter Weise beschrieben und so zu einem **Unrechtstypus** zusammengefasst.

Bsp.: Der konkrete Vorgang »A hat B bestohlen« fällt unter den durch § 242 StGB beschriebenen Unrechtstypus: »Wer eine fremde bewegl. Sache einem anderen ... wegnimmt«.

Während der Allgemeine Teil des Strafrechts Regeln enthält, die für das ges. Strafrecht gelten, etwa die Lehren vom Tatbestand, von der Rechtswidrigkeit und von der Schuld, besteht der Besondere Teil aus einer Auflistung einzelner Unrechtstatbestände (Delikte), deren Verwirklichung unter Strafe steht (Abb.). Die wichtigen Unrechtstypen sind im **Kernstrafrecht** zusammengefasst und finden sich im StGB. Andere finden sich im **Nebenstrafrecht,** also in Strafrechtsnormen außerhalb des StGB.

Bsp.: Klass. Delikte wie Mord (§ 211), Totschlag (§ 212), Diebstahl (§ 242), Betrug (§ 263) oder Brandstiftung (§§ 306 ff.) sind im StGB geregelt; unerlaubter Waffenbesitz hingegen im WaffG, Rauschgifthandel im BtMG.

Die meisten Unrechtstypen des Kernstrafrechts sind fest im Alltagsbewusstsein verankert (etwa Mord, Beleidigung oder Diebstahl). Einige davon finden sich sogar in religiösen Geboten, etwa denen des Dekalogs. Hier besteht also eine Parallelität von Recht und Moral. Dagegen sind die Unrechtstypen des Nebenstrafrechts häufig erst durch ihre gesetzl. Umschreibung entstanden. Bei der Verwirklichung von im Nebenstrafrecht festgelegten Tatbeständen fehlt den Tätern deshalb oft das Unrechtsbewusstsein.

Im Kern- wie im Nebenstrafrecht muss der **rechtsstaatliche Bestimmtheitsgrundsatz** (Art. 103 II GG) beachtet werden: Das mit Strafe bedrohte Unrecht muss so klar beschrieben sein, dass die Gerichte die Strafnorm willkürfrei anwenden und alle Rechtsunterworfenen sich an dem Verbot orientieren können. Es handelt sich um ein zentrales Element des demokrat. Verfassungsstaates. Das Strafrecht ist **fragmentarischer Natur,** d. h. nicht alle Formen sozialschädl. Verhaltens sind unter Strafe gestellt. Teilw. reichen zivilrechtl. Maßnahmen aus, um best. Verhaltensweisen zu sanktionieren:

Bsp.: Wer einen Vertrag bricht, begeht weder einen Diebstahl (§ 242 StGB) noch einen Betrug (§ 263 StGB). Er ist jedoch i. d. R. zu Schadensersatz verpflichtet.

In anderen Fällen handelt es sich um Verhaltensweisen, die so neuartig sind, dass man sie (als Folge des strengen strafrechtl. Analogieverbotes) nicht unter bereits bestehende Strafrechtnormen einordnen (subsumieren) kann **(Strafbarkeitslücken).** In derartigen Fällen bleiben auch grob sozialschädl. Verhaltensweisen straflos, bis der Gesetzgeber einen einschlägigen Unrechtstatbestand formuliert hat.

Bsp.: Bis zum Jahr 1986 konnte das unbefugte Löschen fremder Daten strafrechtl. nicht geahndet werden, weil es sich bei Daten nicht um »Sachen« i. S. von § 303 StGB (Sachbeschädigung) handelte. Durch das 2. WikG wurden die neuen Straftatbestände »Datenveränderung« (§ 303 a) und »Computersabotage« (§ 303 b) in das StGB aufgenommen.

Die Unrechtstatbestände sind im Besonderen Teil des Strafrechts nach Abschnitten geordnet, die durch gemeinsame Rechtsgüter charakterisiert sind (Abb.).

Drei große **Gruppen von Straftaten** lassen sich unterscheiden:

1. Straftaten gegen die Person (z. B. Tötungs- und Körperverletzungsdelikte),
2. Straftaten gegen Eigentum und Vermögen (z. B. Diebstahl, Unterschlagung und Betrug),
3. Straftaten gegen die Allgemeinheit (z. B. Urkundenfälschung und Umweltkriminalität).

Die beiden ersten Gruppen schützen **Individualrechtsgüter,** d. h. Güter, die Einzelpersonen zustehen. Die dritte Gruppe schützt dagegen **Universalrechtsgüter,** also Güter, die der Gesamtheit der Bürger zustehen.

Eine andere wichtige Unterscheidung betrifft die Intensität, mit der ein Rechtsgut beeinträchtigt sein muss: Bei den **Erfolgsdelikten** (z. B. Körperverletzung, § 223 StGB, oder Diebstahl, § 242 StGB) wird nur die Rechtsgut*verletzung* unter Strafe gestellt.

Dagegen stellen die **Gefährdungsdelikte** (z. B. Gefährdung des Straßenverkehrs, § 315 c StGB) bereits die Rechtsgut*gefährdung* unter Strafe. Gefährdungsdelikte bewirken also eine *Vorfeldkriminalisierung,* die bes. bei hochstehenden Rechtsgütern (z. B. dem menschl. Leben) angezeigt ist.

Zu unterscheiden sind *abstrakte Gefährdungsdelikte,* bei denen bloß ein generell gefährliches Verhalten vorliegen muss, von *konkreten Gefährdungsdelikten,* bei denen im Einzelfall eine »konkrete« Gefahr für das Rechtsgut eintreten muss.

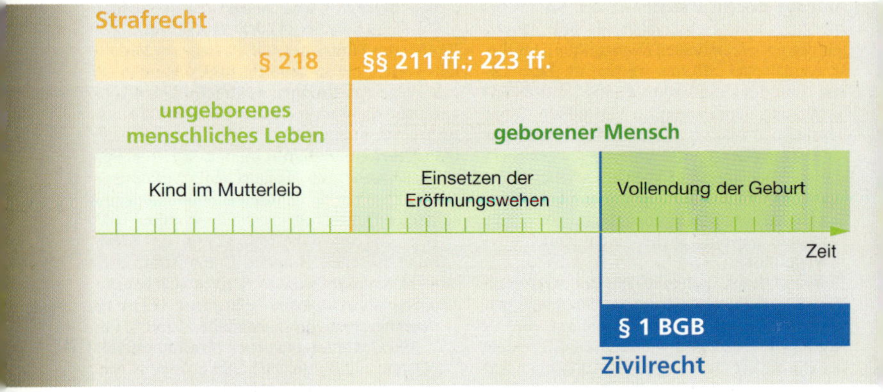

A Beginn des strafrechtlichen Lebensschutzes

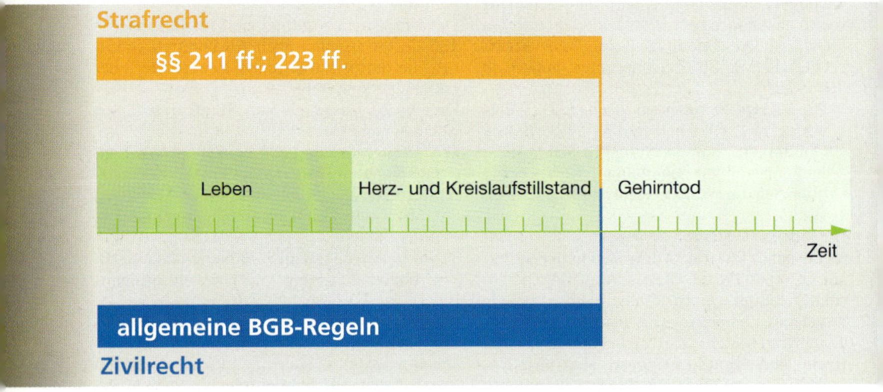

B Ende des strafrechtlichen Lebensschutzes

C Tathandlungen bei der Aussetzung

Die Gesetze, die **Tötungstatbestände** (§ 212, Totschlag; § 211, Mord; § 216, Tötung auf Verlangen und § 222, fahrlässige Tötung) regeln, schützen das **menschliche Leben,** ein Rechtsgut von bes. hohem Rang. Trotzdem kann seine Verletzung u. U. gerechtfertigt sein, z. B. bei einer Tötung in Notwehr. Es ist deshalb unzutreffend, von einer »Unverfügbarkeit« des menschl. Lebens zu sprechen.

Als **Angriffsobjekt** eines Tötungsdelikts kommt jeder **geborene Mensch** in Frage. *Ungeborenes menschl. Leben* wird durch die Regeln über den Schwangerschaftsabbruch in §§ 218 ff. StGB (mit deutlich milderem Strafrahmen) geschützt (A). Um den Anwendungsbereich der Tötungsdelikte von dem des Schwangerschaftsabbruchs abzugrenzen, wird im Strafrecht, anders als im Zivilrecht (vgl. § 1 BGB), nicht auf die Vollendung der Geburt abgestellt, sondern auf das *Einsetzen der Eröffnungswehen.*

Bsp.: Durch die Unvorsichtigkeit der Hebamme H wird ein Kind noch während des Geburtsvorgangs getötet. Obwohl die Geburt noch nicht vollendet ist, handelt es sich für das Strafrecht bereits um einen Menschen, so dass H nach § 222 StGB wegen fahrlässiger Tötung bestraft werden kann.

Die Tötungsdelikte können nicht mehr bei toten Menschen angewandt werden (B). Das Sterben ist ein kontinuierl. Prozess, der streng genommen bereits mit der Geburt beginnt. Die Rechtspraxis erfordert jedoch ein Kriterium mit größerer Trennschärfe. Für das Recht endet das menschl. Leben deshalb mit dem vollständigen und irreversiblen Zusammenbruch der Gehirnfunktionen **(Hirntodkriterium).**

Der endgültige Herz- und Kreislaufstillstand, der früher als Grenze zwischen Leben und Tod angesehen wurde, ist durch die Fortschritte der modernen Medizin als Todeskriterium unbrauchbar geworden.

Die jurist. Grenzziehung (die an die medizinische anknüpft) beschreibt keine vorgegebene Zäsur, sondern beruht auf einer *Festsetzung.* Der Todeszeitpunkt ist bes. für die Zulässigkeit von **Organtransplantationen** von großer Bedeutung. Die Entnahme eines lebenswichtigen Organs bei einem Lebenden stellt eine Tötungshandlung dar. Das *Transplantationsgesetz* verbietet deshalb eine Organentnahme vor dem Hirntod.

In Reaktion auf die nationalsozialist. Verbrechen an Kranken und Behinderten gilt der **Grundsatz des absoluten Lebensschutzes,** d. h. alle Formen des geborenen menschl. Lebens sind gleichermaßen geschützt. Kriterien wie Gesundheit, Lebenserwartung oder sonstige Qualitätsmerkmale spielen keine Rolle. Es gibt für das Recht grundsätzlich kein lebensunwertes Leben. Mit dem rasanten Fortschritt der medizin. Technik ist der absolute Lebensschutz allerdings für best. Fallgruppen fragwürdig geworden. Dies gilt etwa für Fälle, in denen schwer und unheilbar Leidende ihr Leben als nicht mehr lebenswert einstufen (Problem der **Sterbehilfe**) oder Fälle, in denen das Leben schwerstbehinderter Neugeborener selbst durch den Einsatz modernster medizin. Apparaturen allenfalls ein paar Wochen oder Monate aufrechterhalten werden kann (Problem der **Früheuthanasie**). Die jurist. Behandlung derartiger Fälle ist sehr umstritten.

Die **Selbsttötung** eines Menschen (Freitod) ist nicht strafbar, da die §§ 211 ff. StGB die Tötung eines *anderen* voraussetzen. In der Praxis relevant wird dies zum einen, wenn der Selbsttötungsversuch fehlschlägt, zum anderen in Fällen der Teilnahme (Anstiftung oder Beihilfe) an einem Freitod.

Bsp.: A überredet B aus eigennützigen Motiven, sich zu töten. Obwohl das Verhalten As verwerflich erscheint, liegt juristisch gesehen nur eine straflose Anstiftung zur Selbsttötung vor.

Der Grundtatbestand der Tötungsdelikte ist der (einfache) **Totschlag,** § 212 StGB. Totschläger ist, wer einen anderen Menschen tötet. Auf welche Weise die Tat durchgeführt wird, spielt keine Rolle. Im Übrigen gelten die Regeln des Allgemeinen Teils des Strafrechts. Ein minder schwerer Fall des Totschlags (§ 213 StGB) liegt v. a. dann vor, wenn der Täter durch eine schwere Beleidigung auf der Stelle zur Tat hingerissen wird.

Hat das Tatopfer den Täter ausdrücklich und ernsthaft um die Tötung gebeten und ist der Täter dadurch zu seiner Tat veranlasst worden, so liegt der Sonderfall einer **Tötung auf Verlangen** (§ 216 StGB) vor. Die Einwilligung des Opfers spielt hier ausnahmsweise keine Rolle, weil nach der Überzeugung des histor. Gesetzgebers das menschl. Leben nicht nur fremder, sondern auch der eigenen Verfügungsmacht entzogen ist. In jüngerer Zeit wurde vorgeschlagen, § 216 StGB zu streichen oder zumindest auf aktive Tötungshandlungen einzuschränken, so dass ein einverständl. *Sterbenlassen* straffrei bleiben könnte. Kritiker halten dem entgegen, dass der Todeswunsch häufig nur vorübergehender Natur sei; meist sei der Betreffende später für seine Rettung dankbar.

Dem Lebensschutz dient ferner § 221 StGB, der den Tatbestand der **Aussetzung** festlegt. Erfasst wird nicht erst die Tötung, sondern bereits das Schaffen einer Todes- oder schweren Gesundheitsgefahr (C).

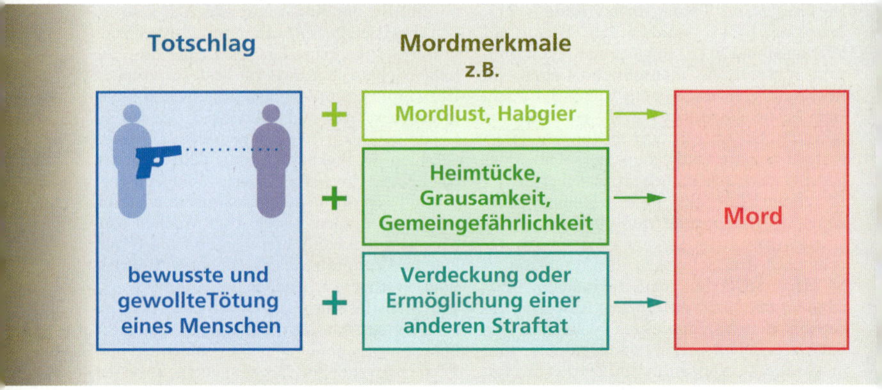

A Totschlag und Mord

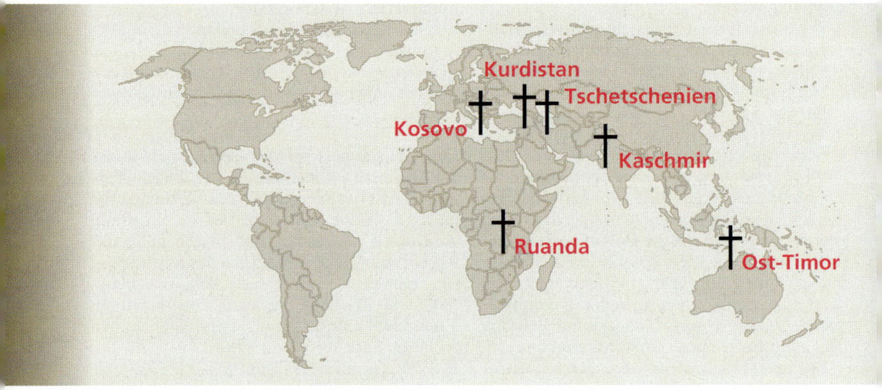

B Völkermord in den 1990er Jahren

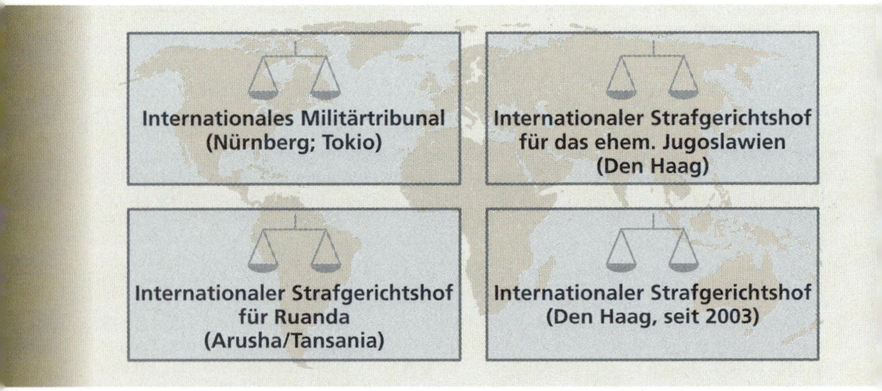

C Internationale Strafgerichtshöfe

Mord

Mord ist eines der schwersten Verbrechen überhaupt. Allerdings wird er in der Bevölkerung häufig mit dem Totschlag verwechselt. Ein Mord liegt nur vor, wenn der Täter bei Begehung eines Totschlags mindestens eines der in § 211 II StGB genannten *Mordmerkmale* verwirklicht. Mord stellt also einen bes. qualifizierten Fall des Totschlags dar (A).

Die **Mordmerkmale** sind in **drei Gruppen** eingeteilt. Die *erste Gruppe* umfasst *bes. niedrige Motive* des Täters:

- **Mordlust** liegt vor, wenn es dem Täter gerade um die Tötung als solche geht, etwa weil er sie als Stimulanz oder als sportliches Vergnügen betrachtet.
  Bsp.: A wirft mit Tötungsvorsatz von einer Autobahnbrücke schwere Steinbrocken auf Fahrzeuge. In der Vernehmung gibt er an, dies habe ihm »Spaß« gemacht.
- **Zur Befriedigung des Geschlechtstriebs** handelt der Täter, wenn er die Tötung seines Opfers als Mittel seiner sexuellen Befriedigung in Kauf nimmt oder sogar anstrebt.
  Bsp.: A vergewaltigt B, wobei er sie mit einer Hand am Hals zu Boden drückt. Dabei nimmt er den Erstickungstod seines Opfers billigend in Kauf.
- **Habgier** ist ein rücksichtsloses Gewinnstreben um jeden Preis.
  Bsp.: A tötet B, um dessen Brieftasche an sich nehmen zu können.
- **Sonstige niedrige Beweggründe** liegen vor, wenn die Motive des Täters allgemein als verachtenswert angesehen werden.
  Bsp.: A tötet B aus Rassenhass oder aus Rachsucht. Eine Tötung aus Eifersucht erfüllt die Voraussetzungen des § 211 StGB dagegen i. d. R. nicht.

Die zweite Gruppen der Mordmerkmale knüpft an die *Art und Weise der Tatbegehung* an:

- **Heimtücke** liegt vor, wenn der Täter die Arg- und Wehrlosigkeit seines Opfers bewusst und in feindseliger Willensrichtung zur Tötung ausnutzt.
  Bsp.: A schleicht sich von hinten an sein Opfer heran und erwürgt es.
- **Grausam** handelt der Täter, wenn er aus unbarmherziger Gesinnung heraus dem Opfer Schmerzen zufügt, die über das zur Tötung erforderliche Maß hinaus gehen.
  Bsp.: Killer K lässt sein Opfer erst mehrere Stunden »zappeln«, ehe er es tötet.
- **Gemeingefährliche Mittel** sind gegeben, wenn der Täter ein Tötungswerkzeug einsetzt, das er in seiner Reichweite nicht kontrollieren kann, so dass neben dem eigentlichen Tatopfer noch andere Menschen in Gefahr geraten.
  Bsp.: Um A zu töten, wirft B eine Handgranate auf dessen fahrenden Pkw, wobei er sich der Gefahr einer Massenkarambolage bewusst ist.

Die dritte Gruppe der Mordmerkmale erfasst eine *bes. Zielsetzung* des Täters:

- Eine Tötung zur **Ermöglichung einer anderen Straftat** liegt vor, wenn die Tötung ein Mittel zur Durchführung einer anderen Straftat ist.
  Bsp.: A tötet B, um dessen Wohnung in Ruhe ausplündern zu können. »Habgier« liegt hier ebenfalls vor.
- Eine Tötung zur **Verdeckung einer Straftat** ist gegeben, wenn der Täter handelt, um der Strafverfolgung wegen einer anderen Tat zu entgehen.
  Bsp.: A tötet B, damit dieser in einem Strafprozess nicht als Zeuge gegen ihn aussagen kann.

Das Gesetz schreibt für Mord die **lebenslange Freiheitsstrafe** vor. Eine Milderungsmöglichkeit ist nicht vorgesehen. Es besteht allerdings die Möglichkeit, nach einer Verbüßung von mindestens 15 Jahren den Strafrest zur Bewährung auszusetzen (§ 57 a StGB).

Der Völkermord

Der Völkermord (§ 6 VStGB; B) betrifft, entgegen dem landläufigen Verständnis, weniger Straftaten gegen das Leben als vielmehr **Verbrechen gegen die Menschlichkeit,** die in der Absicht begangen werden, bestimmte Volksgruppen ganz oder teilw. zu vernichten.

Als Tathandlungen kommen in Betracht: Tötung der Gruppenmitglieder, Zufügung schwerer körperlicher oder seelischer Schäden, Erzwingung zerstörerischer Lebensbedingungen, Verhinderung von Geburten und Wegnahme von Kindern.

Völkermord wird mit lebenslanger Freiheitsstrafe bestraft. Eine wichtige Besonderheit liegt darin, dass Handlungen, die den Tatbestand eines Völkermordes erfüllen, auch dann unter dt. Strafrecht fallen, wenn sie im Ausland begangen worden sind (§ 1 VStGB).

Bsp.: Der Serbe A wird in München festgenommen, weil er in dringendem Verdacht steht, im früheren Jugoslawien an Taten beteiligt gewesen zu sein, die den Tatbestand des § 6 VStGB erfüllen; ihm kann in Dtl. der Prozess gemacht werden.

In jüngerer Zeit wird zunehmend versucht, in Fällen von Völkermord die Jurisdiktion der Einzelstaaten durch bes. **internationale Strafgerichtshöfe** zu ergänzen bzw. zu ersetzen (C).

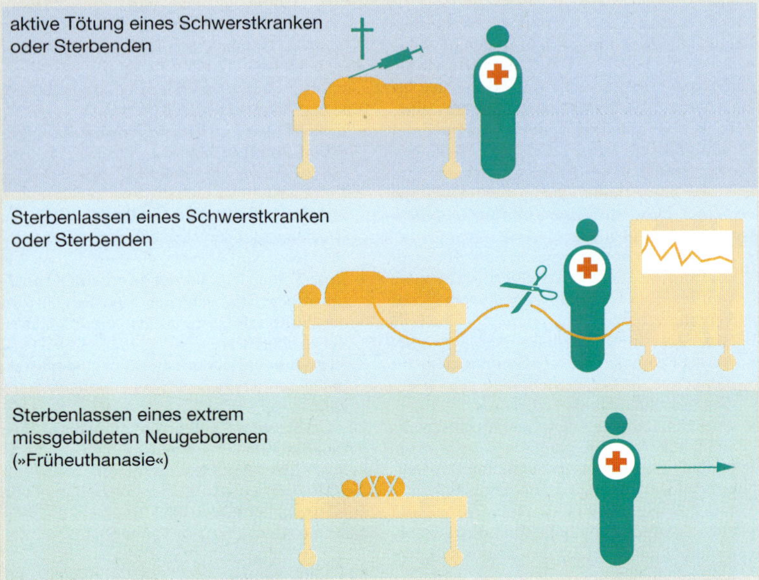

A Wichtige Fallgruppen von Sterbehilfe

	aktiv	passiv
absichtlich	direkte aktive Sterbehilfe §	direkte passive Sterbehilfe ○
wissentlich	indirekte aktive Sterbehilfe ○	indirekte passive Sterbehilfe ○
bedingt vorsätzlich	indirekte aktive Sterbehilfe ○	indirekte passive Sterbehilfe ○

§ in Deutschland verboten ○ in Deutschland toleriert

B Systematik der Sterbehilfe

Durch die Fortschritte der modernen Medizin ist das Lebensende in hohem Maße beeinflussbar geworden. Damit wächst der Bedarf an moral. und rechtl. Regeln im Grenzbereich zwischen Leben und Tod. Das Strafrecht schützt alle Menschen ohne Rücksicht auf ihr Alter oder ihren Gesundheitszustand.

Jede **Sterbehilfe,** die die verbleibende Lebenserwartung verkürzt, erfüllt deshalb den Tatbestand eines Tötungsdelikts. In Frage kommen bes. Totschlag (§ 212 StGB) und Tötung auf Verlangen (§ 216 StGB) (A).

Die Diskussion um die Zulässigkeit von Sterbehilfe *(Euthanasie)* ist alt und erheblich belastet: Die Nationalsozialisten missbrauchten den Begriff als *Deckmantel für Massenmorde* an Kranken und Behinderten.

Darüber hinaus weist das Thema einen engen weltanschaulich-religiösen Bezug auf. Die überlieferte Ansicht, nach der der Mensch nicht über sein eigenes Leben verfügen dürfe, wurde von der christl. Religion geprägt. Individuelles Leiden hat danach hinter die gottgewollte Unverfügbarkeit des Lebens zurückzutreten, selbst wenn dieses bereits unrettbar verloren ist. Angesichts der modernen Apparatemedizin, die es erlaubt, den Sterbevorgang extrem zu verlängern, stößt diese Lehre zunehmend auf Kritik.

Ein Lebensschutz, der gegen den Willen des Betroffenen um jeden Preis durchgesetzt wird, überschreitet leicht die Grenze zur Inhumanität.

Zu unterscheiden sind aktive und passive Sterbehilfe.

Nach einem verbreiteten, auf die scholast. »Lehre von der Doppelwirkung« zurückgehenden Sprachgebrauch meint **aktive Sterbehilfe** nur die absichtl. Tötung eines Menschen. Folgt man dagegen der in der Jurisprudenz verwendeten Terminologie, so liegt aktive Sterbehilfe immer dann vor, wenn der Tod auf eine aktive Tötungshandlung zurückzuführen ist; die damit verbundene Täterintention ist ohne Belang.

Bsp.: Wenn A dem B aus Versehen ein tödlich wirkendes Gift spritzt, liegt genauso eine aktive Tötung vor, wie wenn A dem B das Gift in der Absicht verabreicht hätte, diesen zu töten. Im ersten Fall ist § 222, im zweiten § 212 StGB einschlägig. Überlebt A, so handelt es sich in beiden Fällen um eine (aktive) Körperverletzung gem. § 229 bzw. § 223 StGB.

Aktive Sterbehilfe liegt also nicht nur dann vor, wenn der Täter den Tod des Behandelten anstrebt **(direkte Sterbehilfe),** sondern auch dann, wenn der Todeseintritt bloß bedingt vorsätzlich in Kauf genommen oder als unvermeidbare Nebenfolge einer auf Schmerzlinderung gerichteten Handlung herbeigeführt wird (**indirekte Sterbehilfe;** B).

Direkte aktive Sterbehilfe ist in Dtl. verboten. Dagegen wird die indirekte aktive Sterbehilfe überwiegend als zulässig angesehen, wobei über die Begründung dieser Ansicht heftig gestritten wird. Am ehesten vertretbar ist eine Rechtfertigung des Sterbehelfers infolge eines rechtfertigenden Notstandes (§ 34 StGB).

Bsp.: Arzt A verabreicht dem schwer leidenden Sterbenden B auf dessen Bitte hin ein starkes schmerzlinderndes Mittel, welches, wie A weiß, die verbleibende Lebenserwartung von B verkürzt.

Es handelt sich um eine wissentlich ausgeführte aktive Tötungshandlung (§ 212 bzw. § 216 StGB), die sich durch § 34 StGB rechtfertigen lässt. Dies setzt allerdings voraus, dass man bei der im Rahmen des rechtfertigenden Notstands vorgeschriebenen Interessenabwägung die Schmerzfreiheit des Patienten höher bewertet als seine verbleibende Lebenserwartung.

Passive Sterbehilfe meint das Sterbenlassen, also das Herbeiführen des Todes durch Unterlassen ärztl. Maßnahmen. Dazu gehört bes. der Abbruch ärztl. Intensivmaßnahmen.

Auch bei der passiven Sterbehilfe lässt sich nach der Form des Vorsatzes zwischen direkter und indirekter Hilfe unterscheiden, doch spielt diese Differenzierung hier, anders als bei der aktiven Sterbehilfe, keine entscheidende Rolle. Die Zulässigkeit passiver Sterbehilfe richtet sich in erster Linie nach dem Patientenwillen. Niemand braucht lebensverlängernde ärztl. Maßnahmen zu dulden, in die er nicht eingewilligt hat. Der Patient besitzt **Behandlungshoheit.**

Sehr problematisch sind allerdings die Fälle, in denen sich der Patient, etwa infolge von Bewusstlosigkeit, nicht äußern kann (Extremfall: Koma-Patienten) oder sein Leiden eine bei klarem Verstand abgegebene, bewusste Stellungnahme ausschließt. Teilw. wird vertreten, in derartigen Fällen müsse der Arzt alles zur Lebensrettung unternehmen, was in seiner Macht steht. Richtigerweise ist aber auch hier zunächst der (mutmaßl.) Wille des Patienten zu erkunden. Dabei kommt dem sog. **Patiententestament** bes. Bedeutung zu.

Die Ärzteschaft geht in Fragen der Sterbehilfe fast stets mit Einfühlungsvermögen und großem Verantwortungsgefühl vor. Dennoch dürfte eine **gesetzliche Regelung** der aktiven wie passiven Sterbehilfe auf mittlere Sicht erforderlich sein, um die vielen Zweifelsfragen zu klären und den Graubereich zwischen strafbarer und strafloser Sterbehilfe so weit wie möglich zu beseitigen.

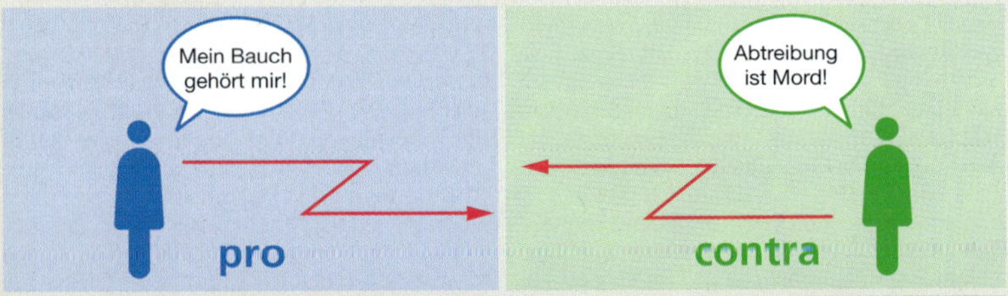

pro	contra
Entscheidungsfreiheit der Mutter	Verpflichtung der Mutter zum Schutz des Ungeborenen
Foetus ist Teil der Mutter	Der Foetus ist ein eigenständiges Wesen mit eigenen Rechten, darunter dem Recht auf Leben
Die (Ab-)Tötung eines Foeten ist mit der Tötung eines Menschen nicht vergleichbar	Da der Foetus bereits ein Recht auf Leben besitzt, muss der Staat ihn schützen, erforderlichenfalls auch durch das Strafrecht
Schwangerschaftsabbruch ist Privatangelegenheit der Mutter	Da der Foetus bereits das volle Potential eines Menschen besitzt, muss er als ein vollwertiger Mensch behandelt werden

A Argumente für und gegen den Schwangerschaftsabbruch

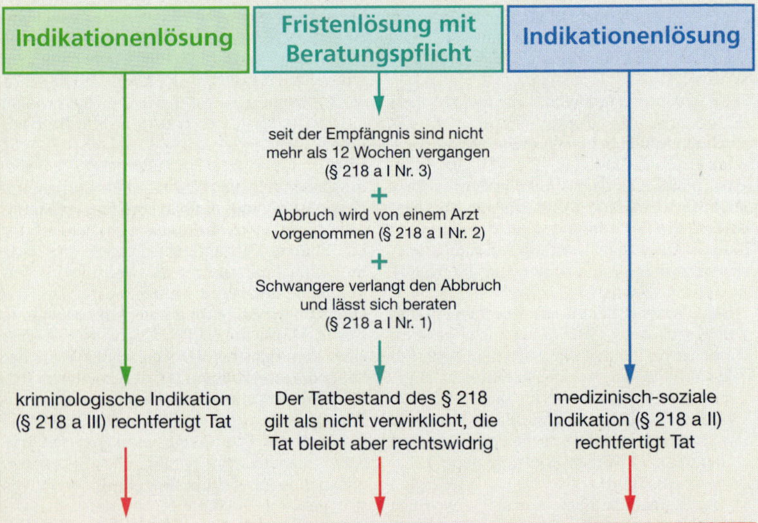

B Heutiges Schutzmodell

Ein **Schwangerschaftsabbruch** (Abtreibung) besteht in der Tötung des ungeborenen menschl. Lebens. Im StGB wird er in den §§ 218 ff. geregelt. Er ist grundsätzlich strafbar, es sei denn, er wird von einem Arzt auf Wunsch der Schwangeren innerhalb der ersten 12 Wochen seit der Empfängnis durchgeführt (§ 218 a). Die Schwangere muss sich aber vorher beraten lassen **(Fristenregelung mit Beratungspflicht).**
Über die Reform des Rechts des Schwangerschaftsabbruchs wird seit Jahrzehnten heftig gestritten. Dabei prallen die unterschiedlichsten Positionen aufeinander. Sie reichen von der Forderung nach ersatzloser Streichung des § 218 StGB und damit der Freigabe der Abtreibung selbst noch im neunten Schwangerschaftsmonat bis hin zu der Forderung nach einem strikten Verbot, das bisweilen sogar für den Fall vertreten wird, dass die Schwangere Opfer einer Vergewaltigung geworden ist. Dahinter stehen unterschiedl. weltanschauliche und religiöse Überzeugungen, die das Auffinden eines Kompromisses von vornherein schwierig machen (A).

Im 5. StRG (1974) war die Einführung einer **Fristenregelung** vorgesehen. Danach sollte ein Schwangerschaftsabbruch innerhalb der ersten 12 Wochen der Schwangerschaft rechtmäßig sein, wenn die Frau ihn wünschte und der Eingriff von einem Arzt vorgenommen wurde. Diese Regelung wurde im Jahr 1975 vom BVerfG als verfassungswidrig verworfen (BVerfGE 39, 1).

Das Gericht begründete seine Entscheidung damit, dass das Ungeborene ein *eigenständiges Recht auf Leben* besäße, das der Staat aktiv schützen müsse.

Der Gesetzgeber erließ daraufhin eine zeitl. abgestufte **Indikationenregelung,** wobei eine medizin. (Gefahr für die Mutter), eine embryopathologische (schwere Missbildung des Kindes) und eine kriminologische Indikation (Vergewaltigung der Mutter) unterschieden wurden. Hinzu trat die allgemeine Notlagenindikation. Bei Vorliegen einer der Indikationen war der Schwangerschaftsabbruch gerechtfertigt.

In der Praxis entfielen fast 90% aller Schwangerschaftsabbrüche auf die Notlagenindikation, weshalb man auch von einer »verkappten Fristenregelung« sprach. In der früheren DDR galt dagegen offen eine Fristenregelung.

Im **Einigungsvertrag** (1990) wurde vereinbart, eine gesamtdt. Regelung des Schwangerschaftsabbruchs zu finden. Nach intensiven Diskussionen im dt. Bundestag wurde im Jahr 1992 das Schwangeren- und Familienhilfegesetz verkündet. Darin war eine Fristenregelung mit Beratungspflicht vorgesehen. Ein von der Mutter gewünschter, von einem Arzt ausgeführter Schwangerschaftsabbruch sollte bis zur 12. Schwangerschaftswoche rechtmäßig sein. Auch dieses Gesetz wurde vom BVerfG für verfassungswidrig erklärt (BVerfGE 88, 203). Das Gericht beharrte darauf, dass der ohne Indikation erfolgende Schwangerschaftsabbruch **rechtswidrig** bleiben müsse, auch wenn er nicht bestraft werde. Im Schwangeren- und Familienhilfeänderungsgesetz (1995) sind diese Vorgaben umgesetzt worden.
Die seit dem 1. 1. 1996 geltende Regelung hält insgesamt an einer **Fristenregelung mit Beratungspflicht** fest (B). Besteht für die Mutter Lebensgefahr oder droht eine schwerwiegende Beeinträchtigung ihres Gesundheitszustandes, so ist der Schwangerschaftsabbruch gerechtfertigt (*medizinisch-soziale Indikation,* § 218 a II StGB). Dasselbe gilt, wenn die Schwangere Opfer eines Sittlichkeitsdelikts geworden ist (*kriminolog. Indikation,* § 218 a III StGB). Liegt keine Indikation vor, so ist der von einem Arzt vorgenommene Schwangerschaftsabbruch straflos, wenn sich die Schwangere vorher in einer anerkannten Beratungsstelle beraten lässt und seit der Empfängnis nicht mehr als 12 Wochen vergangen sind (§ 218 a I). In diesem Fall soll nach dem Wortlaut des Gesetzes, das sich hierbei eng an eine Formulierung des BVerfG anschließt, aber nicht die Rechtswidrigkeit entfallen, sondern nur der Tatbestand eines Schwangerschaftsabbruchs nicht verwirklicht sein.

Die vom BVerfG erzwungene Neuregelung ist auf heftige Kritik gestoßen. Es ist in der Tat kaum überzeugend, die von der Mehrheit der Bevölkerung favorisierte Fristenregelung, wie sie urspr. vom Parlament vorgesehen war, zuzulassen, den darauf gestützten Schwangerschaftsabbruch aber als rechtswidrig zu qualifizieren. Die Neuregelung lässt sich mit den herkömml. Kategorien der Strafrechtsdogmatik kaum erfassen. Dem Arzt wird zugemutet, an einer rechtswidrigen Tat mitzuwirken. Diese Regelung ist auf längere Sicht unhaltbar. Eine Fristenregelung ist nur stimmig, wenn sämtl. darunter fallenden Schwangerschaftsabbrüche nicht rechtswidrig sind. Es kann deshalb nicht verwundern, dass die Reformbemühungen weitergeführt werden.

Die moderne Reproduktionsmedizin stellt den Schutz des vorgeburtl. Lebens vor neue Herausforderungen: pränatale Diagnostik, verbrauchende Embryonenforschung, therapeutisches und reproduktives Klonen.

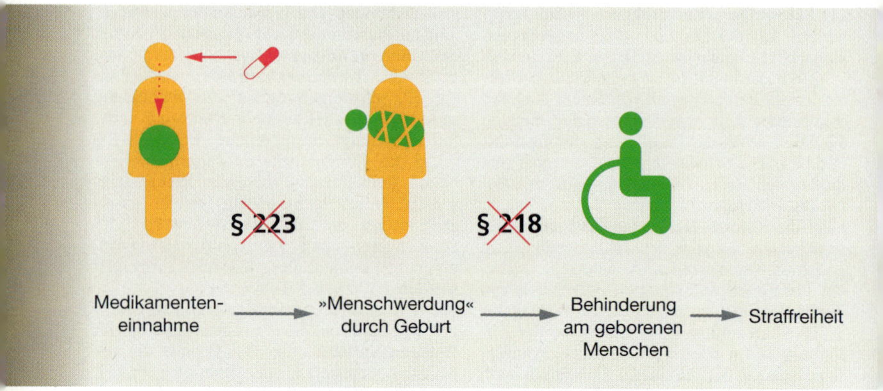

A Vorgeburtliche Körperverletzung

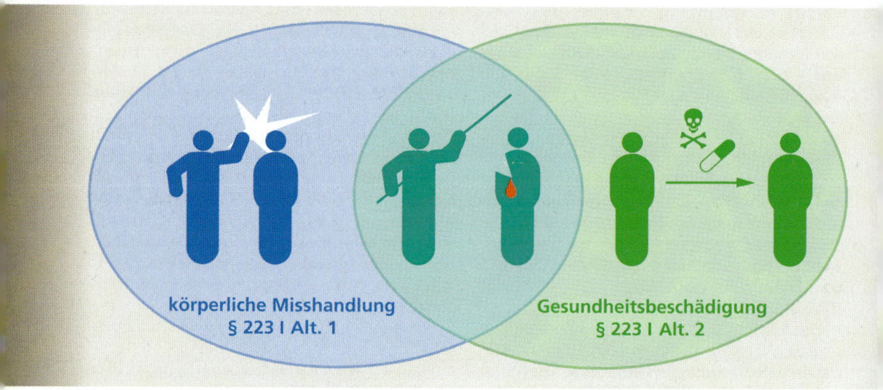

B Verhältnis von § 223 I Alt. 1 und Alt. 2

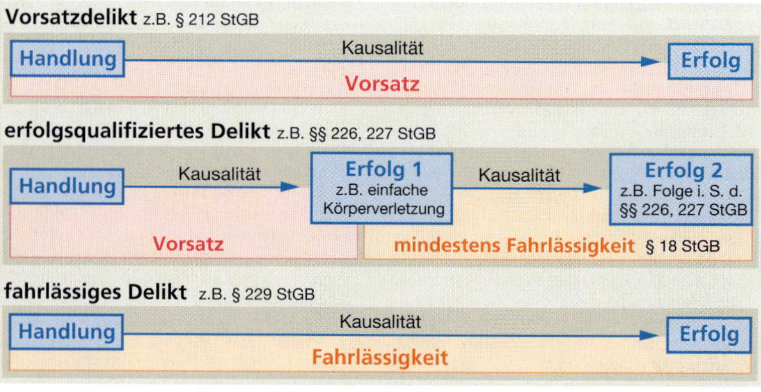

C Struktur eines erfolgsqualifizierten Delikts

Die Körperverletzungsdelikte sind in den §§ 223 ff. StGB geregelt. Diese schützen die **körperliche Unversehrtheit** des Menschen. Der Schutz beginnt wie bei den Tötungsdelikten mit dem Einsetzen der Geburtswehen und endet mit dem Tod. Vorgeburtl. Einwirkungen mit nachgeburtl. Folgen werden von den §§ 223 ff. StGB nicht erfasst (A).

Bsp.: Ein von A produziertes Arzneimittel führt bei der Schwangeren B zu schweren Schädigungen der Leibesfrucht. Später wird ein behindertes Kind geboren. Eine Körperverletzung nach §§ 223 ff. StGB kommt nicht in Betracht, da der Embryo noch kein »Mensch« i. S. d. Strafrechts war. Ein Schwangerschaftsabbruch (§ 218 StGB) liegt ebenfalls nicht vor, weil die Schwangerschaft nicht abgebrochen wurde. A bleibt deshalb ohne Strafe *(Contergan-Fall)*.

Grundtatbestand der Körperverletzungsdelikte ist die einfache Körperverletzung, auf der die **Qualifikationstatbestände** gefährliche Körperverletzung, Misshandlung von Schutzbefohlenen, schwere Körperverletzung, Körperverletzung mit Todesfolge und Körperverletzung im Amt aufbauen.

Die **einfache Körperverletzung** teilt sich in zwei Varianten, die körperl. Misshandlung (§ 223 I Alt. 1 StGB) und die Gesundheitsschädigung (§ 223 I Alt. 2 StGB). Als Strafe sieht das Gesetz Freiheitsstrafe bis zu 5 Jahren oder Geldstrafe vor.

Eine *körperliche Misshandlung* ist nach eingebürgertem Sprachgebrauch jede üble und unangemessene Behandlung, durch die das körperl. Wohlbefinden eines Menschen mehr als nur unerheblich beeinträchtigt wird. Darunter fallen nicht nur Substanzschäden (z. B. Messerstiche), sondern auch bloße Schmerzzufügung (z. B. durch eine Ohrfeige) sowie Hervorrufen körperl. Verunstaltungen (z. B. Hautausschläge) und sonstiger Funktionsstörungen (z. B. Kreislaufprobleme). Schon kleinere Beeinträchtigungen genügen, damit eine körperl. Misshandlung vorliegt:

Die Variante *Gesundheitsschädigung* umfasst das Hervorrufen oder Steigern eines krankhaften Zustands (z. B. durch Zufügen einer schweren Verwundung oder Infektion mit Krankheitserregern).

Oft liegen beide Varianten der Körperverletzung gleichzeitig vor (B).

Ärztliche Heileingriffe, z. B. eine Operation, erfüllen nach h. M. den Tatbestand einer Körperverletzung. Wird der Heileingriff mit Zustimmung des Patienten und nach den Regeln der ärztl. Kunst vorgenommen, entfällt allerdings seine Rechtswidrigkeit. Als einschlägige Rechtfertigungsgründe kommen *Einwilligung, mutmaßl. Einwilligung* und *rechtfertigender Notstand* in Betracht.

Bsp.: Ein Unfallopfer wird bewusstlos in die Klinik eingeliefert. Ein Arzt unternimmt sofort eine lebensrettende Operation. Darin liegt eine tatbestandsmäßige Körperverletzung, die jedoch durch die mutmaßl. Einwilligung des Unfallopfers gerechtfertigt ist.

Die **gefährliche Körperverletzung** (§ 224 StGB) erfasst Körperverletzungen, deren *Begehungsweise* bes. gefährlich ist: Beibringung von Gift oder anderen gesundheitsschädl. Stoffen, Verwendung eines gefährl. Werkzeugs, bes. einer Waffe, hinterlistiger Überfall, gemeinschaftl. Tatbegehung und lebensgefährdende Behandlung.

Die **Misshandlung von Schutzbefohlenen,** also das Quälen oder rohe Misshandeln von Schutzbefohlenen sowie die Vernachlässigung der Sorgepflicht ihnen gegenüber, regelt § 225 StGB.

Schwere Körperverletzung (§ 226 StGB) prüft nicht die Begehungsweise, sondern die *Schwere des Taterfolges*. Der Strafrahmen erstreckt sich von ein bis zu zehn Jahren Freiheitsstrafe. Sie liegt vor bei Verlust des Sehvermögens auf mindestens einem Auge, des Gehörs, des Sprechvermögens oder der Fortpflanzungsfähigkeit, bei Verlust oder dauernder Unbrauchbarkeit eines wichtigen Körpergliedes, bei Entstellung sowie bei Hervorrufen von Siechtum, Lähmungen oder geistigen Krankheiten oder Behinderungen.

Es handelt sich um ein sog. *erfolgsqualifiziertes Delikt,* bei dem hinsichtlich der schweren Folge wenigstens Fahrlässigkeit vorliegen muss (§ 18 StGB, C).

Bei **Körperverletzung mit Todesfolge** (§ 227 StGB) muss der Tod durch eine vorsätzlich begangene Körperverletzung verursacht worden sein. Hinsichtlich des Todeseintritts gilt auch hier § 18 StGB, d. h. es muss mindestens Fahrlässigkeit gegeben sein.

Die **fahrlässige Körperverletzung** wird in § 229 StGB geregelt.

Die **Beteiligung an einer Schlägerei** (§ 231 StGB) ist ein körperverletzungsbezogener Gefährdungstatbestand Es handelt sich um ein abstraktes Gefährdungsdelikt. Eine *Schlägerei* ist eine tätl. Auseinandersetzung zwischen mindestens drei Personen. Ein *Angriff* setzt eine feindselige Einwirkung von mindestens zwei Personen auf das Opfer voraus. Der Eintritt eines Todesfalls oder einer schweren Körperverletzung ist objektive Bedingung der Strafbarkeit; die Folge muss also nicht vom Vorsatz umfasst sein.

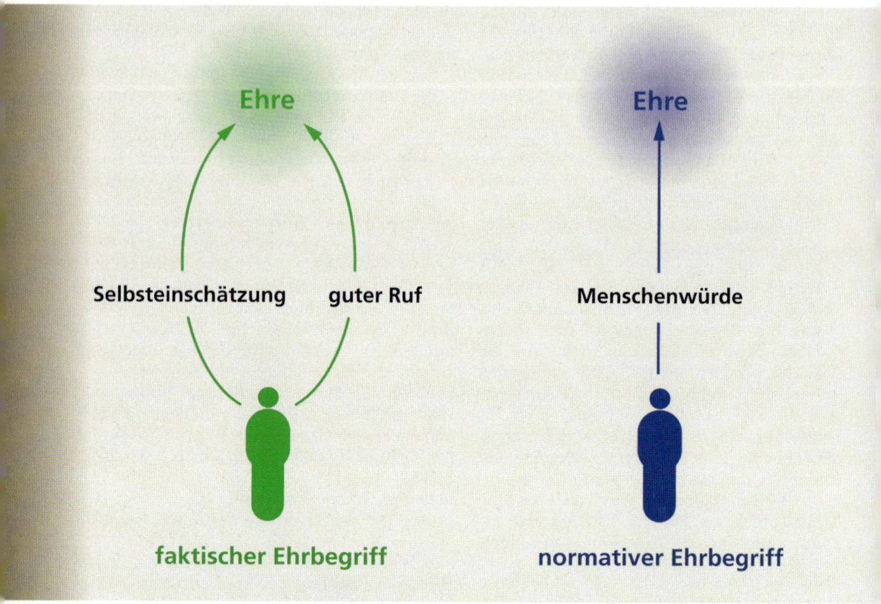

A Faktischer und normativer Ehrbegriff

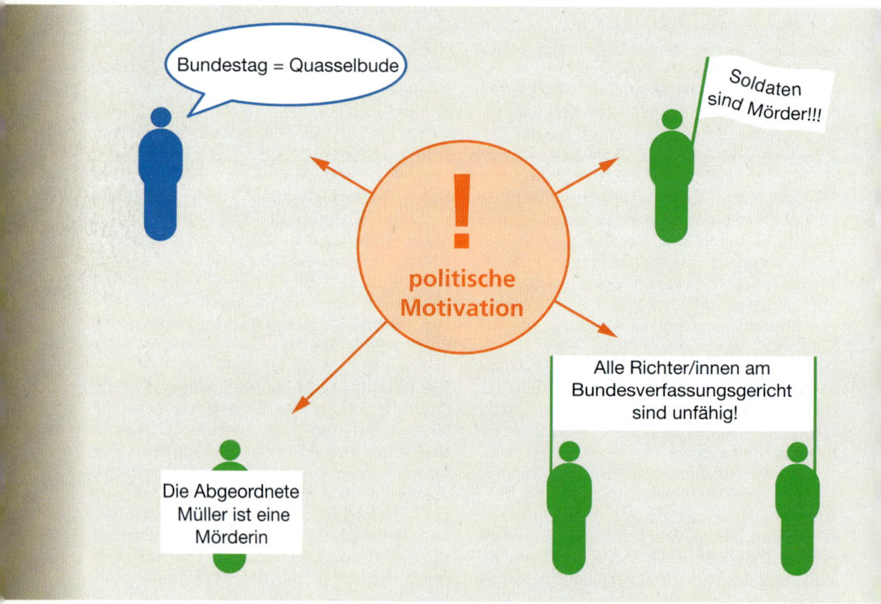

B Verminderter Ehrschutz bei politisch motivierter Beleidigung?

Die **Straftaten gegen die Ehre** (**Beleidigung;** §§ 185 ff. StGB) bestehen in einer **vorsätzlichen Ehrverletzung.** Auch im modernen pluralist. Staat ist der Ehrenschutz wichtig, denn er sichert ein faires Miteinander aller Individuen.

Der Begriff **Ehre** wird im Gesetz nicht definiert. Grundsätzlich sind zwei Ansätze zur Begriffsbestimmung möglich: Der sog. *faktische Ehrbegriff* hebt auf den gute Ruf (Leumund) und die Selbsteinschätzung des Betroffenen ab.

Der von der h. M. vertretene sog. *normative Ehrbegriff* orientiert sich dagegen an dem Achtungsanspruch, der jedem Menschen kraft seiner Menschenwürde (Art. 1 I GG) zukommt (A). Auch bei Zugrundelegung des normativen Ehrbegriffs müssen empirisch nachprüfbare Maßstäbe gesellschaftl. Ehrenzuschreibung berücksichtigt werden. Wichtig ist bes. zur Feststellung einer Ehrverletzung, den **sozialen Kontext** von Täter und Opfer zu prüfen.

Bsp.: Das unerlaubte Duzen eines Kommilitonen an der Universität stellt auch dann keine Ehrverletzung dar, wenn der Angeredete sich verletzt fühlt.

Jeder Mensch kann Opfer einer Beleidigung sein, auch Kinder und Geisteskranke (sog. passive **Beleidigungsfähigkeit**). Dagegen sind Tote nicht beleidigungsfähig; das Andenken Verstorbener wird durch § 189 StGB nur gegen Verunglimpfungen, also bes. schwerwiegende Beleidigungen, geschützt.

Auch Personengemeinschaften werden vom strafrechtl. Ehrenschutz erfasst, wenn sie eine anerkannte soziale Funktion erfüllen, einen einheitl. Willen bilden können und vom Wechsel ihrer Mitglieder unabhängig sind. Danach sind etwa polit. Parteien oder die Bundeswehr beleidigungsfähig, nicht dagegen Vereinigungen rein geselliger Natur (z. B. die Stammtischrunde). Die Familie als solche ist ebenfalls nicht beleidigungsfähig, einzelne Familienmitglieder dagegen schon.

Große Bedeutung kommt im Beleidigungsrecht der Unterscheidung von Tatsachenaussagen einerseits, Werturteilen und anderen Meinungsäußerungen andererseits zu. Üble Nachrede (§ 186 StGB) und Verleumdung (§ 187 StGB) können nur durch das Äußern von Tatsachenaussagen begangen werden.

Tatsachenaussagen sind dadurch gekennzeichnet, dass sie grundsätzlich empir. überprüfbar sind. Dagegen lassen sich *Meinungsäußerungen* nicht in dieser Weise überprüfen. Eine bes. Gruppe innerhalb der Meinungsäußerungen bilden die *Werturteile,* in denen ein Sachverhalt nicht beschrieben, sondern bewertet wird. Die Abgrenzung von Tatsachenaussagen und bloßen Meinungsäußerungen ist häufig schwierig.

Bsp.: Die Äußerung von B, A hätte eine Bank ausgeraubt, ist eine (wahre oder falsche) Tatsachenaussage. Dagegen handelt es sich um eine Meinungsäußerung (in Form eines Werturteils), wenn B den A als »Kriminellen« oder »Lump« bezeichnet.

Die **einfache Beleidigung** (§ 185 StGB) besteht in der vorsätzl. Kundgabe von Missachtung einer best. Person oder beleidigungsfähigen Personenmehrheit gegenüber. Die Kundgabe kann gegenüber dem Verletzten, aber auch gegenüber Dritten erfolgen.

Bsp.: Wenn A dem B zuruft, er sei ein »Idiot«, kommt Beleidigung ebenso in Betracht, wie wenn A dem C gegenüber erklärt: »B ist ein Idiot«.

Ob die Missachtung in Form von Tatsachenaussagen oder Werturteilen ausgedrückt wird, ist für die einfache Beleidigung unerheblich.

Die **üble Nachrede** (§ 186 StGB) unterscheidet sich von der einfachen Beleidigung dadurch, dass nur ehrverletzende Tatsachenaussagen Dritten gegenüber erfasst werden.

Von der **Verleumdung** (§ 187 StGB) unterscheidet sie sich dadurch, dass bei letzterer der Täter positive Kenntnis davon haben muss, dass die ehrenrührige Tatsachenaussage falsch ist.

Bsp.: A macht sich einer Verleumdung strafbar, wenn er dem B wider besseres Wissen berichtet, C sei wegen eines Sittlichkeitsdelikts verurteilt worden. Wenn A nicht sicher weiß, dass seine Äußerung falsch ist, liegt eine üble Nachrede vor.

Einen bes. Rechtfertigungsgrund, der nur für das Beleidigungsrecht gilt, stellt die **Wahrnehmung berechtigter Interessen** (§ 193 StGB) dar. Es handelt sich um eine Ausprägung der grundrechtl. verbürgten Meinungsfreiheit (Art. 5 I GG). Beleidigende Äußerungen sind danach zu dulden, wenn sie dazu dienen, ein übergeordnetes Interesse, etwa an öffentl. Information und Meinungsbildung, zu fördern. Bes. die Massenmedien können sich auf die »Wahrnehmung berechtigter Interessen« berufen.

In der neueren Rspr. des BVerfG wird teilw. versucht, bei polit. motivierten Ehrverletzungen schon den Tatbestand einer Beleidigung zu verneinen (etwa bei dem Aufkleber »Soldaten sind Mörder«). Der Schutz der privaten Ehre wird so in nicht immer überzeugender Weise hinter das Interesse an öffentl. Diskussion und Meinungsbildung zurückgestellt (B).

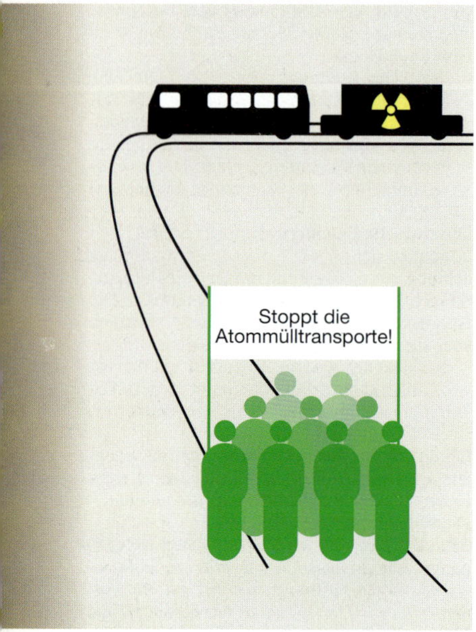

A »Vergeistigung« des Gewaltbegriffes

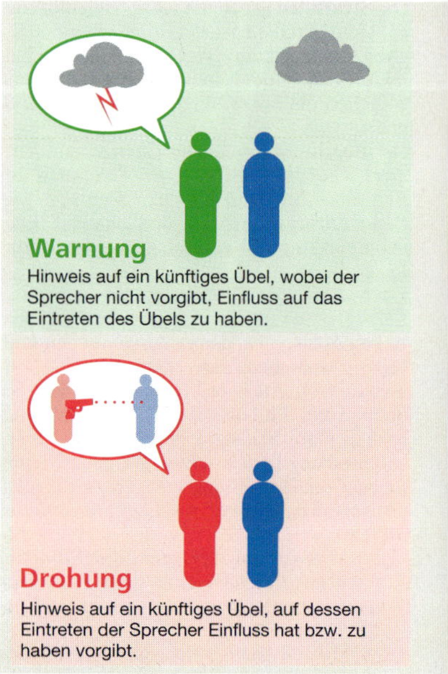

B Warnung und Drohung

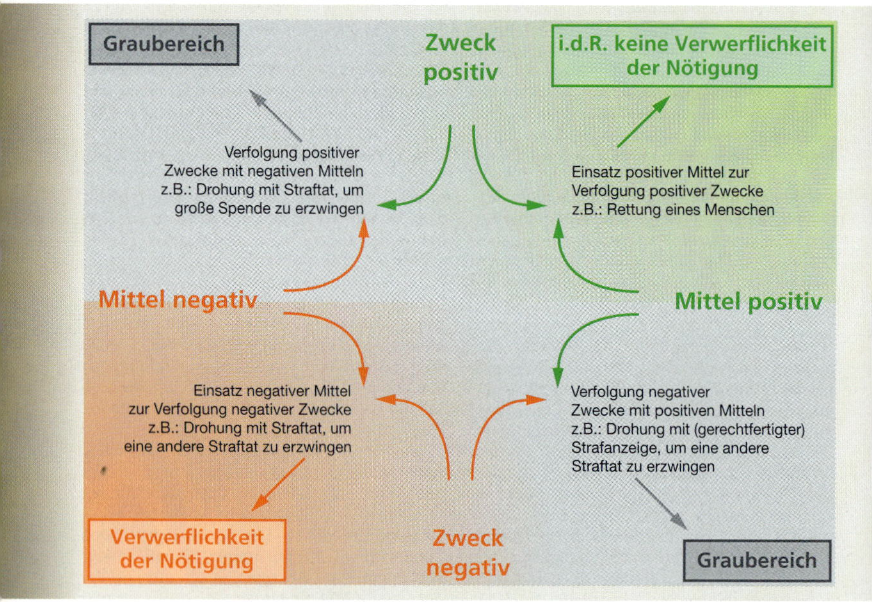

C Verwerflichkeitsprüfung mit Hilfe der Zweck-Mittel-Relation

Die Straftaten gegen die persönl. Freiheit sind in den §§ 233–241 a StGB erfasst. Die größte prakt. Bedeutung besitzen die Paragraphen, die die Tatbestände der Nötigung (§ 240 StGB) und der Freiheitsberaubung (§ 239 StGB) regeln.

Der **Tatbestand der Nötigung** schützt die *Freiheit der Willensentschließung und Willensbetätigung.* Eine Nötigung liegt dann vor, wenn der Täter durch Gewalt oder Drohung mit einem empfindl. Übel sein Opfer zu einer *Handlung,* z. B. Herausgabe der Brieftasche, Räumen des Sitzplatzes, *Duldung* z. B. der Wegnahme der Brieftasche, oder *Unterlassung* zwingt.

Gewalt bedeutet v. a. Ausübung körperl. wirkenden Zwanges. Seit den 1960er Jahren hat die Rspr. den Gewaltbegriff bei der Nötigung auch auf bloß psychisch wirkenden Zwang ausgeweitet (sog. *Vergeistigung des Gewaltbegriffs,* vgl. A).

Gewalt kann in **zwei Formen** auftreten: Ist ein Widerstehen unmöglich, so spricht man von **willensaufhebender Gewalt** *(vis absoluta).*

Bsp.: Der seinem Opfer körperlich weit überlegene Täter stößt dieses überraschend auf die Fahrbahn.

Bleibt dem Opfer dagegen ein gewisser Handlungsspielraum, liegt **willensbeeinflussende Gewalt** *(vis compulsiva)* vor.

Bsp.: T schiebt sein in etwa gleichstarkes Opfer langsam auf die Fahrbahn.

Die weite Auslegung des Gewaltbegriffs bei der Nötigung führt zu einer beträchtl. Ausweitung der Strafbarkeit und ist wiederholt als **zu unbestimmt** und damit (vgl. Art. 103 II GG) verfassungswidrig bezeichnet worden.

Unter *Drohung* versteht man das Inaussichtstellen eines künftigen Übels. Anders als bei der *Warnung* schreibt sich der Drohende Einfluss auf den Eintritt des Übels zu (B). Die Drohung kann ausdrücklich, aber auch durch schlüssiges Verhalten (konkludent) erfolgen.

Von Gewalt in Form von *vis compulsiva* unterscheidet sich die Drohung nur dadurch, dass bei der Gewaltausübung die Zufügung des Übels gegenwärtig ist, während sie bei der Drohung erst in Zukunft erfolgen soll. Im Alltag wird der Tatbestand der Nötigung häufig verwirklicht.

Die Tat ist deshalb nur strafbar, wenn die Anwendung von Gewalt oder Drohung zu dem erstrebten Zweck **verwerflich** ist (§ 240 II StGB, C), d. h. wenn das eingesetzte Mittel nicht in einem angemessenen Verhältnis zum Zweck steht.

Zielt die Nötigung auf die Erlangung eines Vermögensvorteils ab, so handelt es sich um eine **Erpressung.**

Der **Tatbestand der Freiheitsberaubung** (§ 239 StGB) schützt die *potenzielle persönl. Fortbewegungsfreiheit eines anderen.* Tatopfer kann nur ein Mensch sein, der sich fortbegeben könnte, wenn er es wollte. Dies gilt etwa für Schlafende und Bewusstlose, nicht dagegen für Kleinkinder oder Komapatienten.

Weitere Straftatbestände gegen die Verletzung der persönl. Freiheit sind **Menschenhandel** zum Zweck der Ausbeutung der Arbeitskraft (§ 233 StGB), **Menschenraub** (§ 234 StGB), **Verschleppung** (§ 234 a StGB), **Entziehung Minderjähriger** (§ 235 StGB), **erpresserischer Menschenraub** (§ 239 a StGB) und **Geiselnahme** (§ 239 b StGB).

Mit dem 2007 neu eingeführten Straftatbestand der Nachstellung (§ 238 StGB) hat der Gesetzgeber nun auch das Phänomen des »Stalking« ausdrücklich unter Strafe gestellt.

Der **Schutz der Privatsphäre** spielt im Strafrecht eine immer wichtigere Rolle. In der neueren Rspr. des BVerfG wird ein *Recht auf informationelle Selbstbestimmung* anerkannt. Danach kann jeder Mensch selbst entscheiden, ob und innerhalb welcher Grenzen er persönl. Informationen offenbaren will. Die Straftatbestände zum Schutz der Privatsphäre finden sich überwiegend in den §§ 201–205 StGB.

Der Tatbestand der **Verletzung der Vertraulichkeit des Wortes** (§ 201 StGB) stellt heiml. Tonbandaufnahmen und ihre Verbreitung unter Strafe. Eine **Verletzung des Briefgeheimnisses** (§ 202 StGB) begeht, wer einen nicht für ihn bestimmten Brief öffnet oder sich auf andere Weise Kenntnis von seinem Inhalt verschafft. In der Praxis von großer Bedeutung ist die **Verletzung von Privatgeheimnissen** (§ 203 StGB). Danach macht sich strafbar, wer unbefugt private oder geschäftl. Informationen offenbart, die ihm als Arzt, Rechtsanwalt oder einem Beruf mit ähnl. Vertrauensstellung (vgl. die Aufzählung in § 203 I StGB) anvertraut worden sind.

Die schnelle Verbreitung der EDV in allen Lebensbereichen hat dazu geführt, dass im Jahr 1986 das **Ausspähen von Daten** (§ 202 a StGB) als neuer Straftatbestand eingeführt wurde. Im Jahr 2007 wurde das Computerstrafrecht grundlegend reformiert und u. a. auch das »Hacken« von fremden Computern unter Strafe gestellt (§ 202 b StGB).

Der Tatbestand des **Hausfriedensbruchs** (§ 123 StGB) schützt das Hausrecht und damit ebenfalls einen wichtigen Teil der persönl. Privatsphäre. Einen Hausfriedensbruch begeht, wer in die Wohnung oder die Geschäftsräume eines anderen unbefugt körperlich eindringt oder sich nach Aufforderung nicht von dort entfernt.

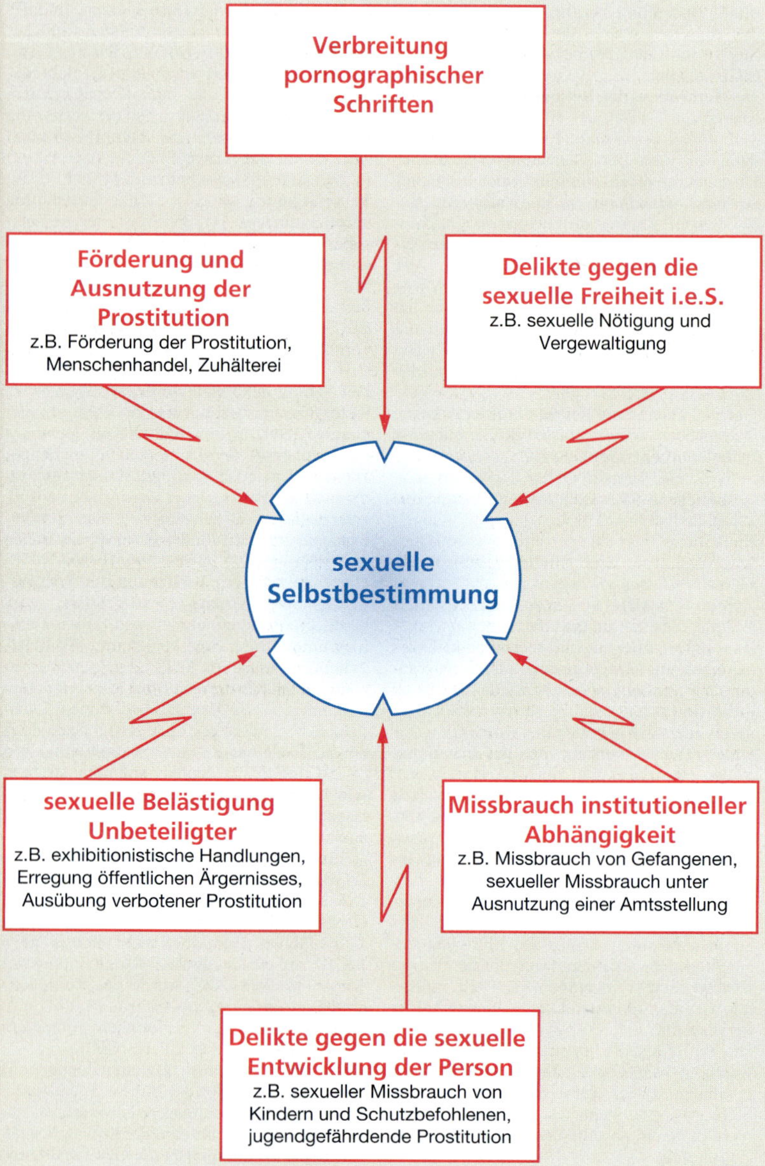

Delikte gegen die sexuelle Selbstbestimmung

Im 13. Abschnitt des StGB werden Sexualdelikte behandelt. Geschütztes Rechtsgut ist nicht eine best. Sexualmoral oder die allg. Sittlichkeit, sondern das **sexuelle Selbstbestimmungsrecht** der einzelnen Person. Dazu gehört bes. die Freiheit zu entscheiden, wann und mit wem man sexuelle Beziehungen aufnimmt.

Die *Gesetzessprache* spiegelt das Unbehagen wider, das noch heute bei diesem Thema empfunden wird: Im Preuß. Allgemeinen Landrecht (1794) war noch von »unnatürlichen Sünden, welche wegen ihrer Abscheulichkeit hier nicht genannt werden können« die Rede (II 20 § 1069). Mit dem strafrechtl. Bestimmtheitsgrundsatz war diese Formulierung nicht vereinbar. Bis Anfang der 70er Jahre des 20. Jh. verwendete das Gesetz Ausdrücke wie »Unzucht«, »unzüchtige Schriften« usw. Mit der Reform des Sexualstrafrechts im Jahr 1973 wurde eine neue, modernere Terminologie eingeführt, deren *Unbestimmtheit* und *Amtsdeutsch* allerdings ebenfalls auf Kritik gestoßen sind.

Die **Delikte gegen die sexuelle Selbstbestimmung** lassen sich in **sechs Gruppen** unterteilen (Abb.):

1. **Delikte gegen die sexuelle Freiheit i. e. S.** sind u. a. die *sexuelle Nötigung* und *Vergewaltigung* (§ 177), der *sexuelle Missbrauch widerstandsunfähiger Personen* (§ 179) und der *sexuelle Missbrauch unter Ausnutzung eines Beratungs-, Behandlungs- oder Betreuungsverhältnisses* (§ 174 c).
2. Zur Fallgruppe des **Missbrauchs institutioneller Abhängigkeit** gehören der *sexuelle Missbrauch von Gefangenen* (§ 174 a) und der *sexuelle Missbrauch unter Ausnutzung einer Amtsstellung* (§ 174 b).
3. Zu den **Delikten gegen die sexuelle Entwicklung der Person** gehören u. a. der *sexuelle Missbrauch von Kindern* (§ 176), der *sexuelle Missbrauch von Schutzbefohlenen* (§ 174) und die *jugendgefährdende Prostitution* (§ 184 e).
4. Die **sexuelle Belästigung Unbeteiligter** wird in folgenden Strafvorschriften erfasst: *exhibitionist. Handlungen* (§ 183), *Erregung öffentl. Ärgernisses* (§ 183 a) und *Ausübung verbotener Prostitution* (§ 184 d).
5. Eine weitere Fallgruppe stellt die **Förderung und Ausnutzung der Prostitution** dar. Darunter fallen bes. die *Ausbeutung von Prostituierten* (§ 180 a), der *Menschenhandel* zum Zweck der sexuellen Ausbeutung (neu: § 232) und die *Zuhälterei* (§ 181 a).
6. Zu nennen ist schließlich die (in zahlreiche mögl. Tatvarianten untergliederte) **Verbreitung pornographischer Schriften** (§ 184).

Bereits seit Ende der 1970er Jahre nicht mehr unter Strafe gestellt sind *Ehebruch, einfache Homosexualität, Unzucht mit Tieren* und die *Erschleichung des außerehel. Geschlechtsverkehrs* (vgl. den Amphitryon-Mythos).

Im Jahr 1994 wurde nach langen Auseinandersetzungen auch der § 175 StGB aufgehoben, der zum Zweck des Jugendschutzes homosexuelle Handlungen eines über 18 Jahre alten Mannes an einer unter 18 Jahre alten männl. Person unter Strafe stellte. Weiterhin strafbar ist der sexuelle Missbrauch von (gleich- wie gegengeschlechtl.) Kindern (Personen unter vierzehn Jahren). Homosexualität unter Frauen war auch vor 1994 nicht strafbar.

In vielen Deliktumschreibungen taucht der Begriff der **sexuellen Handlung** auf. Er wird vom Gesetz nicht definiert, in § 184 f StGB aber auf Handlungen »von einiger Erheblichkeit« beschränkt, eine Formulierung, die zu vielen Fragen Anlass gibt. Ob eine sexuelle Handlung vorliegt, bestimmt sich nicht aus der Sicht des oder der Betroffenen, sondern aus der *Sicht eines urteilsfähigen unbeteiligten Beobachters.*

Bisweilen wird gefordert, bei der Entscheidung über das Vorliegen einer sexuellen Handlung allein auf das Empfinden der betroffenen Person abzustellen. Eine derartige Subjektivierung ist aber mit dem strafrechtl. Bestimmtheitsgrundsatz unvereinbar, macht sie doch die Strafrechtspflege von individuellen Einschätzungen abhängig und gefährdet damit den Rechtsfrieden.

Handlungen, die als lästig oder bedrängend empfunden werden, ohne sexuelle Handlungen i. S. des Strafrechts zu sein, z. B. eine unerwünschte Umarmung, anstößige Gesten, intensiver Blickkontakt, können nur in Ausnahmefällen als Nötigung (§ 240 StGB) oder als Beleidigung (§ 185 StGB, sog. *Sexualbeleidigung*) eingestuft werden. Das Strafrecht dient dem *Schutz elementarer Rechtsgüter* und nicht der Abwehr von Unhöflichkeiten oder Geschmacklosigkeiten.

Dagegen kann die **sexuelle Belästigung** am Arbeitsplatz durchaus als arbeitsrechtl. Pflichtverletzung angesehen werden, was u. U. zu einer Kündigung führen kann.

Sexuelle Belästigungen gehen nicht nur von Männern aus, sondern auch von Frauen.

Prostitution, also die beliebige Hingabe zu sexuellen Zwecken gegen Entgelt, ist nicht verboten, wird allerdings beschränkt (§§ 184 d, 184 e StGB). Sie kann von Männern wie Frauen ausgeübt werden. **Zuhälterei** ist hingegen uneingeschränkt strafbar (§ 181 a StGB).

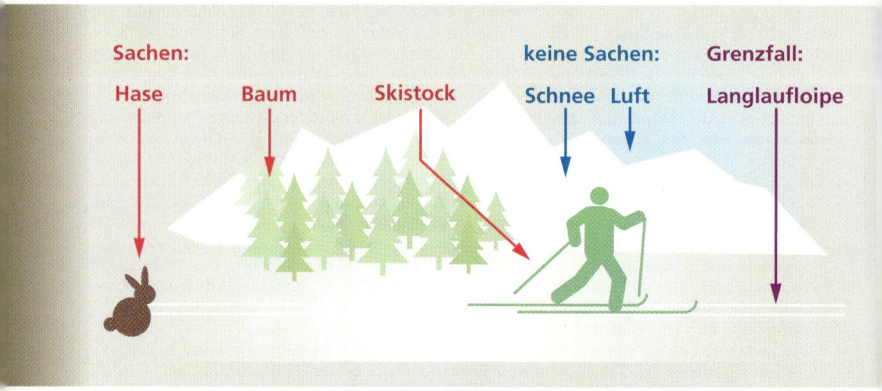

A »Sachen« i. S. v. § 303 StGB

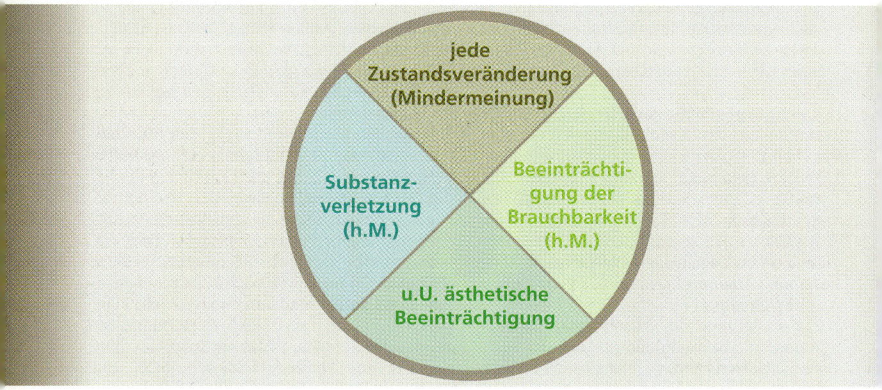

B Sachbeschädigungshandlungen

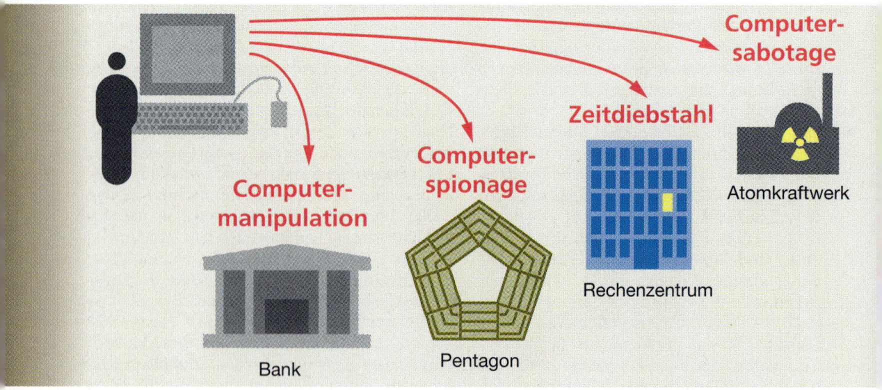

C Computerkriminalität

Die **Beschädigung oder Zerstörung von Sachen** ist – neben den §§ 303 ff. StGB – in mehreren bes. Paragraphen geregelt, etwa in § 274 StGB (Beschädigung von Urkunden) und §§ 306 ff. StGB (Brandstiftung). Die Tat stellt häufig ein Begleitdelikt dar (z. B. beim Einbruchsdiebstahl).

Einfache Sachbeschädigung

§ 303 StGB stellt das Eigentum unter Schutz. Danach wird einfache Sachbeschädigung mit Geldstrafe oder Freiheitsstrafe bis zu zwei Jahren belegt. Tatgegenstand ist eine fremde Sache. **Sachen** sind alle körperlichen Gegenstände (§ 90 BGB). Tiere sind nach § 90 a BGB rechtlich keine Sachen, doch sind auf sie die für Sachen geltenden Vorschriften entsprechend anzuwenden. Wichtig für die Klassifizierung ist, dass sich der Gegenstand von seiner Umgebung abgrenzen lässt (A).

Bsp.: Eine Tasse ist ohne weiteres als Sache anzusehen. Luft dagegen ist keine Sache, es sei denn, sie lässt sich von ihrer Umgebung abgrenzen (Luftprobe). Menschliche Leichen werden nicht als Sachen behandelt (postmortales Persönlichkeitsrecht), Mumien dagegen schon.

Sachbeschädigung setzt voraus, dass die beschädigte oder zerstörte Sache für den Täter **fremd** ist. Dies ist der Fall, wenn sie im *Eigentum eines anderen* steht.

Als Tathandlung nennt § 303 StGB das **Zerstören** oder **Beschädigen** der Sache. Die bloße *Sachentziehung* stellt also keine Sachbeschädigung dar.

Bsp.: Wirft A den goldenen Ring des B ins Meer, liegt keine Sachbeschädigung vor.

Eine Sache ist **zerstört,** wenn ihre Brauchbarkeit völlig aufgehoben wurde.

Problematischer ist die Interpretation des Tatbestandsmerkmals **beschädigen** (B). Darunter fallen zum einen *substanzverletzende Einwirkungen* (abgebrochener Henkel, herausgerissene Buchseite), aber auch sonstige Einwirkungen, die die *Gebrauchsfähigkeit* der Sache mindern.

Bsp.: A lässt die Luft aus Bs Autoreifen. Es handelt sich um eine Sachbeschädigung, auch wenn die Ventile unversehrt bleiben.

Erhebliche und nicht nur vorübergehende Veränderungen des Erscheinungsbildes einer Sache, wie etwa im Fall von Graffiti, erfüllen ebenfalls den Tatbestand einer Sachbeschädigung (§ 303 II StGB).

Strafbar ist nur die **vorsätzliche** Sachbeschädigung, wobei bedingter Vorsatz ausreicht. Die Tat wird auf Antrag verfolgt. Die fahrlässige Beschädigung einer Sache steht nicht unter Strafe (Ausnahme: die fahrlässige Brandstiftung nach § 306 d StGB).

Sonderformen der Sachbeschädigung

Die **völlige oder Teilzerstörung von Bauwerken** (§ 305 StGB) ist eine qualifizierte Straftat, d. h. es liegt gegenüber der einfachen Sachbeschädigung ein zusätzliches Tatbestandsmerkmal vor, was zu einer strengeren Bestrafung führt. Als geschützte Bauwerke nennt das Gesetz Gebäude, Schiffe, Brücken, Dämme, gebaute Straßen und Eisenbahnen.

Der Tatbestand der **gemeinschädlichen Sachbeschädigung** (§ 304) betrifft das Interesse der Allgemeinheit an der Nutzbarkeit bestimmter Sachwerte, z. B. Gegenstände religiöser Verehrung, Grabmäler, Gegenstände in öffentlichen Sammlungen, Gegenstände, die dem öffentl. Nutzen oder der Verschönerung öffentl. Anlagen dienen.

Bsp.: A schlägt im Münchner Englischen Garten aus Mutwillen einer Statue den Kopf ab. Anschließend zerstört er eine in der Nähe befindliche öffentliche Telefonzelle, damit niemand von dort die Polizei benachrichtigen kann: A hat zweimal den Tatbestand einer gemeinschädlichen Sachbeschädigung erfüllt.

Datenveränderung und Computersabotage

Ab Beginn der 1980er Jahre mehrten sich Fälle unerlaubter Datenlöschung, die teilw. zu erheblichen Vermögensverlusten bei den Betroffenen führten (z. B. wenn die Kundenliste einer Firma gelöscht wurde). Da die Daten als solche (anders als der Datenträger) keine Sachqualität aufweisen, konnten derartige Taten trotz ihres eindeutig sozialschädlichen Charakters nicht als Sachbeschädigung verfolgt werden. Häufig kamen die Täter ohne Strafe davon. Der Gesetzgeber führte deshalb durch das ›Zweite Gesetz zur Bekämpfung der Wirtschaftskriminalität‹ (1986) zwei neue Tatbestände in das StGB ein: die Datenveränderung (§ 303 a StGB) und die Computersabotage (§ 303 b StGB).

Datenveränderung meint jede rechtswidrige Löschung oder Veränderung fremder Daten. **Computersabotage** liegt vor, wenn durch eine Datenveränderung oder durch einen Hardwareeingriff die Arbeit eines Betriebs oder einer Behörde wesentl. gestört wird.

Bsp.: Ein Hacker dringt über das Internet in die EDV-Anlage seines Arbeitgebers ein und löscht wichtige Daten, wodurch dieser einen erhebl. Vermögensverlust erleidet.

Zusammen mit dem *Ausspähen von Daten* (§ 202 a StGB) und dem *Computerbetrug* (§ 263 a StGB) bilden Datenveränderung und Computersabotage den Kernbestand des neuen **Computerstrafrechts,** das durch die rasche Ausbreitung des Internets erheblich an Bedeutung gewonnen hat (C).

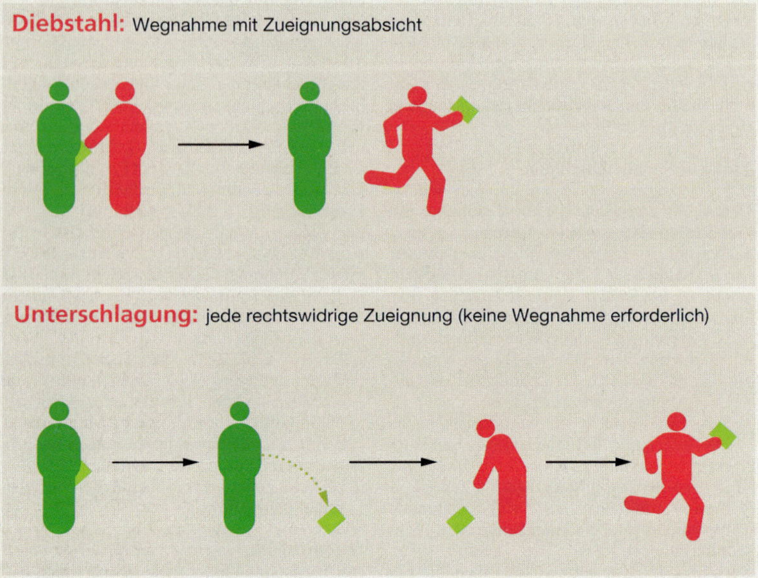

A Unterschied von Diebstahl und Unterschlagung

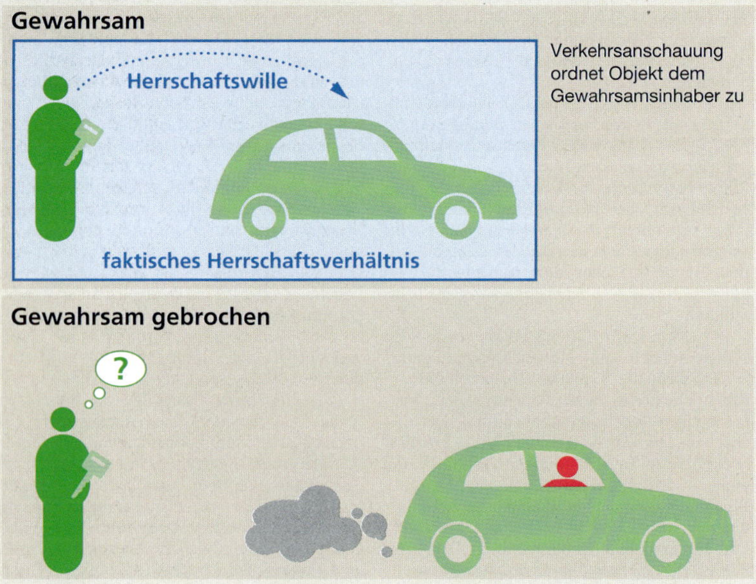

B Gewahrsam

Die Tatbestände des Diebstahls (§§ 242 ff. StGB) und der Unterschlagung (§ 246 StGB) sind durch das Sechste Gesetz zur Reform des Strafrechts, das am 1. 4. 1998 in Kraft getreten ist, neu gestaltet worden:
Unterschlagung umfasst jeden Fall einer *rechtswidrigen Zueignung.*
Diebstahl dagegen liegt vor, wenn eine *Wegnahme* in Zueignungsabsicht erfolgt. (A)

Diebstahl

§ 242 StGB schützt **Eigentum und Gewahrsam.**
Objekt eines Diebstahls kann nur eine **fremde bewegliche Sache** sein.
Sachen sind alle körperlichen Gegenstände (vgl. § 90 BGB). Sie sind *fremd,* wenn sie sich im Eigentum eines anderen befinden.

Dem Täter bereits gehörende Sachen sind für diesen also keine tauglichen Diebstahlsobjekte. Dasselbe gilt für herrenlose Sachen, die niemandem gehören (wilde Tiere, weggeworfene Gegenstände).

Beweglich sind Sachen, die grundsätzlich fortbewegt werden können. Der Körper eines lebenden Menschen besitzt keine Sachqualität (Menschenwürde). Auch elektr. Energie ist keine Sache (vgl. aber § 248 c StGB).
Wegnahme wird definiert als der **»Bruch fremden und Begründung neuen Gewahrsams«**. Gewahrsam ist gebrochen, wenn der Berechtigte die tatsächliche Herrschaft über eine Sache gegen seinen Willen verloren hat.

Bsp.: Solange sich As Geldbörse in seiner Manteltasche befindet, hat sie A in Gewahrsam. Nimmt der Dieb B die Börse an sich, wird As Gewahrsam gebrochen und B begründet neuen (eigenen) Gewahrsam.

Der Gewahrsamsbegriff spielt in der Praxis eine große Rolle. Er setzt sich aus drei Komponenten zusammen (B):

1. Es muss ein *tatsächliches Herrschaftsverhältnis* eines Menschen über eine Sache vorliegen; der Gewahrsamsinhaber muss die Sache also kontrollieren und andere am Zugriff hindern können.
2. Erforderlich ist ferner der *Herrschaftswille* des Gewahrsamsinhabers, d. h. er muss die Sache besitzen wollen.
3. Da das Vorliegen beider Voraussetzungen nicht selten unklar ist, zieht die Rspr. als Korrektiv die *Verkehrsanschauung* heran, also die im Alltag vorherrschende Sicht, und prüft, ob in Fällen wie dem jeweils gegebenen typischerw. ein tatsächliches Herrschaftsverhältnis und ein Herrschaftswille angenommen werden muss.

Eine vorübergehende Hinderung der Möglichkeit, Herrschaft über eine Sache auszuüben, z. B. im Schlaf, hebt den Gewahrsam nicht auf. An verlorenen Sachen besteht dagegen grds. kein Gewahrsam.

Bsp.: Gewahrsam besitzt man an Sachen, die man direkt am Körper (Ohrringe, Lederjacken) oder in der Hand trägt (Tasche). Gewahrsam besteht nach der Verkehrsanschauung aber auch an dem vor dem Haus geparkten (eigenen) Wagen. Dagegen ist Gewahrsam zu verneinen, wenn man nach einer durchzechten Nacht nicht mehr weiß, wo man den Wagen abgestellt hat.

Neuer Gewahrsam wird begründet, wenn der Täter die tatsächliche Sachherrschaft erlangt hat und der bisherige Gewahrsamsinhaber auf die Sache nicht mehr einwirken kann, ohne die Verfügungsgewalt des Täters zu beseitigen.

Bsp.: Hat der Dieb A die Halskette der B in seiner Manteltasche verstaut, kann B darauf nicht mehr einwirken, ohne zuvor As Verfügungsgewalt zu beseitigen.

Der subjektive Tatbestand des Diebstahls erfordert **Vorsatz.** Erforderlich ist ferner die Absicht, die Sache oder den in ihr verkörperten Sachwert mit Ausschlusswirkung gegen den Eigentümer entweder dem eigenen Vermögen oder dem Vermögen eines Dritten einzuverleiben. Diese **Zueignungsabsicht** setzt sich aus zwei Aspekten zusammen:

1. der Absicht, sich oder einem Dritten die Beute zumindest kurzfristig *anzueignen,*
2. der Absicht, das Opfer auf Dauer zu *enteignen.* Plant der Täter, die Sache zurückzugeben, so handelt es sich um eine *bloße Gebrauchsanmaßung* und nicht um Diebstahl. Man beachte, dass der Tatbestand »Diebstahl« keine vollendete Zueignung erfordert, sondern lediglich eine auf Zueignung gerichtete *Absicht* des Täters.

§ 243 StGB regelt **besonders schwere Fälle des Diebstahls.** Es handelt sich um Regelbeispiele. Liegen deren Voraussetzungen vor, führt dies *in der Regel* zur Bejahung eines bes. schweren Falles, im Einzelfall kann er jedoch auch verneint werden.

Unterschlagung

Tatobjekt der Unterschlagung sind fremde bewegliche Sachen.
Eine **Unterschlagung** begeht, wer eine fremde bewegliche Sache sich oder einem Dritten zueignet. Die *Zueignung* des Tatobjekts, also die Überführung in das eigene Vermögen oder das Vermögen eines Dritten, muss bei der Unterschlagung objektiv vorliegen. Im Gegensatz zum Diebstahl genügt die bloße Zueignungs*absicht* also nicht.
Im subjektiven Tatbestand ist wie beim Diebstahl **Vorsatz** erforderlich. Eine bes. Zueignungsabsicht entfällt.

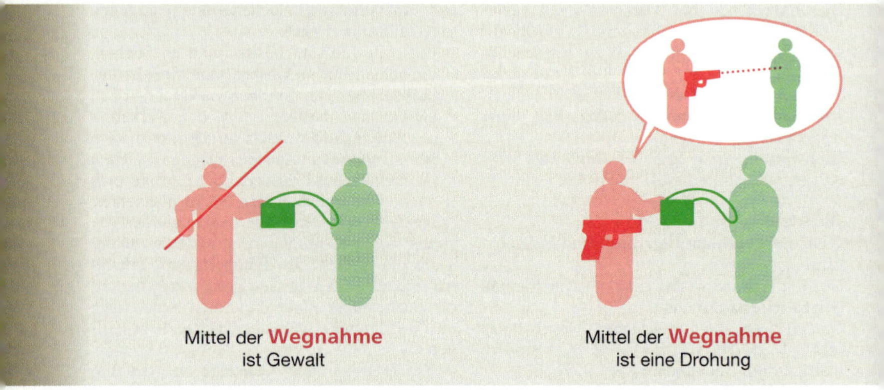

A Raub

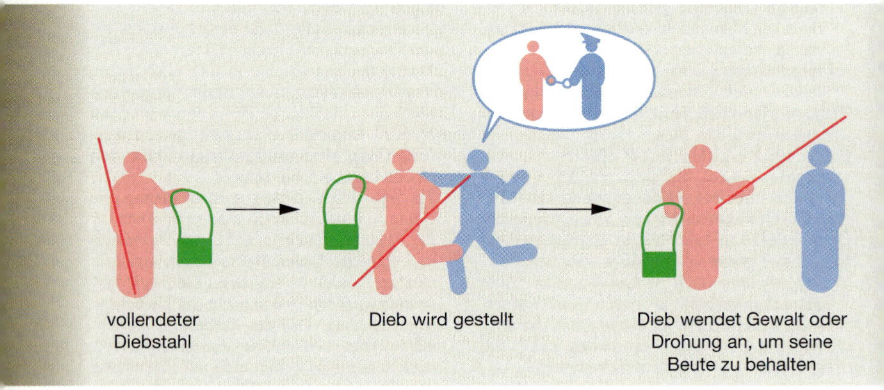

B Räuberischer Diebstahl

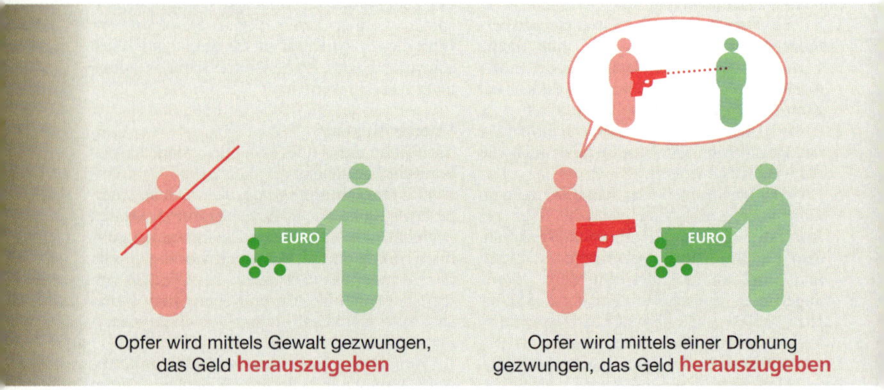

C Erpressung als Sonderfall der Nötigung

Raub
ist ein eigenständiges Delikt (§ 249 StGB), das sich aus Diebstahl und Nötigung zusammensetzt. **Kennzeichnend** für den Raub ist der Einsatz von Gewalt oder Drohung mit einem »empfindlichen Übel« als *Mittel zur Wegnahme* der Beute (A).
Die Tat wird mit Freiheitsstrafe nicht unter einem Jahr bestraft; es handelt sich also um ein Verbrechen. Geschütztes Rechtsgut ist in erster Linie das *Vermögen.* Daneben wird die Freiheit der Willensbildung und Willensbetätigung geschützt.
Unter **Wegnahme** versteht man, wie beim Diebstahl, den Bruch des fremden und die Begründung neuen, meist eigenen Gewahrsams.

Bsp.: A entreißt der B von hinten die Handtasche: Der Gewahrsam an der Tasche geht dadurch von B auf A über.

Unter **Gewalt** wird beim Raub nur der körperl. wirkende Zwang verstanden; rein psych. Zwang (Einschüchterung) genügt nicht. Die körperl. Zwangswirkung muss allerdings nicht als solche empfunden werden. Raub ist deshalb auch gegenüber Schlafenden und Bewusstlosen möglich.
Die **Drohung** muss zumindest den Anschein der Ernsthaftigkeit erwecken. Eine Bedrohung mit einer Spielzeugpistole reicht also aus. Der *Drohungsadressat* muss nicht mit derjenigen Person identisch sein, gegen die sich die angedrohte gegenwärtige Gefahr richtet.

Bsp.: A droht B, C zu erschießen, wenn B nicht die Wegnahme seiner Brieftasche duldet: Es handelt sich um eine Drohung mit einem empfindl. Übel; Drohungsadressat ist B.

Der Raub ist vollendet, wenn der Gewahrsam an der Beute auf den Täter übergegangen ist. Der **Vorsatz** muss sich mindestens in Form von *dolus eventualis* (bedingtem Vorsatz) auf alle Merkmale des zweiaktigen Tatbestandes richten. Hinsichtlich der Zueignung ist *Absicht* erforderlich.
Um einen **schweren Raub** handelt es sich, wenn der Täter beim Raub eines der in § 250 I StGB aufgezählten erschwerenden Merkmale verwirklicht.

Bsp.: Der Täter führt beim Raub eine Schusswaffe bei sich. Es liegt ein schwerer Raub gem. §§ 249, 250 I Nr. 1 a StGB vor. Dabei spielt keine Rolle, dass der Täter die Schusswaffe nicht eingesetzt hat.

Wird beim Raub ein Mensch getötet und lässt sich feststellen, dass dies auf *Leichtfertigkeit* des Täters zurückzuführen ist, so liegt ein **Raub mit Todesfolge** (§ 251 StGB) vor. Dieser wird mit lebenslanger Freiheitsstrafe oder Freiheitsstrafe nicht unter 10 Jahren bedroht. Die Abgrenzung zum Totschlag bzw. Mord wirft oft Probleme auf.

Bsp.: A schlägt B mit einem schweren Knüppel zu Boden und entwendet ihm die Brieftasche. Kurz darauf stirbt B an den Folgen des Schlages. Hatte A den Tod seines Opfers von Anfang an billigend in Kauf genommen, handelt es sich um einen (Raub-) Mord (§§ 212, 211 StGB), denn A hat vorsätzlich einen Menschen getötet und dabei das Mordmerkmal der Habgier erfüllt. Liegt in Bezug auf den Todeseintritt lediglich Leichtfertigkeit vor, so ist ein Raub mit Todesfolge (§ 251 StGB) anzunehmen.

Der Todesfall muss auf die bes. Gefährlichkeit des Raubmittels, also der Gewalt oder der Drohung, zurückzuführen sein (sog. *spezifische Gefahr* des Raubmittels).
Ein **räuberischer Diebstahl** nach § 252 StGB zeichnet sich dadurch aus, dass ein auf frischer Tat ertappter Dieb seine Beute mit Gewalt oder Drohungen verteidigt (B).

Bsp.: Ein Mann stiehlt in einem Kaufhaus eine Armbanduhr, indem er sie in seine Hosentasche steckt (Diebstahl gem. § 242 StGB). Auf der Straße wird er von dem Kaufhausdetektiv aufgehalten. Der Dieb schlägt ihn zu Boden und flüchtet: Es handelt sich um einen räuber. Diebstahl, weil er Gewalt eingesetzt hat, um seine Beute zu behalten (und nicht, wie es ein Raub voraussetzen würde, um die Beute zu erlangen).

Erpressung
ist eine *durch Nötigung begangene Schädigung fremden Vermögens in Bereicherungsabsicht* (§ 253) und wird mit Freiheitsstrafe bis zu fünf Jahren oder mit Geldstrafe bedroht. Geschützte Rechtsgüter sind, wie beim Raub, das *Vermögen* und die *persönl. Handlungsfreiheit.* Im Unterschied zum Raub nimmt der Täter dem Opfer die Beute aber nicht weg, sondern zwingt es, die Beute herauszugeben (C).

Bsp.: A hat einige Fotos in seinen Besitz gebracht, die den Politiker B bei einem Bordellbesuch zeigen. Er droht mit der Veröffentlichung, wenn B dem A nicht 10 000 EUR gibt. B kommt dieser Aufforderung nach. Es handelt sich um eine Erpressung, da B das Geld auf As Drohung hin *herausgegeben* hat. Eine *Wegnahme,* wie sie der Tatbestand Raub erfordert, liegt nicht vor.

Eine **räuberische Erpressung** (§ 255 StGB) zeichnet sich dadurch aus, dass die Erpressung durch Gewalt *gegen eine Person* oder unter Anwendung von Drohungen *mit gegenwärtiger Gefahr für Leib oder Leben* begangen wird.

A Zur Abgrenzung von Betrug und bloßer Geschäftstüchtigkeit

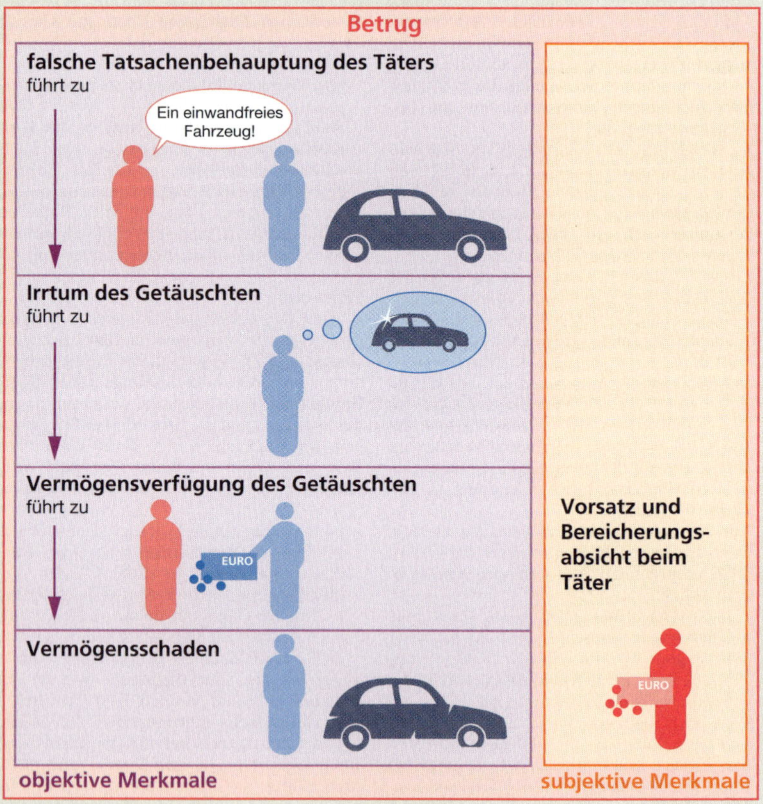

B Der Tatbestand des Betrugs

Kennzeichnend für den in § 263 StGB geregelten Tatbestand **Betrug** ist eine **Vermögensschädigung durch Täuschung.** Das Gesetz sieht dafür eine Geldstrafe oder Freiheitsstrafe bis zu fünf Jahren vor, in bes. schweren Fällen bis zu zehn Jahren.

Die Abgrenzung zwischen (erwünschter) Geschäftstüchtigkeit und kriminellem Betrug wirft häufig erhebl. Probleme auf (A).

Der Betrugstatbestand schützt das *Vermögen in seiner Gesamtheit* als Inbegriff aller wirtschaftl. Güter. Bei der Fallprüfung wird, abweichend vom Gesetzeswortlaut, üblicherweise ein fünfgliedriger Aufbau zugrunde gelegt (B):

1. *Falsche Tatsachenbehauptung* des Täters, dadurch
2. *Irrtumserregung beim Opfer,* die zu einer
3. *Vermögensverfügung des Opfers* führt, das so einen
4. *Vermögensschaden* erleidet. Zusätzlich
5. *Vorsatz* und *Bereicherungsabsicht* beim Täter.

1. Erste Voraussetzung eines Betrugs ist, dass das Opfer durch eine **falsche Tatsachenbehauptung** getäuscht wird. Tatsachenbehauptungen sind Aussagen über konkrete Zustände oder Vorgänge in der Vergangenheit oder Gegenwart, die dem Beweis zugänglich und somit (empirisch) prüfbar sind. Dabei sind Behauptungen über innere und äußere Tatsachen zu unterscheiden.
   Bsp.: Innere Tatsachen sind das Vorhandensein von Überzeugungen, Absichten oder Wünschen; äußere Tatsachen betreffen die Welt um uns, etwa das Alter eines Fahrzeugs oder die Zahlungsfähigkeit eines Menschen.
   Werturteile und bloße **Meinungsäußerungen** sind keine Tatsachenbehauptungen und deshalb nicht betrugsrelevant. Unter die letztgenannte Kategorie fallen bes. allg. Redewendungen und übertreibende Reklame.
   Eine Tatsachenaussage ist **falsch,** wenn das, was sie aussagt, nicht der Fall ist. Falsche Tatsachenaussagen können ausdrücklich oder durch schlüssiges Verhalten (konkludent) erklärt werden. Auch eine **Nichtaufklärung,** also ein Täuschen durch Unterlassen, ist möglich. Eine Bestrafung als Betrug kommt in derartigen Fällen allerdings nur in Betracht, wenn eine Rechtspflicht zur Aufklärung des Opfers bestand.
   Bsp.: Ein Kaufinteressent muss darauf hingewiesen werden, dass es sich bei dem Kaufobjekt um einen Unfallwagen handelt.
2. Durch die Täuschung muss bei dem Opfer ein **Irrtum** erregt oder unterhalten werden. Der Täter *erregt* den Irrtum, wenn er eine Fehlvorstellung hervorruft, er *unterhält* ihn, wenn er eine vorhandene Fehlvorstellung verstärkt. Ein Irrtum ist gekennzeichnet durch das *Auseinanderfallen von Vorstellung und Wirklichkeit.* Ein Irrtum liegt auch dann vor, wenn eine Vorstellung in mindestens einem wesentl. Punkt *lückenhaft* ist. Reines Nichtwissen (*ignorantia facti*) reicht dagegen nach h. M. für § 263 StGB nicht.
   Zweifel an der Richtigkeit einer Behauptung schließen nach h. M. einen Irrtum nicht aus. Betrug ist deshalb auch möglich, wenn die betrügerische Äußerung an den Aberglauben des Opfers appelliert.
3. Um den Tatbestand eines Betrugs zu erfüllen, ist außerdem eine irrtumsbedingte Vermögensverfügung des Opfers erforderlich. Eine **Vermögensverfügung** ist *jedes Handeln, Dulden oder Unterlassen, das unmittelbar zu einer Vermögensminderung führt.* Nach h. M. spielt es keine Rolle, ob sich der Getäuschte des vermögensmindernden Charakters seiner Verfügung bewusst war oder nicht. Auch *bewusste Selbstschädigungen* können also tatbestandsrelevant sein.
   Bsp.: Vermögensverfügungen sind etwa die Zahlung eines Geldbetrags, etwa als Spende oder als Kaufpreis, die Übereignung einer Sache, aber auch die Nichtgeltendmachung einer Forderung.
4. Die Vermögensverfügung muss beim Opfer zu einem Vermögensschaden führen. Ein **Vermögensschaden** liegt vor, wenn sich bei einer *Gesamtsaldierung des Vermögens vor und nach der Vermögensverfügung* eine für das Opfer nachteilige Differenz ergibt. Bei der Gesamtsaldierung ist zu berücksichtigen, ob die eingetretene Vermögensminderung durch ein unmittelbar auf der Vermögensverfügung beruhendes Äquivalent wieder ausgeglichen wird (*Schadenskompensation*).
5. Der **Vorsatz** des Täters muss sich auf die vier Merkmale des objektiven Tatbestands erstrecken. Dabei ist bedingter Vorsatz (*dolus eventualis*) ausreichend. Hinzukommen muss die Absicht des Täters, einen rechtswidrigen Vermögensvorteil zu erlangen. Diese **Bereicherungsabsicht** liegt vor, wenn es dem Täter entscheidend auf die Erlangung eines Vorteils ankommt. Die eigentl. Triebfeder seines Handelns kann eine andere sein, z. B. Schädigung des Opfers.

Beim **Anstellungsbetrug** täuscht der Täter darüber, dass ihm notwendige Voraussetzungen einer Anstellung fehlen.

Bsp.: Jemand bewirbt sich um eine Stelle als Busfahrer und verschweigt, dass er keinen Führerschein besitzt. Betrug liegt in diesem Fall auch dann vor, wenn er den Bus tatsächlich fahren kann.

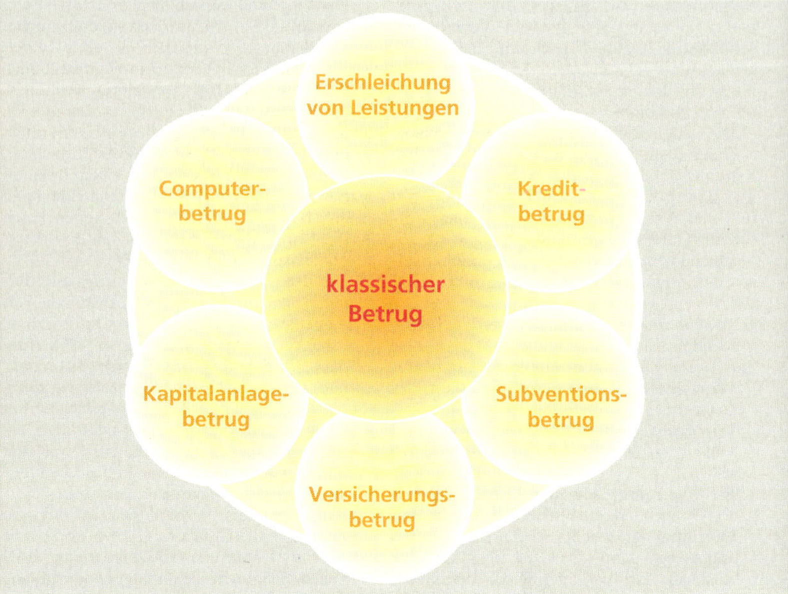

A Sonderformen des Betrugs

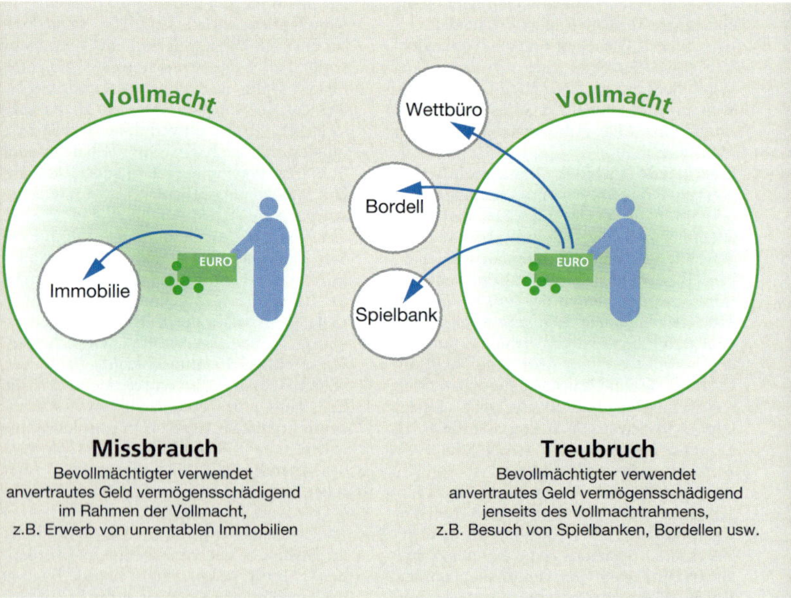

B Missbrauchs- und Treubruchstatbestand bei der Untreue

Neben dem klass. Betrugstatbestand (§ 263 StGB) existieren mehrere **Sonderformen des Betrugs,** die frühere Strafbarkeitslücken schließen und Sonderfälle erfassen sollen (A).

Der **Computerbetrug** (§ 263 a StGB) wurde erst 1986 in das StGB aufgenommen. Der Tatbestand erfasst betrüger. Manipulationen an EDV-Anlagen, die zu einer Vermögensschädigung des Opfers führen. Das Gesetz unterscheidet vier Tatvarianten:

1. die unrichtige Gestaltung eines Computerprogramms
2. die Verwendung unrichtiger oder unvollständiger Daten
3. die unbefugte Verwendung von Daten und
4. sonstige unbefugte Einwirkungen auf den Ablauf der Datenverarbeitung.

Der Tatbestand hat bislang v. a. beim **ec-Kartenmissbrauch** Bedeutung erlangt:

Bsp.: A nimmt Bs ec-Karte an sich, ohne dass B davon weiß. Mit Hilfe der ihm bekannten Geheimnummer hebt er an einem Geldautomaten 500 EUR ab. Dann legt er die Karte zurück. Ein Diebstahl (§ 242 StGB) der Karte liegt nicht vor, da A sie nur kurzfristig verwendet und dann zurückgegeben hat. Durch das unbefugte Abheben des Geldes hat er sich aber wegen des Computerbetruges (§ 263 a I Var. 3 StGB) strafbar gemacht.

Es spricht einiges dafür, dass der Tatbestand des Computerbetrugs in Zukunft eine Schlüsselrolle bei der Bekämpfung der **Computer- und Internetkriminalität** spielen wird.

Ein Hauptproblem der Internetkriminalität liegt in ihrem grenzüberschreitenden Charakter, der die nationalen Strafverfolgungsbehörden oft überfordert.

Eine andere Sonderform des Betrugs ist der **Subventionsbetrug** (§ 264 StGB). Die Vorschrift dient dem *Schutz der staatl. Wirtschaftsförderung* vor missbräuchl. Inanspruchnahme von Subventionen. Damit wird mittelbar auch das *Vermögen* der öffentl. Hand geschützt. Unter **Subventionen** versteht man Leistungen aus öffentl. Mitteln, die wenigstens zum Teil ohne Gegenleistung gewährt werden und der Förderung der Wirtschaft dienen sollen (genauer die Legaldefinition in § 264 VII StGB).

Damit fallen Sozialleistungen an Privatpersonen, z. B. in Form von Kindergeld oder Wohngeld, aus dem Anwendungsbereich des § 264 StGB heraus. Wer derartige Leistungen rechtswidrig erschleicht, macht sich nicht wegen eines Subventionsbetrugs, sondern wegen eines einfachen Betrugs (§ 263 StGB) strafbar.

Einen **Kapitalanlagebetrug** (§ 264 a StGB) begeht, wer in Prospekten für Kapitalanlagen oder ähnl. Informationsmaterial, das an einen größeren Kreis von Personen gerichtet ist, falsche Angaben macht, die Einfluss auf den Wert oder die Chancen der Anlage haben. Falsche Angaben, die nur unter vier Augen gemacht werden, fallen unter den Tatbestand des Betrugs (§ 263 StGB).

Auch der Paragraph **Kreditbetrug** (§ 265 b StGB) dient dem Schutz des Wirtschaftsverkehrs. Erfasst wird das Erschwindeln von Krediten durch Falschangaben über die wirtschaftl. Verhältnisse des Kreditnehmers. Eine Besonderheit des Kreditbetrugs liegt darin, dass sowohl Kreditgeber als auch Kreditnehmer ein Betrieb oder ein Unternehmen sein müssen.

Kredite, die von oder an Privatpersonen vergeben werden, erfasst § 263 StGB.

Einen **Versicherungsmissbrauch** (§ 265 StGB) begeht, wer eine versicherte Sache beschädigt oder zerstört oder auf andere Weise einen Versicherungsfall vortäuscht, um sich widerrechtlich Leistungen zu verschaffen. Geschütztes Rechtsgut ist die Leistungsfähigkeit der Versicherer.

Das **Erschleichen von Leistungen** (§ 265 a StGB) umfasst vier Anwendungsfälle:

1. Erschleichen der Leistung eines Automaten
2. Erschleichen der Leistung eines öffentl. Zwecken dienenden Telekommunikationsnetzes
3. Erschleichen der Beförderung durch ein Verkehrsmittel (Schwarzfahren) und
4. Erschleichen des Zutritts zu einer Veranstaltung.

Es handelt sich um Auffangtatbestände, die Strafbarkeitslücken des klass. Betrugstatbestandes schließen sollen. Bei den erschlichenen Leistungen muss es sich stets um *entgeltl. Leistungen* handeln.

Bsp.: Um das Konzert einer Rockband zu hören, klettert X über einen Zaun und mischt sich unter die Besucher. Eine Strafbarkeit nach § 265 a StGB entfällt, wenn es sich um ein unentgeltl. Konzert handelt.

Untreue

besteht in der Schädigung fremden Vermögens durch Verletzung einer *Vermögensbetreuungspflicht* (§ 266 StGB). Unerheblich ist, ob sich der Täter durch die Tat bereichert hat.

Es handelt sich also nicht um einen Sonderfall des Betruges, sondern um einen eigenständigen Deliktstyp.

Dabei sind der **Missbrauchs-** (§ 266 I Alt. 1 StGB) und der **Treubruchstatbestand** (§ 266 I Alt. 2 StGB) zu unterscheiden (B).

Auch die Verschwendung von Haushaltsmitteln der öffentl. Hand kann den Tatbestand der Untreue erfüllen.

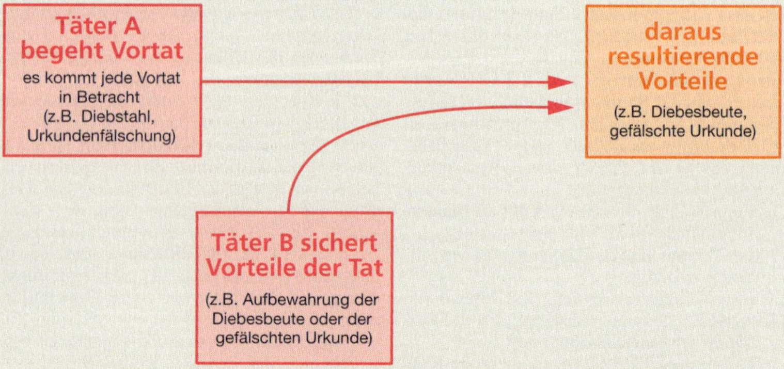

A Begünstigung

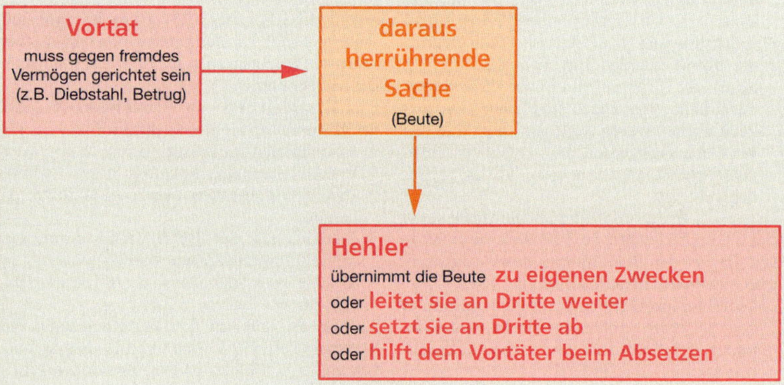

B Hehlerei

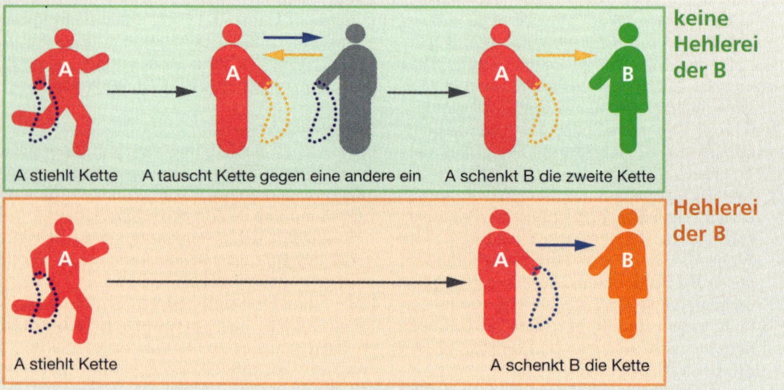

C Ersatzhehlerei

Begünstigung
nach § 257 StGB liegt vor, wenn der Täter einem anderen dabei Hilfe leistet, sich die aus einer rechtswidrigen Tat (Vortat) erlangten Vorteile zu sichern (A). Begünstigung wird mit Freiheitsstrafe bis zu fünf Jahren oder mit Geldstrafe geahndet. Die Norm dient zum einen dem Schutz der Rechtspflege, zum anderen des (privaten) Vermögens. Die *Vortat* muss den Tatbestand einer Strafgesetznorm erfüllen und rechtswidrig sein. Schuldhaftes Handeln ist nicht erforderlich.

Die (begünstigende) Tathandlung liegt *zeitlich nach* der Vortat und muss *objektiv geeignet* sein, den durch die Vortat erlangten Vorteil zu sichern.

Bsp.: Aufbewahren gestohlener Sachen, Irreführen von Ermittlungsbeamten, Umlackieren gestohlener Kraftwagen.

Die Hilfeleistung muss darauf abzielen, dem Vortäter die erlangten Vorteile gegen ein Entziehen zugunsten des Verletzten zu erhalten. Handlungen, die lediglich der Sacherhaltung dienen, fallen deshalb nicht unter den Tatbestand der Begünstigung.

Bsp.: X hat eine Kuh gestohlen. Tierfreund A, der davon weiß, füttert die Kuh. Es liegt keine Begünstigung i. S. v. § 257 StGB vor, da die Handlung As lediglich der Sacherhaltung dient und nicht geeignet ist, die Position des X gegenüber dem Eigentümer der Kuh zu sichern.

Im subjektiven Tatbestand genügt *dolus eventualis* (bedingter Vorsatz) sowie die *Absicht,* dem Begünstigten die Vorteile der rechtswidrigen Tat zu sichern.

Hehlerei
wird nach § 259 StGB ebenfalls mit Freiheitsstrafe bis zu fünf Jahren oder Geldstrafe geahndet. Geschütztes Rechtsgut ist das Vermögen. Hehlerei wird meist in der Weise begangen, dass der Hehler eine Sache, die ein anderer gestohlen oder durch eine andere rechtswidrige Tat erlangt hat, ankauft.

Ohne die Bereitschaft eines zahlungskräftigen Hehlers, die Diebesbeute zu übernehmen, würde sich Diebstahl oft nicht lohnen.

Das Unrecht der Hehlerei liegt darin, dass der Hehler *zusammen mit dem Vortäter die durch die Vortat geschaffene rechtswidrige Vermögenslage aufrechterhält* (B).

Hehlerei kann nur an *Sachen* begangen werden. Als Vortaten kommen z. B. Diebstahl, Erpressung und Betrug in Betracht. Die gehehlte Sache muss mit der durch die Vortat erlangten Sache körperl. identisch sein. An Ersatzgegenständen (Surrogaten) ist keine Hehlerei möglich (*Straflosigkeit der Ersatzhehlerei,* C).

Bsp.: A stiehlt bei einem Juwelier einen Ring und eine Kette. Die Kette tauscht er gegen eine genauso wertvolle um. Sodann verschenkt er Ring und Kette an die in alles eingeweihte B. B macht sich nur hinsichtlich des Rings der Hehlerei strafbar. Dagegen ist die Kette, die A eingetauscht hat, mit der gestohlenen Kette nicht identisch, so dass insoweit Hehlerei ausscheidet.

Nach einer in der Literatur vertretenen Ansicht soll Hehlerei auch an Ersatzgegenständen möglich sein, wenn es sich bei dem ausgetauschten Tatobjekt um Geld handelt.

Hehlerei kann durch viererlei Tathandlungen begangen werden: dass man die fragl. Sache *sich* oder *einem Dritten verschafft,* sie *absetzt* bzw. *absetzen hilft.*

1. Die erste Tatvariante, das »Sich-Verschaffen«, liegt vor, wenn der Täter die Beute zu eigenen Zwecken übernimmt. Der Normalfall ist das Ankaufen.

   Bsp.: Hehler A kauft einen gestohlenen Rembrandt und hängt ihn in sein Wohnzimmer.

2. Die zweite Tatvariante verlangt, dass der Hehler die Beute »einem Dritten verschafft«.

   Bsp.: Hehler A leitet die »heiße Ware« vom Tatort direkt einem Endabnehmer zu.

3. Unter *»Absetzen«* (dritte Tatvariante) versteht man die im Interesse des Vortäters und mit seinem Einverständnis erfolgende wirtschaftl. Verwertung der Sache durch deren Veräußerung an Dritte. Nach Ansicht der Rspr. fallen bereits die auf Absatz der Ware gerichteten Bemühungen des Hehlers unter den Tatbestand der Hehlerei, während nach h. L. ein erfolgreicher Absatz erforderlich ist.

   Bsp.: Im Auftrag des Juwelenräubers B bemüht sich Hehler A, eine wertvolle Diamantenkette »unter die Leute« zu bringen. Seine Absatzbemühungen bleiben jedoch ohne Erfolg. Nach der Rspr. liegt ein strafbares »Absetzen« (i. S. v. § 259 I Var. 3 StGB) vor, während die h. L. nur eine versuchte Hehlerei annimmt.

4. Der Täter *hilft beim Absetzen* (vierte Tatvariante), wenn er die Absatzbemühungen des Vortäters unterstützt.

   Bsp.: Der Dieb B verkauft seine Beute auf einem Flohmarkt. Hehler A hilft ihm dabei und macht sich deswegen strafbar.

Die **gewerbsmäßige Hehlerei** und die **Bandenhehlerei** sind in einem eigenen Tatbestand (§ 260 StGB) unter Strafe gestellt. Gewerbsmäßig handelt, wer sich aus der wiederholten Tatbegehung eine fortlaufende Einnahmequelle von einigem Umfang und einer gewissen Dauer verschafft.

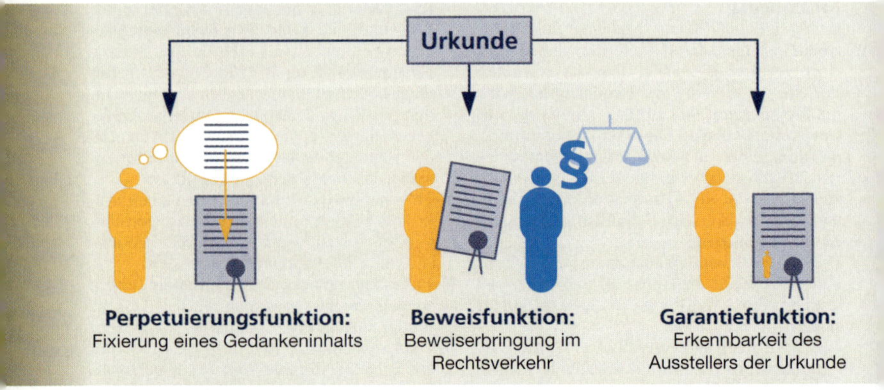

A Funktionen einer Urkunde

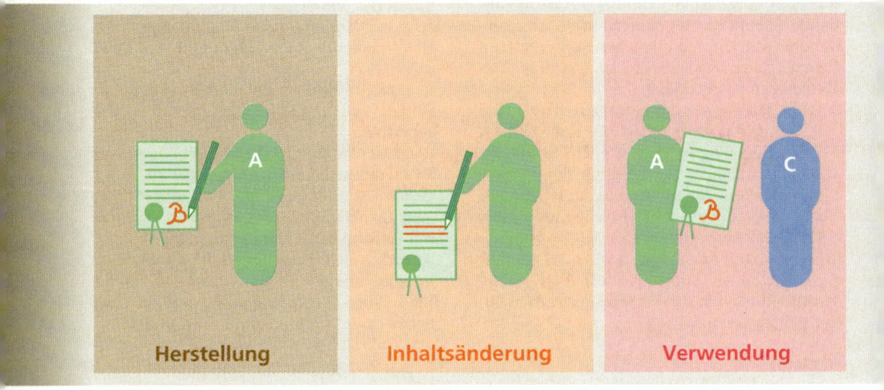

B Die drei Formen der Urkundenfälschung

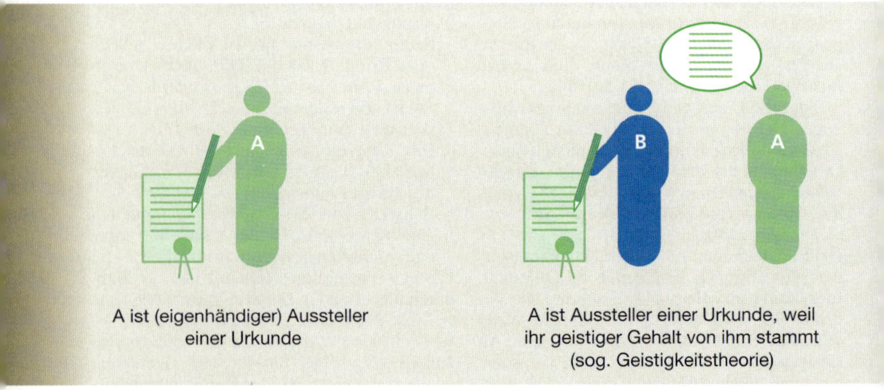

C Der Aussteller

Das moderne Geschäftsleben ist ohne die Verwendung von Urkunden und urkundenähnl. Erklärungen nicht mehr denkbar. Der Straftatbestand der **Urkundenfälschung** (§ 267 StGB) soll die Sicherheit und Zuverlässigkeit des allgemeinen Rechtsverkehrs mit Urkunden als Beweismittel schützen. Es handelt sich um ein *überindividuelles Schutzinteresse,* dessen Bedeutung mit der Internationalisierung des Geschäftsverkehrs immer weiter zunimmt.

Eine **Urkunde** ist das einen Gedanken verkörpernde Dokument, das zum Beweis im Rechtsverkehr geeignet und bestimmt ist und das seinen Aussteller erkennen lässt. Man spricht deswegen auch von der *Perpetuierungsfunktion,* der *Beweisfunktion* und der *Garantiefunktion* von Urkunden (A).

Bsp.: unterschriebener Vertrag, Garantieerklärung, Schulzeugnis, Führerschein.

Sonderfälle von Urkunden:

- *Beweiszeichen* wie die gestempelten Motor- und Fahrgestellnummern von Kfz oder die Prüfplakette des TÜV erfüllen die Voraussetzungen des Urkundenbegriffs. Das Fehlen der Schriftform spielt im Strafrecht, anders als in den anderen Rechtsgebieten, keine Rolle. Dagegen verkörpern *Kennzeichen* (z. B. Garderobenummern oder Briefmarken) keine Gedankenerklärung, sondern dienen lediglich der Individualisierung oder Unterscheidung. Die Abgrenzung zwischen Beweis- und Kennzeichen ist häufig unsicher.
- Eine *Gesamturkunde* ist die dauerhafte Verbindung mehrerer Einzelurkunden zu einem einheitl. Ganzen, das über die Einzelbestandteile hinaus einen selbständigen Erklärungsinhalt aufweist. Die bloße Zusammenfassung mehrerer Einzelurkunden erfüllt diese Voraussetzungen nicht.

  Bsp.: kaufmänn. Handelsbücher, Einwohnermeldeverzeichnis.
- Eine *zusammengesetzte Urkunde* liegt vor, wenn eine verkörperte Gedankenerklärung mit ihrem Bezugsobjekt fest zu einer Beweismitteleinheit verbunden ist.

  Bsp.: Pfandsiegel auf gepfändetem Objekt, Ware mit fest angebrachtem Preisschild.
- *Fotokopien* sind nach h. M. nur dann Urkunden, wenn sie beglaubigt sind. Dagegen werden Durchschriften und Zweitausfertigungen als Urkunden anerkannt. Ausschlaggebend ist im Einzelfall, ob nach der Verkehrsanschauung die Voraussetzungen einer Urkunde gegeben sind.
- *Vordrucke* und *Formulare* sind vor ihrer Ausfüllung noch keine Urkunden.
- *Tonträger* und *Magnetbänder* sind keine Urkunden, weil bei ihnen die visuelle Erfassbarkeit der Gedankenerklärung fehlt.

Urkundenfälschung kann auf dreierlei Weise begangen werden (B):

1. durch Herstellen einer unechten Urkunde, z. B. Unterzeichnen mit falschem Namen,
2. durch Verfälschen einer echten Urkunde, z. B. Änderung der genannten Summe auf einem fremden Scheck und
3. durch Gebrauchen einer unechten oder verfälschten Urkunde, z. B. das Einreichen eines unechten oder verfälschten Schecks.

Eine Urkunde ist **unecht,** wenn sie nicht von demjenigen stammt, der in ihr als Aussteller angegeben ist. Aussteller ist der, von dem die Urkunde (geistig) herrührt (C). Kennzeichnend für die Urkundenfälschung ist also die **Täuschung über die Person des Ausstellers.** Auf die inhaltl. Wahrheit kommt es nicht an (Straflosigkeit der »schriftl. Lüge«).

Bsp.: Der 18-jährige Schüler, der sich selbst fälschlich eine »schwere Grippe« attestiert, um nicht am Unterricht teilnehmen zu müssen, lügt zwar (schriftlich), begeht aber keine Urkundenfälschung, da über den Aussteller des Textes (den Schüler selbst) nicht getäuscht wird.

Subjektiv verlangt die Urkundenfälschung ein Handeln zur *Täuschung im Rechtsverkehr.* Nach h. M. genügt dabei *dolus directus* (Wissentlichkeit).

Die **Urkundenunterdrückung** (§ 274 I Nr. 1 StGB) stellt das Vernichten, Beschädigen oder Unterdrücken einer fremden Urkunde oder einer techn. Aufzeichnung unter Strafe.

Bsp.: A zerreißt Bs Reisepass, um ihn am Ausreisen zu hindern.

Geschützt wird durch den Tatbestand die Beweisführungsbefugnis eines bestimmten Anderen, nicht dagegen die Sicherheit des Beweisverkehrs im Allgemeinen.

Die Tatbestände der **mittelbaren Falschbeurkundung** (§ 271 StGB) und des **Veränderns von amtlichen Ausweisen** (§ 273 StGB) dienen dem Schutz vor inhaltl. unwahren Beweismitteln, allerdings nur soweit es sich um öffentl. Urkunden handelt.

Der **Missbrauch von Ausweispapieren** wird in § 281 StGB unter Strafe gestellt. Ausweispapiere sind amtl. Urkunden, die zur Ermöglichung des Identitätsnachweises ausgestellt wurden.

Bsp.: Personalausweise, Reisepässe, Studentenausweise.

Erfasst werden nur Fälle, in denen der Ausweis echt ist. Bei gefälschten Ausweisen ist die einfache Urkundenfälschung (§ 267 StGB) einschlägig.

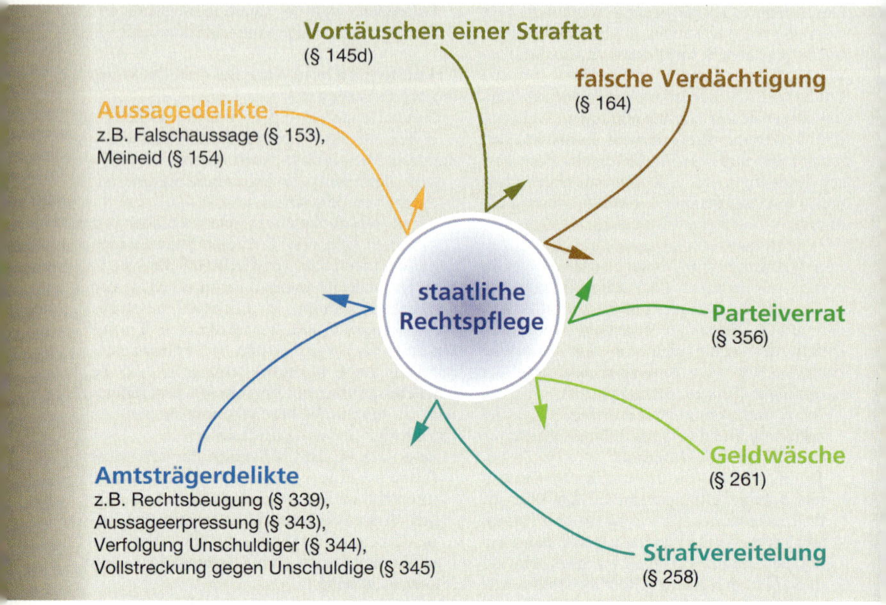

A Der strafrechtliche Schutz der Rechtspflege

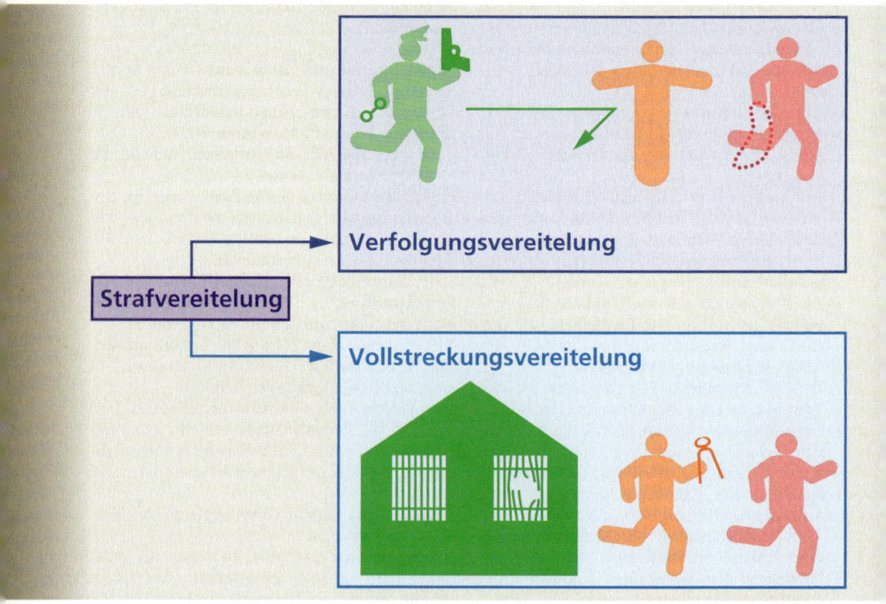

B Die Formen der Strafvereitelung

Die **staatliche Rechtspflege** dient der verbindl. Feststellung und Durchsetzung von Rechtsansprüchen. Ihre Funktionsfähigkeit ist ein wichtiges Allgemeingut (Universalrechtsgut) und dementsprechend durch zahlreiche Straftatbestände gegen unzulässige Beeinflussung geschützt (A).

Eine **falsche Verdächtigung** (§ 164 StGB) begeht, wer einen anderen wider besseres Wissen einer Straftat verdächtigt. Eine Verdächtigung ist *falsch,* wenn sie in zumindest einem wesentl. Punkt nicht mit der Wirklichkeit übereinstimmt und der Verdächtigte die Tat tatsächlich nicht begangen hat.

Ob die Irreführung der Behörde gelingt, ist für die Tatvollendung nicht von Bedeutung.

Unter Strafe steht auch das **Vortäuschen einer Straftat** (§ 145 d StGB). Als Täter kommt in Betracht, wer einer zur Entgegennahme von Anzeigen zuständigen Stelle vortäuscht, eine Straftat sei begangen worden. Im Unterschied zu § 164 StGB ist es nicht erforderlich, dass der Verdacht auf eine best. Person gelenkt wird.

In der Praxis von großer Bedeutung ist der Tatbestand der **Strafvereitelung** (§ 258 StGB). Das Vergehen wird mit Freiheitsstrafe bis zu fünf Jahren oder mit Geldstrafe geahndet. Die Strafvereitelung kann auf zweierlei Weise verwirklicht werden (B), nämlich durch:

1. Verfolgungsvereitelung, z. B. Hilfe auf der Flucht, Zerstören von Tatspuren, oder
2. Vollstreckungsvereitelung, z. B. Hilfe bei einem Ausbruch.

Umstritten ist, inwieweit der Tatbestand der Strafvereitelung auf Strafverteidiger angewandt werden kann. Eine prozessual zulässige Strafverteidigung wird nach zutreffender Ansicht schon tatbestandlich von § 258 StGB nicht erfasst.

Bsp.: Der Strafverteidiger plädiert auf Freispruch, obwohl er weiß, dass sein Mandant schuldig ist. Dieser wird daraufhin freigesprochen. Der Verteidiger macht sich nicht der Strafvereitelung schuldig.

Eine Sonderform ist die **Strafvereitelung im Amt** (§ 258 a StGB).

Bsp.: A hat B verprügelt. Obwohl eine Anzeige des B eingegangen ist, verzichtet Staatsanwalt C auf eine Strafverfolgung, weil er die Tat billigt.

Subjektiv setzt die Strafvereitelung voraus, dass der Täter die Besserstellung des Vortäters erstrebt oder zumindest als sichere Folge des eigenen Verhaltens voraussieht. Wer die Tat zugunsten eines Angehörigen begeht, bleibt *straffrei* (§ 258 VI StGB). Auch wer sich durch die Strafvereitelung ganz oder zum Teil selbst schützen will, macht sich *nicht strafbar* (§ 258 V StGB). Dahinter steht das Prinzip, dass sich niemand durch seine Aussage belasten muss (*nemo tenetur se ipsum accusare*).

Bsp.: A hat zusammen mit B eine Bank überfallen. Als die Polizei A verhört, gibt dieser an, zum Tatzeitpunkt zusammen mit B in der Karibik Urlaub gemacht zu haben. Es handelt sich um eine (zumindest versuchte) Strafvereitelung, die aber wegen As Selbstschutzinteresse ohne Strafe bleibt.

Die **Aussagedelikte** sind in den §§ 153 ff. StGB geregelt. Diese Paragraphen schützen die staatl. Rechtspflege, indem sie best. falsche Aussagen vor Gericht und anderen amtl. Stellen mit Strafe belegen. Als Täter kommen nur Zeugen oder Sachverständige in Frage.

Eine **Falschaussage** (§ 153 StGB) begeht, wer vor einer zur eidlichen Vernehmung zuständigen Stelle, z. B. einem Gericht, vorsätzlich falsch aussagt. Die Tat wird mit Freiheitsstrafe von drei Monaten bis fünf Jahren bedroht. Ein **Meineid** (§ 154 StGB) liegt vor, wenn eine vorsätzliche Falschaussage mit einem Schwur bekräftigt wird. Ein Schwur ist eine bes. feierliche Versicherung der Wahrheit, dessen Berechtigung wegen seines religiösen Hintergrunds umstritten ist. Meineid wird mit Freiheitsstrafe nicht unter einem Jahr geahndet. Auch die fahrlässige Begehung eines Meineids steht unter Strafe (§ 163 StGB).

Gemeinsam ist allen Aussagedelikten, dass die vom Täter abgegebene Aussage **falsch** sein muss. Es ist umstritten, unter welchen Voraussetzungen dies der Fall ist:

Nach der von der h. M. vertretenen *objektiven Theorie* ist eine Aussage falsch, wenn sie mit der Wirklichkeit nicht übereinstimmt, also ein Auseinanderfallen von Aussage und Wirklichkeit vorliegt. Nach der *subjektiven Theorie* ist eine Aussage falsch, wenn sie nicht mit dem Wissen des Aussagenden übereinstimmt, d. h. ein Auseinanderfallen von Aussage und Vorstellung vorliegt.

Bsp.: Zeugin A sagt aus, sie habe B zur Tatzeit am Tatort gesehen. Tatsächlich ist dies nicht der Fall. A glaubt aber, die Wahrheit zu sagen. Nach der objektiven Theorie liegt hier eine falsche Aussage vor. Anders nach der subjektiven Theorie: Da A ihr Vorstellungsbild zutreffend wiedergegeben hat, ist ihre Aussage (subjektiv) wahr.

Hat der Täter nur deshalb die Unwahrheit gesagt, weil er sich selbst oder einen Angehörigen nicht in die Gefahr einer Strafverfolgung bringen wollte, befand er sich also im **Aussagenotstand,** kann das Gericht gem. § 157 StGB die Strafe mildern oder sogar ganz von ihr absehen.

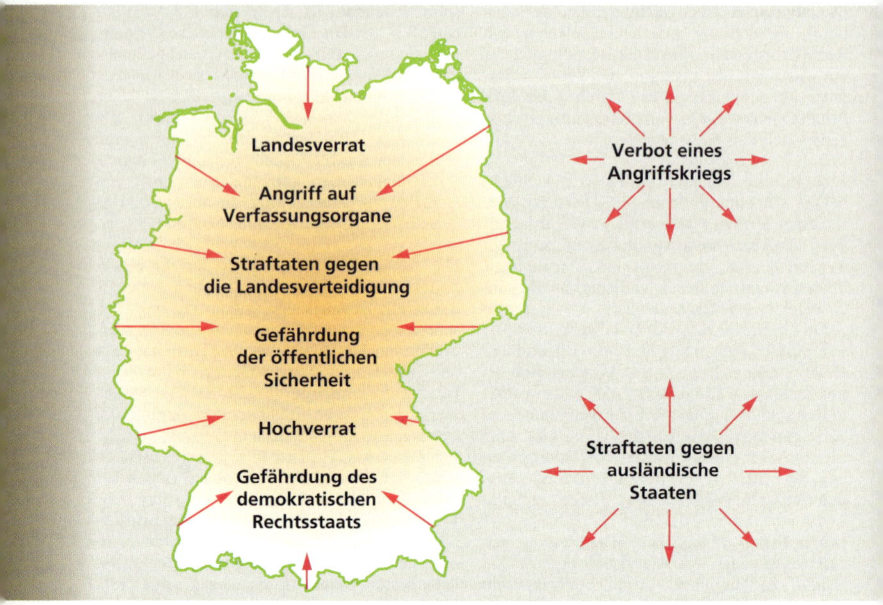

A Der strafrechtliche Schutz des Staates nach innen und außen

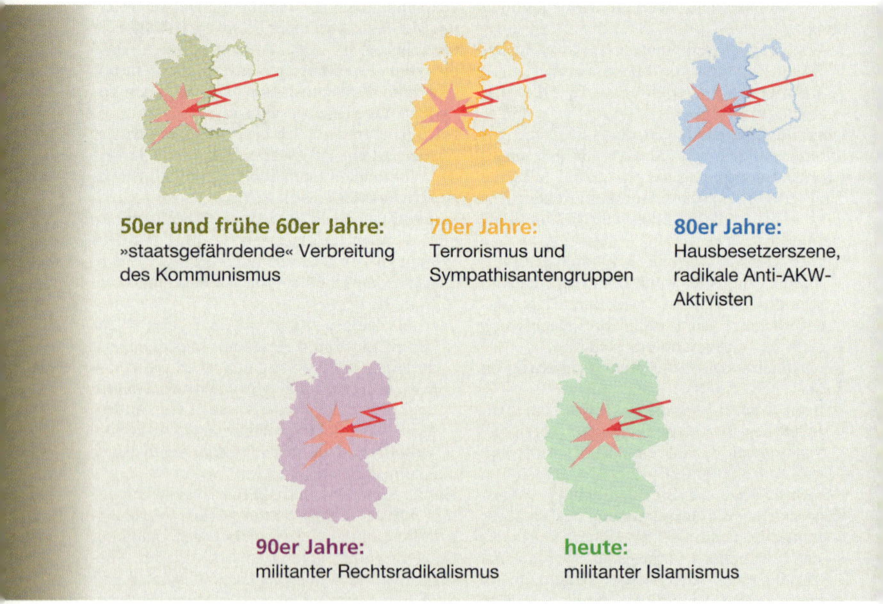

B Schwerpunkte politisch motivierter Kriminalität in der Bundesrepublik

Staatsschutzdelikte sind Straftaten, die gegen den Bestand des Staates, seine Funktionsfähigkeit oder die verfassungsmäßige Ordnung gerichtet sind (A):

Dem **Schutz nach innen** dienen die Tatbestandsgruppen des *Hochverrats* und der *Gefährdung des demokratischen Rechtsstaats* (§§ 81 ff. StGB).

Zur letztgenannten Gruppe gehören z. B. die Fortführung einer vom BVerfG für verfassungswidrig erklärten Partei, das Verbreiten von Propagandamaterial verfassungswidriger Organisationen, die verfassungsfeindl. Sabotage und die Verunglimpfung des Staates.

Dem bes. Schutz von Verfassungsorganen und demokrat. Wahlen dienen die §§ 105 ff. StGB.

Dazu zählen bes. die Nötigung von Verfassungsorganen, die Wahlbehinderung und Wahlfälschung, die Wählerbestechung und die Bestechung von Abgeordneten.

Den **Schutz nach außen** bezwecken der Tatbestand des *Landesverrats* und die verschiedenen Tatbestände der *Gefährdung der äußeren Sicherheit* (§§ 93 ff. StGB).

Landesverrat (§ 94 StGB) begeht, wer ein Staatsgeheimnis einer fremden Macht mitteilt und dadurch die äußere Sicherheit der BRD konkret gefährdet.

Der **Sicherung des Friedens** dienen zum einen das Verbot der *Vorbereitung eines Angriffskrieges* (§ 80 StGB), zum anderen die verschiedenen Gesetze zum *Schutz der Landesverteidigung* (§§ 109 ff.).

Dazu gehören etwa die Wehrpflichtentziehung durch Verstümmelung oder Täuschung und die Störpropaganda gegen die Bundeswehr.

In einem bes. Abschnitt werden schließlich **Straftaten gegen ausländische Staaten** geregelt (§§ 102 ff. StGB).

Dazu gehören u. a. Beleidigung oder tätliche Angriffe gegen die Vertreter fremder Staaten sowie die Schändung oder Zerstörung ausländ. Flaggen.

Neben der Sicherung nach innen und außen wird auch die **Staatsgewalt als solche,** also die Durchsetzbarkeit des staatl. Willens, **unter Schutz gestellt** (§§ 111 ff. StGB). Diese Deliktgruppe umfasst bes. die *öffentl. Aufforderung zu Straftaten,* den *Widerstand gegen Vollstreckungsbeamte* und die *Gefangenenbefreiung.*

Widerstand gegen Vollstreckungsbeamte (§ 113 StGB) leistet z. B., wer einem Gerichtsvollzieher bei der Vornahme einer Diensthandlung mit Gewalt droht oder ihn tätlich angreift.

In einem eigenen Abschnitt regelt das StGB schließlich noch **Straftaten gegen die öffentliche Ordnung** (§§ 123 ff. StGB). Darunter fallen Tatbestände ganz unterschiedl. Natur, die teilw. nicht dem Staatsschutz, sondern dem Schutz von Individuen dienen, z. B. Hausfriedensbruch (§ 123 StGB).

Zu den Staatsschutzdelikten in diesem Abschnitt zählen bes. die Bildung krimineller Vereinigungen (§ 129 StGB), die Bildung terrorist. Vereinigungen (§ 129 a StGB) und die Volksverhetzung (§ 130 StGB).

Die Staatsschutzparagraphen werfen besondere Probleme auf, weil sie nicht Rechtsgüter des Individuums schützen (dazu gehören vor allem Leben, Leib, Freiheit und Eigentum), sondern den Staat und seine Einrichtungen.

In autoritären und totalitären Staaten dient die Verfolgung dieser Delikte dazu, die Opposition auszuschalten oder zumindest mundtot zu machen.

Es wäre jedoch falsch, daraus herzuleiten, polit. motivierte Straftäter stünden stets über den sog. »einfachen« Kriminellen, die ihre Taten aus Eigennutz begehen.

Im *demokrat. Verfassungsstaat* haben polit. Minderheiten zahlreiche Möglichkeiten, ihre Vorstellungen in die Öffentlichkeit zu tragen und dort dafür zu werben.

Es lässt sich aber nicht leugnen, dass auch im demokrat. Verfassungsstaat das Strafrecht zur Gängelung Andersdenkender missbraucht werden kann.

Trotzdem sind im demokrat. Verfassungsstaat Gesetze gegen Staatsschutzdelikte notwendig. Seit Beginn der 90er Jahre dienen sie verstärkt der Abwehr rechtsradikaler Bestrebungen (B).

Um Missbräuche zu verhindern, sollte jedoch noch mehr als sonst darauf geachtet werden, dass die einzelnen Tatbestände klar und eindeutig formuliert sind, sodass die Anwendung der staatl. Strafgewalt auch in diesem Bereich jederzeit der demokrat. Kontrolle unterliegt.

Die **Geld- und Wertzeichenfälschung** ist in den §§ 146 ff. StGB geregelt. Geschützt wird das vom Staat als gesetzl. Zahlungsmittel genehmigte Geld (Münzen und Banknoten) sowie diesem gleichgestellte Wertpapiere,

etwa Inhaber- und Orderschuldverschreibungen, Aktien und auf eine best. Summe vorgedruckte Reiseschecks (§ 151 StGB).

Bestraft wird, wer Geld nachmacht, echtes Geld verfälscht, sich nachgemachtes oder verfälschtes Geld verschafft oder solches Geld in Verkehr bringt (§ 146 StGB).

Die *Wertzeichenfälschung* ist in § 148 StGB geregelt. Wertzeichen sind amtl. Marken oder ähnl. Zeichen, die die Zahlung von Gebühren oder Beiträgen nachweisen sollen, z. B. Postwertzeichen, Gebührenmarken.

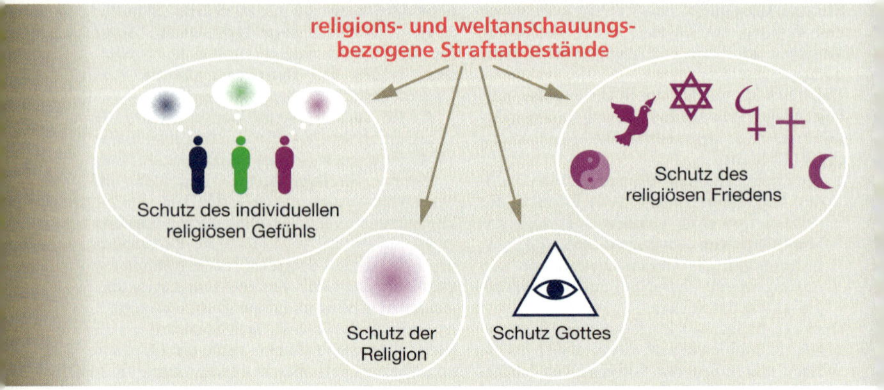

A Mögliche Schutzrichtungen bei Straftaten gegen Religion und Weltanschauung

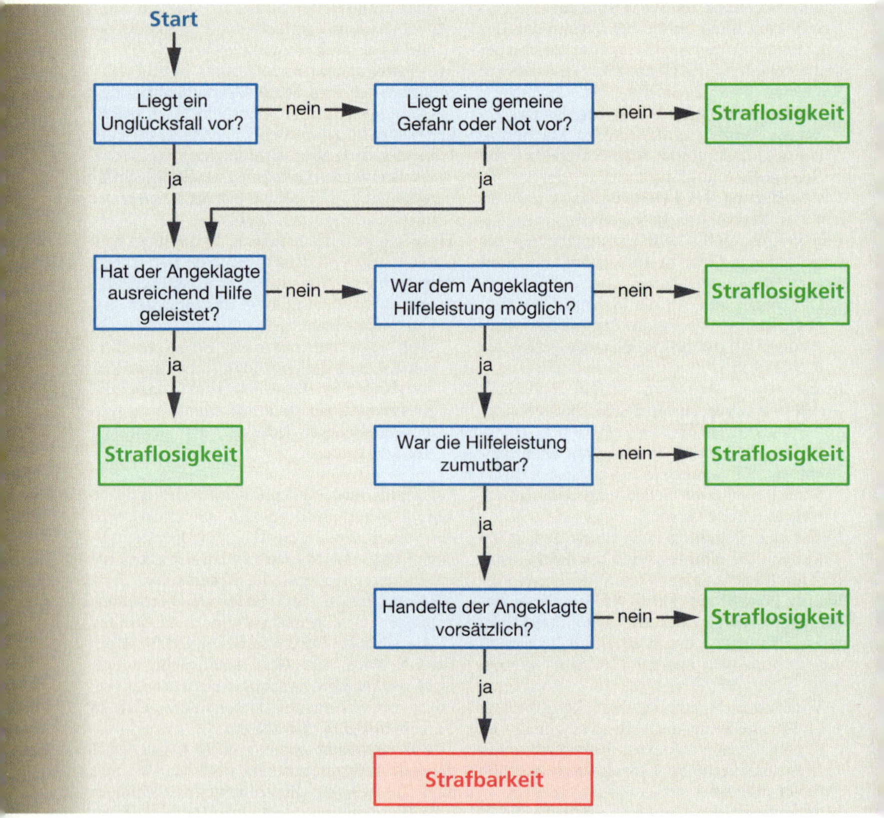

B Prüfungsablauf für die unterlassene Hilfeleistung (§ 323c StGB)

Die **Delikte gegen sozialethische Grundlagen der Gesellschaft** umfassen v. a. drei Deliktgruppen:
1. Religionsdelikte
2. Delikte gegen die familiäre Ordnung und
3. Delikte gegen die mitmenschl. Solidarität.

Es handelt sich um Straftaten, die sich gegen *Rechtsgüter der Allgemeinheit* richten und den *sozialen Zusammenhalt der Gesellschaft in bes. Weise* gefährden.

Religionsdelikte

Im Strafrecht früherer Zeiten spielten die Religionsdelikte eine sehr viel größere Rolle als heute.

In der ›Constitutio Criminalis Carolina‹ (1532) wurde die Gotteslästerung mit dem Tode oder schweren Leibesstrafen geahndet. Seit dem ›Allgemeinen Preußischen Landrecht‹ (1794) trat der Schutz des religiösen Gefühls und die Freiheit der Religionsausübung in den Vordergrund.

Im mod. säkularen Staat ist die Existenzberechtigung von Paragraphen, die Religionsdelikte regeln, wiederholt in Frage gestellt worden. Umstritten ist schon, was durch solche Straftatbestände geschützt werden soll. Folgende Schutzrichtungen kommen in Frage (A):
- Schutz des von einer Religion anerkannten Gottes gegen Kränkung (klass. Verständnis der Gotteslästerung),
- Schutz der Religion selbst,
- Schutz des religiösen Friedens (Verhältnis verschiedener Religionsgemeinschaften untereinander),
- Schutz des religiösen Gefühls und Pietätempfindens einzelner Personen.

Das StGB regelt die Religionsdelikte in den §§ 166–168. Dabei steht der **Schutz des religiösen Friedens** im Mittelpunkt. Ihm dient das Gebot, das religiöse Empfinden und Pietätgefühl Einzelner nicht zu verletzen. Der Schutz der Religion selbst tritt zurück.

Unter Strafe gestellt ist die **Beschimpfung von Bekenntnissen, Religionsgesellschaften und Weltanschauungsvereinigungen,** wenn dadurch der öffentl. Friede bedroht wird (§ 166 StGB).

Ein *religiöses Bekenntnis* besteht in dem Glauben an einen Gott als Weltgrund und Sinnstiftungsinstanz (z. B. Christentum, Islam), während eine *Weltanschauung* die Welt und die Stellung des einzelnen Menschen darin deutet, ohne Bezug auf ein die Wirklichkeit überschreitendes Wesen zu nehmen.

Die im GG festgelegte *Religionsfreiheit* (Art. 4 I) gebietet die Gleichbehandlung von religiösen Bekenntnissen und Weltanschauungen.

Unter Strafe gestellt sind ferner die *Störung der Religionsausübung* (§ 167 StGB) und die *Störung von Bestattungsfeiern* (§ 167 a StGB). Der Tatbestand der *Störung der Totenruhe* (§ 168 StGB) umfasst mehrere das Pietätsempfinden der Angehörigen verletzende Handlungen, etwa die Wegnahme von Leichen, Leichenteilen oder der Asche eines Verstorbenen.

Delikte gegen die familiäre Ordnung

Dazu gehören die *Personenstandsfälschung* (§ 169 StGB), die *Verletzung der Unterhaltspflicht* (§ 170 StGB), die *Verletzung der Fürsorge- und Erziehungspflicht* (§ 171 StGB), die *Doppelehe* (§ 172 StGB) und der *Beischlaf zwischen Verwandten* (§ 173 StGB).

Unter **Personenstand** versteht man das familienrechtl., auf Abstimmung oder Rechtsakt beruhende Verhältnis zweier Personen zueinander, z. B. das Vater-Kind-Verhältnis. Eine Personenstandsfälschung besteht meist in falschen Angaben gegenüber einer zur Feststellung des Personenstands zuständigen Behörde, z. B. Standesamt, Gericht.

Seine **Unterhaltspflicht verletzt,** wer sich einer gesetzl. vorgesehenen Gewährung von Unterhalt (vgl. z. B. §§ 1569 ff., 1601 ff. BGB) entzieht und dadurch den Lebensbedarf des Unterhaltsberechtigten gefährdet.

Unterhaltsleistungen sind i. d. R. Geldleistungen.

Delikte gegen die mitmenschliche Solidarität

Dazu zählen bes. die *Unterlassene Hilfeleistung* (§ 323 c StGB), die *Nichtanzeige geplanter Straftaten* (§ 138 StGB) sowie der *Missbrauch von Notrufen* und *die Beeinträchtigung von Unfallverhütungs- und Nothilfemitteln* (§ 145 StGB).

Wegen **unterlassener Hilfeleistung** macht sich strafbar, wer bei einem Unglücksfall oder bei allg. Gefahr, z. B. bei einer drohenden Überschwemmung, in einem konkreten Fall nicht Hilfe leistet, obwohl er dazu imstande wäre und die Hilfeleistung ihm auch zuzumuten ist (B).

Als Unglücksfall gilt jedes plötzlich eintretende Ereignis, das erhebl. Gefahren für Personen oder Sachen mit sich bringt. Im Unterschied zum allg. Sprachgebrauch kann auch eine vorsätzlich herbeigeführte Gefahrenlage, z. B. ein Angriff, einen Unglücksfall darstellen.

Bsp.: Der kräftig gebaute X sieht untätig zu, wie zwei Rowdys in der U-Bahn eine junge Frau angreifen. Er macht sich der unterlassenen Hilfeleistung strafbar.

Die **Nichtanzeige geplanter Straftaten,** z. B. eines Mordes oder eines Raubes, verletzt zum einen das Gebot der mitmenschl. Solidarität, zum anderen die Rechtspflege.

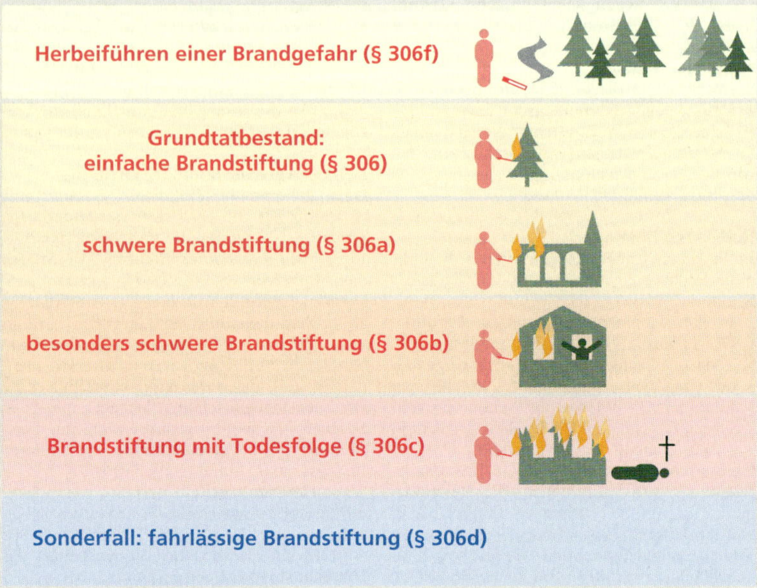

A Brandstiftungsdelikte

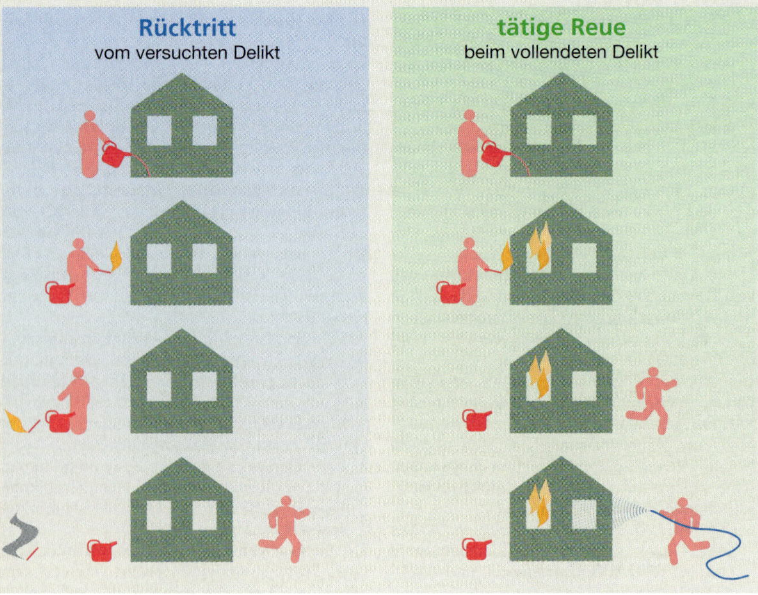

B Rücktritt vom Versuch und tätige Reue

Die Brandstiftungsdelikte (§§ 306 ff. StGB) sind 1998 durch das 6. StRG neu geordnet worden (A).

Eine **einfache Brandstiftung** (§ 306 StGB) begeht, wer fremde Gebäude, Betriebsstätten, Warenlager, Wälder oder ein anderes der im Gesetz genannten Objekte in Brand setzt oder durch Brandlegung ganz oder teilw. zerstört. Die Tat wird mit Freiheitsstrafe von einem Jahr bis zu zehn Jahren geahndet.

Ein **Gebäude** ist ein mit dem Erdboden verbundenes Bauwerk mit festen Seitenwänden und einem Dach. Bei einer **Hütte** sind die Anforderungen an die Stabilität herabgesetzt. Die Verbindung mit dem Boden muss nicht dauerhaft sein.

Bsp.: Ein bewohnbarer Bauwagen kann als »Hütte« und bei entsprechender Stabilität sogar als »Gebäude« angesehen werden.

Eine Sache ist **in Brand gesetzt,** wenn sie vom Feuer so erfasst ist, dass sie nach Entfernen des Zündstoffs weiterbrennt. *Brandstiftung an Gebäuden* liegt vor, wenn ein *wesentl. Bestandteil* des Gebäudes von den Flammen erfasst wird.

Bsp.: Wesentl. Bestandteile sind etwa die Außenwände und die Fensterrahmen, nicht dagegen die Gardinen.

Solange nur der Zündstoff brennt, liegt lediglich eine *versuchte Brandstiftung* vor.

Die Tathandlung des Brandlegens hat der Gesetzgeber 1998 neu in das Gesetz aufgenommen, um auch solche Fälle zu erfassen, bei denen infolge der Verwendung feuerbeständiger Baustoffe im Gebäude nur Rauch-, Ruß- oder Hitzeschäden auftreten.

Ein **Brand gilt als gelegt,** wenn das Brandmittel seine schädigende Wirkung entfaltet. Ein selbständiges Brennen des betroffenen Objekts ist nicht erforderlich.

Eine **schwere Brandstiftung** nach § 306 a StGB liegt vor, wenn eines der im Gesetz genannten *besonderen Tatobjekte* in Brand gesetzt wird. Es handelt sich dabei um Räumlichkeiten, die Menschen als Wohnung dienen (Häuser, Schiffe), Gebäude, die der Religionsausübung gewidmet sind (Kirchen), und Räumlichkeiten, die nur zeitweise dem Aufenthalt von Menschen dienen, sofern sich zum Tatzeitpunkt dort Menschen aufzuhalten pflegen.

Bsp.: A zündet nach Einbruch der Dunkelheit eine Hütte an, in der, wie er weiß, gelegentlich Obdachlose die Nacht verbringen. Es liegt nicht nur eine einfache, sondern eine schwere Brandstiftung vor (§ 306 a I Nr. 3 StGB).

Sehr umstritten ist die Rechtslage, wenn ein Täter eine Räumlichkeit, die zeitweise dem Aufenthalt von Menschen dient, zu einer Zeit anzündet, in der sich dort üblicherweise Menschen aufzuhalten pflegen, sich aber vorher vergewissert, dass sich in der Räumlichkeit keine Menschen befinden.

Bsp.: A zündet nach Einbruch der Dunkelheit die im vorigen Bsp. genannte Hütte an, stellt aber vorher sicher, dass sie leer ist.

Nach dem *Wortlaut des Gesetzes* ändert dies an der Strafbarkeit des Täters nichts. Dem wird allerdings entgegengehalten, dass die hohe Freiheitsstrafe (mindestens ein Jahr) nur dann gerechtfertigt erscheint, wenn tatsächlich Menschen gefährdet werden. Das *Schuldprinzip* schreibt vor, dass jede Strafe schuldangemessen zu sein hat. Deshalb wird eine **teleologische Reduktion** der schweren Brandstiftung in solchen Fällen gefordert, in denen von vornherein auszuschließen ist, dass durch das Anzünden der Räumlichkeit ein Mensch in Gefahr gerät. Die h. M. lehnt dies jedoch unter Verweis auf den eindeutigen Wortlaut ab.

Im obigen Fall ist A also wegen schwerer Brandstiftung strafbar, obwohl er sich vorher vergewissert hat, dass kein Mensch zu Schaden kommen kann.

Eine **besonders schwere Brandstiftung** (§ 306 b StGB) liegt vor, wenn durch die Brandstiftung die Gesundheit eines Menschen schwer geschädigt wurde. Bes. schwere Brandstiftung ist auch dann gegeben, wenn der Täter eine schwere Brandstiftung nach § 306 a StGB begeht und dabei

- einen anderen Menschen in Lebensgefahr bringt oder
- in der Absicht handelt, eine andere Straftat zu ermöglichen oder zu verdecken oder
- das Löschen eines Brandes verhindert oder erschwert.

Löscht der Täter das Feuer wieder, bevor der Tatbestand der Brandstiftung erfüllt ist, also bevor die in Brand gesetzte Sache selbständig weiterbrennen kann, so liegt ein *Rücktritt* von der (versuchten) Brandstiftung vor.

Bsp.: A hat ein Wohnhaus bereits so weit in Brand gesetzt, dass das Gebäude selbständig weiterbrennen kann. Plötzlich wird er von Reue ergriffen und löscht die Flammen wieder. Ein strafbefreiender Rücktritt (§ 24 StGB) kommt hier nicht in Betracht, da man nur vom Versuch zurücktreten kann, nicht von der vollendeten Tat.

Um in derartigen Fällen dem Täter eine »goldene Brücke« zurück zur Legalität zu bauen und ihn zu motivieren, die Flammen noch zu löschen, hat der Gesetzgeber in § 306 e StGB die **tätige Reue** vorgesehen. Danach bleibt ein Brandstifter straflos (oder zumindest wird seine Strafe gemildert), wenn er freiwillig den Brand löscht, *bevor ein erheblicher Schaden* entstanden ist (B).

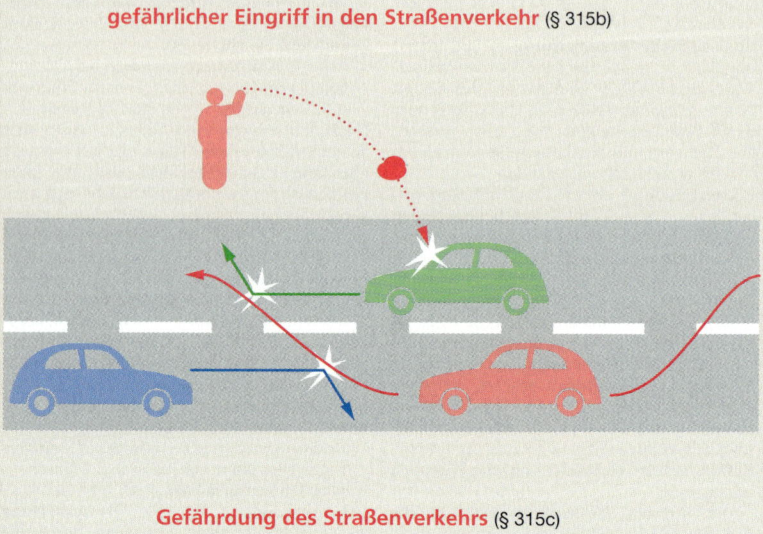

A Gefahrenschaffung im Straßenverkehr

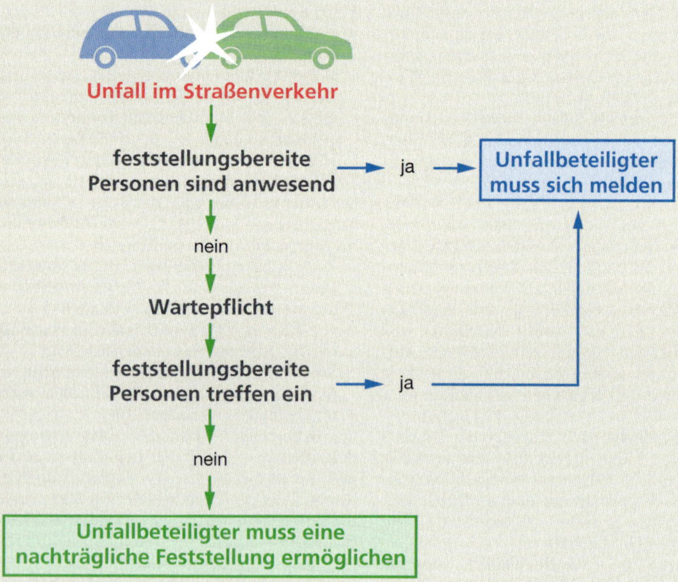

B Pflichten eines Unfallbeteiligten

Zu den **Verkehrsdelikten** zählen u. a. folgende Straftatbestände: *Gefährl. Eingriffe in den Bahn-, Schiffs- und Luftverkehr* (§ 315 StGB), *Gefährdung des Bahn-, Schiffs- und Luftverkehrs* (§ 315 a StGB), *Gefährl. Eingriffe in den Straßenverkehr* (§ 315 b StGB), *Gefährdung des Straßenverkehrs* (§ 315 c StGB), *Trunkenheit im Verkehr* (§ 316 StGB) und *unerlaubtes Entfernen vom Unfallort* (§ 142 StGB).
Hinzu kommen allg. Delikte wie etwa die *fahrlässige Tötung* (§ 222 StGB) und die *Körperverletzungstatbestände* (§§ 223 ff. StGB), die auf Handlungen im Straßenverkehr ohne weiteres anwendbar sind.

Gefährliche Eingriffe in den Straßenverkehr werden mit Freiheitsstrafe bis zu fünf Jahren oder mit Geldstrafe geahndet. Der Tatbestand umfasst nur von außen, d. h. nicht vom Verkehrsteilnehmer selbst erfolgende gefährliche Eingriffe in den Straßenverkehr (A).
Der Tatbestand der **Gefährdung des Straßenverkehrs** stellt bes. gefährl. Verhaltensweisen im Straßenverkehr unter Strafe. Erfasst werden Gefährdungen, die von den Verkehrsteilnehmern selbst ausgehen. Es lassen sich zwei Fallgruppen der Gefährdung des Straßenverkehrs unterscheiden. Beide führen nur dann zu Strafe, wenn durch sie die körperl. Unversehrtheit oder das Leben anderer Personen oder Sachen von bedeutendem Wert gefährdet werden:

1. Zur ersten Fallgruppe (§ 315 c I Nr. 1 StGB) gehören die Fälle, in denen jemand ein Fahrzeug führt, obwohl er **fahruntüchtig** ist, also nicht mehr fähig, sein Fahrzeug sicher im Straßenverkehr zu führen. Von großer prakt. Bedeutung ist die *alkoholbedingte Fahruntüchtigkeit.* Ab einer Blutalkoholkonzentration (BAK) von etwa 0,5 Promille spricht man von »relativer« und ab 1,1 Promille von »absoluter« Fahruntüchtigkeit. Bei der bloß relativen Fahruntüchtigkeit müssen zusätzlich Fahrfehler erkennbar sein, um den Fahrer nach § 315 c StGB bestrafen zu können. Es ist aber auch eine Bestrafung wegen Trunkenheit im Verkehr (§ 316 StGB) möglich.
2. Die zweite Fallgruppe (§ 315 c I Nr. 2 StGB) umfasst die **»sieben Todsünden des Straßenverkehrs«:**
   Nichtbeachten der Vorfahrt, falsches Überholen, falsches Fahren an Fußgängerüberwegen, zu schnelles Fahren an unübersichtl. Stellen, Nichteinhalten der rechten Fahrbahnseite an unübersichtl. Stellen, Fahren gegen die Fahrtrichtung, unzureichende Kenntlichmachung stehender Fahrzeuge.

Das **unerlaubte Entfernen vom Unfallort** wird mit Freiheitsstrafe bis zu drei Jahren oder mit Geldstrafe geahndet. Geschütztes Rechtsgut ist das (auch finanzielle) Interesse des Geschädigten an einer umfassenden Aufklärung des Unfallherganges.
Unter **Verkehrsunfall** versteht man ein regelwidriges, mit dem Straßenverkehr und seinen Gefahren ursächlich zusammenhängendes Ereignis, das einen nicht völlig belanglosen Personen- oder Sachschaden (sog. Bagatellschäden) zur Folge hat. Ein **unerlaubtes Entfernen** liegt vor, wenn der Täter den Unfallort vorsätzlich verlässt, ohne Feststellungen zu seiner Person und dem Unfallhergang ermöglicht zu haben. Befindet sich am Unfallort niemand, der den Unfall aufnehmen könnte, muss der Unfallbeteiligte dennoch eine Zeitlang am Unfallort bleiben (Wartepflicht). Erst danach (!) darf er sich entfernen. In diesem Fall hat er aber unverzüglich nachträgl. Feststellungen zu ermöglichen. Dies geschieht am besten durch eine Mitteilung an eine nahegelegene Polizeidienststelle (B).
Die **Dauer der Wartepflicht** wird vom Gesetz nicht näher bestimmt (»angemessene Zeit«). Nach der Rspr. ergibt sich die Dauer der Wartepflicht aus den Umständen des Einzelfalls. Diese Bestimmung ist jedoch kaum geeignet, dem Wartepflichtigen im Einzelfall eine hinreichend klare Orientierung zu geben.

Bsp.: Bei einem Fremdschaden von 200 EUR auf einer belebten Geschäftsstraße genügen 30 Minuten. Dagegen soll bei der Tötung eines Menschen mindestens eine Stunde gewartet werden. Dies gilt natürlich nicht bei Schwerverletzten: hier muss der Tatbeteiligte *sofort* Hilfe holen.

Die gesetzl. Regelung der Wartepflicht wird wegen ihrer Unbestimmtheit als unbefriedigend empfunden, zumal sie vom Rechtsempfinden der Bevölkerungsmehrheit nicht getragen wird.

Wer im Verkehr (praktisch bedeutsam ist fast ausschließlich der Straßenverkehr) ein Fahrzeug führt, obwohl er

- berauschende Mittel (etwa Alkohol oder Drogen) zu sich genommen hat und deshalb
- nicht mehr in der Lage ist, sein Fahrzeug sicher zu führen (Fahruntüchtigkeit),

verwirklicht den Tatbestand der **Trunkenheit im Verkehr.** Um sich strafbar zu machen, reicht es aus, im Zustand der Fahruntüchtigkeit gefahren zu sein; ob es zu einem Unfall gekommen ist, spielt keine Rolle. Die Einstufung alkoholbedingter Fahruntüchtigkeit folgt denselben Regeln wie bei der Gefährdung des Straßenverkehrs (§ 315 c StGB).

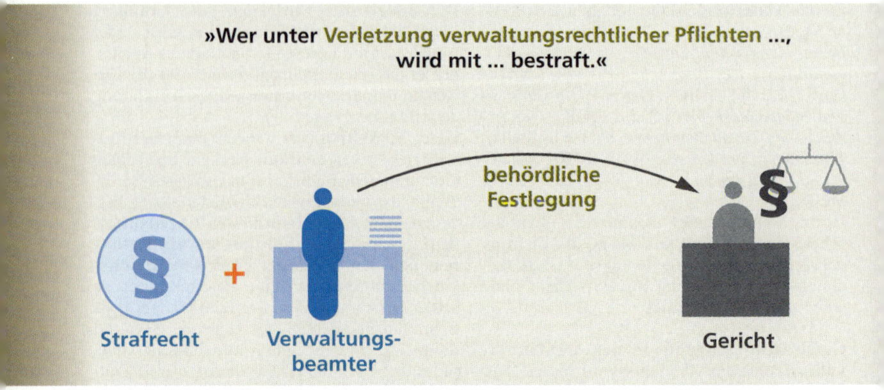

A Die Verwaltungsbezogenheit (Verwaltungsakzessorietät) des Umweltstrafrechts

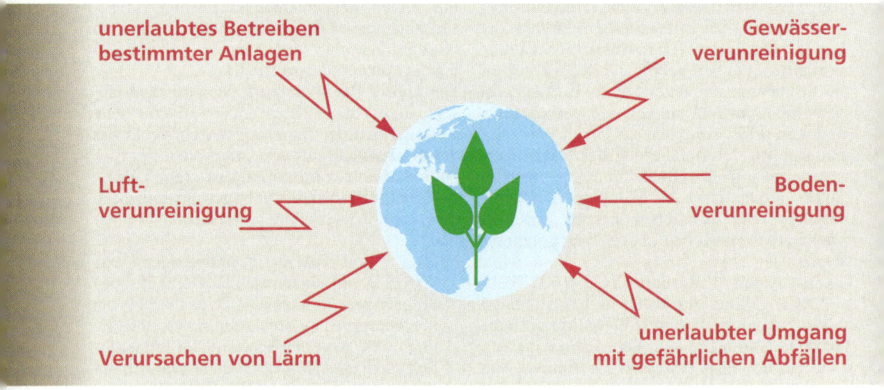

B Wichtige Tatbestände des Umweltstrafrechts

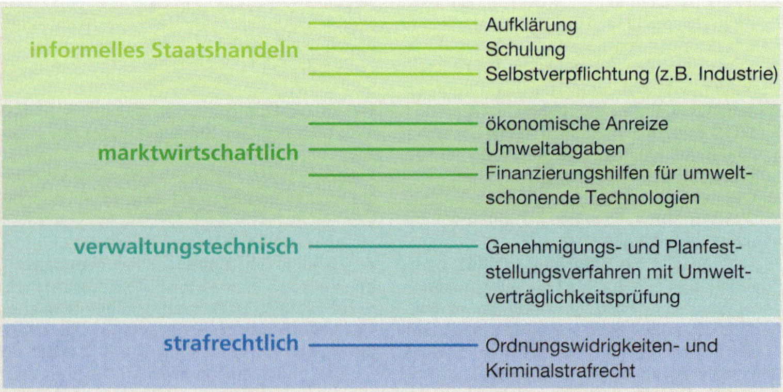

C Instrumente der Umweltschutzpolitik

Umweltstrafrecht ist heute in aller Munde. Nachdem die Gefahren der Umweltverschmutzung lange Zeit nicht erkannt oder verharmlost worden sind, haben Umweltkatastrophen die Öffentlichkeit für die Bedeutung des Umweltschutzes sensibilisiert.
Gesetze zum Schutz best. Teile der Umwelt gibt es schon lange (z. B. Bundesjagdgesetz 1952, Wasserhaushaltsgesetz 1957, Bundesnaturschutzgesetz 1976). Es handelte sich aber i. d. R. um *Verwaltungsrecht.* Strafnormen, die Übertretungen erfassen sollten, waren den jeweiligen Gesetzen angefügt, also bloß *Nebenstrafrecht.*
Erst 1980 hat der Gesetzgeber die wichtigsten Strafvorschriften des Umweltstrafrechts in das StGB übertragen **(Kernstrafrecht).** Man hoffte, damit die *abschreckende Wirkung* zu erhöhen und das Umweltbewusstsein in der Bevölkerung zu stärken. Dieses Ziel hat der Gesetzgeber nur teilw. erreicht.

Problemat. ist, dass das Umweltstrafrecht im StGB sehr unübersichtlich und unsystematisch geregelt ist. Viele Begriffe sind nur aus dem Kontext desjenigen Gesetzes verständlich, aus denen die Strafvorschrift entnommen wurde.

Nicht wenige Normen des Umweltstrafrechts verweisen auf verwaltungsrechtl. Bestimmungen oder Ermächtigungen, sind also ohne einen Rückgriff auf das Verwaltungsrecht nicht anwendbar. Man spricht deshalb von der **Verwaltungsakzessorietät** des Umweltstrafrechts, also der Abhängigkeit der Strafrechtsnorm vom Verwaltungsrecht (A).

Die Vorschriften des **Umweltstrafrechts** stellen das **Rechtsgut Umwelt** in seinen Medien Boden, Wasser und Luft sowie die Tier- und Pflanzenwelt unter Schutz. Der Umweltschutz verfolgt bes. die nachstehenden Ziele:

- *Abfallbeseitigung*
- *Immissionsschutz* (v. a. Schutz vor Luftverunreinigung und Lärm)
- *Reinhaltung der Gewässer*
- *Landschaftspflege*
- *Vermeidung der Freisetzung gefährlicher Stoffe,* z. B. Biozide, Chemikalien, Radioaktivität.

Strafrechtl. erfasst werden u. a. die *Gewässerverunreinigung* (§ 324 StGB), die *Bodenverunreinigung* (§ 324 a StGB), die *Luftverunreinigung* (§ 325 StGB), das *Verursachen von Lärm* (§ 325 a StGB), der *unerlaubte Umgang mit gefährlichen Abfällen* (§ 326 StGB), womit bes. die unerlaubte Abfallbeseitigung gemeint ist, und das *unerlaubte Betreiben bestimmter Anlagen* (§ 327 StGB) (B). Der Strafrahmen beträgt i. d. R. Freiheitsstrafe bis zu drei bzw. fünf Jahren oder Geldstrafe. Bes. schwere Fälle, bei denen der Täter etwa die öffentl. Wasserversorgung gefährdet, aus Gewinnsucht handelt oder einen Menschen in Lebensgefahr bringt oder gar tötet, werden nach § 330 StGB mit mehrjährigen Freiheitsstrafen belegt.
Als **Abfall** bezeichnet man alle beweglichen Sachen, die der Besitzer endgültig loswerden will *(subjektiver Abfallbegriff)* oder deren sichere Beseitigung zur Wahrung des Gemeinwohls geboten ist *(objektiver Abfallbegriff).*

Aus dieser Definition ergibt sich, dass Sachen Abfall (im objektiven Sinn) darstellen können, obwohl ihr Besitzer sie weiterhin behalten will *(Zwangsabfall).* Abfall sind aber auch objektiv noch wertvolle, evtl. wiederverwertbare Sachen, sofern sich der Besitzer ihrer endgültig entledigen möchte *(gewillkürter Abfall).*

Als **Gift** wird ein Stoff nur dann angesehen, wenn er geeignet ist, die menschl. Gesundheit zu *zerstören.* Die Eignung zur bloßen Gesundheitsbeeinträchtigung reicht also nicht aus.
Ein vieldiskutiertes Sonderproblem des Umweltstrafrechts ist die **Strafbarkeit von Amtsträgern.**

Bsp.: Der für den Gewässerschutz zuständige städtische Beamte weiß, dass die Firma X hin und wieder unerlaubt Abwässer in den Fluss einleitet, schreitet aber nicht ein, um keine Arbeitsplätze zu gefährden. Hier kommt eine *Gewässerverunreinigung durch Unterlassen* (§ 324 und § 13 StGB) in Betracht.

Ein anderes Sonderproblem betrifft die **Feststellung der Kausalität** schädigenden Verhaltens.

Bsp.: Wird ein Waldgebiet durch sauren Regen geschädigt, so lässt sich kaum feststellen, ob die dafür ursächlichen Substanzen aus der Chemiefabrik A oder B stammen.

Das Umweltstrafrecht leidet an einem z. T. beträchtlichen **Vollzugsdefizit.** Es fehlen hinreichende Kontrollmöglichkeiten, so dass das Risiko, belangt zu werden, gering ist. Immer mehr setzt sich die Überzeugung durch, dass das Strafrecht kein hinreichendes Mittel zum Umweltschutz darstellt. Als alleiniges Mittel ist es untauglich und dient allenfalls dazu, die Bevölkerung nach bes. aufsehenerregenden Umweltkatastrophen zu besänftigen **(symbolisches Strafrecht).** Sehr viel erfolgversprechender könnte sich der Einsatz marktwirtschaftl. Mittel erweisen, z. B. ökonomische Anreize zur Abfallvermeidung, Umweltabgaben und Finanzierungshilfen für bes. umweltschonende Anlagen (C).

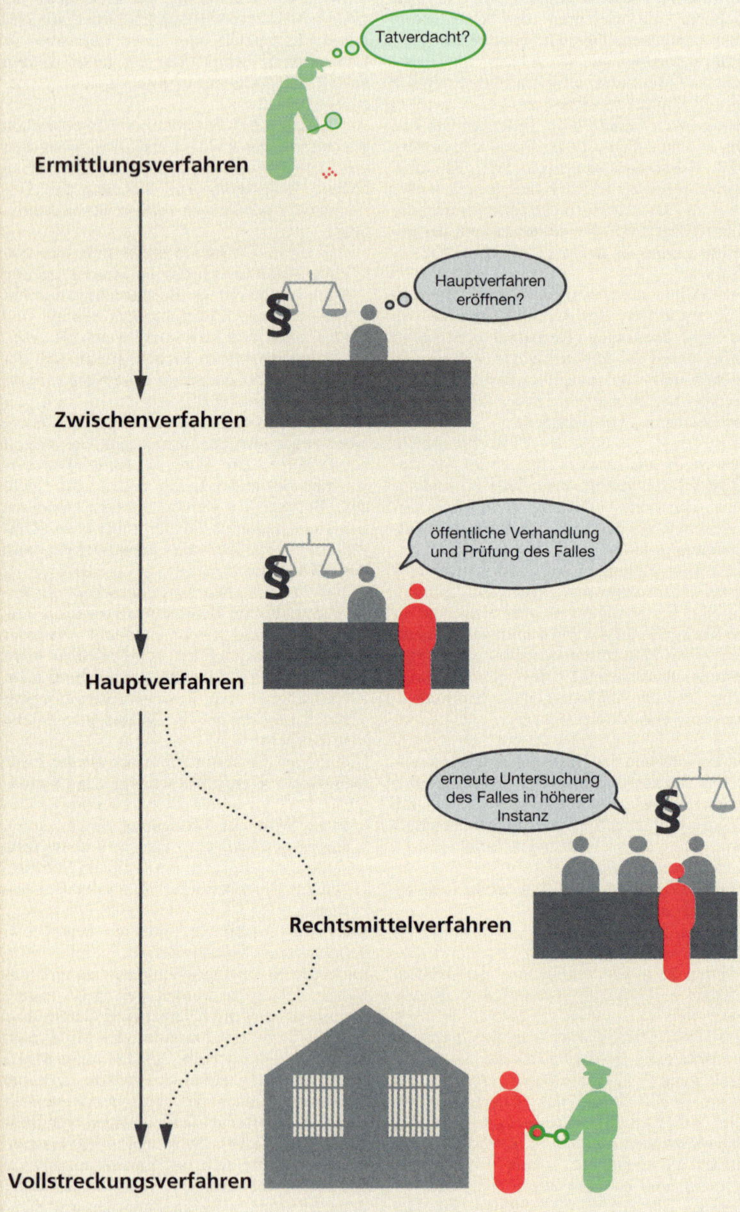

Stadien des Strafverfahrens

Jedes Strafverfahren braucht eine gesetzliche Grundlage: **das Strafprozessrecht.** Dieses regelt die Feststellung und Durchsetzung des staatl. Strafanspruchs. Es ist größtenteils in der **Strafprozessordnung (StPO)** enthalten.

Andere Rechtsquellen des Strafprozessrechts sind das Gerichtsverfassungsgesetz (GVG), das GG und die Europ. Menschenrechtskonvention.

Jedermann hat einen Anspruch auf ein **rechtsstaatlich korrektes Verfahren.**

Im Strafverfahren lassen sich verschiedene **Verfahrensstadien** unterscheiden (Abb.):

Im **Ermittlungsverfahren (Vorverfahren)** prüft die Staatsanwaltschaft, ob ein hinreichender Tatverdacht gegeben ist. Ist dies der Fall, erhebt sie die öffentl. Klage bei dem zuständigen Gericht.

Im daran anschließenden **Zwischenverfahren** hat das Gericht zu prüfen, ob ein Hauptverfahren zu eröffnen ist. Dies geschieht, wenn der Beschuldigte hinreichend verdächtig ist, die Tat begangen zu haben.

Im **Hauptverfahren** wird der Tatvorwurf öffentl. verhandelt und geprüft. Es handelt sich um den wichtigsten Verfahrensabschnitt des gesamten Strafverfahrens und schließt meist mit einem *Urteil* ab.

An das Hauptverfahren der ersten Instanz kann sich ein **Rechtsmittelverfahren** anschließen, d. h. der Fall wird in einer höheren Instanz erneut untersucht.

Im **Vollstreckungsverfahren** schließlich wird der staatl. Strafanspruch vollstreckt.

Das Strafverfahren wird von einigen **Prinzipien** oder **Grundsätzen** beherrscht, die sich teilw. aus Einzelregeln der StPO herleiten lassen, darüber hinaus aber meist Verfassungsrang genießen:

Nach dem **Offizialgrundsatz** (§ 152 I StPO) obliegt die Einleitung und Durchführung des Strafverfahrens dem Staat, der durch die Staatsanwaltschaft tätig wird. Der Staat hat ein *Anklagemonopol.* Privatpersonen können, anders als im Zivilprozess, nicht als Kläger auftreten.

Ausnahmen bestehen bei den *Privatklagedelikten* (§§ 374 ff. StPO), bei denen der Verletzte selbst die Tat als Ankläger verfolgen darf, und bei den *Antragsdelikten* (§§ 77 ff. StGB), wo die Staatsanwaltschaft zwar von sich aus ermitteln darf, die Verurteilung des Angeklagten aber von einem Strafantrag des Verletzten abhängig ist.

Der **Legalitätsgrundsatz** (§§ 152 II, 170 I StPO) bestimmt, dass die Staatsanwaltschaft bei einem hinreichenden Anfangsverdacht verpflichtet ist, die Strafverfolgung aufzunehmen (*Ermittlungs- und Anklagezwang* der Staatsanwaltschaft).

Bsp.: Staatsanwalt A ist eng mit B befreundet. Trotzdem ist er verpflichtet, gegen B zu ermitteln, wenn ein Anfangsverdacht besteht. Allerdings kann A darauf hinwirken, dass sein Vorgesetzter ihn durch einen anderen Beamten der Staatsanwaltschaft ersetzt.

Der **Ermittlungsgrundsatz** (§ 160 II, § 244 II StPO) legt fest, dass die Strafverfolgungsbehörden den Sachverhalt von Amts wegen aufzuklären haben. Dabei muss die Staatsanwaltschaft nicht nur belastende, sondern auch entlastende Umstände ermitteln. Bisweilen spricht man auch vom *Inquisitionsprinzip.*

Dagegen wird im Zivilprozess der Sachverhalt von den streitenden bzw. prozessierenden Parteien vorgetragen.

Der **Anklagegrundsatz** (§ 151 StPO) fordert, dass jede gerichtl. Untersuchung die Erhebung einer öffentl. Klage voraussetzt: Ohne Klage keine Verurteilung.

Das **Gebot eines fairen Strafverfahrens** wird aus dem Rechtsstaatsprinzip hergeleitet. Sein Inhalt ist nicht abschließend geklärt.

Nach Ansicht der Rspr. folgt aus dem Gebot eines fairen Strafverfahrens u. a., dass sich der Angeklagte durch einen Rechtsanwalt seines Vertrauens verteidigen lassen darf.

Der **Grundsatz des gesetzlichen Richters** (Art. 101 GG) besagt, dass die Zuständigkeit der Strafgerichte generell geregelt sein muss und nicht von Fall zu Fall festgesetzt werden darf. Ausnahmegerichte sind unzulässig.

Der **Grundsatz der freien richterlichen Beweiswürdigung** (§ 261 StPO) fordert, dass das Gericht seine Überzeugung auf der Grundlage der Hauptverhandlung frei bildet. Es ist allerdings an die Regeln der Logik sowie an feststehende Erfahrungssätze gebunden.

Dagegen galten in älteren Prozessrechten oft bestimmte *Beweisregeln,* z. B.: »Erst zweier Zeugen Mund tut die Wahrheit kund«.

Der **Grundsatz »in dubio pro reo«** besagt, dass im Zweifel für den Angeklagten zu entscheiden ist. Wenn das Gericht nach Ausschöpfung aller Beweismittel immer noch Zweifel an der Schuld des Angeklagten hat, muss dieser freigesprochen werden.

Der aus dem Rechtsstaatsprinzip herzuleitende **Beschleunigungsgrundsatz** besagt, dass der Tatvorwurf innerhalb einer angemessenen Frist behandelt werden muss. Eine überlange Verfahrensdauer kann dazu führen, dass der Angeklagte freizusprechen ist.

Der **Grundsatz des rechtlichen Gehörs** (Art. 103 I GG) schließlich gibt jedermann das Recht, vor Gericht zu den gegen ihn erhobenen Vorwürfen Stellung zu nehmen. Das Gericht muss sich damit auseinandersetzen. Der Angeklagte hat stets das letzte Wort.

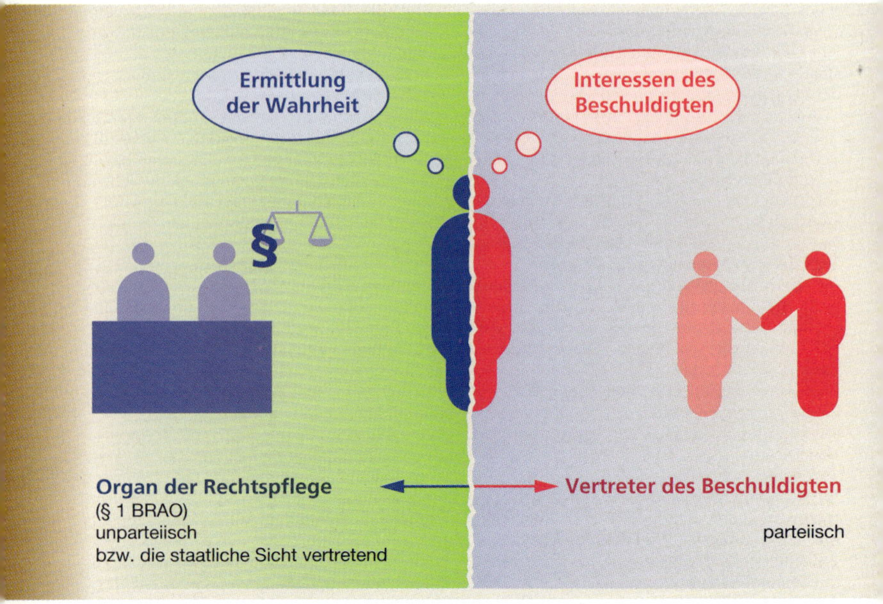

A Zielkonflikt des Strafverteidigers

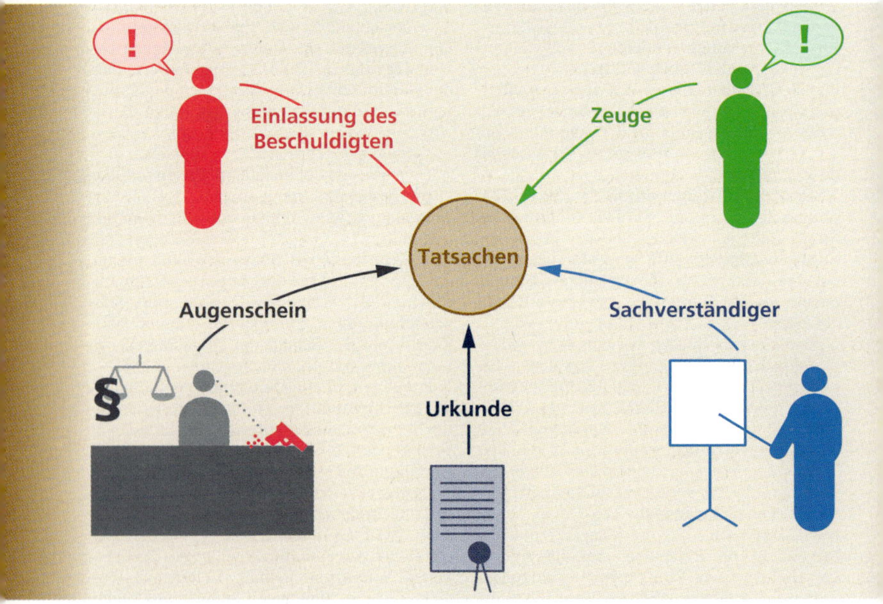

B Von der StPO zugelassene Beweismittel

Das gesamte Strafverfahren muss streng in den dafür von der StPO vorgesehenen Formen durchgeführt werden *(Formzwang als Instrument der Freiheitssicherung).*

Der **Beschuldigte** ist nicht nur Objekt des Verfahrens, sondern von der StPO mit erhebl. **eigenen Rechten** ausgestattet.

Erst nach Eröffnung der Hauptverhandlung spricht man vom **Angeklagten.**

Die Grundrechte des Beschuldigten dürfen nicht verletzt werden. Er hat einen Anspruch auf *rechtliches* Gehör, d. h. er muss über die ihm zur Last gelegte Tat informiert und dazu gehört werden. Außerdem besitzt er ein Recht auf Verteidigung. Bes. wichtig ist seine Befugnis, die aktive Mitwirkung an der Tataufklärung zu verweigern *(nemo tenetur se ipsum accusare).*

Der Beschuldigte darf auch lügen, um sich zu schützen.

Der Beschuldigte kann einen Verteidiger seiner Wahl, einen *Wahlverteidiger,* beauftragen. Tut er dies nicht, so wird ihm bei schwereren Taten vom Gericht ein *Pflichtverteidiger* beigeordnet.

Der **Verteidiger** ist Beistand des Beschuldigten und hat die Aufgabe, dessen Rechte zu wahren. Er ist aber auch Organ der Rechtspflege (§ 1 BRAO) und soll auf einen ordnungsgemäßen Prozessgang und die Ermittlung der Wahrheit hinwirken. Oft sind diese beiden Zielsetzungen nur schwer zu vereinbaren (A).

Ein Verteidiger darf Tatsachen, die für seinen Mandanten ungünstig sind, verschweigen; er darf aber Beweismittel nicht vorsätzlich verfälschen.

Zu den Rechten des Verteidigers gehören bes. die eigene Ermittlung des Sachverhalts, die jederzeitige Kontaktaufnahme mit dem Beschuldigten, das Recht auf Anwesenheit bei Vernehmungen und in der Hauptverhandlung, die Stellung von Beweisanträgen, die Abgabe von Äußerungen für den Mandanten, die Einlegung von Rechtsmitteln und die Akteneinsicht.

Die StPO lässt folgende **Beweismittel** zu (B):

- *Zeugen* sind Personen, die in einer nicht gegen sie selbst gerichteten Strafsache ihre Wahrnehmungen kundgeben. Best. Personengruppen, etwa die Angehörigen des Angeklagten, besitzen ein *Zeugnisverweigerungsrecht.*
- *Sachverständige* vermitteln dem Gericht fehlende eigene Sachkunde.
- Zugelassen sind ferner *Urkunden,* also Schriftstücke mit einem verlesbaren Inhalt.
- *Augenschein* meint den Beweis durch direkte sinnl. Wahrnehmung des Gerichts.
- Zugelassen werden schließlich auch die Äußerungen des Beschuldigten, die sog. *Einlassung,* obwohl die Vernehmung des Angeklagten nicht zur eigentl. Beweisaufnahme (§ 244 I StPO) gehört.

Gegen den Beschuldigten dürfen **Zwangsmittel** eingesetzt werden. Sie sind jedoch an strenge Voraussetzungen gebunden und dürfen nicht unverhältnismäßig angewendet werden: Der Beschuldigte darf in *Untersuchungshaft* (§§ 112 ff. StPO) genommen werden, wenn dringender Tatverdacht besteht und ein bes. Haftgrund gegeben ist. Eine *vorläufige Festnahme* (§ 127 StPO) ist zulässig, wenn eine Person auf frischer Tat gefasst wurde. Auch *körperl. Untersuchungen* und Eingriffe sind zulässig, wenn sie nach den Regeln der ärztl. Kunst vorgenommen werden und gesundheitl. Nachteile nicht zu erwarten sind. Dabei muss bes. darauf geachtet werden, dass die Grundrechte des Betroffenen, v. a. seine Menschenwürde (Art. 1 I GG), nicht unverhältnismäßig eingeschränkt werden.

Weitere Zwangsmittel sind die *Beschlagnahme von Beweismitteln* (§§ 94 ff. StPO), die *Durchsuchung von Räumlichkeiten und Personen* (§ 102 StPO), die *Überwachung der Telekommunikation* (§§ 100 a ff. StPO) und der *Einsatz bes. techn. Beobachtungs- und Abhörmittel* (§§ 100 c, 100 d StPO). Die mit dem Einsatz derartiger Mittel verbundene Möglichkeit, heimlich in die Privatsphäre Unschuldiger einzudringen, wird oft kritisiert.

Umstritten ist bes. der *»große Lauschangriff«* (§ 100 c I Nr. 3 StPO), bei dem heimlich Gespräche des Beschuldigten in seiner Wohnung abgehört und aufgezeichnet werden.

Die *Aufklärungspflicht des Staates* wird durch die Individualrechte des Beschuldigten begrenzt. Es gibt also keine Wahrheitsermittlung um jeden Preis. Bes. Täuschung, Zwang oder gar Folter dürfen nicht eingesetzt werden, um die Wahrheit zu ermitteln.

Ein Katalog verbotener Beweismethoden findet sich in § 136 a StPO.

Beweise, die ungeachtet derartiger Verbote erhoben wurden, sind i. d. R. unverwertbar, dürfen also bes. in der Hauptverhandlung nicht gegen den Angeklagten geltend gemacht werden **(Beweisverwertungsverbot).**

Gerichtl. Entscheidungen sind, wie alle menschl. Entscheidungen, anfällig für Fehler. Durch die Einlegung eines **Rechtsmittels** kann der Verurteilte erreichen, dass seine Sache neu verhandelt (*Berufung,* §§ 312 ff. StPO als »zweite Erstinstanz«) oder jedenfalls auf Rechtsfehler überprüft wird (*Revision,* §§ 333 ff. StPO).

BAK*	Stadium	rechtliche Folgen	
ab ca. 0,3 ‰	relative Fahruntüchtigkeit	Straftat möglich bei alkoholtypischem Fehlverhalten	§ 316 StGB § 315c I Nr. 1a StGB
0,5 ‰		Ordnungswidrigkeit	§ 24a I Nr. 1 StVG
0,8 ‰			
1,1 ‰	absolute Fahruntüchtigkeit	Straftat	§ 316 StGB § 315c I Nr. 1a StGB
ab 2,0 ‰	Trunkenheit	verminderte Schuldfähigkeit	§ 21 StGB
ab 3,0 ‰	Volltrunkenheit	Schuldunfähigkeit	§ 20 StGB

* Blut-Alkohol-Konzentration

A Alkohol im Straßenverkehr

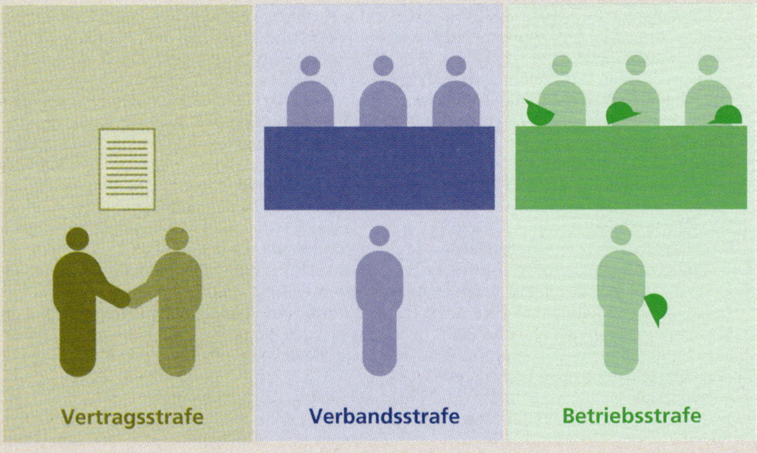

B Privatstrafen

Strafrechtsnormen sind nicht nur im *Besonderen Teil* des StGB enthalten, sondern auch in zahlreichen Nebengesetzen; sie bilden das sog. **Nebenstrafrecht.**

Wichtige Bestimmungen des Nebenstrafrechts finden sich z. B. im AktienG, im BetäubungsmittelG, im LebensmittelG, im StraßenverkehrsG, im UrheberrechtsG, im WehrstrafG und im WirtschaftsstrafG.

Für das Nebenstrafrecht gelten grundsätzlich die Regeln des *Allgemeinen Teils* des StGB.

Probleme entstehen dadurch,

- dass die einschlägigen Bestimmungen teilw. nur schwer aufzufinden und Laien gänzlich unbekannt sind,
- dass viele Bestimmungen auf Verwaltungsrecht verweisen und deshalb nicht aus sich heraus anwendbar sind (sog. Blanketttatbestände).

Seit langem wird deshalb versucht, nebenstrafrechtl. Bestimmungen in das *Hauptstrafrecht* des StGB zu überführen oder sie zur bloßen *Ordnungswidrigkeit* herabzustufen.

Ordnungswidrigkeiten

bestehen in der Zuwiderhandlung gegen verwaltungsrechtl. Bestimmungen. Sie sind im *OrdnungswidrigkeitenG* (OWiG) geregelt.

Früher sprach man deshalb auch von Verwaltungs- oder Polizeiunrecht.

Ordnungswidrigkeiten werden von den zuständigen Verwaltungsbehörden, z. B. der Polizei, meist mit einer **Geldbuße** geahndet, die im Unterschied zur Kriminalstrafe keinen »sozialethischen Tadel« enthalten soll, sondern als bloße Mahnung zu verstehen ist, best. Pflichten nachzukommen.

Das Vermögen wird allerdings durch eine Geldbuße in gleicher Weise belastet wie durch eine Geldstrafe.

Für geringfügige Ordnungswidrigkeiten wird i. d. R. bloß eine Verwarnung ausgesprochen und ein Verwarnungsgeld erhoben.

Die Zahl der Ordnungswidrigkeiten ist außerordentlich groß. Große Bedeutung in der tägl. Praxis haben bes. Verstöße im Straßenverkehr (StVO, StVZO).

Ob ein sozial unerwünschtes Verhalten als Straftat oder als Ordnungswidrigkeit eingestuft wird, entscheidet der Gesetzgeber.

Bagatellunrecht wird eher dem Ordnungswidrigkeitenrecht zugeordnet, während Verstöße, die auch die Moralordnung berühren, mit Kriminalstrafe belegt werden, wobei die Abgrenzung im Einzelfall sehr schwierig sein kann. Gefährl. Verhalten ohne konkrete Rechtsgutgefährdung (sog. *abstrakte Gefährdungen*) sind eher als Ordnungswidrigkeit einzustufen, während die Schaffung *konkreter Gefahren* für Rechtsgüter und die *Verletzung* von Rechtsgütern meist in das Kriminalstrafrecht aufgenommen werden.

Bsp.: Der nur leicht (abstrakt) gefährl. Verstoß gegen die 0,5-Promille-Grenze im Straßenverkehr ist nur eine Ordnungswidrigkeit (§ 24 a StVG), während die gefährlichere Trunkenheitsfahrt im StGB erfasst wird, wobei noch einmal unterschieden wird, ob eine konkrete Gefahr für andere Verkehrsteilnehmer entstanden ist (dann § 315 c StGB) oder nicht (§ 316 StGB; A).

Die **prozessualen Ordnungs- und Zwangsmittel** gehören weder zum Straf- noch zum Ordnungswidrigkeitenrecht. Sie dienen dazu, im Prozess ein best. Verhalten zu erzwingen.

Bsp.: Erscheint im Zivil- oder im Strafprozess ein Zeuge nicht, obwohl er ordnungsgemäß geladen wurde, so kann er nicht nur dazu verurteilt werden, die durch sein Fernbleiben entstandenen Kosten zu begleichen, sondern kann zusätzlich mit einem *Ordnungsgeld* belegt werden.

Da es sich bei den prozessualen Ordnungs- und Zwangsmitteln nicht um Kriminalstrafen handelt, kann gegen prozessordnungswidriges Verhalten u. U. sowohl ein Ordnungsmittel als auch eine Kriminalstrafe verhängt werden.

Privatstrafen

gehören ebenfalls nicht zum Kriminalstrafrecht (B). Dazu zählen bes.:

- die im BGB für den Fall der Nichterfüllung einer Schuld geregelte **Vertragsstrafe** (§§ 339 ff.);
- **Betriebsstrafen,** die durch Betriebsgerichte gegenüber Arbeitnehmern verhängt werden;
- **Verbandsstrafen,** die z. B. von Sportverbänden für best. Verstöße wie unerlaubtes Dopen verhängt werden.
- Auch das zivilrechtl. **Schmerzensgeld** (§ 253 II BGB) stellt keine Kriminalstrafe dar, obwohl es neben dem eigentl. Schadensausgleich dem Opfer auch einen gewissen emotionalen Ausgleich (sog. Genugtuungsfunktion) verschaffen soll.

Ebenfalls abzugrenzen sind schließlich die **Disziplinarstrafen,** die in best. Berufsgruppen. (z. B. bei Anwälten, Ärzten, Beamten) bei Verstößen gegen spezif. Berufspflichten verhängt werden können. Zuständig dafür sind i. d. R. bes. Disziplinar- oder Ehrengerichte.

Kriminal- und Disziplinarstrafen können nebeneinander verhängt werden.

Begeht ein Beamter eine Straftat, so schließt sich an das gerichtl. Strafverfahren i. d. R. ein beamtenrechtl. Disziplinarverfahren an, das mit der Entlassung aus dem Staatsdienst enden kann.

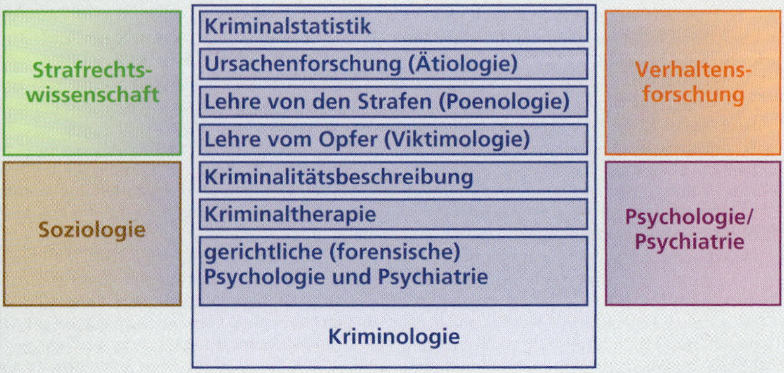

A Teilbereiche und Nachbardisziplinen der Kriminologie

B Kriminalitätsbegriffe

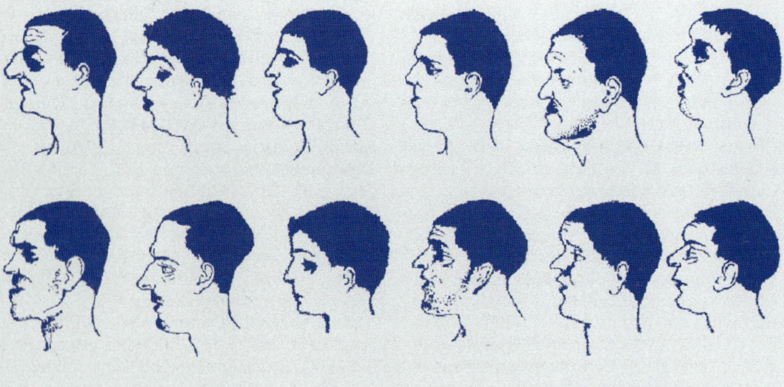

C Lombroso: Verbrechertypen

Die **Kriminologie,** die Wissenschaft vom Verbrechen, ist, anders als die Strafrechtswissenschaft i. e. S., eine interdisziplinär orientierte **empirische Disziplin.**
Sie beschreibt, systematisiert und erklärt die Erscheinungsformen von Verbrechen und erforscht ihre Ursachen (A). Des Weiteren untersucht sie die Wirkungen von Strafe (*Poenologie*) mit Blick auf eine möglichst zweckmäßige *Kriminaltherapie.* Zur mod. Kriminologie gehört schließlich die Erforschung des Opferverhaltens (*Viktimologie*).
Als empir. Wissenschaft ist die Kriminologie dem **Prinzip der Wertfreiheit** verpflichtet: Wissenschaftl. Tatsachenaussagen und persönl. Wertungen müssen deutlich auseinandergehalten werden.
Das von der Kriminologie zur Verfügung gestellte Wissen unterstützt die **Kriminalpolitik** bei der Wahl geeigneter Maßnahmen zur Kriminalitätsbekämpfung.
Es lassen sich **drei Stufen** der **Kriminalitätsprävention** unterscheiden:

1. Bei der **primären Prävention** geht es darum, die Ursachen kriminellen Verhaltens zu reduzieren (*Vorbeugung*). Dazu gehören, neben der Sicherung des allg. Rechtsbewusstseins, v. a. geeignete sozialpolit. Maßnahmen. Zielgruppe sind in erster Linie Kinder und Jugendliche.
2. Die **sekundäre Prävention** dient der Abschreckung potenzieller Straftäter (*Repression*). Dies wird durch Strafgesetze, polizeil. Präsenz und Fahndungserfolge sowie durch Warnung der Bevölkerung erreicht (»Die Kriminalpolizei rät«).
3. Die **tertiäre Prävention** beinhaltet alle Maßnahmen, die ein Rückfälligwerden des Straftäters verhindern sollen (*Rückfallverhütung*). Dazu gehören bes. der Strafvollzug, der Täter-Opfer-Ausgleich und die Entlassenenhilfe. Sie wird erst nach Begehung einer Straftat aktuell.

Die Kriminologie ist von der **Kriminalistik,** also der Lehre von der Aufklärung von Straftaten, zu unterscheiden. Die Grundsätze der Kriminalistik lassen sich durch folgende Leitfragen (die sog. *Sieben Goldenen W*) darstellen:

1. **W**er hat die Straftat begangen?
2. **W**as hat der Täter getan?
3. **W**ann wurde die Tat begangen?
4. **W**o wurde die Tat begangen?
5. **W**ie wurde die Tat begangen?
6. **W**omit wurde die Tat begangen?
7. **W**arum hat der Täter die Tat verübt?

Kriminalität (lat. crimen 'Vergehen, Verbrechen') ist die Gesamtheit aller Handlungen, die strafrechtl. Folgen (Strafen oder Maßregeln der Besserung und Sicherung) nach sich ziehen. Man nennt dies den **strafrechtlichen (formellen) Kriminalitätsbegriff.** Der Kriminalitätsumfang ändert sich danach mit gesetzgeberischen Maßnahmen zur *Entkriminalisierung* (z. B. im Bereich des Sexualverhaltens) und *Neukriminalisierung* (z. B. im Bereich des Drogenmissbrauchs oder der Umweltverschmutzung).
Daneben wird ein engerer **natürlicher Kriminalitätsbegriff** vertreten, der solche Taten erfasst, die zu allen Zeiten von allen Kulturen als Verbrechen bewertet wurden (z. B. Mord, Vergewaltigung, Raub). Der von manchen Soziologen vertretene **materielle Kriminalitätsbegriff** ist demgegenüber viel weiter gefasst und umfasst jede Form sozialschädl. Verhaltens (B).

Geschichte der Kriminologie
Als Begründer einer rationalen, wissenschaftl. angeleiteten Kriminalpolitik und Kriminologie gilt der Mailänder Jurist Cesare Beccaria (1738–94). In seiner Schrift ›Von den Verbrechen und Strafen‹ (1764) kritisierte er das überkommene, eng mit Theologie und Aberglaube verknüpfte Strafrecht seiner Zeit und forderte im Geist der Aufklärung die strikte Bindung des Richters an das Gesetz.
Der italienische Mediziner und Anthropologe Cesare Lombroso (1836–1909) erkannte die Bedeutung der empir. Forschung für die Kriminologie, wenngleich sich seine Annahmen über die Existenz »geborener Verbrecher« als irrig herausgestellt haben.
In seinem Buch ›Der Verbrecher in anthropolog., ärztl. und jurist. Beziehung‹ (1876) vertrat Lombroso die These, Verbrecher ließen sich an körperl. Anomalien, wie z. B. einer fliehenden Stirn, großem Unterkiefer und hervorstehenden Augenwülsten, erkennen (C).
In Opposition zu Lombroso und seinen ital. Schülern (z. B. Enrico Ferri) entwickelte sich in Frankreich eine kriminalsoziolog. Schule (auch **Französische Schule** genannt), die die Lehre von der angeborenen Kriminalität ablehnte und stattdessen den Einfluss der jeweiligen Umgebung, des *Milieus,* betonte.
In **Deutschland** verknüpfte Franz von Liszt (1851–1919) die Anlage- und die Milieutheorie:

> »Das Verbrechen ist das Produkt der Eigenart des Täters im Augenblick der Tat und aus den ihn in diesem Augenblick umgebenden äußeren Verhältnissen.«

Im berühmten **›Marburger Programm‹** (1882) forderte er eine spezialpräventive und damit zweckorientierte Ausrichtung des Strafrechts.

1 **wenn F1 … Fn** ⟶ **dann Phänomen P**
z.B.: F1: Neigung zu Gewalt,
F2: Alkoholismus, Fn: soziale Isolation
z.B.: Gewalttätigkeit

2 **gegeben: F1 … Fn**
z.B.: A neigt zu Gewalt, ist alkoholabhängig und lebt in sozialer Isolation

3 **aus 1 und 2 lässt sich Phänomen P1** (A ist gewalttätig geworden) **herleiten (»erklären«)**

4 **aus 1 und 2 lässt sich auch das in der Zukunft liegende Phänomen P2 herleiten (»prognostizieren«):**
Wenn die Faktoren F1, F2 … Fn vorliegen, wird A auch in Zukunft gewalttätig sein.

A Erklärung und Prognose kriminellen Verhaltens

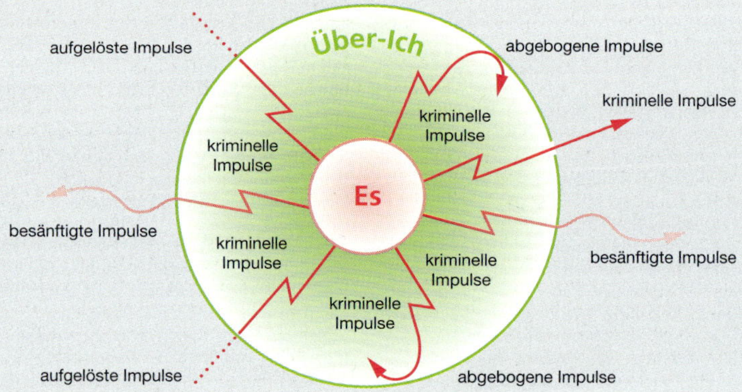

B Psychoanalytischer Erklärungsansatz

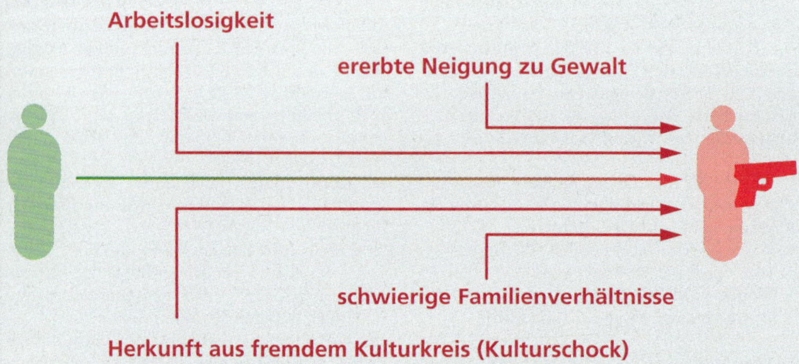

C Der Mehrfaktorenansatz

Kaum ein Thema der Kriminologie ist so umstritten wie die **Erklärung kriminellen Verhaltens.** Darunter versteht man die Herausarbeitung der Gesetzmäßigkeiten, die die Entstehung von Kriminalität beeinflussen. Da Gesetzmäßigkeiten auch zur Prognose eingesetzt werden können (A), ermöglichen sie eine rationale Bekämpfung von Kriminalität.

Derzeit lassen sich drei Erklärungsansätze unterscheiden:

1. Persönlichkeitsorientierte Erklärungsansätze

Biologische Kriminalitätstheorien gehen davon aus, dass kriminelle Neigungen erblich sind.

Eine gewisse Plausibilität besitzt der biolog. Ansatz bei der Erklärung *geschlechtstyp. Kriminalitätsformen,* z. B. der geringen Häufigkeit weibl. Sexual- und Gewaltkriminalität. Es ist zu erwarten, dass die *Humangenomforschung* bald eine genauere Prüfung des biolog. Erklärungsansatzes ermöglichen wird.

In der **soziobiologischen Kriminalitätstheorie** geht es um den Nachweis, dass biolog. bedingte Mängel wie verminderte Intelligenz oder gestörte Emotionalität zu sozialem Zurückbleiben, z. B. in der Schule, führen, was sich wiederum *kriminogen,* also kriminalitätsfördernd auswirken kann. Der soziobiolog. Ansatz erklärt Kriminalität also nicht direkt aus biolog. Faktoren, sondern mittelbar über deren soziale Folgen.

Psychologische Kriminalitätstheorien versuchen, das Auftreten von Kriminalität aus psych. Eigenheiten des Täters herzuleiten. Diese Theorien werden in zahlreichen Spielarten vertreten: So soll nach dem *psychoanalyt. Ansatz* (FREUD) Kriminalität auf ein Versagen des »Über-Ichs« zurückzuführen sein, dem es nicht gelingt, die aus der unbewussten Triebschicht (dem »Es«) heranstürmenden kriminellen Impulse zu kontrollieren (B). In ähnl. Weise führt LORENZ die Gewaltkriminalität auf ein »Überfließen« aggressiver Impulse zurück (*Druckkessel-Modell*). Dem *lerntheoret. Ansatz* (SUTHERLAND) zufolge stellt Kriminalität dagegen ein erlerntes Verhalten dar, welches dem Individuum v. a. durch seine Bezugspersonen vermittelt wird.

2. Soziologische Erklärungsansätze

Für die Vertreter soziolog. orientierter Kriminalitätstheorien ist Kriminalität **soziokulturell bedingt,** kann also in erster Linie auf gesellschaftl. Missstände zurückgeführt werden. Einer ihrer frühesten Vertreter war ÉMILE DURKHEIM, der darauf hinwies, dass keine Gesellschaft ohne Kriminalität existiere. Der in den 1920er Jahren entwickelte *ökolog. Ansatz* der CHICAGO-SCHULE betonte die Bedeutung verwahrloster Wohnverhältnisse (»delinquency areas«) für die Entstehung von Kriminalität.

Der bekannteste soziolog. orientierte Erklärungsansatz ist die **Anomietheorie** MERTONS, wonach kriminelles Verhalten dann auftritt, wenn die dem Individuum zur Verfügung stehenden legalen Mittel nicht ausreichen, um die gesellschaftl. vorgegebenen materiellen Werte (Ziele) zu erreichen. Mit dem Auseinanderklaffen von Zielen und Zugangsmöglichkeiten, welches erfahrungsgemäß v. a. in den unteren Schichten auftritt, kann nach MERTON auf fünf unterschiedl. Weisen umgegangen werden:

1. Das Individuum akzeptiert Ziele und Zugangschancen, schränkt sich jedoch ein und gibt sich mit seiner Rolle zufrieden (*Konformität*).
2. Das Individuum spielt die kulturell vorgegebenen Ziele herunter und verharrt bei legalen Mitteln (*Ritualismus*).
3. Das Individuum lehnt die kulturell vorgegebenen Ziele ebenso ab wie die legalen Mittel, sie zu erreichen (*Rückzug*).
4. Das Individuum akzeptiert die kulturell vorgegebenen Ziele, versucht sie aber mit illegalen Mitteln zu erreichen (*Innovation*). Dazu gehört bes. die Vermögenskriminalität.
5. Das Individuum bekämpft die geltenden Ziele ebenso wie die legalen Mittel (*Rebellion*).

Die Kulturkonfliktstheorie nach SELLIN schließlich betont die Bedeutung kultureller Unterschiede für die Entstehung von Kriminalität, wie sie etwa beim Übergang von Einwanderern vom Heimatland in ihr Gastland sichtbar werden (These vom *Kulturschock*).

3. Gemischte Erklärungsansätze

Weit verbreitet sind die Versuche, die verschiedenen Erklärungsansätze zu einem **Mehrfaktorenansatz** (GÖPPINGER) zu verbinden. Danach sind zur Erklärung von Kriminalität sämtl. möglicherweise relevanten Anlage- und Umwelteinflüsse zu sammeln (C).

Kritik

Das Kernproblem der meisten Kriminalitätstheorien liegt im Fehlen einer systemat. gewonnenen *empirischen Basis.* Hier könnten die modernen *Kohortenuntersuchungen* Abhilfe schaffen, bei denen größere Gruppen von Menschen, die sich durch ein gemeinsames Merkmal (z. B. das Geburtsjahr) auszeichnen, über längere Zeiträume hinweg systemat. beobachtet werden.

Unbefriedigend ist ferner, dass viele Theorien eine Erklärung sämtl. krimineller Erscheinungsformen anstreben, statt zu versuchen, einzelne Formen kriminellen Verhaltens (z. B. Eigentumsdelikte, Sexualdelikte, Tötungsdelikte) *gesondert zu erklären.*

Erlassungsjahr	Gesamtzahl	Zahl der bekanntgewordenen Fälle pro 100.000 Ew (Häufigkeitszahl)
1998	6.456.996	7.869
1999	6.302.316	7.682
2000	6.264.723	7.625
2001	6.363.865	7.736
2002	6.507.394	7.893
2003	6.572.135	7.963
2004	6.633.156	8.037
2005	6.391.715	7.747
2006	6.304.223	7.647

A In der PKS registrierte Straftaten (Bundesgebiet insgesamt)

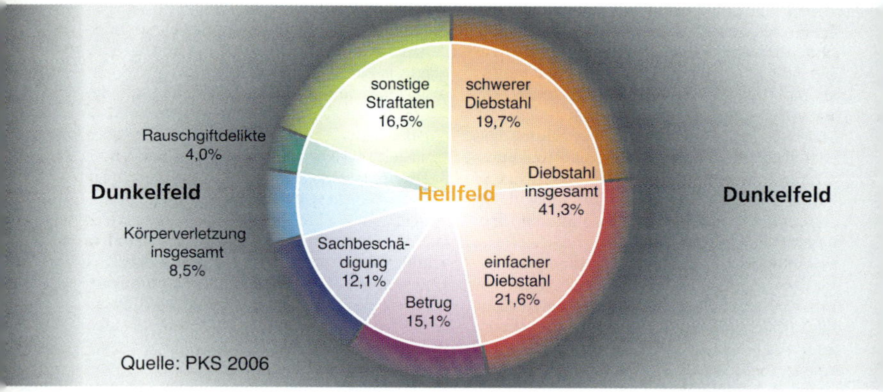

B Hell- und Dunkelfeld (Dunkelzifferrelation)

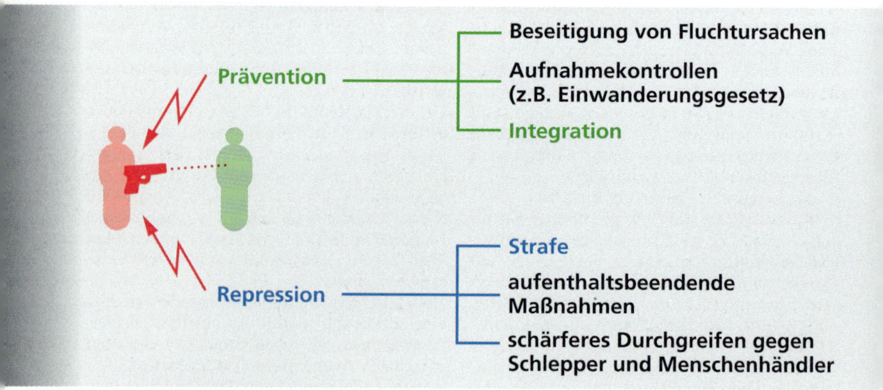

C Maßnahmen gegen Ausländerkriminalität

Empir. fundierte Aussagen sind nur über die bekannt gewordene Kriminalität möglich, die größtenteils in der vom Bundeskriminalamt herausgegebenen **Polizeilichen Kriminalstatistik** (PKS) erfasst wird. Die PKS enthält u. a. Angaben zu den der Polizei bekannt gewordenen Straftaten (A) sowie zu den Tatverdächtigen. Das Verhältnis von erfassten zu nicht erfassten Straftaten, die **Dunkelzifferrelation** (B), wechselt je nach Deliktstyp und kann nur geschätzt werden.

Eine (vermutete) Dunkelzifferrelation von 1:5 für den Diebstahl würde bedeuten, dass auf einen polizeilich erfassten Diebstahl fünf nicht erfasste Taten kommen.

Straftäter lassen sich unterschiedl. **Tätergruppen** zuordnen:

Nach dem **Alter der Täter** sind vier Gruppen zu unterscheiden: strafunmündige Kinder (bis 14 Jahre), bedingt verantwortl. Jugendliche (14–18 Jahre), im Regelfall voll verantwortl. Heranwachsende (18–21 Jahre) und uneingeschränkt voll verantwortl. Erwachsene (ab 21 Jahre). Die höchste Kriminalitätsrate ist bei 18–20-jährigen männl. Jugendlichen festzustellen.

Die Kinder- und Jugendlichenkriminalität ist in den letzten Jahren stark angewachsen. Zur Kinderkriminalität gehören v. a. Ladendiebstahl und Sachbeschädigung, zur Jugendlichenkriminalität auch Raub und andere Gewaltdelikte, die meist in *Gruppen* durchgeführt werden. Bes. stark zugenommen hat die Zahl jugendl. Intensivtäter.

In den meisten Fällen ist die Kinder- und Jugendlichenkriminalität nur ein **Durchgangsstadium** und mitbedingt durch jugendl. Erregbarkeit, Risikobereitschaft und mangelnde soziale Erfahrung. Dies hat für die Wahl der Rechtsfolgen wesentl. Bedeutung: Freiheitsstrafen, die die Jugendlichen erst in das kriminelle Milieu einführen würden, sind kaum sinnvoll. Auch Geldstrafen sind wenig zweckmäßig und i. d. R. ohnehin uneinbringbar. Stattdessen haben sich bei Jugendlichen alternative Rechtsfolgen (**Diversion**) bewährt, etwa Arbeitsauflagen und obligator. Erziehungsprogramme (vgl. §§ 45, 47 JGG).

Im **Alter** sinkt die Kriminalitätsrate stark ab. Außerdem gleicht sich die männl. Kriminalität der weibl. an, was u. a. am starken Rückgang von Gewaltkriminalität deutlich wird.

Der **Anteil von Frauen und Mädchen** an der Gesamtkriminalität liegt weit unter dem Durchschnitt (2006: 24,1%). Allerdings ist die weibl. (Jugend-)Kriminalität in den letzten 10 Jahren überdurchschnittlich stark angewachsen. Reine Frauendelikte (z. B. die Eigenabtreibung) sind selten. Der Schwerpunkt liegt beim Ladendiebstahl.

Als *Ursache* für den geringen Frauenanteil an der Gesamtkriminalität wird teils ein im Unterschied zu männl. Tätern eher zurückhaltendes Anzeigeverhalten der Opfer vermutet, teils werden auch biolog. Gründe genannt (geringere Aggressivität).

Die **Kriminalität von Ausländern** (Gastarbeiter und deren Nachkommen, Asylsuchende, Aussiedler) hat in den letzten Jahren bes. öffentl. Interesse hervorgerufen. In Dtl. betrug der Anteil der Ausländer an der registrierten Bevölkerung 2006 8,8%, dagegen lag ihr Anteil an allen Tatverdächtigen bei 22,0%. Auch wenn man Verstöße gegen ausländerspezif. Strafnormen (illegale Einreise, Verstöße gegen Aufenthaltsbeschränkungen u. Ä.) abzieht, bleibt eine Tatverdächtigenquote von 19,4% (2006). Bes. hoch liegt der Ausländeranteil bei der Schwerstkriminalität (Mord, Totschlag, Vergewaltigung, Raub).

Eine mögliche *Ursache* der hohen Ausländerkriminalität könnte darin liegen, dass gerade diejenige Personengruppe, deren Kriminalitätsbelastung auch unter der dt. Bevölkerung bes. hoch ist (junge Männer in Großstädten ohne feste Arbeit), bei den Ausländern überproportional vertreten ist.

Das Problem der hohen Kriminalität jugendl. Ausländer lässt sich nicht dadurch lösen, dass man seine Existenz leugnet. Das beste Gegenmittel ist die *Integration,* die den Konflikt von Norm- und Wertesystemen vermeiden hilft. Dagegen stellt die Abschiebung krimineller ausländ. Jugendlicher in die Heimatländer ihrer Eltern keine echte Lösung, sondern tatsächlich nur eine Problemverschiebung dar. Etwas anderes gilt für erwachsene ausländ. Straftäter, die sich erst seit kurzer Zeit in Dtl. aufhalten. Für eine Maßnahmenübersicht vgl. C.

Nach **Kriminalitätsfeldern** lassen sich z. B. Diebstahlsdelikte, Gewaltdelikte, Urkundendelikte usw. unterscheiden. Die Wirtschafts- und die Umweltdelikte haben in den letzten Jahren bes. Aufmerksamkeit gefunden. **Wirtschaftskriminalität** ist die Profitkriminalität der im Wirtschaftsleben Tätigen. Die Tat richtet sich typischerweise nicht gegen ein einzelnes Opfer, sondern verletzt überindividuelle Rechtsgüter.

Bsp.: A hinterzieht regelmäßig Steuern, indem er dem Steueramt unrichtige oder unvollständige Angaben über steuerlich erhebl. Tatsachen macht (§ 370 AO). Damit schädigt er nicht Einzelne, sondern die Allgemeinheit.

Der soziale Status von Wirtschaftskriminellen ist oft höher als der anderer Krimineller. Man spricht deshalb auch von der »White-collar-Kriminalität« (SUTHERLAND).

Literaturverzeichnis

Fachlexika

Creifelds (Hg.): Rechtswörterbuch, 19. Aufl. 2007 (auch CD-ROM)
Geiger u. a.: Beck'sches Rechtslexikon, 2003
Görlitz (Hg.): Handlexikon zur Rechtswissenschaft, 1972
Görres-Gesellschaft (Hg.): Staatslexikon. Recht, Wirtschaft, Gesellschaft, 7 Bände, 7. Aufl. 1985
Köbler: Juristisches Wörterbuch, 13. Aufl. 2005
Lexikonredaktion Brockhaus (Hg.): Der Brockhaus Recht, 2. Aufl. 2005
Sommer/von Westphalen (Hg.): Staatsbürgerlexikon, 2000
Tilch/Arloth (Hg.): Deutsches Rechts-Lexikon, 3 Bände, 3. Aufl. 2001

Einführungen und Überblicke

Arzt: Einführung in die Rechtswissenschaft, Grundfragen mit Beispielen aus dem deutschen Recht, 1996
Avenarius: Die Rechtsordnung der Bundesrepublik Deutschland. Eine Einführung, 3. Aufl. 2001
Baumann: Einführung in die Rechtswissenschaft, Neuaufl. 2006
Baur/Walter: Einführung in das Recht der Bundesrepublik Deutschland, 6. Aufl. 1992
Becker u. a.: Grundwissen Recht, 1999
Braun: Einführung in die Rechtswissenschaft, 2. Aufl. 2001
Gramm: Jura erfolgreich studieren, 3. Aufl. 2003
Grimm (Hg.): Einführung in das Recht, 2. Aufl. 1991
Haase/Keller: Grundlagen und Grundformen des Rechts, 11. Aufl. 2003
Horn: Einführung in die Rechtswissenschaft und Rechtsphilosophie, 3. Aufl. 2004
Model/Creifelds: Staatsbürger-Taschenbuch, 32. Aufl. 2007
Radbruch: Einführung in die Rechtswissenschaft, 13. Aufl. 1980
Rehbinder: Einführung in die Rechtswissenschaft, 8. Aufl. 1995
Rinken: Einführung in das juristische Studium, 3. Aufl. 1996
Robbers: Einführung in das deutsche Recht, 4. Aufl. 2006
Wesel: Juristische Weltkunde. Eine Einführung in das Recht, 8. Aufl. 2001
Zippelius: Einführung in das Recht, 4. Aufl. 2003

Juristisches Denken und Methodenlehre

Bydlinsky: Juristische Methodenlehre und Rechtsbegriff, 2. Aufl. 1991
Gast: Juristische Rhetorik. Auslegung, Begründung, Subsumtion, 4. Aufl. 2006
Engisch: Einführung in das juristische Denken, 10. Aufl. 2005
Haft: Einführung in das juristische Lernen, 6. Aufl. 1997
Larenz/Canaris: Methodenlehre der Rechtswissenschaft, 4. Aufl. 2006
Müller/Christensen: Juristische Methodik, 8. Aufl. 2002
Zippelius: Juristische Methodenlehre, 10. Aufl. 2006

Rechtsgeschichte

Ebel/Thielmann: Rechtsgeschichte, 3. Aufl. 2003
Eisenhardt: Deutsche Rechtsgeschichte, 4. Aufl. 2004
Haft: Aus der Waagschale der Justitia, 3. Aufl. 2001
Hattenhauer: Europäische Rechtsgeschichte, 4. Aufl. 2004
Hattenhauer: Die geistesgeschichtlichen Grundlagen des deutschen Rechts, 4. Aufl. 1996
Meder: Rechtsgeschichte. Eine Einführung, 2. Aufl. 2005
Mitteis/Lieberich: Deutsche Rechtsgeschichte, 19. Aufl. 1992
Rüping: Grundriß der Strafrechtsgeschichte, 5. Aufl. 2007

Rüthers: Entartetes Recht. Rechtslehren und Kronjuristen im Dritten Reich, 2. verb. Aufl. 1994
Schmidt, Eberhard: Einführung in die Geschichte der Deutschen Strafrechtspflege, 3. Aufl. 1965 (Nachdr. 1995)
Senn: Rechtsgeschichte – ein kulturhistorischer Grundriss, 3. Aufl. 2003
Stolleis: Geschichte des öffentlichen Rechts in Deutschland, 3 Bände, 1988–1999
Wesel: Geschichte des Rechts, 3. Aufl. 2006
Wieacker: Privatrechtsgeschichte der Neuzeit, 2. Aufl. 1967 (Nachdr. 1996)
Willoweit: Deutsche Verfassungsgeschichte, 5. Aufl. 2005
Zippelius: Geschichte der Staatsideen, 10. Aufl. 2003
Zippelius: Kleine deutsche Verfassungsgeschichte, 6. Aufl. 2002

Biographien bedeutender Juristen

Heinrichs u. a. (Hg.): Deutsche Juristen jüdischer Herkunft, 1993
Kleinheyer/Schröder: Deutsche Juristen aus fünf Jahrhunderten, 4. Aufl. 1996
Kritische Justiz (Hg.): Streitbare Juristen. Eine andere Tradition, 1988
Schulthess (Hg.): Schweizer Juristen der letzten hundert Jahre, 1945
Spendel: Kriminalistenportraits. Neun biographische Miniaturen, 2001
Stolleis (Hg.): Juristen. Ein biographisches Lexikon. Von der Antike bis zum 20. Jahrhundert, 2001
Wolf, Erik: Grosse Rechtsdenker der deutschen Geistesgeschichte, 4. Aufl. 1963

Rechtsphilosophie und Rechtstheorie

Adomeit: Rechts- und Staatsphilosophie I: Antike Denker über den Staat, 3. Aufl. 2001
Adomeit: Rechts- und Staatsphilosophie II: Rechtsdenker der Neuzeit, 2. Aufl. 2002
Böckenförde: Geschichte der Rechts- und Staatsphilosophie. Antike und Mittelalter, 2. Aufl. 2006
Brecht: Politische Theorie. Die Grundlagen des politischen Denkens im 20. Jahrhundert, 1961
Brieskorn: Menschenrechte. Eine historisch-philosophische Grundlegung, 1997
Coing: Grundzüge der Rechtsphilosophie, 5. Aufl. 1993
Engisch: Auf der Suche nach der Gerechtigkeit, 1971
Henkel: Einführung in die Rechtsphilosophie, 2. Aufl. 1977
Herget: Contemporary German Legal Philosophy, 1996
Hofmann: Einführung in die Rechts- und Staatsphilosophie, 3. Aufl. 2006
Horster: Rechtsphilosophie zur Einführung, 2002
Kaufmann: Grundprobleme der Rechtsphilosophie, 2. Aufl. 1997
Kaufmann u. a. (Hg.): Einführung in die Rechtsphilosophie und Rechtstheorie der Gegenwart, 7. Aufl. 2004
Kelsen: Was ist Gerechtigkeit?, 2000
Koller: Theorie des Rechts. Eine Einführung, 2. Auf. 1997
Naucke: Rechtsphilosophische Grundbegriffe, 5. Aufl. 2005
Radbruch: Rechtsphilosophie, 8. Aufl. 1973 (Studienausgabe, 2. Aufl. 2003)
Röhl: Allgemeine Rechtslehre, 2. Aufl. 2001
Rüthers/Birk: Rechtstheorie. Begriff, Geltung und Anwendung des Rechts, 3. Aufl. 2007
Seelmann: Rechtsphilosophie, 3. Aufl. 2004
Strömholm: Kurze Geschichte der abendländischen Rechtsphilosophie, 1991
Verdross: Abendländische Rechtsphilosophie. Ihre Grundlagen und Hauptprobleme in geschichtlicher Schau, 2. Aufl. 1963
Von der Pfordten: Rechtsethik, 2001
Zippelius: Rechtsphilosophie, 5. Aufl. 2007

Rechtssoziologie und Rechtsvergleichung

Curran (Hg.): Comparative Law. An Introduction, 2002
Hall (Hg.): The Oxford Companion to American Law, 2002
Raiser: Das lebende Recht. Rechtssoziologie in Deutschland, 3. Aufl. 1999

Rehbinder: Rechtssoziologie, 5. Aufl. 2003
Rheinstein: Einführung in die Rechtsvergleichung, 2. Aufl. 1987
Röhl: Rechtssoziologie, 1987
Zweigert/Kötz: Einführung in die Rechtsvergleichung auf dem Gebiet des Privatrechts, 3. Aufl. 1996

Staatsrecht

a. Lehr- und Handbücher

Benda/Maihofer/Vogel: Handbuch des Verfassungsrechts, 2 Bände, 2. Aufl. 1994
Degenhart: Staatsrecht I: Staatsorganisationsrecht, 22. Aufl. 2006
Ipsen: Staatsrecht I: Staatsorganisationsrecht, 19. Aufl. 2007
Ipsen: Staatsrecht II: Grundrechte, 10. Aufl. 2007
Isensee/Kirchhof (Hg.): Handbuch des Staatsrechts der Bundesrepublik Deutschland, 10 Bände, 3. Aufl. 1992–2006
Manssen: Staatsrecht II: Grundrechte, 5. Aufl. 2007
Maurer: Staatsrecht I: Grundlagen, Verfassungsorgane, Staatsfunktionen, 5. Aufl. 2007
Pieroth/Schlink: Staatsrecht II: Grundrechte, 22. Aufl. 2006
Schlaich/Korioth: Das Bundesverfassungsgericht, 7. Aufl. 2007
Stein, Ekkehart/Frank, Götz: Staatsrecht, 20. Aufl. 2007
Zippelius: Allgemeine Staatslehre, 15. Aufl. 2007
Zippelius (Hg): Deutsches Staatsrecht, 31. Aufl. 2005

b. Kommentare

Dreier (Hg.): Grundgesetz-Kommentar, 3 Bände, 2. Aufl. 2004–2007
Jarass/Pieroth: Grundgesetz für die Bundesrepublik Deutschland. Kommentar, 9. Aufl. 2007
Maunz/Dürig (Hg.): Kommentar zum Grundgesetz, Loseblatt, Stand 2007
Schmidt-Bleibtreu/Klein: Kommentar zum Grundgesetz, 11. Aufl. 2007
von Münch/Kunig: Grundgesetz-Kommentar, 3 Bände, 5. Aufl. 2000–2003

Europarecht

Arndt: Europarecht, 8. Aufl. 2006
Borries, v./Zacker (Hg.): Europarecht von A–Z, 3. Aufl. 2003
Herdegen: Europarecht, 9. Aufl. 2007
Hobe: Europarecht, 3. Aufl. 2006
Lecheler: Einführung in das Europarecht, 2. Aufl. 2003
Oppermann: Europarecht, 3. Aufl. 2005
Streinz: Europarecht, 7. Aufl. 2005

Völkerrecht

Buergenthal/Doehring/Kokott: Grundzüge des Völkerrechts, 3. Aufl. 2003
Doehring: Völkerrecht, 2. Aufl. 2004
Vitzthum (Hg.): Völkerrecht, 4. Aufl. 2007
Herdegen: Völkerrecht, 6. Aufl. 2007
Ipsen: Völkerrecht, 5. Aufl. 2004
Kimminich/Hobe: Einführung in das Völkerrecht, 8. Aufl. 2004

Strafrecht und Strafverfahrensrecht

a. Lehrbücher

Albrecht: Jugendstrafrecht, 3. Aufl. 2000
Arzt/Weber: Strafrecht. Besonderer Teil, 2000
Baumann, Jürgen/Weber/Mitsch: Strafrecht. Allgemeiner Teil, 11. Aufl. 2003
Beulke: Strafprozessrecht, 9. Aufl. 2006

Haft: Strafrecht. Allgemeiner Teil, 9. Aufl. 2004
Hassemer: Einführung in die Grundlagen des Strafrechts, 2. Aufl. 1990
Jakobs: Strafrecht Allgemeiner Teil, 2. Aufl. 1993
Jescheck/Weigend: Lehrbuch des Strafrechts, Allgemeiner Teil, 5. Aufl. 1996
Kindhäuser: Strafrecht Allgemeiner Teil, 2. Aufl. 2006
Kindhäuser: Strafrecht Besonderer Teil I: Straftaten gegen Persönlichkeitsrechte, Staat und Gesellschaft, 3. Aufl. 2007
Kindhäuser: Lehrbuch des Strafrechts Besonderer Teil II: Straftaten gegen Vermögensrechte, 4. Aufl. 2005
Kühl: Strafrecht – Allgemeiner Teil, 5. Aufl. 2005
Laubenthal: Strafvollzug, 4. Aufl. 2007
Meier/Rössner/Schöch: Jugendstrafrecht, 2. Aufl. 2007
Naucke: Strafrecht. Eine Einführung, 10. Aufl. 2002
Otto: Grundkurs Strafrecht – Allgemeine Strafrechtslehre, 7. Aufl. 2004
Otto: Grundkurs Strafrecht – Die einzelnen Delikte, 7. Aufl. 2005
Rengier: Strafrecht Besonderer Teil, Teil I: Vermögensdelikte, 9. Aufl. 2007
Rengier: Strafrecht Besonderer Teil, Teil II: Delikte gegen die Person und die Allgemeinheit, 8. Aufl. 2007
Roxin: Strafrecht Allgemeiner Teil, Band 1: Grundlagen. Der Aufbau der Verbrechenslehre, 4. Aufl. 2006
Roxin: Strafrecht Allgemeiner Teil, Band 2: Besondere Erscheinungsformen der Straftat, 2003
Roxin: Strafverfahrensrecht, 25. Aufl. 1998
Roxin/Arzt/Tiedemann: Einführung in das Strafrecht und Strafprozessrecht, 5. Aufl. 2006
Schaffstein/Beulke: Jugendstrafrecht, 14. Aufl. 2002
Schmidhäuser: Vom Sinn der Strafe, 1971, Nachdruck 2007
Wessels/Beulke: Strafrecht Allgemeiner Teil. Die Straftat und ihr Aufbau, 36. Aufl. 2006
Wessels/Hettinger: Strafrecht Besonderer Teil/1: Straftaten gegen Persönlichkeits- und Gemeinschaftswerte, 30. Aufl. 2006
Wessels/Hillenkamp: Strafrecht Besonderer Teil/2: Straftaten gegen Vermögenswerte, 29. Aufl. 2006

b. Kommentare

Bohnert: Ordnungswidrigkeitengesetz, Kommentar, 2. Aufl. 2007
Eisenberg, Jugendgerichtsgesetz, Kommentar, 12. Aufl. 2007
Erbs/Kohlhaas: Strafrechtliche Nebengesetze, Kommentar, Loseblatt, Stand 2007
Lackner/Kühl: Strafgesetzbuch, Kommentar, 26. Aufl. 2007
Meyer-Goßner: Strafprozessordnung, Kommentar, 50. Aufl. 2007
Schönke/Schröder: Strafgesetzbuch, Kommentar, 27. Aufl. 2006
Tröndle/Fischer: Strafgesetzbuch und Nebengesetze, Kommentar, 54. Aufl. 2007

Kriminologie

Albrecht, Peter-Alexis: Kriminologie, 3. Aufl. 2005
Bock: Kriminologie, 3. Aufl. 2007
Bundesministerium des Innern: Zweiter Periodischer Sicherheitsbericht, 2006
Eisenberg: Kriminologie, 6. Aufl. 2005
Göppinger: Kriminologie, 6. Aufl. 2008
Kaiser: Kriminologie, 10. Aufl. 1997
Kaiser/Schöch: Kriminologie, Jugendstrafrecht, Strafvollzug, 6. Aufl. 2006
Kunz: Kriminologie, 3. Aufl. 2001
Meier: Kriminologie, 2. Aufl. 2005
Schwind: Kriminologie, 17. Aufl. 2007

Internetlinks (Stand Januar 2008)

Zum Recht allgemein
http://www.rechtliches.de
http://www.juralotse.de
http://www.jura.uni-sb.de
http://www.jurawelt.de

amnesty international
http://www.amnesty.de

Bundesgerichtshof
http://www.bundesgerichtshof.de

Bundesrat
http://www.bundesrat.de

Bundesregierung
http://www.bundesregierung.de

Bundestag mit Datenbank zu Gesetzen und Gesetzgebungsverfahren
http://www.bundestag.de

Bundesverfassungsgericht
http://www.bverfg.de

Europäische Union
http://europa.eu.int
http://europa.eu.int/eur-lex
http://www.ecsanet.org/EUinfo.htm

Meinungsfreiheit
http://www.artikel5.de

Rechtsphilosophie
http://www.rechtsphilosophie.de

Strafrecht
http://www.juralotse.de/Links/Rechtsgebiete/Strafrecht
http://www.internet-strafrecht.de

Vereinte Nationen
http://www.unric.org

Glossar

Akzessorietät bedeutet allgemein Abhängigkeit. Im → Strafrecht ist die Strafbarkeit des → Teilnehmers abhängig von der Haupttat.
Amtsträger sind Personen, die ein öffentliches Amt innehaben, z. B. der Bürgermeister.
Analogie ist die Anwendung einer Rechtsnorm auf einen ähnlichen, jedoch ungeregelten Sachverhalt. Im Strafrecht ist Analogie zu Lasten des Beschuldigten verboten.
Anklagegrundsatz ist ein Grundsatz des → Strafverfahrens, der besagt, dass jede gerichtliche Untersuchung die Erhebung einer öffentlichen Klage voraussetzt.
Auslegung nennt man die Ermittlung und Klarstellung der Bedeutung eines Rechtsbegriffes, also seine Interpretation. Sie erfolgt bei der → Rechtsanwendung i. d. R. in vorgegebenen Bahnen.
Ausschuss ist eine kleinere Anzahl von Personen, die aus einem größeren Personenkreis ausgewählt ist, um bestimmte Themen zu behandeln. Die Ausschüsse des → Parlaments beraten i. d. R. die Angelegenheiten der Vollversammlung vor.
Autonomie ist das Recht eines Teilgebietes, sich eigene Gesetze zu geben und bestimmte Angelegenheiten im Wege der Selbstverwaltung zu regeln.
Behörde ist eine organisatorisch selbständige Einheit der → Verwaltung.
Beschleunigungsgrundsatz ist ein Grundsatz des → Strafverfahrens, der besagt, dass der Tatvorwurf innerhalb einer angemessenen Frist behandelt werden muss.
Bestimmtheitsgrundsatz im → Strafrecht bedeutet, dass ein Strafgesetz so bestimmt sein muss, dass der Bürger Klarheit darüber bekommt, was verboten ist.
Betrug ist eine → Straftat, die durch einen → Vermögensschaden infolge Täuschung gekennzeichnet ist.
Bewährung ist die Aussetzung einer Freiheitsstrafe von unter einem Jahr (→ Strafe) in der Erwartung, dass die Verurteilung vom Täter als Warnung aufgefasst wird und er keine weiteren → Straftaten mehr begeht.
Beweismittel dienen im → Strafprozess der Wahrheitsfindung. Zugelassen sind Zeugen, Sachverständige, Urkunden und der Augenschein, außerdem auch Äußerungen des Täters, die sog. Einlassung.
Bewusste Fahrlässigkeit ist eine Unterart der → Fahrlässigkeit. Sie liegt vor, wenn der Täter den Eintritt des Erfolges (→ Kausalität) zwar für möglich hält, aber auf dessen Nichteintritt vertraut.
Brandstiftung ist das In-Brand-Setzen oder die (auch nur teilweise) Zerstörung fremder Gebäude, Warenlager, Wälder.
Bundesgerichtshof (BGH) ist der oberste Gerichtshof des Bundes für alle bürgerlichen Rechtsstreitigkeiten (→ Privatrecht) und Strafsachen (→ Strafrecht).
Bundeskanzler steht an der Spitze der → Bundesregierung. Er bestimmt die Richtlinien der Politik und trägt dafür die Verantwortung. Er wird auf Vorschlag des → Bundespräsidenten vom → Bundestag gewählt. Er schlägt dem → Bundespräsidenten die → Bundesminister zur Ernennung vor.
Bundesminister sind Mitglieder der → (Bundes)Regierung. Sie leiten ihre Geschäftsbereiche innerhalb der vom → Bundeskanzler festgesetzten Richtlinien. Sie werden auf Vorschlag des Bundeskanzlers vom → Bundespräsidenten ernannt.
Bundespräsident ist das Staatsoberhaupt der BRD. Sein Amt ist nur mit geringen Befugnissen ausgestattet. Er vertritt die BRD völkerrechtlich.
Bundesrat ist das → Organ, durch das die Bundesländer bei der Gesetzgebung (→ Legislative) und der → Verwaltung mitwirken.
Bundesrecht umfasst alle Rechtssätze, die von Gesetzgebungsorganen des Bundes erlassen wurden sowie das fortgeltende Reichsrecht und das fortgeltende Recht der Deutschen Demokratischen Republik.
Bundesregierung → Regierung der Bundesrepublik Deutschland.
Bundestag ist die Volksvertretung. Er erlässt zusammen mit dem → Bundesrat die Bundesgesetze, wählt den → Bundeskanzler, überwacht die → Regierung und legt den Haushaltsplan fest.
Bundesverfassungsgericht (BVerfG) ist ein selbständiger und unabhängiger Gerichtshof des Bundes. Es ist für bestimmte Rechtsstreitigkeiten zuständig, die die → Verfassung betreffen, v. a. für die Wahrung der Grundrechte.

Bürgerliches Gesetzbuch (BGB) ist das Gesetzbuch, das die wesentlichen Materien des → Privatrechts enthält. In Kraft seit dem 1. 1. 1900, seitdem zahlreichen Änderungen unterworfen.
Charta der → Vereinten Nationen (UNO) ist deren → Satzung.
Delikt ist eine Handlung, die im Zivilrecht eine Schadensersatzpflicht nach sich ziehen kann, im Strafrecht eine → Strafe.
Demokratie nennt man eine Staatsform, in der das Volk Träger der Herrschaftsgewalt ist. Das Volk übt den Staatswillen durch Wahlen, Abstimmungen und die Volksvertretung (→ Parlament) aus.
Diebstahl ist die Wegnahme einer fremden beweglichen Sache mit der Absicht, sie sich zuzueignen.
Diktatur nennt man eine Staatsform, die keine → Gewaltenteilung kennt und in der die Herrschaftsgewalt einem Einzelnen oder einer kleinen Gruppe zusteht.
Drohung i. S. d. → Strafrechts ist das In-Aussicht-Stellen eines künftigen Übels.
Dunkelziffer nennt man in der → Kriminologie bzw. der → Kriminalistik die Anzahl der unerkannt gebliebenen → Straftaten.
Erfolgsdelikt nennt man eine → Straftat, für deren Strafbarkeit der Eintritt eines Erfolges vorausgesetzt ist.
Erfolgsqualifiziertes Delikt ist ein → Delikt, das im objektiven → Tatbestand eine schwere Folge einer Handlung enthält und hinsichtlich der schweren Folge wenigstens Fahrlässigkeit erfordert, z. B. eine schwere Körperverletzung.
Ermittlungsgrundsatz ist ein Grundsatz des → Strafverfahrens, der besagt, dass die Strafverfolgungsbehörden den Sachverhalt von Amts wegen aufzuklären haben.
Europäische Gemeinschaft (EG) ist eine Teilorganisation unter dem Dach der → Europäischen Union (EU).
Europäische Integragtion ist der Prozess des Zusammenschlusses der einzelnen europäischen Staaten.
Europäische Union (EU) ist das organisatorische Dach, unter dem die → europäische Integration stattfindet.
Euthanasie ist Sterbehilfe.
Eventualvorsatz (dolus eventualis) ist eine Art des → Vorsatzes. Er liegt vor, wenn der Täter es ernsthaft für möglich hält, dass er rechtswidrig handelt und dies billigt bzw. sich damit abfindet.
Exekutive ist in einem gewaltengeteilten Staat die vollziehende Gewalt, in der BRD die → Regierung.
Fahrlässigkeit ist im → Strafrecht Voraussetzung für Strafbarkeit, sofern das Gesetz Fahrlässigkeit im Gegensatz zum → Vorsatz ausreichen lässt. Fahrlässig handelt, wer die im Verkehr erforderliche Sorgfalt pflichtwidrig vernachlässigt und dadurch einen gesetzlichen Tatbestand verwirklicht.
Falschaussage begeht, wer vor einer zur eidlichen Vernehmung zuständigen Stelle, z. B. einem Gericht, vorsätzlich (→ Vorsatz) falsch aussagt.
Föderalismus nennt man die Gestaltung eines Staates zu einem Bund, in dem die einzelnen Teilnehmer eine mehr oder weniger starke Eigenständigkeit behalten.
Garantenstellung ist i. d. R. eine Voraussetzung für die Strafbarkeit wegen Unterlassens. Wer eine Garantenstellung für ein Rechtsgut innehat, ist zu dessen Schutz verpflichtet.
Gefährdungsdelikt nennt man eine → Straftat, die für eine Strafbarkeit die bloße Gefährdung eines Rechtsguts ausreichen lässt.
Generalklausel nennt man eine gesetzliche Bestimmung, die allgemeine Grundsätze für das jeweilige Rechtsgebiet enthält, z. B. der Grundsatz von Treu und Glauben nach § 242 BGB für das → Privatrecht.
Generalversammlung ist die Versammlung aller Mitglieder einer Personengemeinschaft. I. d. R. sind ihr bestimmte, besonders wichtige Entscheidungen vorbehalten.
Gerichtsbarkeit nennt man die Tätigkeit des Staates, die auf die Verwirklichung der bestehenden Rechtsordnung gerichtet ist.
Gesetz ist eine schriftliche Niederlegung von Recht.
Gewalt i. S. d. → Strafrechts bedeutet die Ausübung körperlich wirkenden Zwangs.
Gewaltenteilung ist die Aufteilung der staatlichen Hoheitsgewalt in herkömmlich → Legislative, → Exekutive und → Judikative.
Grundgesetz (GG) für die Bundesrepublik Deutschland ist deren → Verfassung.
Grundrechte sind die Rechte des ersten Abschnitts der → Verfassung, die allen sich in Deutschland aufhaltenden Menschen, teilweise jedoch nur deutschen Staatsbürgern, zustehen.

Sie enthalten grundlegende Menschen-, Freiheits- und Gleichheitsrechte, z. B. die Menschenwürde, die Meinungsfreiheit oder den Gleichheitsgrundsatz.

Grundsatz der freien richterlichen Beweiswürdigung ist ein Grundsatz des → Strafverfahrens, der besagt, dass das Gericht seine Überzeugung auf der Grundlage der Hauptverhandlung frei bilden muss.

Grundsatz der Unmittelbarkeit ist ein Grundsatz des → Strafverfahrens, der besagt, dass das Gericht in der Hauptverhandlung die tatnächsten Beweise heranzuziehen hat.

Grundsatz des rechtlichen Gehörs besagt, dass jemand das Recht hat, vor Gericht zu den gegen ihn erhobenen Vorwürfen Stellung zu nehmen.

Hacking nennt man das Eindringen in ein fremdes Computersystem.

Handelsgesetzbuch (HGB) regelt das Handelsrecht, d. h. das Recht der Kaufleute.

Haushaltsplan ist die vor einer Rechnungsperiode vorzunehmende Zusammenstellung von voraussichtlichen Einnahmen und Ausgaben.

Hehlerei ist der An- oder Verkauf einer Sache, die ein anderer gestohlen (→ Diebstahl) oder durch eine sonstige rechtswidrige Tat erlangt hat.

Hermeneutik ist die Kunst der Auslegung von Texten, Schriften, Kunstwerken und anderen Artefakten.

Humanismus ist eine geistesgeschichtliche Bewegung des 14. bis 16. Jahrhunderts, die die kirchliche Autorität und Dogmatik ablehnte und die weltliche Lebensgestaltung des einzelnen Menschen in den Vordergrund rückte. Allgemein bedeutet Humanismus die Forderung nach Selbstbestimmung und freier Entfaltung des Menschen durch Schaffung geeigneter Lebensbedingungen.

In dubio pro reo ist ein Grundsatz des → Strafverfahrens, der besagt, dass im Zweifel für den Angeklagten zu entscheiden ist.

Judikative ist in einem gewaltgeteilten Staat die rechtsprechende Gewalt. Sie wird in der BRD durch die Richterschaft wahrgenommen.

Jugendgerichtsgesetz (JGG) enthält Regelungen, die das Verfahren vor dem Jugendgericht betreffen. Hier werden Verfehlungen Jugendlicher strafrechtlich geahndet.

Jugendstrafrecht → Jugendgerichtsgesetz

Jurisprudenz ist die → Rechtswissenschaft unter Einschluss der Rechtsanwendung.

Juristische Person ist eine Zusammenfassung von Personen oder Sachen, der die Rechtsordnung eine eigene Rechtsfähigkeit zuspricht, z. B. eine Aktiengesellschaft.

Justizvollzugsanstalt ist das Gefängnis.

Kabinett → Regierung

Kausalität zwischen Handlung und Erfolg bedeutet im → Strafrecht, dass der Erfolg, z. B. Tod, als Folge der Handlung, z. B. eines Schusses, eintritt.

Kernstrafrecht nennt man die Zusammenfassung der wichtigsten Unrechtstypen im → Strafgesetzbuch.

Konkurrenzen regeln im → Strafrecht die Frage, welcher Strafnorm die → Strafe entnommen wird, wenn der Täter mehrere Straftatbestände zugleich verwirklicht hat.

Kontrakt → Vertrag

Konvention ist ganz allgemein eine Übereinkunft. Verträge des → Völkerrechts werden oft so genannt.

Kriminalistik ist die Lehre von der Aufklärung von Straftaten.

Kriminalität ist die Gesamtheit aller Handlungen, die strafrechtliche Folgen nach sich ziehen.

Kriminologie ist die Wissenschaft vom Verbrechen. Sie befasst sich mit der Beschreibung des Verbrechens als soziologischer Gegebenheit und sucht nach seinen Ursachen.

Landesrecht ist im Gegensatz zum → Bundesrecht das eigene Recht eines Bundeslandes.

Legalitätsgrundsatz ist ein Grundsatz des → Strafverfahrens, der besagt, dass die Staatsanwaltschaft bei hinreichendem Anfangsverdacht verpflichtet ist, die Strafverfolgung aufzunehmen.

Legislative ist in einem gewaltengeteilten Staat die gesetzgebende Gewalt, in der BRD das → Parlament.

Liberalismus nennt man eine Staats-, Wirtschafts- und Gesellschaftslehre, die eine möglichst weitgehende Freiheit des Einzelnen vom Staat und sonstigen Verbänden zum Ziel hat.

Meineid liegt vor, wenn eine vorsätzliche (→ Vorsatz) → Falschaussage mit einem Schwur bekräftigt wird.

Monarchie ist eine Staatsform, an deren Spitze ein Einzelner (Monarch) steht. Die Herrschaftsgewalt des Monarchen kann eingeschränkt sein. Gegenbegriff ist die → Republik.

Motiv nennt man den Beweggrund für eine Tat. Das Motiv, also das »Weshalb« der Tat, ist keine Voraussetzung für die Strafbarkeit.

Mündlichkeitsgrundsatz ist ein Grundsatz des → Strafverfahrens, der besagt, dass der gesamte Prozessstoff in der Hauptverhandlung mündlich angesprochen werden muss.
Nebenstrafrecht findet sich in Strafrechtsnormen außerhalb des → Strafgesetzbuchs, z. B. im Betäubungsmittelgesetz.
Norm ist eine Regel jedweder Art. Eine Norm kann ein → Gesetz, aber auch eine rein gesellschaftliche Norm (Brauch, Sitte) sein.
Nötigung ist eine → Straftat, bei der der Täter sein Opfer mit → Gewalt oder → Drohung zu einer Handlung, Duldung oder Unterlassung zwingt.
Objektive Bedingungen der Strafbarkeit sind Voraussetzungen für Strafbarkeit, auf die sich der → Vorsatz nicht beziehen muss. Sie tauchen nur bei wenigen Tatbeständen auf.
Öffentliches Recht regelt die Beziehungen der Träger der Staatsgewalt untereinander, z. B. Bund und Länder, und die Beziehungen des Staates zu seinen Bürgern.
Öffentlichkeitsgrundsatz ist ein Grundsatz des → Strafverfahrens, der besagt, dass die Hauptverhandlung grundsätzlich für jedermann offen steht.
Offizialgrundsatz ist ein Grundsatz des → Strafverfahrens, der besagt, dass dessen Einleitung und Durchführung dem Staat obliegt.
Oktroyiert bedeutet aufgezwungen.
Ordnungswidrigkeiten bestehen in Zuwiderhandlungen gegen verwaltungsrechtliche Bestimmungen (→ Verwaltungsrecht), z. B. gegen die Straßenverkehrsordnung.
Organ ist eine Person, die für eine → juristische, selbst nicht handlungsfähige Person handelt.
Parlament ist die Volksvertretung und stellt die → Legislative dar.
Parlamentarismus nennt man eine Regierungsform, bei der die Regierung vom Parlament abhängt. Dies ist möglich z. B. durch Wahl oder Bestätigung der Regierung durch das Parlament.
Partei im politischen Sinn ist eine Vereinigung von Bürgern, die auf die politische Willensbildung Einfluss nehmen und an der Vertretung des Volks im Parlament teilnehmen wollen. In Prozessen (außer in Strafprozessen) werden Kläger und Beklagte als Parteien bezeichnet.
Personenstand ist das familienrechtliche Verhältnis zweier Personen zueinander.
Pluralismus nennt man ein freies Nebeneinander von geistigen und politischen Strömungen in einer Gesellschaft bzw. einem Staat.
Polizeiliche Kriminalitätsstatistik (PKS) erfasst u. a. Angaben zu den der Polizei bekannt gewordenen → Straftaten und zu den Tätern.
Privatrecht regelt die Rechtsbeziehungen zwischen den einzelnen Bürgern und zwischen Staat und Bürger, soweit der Staat nicht hoheitlich tätig ist. Es ist im Bürgerlichen Gesetzbuch (BGB) und in den Sonderprivatrechten geregelt.
Privatstrafen gehören nicht zum → Strafrecht. Sie umfassen z. B. Vertragsstrafen aus dem → Privatrecht, Betriebsstrafen, die durch Betriebsgerichte gegen Arbeitnehmer verhängt werden können, oder Verbandsstrafen, z. B. Dopingsperren.
Qualifikationstatbestand ist ein → Tatbestand, der im Gegensatz zu einem einfachen Grundtatbestand qualifizierende Merkmale enthält, z. B. die gefährliche Körperverletzung im Verhältnis zum Grundtatbestand Körperverletzung.
Rahmengesetze sind Gesetze des Bundes, die bestimmte Grundsätze in einem Regelungsgebiet festsetzen, im Übrigen die Gestaltung des Regelungsgebietes aber offen lassen.
Raub ist eine → Straftat, die sich aus → Diebstahl und → Nötigung zusammensetzt. Der Täter setzt → Gewalt oder eine → Drohung ein, um dem Opfer eine → Sache wegnehmen zu können.
Recht im objektiven Sinn ist die gesamte Rechtsordnung eines Staates; Recht im subjektiven Sinn die Befugnisse des Einzelnen.
Rechtfertigungsgrund ist z. B. die Notwehr. Ist eine Handlung von einem Rechtfertigungsgrund gedeckt, entfällt ihre → Rechtswidrigkeit.
Rechtsakt ist jedes rechtlich relevante Verhalten. Es gibt Rechtsakte eines einzelnen Menschen, aber auch etwa solche des → Parlaments oder der → Europäischen Gemeinschaft.
Rechtsanwendung nennt man die Bewertung eines Sachverhalts anhand der Rechtsordnung. Methoden der Rechtsanwendung sind vor allem → Auslegung und → Subsumtion.
Rechtsfolge nennt man die rechtliche Folge, die sich an ein bestimmtes Verhalten knüpft, z. B. → Strafe bei Zuwiderhandlung gegen ein Strafgesetz.
Rechtsgut ist ein rechtlich geschütztes Interesse (eines oder mehrerer Menschen). Man unterscheidet Individualrechtsgüter, die nur Einzelpersonen zustehen, und Universalrechtsgüter, die für die Gesellschaft insgesamt von Bedeutung sind.
Rechtspflege ist die Ausübung der → Gerichtsbarkeit.

Rechtspolitik ist ein Teil der Politik. Sie umfasst staatliches Handeln und Planen, das das → Recht als gesellschaftlichen Teilbereich betrifft.
Rechtspositivismus nennt man die Auffassung, wonach zwischen Recht und Moral begrifflich deutlich unterschieden werden sollte.
Rechtsprechung ist die Entscheidung konkreter Rechtsfragen durch die Gerichte (→ Judikative).
Rechtsschutz ist der durch die Rechtsordnung gewährleistete Schutz.
Rechtssubjekt ist ein Träger von Rechten und Pflichten. Es handelt sich entweder um eine natürliche oder um eine → juristische Person.
Rechtsverordnung ist ein → Gesetz im materiellen Sinn, das von einer Verwaltungsbehörde im Rahmen einer Ermächtigung durch den Gesetzgeber (→ Legislative) erlassen wird.
Rechtsweg ist der Weg, auf dem → Rechtsschutz erreicht werden kann. Wer gegen einen anderen z. B. auf Schadensersatz klagt, befindet sich auf dem Rechtsweg.
Rechtswidrigkeit bedeutet Verstoß gegen das Recht. Im → Strafrecht ist die Rechtswidrigkeit des Täterhandelns neben der Tatbestandsmäßigkeit (→ Tatbestand) und der → Schuld Voraussetzung für eine Strafbarkeit.
Rechtswissenschaft ist diejenige Wissenschaft, die sich mit der Auslegung und Systematisierung, der Geschichte und der Weiterentwicklung des → Rechts befasst.
Regierung ist die → Exekutive. Ihre Aufgabe ist die Leitung und Überwachung der Durchsetzung der bestehenden → Gesetze. Darüber hinaus gestaltet sie die Politik des Staates. An der Spitze der Regierung steht der → Bundeskanzler.
Religionsdelikte nennt man Straftaten, die den religiösen Frieden, die Religion selbst oder die religiösen Gefühle und das Pietätsempfinden betreffen.
Republik nennt man eine Staatsform, an deren Spitze ein gewähltes Oberhaupt steht. Gegenbegriff ist die → Monarchie.
Richtlinie ist ganz allgemein ein Leitfaden für ein bestimmtes Verhalten. Im Recht der Verwaltung kann eine vorgesetzte → Behörde Richtlinien erlassen. Im europarechtlichen Bereich erlässt die → Europäische Gemeinschaft verbindliche Richtlinien für die einzelstaatlichen Gesetzgeber.
Sache ist jeder körperliche Gegenstand, § 90 BGB.
Satzung ist die Grundordnung (→ Verfassung) eines rechtlichen Zusammenschlusses, z. B. im → Privatrecht die Satzung eines Vereins, im → öffentlichen Recht einer Gemeinde oder einer Universität.
Schmerzensgeld ist ein ausnahmsweise zu leistender Ersatz für einen Nichtvermögensschadens, z. B. aufgrund einer Körperverletzung.
Schuld ist im → Strafrecht neben der Tatbestandsmäßigkeit (→ Tatbestand) und der → Rechtswidrigkeit Voraussetzung für Strafbarkeit. Der → Täter handelt schuldhaft, wenn ihm die Tat persönlich vorzuwerfen ist.
Souveränität (eines Staates) bedeutet, dass die Staatsgewalt keiner anderen Gewalt untergeordnet ist. Siehe auch → Volkssouveränität.
Staatsanwaltschaft ist eine staatliche → Behörde, deren Aufgabe u. a. die Verfolgung von → Straftaten ist.
Staatsrecht ist der Teil des → öffentlichen Rechts, der die rechtlichen Gestaltungen des Staates behandelt, z. B. die Staatsform, die Rechtsstellung der Bürger und die Organisation des Staates.
Staatsschutzdelikte sind → Straftaten, die gegen den Bestand des Staates, seine Funktionsfähigkeit oder die verfassungsmäßige (→ Verfassung) Ordnung gerichtet sind.
Strafe wird vom → Strafrecht für bestimmte Handlungen angedroht. Es gibt Hauptstrafen, Nebenstrafen und Nebenfolgen. Hauptstrafen sind Freiheitsstrafe, Jugendstrafe und Geldstrafe. Eine Nebenstrafe ist z. B. das Fahrverbot, eine Nebenfolge z. B. die Amtsunfähigkeit.
Strafgesetzbuch (StGB) enthält die Grundsätze des → Strafrechts, die wichtigsten Straftatbestände sowie die dafür angedrohten Strafen.
Strafprozessrecht ist das Recht, das sich mit dem Verfahren der → Staatsanwaltschaft und der Strafgerichte im Zusammenhang mit der Verfolgung von → Straftaten beschäftigt. Es ist überwiegend in der Strafprozessordnung (StPO) geregelt.
Strafrecht ist ein Teil des → öffentlichen Rechts. Es stellt in Tatbeständen Ge- und Verbote auf und knüpft an deren Missachtung eine → Strafe.
Straftat nennt man eine Tat, die vom → Strafrecht mit → Strafe bedroht ist.
Strafverfahren dient der Verfolgung von → Straftaten. Es wird eingeteilt in das Ermittlungsverfahren, das Zwischenverfahren, das Hauptverfahren, das Rechtsmittelverfahren sowie das Vollstreckungsverfahren (→ Strafvollzug).

Strafvollzug ist die Vollstreckung der → Strafe.
Subsumtion ist die Einordnung eines Sachverhalts unter eine Rechtsnorm.
Tatbestand umfasst alle Voraussetzungen für eine → Rechtsfolge. Im → Strafrecht umschreibt er die mit Strafe bedrohte Handlung (Unrechtstypus). Zum objektiven Tatbestand gehört die Umschreibung der Handlung als solcher, zum subjektiven Tatbestand der darauf gerichtete Täterwille.
Täter einer → Straftat ist, wer diese selbst (unmittelbare Täterschaft sowie Mittäterschaft) oder durch einen anderen (mittelbare Täterschaft) begeht. Nebentäterschaft liegt vor, wenn mehrere eine Straftat gleichzeitig begehen, ohne voneinander zu wissen. Der Täter ist abzugrenzen vom → Teilnehmer.
Tatsachenaussagen sind Aussagen, die sich grundsätzlich empirisch überprüfen lassen.
Teilnehmer an einer → Straftat ist der Gehilfe des → Täters oder dessen Anstifter. Bei der Beihilfe unterstützt der Gehilfe den Täter bei dessen Tatausführung; bei der Anstiftung überredet der Anstifter den Täter zur Tatausführung.
Totalitärer Staat ist eine Staatsform, die durch die Allmacht des Staates geprägt wird. Das Individuum tritt vollkommen in den Hintergrund, es werden keine → Grundrechte gewährt und keine entgegenstehenden politischen Meinungen oder Gruppierungen toleriert.
Umweltstrafrecht umfasst alle Vorschriften des → Strafrechts, die das → Rechtsgut Umwelt (etwa Boden, Wasser, Luft, Tier- und Pflanzenwelt) schützen.
UNO ist die **U**nited **N**ations **O**rganisation, die Vereinten Nationen. Sie ist eine internationale Organisation des → Völkerrechts mit dem Ziel des Weltfriedens, des sozialen Fortschritts und des Schutzes der Menschenrechte.
Unterlassungsdelikte sind → Straftaten, die durch ein Unterlassen verwirklicht werden, also nicht durch aktives Tun.
Unterschlagung ist eine → Straftat, die jeden Fall einer rechtswidrigen Zueignung umfasst.
Urkunde i. S. d. → Strafrechts nennt man eine verkörperte Gedankenerklärung, die zum Beweis im Rechtsverkehr geeignet und bestimmt ist und ihren Aussteller erkennen lässt, z. B. notarielle Urkunde, aber auch der Bierdeckel, auf dem die Bedienung die Getränkeanzahl vermerkt hat.
Vereinte Nationen → UNO
Verfassung eines Staates ist die Summe der geschriebenen oder ungeschriebenen Rechtsnormen, die die Grundordnung eines Staates, also die Staats- und Gesellschaftsform mitsamt ihren wesentlichen Organisationsprinzipien, festlegen.
Verfassungsschutz ist der Schutz der freiheitlich demokratischen Grundordnung, des Bestandes und der Sicherheit des Bundes und der Länder. Er wird durch die Verfassungsschutzbehörden des Bundes und der Länder, die Polizei und das Bundesverfassungsgericht ausgeübt.
Vergleich ist ein → Vertrag, durch den der Streit oder die Ungewissheit der → Parteien über ein Rechtsverhältnis durch gegenseitiges Nachgeben beseitigt wird.
Verkehrsdelikte nennt man → Straftaten, die im weitesten Sinn mit dem Straßenverkehr in Verbindung stehen.
Verkehrsunfall nennt man ein regelwidriges, mit dem Straßenverkehr und seinen Gefahren zusammenhängendes Ereignis, das nicht nur einen belanglosen Personen- oder Sachschaden zur Folge hat.
Vermögensschaden liegt vor, wenn sich bei einer Saldierung des Vermögens vor und nach einem Ereignis eine nachteilige Differenz ergibt.
Versuch einer → Straftat liegt vor, wenn der → Täter mit Tatentschluss unmittelbar zur Tat ansetzt, die Tat aber nicht vollendet (→ Vollendung).
Vertrag ist ein zweiseitiges Rechtsgeschäft, das durch zwei sich deckende Willenserklärungen zustande kommt.
Vertragsfreiheit ist die Freiheit, einen → Vertrag zu schließen, mit wem man will. Die Vertragsfreiheit kann in bestimmten Bereichen eingeschränkt sein.
Verwaltung ist der unpolitische Teil der → Exekutive. Ihre Hauptaufgabe ist die Ausführung der → Gesetze.
Verwaltungsakt ist eine von der → Verwaltung getroffene hoheitliche Maßnahme zur Regelung eines Einzelfalles auf dem Gebiet des → öffentlichen Rechts, die auf eine unmittelbare Rechtswirkung nach außen gerichtet ist. Ein Beispiel ist die Baugenehmigung.
Verwaltungsrecht sind alle Rechtssätze, die die Tätigkeit der → Verwaltung regeln.
Völkerrecht ist das Recht, das für die Beziehungen zwischen souveränen Staaten gilt. Es beruht oft auf zwei- oder mehrseitigen Verträgen zwischen den Staaten.
Volkssouveränität bedeutet, dass das Volk Träger des Staatswillens ist und die Staatsgewalt innehat (siehe auch → Demokratie).

Vollendung einer → Straftat liegt vor, wenn der objektive → Tatbestand erfüllt ist.
Vorsatz ist im → Strafrecht Voraussetzung für eine Strafbarkeit, wenn das Gesetz nicht schon → Fahrlässigkeit ausreichen lässt. Er wird als das subjektive Element des → Tatbestands betrachtet und als Wissen und Wollen der Tatverwirklichung definiert.
Wahndelikt liegt vor, wenn der Täter irrig annimmt, sein Verhalten erfülle einen Straftatbestand (→ Tatbestand). Das Wahndelikt ist nicht strafbar.
Werturteile beschreiben einen Sachverhalt nicht, sondern bewerten ihn.
Wirtschaft umfasst alle Handlungen und Einrichtungen, die darauf abzielen, den menschlichen Güterbedarf zu decken.
Wirtschaftskriminalität sind diejenigen → Straftaten, die im Zusammenhang mit der → Wirtschaft begangen werden können, z. B. Subventionsbetrug (§ 264 StGB).
Wirtschaftsrecht sind alle Regelungen, die die → Wirtschaft betreffen.
Zivilrecht umfasst das → Privatrecht sowie prozessrechtliche Normen zur Durchsetzung des Privatrechts, die dem → öffentlichen Recht angehören, z. B. die Zivilprozessordnung (ZPO).

Personenregister

Accursius, F. 15
Adorno, Th. W. 49
Albert, H. 33, 49
Althusius, J. 41
Antiphon 37
Aristoteles 17, 39, 93
Augustinus 39
Augustus 57

Baldus de Ubaldis 15
Bartolus de Sassoferrato 15
Beccaria, C. 61, 247
Bentham, J. 47, 61
Birnbacher, D. 49
Bismarck, O. v. 63
Bobbio, N. 51
Bodin, J. 41
Burke, E. 45

Carnap, R. 47
Carpzov, B. 15
Celsus 15
Chrysippos 39
Cicero 39
Cocceji, S. Freiherr v. 15
Coke, Sir E. 145
Colbert, J.-B. 35
Cuiacius, J. 15

Dernburg, B. 15
Diokletian 45, 57
Donellus, H. 15
Drakon 57
Dürig, G. 119
Durkheim, É. 77, 249
Dworkin, R. 51

Ebert, F. 67
Ehrlich, E. 77
Eike von Repgow 59
Epiktet 39, 111
Esser, J. 49
Eucken, W. 35
Evans-Pritchard, E. 55

Ferri, E. 247
Feuerbach, P. J. A. v. 61, 63, 163
Fraenkel, E. 69, 91
France, A. 35
Freisler, R. 69
Freud, S. 249
Friedrich Wilhelm IV. 63
Fuchs, E. 27

Gaius 57
Galilei, G. 43
Geiger, Th. 77
Gierke, O. v. 65
Göppinger, H. 249
Gorgias 37
Grotius, H. 15, 41, 61

Habermas, J. 49
Hägerström, A. 51, 77
Hare, R. M. 51
Hart, H. L. A. 49, 51
Hartmann, H. 47
Heck, Ph. 27
Hegel, G. W. F. 45, 47, 49, 91
Heise, G. A. 65
Heller, H. 87
Herder, J. G. 45
Hindenburg, P. v. 67
Hitler, A. 69, 87
Hobbes, Th. 17, 43, 53
Hoebel, E. Adamson 55
Hoerster, N. 49
Horkheimer, M. 49
Hume, D. 29, 45, 47

Irnerius 15
Jellinek, G. 113
Jhering, R. v. 11, 27, 77
Jörgensen, St. 51
Justinian 15, 57, 59

Kallikles 37
Kant, I. 17, 19, 29, 35, 45, 47, 53, 119
Kantorowicz, H. U. 27
Karl V. 61
Karl der Große 59
Kelsen, H. 17, 29, 47, 51
Kepler, J. 43
Kohler, J. 55
Kraft, V. 47
Kreittmayr, W. 15

Labeo, M. A. 15
Liszt, F. v. 247
Llewellyn, K. 55, 77
Locke, J. 35, 43, 111
Lombroso, C. 247
Lorenz, K. 249
Lundstedt, A. V. 51
Luther, M. 41
Lykophron 37

Machiavelli, N. 41
Mackie, J. 49
Maine, H. Summer 55
Malinowski, B. 55
Marc Aurel 39
Marsilius von Padua 41
Marx, K. 49
Menger, A. 35, 65
Merkl, A. J. 29
Merton, R. K. 49
Mill, J. St. 47
Mirandola, Pico della 41, 119
Mohl, R. v. 35
Montesquieu, Ch. d. 43, 101
Müller-Armack, A. 35

Neumann, U. 49
Nozick, R. 51
Nussbaum, A. 77

Papinian 15
Platon 37, 41
Popper, K. 49, 91, 109
Poseidonios 39
Post, A. H. 55
Pound, R. 77
Preuss, H. 67
Protagoras 37
Puchta, G. F. 15, 27, 65
Pufendorf, S. v. 15, 43, 61

Radbruch, G. 47, 67
Rawls, J. 51
Ross, A. 51
Rotteck, K. v. 35
Rousseau, J. J. 43, 93

Savigny, F. C. v. 15, 23, 27, 45, 65

Scheler, M. 47
Schlick, M. 47
Schmitt, C. 29, 47, 69
Schwarzenberg, J. v. 61
Seagle, W. 55
Sellin, Th. 249
Seneca 39
Sieyès, E. J. 87
Smend, R. 87
Smith, A. 35, 47
Sokrates 37, 57
Solon 57
Sternberger, D. 71, 91
Stevenson, C. L. 51
Stryk 15
Sutherland, E. H. 249, 251
Svarez, C. G. 15

Tengler, U. 61
Thibaut, A. F. J. 15, 65
Thomas von Aquin 15, 17, 39
Thomasius, Ch. 15, 43, 61
Thrasymmachos 37

Ulpian, D. 15, 17

Vico, G. 45
Viehweg, Th. 47

Walzer, M. 51
Weber, M. 33, 47, 77
Weinberger, O. 51
Welcker, K. Th. 35
Welzel, H. 165
Windscheid, B. 15, 65
Wolff, Ch. 15, 43, 61
Wright, H. G. v. 51

Zasius, U. 15, 61
Zenon 111
Zippelius, R. 49

Sachregister

aberratio ictus 179
Abfall 239
abgebrochene Kausalität 167
Abgeordnete 103
Absicht 171
Absolutismus 87
Abtreibung 205
Abwehrrechte 113
Abweichungskompetenz 107
actio libera in causa 177
Adäquanztheorie 169
Adressatenkreis 53
Aktivbürgerrechte 113
aktive Sterbehilfe 203
Allgemeine Erklärung der Menschenrechte 111, 113
allgemeine Gesetze 129
allgemeiner Gleichheitssatz 125
Allgemeine Rechtslehre 17
Allgemeines Bürgerliches Gesetzbuch 61
allgemeines Persönlichkeitsrecht 121
allgemeine Wahl 103
alternative Kausalität 167
Alternativvorsatz 171
altorientalisches Recht 57
Analogie 25
analytischer Rechtspositivismus 51
Angeklagter 243
Anklagegrundsatz 241
Anomietheorie 249
Anstellungsbetrug 221
Anstiftung 183
Antike 37, 39
antikes Recht 57
Äquivalenztheorie 167
Arbeitsplatzfreiheit 137
Arbeitsrecht 67, 73, 83
Arbeitszwang 137
archaisches Recht 57
Argumentformen 25
argumentum a fortiori 25
argumentum e contrario 25
Art und Weise der Tatbegehung 201
ärztlicher Heileingriff 207
ärztliche Zwangsbehandlung 123
Asyl 141
Asylrecht 141
atypischer Kausalverlauf 167
Aufklärung 43, 45
Augenschein 243
Augsburger Religionsfrieden 59
Ausbildungsfreiheit 137
Auslegung 21–25
Auslegungsregeln 23
Ausnahmegerichte 143
Aussagedelikte 229
Aussagenotstand 229
ausschließliche Gesetzgebungskompetenz 107
Ausschuss 103
Aussetzung 199
Ausspähen von Daten 211

Bagatellunrecht 245
bedingter Vorsatz 171
beendeter Versuch 185
Befriedigung des Geschlechtstriebs 201
Begriffsjurisprudenz 27
Begünstigung 225
Beihilfe 183
Beleidigung 209
Beleidigungsfähigkeit 209
Bereicherungsabsicht 221
berichtigende Auslegung 25
Beruf 137
Berufsausübungsregelungen 137
Berufsfreiheit 137
Berufung 243
Beschädigen 215
Beschuldigter 243
Beschützergaranten 189
Beschwerdefähigkeit 147
besondere Gleichheitssätze 125
Bestimmtheitsgrundsatz 117,197
Beteiligung 181, 183
Beteiligung an einer Schlägerei 207
Betriebsstrafe 245
Betrug 221, 223
Bewährung 193
beweglich (Sache) 217
Beweismittel 243
Beweisverwertungsverbot 243
bewusste Fahrlässigkeit 171
Billigkeit 39
Bioethik 49
Blutalkoholkonzentration 237
Brandstiftung 235
Brauch 55
Briefgeheimnis 211
bundesfreundliches Verhalten 99
Bundeskanzler 103
Bundesland 99
Bundesminister 105
Bundespräsident 105
Bundesrat 105
Bundesregierung 105
Bundesstaat 99
Bundestag 103
Bundesverfassungsgericht 91, 103, 145, 147
Bund-Länder-Streitigkeiten 147
Bürgerkriegsflüchtlinge 141
Bürgerliches Gesetzbuch 65
Bürgerliches Recht 65, 73, 83
Bürgerrechte 111

Canones der Auslegung 23
Case Law 79
Charta der Vereinten Nationen 111, 113, 159
Christentum 39
Civil Law 79
Code Civil 61
Common Law 79
Computerbetrug 223
Computerkriminalität 223
Computersabotage 215
Computerstrafrecht 211, 215
conditio-sine-qua-non 167
Constitutio Criminalis Carolina 61
Contergan-Fall 207
Corpus Iuris Civilis 15, 57

Datenveränderung 215
DDR 75
Déclaration des droits de l'homme et du citoyen 111
de-facto-Flüchtlinge 141
de lege ferenda 33
de lege lata 33

Deliktsrecht 73
Demokratie 93
Deregulierung 77
Deutschenrechte 115
deutsche Rechtsordnung 83
Deutsches Reich 63
Deutsches Richter-Gesetz (DRiG) 85
Diebstahl 217
Digesten 61
Diskurstheorie 49
Disziplinarstrafe 245
dolus eventualis 171
Dominat 57
Doppelbestrafung 143
»drei Säulen« 149
Drei-Stufen-Theorie 137
Drohung 211, 219
Dunkelzifferrelation 251

effektiver Rechtsschutz 143
Ehe 133
Eherecht 73
Ehre 209
Eigentum 139, 217
eingetragene Lebenspartnerschaft 133
Eingriffsschranken 117
Eingriffsverwaltung 73
Eingriffsvorbehalt 121
Einheitsstaat 99
Einheitstäterprinzip 181
Einigungsvertrag 71
Einlassung 243
Einrichtungsgarantie 115
Einspruchsgesetz 107
Einteilungen des Rechts 81, 83
Einwilligung 173, 175
Einzelfallgesetz 117
Enteignung 139
Entscheidungen in der EU 153
entschuldigender Notstand 177
Entschuldigungsgründe 177
Entziehung Minderjähriger 211
Erbrecht 139
Erfolgsdelikte 197
Erlaubnisirrtum 179
Erlaubnistatbestandsirrtum 179
erlaubtes Risiko 187
Ermittlungsgrundsatz 241
Ermittlungsverfahren 241
Ermöglichung einer anderen Straftat 201
Erpressung 211, 219
error in persona vel objecto 179
Erschleichen von Leistungen 223
Ethik 49
Europäische Gemeinschaft 149, 151
europäische Institutionen 151
europäische Integration 73, 89
Europäische Kommission 151
Europäische Menschenrechtskonvention 113, 195
Europäischer Gerichtshof 151, 195
Europäischer Gerichtshof für Menschenrechte 113,195
Europäischer Rechnungshof 149, 151
Europäisches Parlament 151
Europäisches Strafrecht 195
Europäische Union 149, 151, 153, 155
Europäische Zentralbank 155
Europarat 149, 151
Europarecht 83, 149–155
Eventualvorsatz 171
Ewigkeitsgarantie 109
Exekutive 101

Fahrlässigkeit 171, 187
Fahrlässigkeitsdelikt 165
Fahrverbot 193
faires Strafverfahren 241
Falschaussage 229
falsche Verdächtigung 229
familiäre Ordnung 233
Familie 133
Fehlgehen der Tat 179
fehlgeschlagener Versuch 185
Festnahmerecht 173
finaler Handlungsbegriff 165
Flaggenprinzip 195
Föderalismus 99
Folter 119
formelles Recht 81
formelles Strafrecht 163
Fraktion 103
Frankfurter Schule 49
Fränkische Zeit 59
freie Entfaltung der Persönlichkeit 121
freie Meinungsäußerung 129
freie Wahl 103
Freiheit der Kunst 131
Freiheit der Wissenschaft 131
Freiheitsberaubung 211
Freiheitsrechte 113
Freiheitsstrafe 193
fremd (Sache) 217
Fristenregelung 205
Früheuthanasie 199
Funktionen der Sprache 31

Garantenstellung 189
Garantiefunktion 163
Gebäude 235
Gebotsirrtum 179
Gefährdungsdelikte 197
Gegenaufklärung 45
geheime Wahl 103
Geiselnahme 211
Geldbuße 245
Geldfälschung 231
Geldstrafe 193
gemeines Strafrecht 61
gemeingefährliche Mittel 201
gemeinsame Außen- und Sicherheitspolitik 155
Gemeinsamer Ausschuss 103
gemeinsamer Binnenmarkt 155
Generalklausel 19
Genfer Flüchtlingskonvention 141
Gerechtigkeit 39
Gerichte 85
Gerichtsbarkeit 85
Gerichtszweige 85
germanische Zeit 59
Gesamturkunde 227
Geschäftsordnung 103
Gesellschaftsvertrag 43
Gesetzesentwurf 107
Gesetzesinitiative 107
Gesetzesinterpretation 29
Gesetzesrecht 17
Gesetzesvorbehalt 117
Gesetzesvorlage 107
gesetzgebende Gewalt 101
Gesetzgebung 79
Gesetzgebungskompetenz 107
gesetzlicher Richter 143, 241
Gesetzlichkeitsprinzip 61, 95, 143, 163
Gewahrsam 217
Gewalt 211, 219
Gewaltenteilung 35, 43, 99, 101
Gewaltenverbindung 75
Gewissen 127
Gewissensfreiheit 127
Gewohnheitsrecht 13, 163
Gift 239
Glaube 127
Glaubensfreiheit 127

Gleichberechtigung von Mann und Frau 125
gleiche Wahl 103
Gleichheit im Unrecht 125
Gleichheitsrechte 113
Gleichheitssatz 125
Glossatoren 15
Glossen 15
Gottesebenbildlichkeit 39
Graffiti 215
grausam 201
griechische Aufklärung 37
griechisches Recht 57
Großer Lauschangriff 243
Grundgesetz 71, 89, 109
Grundrechte 83, 111–143
Grundrechtsberechtigung 115
Grundrechtsschutz 115, 117

Habgier 201
Handelsrecht 83
Handlung 165, 191
Handlungsbegriff 191
Handlungseinheit 191
Hauptverfahren 241
Hausfriedensbruch 211
Hehlerei 225
Heimtücke 201
Hermeneutik 49
Hirntodkriterium 197
Historische Rechtsschule 65
Historische Schule 15
Homogenitätsgebot 99
Humanismus 39, 41
Hüter der Verfassung 145
hypothetische Kausalität 167

Idealkonkurrenz 191
Ideenlehre 37
Immunität 103
Indemnität 103
Indikationenregelung 205
Individualrechtsgüter 197
Individuum 41
in dubio pro reo 241
Informationsfreiheit 129
Interessenjurisprudenz 27
Interessentheorie 81
internationale Rechtsordnung 79
Internationaler Gerichtshof 159, 161, 195
Internationaler Pakt über bürgerliche und politische Rechte 113
Internationaler Pakt über wirtschaftliche, soziale und kulturelle Rechte 113
internationale Schiedsgerichtsbarkeit 161
internationales Privatrecht 81
internationales Strafrecht 195
internationales Wirtschaftsrecht 79
Internetkriminalität 223
Irrationalismus 47
Irrtum 179, 221
Irrtumslehre 179
islamisches Recht 79
ius civile 57
ius cogens 81
ius dispositivum 81
ius gentium 57

Jedermannsrechte 115
Judikative 101
Jugendgerichtsgesetz 67
Juridifizierung 91
Jurisprudenz 15
juristische Personen 115
Justizgrundrechte 143

Kabinettsvorlage 107
kanonisches Recht 61
Kanzlerprinzip 105
Kapitalanlagebetrug 223
kategorischer Imperativ 45
Kausalität 167, 169
Kernstrafrecht 197
Kirchenasyl 141
Koalitionsfreiheit 135
Kodifikation 15, 61
Kodifikationswelle 61
kollidierendes Verfassungsrecht 117
Kommentatoren 13
Kommunikationsfreiheit 129
Kommunitarismus 51
konkrete Normenkontrolle 147
Konkurrenzen 191
konkurrierende Gesetzgebung 107
Konstitutionsprinzip 125
konstruktives Misstrauensvotum 105
Konsumtion 191
körperliche Unversehrtheit 123, 207
Körperverletzung 207
Kosmopolitismus 41
Kreditbetrug 223
Kriegsdienstverweigerung 127
Kriminalität 247
Kriminalitätsfelder 251
Kriminalitätsprävention 247
Kriminalitätstheorie 249
Kriminalpolitik 247
Kriminologie 77, 247, 249, 251
kumulative Kausalität 167
Kunst 131

Laissez-faire-Prinzip 35
Landesverfassungen 113
Legalitätsgrundsatz 241
Legislative 101
Lehnswesen 59
Leichtfertigkeit 185
Leistungsrechte 113
Leistungsverwaltung 73
Liberalismus 35, 63, 95
lokale Rechte 79

Maastrichter Vertrag über die Europäische Union 149
Maßregeln der Besserung und Sicherung 193
materielles Recht 81
materielles Strafrecht 163
Mehrfachkausalität 167
Mehrparteiensystem 93
Meineid 229
Meinungsäußerungen 209, 221
Meinungsfreiheit 93
Menschenhandel 211
Menschenraub 211
Menschenrechte 111
Menschenwürde 119
Minimalstaat 51
Missbrauch von Ausweispapieren 227
Misshandlung von Schutzbefohlenen 207
Mittäter 181
Mittelalter 39
mittelalterliches Recht 59
mittelbare Falschbeurkundung 227
mittelbarer Täter 181
Monarchie 87
Montanunion 149
Moral 11, 17, 19
Mord 201
Mordlust 201
Mordmerkmale 201

»Münchhausen-Trilemma« 49
mutmaßliche Einwilligung 173
Mutterschutz 133

Nachfluchtgründe 141
nachgiebiges Recht 81
Nachstellung 211
nationales Recht 81
nationalsozialistisches Rechtsdenken 69
Nationalversammlung 67
NATO 73
Naturrecht 15, 17, 37, 39
Naturvölker 55
Nebenstrafrecht 197, 245
Nebentäterschaft 181
Nebentätigkeiten 137
negative Glaubens- und Weltanschauungsfreiheit 127
Neukantianismus 47
Nichtanzeige geplanter Straftaten 233
niedrige Beweggründe 201
normative Tatbestandsmerkmale 171
Normbegründung 53
Normen 31
Normgeltung 53
Normkritik 53
Notar 85
Nothilfe 175
Nötigung 211
Notstand 175
Notstandshandlung 175
Notstandslage 175
Notverordnungsrecht 67
Notwehr 173, 175
Notwehrhandlung 175
Notwehrlage 175
Notwehrprovokation 175
notwendige Teilnahme 183
Nulla-poena-sine-lege-Grundsatz 143
Nürnberger Gesetze 69

oberste Staatsorgane 103
objektive Auslegung 25
objektive Normen 53
objektiver Tatbestand 165
objektives Recht 81
objektive Zulassungsvoraussetzungen 137
objektive Zurechnung 169
Objektivismus 37
Objektsverwechslung 179
öffentliches Recht 81, 83
Offizialgrundsatz 241
omnimodo facturus 183
Opposition 105
Ordnungswidrigkeiten 245
Organstreitigkeiten 147
Organtransplantation 199

Pandektenwissenschaft 65
Pandektistik 15
Papsttum 59
Parallelwertung in der Laiensphäre 171
Parlamentsgesetz 123
Parteien 101
Parteienprivileg 109
partikulare Geltung 53
passive Sterbehilfe 203
Patiententestament 203
Paulskirchenversammlung 111
Personenstand 233
Petitionsrecht 143
Pflichtenkollision 173
Pflichtwidrigkeit 187
Pluralismus 91
Pluralität 99
Polizeiliche Kriminalstatistik 251
Positivismusstreit 49
Postglossatoren 15
postmortaler Persönlichkeitsschutz 115
pouvoir constituant 89
pouvoir constitué 89
Präjudizien 57
Prävention 249
Presse 103, 131
Pressefreiheit 95
Preußisches Allgemeines Landrecht 43, 61
primitives Recht 55
Privateigentum 139
Privatrecht 81, 83
Privatsphäre 211
Privatstrafen 245
Prostitution 213
Protestantismus 41
Prozessrecht 83
prozessuale Grundrechte 113
Putativnotwehr 179

Rahmengesetzgebung 107
Rat der EU 151
Raub 219
räuberische Erpressung 219
räuberischer Diebstahl 219
räumlicher Geltungsbereich 81
Realkonkurrenz 191
Recht 11, 17, 45
Recht auf Bildung 131
Recht auf Leben und körperliche Unversehrtheit 123
rechtfertigender Notstand 173, 175
Rechtfertigungsgründe 173
rechtliches Gehör 143, 241
Rechtsanwalt 85
Rechtsanwendung 21, 23
Rechtsbegriff 17
Rechtsbegründung 53
Rechtsdogmatik 15
Rechtsentwicklung in der BRD 71, 73
Rechtsethnologie 55
Rechtsgeschichte 55–75
Rechtskreise 78, 79
Rechtsmittel 243
Rechtsmittelverfahren 241
Rechtsordnung der DDR 75
Rechtspflege 85, 229
Rechtspfleger 85
Rechtsphilosophie 37–51
Rechtspolitik 35
Rechtspositivismus 17
rechtsprechende Gewalt 101
Rechtsquellen 11, 13
Rechtsschutzgarantie 143
Rechtssicherheit 95
Rechtssoziologie 77
Rechtsstaat 95
Rechtsstaatlichkeit 63
Rechtsstaatsprinzip 95
Rechtstatsachenforschung 77
Rechtstheorie 17
Rechtsvergleichung 79
Rechtsverordnung 11
Rechtsweg 81
Rechtswidrigkeit 165, 173, 175
Rechtswissenschaft 15
reductio ad absurdum 25
Referentenentwurf 107
Reformation 41
Regierungsentwurf 107
Reichsjustizgesetze 63
Reichskammergericht 59
Reichskanzler 67
Reichspolizeiordnungen 61
Reichspräsident 67
Reichsreform 59
Reichstag 67
Reichsverfassung 63, 67
Reine Rechtslehre 29

Relativismus 37
Religionsdelikte 233
Religionsfreiheit 127
Religionsgemeinschaften 127
Religionsunterricht 131
religiöser Friede 233
religiöses Recht 79
Renaissance 41
Republik 87
Ressortprinzip 105
restriktive Auslegung 25
Revision 243
Richter 85
richterliche Beweiswürdigung 241
Richtlinien 153
Richtlinienkompetenz 105
Römische Verträge 149
römisches Recht 57
Rücktritt vom Versuch 185
Rückwirkungsverbot 163
Rundfunk 129
Rundfunkfreiheit 129

Sachbeschädigung 215
Sache 215, 217
Sachverständige 243
Sanktion 193
Satzung 13
Schengener-Informations-System 155
Schmerzensgeld 245
Schöffen 85
Schranken 117
Schrankentrias 121
Schriftstücke 243
Schuld 165, 177
Schuldfähigkeit 177
Schuldform 177
Schuldprinzip 177
Schuldrecht 81
schuldunfähig 177
Schulen 133
Schulwesen 131
Schutzbereich 117
Schutzprinzip 195
Schutzwehr 175
Schwangerschaftsabbruch 205
Selbstbindung der Verwaltung 125
Selbsttötung 199
Sexualdelikte 213
sexuelle Belästigung 213
sexuelle Nötigung 213
sexuelle Selbstbestimmung 213
Sicherheitsrat 159
Sitte 19
Sittengesetz 121
skandinavische Rechtstheorie 51
Solidarhaftung 55
Solidarität 233
Sonderprivatrecht 83
Sonderrechtstheorie 81
Sophisten 37
sorgfaltswidrig 185
Souveränität 41
Sozialbindung der Grundrechte 97
soziale Grundrechte 113
sozialer Handlungsbegriff 165
Sozialismus 35
sozialistisches Recht 79
Sozialmoral 121
Sozialstaat 97
Sozialstaatsprinzip 97
Sperrklausel 67
Spezialität 191
spezielle Schuldmerkmale 177
Staat 87
Staatenbund 99
Staatsanwalt 85
Staatsaufbau 103
staatsbürgerliche Rechte 111
Staatsgewalten 101
Staatsorganisationsrecht 83, 101–107
Staatsrat 75
Staatsrecht 83
Staatsschutzdelikte 231
Staatssicherheitsdienst 75
Stalking 211
Ständiger Internationaler Strafgerichtshof 195
Sterbehilfe 199, 203
Strafe 193
straferweiternde Analogie 163
Strafgesetzgebung 63
Strafprozessordnung 241
Strafprozessrecht 163, 241, 243
Strafrecht 61, 83, 163–239
Straftaten 165, 197
Straftaten gegen die öffentliche Ordnung 231
Strafvereitelung 229
Strafvollzug 193
Strafvollzugsrecht 163
Strafzumessung 193
Straßenverkehr 237
streitbare Demokratie 109
Strukturprinzipien des deutschen Staates 93–99
Stufenbau der Rechtsordnung 29
subjektive Auslegung 25
subjektive Normen 53
subjektiver Tatbestand 165, 171
subjektives Recht 81
subjektive Zulassungsvoraussetzungen 137
Subordinationstheorie 81
Subsidiarität 191
Subsumtion 21
Subsumtionsirrtum 179
Subventionsbetrug 223
supranationales Recht 81
symbolisches Strafrecht 239

Tatbestand 165
Tatbestandsirrtum 179
Tatbestandsmäßigkeit 165
Tatentschluss 165, 185
Tätergruppen 251
Täterschaft 181
Tatherrschaftslehre 183
tätige Reue 235
Tatsachenaussagen 31, 209, 221
Täuschung 221
Teilnahme 181, 183
teleologische Extension 25
teleologische Reduktion 25
Territorialitätsprinzip 195
Todesstrafe 193
Totschlag 199
Tötung 199
Tötung auf Verlangen 199
Tötungstatbestände 199
Transplantationsgesetz 115
Trennung von Staat und Kirche 127
Trunkenheit im Verkehr 237
Trutzwehr 175

überpositives Recht 13
Überwachergaranten 189
üble Nachrede 209
Umweltdelikte 239
Umweltschutz 123
Umweltstrafrecht 71, 239
unbeendeter Versuch 185
Unbestimmtheitsverbot 163
unechte Unterlassungsdelikte 189
unerlaubtes Entfernen vom Unfallort 237
Ungeborene 115

ungeschriebene Grundrechtsschranken 117
universale Geltung 53
Universalismus 39
Universalrechtsgüter 197
unmittelbarer Täter 181
unmittelbares Ansetzen 165,185
unmittelbare Wahl 103
UNO 73, 159
Unrechtsbewusstsein 177
untauglicher Versuch 185
Unterhaltspflicht 233
Unterlassen 189
unterlassene Hilfeleistung 233
Unterlassungsdelikte 189
Unterschlagung 217
Untersuchungshaft 243
Untreue 223
Urkunde 227
Urkundenfälschung 227
Urkundenunterdrückung 227
Utilitarismus 47

Verändern von amtlichen Ausweisen 227
Verbandsstrafe 245
Verbrechen 165
Verbrechen gegen die Menschlichkeit 201
Verdeckung einer Straftat 201
Vereinigungsfreiheit 93, 135
Vereinte Nationen 73, 159
Verfassung 75, 87–91, 109
Verfassungsbeschwerde 121, 143, 147
Verfassungsdurchbrechung 109
verfassungskonforme Auslegung 25
verfassungsmäßige Ordnung 121
Verfassungsorgane 87, 103
Verfassungsprinzipien 87
Verfassungsprozessrecht 145, 147
Verfassungsrecht 87
verfassungsrechtlicher Eigentumsschutz 139
Verfassungsschutz 109
Verfassungswidrigkeit 87
Vergehen 165
Vergewaltigung 213
Verhältnismäßigkeitsgrundsatz 95, 117
Verkehrsdelikte 237
Verkehrsunfall 237
Verleumdung 209
Vermittlungsausschuss 107
Vermögensschaden 221
Vermögensschädigung 221
Vermögensverfügung 221
Vernunftordnung 39
Verordnungen 153
Verrechtlichung 77
Versailler Vertrag 67
Versammlung 135
Versammlungsfreiheit 93, 135
Versicherungsmissbrauch 223
Versuch 165, 185
Verteidiger 243
Vertrauensgrundsatz 187
Vertraulichkeit des Wortes 211
Verwaltungslehre 77
Verwaltungsrecht 73, 83
Verwaltungsrechtsschutz 73
vis absoluta 211
vis compulsiva 211
Völkergewohnheitsrecht 157
Völkermord 201
Völkerrecht 79, 83, 157–161
völkerrechtliche Handlungen 161
völkerrechtliche Realakte 161
völkerrechtliches Delikt 161
völkerrechtliche Verträge 157,163
Völkerrechtsquellen 157
Völkerstrafrecht 195
Volkskammer 75
Volkssouveränität 41, 43, 93
Vollstreckungsverfahren 241
vollziehende Gewalt 101
vorläufige Festnahme 243
Vorrang der Verfassung 87, 145
Vorsatz 171
Vortäuschen einer Straftat 229

Wahlen 93
Wahlgrundsätze 103
Wahndelikt 185
Wahrheit 31
Wahrnehmung berechtigter Interessen 173, 209
Währungsunion 155
Wartepflicht 237
Wegnahme 217
Weimarer Reichsverfassung 111
Weimarer Republik 67
Weltrechtsprinzip 195
Weltvernunft 39
»Werkzeug« 181
Werte 33
Wertfreiheit 33
Wertfreiheitspostulat 33
Wertfreiheitsproblem 33
Wertungen 33
Wertungsjurisprudenz 27
Werturteile 209
Wertzeichenfälschung 231
Wesensgehaltsgarantie 95, 117
Westfälischer Frieden 59
Willkürstaat 95
Wirtschaftskriminalität 251
Wirtschafts- und Sozialrat 159
Wissenschaftsfreiheit 131
Wissentlichkeit 171

Zensur 129
Zentralismus 75, 99
Zerstören einer Sache 215
Zeugen 243
Zitiergebot 117
Zivilprozessrecht 61
Zivilrecht 61
Zueignungsabsicht 217
Zuhälterei 213
Zustimmungsgesetz 107
Zwangsarbeit 137
Zwangsmittel 243
zwingendes Recht 81
Zwischenverfahren 241